Orte des Erinnerns

Schriftenreihe Band 428

Orte des Erinnerns

Gedenkzeichen, Gedenkstätten und Museen zur Diktatur in SBZ und DDR

Herausgegeben von Annette Kaminsky
bearbeitet von Ruth Gleinig
im Auftrag
der Stiftung zur Aufarbeitung der SED-Diktatur
und der Bundeszentrale für politische Bildung

Bonn 2004

Bonn 2004
Bundeszentrale für politische Bildung
Eine Buchhandelsausgabe besorgt der Forum Verlag Leipzig

Umschlaggestaltung: Michael Rechl, Wanfried
Umschlagabbildungen: links oben: Elbbrückensegment und Gedenktafel
zur Erinnerung an die deutsche Einheit;
links unten: Gedenkstein für Opfer der Berliner Mauer; Bildrechte für beide:
Stiftung zur Aufarbeitung der SED-Diktatur;
rechts: Gedenkstätte Bautzen, Bildrechte ebendort

Satz: Frank Kirchner, Berlin
Druck: Gallus Druckerei KG, Berlin

ISBN 3-89331-528-4

Inhalt

Zum Geleit *Seite 7*
Vorwort *Seite 11*
Bernd Faulenbach: Diktaturerfahrungen und demokratische Erinnerungskultur in Deutschland *Seite 18*

I Gedenkzeichen, Gedenkstätten und Museen zur Diktatur in SBZ und DDR

Baden-Württemberg *Seite 35*
Bayern *Seite 39*
Berlin *Seite 51*
Brandenburg *Seite 143*
Bremen *Seite 205*
Hessen *Seite 207*
Mecklenburg-Vorpommern *Seite 219*
Niedersachsen *Seite 263*
Nordrhein-Westfalen *Seite 283*
Sachsen *Seite 289*
Sachsen-Anhalt *Seite 359*
Schleswig-Holstein *Seite 405*
Thüringen *Seite 413*

Gedenksteine für die Opfer von Krieg und Gewalt *Seite 471*

II Überblicksbeiträge zu Opposition und Repression in SBZ und DDR

Jörg Morré: Sowjetische Speziallager in Deutschland *Seite 488*
Tobias Wunschik: Politischer Strafvollzug und Haftanstalten in der DDR *Seite 494*
Johannes Beleites: Die Rolle des MfS in der politischen Justiz der DDR *Seite 501*
Gunter Holzweissig: Grenzregime und Mauerbau *Seite 507*
Ehrhart Neubert: Opposition und Widerstand in der DDR *Seite 512*
Karl Wilhelm Fricke: Der 17. Juni 1953 *Seite 518*
Robert Grünbaum: Friedliche Revolution und deutsche Einheit *Seite 524*

III Anhang

Auswahlbibliographie *Seite 534*
Ortsregister *Seite 539*
Abkürzungsverzeichnis *Seite 541*
Bildnachweis *Seite 543*
Autorenverzeichnis *Seite 544*

Zum Geleit

Die Aufarbeitung beider Diktaturen des 20. Jahrhunderts ist Teil des demokratischen Selbstverständnisses im vereinten Deutschland. Die vielgestaltige Erinnerung an diese Kapitel der deutschen Geschichte schärft das Bewusstsein für Freiheit, Recht und Demokratie. Aufklärung über die beiden Diktaturen, die Feindschaft gegen Demokratie und Rechtsstaat gemeinsam hatten, sind der Kern des demokratischen Konsenses sowie der Erinnerungskultur.

Diese „doppelte Erinnerung“ birgt eine große Herausforderung. In der Zeit der Teilung hatten sich zwei – zum Teil gegensätzliche – Erinnerungskulturen in Deutschland herausgebildet. In der DDR war die Erinnerung an den Nationalsozialismus weitgehend auf den kommunistischen Widerstand gerichtet und dem SED-Herrschaftsanspruch untergeordnet. In der Bundesrepublik kam es seit den sechziger Jahren zu einer breiten Aufarbeitung der NS-Diktatur. Gleichzeitig wurde die Auseinandersetzung mit der Diktatur in der Sowjetischen Besatzungszone und in der DDR von vielen zunehmend ausgeblendet; man hatte sich in der Teilung eingerichtet.

In den neunziger Jahren war der Weg zu einem gesamtdeutschen Erinnerungskonsens von heftigen Kontroversen gekennzeichnet, galt es doch, zu einem angemessenen Umgang mit der Diktatur in der SBZ/DDR zu finden. Dieser Prozess ist noch nicht abgeschlossen. Viele Westdeutsche hatten die diktatorische Gestalt der DDR nicht zur Kenntnis genommen – um die „Entspannung“ nicht zu gefährden, zum Teil aus ideologischen Gründen. Nicht wenige Ostdeutsche dagegen betrachten die Auseinandersetzung mit der SED-Diktatur seit 1990 als Angriff auf die eigene Biographie. Im Osten wie im Westen Deutschlands wurde die Sorge laut, die Aufarbeitung der DDR-Geschichte könne dazu führen, die Verbrechen des Nationalsozialismus zu relativieren. Dabei sollte in einer Hinsicht Konsens bestehen: Jedem Versuch, den Holocaust und die monströsen NS-Verbrechen zu verharmlosen, ist ebenso entgegenzutreten wie Bestrebungen, Verbrechen und Unrecht der kommunistischen Diktatur in Deutschland unter Hinweis auf den Nationalsozialismus zu bagatellisieren.

In einer demokratischen Erinnerungskultur sind Gedenkstätten, -orte und -zeichen sowie Museen und Dokumentationszentren zur Erinnerung an die nationalsozialistische und an die kommunistische Diktatur von zentraler Bedeutung. Sie vergegenwärtigen in Ost- wie in Westdeutschland die Orte von Verfolgung, aber auch von Opposition und Widerstand. Sie sind Zeichen der Anerkennung und moralischen Rehabilitierung jener, die Zivilcourage mit Unterdrückung, Haft oder Tod bezahlen mussten oder gar ohne eigenes Zutun Opfer von Verfolgung wurden. Diese Mahnzeichen im öffentlichen Raum sind Orte des stillen individuellen wie des gemeinsamen Gedenkens.

Ausstellungen und Museen sind zudem bedeutsame Lernorte für die schulische und außerschulische Bildungsarbeit. Wie ist jungen Menschen im Jahr 2003 etwa in Leipzig oder Bautzen zu vermitteln, dass es sich lohnt, für demokratische Grundüberzeugungen und für Menschenrechte einzutreten, wenn es doch in der Gegenwart so viel leichter fällt als in der „Heldenstadt" im Herbst 1989? Das lässt sich nur anhand von Einzelschicksalen im Ansatz nachempfinden. Dabei geht es nicht um den erhobenen Zeigefinger. Politische Bildung muss die Sprache derer sprechen, die sie erreichen will. Im Mittelpunkt steht nicht allein der historische Erkenntnisgewinn, sondern vielmehr und vor allem eine Sensibilisierung für Gefahren und Gefährdungen der aktuellen Demokratie und ein Aufruf zum aktiven Mitwirken in der Gesellschaft.

Manchen gut gemeinten Versuchen steht dabei die Gegenwart im Wege: Wer an historischen Orten Gedenkstättenarbeit betreibt, weiß, wovon die Rede ist. Gedenkstätten werden auf kommunaler Ebene nicht selten als ein Makel für das Image der Stadt oder der Region betrachtet. Dabei demonstriert doch gerade die Darstellung von Verfolgung und Widerstand im öffentlichen Raum Verantwortungsbewusstsein gegenüber dem entsetzlichen Erbe der Vergangenheit.

Neben derartigen Berührungsängsten sorgt das Phänomen der doppelten Verfolgung in zwei Diktaturen und zum Teil an denselben Orten für eine zusätzliche Herausforderung. Es gibt aufrechte Demokraten, die sowohl im Nationalsozialismus als auch in der SBZ/DDR aus politischen Gründen Widerstand leisteten, verfolgt und inhaftiert wurden. Nimmt man Verfolgung und Widerstand in den beiden deutschen Diktaturen des letzten Jahrhunderts – wobei man nicht verwischen darf, dass die eine auf die andere folgte und eine Konsequenz der ersten war – zum Anlass, über Möglichkeiten der Aufarbeitung und der politischen Bildung im demokratischen Verfassungsstaat nachzudenken, dann stößt man auf methodische Schwierigkeiten.

Wie sind Verfolgung und Widerstand angemessen zu vermitteln? Wie – wenn überhaupt – kann der nachfolgenden Generation zumindest eine Ahnung vom Leiden und Sterben der vielfach bereits in jugendlichem Alter im „Gelben Elend“ am Stadtrand von Bautzen Inhaftierten vermittelt werden? In diesem Gebäude inhaftierten die Nationalsozialisten bereits von 1933 an politische Gegner; die Sowjets nutzten es nach 1945 als Speziallager, und ab 1950 unterstand es als „Bautzen I“ dem Ministerium des Innern der DDR. Wie wird man „Bautzen II“, dem berüchtigten Stasi-Gefängnis neben dem Amts- und Landgerichtsgebäude, gerecht? Wohl vor allem durch eine Präsentation von Einzelschicksalen.

Dazu gehört unabdingbar die akribische Erhaltung sowie fachkundige Kommentierung der historischen Orte. Dass ihre Markierung und Dokumentation Ausdruck eines gesellschaftlichen Diskussionsprozesses sind, vermittelt dieser Band. Hier kann nachgelesen werden, wie sich mancherorts noch während der friedlichen Revolution des Herbstes 1989 Menschen zusammenschlossen, um nach Jahrzehnten des verordneten Schweigens die Stätten ihrer Verfolgung und des vielfachen Todes ihrer Schicksalsgenossen dem Vergessen zu entreißen. Auch die Revolutionäre des Herbstes begannen bereits zum Jahreswechsel 1989/90 damit, Zeugnisse ihres Aufbegehrens zu sammeln und auszustellen. In den von Bürgerrechtlern besetzten einstigen Machtzentralen in Berlin und anderenorts wurden Ausstellungen über die Machenschaften der SED und der Staatssicherheit eröffnet, aus denen sich in einigen Fällen ständige Ausstellungen und Dokumentationszentren entwickelten, die bis heute einen unverzichtbaren Beitrag zur Aufarbeitung der SED-Diktatur leisten.

Die Stiftung zur Aufarbeitung der SED-Diktatur und die Bundeszentrale für politische Bildung präsentieren eine Publikation, in der über 350 Gedenkstätten und -orte, Gedenktafeln und -zeichen, Museen und Dokumentationszentren beschrieben werden. „Orte des Erinnerns“ knüpft an das zweibändige Werk „Gedenkstätten für die Opfer des Nationalsozialismus“ an, das in der Bundeszentrale für politische Bildung erarbeitet worden ist. Es ist mehr als nur ein Verzeichnis von Gedenkstätten oder Gedenktafeln, die im Übrigen keineswegs nur in Ostdeutschland zu finden sind. Bis 1989 wurden im öffentlichen Raum auch der alten Bundesrepublik mehr als 30 sichtbare Zeichen gesetzt, die insbesondere an die Teilung und an das Ziel erinnern sollten, diese zu überwinden. „Orte des Erinnerns“ richtet den Blick auf die Gegenwart der Vergangenheit im Alltag – in den Städten und Gemeinden sowie an der einstigen innerdeutschen Grenze. Viele Einträge beleuchten bekannte und weniger bekannte Ereignisse und Zusammenhänge aus einer mehr als vier Jahrzehnte währenden Geschichte von Repression und Opposition. Überblicksartikel und weiterführende Literaturhinweise laden dazu ein, sich umfassender mit dem Thema zu beschäftigen. Es ist müßig, darüber zu streiten, ob wirklich aus der Geschichte zu lernen ist. Geschichte wiederholt sich nicht. Doch Strukturelemente einer sich anbahnenden Diktatur können deutlich aus der Geschichte erkannt werden.

Lehrerinnen und Lehrern, Multiplikatorinnen und Multiplikatoren der politischen Bildungsarbeit, aber auch jedem zeithistorisch Interessierten sei dieses Buch empfohlen – im Osten wie im Westen Deutschlands. Wer die Goethe-Stadt Weimar besucht, sollte zumindest um die Existenz des einstigen Konzentrations- und späteren Speziallagers Buchenwald wissen, um sich für oder gegen einen Besuch der Gedenkstätte auf dem nahen Ettersberg entscheiden zu können. Wer den Harz durchwandert, sollte gewahr werden, dass hier bis 1989 ein unmenschliches, im wahrsten Sinne des Wortes tödliches Grenzsystem Deutschland teilte. Wer an der mecklenburgischen oder vorpommerschen Ostseeküste Sonne und Meer genießt, sollte sich vergegenwärtigen, dass bis 1989 viele DDR-Bürger sehnsuchtsvoll den Schiffen am Horizont nachblickten und manche ihren Versuch, über die Ostsee in den Westen zu gelangen, mit dem Leben oder zumindest mit ihrer Freiheit bezahlen mussten. Wer in einem der renovierten Ostseehotels seinen Urlaub verbringt, könnte in einem Haus nächtigen, aus dem im Frühjahr 1953 die Wirtsleute verhaftet oder vertrieben wurden, als die SED im Rahmen der perfide so genannten Aktion „Rose“ Hotelinhaber an der Küste enteignete.

Wer die Gegenwart verstehen und gestalten will, muss sich seiner Verantwortung für die Geschichte bewusst sein. Die Stiftung zur Aufarbeitung der SED-Diktatur und die Bundeszentrale für politische Bildung leisten auf vielfältige Weise ihren Beitrag. Dieser Band soll Impulse geben, sich an historischen Orten mit der Geschichte der SED-Diktatur und der deutschen Teilung auseinanderzusetzen. Er soll auch als Anregung verstanden werden, den öffentlichen Raum zu nutzen und insbesondere an Opposition und Widerstand, an Zivilcourage und Selbstbehauptung zu erinnern. Oft sind es gerade die Debatten, die der Errichtung eines Gedenkzeichens oder der Umbenennung einer Straße vorausgehen, mit denen das Bewusstsein für die Gegenwart der Vergangenheit geschärft wird. Das diene auch jenen als Trost, die an den Widerständen gegen solche Initiativen zu verzweifeln drohen.

Berlin, im Oktober 2003

Rainer Eppelmann Thomas Krüger Markus Meckel

Vorwort

Die vorliegende Publikation verzeichnet 356 Gedenkorte und Erinnerungszeichen, Gedenkstätten und zeitgeschichtliche Museen, die bundesweit an die Geschichte der Diktatur in der Sowjetischen Besatzungszone und in der DDR erinnern. Den Schwerpunkt bilden historische Orte, an denen an Verfolgung, Opposition und Widerstand sowie an Stationen der deutschen Teilung und deren Überwindung im Prozess der deutschen Einheit erinnert wird und wo zum Teil mittels Ausstellungen und Museen unverzichtbare Beiträge zur historisch-politischen Bildungsarbeit geleistet werden.

Die Bandbreite der Erinnerungsorte reicht von staatlich finanzierten Gedenkstätten und Museen, privat initiierten Dokumentationszentren und Dauerausstellungen über Skulpturen und Erinnerungslandschaften bis hin zu Gedenktafeln und -steinen, die ganz allgemein an stalinistische Willkür und Verbrechen oder die Folgen von Krieg und Gewaltherrschaft erinnern. Die Vielfalt und Vielgestaltigkeit dieser Orte, die nicht nur von staatlicher Repression, sondern auch von Zivilcourage, Mut und dem Widerstand von Wenigen zeugen, spiegeln auch ein Stück Zeitgeschichte der vergangenen sechs Jahrzehnte wider. Die in diesem Band enthaltenen Beschreibungen geben dabei auch Auskunft über die Entstehungsgeschichte der Erinnerungsorte, die in den neunziger Jahren nicht selten von Kontroversen begleitet war.

Erinnerungszeichen und Gedenkstätten zu Widerstand und Verfolgung sowie zu den Opfern der Diktatur in der SBZ/DDR entstanden nicht erst nach dem Untergang des SED-Regimes. Im Rahmen der Recherchen für das vorliegende Buch konnten mehr als dreißig Zeichen recherchiert werden, die bis 1989 in Westdeutschland sowie in West-Berlin gesetzt wurden, um dort vor allem an die deutsche Teilung, die Opfer des Grenzregimes oder an den Volksaufstand vom 17. Juni 1953 zu erinnern. Ihnen kam eine Stellvertreterfunktion zu, gab es doch in der DDR bis 1989 selbstredend keine offiziellen Gedenkorte für Widerstand und politische Verfolgung nach 1945. Dort war das offizielle Erinnern, Mahnen und Gedenken ausschließlich den Opfern nationalsozialistischer Verfolgung gewidmet. Politisch instrumentalisiert und den Interessen der SED untergeordnet, war es einseitig auf den antifaschistisch-kommunistischen Widerstandskampf ausgerichtet. Auf die friedliche Revolution folgte im Osten Deutschlands ein Bildersturm auf die Omnipräsenz der kommunistischen Leitfiguren. Denkmäler wurden demontiert, Straßen umbenannt, die von der SED usurpierten oder geschaffenen Heroen im wahrsten Sinne des Wortes vom Sockel gestoßen.

Den größten Raum in der – maßgeblich seit 1989/90 entstandenen – Erinnerungslandschaft zur zweiten Diktatur nimmt das Gedenken an die deutsche Teilung ein. Über 90 Gedenkstätten und Zeichen erinnern entlang der ehemaligen innerdeutschen Grenze und am einstigen Verlauf der Berliner Mauer an die Teilung und ihre Opfer. Sie dokumentieren die Zwangsaussiedlungen und das Schicksal derer, die ihnen zum Opfer fielen, ebenso wie die vielfachen Fluchtversuche über den „Eisernen Vorhang". Schließlich rufen zahlreiche Markierungen im öffentlichen Raum die friedliche Revolution und die Grenzöffnung im Herbst 1989 ins Bewusstsein. Allein in Berlin befassen sich drei Gedenkstätten mit jeweils spezifischen Zugängen und in unterschiedlicher Trägerschaft mit diesem Thema. Gleichfalls versuchen 35 Denkmale und -zeichen in Berlin das Trauma der Teilung und deren Opfer im öffentlichen Gedächtnis nicht nur der Stadt zu bewahren.

Einen weiteren wichtigen Platz in der Topographie der Erinnerung nehmen die über 80 Orte ein, die an Repression und Widerstand sowie die Opfer des stalinistischen Terrors in den vierziger und fünfziger Jahren erinnern. Hierzu gehören auch die „Gedenkstätten mit doppelter Vergangenheit", um deren Neugestaltung es in den neunziger Jahren heftige Kontroversen gab. Es handelt sich dabei sowohl um einstige nationalsozialistische Konzentrationslager wie Buchenwald oder Sachsenhausen, die von den Sowjets nach 1945 als Speziallager weitergeführt wurden, als auch um Zuchthäuser und Haftanstalten wie der „Rote Ochse" in Halle, der „Münchner Platz" in Dresden, der „Moritzplatz" in Magdeburg oder die Gefängnisse in Bautzen, in denen vor und nach 1945 Opfer politischer Verfolgung eingesperrt waren. Der Umstand, dass in den Speziallagern und Gefängnissen der Sowjets sowohl belastete NS-Funktionsträger als auch politische Gegner sowie Opfer von Denunziationen unter menschenunwürdigen Bedingungen inhaftiert worden waren, von denen jeder Dritte die Haft nicht überlebte, macht die Problematik der „doppelten Erinnerung" besonders deutlich. Die Ergebnisse umfänglicher Forschungsarbeiten haben mittlerweile zu einer differenzierten Sicht auf dieses Thema geführt. Es besteht Konsens darüber, dass ein erheblicher Teil der von der sowjetischen Besatzungsmacht in Deutschland inhaftierten Personen als gering oder nicht NS-belastet zu betrachten ist. Die mehr als 35 000 Toten und jene, die mit zum Teil schweren gesundheitlichen Schäden die Haft überlebt haben, werden als Opfer eines unmenschlichen Haftregimes begriffen, denen es in angemessener Form zu gedenken gilt. Allein über 40 Gedenkzeichen, die in der Nähe von ehemaligen Lagern und Haftanstalten bzw. bei Massengräbern entstanden sind, leisten hierzu einen Beitrag. Wer über Verfolgung und Leid während der sowjetischen Besatzungszeit spricht, kann zu den Verbrechen der NS-Diktatur nicht schweigen. Gleichwohl liegt der Schwerpunkt dieser Beiträge auf der Zeit nach 1945. Es sei darauf verwiesen, dass dieser Band an die von der Bundeszentrale für politische Bildung 1987 veröffentlichte Publikation „Gedenkstätten für die Opfer des Nationalsozialismus" anknüpft, die 1996 und 1999 in zwei überarbeiteten und erweiterten Bänden neu aufgelegt wurde.

Einen weiteren Schwerpunkt bilden Gedenkstätten und Gedenkzeichen, die an das Unrecht erinnern, das in der DDR durch die Staatssicherheit, das Ministerium des Innern oder die Volkspolizei begangen wurde. Hierzu zählen insbesondere die in ehemaligen Gefängnissen und Zentralen der Staatssicherheit eingerichteten Ausstellungen und Dokumentationszentren. Zu nennen wäre hier stellvertretend das Museum in der „Runden Ecke" in Leipzig, das nach der Besetzung der dortigen MfS Bezirksleitung durch das örtliche Bürgerkomitee eingerichtet wurde und bis heute mit großem Erfolg betrieben wird. Auch in den vormaligen Haftanstalten und MfS-Zentralen in Magdeburg oder Halle sowie im ehemaligen Dienstsitz des Ministeriums für Staatssicherheit in der Berliner Normannenstraße, mit der so genannten „Mielke-Suite", werden ständige Ausstellungen unterhalten, die auf großes Besucherinteresse stoßen.

Daneben erinnern 30 Gedenkzeichen auf lokaler und regionaler Ebene an Verfolgung und Repression durch den Staatsapparat. Hierzu gehören auch jene Orte, die als Gefängnisse eine vielschichtige Nutzung bis in die jüngste Vergangenheit bzw. Gegenwart aufweisen und nicht als Gedenkstätten genutzt werden können. Zu nennen wären hier Hoheneck, Waldheim, Cottbus, Brandenburg oder auch Torgau. Zum Teil saßen in diesen Haftanstalten zeitweilig seit dem 19. Jahrhundert sowie insbesondere in der NS-Zeit politische Häftlinge ein; sie dienten auch zu DDR-Zeiten als Gefängnisse für politisch Verfolgte und werden teilweise noch heute als Justizvollzugsanstalten genutzt. In der Regel weisen Tafeln bzw. Gedenksteine vor den Justizvollzugsanstalten auf die historischen Hintergründe der politischen Verfolgung an diesen Orten hin.

Eine große Gruppe bilden schließlich die 27 Erinnerungszeichen, die sich auf die Ereignisse des 17. Juni 1953 und seine Opfer beziehen. Weitere 16 Zeichen erinnern an die revolutionären Ereignisse vom Herbst 1989, die schließlich die Öffnung der Berliner Mauer am 9. November sowie die deutsche Einheit ermöglichten.

37 Gedenkzeichen erinnern in Form von Tafeln, Gedenksteinen etc. ohne direkten lokalen Bezug an die Opfer stalinistischer Verfolgung und Willkür. Hierzu gehören auch die – durchaus umstrittenen – Umwidmungen von bereits bestehenden Gedenkorten für die Opfer der nationalsozialistischen Verfolgung, die durch die Änderung von Inschriften auf bereits bestehenden Gedenksteinen entstanden sind. Sie wurden als Erinnerungszeichen für ein übergreifendes Gedenken an alle Opfer von Krieg und politischer Gewalt errichtet und lösten zeitweilig gerade durch das unterschiedslose Gedenken an alle Opfer – etwa bei der „Neuen Wache" in Berlin – heftige Diskussionen aus.

Auch neue Formen bei der Kennzeichnung historischer Orte, die an politische Verfolgung, die deutsche Teilung, Opposition und Widerstand erinnern, sind in diesen Band aufgenommen worden. Hierzu zählen etwa das „Grüne Band" entlang der 1 381 Kilometer langen innerdeutschen Grenze sowie die „Geschichtsmeile Berliner Mauer" entlang des Mauerverlaufs in Berlin oder dessen Markierung im Straßenpflaster, die an die aus dem Berliner Stadtbild nahezu vollständig eliminierte Mauer erinnert.

Ebenfalls in diesen Band aufgenommen wurden Museen, die sich mit der DDR-Geschichte beschäftigen, allen voran das Zeitgeschichtliche Forum in Leipzig, das unter dem Dach der Stiftung Haus der Geschichte über Selbstbehauptung, Opposition und Widerstand in der DDR informiert. Auch das Bonner Haus der Geschichte selbst musealisiert die Geschichte der beiden deutschen Staaten auf eine beispielhafte Weise. Hierzu gehören aber auch jene Museen und Dokumentationszentren, die sich insbesondere der Alltagskultur der DDR annehmen und dabei einen spezifischen Zugang zur Diktatur in der DDR versuchen. Ein Verzicht auf die Museen zu den unterschiedlichsten Aspekten der DDR-Geschichte, der aufgrund des eigentlichen Schwerpunktes des vorliegenden Bandes nahe gelegen hätte, erschien auch deshalb nicht sinnvoll, weil die vergleichsweise geringe Zahl an thematisch einschlägigen Museen eine eigene Publikation nicht gerechtfertigt hätte.

Das nunmehr vorliegende Kompendium erschließt dem zeithistorisch interessierten Nutzer in Form eines Nachschlagewerks das breite Spektrum an Gedenkstätten und Gedenkorten, eine Vielzahl von historischen Markierungen sowie Museen und Dokumentationszentren, die in ganz Deutschland an die Geschichte der Diktatur nach 1945 erinnern und informieren. Der Band will dabei mehr als nur eine geographische Orientierung bieten oder

Institutionen und Orte benennen. Die Einträge zu den einzelnen Orten berichten über bekannte und unbekannte Beispiele von Opposition und Verfolgung in SBZ und DDR. Der Leser erhält Einblick in die Funktionsweise des weit verzweigten SED-Machtapparates, erfährt über individuelle und kollektive Verfolgung und Enteignung, kann über den Mut Einzelner oder ganzer Gruppen nachlesen und vieles mehr. Der Einführungsbeitrag von Bernd Faulenbach „Diktaturerfahrungen und demokratische Erinnerungskultur in Deutschland" ordnet die Erinnerungslandschaft zur zweiten deutschen Diktatur in einen größeren Kontext ein. Sieben thematische Einzelbeiträge bieten in Form von Überblicksdarstellungen ergänzende Informationen etwa zum Volksaufstand vom 17. Juni 1953 oder zum Mauerbau am 13. August 1961. Sie greifen Themen auf, die sich wie ein roter Faden durch die in der vorliegenden Publikation verzeichneten Erinnerungsorte ziehen. Um die Wiederholung der historischen Hintergründe bei jedem dieser Orte in stereotyper Weise zu vermeiden, wurde den Beschreibungen der jeweiligen Orte bzw. Institutionen nur ein kurz gehaltener Hinweis auf den allgemeinen historischen Hintergrund beigefügt und die auf den Ort bezogenen konkreten Zusammenhänge, die zum unmittelbaren Verständnis des Gedenkorts gehören, jeweils ausführlicher dargestellt. Darüber hinaus laden weiterführende Literaturangaben in den einzelnen Beiträgen sowie eine Auswahlbibliographie am Ende des Bandes die Leser dazu ein, sich vertiefend mit den hier zwangsläufig nur knapp behandelten Themen zu beschäftigen.

Und noch etwas will das Buch leisten: Wo immer möglich, geben die Einträge zu den einzelnen Gedenkorten Auskunft darüber, aufgrund welcher Initiative und aus welchen Beweggründen ein Gedenkort eingerichtet wurde. Das Buch dokumentiert damit zugleich auch das vielfältige zivilgesellschaftliche Engagement, das insbesondere die Verbände der Opfer der Diktatur aus der SBZ und DDR seit 1990 entwickelt haben, um im öffentlichen Raum an dieses Kapitel der deutschen Geschichte zu erinnern.

An dieser Stelle ist auch darauf hinzuweisen, dass die Einträge auf Gedenksteinen oder Tafeln manchmal vom aktuellen Forschungsstand und heutigen Erkenntnissen abweichen. In diesen Fällen wurde auf die Unterschiede zwischen den Inschriften am Gedenkort und dem Ergebnis der aktuellen Recherchen hingewiesen.

Die einzelnen Gedenkstätten und -zeichen sowie Museen werden nach Bundesländern geordnet in der alphabetischen Reihenfolge der Städte und Gemeinden aufgeführt, in denen sie errichtet wurden. Zur besseren Orientierung wird den einzelnen Bundesländern und Berlin eine Übersichtskarte zur geographischen Einordnung und Orientierung vorangestellt. Neben den Beschreibungen zu den historischen Orten enthalten die einzelnen Einträge auch Servicehinweise wie Anfahrtsmöglichkeiten, Öffnungszeiten, Literaturhinweise und – wo bekannt oder vorhanden - Ansprechpartner. Sofern nicht ausdrücklich in diesen Hinweisen erwähnt, sind alle Orte mit der Bahn erreichbar. Verweise auf andere in diesem Band beschriebene Gedenkorte und Institutionen werden mit einem Pfeil (⇨) im Text kenntlich gemacht. Die auf Gedenktafeln oder -steinen befindlichen Inschriften werden entsprechend der tatsächlichen Anordnung an den Gedenkorten mit ihren Zeilenumbrüchen im Text mit einem Schrägstrich (/) wiedergegeben.

Zwar wurde mit dem vorliegenden Band Vollständigkeit angestrebt. Dennoch sind sich die Herausgeberin wie auch die Bearbeiterin bewusst, dass dieser Anspruch allenfalls mit der zweiten Auflage erfüllt werden wird. Noch in der Phase der Endredaktion gingen immer wieder neue Informationen über Gedenkzeichen und -orte bei der Stiftung Aufarbeitung ein. Deshalb sind Hinweise auf Orte, die bei den Recherchen übersehen wurden, sehr willkommen. Wenn dieser Band zudem Anstoß dazu geben sollte, weitere historische Orte im öffentlichen Raum zu markieren und so die Erinnerung an Opposition und Widerstand gegen die Diktatur zu befördern, dann entspräche dies einer weiteren Intention der Stiftung zur Aufarbeitung der SED-Diktatur und der Bundeszentrale für politische Bildung, in deren Auftrag der Band herausgegeben wird und in denen viele Mitarbeiterinnen und Mitarbeiter zum Gelingen des Projekts beigetragen haben. Dank gilt dabei insbesondere Oliver Boyn, der viele der hier veröffentlichten Fotos aufgenommen hat und bei der Redaktion des Bandes mitwirkte. Weiterhin sind Sabine Roß, Robert Grünbaum und Ulrich Mählert in der Stiftung Aufarbeitung sowie Hans-Georg Golz, vormals Redakteur der Zeitschrift Deutschland Archiv, jetzt Bundeszentrale für politische Bildung, zu nennen, die das Lektorat unterstützt haben. Letzteres wäre ohne die tatkräftige Unterstützung von Gretel Kilian, Weinheim, in der letzten Phase kaum zu bewältigen gewesen. Alle Fehler, die deren aufmerksame Augen übersehen haben, verantwortet die Herausgeberin.

Die Recherchen zu diesem Band gestalteten sich zeitaufwändig und nicht selten schwierig. Insbesondere die Gedenkorte und Erinnerungszeichen in den westdeutschen Ländern wurden oftmals vor mehreren Jahrzehnten gesetzt und sind seitdem in nicht wenigen Fällen fast in Vergessenheit geraten. Aber auch in den neuen Bundesländern hätte dieses Projekt ohne Unterstützung nicht bewältigt werden können. Unser Dank gilt insbesondere den freien Mitarbeiterinnen und Mitarbeitern, die im Auftrag der Stiftung Aufarbeitung und der Bundeszentrale für politische Bildung die Textvorlagen für die Ortsbeschreibungen erstellt haben. An erster Stelle sei Andreas Wagner genannt, der zudem für das Bundesland Mecklenburg-Vorpommern eine umfangreiche Recherche durchgeführt hat. Außerdem danken wir Burghard Ciesla, Katharina Hering, Oliver Igel, Silvia Müller und Regina Scheer. Darüber hinaus haben uns zahllose Opferverbände und Vereine sowie Einzelpersonen und schließlich die Mitarbeiterinnen und Mitarbeiter der einzelnen Gedenkstätten bei den Recherchen unterstützt und uns die von ihnen gesammelten Informationen zu den Gedenkorten sowie Fotos aus ihren privaten Sammlungen zur Verfügung gestellt. Sie alle zu nennen, würde den Rahmen dieses Vorworts sprengen und zudem die Gefahr beinhalten, Einzelne zu vergessen. Stellvertretend für die vielen Helfer seien hier insbesondere Herr Eberhard Hoffmann von der Initiativgruppe Lager Mühlberg, Frau Gisela Gneist von der Arbeitsgemeinschaft Lager Sachsenhausen sowie Herr Benno Prieß vom Waldheim-Kameradschaftskreis erwähnt. Ihnen allen, die zum Teil auch in den Beschreibungen der jeweiligen Gedenkorte Erwähnung finden, sei hier ausdrücklich und herzlich gedankt.

Berlin, im Oktober 2003

Annette Kaminsky Ruth Gleinig

Bernd Faulenbach

Diktaturerfahrungen und demokratische Erinnerungskultur in Deutschland

I Fragen zur deutschen Erinnerungskultur

Bei der Verleihung des Friedenspreises des Deutschen Buchhandels 1994 sagte Jorge Semprún: *„Das Problem des deutschen Volkes mit seinem historischen Gedächtnis […] betrifft uns Europäer alle ganz direkt. Das deutsche Volk ist seit seiner Wiedervereinigung – als Teil des sozialen und politischen, komplexen und schmerzhaften Prozesses, der aber voller Chancen für die demokratische Vernunft steckt, die besagte Wiedervereinigung impliziert – Deutschland ist seitdem das einzige Volk Europas, das sich mit den beiden totalitären Erfahrungen des 20. Jahrhunderts auseinandersetzen kann und muss: dem Nazismus und dem Stalinismus. In seinem Kopf und Körper hat es diese Erfahrungen erlebt und kann sie nur überwinden – und ohne dass daraus ein Präzedenzfall wird, könnte man in diesem Zusammenhang einmal den Hegelschen Begriff der Aufhebung verwenden – kann sie also nur überwinden, indem es beide Erfahrungen kritisch übernimmt und aufhebt, um so die demokratische Zukunft Deutschlands zu bereichern. Von dieser hängt […] die Zukunft eines demokratisch wachsenden Europas zu einem großen Teil ab.“* [1]

Die Thesen des früheren Buchenwaldhäftlings und zeitweiligen spanischen Kulturministers lassen einige Fragen zu unserem Umgang mit deutschen Diktaturerfahrungen entstehen. Ist es uns gelungen, in den Jahren seit 1989/90 diese beiden Erfahrungen kritisch zu verarbeiten und sie – gleichsam als gesamtstaatliche Aufgabe – in einer nationalen oder gesamtstaatlichen Erinnerungskultur und -politik aufzuheben? In welchem Verhältnis stehen dabei die verschiedenen Erfahrungen mit Diktaturen in Deutschland und in welcher Beziehung stehen sie zur übrigen Geschichte und zur Gegenwart? Darüber ist seit Anfang der 90er Jahre viel gestritten worden.

Deutschland ist heute ein Land der Erinnerungsorte und Gedenkstätten. Neben Einrichtungen zur NS-Diktatur und zur stalinistischen Diktatur und zu deren Opfern gibt es Erinnerungsorte, die anderen historischen Ereignissen (wie den Toten der beiden Weltkriege, den Kämpfern der Revolution von 1848) oder Persönlichkeiten (Friedrich Ebert, Konrad Adenauer, Willy Brandt, Theodor Heuss) gewidmet sind. Die Erinnerungsstätten spiegeln überwiegend historische Lasten, andere wie das Museum der deutschen Freiheitsbewegungen in Rastatt stehen für positive Traditionen deutscher Geschichte. Geprägt von den beiden diktatorischen Vergangenheiten Deutschlands ist das deutsche Verhältnis zur Vergangenheit jedoch besonders kompliziert und widersprüchlich. Etienne François und Hagen Schulze formulieren in ihrer Einleitung zu „Deutsche Erinnerungsorte“: „Die Vielfalt deutscher Geschichten und ihr Übermaß an Verwerfungen, Brüchen und Brechungen bringen eine Vielfalt oft disparater widersprüchlicher Erinnerungsorte mit sich ...“ – wobei die beiden Historiker den Begriff „Ort“ als Metapher fassen, doch gilt er auch buchstäblich.[2]

Durch Erinnerungen wird ein Stück Vergangenheit in die Gegenwart geholt. Erinnerungen verknüpfen Vergangenheit und Gegenwart. Seit Marcel Proust und den Konstruktivisten wissen wir, dass nicht die Vergangenheit selbst, sondern die Vorstellung über einen Ausschnitt der Vergangenheit erinnert wird. Und die Gestaltung dieser Vorstellungen über die Vergangenheit ist nach wie vor umstritten. Was und wie erinnert wird, ist von erheblicher Bedeutung für die Orientierung in der Gegenwart. Nicht nur Individuen haben ein Gedächtnis und erinnern sich; dies gilt – wenn auch auf andere Weise – für Kollektive, Großgruppen der verschiedensten Art, nicht zuletzt für Nationen. Zweifellos haben kollektive Erinnerungen erhebliche Bedeutung in Vergemeinschaftungsprozessen: gemeinsame Erinnerungen verbinden, unterschiedliche trennen.[3]

Wie steht es – so mag man fragen – mit den gemeinsamen Erinnerungen der Deutschen heute? Welche Rolle spielen die Erfahrungen mit dem Nationalsozialismus und seinen Verbrechen, welche Rolle die Erfahrungen mit der SED-Diktatur und dem von ihr verursachten Unrecht? Inwieweit sind die unterschiedlichen Erfahrungen der Deutschen in zwei Diktaturen in die deutsche Erinnerungskultur aufgenommen worden? Inwieweit lässt sich überhaupt von einer einheitlichen deutschen Erinnerungskultur sprechen?

II Die Dominanz der NS-Vergangenheit in der gegenwärtigen Erinnerungskultur

Die deutsche Geschichte ist – zumal im 19. und 20. Jahrhundert – durch viele Brüche und zahlreiche Polaritäten gekennzeichnet. Dieser in einer demokratischen Erinnerungspolitik gerecht zu werden, ist angesichts der geteilten Erfahrungen in zwei deutschen Staaten mit unterschiedlichen politischen Systemen eine große Herausforderung. Schon deshalb ist eine nationale deutsche Erinnerungskultur nur in vielfältigen nebeneinander bestehenden Gedenkformen und Institutionen vorstellbar, die den je unterschiedlichen Anlässen der Erinnerung gerecht werden und zusammen die heutige Erinnerungskultur in Deutschland bilden. Der Begriff „Erinnerungskultur" meint dabei die durch besondere Institutionen oder im öffentlichen Raum vollzogene Vergegenwärtigung von denkwürdigen Ereignissen, des Handelns und Leidens von Menschen der Vergangenheit im Hinblick auf die Gegenwart.[4]

Die heutige Erinnerungskultur der Bundesrepublik hat sich in einem komplizierten, zweigeteilten Prozess seit dem Zweiten Weltkrieg herausgebildet, wobei die Entwicklungen in Bundesrepublik und DDR in verschiedenen Phasen verliefen.[5]

Im Zentrum der gegenwärtigen deutschen Erinnerungskultur steht die NS-Zeit, steht heute der Holocaust. Was zunächst eher ein Anliegen der intellektuellen und kulturellen Opposition der Bundesrepublik war – die nachhaltige Beschäftigung mit der NS-Zeit und ihren Opfern – ist längst in das Zentrum der Geschichtskultur Deutschlands gerückt. Neben der Vernichtung der europäischen Juden ist inzwischen auch die Verfolgung anderer Opfergruppen in die Erinnerungskultur einbezogen.

In der Bundesrepublik wurde zwar schon seit den 1950er Jahren der Widerstand der Bewegung des 20. Juli 1944 u.a. durch die Einrichtung einer Gedenkstätte in Berlin gewürdigt, doch herrschte insgesamt ein Gedenken vor, das kumulativ der „Opfer von Krieg und Gewaltherrschaft" gedachte. Anders als in der DDR entwickelte sich die Erinnerungskultur in der Bundesrepublik jedoch nur teilweise „von oben" gesteuert, vielmehr – insbesondere seit den 1970er Jahren – getragen von gesellschaftlichem Engagement gegen die – teils reale, teils vermeintliche – vorherrschende Geschichtslosigkeit oder Geschichtsverdrängung. Die NS-Zeit rückte um so mehr in den Vordergrund der politisch-kulturellen Diskussion, als die zeitliche Distanz zum Geschehen wuchs und sich die Erinnerung von politischen Absichten ablöste. In einem längeren Prozess wurden die NS-Verbrechen und ihre Opfer zentral für die Erinnerungskultur, die sich geradezu mit dem Bewusstwerden der Tragweite der Verbrechen schrittweise herausgebildet hat. Demgegenüber traten – verglichen mit der unmittelbaren Nachkriegszeit bis in die fünfziger Jahre hinein – die Erinnerungen an die Opfer des Krieges auf deutscher Seite, die Gefallenen wie die Opfer in der Zivilbevölkerung, aber auch an die Opfer von Flucht und Vertreibung zurück. Angesichts der einzigartigen Verbrechen, die von Deutschen begangen wurden, rückten diese Erinnerungen in den vergangenen drei Jahrzehnten gleichsam in den Schatten des Holocaust.

Erst in jüngster Zeit gibt es verstärkte Bemühungen, die Opfer von Flucht und Vertreibung, Bombenkrieg und sowjetischen Verbrechen wieder stärker im kollektiven Gedächtnis und in der Erinnerungskultur zu verankern.[6] Die Dominanz der Erinnerung an die NS-Verbrechen bleibt davon unberührt. Sie findet ihren Ausdruck in zahlreichen Gedenkstätten und Gedenkorten, die sich in allen Ländern des vereinigten Deutschland finden.[7]

Die Erinnerungskultur in der DDR bildete sich in ihren Grundzügen in den 1950er Jahren heraus. In ihrem Zentrum stand der Begriff des Antifaschismus, der weitgehend auf den kommunistischen Widerstand gegen das NS-Regime eingeengt und politisch instrumentalisiert wurde. In der DDR bildete sich eine Erinnerungskultur, die der jüngsten Vergangenheit gewidmet war, tendenziell früher als in der Bundesrepublik heraus. Allerdings ging es hier nicht vorrangig um die Erinnerung an die Verbrechen und ihre Opfer, sondern um die Erinnerung an den Kampf der Antifaschisten gegen den Faschismus, ein Kampf, für den Opfer gebracht wurden, der jedoch im Sieg über den Faschismus geendet hatte.[8] Auch wenn der Antifaschismus des SED-Systems nach 1989 zu Recht vielfältig kritisiert wurde und seine Geltung einbüßte, so wird man doch aufs Ganze gesehen sagen können, dass heute – trotz oder wegen dieses Antifaschismus – auch in Ostdeutschland eine klar ablehnende Haltung gegenüber dem NS-System vorherrscht.

Im Geschichtsbewusstsein der DDR spielte der Holocaust keine herausragende Rolle.[9] Erst in den 1980er Jahren wurde er zum Thema gemacht – auf dem Hintergrund spezifischer Interessen der SED-Führung. Nach der Umwälzung in der DDR und der deutschen Vereinigung verblasst diese Besonderheit des DDR-Bewusstseins zunehmend. Schon die freigewählte Volkskammer artikulierte 1990 die Mitverantwortlichkeit der Ostdeutschen für die Bewältigung der Folgen des Holocaust.[10]

In Ostdeutschland finden sich bis heute Elemente der Erinnerungskultur des SED-Systems. So weisen die großen Gedenkstätten Gestaltungen auf, die durch die DDR geprägt sind. An die DDR erinnern auch noch Straßennamen. So existieren nach wie vor zahlreiche Thälmann-Straßen. Die Erinnerungsstätten und Denkmäler der Arbeiterbewegung wurden seit 1990 zwar überwiegend abgebaut, doch gibt es nach wie vor das Bemühen, nicht nur Spuren dieser DDR-Kultur zu erhalten; der Versuch, ein Rosa-Luxemburg - Denkmal zu errichten oder eine Lenin-Statue in Eisleben wieder aufzustellen, lässt vielmehr das Bemühen erkennen, etwas von dieser Tradition modifiziert in die gegenwärtige Erinnerungskultur zu transformieren.[11] Teilweise existiert sie zudem noch als Sonderkultur (man denke etwa an die Massenbesuche in Friedrichsfelde zu Ehren von Karl Liebknecht und Rosa Luxemburg jeweils im Januar). Womöglich wird diese Sonderkultur zu einer Regionalkultur werden.

Auch nach 1989/90 hat der Holocaust im vereinigten Deutschland letztlich die Diskussion über die jüngste Geschichte in Deutschland dominiert – trotz des Zusammenbruchs der kommunistischen Systeme, insbesondere des SED-Systems und der damit zusammenhängenden vergangenheitspolitischen Probleme.[12] Ungeachtet jedoch der nicht unproblematischen Tendenz zur Entkontextualisierung und Enthistorisierung bleibt der Holocaust mit der deutschen Geschichte verbunden. Trotz des zunehmenden „Abschieds von den Zeitzeugen" spricht alles dafür, dass er eine eminente Bedeutung für die deutsche Erinnerungskultur behalten wird.

Die Opfer des Stalinismus bzw. des Kommunismus, überhaupt die Erfahrungen mit dem Kommunismus, erhalten bisher in der deutschen Erinnerungskultur eher eine nachgeordnete Berücksichtigung. Das Unrecht und die Opfer der zweiten Diktatur auf deutschem Boden haben ihren Platz in der nationalen Erinnerungskultur bisher wohl nur teilweise gefunden. Auch sind die demokratischen Traditionen in Deutschland in der gegenwärtigen Erinnerungskultur zwar vorhanden, stehen aber nicht im Vordergrund des öffentlichen Interesses. Der in den frühen 1970er Jahren in der Bundesrepublik, insbesondere vom damaligen Bundespräsidenten Gustav Heinemann unternommene Versuch, die Freiheitsbewegungen im deutschen Geschichtsbewusstsein aufzuwerten, blieb zwar nicht gänzlich folgenlos, hat jedoch nur bedingt eine breite dauerhafte Abstützung gefunden, wie zuletzt anlässlich des 150-jährigen „Jubiläums" der Revolution von 1848 im Jahre 1998 deutlich wurde.[13]

Erschwert wird die Herausbildung einer gesamtnationalen Erinnerungskultur schließlich dadurch, dass zu den traditionell in Westdeutschland – der alten Bundesrepublik – anerkannten und etablierten Erinnerungsinstitutionen und -formen nun die in Ostdeutschland herausgebildeten treten, so dass auch in diesem Bereich Vereinigungsprobleme erkennbar sind.

III Probleme im Umgang mit Erfahrungen der kommunistischen Diktatur

Die Erfahrungen mit der kommunistischen Diktatur spielen im deutschen öffentlichen Bewusstsein – so scheint es – in den allerletzten Jahren wieder eine abnehmende Rolle. Während der Umwälzung 1989/90 und in den ersten Jahren danach bis etwas Mitte der 1990er Jahre waren die Aufarbeitung der kommunistischen Vergangenheit und die Bewältigung ihres Erbes ein wichtiges Thema. Insbesondere das Wirken der Staatssicherheit fand Interesse, doch auch die stalinistische Nachkriegsperiode rückte in den Vordergrund des öffentlichen Interesses. In dieser Phase – der ersten Hälfte der 1990er Jahre – wurde die kommunistische Vergangenheit auf den verschiedensten Ebenen aufgearbeitet: Die strafrechtliche Aufarbeitung wurde mit beträchtlichem Aufwand vorangetrieben. Auf der Basis von „Unrechtsbereinigungsgesetzen" wurde versucht, die Opfer ein Stück weit zu entschädigen. Die Gauck-Behörde wurde geschaffen, um das riesige Erbe der Staatssicherheit zu bewältigen. Die Bundestags-Enquete-Kommission „Aufarbeitung von Geschichte und Folgen der SED-Diktatur in Deutschland" strebte eine systematische Auseinandersetzung an mit dem SED-System, mit Fragen der Verantwortlichkeit für Terror und Repression und des Umgangs mit dem Erbe.[14] Seit Mitte der 1990er Jahre schwächt sich das Interesse ab, was sich freilich nicht unbedingt fortsetzen muss – auch die Auseinandersetzung mit der NS-Vergangenheit erfolgte schubweise.

Die SED-Vergangenheit umfasst einen großen Zeitraum und reicht bis unmittelbar an die Gegenwart heran. Dementsprechend gibt es – alles in allem – weniger zeitliche Distanz als zur NS-Zeit. Und bei Auseinandersetzungen über die Vergangenheit spielt nicht selten eine Rolle, dass divergente Einschätzungen auch daraus resultieren, dass auf unterschiedliche Phasen rekurriert wird.

Schwierigkeiten im Umgang mit den Kommunismus-Erfahrungen resultieren auch daraus, dass es eine Spannung zwischen den Alltagserfahrungen wohl der Mehrheit auf der einen Seite und den Repressionserfahrungen einer Minderheit auf der anderen Seite gibt. „Die Kontakte der DDR-Bevölkerung zu den Instanzen des SED-Staats" – so ist betont worden im Hinblick auf die letzten Jahrzehnte – „waren nicht durchweg von Repressionserfahrung und Ohnmachtsgefühlen bestimmt".[15] Offensichtlich existieren jedoch verschiedene Erfahrungswelten, die sich nicht ohne weiteres in ein Bild zusammenfügen lassen und die mit unterschiedlichen Interpretationen des

SED-Systems verbunden sind. Verkomplizierend wirkt sich aus, dass sich retrospektiv die „Welten" des SED-Systems und die Alltagswelt der Menschen nicht klar trennen lassen, war die Gesellschaft der DDR eben doch „durchherrscht" von der Partei und ihren Organen.[16] Dies hat die Konsequenz, dass in der rückblickenden Betrachtung das jeweilige Leben sich nicht ohne weiteres von der Diktatur lösen lässt. Nur in bestimmten Bereichen – etwa in kirchlichen Räumen oder in privaten Nischen – war ein vom kommunistischen System relativ unabhängiges Denken und Leben möglich. All dies erschwert für viele eine kritische Aufarbeitung der Vergangenheit: Zusammen mit den Zumutungen einer neuen Gesellschaft, die die bisherigen „Kompetenzen" überwiegend entwertete, haben sich teilweise nostalgische Orientierungen herausgebildet, die einer kritischen Beschäftigung mit den Erfahrungen in SBZ und DDR entgegenstehen.

Distanz zur kritischen Beschäftigung mit den Kommunismus-Erfahrungen ist nicht ausschließlich ein ostdeutsches Phänomen. Ein Schlaglicht auf die Bewältigung der Erfahrungen mit dem Kommunismus hat die Debatte über das 1997 erschienene von Stéphane Courtois herausgegebene Schwarzbuch des Kommunismus geworfen, das die Massenverbrechen der kommunistischen Systeme weltweit zu bilanzieren versucht.[17] Zweifellos lässt sich über die Qualität verschiedener Studien des Buches diskutieren, auch fragen, ob hier der Ansatz nicht überdehnt worden ist, indem sehr unterschiedliche Phänomene in verschiedenen Kulturkreisen alle unter dem Begriff Kommunismus gefasst worden sind. Dennoch kann kein Zweifel sein, dass auch die stalinistischen Verbrechen zu den Menschheitsverbrechen zählen. Deshalb müssen die Hintergründe für die Proteste gegen das Buch in Deutschland erklärt werden. Zum einen richteten sie sich gegen die Vergleiche mit Nationalsozialismus und Faschismus, die der Herausgeber in der Einleitung mit dem Ergebnis vornahm, dass wesentlich mehr Menschen Opfer des Kommunismus als des Nationalsozialismus wurden; ein derartiges „Aufrechnen" schien manchen Betrachtern in Deutschland geradezu amoralisch und einem Geschichtsrevisionismus Vorschub zu leisten, der nicht nur die Einzigartigkeit des Holocaust in Frage stelle, sondern diesen auch relativiere.[18] Dass hier und da die Ablehnung des Buches auch aus dem Motiv erfolgte, dass man die stalinistischen Verbrechen immer noch nicht recht wahrhaben möchte, wird man berücksichtigen müssen, war aber wohl nicht das Hauptmotiv für die Proteste und kritischen Stimmen.

Generell gibt es in den letzten Jahren eine nicht unproblematische Verdrängung der Erinnerung an den Kommunismus in Europa, worauf jüngst die italienische Publizistin Barbara Spinelli hingewiesen hat. Dem Kommunismus ist, so formuliert Spinelli, in hohem Maße „das Privileg der Vergebung, wenn nicht sogar des Vergessens" zugekommen.[19] Man kann fragen, woher dies rührt und warum dies so augenfällig mit dem Umgang gegenüber dem Nationalsozialismus (und Faschismus) kontrastiert.

Sicherlich spielt eine Rolle, dass der Kommunismus Ideale der Aufklärung verwirklichen wollte. Er besaß einen humanitären Kern. Manchen erscheint er deshalb als „eine Art überschießende Abweichung vom Weg der westlichen Moderne, nicht aber, wie der Nationalsozialismus, als deren fundamentale Negation".[20] Auch wirkt der Nimbus des Antifaschismus nach, dessen teilweise stalinistische Amalgamierung vielfach nicht hinreichend mitgesehen wird. Auf diesem Hintergrund werden die Folgen des Kommunismus teilweise unterschätzt; die Schwierigkeiten, im früheren Herrschaftsbereich des Kommunismus Zivilgesellschaften und funktionierende Demokratien zu errichten, sind jedoch offensichtlich.

Es bedarf einer kritischen Aufarbeitung der Geschichte, zu der die „totalitäre Faszination" ebenso gehört wie die Rolle bürokratischer Apparaturen und der Tatbestand einer riesigen Zahl von Opfern kommunistischer Herrschaft. Das Ineinander der Komponenten ist zu untersuchen. Sicherlich ist gegenwärtig die Gefahr rechtsextremistischer Verhaltensmuster und Orientierungen größer als die eines Revivals des Stalinismus. Doch müssen Menschen- und Bürgerrechte generell gelten und sie erfordern prinzipiell antitotalitäre Haltungen. Die bereits erwähnte Barbara Spinelli fürchtet, sicherlich nicht ganz zu Unrecht, dass die Verdrängung des kommunistischen Erbes die generelle Bereitschaft schwächen könnte, die der totalitären Vergangenheit Europas gewidmete Erinnerungsarbeit fortzusetzen.

Nach der Umwälzung 1989/90 kam es auch in Deutschland zu einer erneuten Beschäftigung mit Totalitarismus-Theorien, wobei diese weiterentwickelt wurden. Sicherlich bleiben bei vielen Vergleichbarkeiten im Herrschaftsanspruch und in der Herrschaftstechnik[21] manche gravierende Unterschiede zwischen dem Kommunismus stalinistischer Prägung und dem Nationalsozialismus.[22] Doch wichtig ist, dass auf beiden Seiten mit den gleichen Maßstäben gemessen wird.

Vor der ersten Enquete-Kommission des Deutschen Bundestages, die sich mit der SED-Vergangenheit auseinander zu setzen hatte, forderte Jürgen Habermas einen antitotalitären Konsens in der deutschen Gesellschaft.[23] Ein solcher Konsens bedeutet nicht die Erhebung einer bestimmten Totalitarismustheorie zur Staatsdoktrin, wohl aber die Verbindlichkeit von Wertorientierungen, für die Menschen- und Bürgerrechte zentral sind. Zur Konsequenz hat er die Ablehnung aller totalitärer Tendenzen in Geschichte und Gegenwart. Er erfordert, auch die Erfahrung mit der kommunistischen Diktatur im kollektiven Gedächtnis zu bewahren und in der Erinnerungskultur zu berücksichtigen.

IV Die Gedenkstättenkultur und die Erinnerung an die kommunistische Herrschaft

In der Zeit seit dem Zweiten Weltkrieg bildeten sich in einem längeren, in der Bundesrepublik und in der DDR getrennt verlaufenden Prozess jeweils eigene Gedenkstättenkulturen heraus, die der NS-Zeit gewidmet waren (sieht man von den wenigen westdeutschen Erinnerungsorten für Opfer des Stalinismus ab). In ihrer Gestaltung spiegelten sich die unterschiedlichen Sichtweisen des Westens und des Ostens.[24] Die Umwälzung 1989/90, der Sturz des SED-Systems in der friedlichen Revolution und die deutsche Vereinigung, mussten sich auf diese Erinnerungskulturen auswirken. Dies geschah freilich in anderer Weise, als von manchen Beobachtern in Deutschland und in der internationalen Welt befürchtet worden war. Diese glaubten, jetzt würde ein „Viertes Reich" entstehen, das rasch die Erinnerung an Krieg, Holocaust und Kriegsniederlage verdrängen würde. Es hat jedoch – wie gezeigt – keineswegs nach 1989 eine Verdrängung der Geschichte der NS-Zeit gegeben, wie auch die Entwicklung der Erinnerungskultur zeigt, die im Gegenteil noch einmal einen Entwicklungsschub erfuhr. Allerdings gab es zwei Problemkomplexe:

- Die Gedenkstätten in der bisherigen DDR mussten überarbeitet werden.
- Die Stalinismus-Opfer, für die man im Laufe der Jahre einige Gedenkorte in Westdeutschland und West-Berlin errichtet hatte, waren in der Erinnerungskultur zu berücksichtigen, die vor allem in den neuen Ländern erst neu zu entwickeln war. Dies warf, teilweise zusammen mit der anderen Aufgabe – der Überarbeitung der Gedenkstätten – Probleme auf.

Man hätte die Nationalen Mahn- und Gedenkstätten der DDR nach 1990 als Manifestationen des DDR-Antifaschismus und der Geschichtssicht der SED musealisieren können. Da dies aber von Politik und Öffentlichkeit durchweg nicht gewollt wurde, blieb nur der Weg der Reform der Gedenkstätten, bei dem folgende Gedanken leitend wurden:

- Ermöglichung von Gedenken für alle Opfer, Berücksichtigung auch aller Opfergruppen in den Ausstellungen,
- bewusste Erhaltung bzw. Freilegung der Spuren der NS-Zeit (was z.B. in Ravensbrück zur Konsequenz hatte, die Überbauung durch russische Kasernen zu beseitigen – abgesehen von einem zu erhaltenden Bau, der die Zwischenzeit symbolisieren soll),
- Erarbeitung von Ausstellungen, die wissenschaftlich fundiert sind, in deren Mittelpunkt das Geschehen an dem entsprechenden Ort, insbesondere das Schicksal der Opfer stehen sollte.

Die Denkmalsgestaltung aus der DDR-Zeit wurde zwar keineswegs rundweg beseitigt (im Gegenteil, sogar teilweise bewusst konserviert), war jedoch im Konfliktfall gegenüber der Erhaltung der Überreste aus der NS-Zeit als zweitrangig zu betrachten. Auch wurde die politische Instrumentalisierung der Vergangenheit überwunden. Um differenziert die Rolle der Gedenkstätten in der DDR würdigen zu können, wurden zusätzliche Ausstellungen in Buchenwald, Sachsenhausen und Ravensbrück aufgebaut, die der Geschichte der Orte gewidmet sind.

Als sehr schwierig erwies sich der Umgang mit dem Tatbestand, dass die Lager in Buchenwald und Sachsenhausen in der Zeit 1945-1950 als sowjetische Speziallager genutzt worden waren. Es entwickelte sich hier eine Debatte über das Verhältnis der beiden Vergangenheiten, das von den Organisationen der Verfolgten der NS-Zeit und der Nachkriegsperiode offensichtlich als Konkurrenzverhältnis aufgefasst wurde.[25] Schließlich entschied man sich in den Gedenkstätten für zwei Beiräte und getrennte Ausstellungen; sowohl in Buchenwald als auch in Sachsenhausen wurden gesonderte Speziallager-Museen gebaut.

Die großen Gedenkstätten in den neuen Bundesländern wurden – als Erinnerungsstätten von gesamtstaatlicher Bedeutung – 1990 in die Bundesförderung aufgenommen; die Ausgaben werden seitdem zur Hälfte vom Bund und vom betreffenden Bundesland getragen. Dementsprechend konnte der Bund auf die Dauer auch eine Förderung der großen Einrichtungen im

Westen nicht verweigern, zumal jetzt erst manchen Westdeutschen, auch Politikern, auffiel, wie schlecht diese Einrichtungen in den alten Bundesländern im Vergleich zu den ostdeutschen ausgestattet waren. Auf der Basis des Berichtes der Zweiten Enquete-Kommission des Deutschen Bundestages zur SED-Vergangenheit wurde von der Bundesregierung eine Gedenkstättenkonzeption des Bundes vorgelegt, die die Gedenkstätten für die Opfer der NS-Zeit in Ost- und Westdeutschland und auch die Gedenkstätten für die Opfer des Stalinismus umfasst.[26]

Vor 1989 gab es in Westdeutschland und in West-Berlin ca. 30 Gedenkorte für Opfer der kommunistischen Herrschaft, meist Gedenktafeln, Kreuze, nur wenige Einrichtungen wie das „Haus am Checkpoint Charlie", das in privater Trägerschaft stehend durch öffentliche Mittel gefördert wurde.[27] Nach der Umwälzung 1989/90 rückten Orte stalinistischer Verfolgung in Ostdeutschland verstärkt in den Blickwinkel des öffentlichen Interesses. Man begann auch hier Gedenkstätten zu errichten. Zu nennen sind: die Gedenkstätten an den Orten früherer Speziallager, insbesondere wurden die Friedhöfe gekennzeichnet, auch wurden dazu Ausstellungen konzipiert und dann auch realisiert.[28] Ehemalige Gefängnisse und Zuchthäuser wie Hohenschönhausen oder Bautzen wurden zu Gedenkstätten erklärt. Hinzu kommen das Mauer-Museum in Berlin, diverse Grenzlandmuseen sowie die Grenzübergangsstelle Marienborn[29] – unverkennbar wird hier der Gedenkstättenbegriff stark gedehnt. Nicht vergessen werden sollten auch die Erinnerungs- und Gedenkstätten, die im revolutionären Prozess 1989/90 von Bürgerkomitees geschaffen wurden und das Handeln der Staatssicherheit dokumentieren, es handelt sich mithin teilweise um Täterorte: die Normannenstraße in Berlin, die Runde Ecke Leipzig, die Gedenkstätte Magdeburg. Mancherorts sind auch Gedenkorte mit lokaler Bedeutung gekennzeichnet worden, frühere GPU-Keller etwa. Schließlich sind noch Gedenkorte und Denkmäler zu erwähnen, die dem 17. Juni 1953 und dem 13. August 1961 und deren Opfern gewidmet sind sowie zahlreiche Erinnerungszeichen, die verfolgte Persönlichkeiten, Opfer der Teilung oder bestimmte Geschehnisse würdigen. Inzwischen wird mancherorts durch Erinnerungszeichen auch der Ereignisse des Herbstes 1989 gedacht.

Aufs Ganze gesehen hat sich inzwischen im Kontext der deutschen Erinnerungskultur eine besondere Erinnerungskultur herausgebildet, die an die kommunistische Herrschaft und ihre Opfer erinnert. Ihren Niederschlag findet sie nicht zuletzt in der Vielzahl der in diesem Band aufgeführten und beschriebenen Erinnerungszeichen und Gedenkstätten. Sie hat nicht das gleiche Ausmaß wie die Erinnerungskultur zur NS-Zeit und wird dieses wohl auch nie erhalten. Die kommunistische Herrschaft bezog sich in ihrer direkten Machtausübung nur auf einen Teil Deutschlands und hat auch nur hier ihre unmittelbaren Spuren hinterlassen. Ihre Auswirkungen hatte sie nichts desto trotz bis zum Untergang der DDR auch immer auf das Leben in der Bundesrepublik – auch wenn dies zeitweilig in der westdeutschen Öffentlichkeit in Vergessenheit zu geraten drohte.

Allerdings ist die Verbrechensdimension des Kommunismus in Deutschland mit der des Nationalsozialismus unvergleichlich. Der Holocaust gilt – auch aus internationaler Sicht – als das Massenverbrechen schlechthin in einem hochzivilisierten Land. Dies zu konstatieren bedeutet indes nicht, dass das Unrecht, das durch die kommunistische Herrschaft auf deutschem Boden und in Europa verursacht wurde, zurückgestellt oder bagatellisiert werden darf. In einer demokratischen Grundwerten und den unteilbaren Menschenrechten verpflichteten gesamtstaatlichen Erinnerungskultur müssen beide Diktaturen „aufgehoben" sein, ohne dass ihre spezifischen Unterschiede verwischt werden.

1 Jorge Semprún: Dank. In: Friedenspreis des Deutschen Bundeshandels 1994. Jorge Semprún. Ansprachen aus Anlass der Verleihung. Frankfurt a. M. 1994, S. 35-52, hier S. 51.

2 Etienne François u. Hagen Schulze (Hrsg.): Deutsche Erinnerungsorte. Bd. I. München 2001, Einleitung S. 9-24, Zitat S. 18.

3 Vgl. Maurice Halbwachs: Das Gedächtnis und seine sozialen Bedingungen. Frankfurt a.M. 1985; Ders.: Das kollektive Gedächtnis. Frankfurt/a.M.: 1985;
Jan Assmann: Das kulturelle Gedächtnis. Schrift, Erinnerung und politische Identität in frühen Hochkulturen. München 1989, insbes. S. 34 ff.

4 Zum Begriff Erinnerungskultur vgl. Bernd Faulenbach: Erinnerungsarbeit und demokratische politische Kultur heute. In: Günter Schneider/Franz-Josef Jelich (Hrsg.): Netze und lose Fäden. Politische Bildung gegen gesellschaftliche Desintegration. Schwalbach/Ts. 2002, S. 101-109.

5 Vgl. Aleida Assmann/Ute Frevert: Geschichtsvergessenheit Geschichtsversessenheit. Vom Umgang mit deutschen Vergangenheiten nach 1945. Stuttgart 1999; Bernd Faulenbach: Erinnerung und Politik in der DDR und in der Bundesrepublik. In: Deutschland Archiv 30, 1997, S. 599-606.

6 Vgl. K. Erik Franzen: Die Vertriebenen. Hitlers letzte Opfer. München 2002 (Buch zur Fernsehserie); Günter Grass: Im Krebsgang. Eine Novelle. Göttingen 2002 (sowie die Diskussion über dieses Buch in den Medien). Jörg Friedrich: Der Brand. München 2002.

7 Siehe Ulrike Puvogel/Manfred Stankowski unter Mitarbeit von Ursula Graf: Gedenkstätten für die Opfer des Nationalsozialismus. Bd. I. 2. Aufl. Bonn 1996; Stephanie Endlich/Nora Goldenbogen/Beatrix Herlemann/Monika Kahl/Regina Scheer: Gedenkstätten für die Opfer des Nationalsozialismus. Bd. II. Bonn 1999.

8 Siehe Annette Leo/Peter Reif-Spierek (Hrsg.): Helden, Täter und Verräter. Studien zum DDR-Antifaschismus. Berlin 1999; Dies. (Hrsg.): Vielstimmiges Schweigen. Neue Studien zum DDR-Antifaschismus. Berlin 2001; Bernd Faulenbach: Die DDR als antifaschistischer Staat. In: Rainer Eckert/Bernd Faulenbach: Halbherziger Revisionismus. Zum postkommunistischen Geschichtsbild. München 1996, S. 47-68.

9 Siehe Joachim Käppner: Erstarrte Geschichte. Faschismus und Holocaust im Spiegel der Geschichtswissenschaft und Geschichtspropaganda der DDR. Hamburg 1999. Vgl. auch Jeffrey Herf: Zweierlei Erinnerung. Berlin 1998.

10 Die Volkskammer beschloss eine Entschließung zu den Hypotheken der jüngsten deutschen Geschichte und der daraus resultierenden Verantwortlichkeit für die Deutschen in der DDR etwa gegenüber Israel am 12. April 1990. Vgl. dazu Faulenbach: Die DDR als antifaschistischer Staat, S. 61.

11 Zur Diskussion über das Rosa-Luxemburg-Denkmal vgl. Ein Zeichen für Rosa Luxemburg. Deutungsmuster eines politischen Lebens. Diskussionsprozesse 1998-2000. Dokumentation. Hrsg. v. Initiativkreis Ein Zeichen für Rosa Luxemburg. Berlin o.J.; Heinrich August Winkler u.a.: Arbeit am Mythos Rosa Luxemburg. Braucht Berlin ein neues Denkmal für die ermordete Revolutionärin? Bonn 2002.

12 Siehe dazu Julius H. Schoeps (Hrsg.): Ein Volk von Mördern? Eine Dokumentation zur Goldhagen-Kontroverse um die Rolle der Deutschen im Holocaust. Hamburg 1996; Hans-Günther Thiele (Hrsg.): Die Wehrmachtausstellung. Dokumentation einer Kontroverse. Bonn 1997; Frank Schirrmacher (Hrsg.): Die Walser-Bubis-Debatte. Eine Dokumentation. Frankfurt a.M. 1999; Michael S. Cullen: Das Holocaust-Mahnmal. Dokumentation einer Debatte. Zürich 1999.

13 Siehe Gustav W. Heinemann: Präsidiale Reden. Frankfurt a.M. 1975, S. 125-141.

14 Vgl. Bernd Faulenbach: Die Auseinandersetzung mit der doppelten Vergangenheit im Deutschen Bundestag. In: Martin Sabrow (Hrsg.): Grenzen der Vereinigung. Das geteilte Deutschland im geeinten Deutschland. Leipzig 1999, S. 35-54.

15 Helmut Wiesenthal: Die neuen Bundesländer als Sonderfall der Transformation in den Ländern Ostmitteleuropas. In: APuZ 1996, B 40, S. 46-54, Zitat S. 50.

16 Zum Begriff der „durchherrschten Gesellschaft" vgl. Jürgen Kocka: Eine durchherrschte Gesellschaft. In: Hartmut Kaelble / Jürgen Kocka / Hartmut Zwahr (Hrsg.): Sozialgeschichte der DDR. Stuttgart 1994, S. 547-553.

17 Stéphane Courtois, Nicolas Werth u.a.: Das Schwarzbuch des Kommunismus. Unterdrückung, Verbrechen und Terror. München u. Zürich 1997.

18 Siehe Horst Möller (Hrsg.): Der rote Holocaust und die Deutschen. Die Debatte um das „Schwarzbuch des Kommunismus". München u. Zürich 1999.

19 Barbara Spinelli: Der Gebrauch der Erinnerung. Europa und das Erbe des Totalitarismus. München 2002, S. 16.

20 Formulierung von Richard Herzinger in seiner Besprechung des Buches von Barbara Spinelli (siehe Anmerkung 22) in der Sonderbeilage von Die Zeit Nr. 41. Oktober 2002 Zeitliteratur, S. 73.

21 Siehe zu den Unterschieden der Herrschaftstechnik Hans Mommsen: Nationalsozialismus und Stalinismus. Diktaturen im Vergleich. In Klaus Sühl (Hrsg.): 1945-1989. Ein unmöglicher Vergleich? Berlin 1994, S. 109-126, hier S. 115 f.

22 Zur Totalitarismus-Theorie vgl. Eckart Jesse (Hrsg.): Totalitarismus im 20. Jahrhundert. Eine Bilanz der internationalen Forschung. Bonn 1986; Alfons Söllner / Ralf Walkenhaus / Karin Wieland (Hrsg.): Totalitarismus. Eine Ideengeschichte des 20. Jahrhunderts. Berlin 1999; Wolfgang Wippermann: Totalitarismustheorien. Die Entwicklung der Diskussion von den Anfängen bis heute. Darmstadt 1997.

23 Jürgen Habermas in: Materialien der Enquete-Kommission „Aufarbeitung von Geschichte und Folgen der SED-Diktatur. Bd. IX. Baden-Baden 1995, S. 868-694.

24 Vgl. Bernd Faulenbach: Erinnerung und Politik in der DDR und in der Bundesrepublik. In: Deutschland Archiv 30, 1997, S. 599-606.

25 Vgl. Peter Reichel: Politik mit Erinnerung. Gedächtnisorte im Streit um die nationalsozialistische Vergangenheit. Wien 1995, u.a. S. 219 ff. Zu den Auseinandersetzungen in Buchenwald vgl. auch Hasko Zimmer in Zusammenarbeit mit Katja Flesser und Julia Volmer: Der Buchenwald-Konflikt. Zum Streit um Geschichte und Erinnerung im Kontext der deutschen Vereinigung. Münster 1999. Vgl. ferner Bernd Faulenbach: Das Problem der Auseinandersetzung mit den verschiedenen Vergangenheiten und die Aufgaben der Gedenkstätten im vereinigten Deutschland. In: Norbert Haase/Bert Pampel (Hrsg.): Doppelte Last, doppelte Herausforderung. Gedenkstättenarbeit und Diktaturenvergleich an Orten mit doppelter Vergangenheit. Frankfurt a. M., Berlin 1998, S. 77-92; dies.: Konkurrenz der Vergangenheiten? Die Aufarbeitung des SED-Systems im Kontext der Debatte über die jüngere deutsche Geschichte. In: Annegret Stephan (Hrsg.): 1945 bis 2000. Ansichten zur deutschen Geschichte. Magdeburg 2002, S. 17-32.

26 Siehe Schlussbericht der Enquete-Kommission „Überwindung der Folgen der SED-Diktatur im Prozeß der deutschen Einheit." Deutscher Bundestag. Drucksache 13/11000, S. 226 ff.

27 Siehe dazu Annette Kaminsky: Erinnerung, Gedenken und Gedenkstätten für Widerstand, Opfer und Verfolgung der zweiten Diktatur auf deutschem Boden. In: Bruno Groppo / Christine Schindler (Hrsg.): Erinnerung an Diktatur und Verfolgung im internationalen Vergleich. Leipzig 2001, S. 179-187.

28 Zu den Speziallager-Gedenkstätten siehe Peter Reif-Spierek/Bodo Ritscher (Hrsg.): Speziallager in der SBZ. Gedenkstätten mit „doppelter Vergangenheit". Berlin 1999.

29 Vgl. Bernd Faulenbach: Überwindung der Teilung durch eine Kultur des Erinnerns? Zur Rolle der Gedenkstätte „Deutsche Teilung Marienborn" im demokratischen Erinnerungsprozess. Magdeburg 2001.

I Gedenkzeichen, Gedenkstätten und Museen zur Diktatur in SBZ und DDR

Baden-Württemberg

Gedenktafel und Gedenkstele im Bundesgerichtshof

Karlsruhe. Im August 1945 verhaftete die sowjetische Geheimpolizei 34 Mitglieder des Reichsgerichts in Leipzig. Nach einem mehrwöchigen Aufenthalt im Leipziger Gerichtsgefängnis wurden sie mit weiteren Gefangenen in das frühere Kriegsgefangenenlager Stalag IVB, das NKWD-Speziallager Nr. 1 ⇨Mühlberg/Elbe gebracht. Nach Auflösung des Speziallagers Mühlberg im Herbst 1948 wurden die Überlebenden in das Speziallager Nr. 2 ⇨Buchenwald transportiert. Nur vier der verhafteten Reichsgerichtsmitglieder überlebten die sowjetischen Lager.

Bereits seit 1957 erinnert im Hauptgebäude des Bundesgerichtshofes eine Gedenktafel an die früheren Mitglieder des Reichsgerichts und der Reichsanwaltschaft, die 1945 und 1946 in den sowjetischen Speziallagern Mühlberg und Buchenwald ums Leben kamen. Angehörige von früheren Mitgliedern des Reichsgerichts und der Reichsanwaltschaft schlugen im Oktober 1956 dem Präsidenten des 1950 in Karlsruhe errichteten Bundesgerichtshofs, Hermann Weinkauff, vor, mit einer Gedenktafel der Lageropfer zu gedenken. Mit Zustimmung des Bundesjustizministeriums wurde die Tafel schließlich am 24. Oktober 1957 offiziell enthüllt. Die Muschelkalk-Blaubank-Tafel wurde nach einem Entwurf des Karlsruher Kunstmalers H. Bogislav Groos hergestellt und ist im ersten Obergeschoss des Hauptgebäudes in eine Wand am Eingang eines Sitzungssaales eingelassen. Sie trägt die Inschrift: „Zum Gedächtnis der / 34 Mitglieder des / Reichsgerichts und / der Reichsanwaltschaft / die in den Jahren 1945 / und 1946 in den Lagern / Mühlberg an der Elbe / und Buchenwald / umgekommen sind."

Die Gedenktafel ist umstritten. Ein Bericht des Magazins „Stern" hat im Jahre 1979 anlässlich der 100-Jahr-Feier der Gründung des Reichsgerichts darauf hingewiesen, dass sich unter den 34 in den Lagern gestorbenen Mitgliedern des Reichsgerichts 23 NSDAP-Mitglieder befunden hätten, die fast alle mit dem „Treuedienst-Ehrenzeichen" der Nationalsozialisten ausgezeichnet gewesen seien. Mehrere der Verhafteten waren als Richter auch an Urteilen wegen „Rassenschande" beteiligt gewesen. Die Auseinandersetzung um den Text der Gedenktafel setzte sich bis 1990 fort. Im Foyer des Gerichtsgebäudes wurde eine Stele zur Erinnerung an diejenigen errichtet, „denen im Namen des Deutschen Volkes Unrecht geschah 1933-1945". Die vollständige Inschrift lautet: „Gerechtigkeit erhöht ein Volk / Buch der Sprüche 14,34 / In Gedenken an / die Frauen und Männer / denen im Namen / des Deutschen Volkes / Unrecht geschah / 1933-1945".

QUELLEN / LITERATUR
Informationen des Bundesgerichtshofes.
Behringer, Uwe: „Deutsches Blut und deutsche Ehre", in: Stern Nr. 38 vom 13.9.1979, S. 264f.
Kramer, Helmut: Blickpunkt, in: Betrifft Justiz Nr. 66, Juni 2001, S. 70.

ANSCHRIFT
Herrenstraße 45a; 76133 Karlsruhe

VERKEHRSANBINDUNG
Vom Hauptbahnhof mit der Straßenbahn Richtung Europaplatz bis Haltestelle Karlstor oder Europaplatz

PKW
Vom Autobahnanschluss Karlsruhe-Durlach B 10 in Richtung Landau / Saarbrücken, dann nach Unterführung scharf rechts in die Herrenstraße

Gegen das Vergessen – Sammlung zur Geschichte der DDR

Pforzheim. Seit 1998 baut ein Freundeskreis um den aus der DDR geflüchteten Klaus Knabe im baden-württembergischen Pforzheim ein Museum über die DDR auf. Ziel des Vereins ist es, insbesondere Jugendliche mit der Sammlung zur DDR-Geschichte für die Historie des SED-Staates zu interessieren. Vor allem Dinge, die konträr zur demokratischen Grundordnung der Bundesrepublik stehen, sind in diese Sammlung aufgenommen. Dazu gehören Abhörgeräte der Staatssicherheit, Mauersegmente, eine Rekonstruktion eines Grenzstückes mit Sicherungs- und Alarmeinrichtungen, der Nachbau einer Zelle der Staatssicherheit, ein originales Verhörzimmer des MfS, das die Gedenkstätte Berlin-Hohenschönhausen für das Museum zur Verfügung gestellt hat. Auf Schautafeln und in Vitrinen sind Urkunden, Lehrbücher, Halstücher, Banner, Wimpel, Orden, Zeitungsausschnitte, Signalstöcke der Volkspolizei und Funkgeräte ausgestellt und kommentiert. Zudem können Tondokumente und Videos, Reden und Erfahrungsberichte von Opfern der SED-Diktatur angehört und eingesehen werden. Das Museum verfügt über eine Bibliothek und ist in verschiedene Bereiche unterteilt: Alltag, Grenze/Militär, politische Erziehung bei den Jungen Pionieren, in der FDJ und in der SED, Volkspolizei, Staatssicherheit, Massenorganisationen, Widerstand und friedliche Revolution 1989/90.

Inzwischen wurde das Museum als Einrichtung des Landes Baden-Württemberg umgebaut, erweitert und didaktisch insbesondere für Schulklassen neu konzipiert; am 11. September 2003 wurde die neu gestaltete und auf drei Etagen erweiterte Ausstellung durch die Kultusministerin des Landes Baden-Württemberg feierlich eröffnet.

ANSCHRIFT
Hagenschießstr. 9, 75175 Pforzheim

ANSPRECHPARTNER
Klaus Knabe, Bussardstr. 28, 75175 Pforzheim, Tel./ Fax 07231/62191

ÖFFNUNGSZEITEN
sonntags 11 bis 13 Uhr und nach telefonischer Vereinbarung

VERKEHRSANBINDUNG / PKW
Das Museum befindet sich im Stadtteil Buckenberg auf dem Gelände der ehemaligen französischen Siedlung im Schulgebäude, Hagenschießstraße 9. Der Beschilderung Hochschule/Wildpark folgen. Nach dem Tierpark nächste Straße links (Hagenschießstraße). Nach etwa 500 m liegt das Museum auf der rechten Seite

Bayern

Ludwigstadt
Pressig
Mödlareuth
Bad Königshofen
Alsleben
Neustadt
Aschaffenburg
Bamberg
Bayreuth
Würzburg
Erlangen
Fürth
Nürnberg
Regensburg
Ingolstadt
Landshut
Neu Ulm
Augsburg
München
Rosenheim

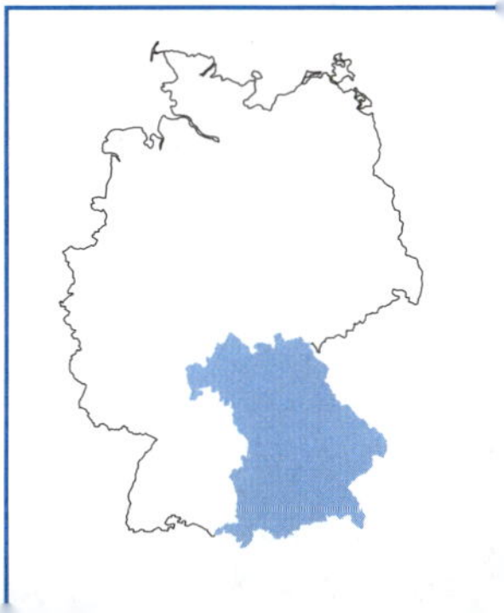

Das „Grüne Band“

Mit Beginn der Abriegelung der Westgrenzen der DDR entwickelte sich das Grenzgebiet seit Beginn der 1950er Jahre zu einer streng abgeschirmten Sperrzone. Der besonders ab den 1960er Jahren forcierte Ausbau der Grenzanlagen zog die Zwangsenteignung und Umsiedlung von Teilen der dort ansässigen Bevölkerung nach sich. Die gleichzeitig errichteten militärischen Sicherungsanlagen längs des Todesstreifens machten das Betreten des Gebietes und damit das Überqueren der Grenze unmöglich. Zahlreiche Menschen kamen bei dem Versuch, dennoch zu fliehen, ums Leben oder wurden inhaftiert.

Abgeschirmt von jeglichem menschlichen Einfluss entwickelte sich damit auf beiden Seiten der innerdeutschen Grenzlinie über Jahrzehnte ein einzigartiges Biotop. Über 400 Naturschützer aus Bayern und der DDR trafen sich kurz nach Öffnung der Grenze am 9. Dezember 1989 in Hof und verlangten in einer einstimmig verabschiedeten Resolution den Schutz des „Grünen Bandes“, der Landschaft des ehemaligen Todesstreifens an der innerdeutschen Grenze. Als erstes gesamtdeutsches Naturschutzprojekt überhaupt sollte das 1 393 Kilometer lange, zwischen 50 und 200 Meter breite und insgesamt 19 420 Hektar umfassende Gebiet weiter geschützt und als längste Biotopfläche Deutschlands zusammenhängend erhalten werden. In der „geographischen Mitte“ des „Grünen Bandes“ bei ⇨Teistungen / Duderstadt im Eichsfeld entstand ein Kunstprojekt zur Erinnerung an die innerdeutsche Grenze. Anka Förster und Robert Schätzle vom Institut für Landschaftsplanung der Universität Hannover gewannen mit ihrer Idee des „West Östlichen Tores“ einen Wettbewerb zur Gestaltung des Gebietes. Im Juni 2002 wurde unmittelbar auf der alten Grenzlinie auf dem Höhenrücken des Kutschenberges das künstlerisch gestaltete Tor eröffnet. Das Hauptelement des Tores bilden zwei aufrecht stehende Eichenstämme mit einer Höhe von 12 Metern. Der Abstand zwischen den beiden Stämmen beträgt acht Meter. Eine symbolische „Schwelle“ aus Edelstahl erstreckt sich fast bodenbündig dazwischen. Eine Schweißnaht verläuft mittig entlang der Längsachse. Diese Schwelle soll zum Übertreten einladen. Seit 1995, dem europäischen Naturschutzjahr, informiert die Wanderausstellung „Das Grüne Band – Lebenslinie Todesstreifen“ über die Lebensräume an der innerdeutschen Grenze. Mit Luftbildern, Fotos und Texten wird der Biotopverbund auf 14 großen Tafeln und 20 Holzsäulen dargestellt. Die Ausstellung wurde von der Deutschen Bundesstiftung Umwelt (DBU) gefördert und in mehr als 150 Städten gezeigt.

QUELLEN / LITERATUR
Broschüren und Faltblätter vom Projektbüro „Grünes Band" beim Bund Naturschutz in Bayern e. V. Radwanderführer am „Grünen Band".

ANSPRECHPARTNER
Dr. Kai Frobel, Bund Naturschutz in Bayern e. V., Landesfachgeschäftsstelle – Projekt „Grünes Band", Bauernfeindstraße 23, 90471 Nürnberg
Tel.: 09 11 / 81 87 80, Fax: 09 11 / 86 95 68, E-mail: lfg@bund-naturschutz.de, www.dasgrueneband.info

VERKEHRSANBINDUNG / PKW
„Das WestÖstliche Tor": A 2 Richtung Kreuz Braunschweig Nord, dann A 391 / A 39, B 446 Abfahrt Nörten-Hardenberg, Richtung Rodetal, Bovenden, Billingshausen, Esplingerode bis Duderstadt, dort B 247 Duderstädter Straße in Richtung Teistungen

Mahnkreuz zur Erinnerung an die innerdeutsche Grenze

Alsleben. Auf dem ehemaligen Todesstreifen zwischen dem thüringischen Dorf Gompertshausen und dem bayrischen Alsleben wurde auf Initiative des CSU-Ortsverbandes am 3. Oktober 1992 ein Gedenkkreuz errichtet. Das 5,40 Meter hohe und 2,60 Meter breite Kreuz wurde von Paul Pannek gestaltet. Auf dem Mahnkreuz befindet sich eine Tafel mit der Inschrift: „1945 – 1990 – Den Toten an der Grenze zum Gedenken – den Lebenden für die Zukunft zur Mahnung. Errichtet vom CSU-Ortsverband Alsleben, Tag der deutschen Einheit, 3.10.1992".

QUELLEN / LITERATUR
Gedenkstätte Billmuthausen. Ein geschleiftes Dorf, hrsg. vom Förderverein Gedenkstätte Billmuthausen, Bad Colberg-Heldburg 2002

STANDORT
97633 Alsleben

VERKEHRSANBINDUNG
Der Gedenkort ist mit öffentlichen Verkehrsmitteln nicht erreichbar

PKW
A 9, A 4 bis Hermsdorfer Kreuz, A 71 bis Erfurt, dort abfahren, bis Traßdorf, B 87, B 4 nach Ilmenau, Nahetal-Waldau, Hinternah, L 1134 bis Gerhardtsgereuth, Hildburghausen, Wallrabs, Birkenfeld, Steinfeld nach Alsleben

Unterfränkisches Grenzmuseum

Bad Königshofen/Mellrichstadt. Das Unterfränkische Grenzmuseum wurde 1992 auf Anregung des Vereins für Heimatgeschichte im Grabfeld e. V. gegründet. Das Museum besteht aus zwei örtlich getrennten Teilen in Bad Königshofen bzw. in Mellrichstadt. Der Ausstellungsraum in Bad Königshofen behandelt die Geschichte der Grenze in Unterfranken von 1945 bis 1978, derjenige in Mellrichstadt umfasst den Zeitraum von 1973 bis zur Grenzöffnung 1989. Beide Teile des Museums liegen am „Friedensweg" entlang der ehemaligen innerdeutschen Grenze. Dieser verläuft derzeit 20 Kilometer als Wanderweg entlang des früheren Grenzstreifens an der bayerisch-thüringischen Grenze im Biosphärenreservat Rhön. Der „Friedensweg" führt auch an

Bad Königshofen vorbei. Auf Schautafeln entlang des „Friedensweges“ werden historische, politische und militärische Hintergründe der Grenzbefestigungen erläutert.

Das Grenzmuseum Bad Königshofen in der Kellereistraße ist in einem ehemaligen Schloss untergebracht. Über 40 Jahre lang war hier die Grenzinformationsstelle zu finden, in der Besucher in Vorträgen und Filmbeiträgen mehr über die deutsch-deutsche Teilung erfuhren. Diese Filme sind auch heute noch im Besitz des Vereins für Heimatgeschichte im Grabfeld und werden bei Führungen gezeigt. Im Ausstellungsraum in Bad Königshofen steht unter anderem ein Diorama, das die Grenzsperranlagen im dortigen Raum in Miniaturformat zeigt. Zu den besonderen Exponaten gehören Flugblattraketen, die an den deutsch-deutschen Propagandakrieg im Grenzgebiet in den fünfziger Jahren erinnern: Mit diesen Raketen (oder mit Ballons) warfen westdeutsche Gruppen wie die „Kampfgruppe gegen Unmenschlichkeit“ Flugblätter über der DDR ab, die zum Verlassen des SED-Staates aufforderten, die Zuchthäuser anprangerten und zum Widerstand gegen das SED-Regime aufriefen. Die DDR stellte unmittelbar an der Grenze gen Westen gerichtete, riesige Plakatwände auf, die mit Parolen wie „Die DDR sichert Deutschland Glück und Frieden“ die Vorzüge des Sozialismus priesen. Erst Mitte der siebziger Jahre wurde dieser „kalte Propagandakrieg“ beendet. Ausgestellt sind außerdem Modelle von Erdminen und Ausrüstungsgegenstände von DDR-Grenzsoldaten. Ergänzt wird die Ausstellung durch Film- und Tondokumente.

Das Schloss Wolzogen in Mühlfeld nahe Mellrichstadt – heute Unterfränkisches Grenzmuseum – lag nur wenige hundert Meter von der innerdeutschen Grenze entfernt. Nur einige Meter von hier entfernt endete die Bahnstrecke, waren Straßenverbindungen von Ost nach West unterbrochen. Neben dem Unterfränkischen Grenzmuseum beherbergt das Schloss auch ein Porzellan- und Fotomuseum.

Die Ausstellung in Mellrichstadt wählte das Jahr 1973 als Beginn einer neuen Etappe, weil in diesem Jahr der Grenzübergang Eußenhausen / Meiningen eröffnet wurde, einer von vier zusätzlichen Übergängen, deren Eröffnung 1972 im Grundlagenvertrag festgeschrieben worden war. Zum Museum in Mellrichstadt gehört ein Freigelände, auf dem Reste der ehemaligen Grenze zu besichtigen sind: Prellböcke, Erdbunker und ein historischer Wachturm. Im Freigelände steht das Denkmal „Goldene Brücke“ (1996), das die Zusammengehörigkeit zwischen den Menschen in der DDR und der Bundesrepublik demonstrieren soll.

Das Museum bietet nach Vereinbarung Führungen an. Es gibt auch die Möglichkeit, über den Verein für Heimatgeschichte in Bad Königshofen Führungen entlang des Friedensweges zu vereinbaren.

QUELLEN / LITERATUR

Informationen des Vereins für Heimatgeschichte im Grabfeld e.V.
Auf einen Blick. Leitfaden zur Geschichtsaufarbeitung nach 1945 in Thüringen, hrsg. von der Thüringischen Staatskanzlei und der Geschichtswerkstatt Jena e.V., Weimar 2000.
Schätzlein, Gerhard / Bärbel Rösch / Reinhold Albert: Grenzerfahrungen. Bayern-Thüringen 1945 bis 1971, Hildburghausen 2001.
Wanderbegleiter „Friedensweg".
„Als Zaun und Minen Menschen trennten". 40 Jahre deutsch-deutsche Teilung am Beispiel der unterfränkischen Grenze. Video. Autor: Hanns Friedrich (Bad Königshofen), 45 Minuten.

ANSCHRIFT

Grenzmuseum Bad Königshofen, Ehemalige Volksschule Kellereistraße, 97631 Bad Königshofen
Grenzmuseum Schloss Wolzogen, Mühlfeld
97638 Mellrichstadt

ANSPRECHPARTNER

Verein für Heimatgeschichte im Grabfeld e.V., Hanns Friedrich (1. Vorsitzender), Tuchbleiche 7, 97631 Bad Königshofen, Tel. 09761 / 39030, Fax 09761 / 39032, E-mail: Hanns-Friedrich@t-online.de

ÖFFNUNGSZEITEN

sonntags von 14-18 Uhr und nach Vereinbarung

VERKEHRSANBINDUNG

Nach Bad Königshofen mit der Deutschen Bahn bis Bad Neustadt, Schweinfurt oder Fulda und dann weiter mit dem Bus. Mellrichstadt ist mit der Regionalbahn erreichbar

PKW

Nach Bad Königshofen: B 279 Richtung Coburg; nach Mellrichstadt: B 19 Mellrichstadt-Meiningen

Mahnmal zur deutschen Einheit

Erlangen. Am 13. August 1962, dem 1. Jahrestag des Mauerbaus, wurde auf dem Erlanger Ohmplatz das als stilisierte Fackel gestaltete Mahnmal mit der Inschrift „Deutschland ist unteilbar" feierlich enthüllt, vor dem seither die jährliche offizielle Gedenkfeier der Stadt Erlangen am 17. Juni stattfindet.

Nach der Wiedervereinigung wurde am Sockel des Mahnmals eine zusätzliche Tafel angebracht mit der Inschrift: „Wir sind ein Volk / wiedervereinigt / am 3. Okt. 1990".

QUELLEN / LITERATUR
Information des Oberbürgermeisters der Stadt Erlangen.

STANDORT
Ohmplatz, 91052 Erlangen

VERKEHRSANBINDUNG / PKW
Über die A 3 Würzburg und Nürnberg oder über die A 73 zwischen Bamberg und Nürnberg

Aussichtsturm „Thüringer Warte“

Ludwigsstadt. Der Aussichtsturm „Thüringer Warte“ wurde 1963 von der fränkischen Stadt Ludwigsstadt auf dem angrenzenden Ratzenberg errichtet. Von dem Turm aus konnten Besucher die innerdeutschen Grenzanlagen und die benachbarten Ortschaften in Thüringen überblicken.

Nach der Grenzöffnung im November 1989 sanierte die Kommune Ludwigsstadt den Aussichtsturm und weihte 1995 eine Dokumentation darin ein. Ihr Ziel ist es, einen umfassenden geschichtlichen Einblick in das Thema „Grenze“ in der Region Thüringen/Franken seit dem 13. Jahrhundert bis in die Neuzeit zu geben. Die thematischen Schwerpunkte liegen dabei auf dem Mittelalter, der Frühen Neuzeit und der Zeit nach dem Zweiten Weltkrieg. Die Weimarer Republik und das „Dritte Reich“ werden nicht behandelt. Neben einem historischen Abriss sind in der Dokumentation die Auswirkungen der innerdeutschen Teilung auf die thüringisch-fränkische Grenzregion dargestellt.

Die „Thüringer Warte“ kann selbstständig erschlossen werden. Der Turm gehört zur Gedenkstätte Probstzella-Ludwigsstadt und ist durch einen Wanderweg mit dem Grenzturm auf dem Hopfsberg in ⇨Probstzella verbunden.

QUELLEN / LITERATUR
Schätzlein, Gerhard / Bärbel Rösch / Reinhold Albert: Grenzerfahrungen Bayern-Thüringen 1945-1971, Hildburghausen 2001.

STANDORT
Auf dem Ratzenberg im Stadtteil Lauenstein
96337 Ludwigsstadt

ANSCHRIFT
Stadt Ludwigsstadt, Lauensteiner Straße 1, 96337 Ludwigsstadt, Tel. 092 63 / 949-0, Fax 096 23 / 949-40, E-mail: tourist-info@ludwigsstadt.de, www.ludwigsstadt.de

ANSPRECHPARTNER
Diana Reitz, Tel. 092 63 / 97 45 41

ÖFFNUNGSZEITEN
April bis November täglich von 9 bis 17 Uhr

VERKEHRSANBINDUNG / PKW
Über die B 85 nach Ludwigsstadt in den Stadtteil Lauenstein – Orlamünder Straße – über die Ringstraße oder Turmstraße auf den Ratzenberg

Deutsch-Deutsches Museum zur Geschichte der Teilung

Mödlareuth. Die Amerikaner nannten es „Little Berlin“, dieses Dorf „am Ende der Welt“, das ebenso wie sein großes Pendant zum Symbol der deutschen Teilung wurde. In Mödlareuth gab es eine Mauer, aber keinen Grenzübergang. Eine Grenze mitten durch ein kleines Dorf, deren Anfänge schon zwei Jahrhunderte zurückliegen. Bereits 1810 wurden entlang des durch Mödlareuth fließenden Tannbaches neue Grenzsteine gesetzt, eingeschlagen die Initialen „KB“ (Königreich Bayern) auf der einen, „FR“ (Fürstentum Reuß) auf der anderen Seite der Steine. Nach dem Ende des Zweiten Weltkrieges bildete der Tannbach die Demarkationslinie zwischen Mödlareuth-Ost in der sowjetischen und Mödlareuth-West in der amerikanischen Besatzungszone. Mit Gründung der beiden deutschen Staaten 1949 gehörte der Ostteil zur DDR, der Westteil zur Bundesrepublik. Noch war es mit Passierschein und Kleinem Grenzschein möglich, den Tannbach zu überqueren. Dies änderte sich schlagartig am 26. Mai 1952. Mit dem DDR-Ministerratsbeschluss über die „Verordnung über Maßnahmen an der Demarkationslinie zwischen der DDR und den westlichen Besatzungszonen Deutschlands“ und der einen Tag später in Kraft getretenen Polizeiverordnung senkte sich auch in Mödlareuth der Eiserne Vorhang. Im Juli 1952 wurde mit der Errichtung eines übermannshohen Bretterzaunes die totale Abgrenzung der beiden Ortsteile eingeleitet. Jahrhundertealte wirtschaftliche, gesellschaftliche und familiäre Verbindungen über den Tannbach hinweg waren abrupt unterbrochen. Wie in anderen Grenzdörfern kam es auch in Mödlareuth 1952 und 1961 zu Zwangsaussiedlungen, als zahlreiche DDR-Bürger aus den grenznahen Bereichen ins Hinterland verbracht und ihre Anwesen zum Teil dem Erdboden gleichgemacht wurden. Die Sperranlagen in Mödlareuth baute die DDR immer weiter aus, bis schließlich 1966 als sichtbarer Höhepunkt der Grenzsicherung die 700 Meter lange, 3,30 Meter hohe Betonsperrmauer errichtet wurde. In beiden Ortsteilen ergab sich in den Jahren der Teilung eine völlig konträre Situation. Im Westteil Mödlareuths herrschte starker Besucherandrang. Er war eine beliebte Anlaufstelle für Persönlichkeiten aus Politik, Wirtschaft und Kultur wie auch für unzählige Grenztouristen. Der Ostteil Mödlareuths hingegen befand sich im 500 Meter breiten Schutzstreifen, im sensibelsten Bereich der DDR-Grenzsicherung. Außer den Bewohnern hatten nur DDR-Bürger mit Sondergenehmigung und Passierscheinen Zugang. Das Leben hier unterlag starken Reglementierungen.

Am 9. Dezember 1989, einen Monat nach dem Fall der Mauer in Berlin, wurde ein Grenzübergang in Mödlareuth eröffnet. Mit dem Fall der Mödlareuther Mauer am 17. Juni 1990 entstand die Idee, ein Museum zur Geschichte der deutschen Teilung in dem auch heute noch verwaltungstechnisch geteilten Dorf zu errichten. Erklärtes Ziel des Deutsch-Deutschen Museums ist die Darstellung der Geschichte der Teilung in ihrer Gesamtheit. Nicht nur Mauer und Stacheldraht, sondern auch die politischen, wirtschaftlichen, gesellschaftlichen und alltagsgeschichtlichen Aspekte werden thematisiert und exemplarisch anhand regionaler und lokaler Beispiele erläutert. Neben einer musealen Infrastruktur mit Archiv, Bibliothek, Medienwerkstatt und Depots verfügt das Museum über ein Freigelände mit einer Fläche von etwa 8 000 Quadratmetern. Es vermittelt in einer Rekonstruktion die Gliederung des Grenzgebietes in Sperrzone und Schutzstreifen, Aufbau und Zusammenwirken der verschiedenen Sperranlagen sowie die „offene Grenze" von Seiten der Bundesrepublik (Zeitstand 1989). Ein zweiter Teilbereich zeigt die vorderen Sperranlagen von Mödlareuth auf einer Länge von etwa 100 Metern im Original. Ein vier Kilometer langer Geschichtslehrpfad, der eine Vorstellung von der Weitläufigkeit der Sperranlagen vermittelt, und ein begehbares Kfz-Depot ergänzen das Museumsangebot. Bis der geplante Neubau eines Museumsgebäudes zur Präsentation der umfangreichen Dauerausstellung realisiert ist, werden ganzjährig Sonderausstellungen gezeigt.

Das Deutsch-Deutsche Museum Mödlareuth bietet nach Voranmeldungen Führungen an. Weiterhin gibt es einen Videovorführraum mit 70 Plätzen, einen Seminarraum mit 50 Plätzen und einen Museumsshop, in dem Hintergrundliteratur zur Geschichte der deutschen Teilung erhältlich ist. Es besteht die Möglichkeit, im Museum Seminare, insbesondere für Schulklassen und im Rahmen der Erwachsenenbildung, abzuhalten.

QUELLEN / LITERATUR

Hermann, Ingolf / Arndt Schaffner: Die Deutsch-Deutsche Grenze. Von Posseck bis Lehesten, von Ludwigsstadt nach Prex. Grenzdokumentation, Plauen 1998.
Lebegern, Robert: Mauer, Zaun und Stacheldraht. Sperranlagen an der innerdeutschen Grenze 1945-1990, Weiden 2002.
Schaffner, Arndt: Mödlareuth – Tagebuch eines geteilten Dorfes, 1983 (Video, 40 Min.).
Schaffner, Arndt: Alltag an der Grenze. Die deutsche Teilung am Beispiel Mödlareuth, 1998 (Video, 20 Min.).

ANSCHRIFT

Mödlareuth Nr. 13, 95183 Töpen

ANSPRECHPARTNER

Tel. 09295 / 1334, Fax 09295 / 1319; E-mail: museum.moedlareuth@t-online.de

ÖFFNUNGSZEITEN

im Sommer täglich von 9 bis 18 Uhr; im Winter montags bis freitags von 9 bis 17 Uhr und am Wochenende und an Feiertagen von 10 bis 17 Uhr. Eintritt: Erwachsene 2 €, ermäßigt (Schüler, Studenten, Rentner) 1,50 €, Gruppen pro Person 1,50 €

VERKEHRSANBINDUNG

Deutsche Bahn bis Hof, dann weiter mit dem Bus

PKW

Aus Richtung München: Dreieck Bayerisches Vogtland auf A 72 (Plauen-Dresden), Anschlussstelle Hof, Töpen; aus Richtung Berlin: Anschlussstelle Lobenstein, Gefell – Dobareuth – Juchhöh; aus Richtung Dresden: A 72 in Richtung A 9 (München-Berlin), Anschlussstelle Hof, Töpen; aus Richtung Regensburg: A 93 (Regensburg-Hof) bis Dreieck Hochfranken, A 72 (Dresden-Plauen) in Richtung A 9 (München-Berlin), Anschlussstelle Hof, Töpen

Informationsstelle über die Teilung Deutschlands

Neustadt bei Coburg. Die „Informationsstelle über die Teilung Deutschlands" wurde am 17. Juni 1968, dem 15. Jahrestag des Volksaufstandes in der DDR, durch die Stadtverwaltung von Neustadt bei Coburg in Franken eingeweiht. Die Informationsstelle, untergebracht in einem städtischen Gebäude, wurde eingerichtet, um Besucher über die Geschichte und den Aufbau der innerdeutschen Grenze, die direkt bei Neustadt verlief, in Kenntnis zu setzen. Darüber hinaus sollten diese über die Auswirkungen der Schließung der Grenze im thüringisch-fränkischen Raum informiert werden. Diese Einrichtung erschien der Partei- und Staatsführung der DDR als Provokation. Und so wurde auch hier der „kalte Propagandakrieg" begonnen, der seit den fünfziger Jahren in grenznahen Orten geführt wurde. Die DDR ließ vom thüringischen Sonneberg aus durch Lautsprecher Parolen abspielen, die die Vorzüge des Sozialismus priesen. Auf der anderen Seite stellte sich der damalige bayrische Ministerpräsident Alfons Goppel (CSU) an den Schlagbaum des geschlossenen Grenzübergangs zwischen Neustadt und Sonneberg und hielt, ebenfalls durch einen Lautsprecher, eine Rede, in der er der DDR Menschenrechtsverletzungen vorwarf.

Im September 1989 wurde die ursprüngliche Ausstellung in die neu eingerichtete thüringisch-fränkische Begegnungsstätte nach Neustadt bei Coburg verlagert und stark erweitert. Sie konzentriert sich seitdem auf drei Schwerpunkte: Zum einen gibt sie einen Abriss der deutschen Geschichte von 1871 bis 1989; zum anderen behandelt sie die lokale Geschichte, einschließlich der Auswirkungen der Schließung der Grenze 1952 auf die Verbindungen im thüringisch-fränkischen Raum; zum dritten präsentiert die Ausstellung Ausrüstungsgegenstände der Grenztruppen und stellt die Grenzsperranlagen der DDR in Modellen dar.

QUELLEN / LITERATUR

Hermann, Ingolf: Die Deutsch-Deutsche Grenze. Von Posseck bis Lehesten, von Ludwigsstadt nach Prex, Plauen 1998.

Schätzlein, Gerhard/ Bärbel Rösch / Reinhold Albert: Grenzerfahrungen Bayern-Thüringen 1945 bis 1971, Hildburghausen 2001.

ANSCHRIFT

Schützenplatz 1, 96465 Neustadt bei Coburg

ANSPRECHPARTNER

Kultur- und Sportamt der Stadt Neustadt,
Tel. und Fax 095 68 / 81 1 26,
E-mail: tourist@neustadt-bei-coburg.de,
www.neustadt-bei-coburg.de

ÖFFNUNGSZEITEN

mittwochs, samstags, sonntags und an Feiertagen von 14 bis 16 Uhr; Besuch nach telefonischer Voranmeldung auch außerhalb der regulären Öffnungszeiten möglich. Eintrittspreise (nur für Gruppen): bis 30 Besucher 16 €, über 30 Besucher 20 €. Angeboten werden Gruppenführungen mit Einführungsvorträgen und Videofilmen sowie Diavorträge

VERKEHRSANBINDUNG / PKW

B 4 oder B 303 über Coburg, Abfahrt Neustadt bei Coburg

Gedenkstätte Heinersdorf-Welitsch

Pressig. Die Aufteilung Deutschlands nach Ende des II. Weltkriegs wurde bereits acht Monate vor Kriegsende auf der Londoner Konferenz im September 1944 von den Alliierten beschlossen und auf der Konferenz von Jalta 1945 bestätigt. Die künftigen Besatzungsgrenzen sollten sich an den in Deutschland existierenden Landesgrenzen von 1937 orientieren. Thüringen war nach Kriegsende zunächst von den Amerikanern besetzt; diese zogen sich im Juli 1945 auf ihr vereinbartes Besatzungsgebiet zurück. Das in Thüringen liegende Heinersdorf wurde von der Roten Armee besetzt und gehörte ab Juli 1945 zur sowjetischen, das in Franken liegende Welitsch zur amerikanischen Besatzungszone.

Die Gedenkstätte Heinersdorf-Welitsch befindet sich auf dem ehemaligen Grenzstreifen zwischen dem thüringischen Heinersdorf und dem fränkischen Welitsch. Der Förderverein Gedenkstätte Heinersdorf-Welitsch e.V. gründete sich 1993. Er begann unverzüglich mit der Planung für die Gedenkstätte, die schließlich 1995 eröffnet wurde. Die Gedenkstätte Heinersdorf-Welitsch besteht aus einem Freigelände und drei Ausstellungsräumen. Auf dem Freigelände können verschiedene Bestandteile der ehemaligen Grenzsperranlagen besichtigt werden. Dazu gehört ein 30 Meter langes Stück der Betonmauer, die hier 1982 auf der Ostseite errichtet worden war, um den Blickkontakt zwischen Heinersdorf und Welitsch zu unterbinden. Die Mauer war ursprünglich 750 Meter lang. Außerdem sind ein Teil des ehemaligen Kfz-Sperrgrabens und ein über dem Fluss Tettau errichtetes „Bachsperrwerk" erhalten. Die Ausstellung der Gedenkstätte befindet sich in einer Holzbaracke, die in den Monaten nach der Grenzöffnung am 19. November 1989 bis zur Wiedervereinigung im Herbst 1990 als Abfertigungsstelle für den Grenzverkehr diente. Ausgangspunkt der Dokumentation ist ein Systemvergleich der beiden deutschen Diktaturen. In weiteren Abschnitten wird in der Ausstellung die Geschichte der Grenze zwischen Thüringen und Franken dokumentiert. Behandelt werden die Themenbereiche Zwangsaussiedlungen im Grenzbereich, Aufbau und Tätigkeit der Grenztruppen der DDR und die Grenzöffnung 1989. Ein detailgetreues Grenzmodell zeigt die Sperranlagen im Jahr 1982.

Anlässlich des 50. Jahrestages des Volksaufstandes vom 17. Juni 1953 wurde am 15. Juni 2003 vom Förderverein der Gedenkstätte in Zusammenarbeit mit den Landkreisen Kronach und Sonneberg ein Gedenkstein zur Erinnerung an die Opfer der innerdeutschen Grenze eingeweiht. In den Stein ist eine Metallplatte eingelassen, die die Inschrift „Den Opfern an der innerdeutschen Grenze von 1945 bis 1989" trägt. Ebenfalls zur Erinnerung an die deutsche Teilung übergab der Kronauer Bildhauer Heinrich Schreiber eine Skulptur der Öffentlichkeit, die sich auch auf dem Gelände der Gedenkstätte befindet. Sie besteht aus der abstrakten Wiedergabe eines Metallzaunes, hinter dem sich Menschen aufhalten. Eine dazugehörige Sanduhr soll die Vergänglichkeit der Teilung symbolisieren.

QUELLEN / LITERATUR

Gedenkstätte Heinersdorf-Welitsch e.V. (Hrsg.): Wider das Vergessen. 10 Jahre Grenzöffnung Heinersdorf-Welitsch e.V., Kronach 1999.
Pfadenhauer, Rudolf (Hrsg.): Dokumentation zur Gedenkstätte Heinersdorf-Welitsch, Kronach 1995.

STANDORT

An der Staatsstraße 2201, 96332 Pressig

ANSCHRIFT

Förderverein Gedenkstätte Heinersdorf-Welitsch e.V., Güterstraße 18, 96317 Kronach

ANSPRECHPARTNER

Rudolf Pfadenhauer, Tel. 09261/678353; Erich Eckhard, Tel. 03675/744516. Öffnungszeiten, Führungen durch die Ausstellung und über das Gelände nach Vereinbarung

VERKEHRSANBINDUNG

Deutsche Bahn bis Sonneberg, dann weiter mit dem Bus

PKW

B85 Richtung Pressig, weiter auf der Staatsstraße Richtung Sonneberg

Berlin

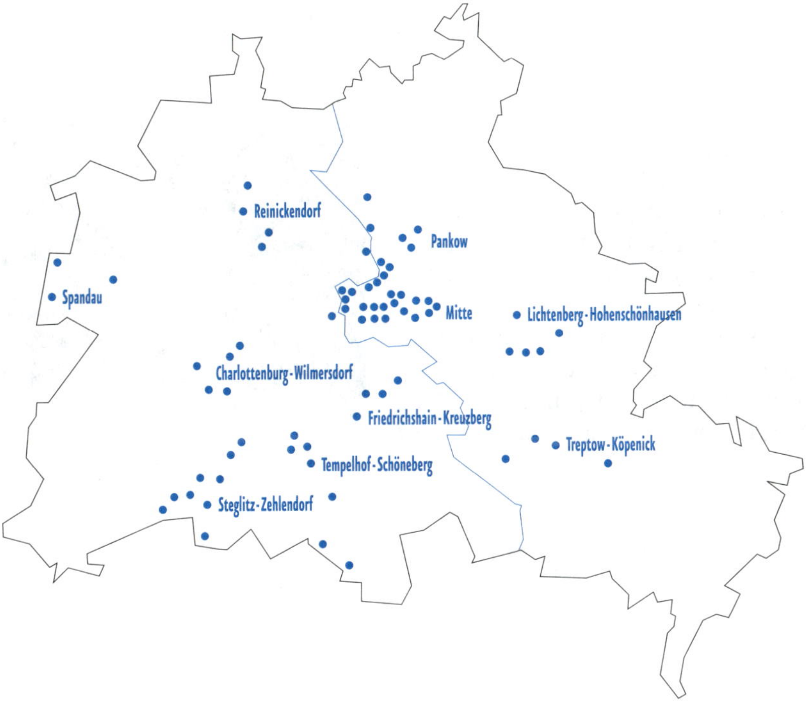
Reinickendorf
Pankow
Spandau
Mitte
Lichtenberg-Hohenschönhausen
Charlottenburg-Wilmersdorf
Friedrichshain-Kreuzberg
Treptow-Köpenick
Tempelhof-Schöneberg
Steglitz-Zehlendorf

Gedenkstein für die Opfer des Stalinismus

Charlottenburg-Wilmersdorf. Der erste für die Opfer des Stalinismus in Deutschland errichtete Gedenkstein wurde am 4. November 1951 in Berlin enthüllt und trägt die Inschrift: „Den Opfern / des / Stalinismus“.

Seine Errichtung erfolgte auf Initiative der Vereinigung der Opfer des Stalinismus e.V. (VOS), die am 9. Februar 1950 in West-Berlin von ehemaligen Gefangenen des Speziallagers ⇨Sachsenhausen gegründet worden war. Die VOS setzte sich für die Freilassung von tausenden Inhaftierten in den Lagern und Gefängnissen der sowjetischen Besatzungsmacht ein und sah von Beginn an eine wichtige Aufgabe darin, all der Menschen zu gedenken, die der Willkürherrschaft in der SBZ und DDR als unschuldig Inhaftierte oder bewusst Widerstand leistende politische Gegner zum Opfer gefallen waren. Seit der Niederschlagung des Volksaufstands in der DDR und in Ost-Berlin vom 17. Juni 1953 hält die VOS gemeinsam mit Repräsentanten des Berliner Abgeordnetenhauses alljährlich vor dem Mahnmal am Steinplatz Gedenkveranstaltungen ab. Im Jahr 1953 wurde auf der gegenüberliegenden Seite des Platzes ein zweiter Stein mit der Inschrift „Den Opfern des Nationalsozialismus“ errichtet.

QUELLEN / LITERATUR
„Vergeßt uns nicht – wenn auch die Tage wandern und die Jahre“. Eine Festschrift zum 50-jährigen Bestehen der VOS, Berlin 2000.

STANDORT
Steinplatz / Hardenbergstraße, 10623 Berlin

VERKEHRSANBINDUNG
Deutsche Bahn bis Zoologischer Garten; Bus 100 und 200 bis Hardenbergstraße / Steinplatz

Gedenksteine für die Opfer der Weltkriege, des Nationalsozialismus und des Kommunismus

Charlottenburg-Wilmersdorf. Im Innenhof des Rathauses Wilmersdorf befinden sich drei Gedenksteine, die an den leidvollen Teil der deutschen Geschichte im letzten Jahrhundert erinnern. Die Gedenksteine für die Opfer der beiden Weltkriege und des Nationalsozialismus wurden 1961 errichtet, der Gedenkstein für die Opfer kommunistischer Willkür 1981. Der Innenhof

ist in der Regel nur zu den Öffnungszeiten des Rathauses, montags bis freitags von 7 bis 19 Uhr, zugänglich. Inschriften der Gedenksteine:
„Den Opfern / der Weltkriege 1914-1918 1939-1945"
„Den Opfern / nationalsozialistischer Willkür"
„Den Opfern / kommunistischer Willkür"

QUELLEN / LITERATUR
Hübner, Holger: Das Gedächtnis der Stadt. Gedenktafeln in Berlin, Berlin 1997.

STANDORT
Fehrbelliner Platz 4 (Rathaus Wilmersdorf), 10707 Berlin

VERKEHRSANBINDUNG
U1, U7 bis Fehrbelliner Platz

Gedenktafel für Ernst Bloch

Charlottenburg-Wilmersdorf. Mehrmals in seinem Leben musste der Schriftsteller und Philosoph Ernst Bloch (1885-1977) emigrieren. Der Kriegsgegner ging während des Ersten Weltkrieges in die Schweiz. Nach dem Krieg kehrte er zwar nach Deutschland zurück, musste aber als Jude 1933 erneut in die Schweiz flüchten. Der marxistische Philosoph gelangte 1938 über Österreich, Paris und Prag in die USA. Nach dem Zweiten Weltkrieg wurde er an die Universität Leipzig berufen und siedelte 1949 in die DDR über. Bloch galt zunächst als der bedeutendste Philosoph der DDR. Doch ab 1956 wurde seine Philosophie zunehmend von Dogmatikern der SED angegriffen. Insbesondere wegen seiner Sympathien für politische Veränderungen in Polen und für den Volksaufstand in Ungarn 1956 geriet er in die Kritik. Blochs Philosophie wurde nun als „nicht-marxistisch" und „revisionistisch" bekämpft. Ab Anfang 1957 konnte er nicht mehr an seinem Institut arbeiten und in der DDR nicht mehr publizieren. Das MfS beobachtete Bloch, seine Schüler und Assistenten wurden verfolgt; ab 1959 veröffentlichte er in der Bundesrepublik. Als 1961 die Mauer gebaut wurde, befand sich Bloch auf einer Reise in der Bundesrepublik; er kehrte nicht mehr in die DDR zurück. In Tübingen übernahm er eine Gastprofessur. Mit seinen Theorien beeinflusste er in den sechziger Jahren stark die Studentenbewegung. In seiner Geburtsstadt Ludwigshafen am Rhein wurde Bloch am 8. Juni 1970 zum Ehrenbürger ernannt. Zudem hat die Stadt einen Ernst-Bloch-Preis für hervorragende wissenschaftliche und literarische Arbeiten mit philosophischer Grundhaltung gestiftet.

Der Wilmersdorfer Bezirksbürgermeister, Horst Dohm, und der Präsident der Akademie der Künste, Walter Jens, enthüllten am 27. November 1991 in Berlin am ehemaligen Wohnhaus Ernst Blochs eine Gedenktafel

Sie war vom Bezirksamt Wilmersdorf für das von der Berliner Sparkasse gestiftete Programm „Berliner Gedenktafel" vorgeschlagen und realisiert worden und trägt die Inschrift:
„Berliner Gedenktafel / Hier lebte von 1931 bis 1933 / Ernst Bloch / 8.7.1885 – 4.8.1977 / Philosoph, begann hier sein Werk ‚Erbschaft dieser Zeit'. / Seit 1933 im Exil, zuletzt in den USA, schrieb dort / ‚Das Prinzip Hoffnung'. Seit 1949 Professor in Leipzig, / wurde dort 1957 zwangsemeritiert. /Seit 1961 Professor in Tübingen."

QUELLEN / LITERATUR
Hübner, Holger: Das Gedächtnis der Stadt. Gedenktafeln in Berlin, Berlin 1997.
Internet: www.ernst-bloch.net

STANDORT
Kreuznacher Straße 52, 14197 Berlin

VERKEHRSANBINDUNG
U 1 bis Breitenbachplatz, Bus 348 bis Breitenbachplatz/Südwestkorso, Fußweg bis Kreuznacher Straße

Gedenktafel für Hermann Brill

Charlottenburg-Wilmersdorf. Der Sozialdemokrat und Staatsrechtler Hermann Louis Brill (1895-1959) wurde am 9. Februar 1895 im thüringischen Gräfenroda geboren. In Gotha absolvierte er eine Lehrerausbildung und trat 1912 der SPD, 1918 der USPD, 1922 erneut der SPD bei. Er arbeitete im Gothaer Landratsamt, im Volksbildungs- und im Innenministerium Thüringens. Ab 1924 studierte Brill Rechts- und Staatswissenschaften, wurde promoviert und Mitglied des Staatsgerichtshofs. Dem thüringischen Landtag gehörte er von 1920 bis 1933, dem Reichstag 1932 an. 1932 war Brill Vorsitzender eines vom Landtag eingesetzten Ausschusses zur Untersuchung der Praktiken des der NSDAP angehörenden Innen- und Volksbildungsministers Wilhelm Frick. Im Rahmen dieser Untersuchungen lud er auch Adolf Hitler vor den Ausschuss. Dessen Auftreten führte Brill zu der Überzeugung, sich Hitler „jederzeit, überall, unter allen Umständen" zu widersetzen. Aufgrund der abwartenden Haltung des SPD-Parteivorstandes nach der nationalsozialistischen Machtübernahme entschloss er sich im Mai 1933 zum Austritt aus der SPD. Ein Jahr später gründete er u.a. mit Otto Brass in Berlin die „Deutsche Volksfront" und verfasste zahlreiche Denk- und Flugschriften. 1938 wurde Brill von der Gestapo verhaftet und am 28. Juli 1939 wegen „Vorbereitung zum Hochverrat" zu zwölf Jahren Zuchthaus verurteilt. Er kam zunächst für vier Jahre ins Zuchthaus ⇨Brandenburg-Görden und im Dezember 1943 als „nicht besserungsfähiger Häftling" ins Konzentrationslager ⇨Buchenwald. Hermann Brill gehörte zu den maßgeblichen Autoren des

„Buchenwalder Manifestes“ vom 21. April 1945, in dem nur zehn Tage nach der Befreiung des Konzentrationslagers mit großer Weitsicht ein im linken Widerstand erarbeitetes Regierungsprogramm für eine deutsche Volksregierung formuliert wurde. Die amerikanische Besatzungsmacht erteilte Brill den Auftrag, einen Plan für den administrativen Neuaufbau Thüringens zu erarbeiten. Am 9. Juni 1945 setzten ihn die Amerikaner als Regierungspräsidenten der Provinz Thüringen ein; am 1. Juli wurde Thüringen Teil der Sowjetischen Besatzungszone. Nur zwei Wochen später setzte die Sowjetische Militäradministration Brill auf Betreiben Walter Ulbrichts als Regierungspräsidenten ab; Ulbricht beglich damit eine offene Rechnung aus dem Jahr 1923, als Brill einen Putschversuch der KPD in Thüringen verhindert hatte. Noch während seiner Zeit als Regierungspräsident hatte sich unter Federführung Brills am 8. Juli 1945 in Weimar der „Bund demokratischer Sozialisten – SPD“ (BdS-SPD) gegründet. Nach Brills Auffassung hatten SPD und KPD in der Weimarer Republik versagt und müssten miteinander verschmelzen, um den demokratischen Sozialismus zu realisieren. Doch seine Vorstellungen über den Neuanfang der Arbeiterbewegung in Deutschland kollidierten mit denen der Besatzungsmacht. Zweimal wurde Brill verhaftet und verhört. Schließlich erklärten ihn die sowjetischen Machthaber in seinem Heimatland Thüringen zur Unperson. Er gab die Leitung des BdS-SPD in Thüringen auf und ging Ende 1945 zunächst als Berater der amerikanischen Militärverwaltung nach Berlin. Von Juni 1946 bis 1949 war Brill Chef der hessischen Staatskanzlei in Wiesbaden. Er arbeitete an den ersten Entwürfen für das Grundgesetz mit und war von 1949 bis 1953 Mitglied des ersten Deutschen Bundestages. In Frankfurt am Main und Speyer lehrte er als Honorarprofessor Verfassungsgeschichte und Staatslehre. Die Einführung der Politologie als Studienfach geht auf ihn zurück. Bis zu seinem Tod am 22. Juni 1959 in Wiesbaden war Hermann Louis Brill Berater der hessischen Landesregierung.

In der Karlsruher Straße 13, wo HermannBrill bis zu seiner Verhaftung 1938 wohnte, wurde 1989 eine Bronzetafel befestigt mit der Inschrift: „Hier lebte von 1934 bis zu seiner Verhaftung / als Widerstandskämpfer im Jahre 1938 / Professor Dr. jur. Hermann Brill / Demokrat – Politiker – Wissenschaftler / Mitglied des Deutschen Reichstages / Mitglied des 1. Deutschen Bundestages / Minister des Landes Thüringen / Staatssekretär im Bundesland Hessen / geboren 9.2.1895 gestorben 22.6.1959“. Diese ersetzte eine frühere Gedenktafel mit der Inschrift: „Prof. Dr. jur. Hermann Brill, Mitglied des Reichstags, Mitglied des ersten Deutschen Bundestages, Minister des Landes Hessen, Staatssekretär in Hessen, *9.2.1895 - +22.6.1959, wohnte in diesem Hause von 1934 bis zu seiner Verhaftung 1938.“

QUELLEN / LITERATUR
Veen, Hans-Joachim (Hrsg.): Opposition und Widerstand in der SED-Diktatur, Lexikon München 2000.
Overesch, Manfred: Hermann Brill und die Neuanfänge deutscher Politik in Thüringen 1945, in: Vierteljahrshefte für Zeitgeschichte 27 (1974), S. 524-569.

STANDORT
Karlsruher Straße 13, 10711 Berlin

VERKEHRSANBINDUNG
S-Bhf. Charlottenburg oder S4 bis Halensee; Bus 110, 119, 129, 219 bis Kurfürstendamm/Joachim-Friedrich-Straße

Ausstellung „The Story of Berlin“

Charlottenburg-Wilmersdorf. „The Story of Berlin“ erzählt auf besondere Weise Geschichten der Metropole Berlin. Die Besucher können sich auf eine Zeitreise durch die Stadt begeben, von ihrer Entstehung 1237 bis in die Zukunft hinein. 3-D-Soundsysteme lassen Geschichte lebendig und sinnlich erfahrbar werden. Auf 7000 Quadratmetern auf vier Etagen werden in künstlerischen Inszenierungen Menschen und Geschichten in 20 Themenräumen multimedial dargestellt. Die Besucher betreten die Ausstellung über einen Hinterhof, da Mietskasernen seit den Gründerjahren das Stadtbild im Wesentlichen prägten. In mehreren Ausstellungsbereichen werden die Zeit der NS-Herrschaft (1933-1945) und ihre Folgen nach dem II. Weltkrieg dargestellt. Im Bereich „Stabilität und Teilung“ wird gezeigt, wie sich die geteilte Stadt zu einem Brennpunkt der Konfrontation zwischen den politischen Blöcken entwickelte. Blockade und Luftbrücke bilden den thematischen Mittelpunkt. Im Raum zum Bau der Berliner Mauer am 13. August 1961 wurden zwischen zwei Mauerteilen Monitore installiert, an denen Besucher Originalaufnahmen aus jenen Tagen sehen können. Mosaikartig werden verschiedene Aspekte des politischen und kulturellen Lebens in der geteilten Stadt, östlich und westlich der Mauer beschrieben. Ein besonderer Bereich ist der DDR-Opposition gewidmet. Die letzte Station dieses Raumes soll einen Eindruck von den Arbeitsmethoden der Staatssicherheit in der DDR vermitteln. Im letzten Ausstellungsraum zum Fall der Mauer sind Bilder ausländischer Fernsehsender aus den Tagen nach dem 9. November 1989 zu sehen.

QUELLEN / LITERATUR
Informationsmaterial der Ausstellung

ANSCHRIFT
Kurfürstendamm 207-208/ Ecke Uhlandstraße
10719 Berlin. Information und Reservierungen:
Tel. 030/88720-100; E-mail: info@story-of-berlin.de;
www.story-of-berlin.de

ÖFFNUNGSZEITEN
täglich von 10 bis 20 Uhr (Einlass bis 18 Uhr)

VERKEHRSANBINDUNG
Bus 109, 119, 129, 219 bis Uhlandstraße; Bus 249 bis Ecke Lietzenburger/Uhlandstraße; U 15 bis Uhlandstraße, U 9 bis Kurfürstendamm

Mauermuseum „Haus am Checkpoint Charlie“

Berlin Friedrichshain-Kreuzberg. „Checkpoint Charlie“ – so hieß der wohl bekannteste Grenzübergang zwischen West und Ost mitten in der Stadt Berlin. Hier in der Friedrichstraße trafen der amerikanische und der sowjetische Sektor aufeinander. Zu einem Brennpunkt der deutschen Nachkriegsgeschichte wurde dieser Ort mit dem Bau der Berliner Mauer am 13. August 1961.

Der „Checkpoint Charlie“ wurde am 22. September 1961 von den Westalliierten als Grenzübergang für westalliiertes Militärpersonal, ausländische Touristen und Diplomaten als dritter innerdeutscher Kontrollpunkt der drei westlichen Siegermächte eingerichtet. Die beiden anderen Übergänge waren in Helmstedt und in Dreilinden. Nach dem Buchstabieralphabet der US-Army hieß der Übergang in Helmstedt „Alpha“, in Dreilinden „Bravo“ und der Übergang in Berlin „Charlie“. Hauptaufgabe des Übergangs Checkpoint Charlie war es, westliche Alliierte vor dem Betreten Ost-Berlins zu registrieren und über die Aufenthaltsbedingungen in der Hauptstadt der DDR zu informieren. Der Checkpoint C, mit dem Führungszentrum des Alliierten Stabes Berlin telefonisch verbunden, war pro Schicht mit drei Militärpolizisten jeder beteiligten Nation besetzt. Für Konfliktstoff zwischen den Besatzungsmächten sorgte der Grenzübergang insbesondere wegen der zunächst ungeklärten Frage der Personenkontrolle, die den Status der Alliierten berührte. Am 25. Oktober 1961 gingen in der Friedrichstraße mehrere US-Panzer in Stellung. General Clay wollte mit dieser Machtdemonstration die alliierten Rechte in ganz Berlin verteidigen; auch nichtuniformierte Vertreter der Alliierten sollten weiterhin unkontrolliert den Checkpoint Charlie passieren dürfen. Bedrohlich wurde die Situation, als am folgenden Tag sowjetische Panzer direkt gegenüber aufzogen. Am Morgen des 28. Oktober gab Sergeji Chruschtschow, der sowjetische Regierungschef, den Befehl zum Rückzug. Weder Moskau noch Washington wollten einen Krieg um Berlin. In der Folge konnten alli-

ierte Offiziere auch weiterhin unkontrolliert nach Ost-Berlin fahren. Immer wieder wurde der „Checkpoint Charlie“ Schauplatz von Demonstrationen. Einigen Menschen gelang hier die Flucht in den Westen, andere scheiterten kurz vor dem weißen Grenzstrich. Am 17. August 1962 verblutete Peter Fechter (⇨Friedrichshain-Kreuzberg) in unmittelbarer Nähe im Todesstreifen. Der Vorfall löste Empörung aus, nicht nur gegen die DDR und ihre Grenzsoldaten, sondern auch gegen die amerikanischen Militärpolizisten, die sich geweigert hatten, einzugreifen. Am 22. Juni 1990 wurde der „Checkpoint Charlie“ in Gegenwart der Außenminister der vier Siegermächte des Zweiten Weltkrieges und der beiden deutschen Staaten in einer feierlichen Zeremonie abgebaut. Das ehemalige Wachhaus befindet sich heute im Alliiertenmuseum Berlin.

Die Entstehungsgeschichte des „Hauses am Checkpoint Charlie“ geht auf das Jahr des Mauerbaus 1961 zurück. Die „Arbeitsgemeinschaft 13. August“ gab im Dezember 1961 ihre erste Pressekonferenz in West-Berlin, auf der zwei geflüchtete DDR-Soldaten über ihre Flucht und das Grenzregime berichteten. Am 19. Oktober 1962 wurde die erste Ausstellung „Es geschah an der Mauer“ eröffnet – in einer 2-Zimmer-Wohnung in der legendären ⇨Bernauer Straße, durch deren Mitte die Mauer verlief. Die Ausstellungsbesucher konnten von hier auf die zugemauerten Fenster im Ostteil der Straße sehen. Die starke Resonanz ermutigte zum Aufbau einer weiteren Ausstellung. Am 14. Juni 1963 wurde das „Haus am Checkpoint Charlie“ eröffnet. Im letzten Gebäude der Friedrichstraße (Nr. 44) direkt vor der Grenze hat man seither nicht nur die Geschehnisse an der Berliner Mauer zusammengetragen und dokumentiert. Fluchthelfer konnten durch ein kleines Fenster alle Bewegungen am Grenzübergang beobachten, Geflüchtete waren stets willkommen und wurden unterstützt. Hier entwickelte man Fluchtpläne und kämpfte gegen das Unrecht in der DDR. Fluchthelfer übergaben dem Museum Heißluftballons, Fluchtautos, Sessellifte und ein Mini-U-Boot. Bis heute sind vor allem diese Objekte sowie das unter Lebensgefahr abgebaute Selbstschussgerät für die Besucher eindrucksvoll. 1971 wurde die Ausstellung aus der Bernauer Straße in das Haus am Checkpoint Charlie eingegliedert und laufend erweitert. Hinzu kamen Themenausstellungen wie „Maler interpretieren die Mauer“ (1973), „Berlin – Von der Frontstadt zur Brücke Europas“ (1976) und „Von Gandhi bis Walesa – Gewaltfreier Kampf für Menschenrechte“ (1984). Zu den Exponaten gehören auch Belege für den weltweiten Kampf um Menschenrechte, darunter eine Schreibmaschine der Charta 77, der Hektograph des illegalen Periodikums „Umweltblätter“, Tagebuch und Sandalen von Mahatma Gandhi und die Totenmaske von Andrej Sacharow. 1987 konnte mit Mitteln der Stiftung Deutsche Klassenlotterie ein Hausanbau in der Friedrichstraße 43 finanziert werden. 1999 kam eine weitere Etage Ausstellungsfläche im neu gebauten Haus in der Friedrichstraße 45 hinzu. Am 13. August 2000 wurde der originalgetreue Nachbau der ersten alliierten Kontrollbaracke in der Friedrichstraße feierlich eröffnet.

Das Museum bietet täglich Videofilme zu den Themen der Ausstellung an. Täglich um 17.30 und 19.30 Uhr werden Dokumentar- und Spielfilme gezeigt. Für Gruppen können im Preis enthaltene Vorträge telefonisch vereinbart werden. Der Besucher kann Literatur zum Thema erwerben. Kostenlos sind Flyer zur Ausstellung erhältlich. Die öffentlich zugängliche Präsenzbibliothek verfügt über Literatur zu den Schwerpunkten Nachkriegsgeschichte, Kalter Krieg, Propaganda, DDR, Mauer und Grenzsicherungssystem, Staatssicherheit, Vergangenheitsaufarbeitung.

QUELLEN / LITERATUR
Informationsmaterial des Museums „Haus am Checkpoint Charlie".
Publikationen des Verlages Haus am Checkpoint Charlie: „Es geschah an der Mauer", 19. Aufl. 2000; Rainer Hildebrandt, „Der 17. Juni"; „Von Gandhi bis Walesa – Gewaltfreier Kampf für Menschenrechte"; „Die Mauer spricht".
Jeschonnek, Friedrich / Dieter Riedel / William Durie: Alliierte in Berlin 1945-1994. Ein Handbuch zur Geschichte der militärischen Präsenz der Westmächte, Berlin 2002.

STANDORT
10969 Berlin-Kreuzberg
Tel. 030 / 25 37 25-0, Fax 030 / 251 20 75
Postanschrift: Postfach 610226, 10923 Berlin

ANSPRECHPARTNER
Alexandra Hildebrandt, Tel. 030/253725-0; Leiter: Dr. Rainer Hildebrandt; E-mail: info@mauer-museum.com, www.mauer-museum.com

ÖFFNUNGSZEITEN
täglich von 9 bis 22 Uhr, Bibliothek montags bis freitags von 9 bis 17 Uhr mit Voranmeldung. Eintritt: Erwachsene 7 €, Schüler, Studenten 4 €, Gruppen ab zehn Personen je 4 €; keine Voranmeldung erforderlich

VERKEHRSANBINDUNG
U 6 bis Kochstraße, U 2 bis Stadtmitte; Bus 129

PKW
Für Reisebusse stehen am Museum Parkplätze zur Verfügung

Mahnmal für Peter Fechter

Friedrichshain-Kreuzberg. Peter Fechter (1944-1962) war eines der ersten öffentlich bekannten Todesopfer an der Berliner Mauer. Der junge Maurer, der während seiner Lehre zum Bau der Mauer eingeteilt worden war, wurde erschossen, als er am Nachmittag des 17. August 1962 zusammen mit einem gleichaltrigen Kollegen von Berlin-Mitte nach Kreuzberg flüchten wollte. Die beiden arbeiteten an diesem Tag auf einer Baustelle an der Ost-Berliner Prachtstraße Unter den Linden und nutzten die Mittagspause, um unbemerkt an den Grenzsoldaten im Abschnitt Zimmerstraße/Ecke Charlottenstraße vorbeizukommen. Nachdem sie den Stacheldrahtzaun überwunden und zehn Meter Grenzstreifen überquert hatten, begannen sie auf die Sperrmauer zu steigen. Als einer der Männer bereits oben war, entdeckten Grenzposten die Flüchtlinge und reagierten mit einem Kugelhagel aus Maschinenpistolen. Während der Freund unverletzt auf die westliche Seite gelangte, fiel Peter Fechter auf die Ostseite zurück und schrie im Todesstreifen fünfzig Minuten lang um Hilfe, bis er von DDR-Grenzsoldaten weggetragen wurde. Er starb noch auf dem Transport ins Krankenhaus. Schon wenige Stunden nach dem tragischen Vorfall wurde auf der Westseite der Mauerstelle, wo Peter Fechter gelegen hatte, ein Holzkreuz aufgestellt, das nach kurzer Zeit mit Blumen überhäuft war. An den folgenden Tagen fanden am Kreuzberger Mauerabschnitt Dauerdemonstrationen statt. Der Regierende Bürgermeister von Berlin, Willy Brandt, mahnte bei einer improvisierten Kundgebung zu Besonnenheit. Ein Jahr nach dem Bau der Mauer war deutlich geworden, dass sich die Berliner mit der Grenzsperrung nicht abfinden würden. Auch international erregte der Tod Peter Fechters Aufsehen und wurde zum Symbol für das unmenschliche Grenzregime. 1993 wurde ein Untersuchungsverfahren gegen die beteiligten Grenzsoldaten eingeleitet. Das Landgericht Berlin verurteilte sie im März 1997 wegen Totschlags zu Haftstrafen von 20 bzw. 21 Monaten auf Bewährung.

Am 13. August 1999 wurde zur Erinnerung an den erschossenen Peter Fechter und an den Bau der Berliner Mauer im Beisein des Regierenden Bürgermeisters von Berlin, Eberhard Diepgen, und des Präsidenten des Abgeordnetenhauses, Herwig Haase, ein Mahnmal eingeweiht. Es besteht aus einer bronzefarbenen 2,40 Meter hohen Metallsäule des Bildhauers Karl Biedermann. Das Holzkreuz, das bis dahin drei Meter entfernt, auf der westlichen Straßenseite im Bezirk Kreuzberg, an Peter Fechter erinnerte, steht seitdem im Museum ⇨Haus am Checkpoint Charlie in der Friedrichstraße 44. An der Stelle, wo Peter Fechter verblutete, ist ein Basaltstein in die Straße eingelassen. Die Metallsäule trägt die Inschrift:
Vorderseite: „Peter Fechter / 1944-1962 / Er wollte nur in die Freiheit."
Rückseite: „Von 1961-1990 verlief entlang dieser Straße die Berliner Mauer. / Hier wurde am 17. August 1962 / der junge Bauarbeiter Peter Fechter erschossen."

QUELLEN / LITERATUR

Die vergessenen Opfer der Mauer, hrsg. von der Stiftung Gedenkstätte Berlin-Hohenschönhausen 2001.
Grafe, Roman: „Ein Akt barbarischer Unmenschlichkeit". Der Tod des Mauerflüchtlings Peter Fechter vor 40 Jahren, in: Deutschland Archiv 5/2002, S. 793-798.

STANDORT

Zimmerstraße 26/27, 10969 Berlin

VERKEHRSANBINDUNG

U6 bis Kochstraße, U2 bis Stadtmitte

Gedenktafel zum 17. Juni 1953

Friedrichshain-Kreuzberg. Der 17. Juni 1953 markiert den Höhepunkt und die Niederschlagung eines mehrtägigen Volksaufstands in der DDR und in Ost-Berlin, bei dem sich große Teile der Bevölkerung gegen die politischen und wirtschaftlichen Verhältnisse erhoben.

Der Aufstand nahm in der Stalinallee, heute Karl-Marx-Allee, seinen Anfang. Unmittelbarer Anlass für die Unzufriedenheit war die kurz zuvor beschlossene Erhöhung der Arbeitsnormen für die Bauarbeiter bei gleich bleibendem Lohn. Bereits am Montag, dem 15. Juni 1953, regte sich großer Unmut, als die Löhne erstmals nach den neuen Bestimmungen ausgezahlt worden waren. Hinzu kam, dass die Arbeit an diesem Prestigeobjekt der SED-Führung nur unter großen Schwierigkeiten durchgeführt werden konnte. Am Morgen des 16. Juni 1953 streikten die Arbeiter an der Baustelle Krankenhaus Friedrichshain. Einige Arbeiter vom Block 40 der Stalinallee nahmen an diesem Streik teil und brachten die Nachricht zu ihren Kollegen. Spontan formierte sich dort gegen 8.30 Uhr ein erster Demonstrationszug. Diesem Protestzug, der in Block 40 seinen Anfang nahm, schlossen sich immer mehr Arbeiter an, so dass wenige Stunden später über 2000 Menschen von der Stalinallee zum Haus der Ministerien zogen. Die anfänglichen Forderungen nach einer Rücknahme der Normenerhöhung wurden schnell durch Rücktrittsforderungen an die SED-Regierung sowie den Ruf nach Freiheit und Demokratie ergänzt. Der Protest der Arbeiter von Block 40 weitete sich zu einem landesweiten Aufstand aus. Einen Tag später wurde der Aufstand durch die Panzer der Roten Armee niedergeschlagen.

Gegenüber dem ehemaligen Block 40 wurde aus Anlass des 50. Jahrestages des Volksaufstandes am 17. Juni 2003 eine Gedenktafel errichtet. Die Initiative hierzu ging vom DGB Berlin-Brandenburg und von der Bezirksverordnetenversammlung Friedrichshain-Kreuzberg aus. Die Tafel befindet sich an einer 60 Zentimeter hohen Mauer aus Abbruchziegeln, wie sie 1953 auch den Arbeitern für die Errichtung der Wohnblöcke zur Verfügung standen.

Die Inschrift lautet: „Wir wollen freie Menschen sein / Am Rosengarten begannen die Bauarbeiter am 16. Juni 1953 / ihren Protest gegen die Normerhöhung der SED-Regierung. / Ihre Aktion führte am 17. Juni 1953 zum landesweiten Aufstand."

QUELLEN / LITERATUR
Kowalczuk, Ilko-Sascha: 17.6.1953: Volksaufstand in der DDR. Ursachen-Abläufe-Folgen, Bremen 2003
Pressemitteilung des DGB Berlin-Brandenburg zum 17. Juni 1953.

STANDORT
Am Rosengarten, Karl-Marx-Allee 103-105
10243 Berlin

VERKEHRSANBINDUNG
U5 bis Weberwiese

Gedenkstein für die Opfer des 17. Juni 1953

Friedrichshain-Kreuzberg. Der Viktoriapark entstand 1888 bis 1894 nach Plänen von Stadtgartendirektor Hermann Mächtig auf dem 66 m hohen Kreuzberg, der nach der Bildung Groß-Berlins im Jahre 1920 dem umgebenden Bezirk seinen Namen gab (Kreuzberg). 1980 wurde der Park als erste öffentliche Grünanlage in Berlin unter Denkmalschutz gestellt. In Höhe der Einmündung der Möckernstraße in die Kreuzbergstraße befindet sich der Standort des 1953 errichteten Mahnkreuzes für die Opfer des Volksaufstands in der DDR vom 17. Juni 1953. Seither wurde das Holzkreuz mehrfach erneuert und später durch einen Gedenkstein aus Rosenquarz mit der Inschrift: „17. Juni 1953" ergänzt.

QUELLEN / LITERATUR
Böhm, Tobias / Siegfried Heimann / Andreas Mahal / Dietmar Schiller: Studie zu den Ereignissen des 17. Juni 1953. Grundlage für die Errichtung eines Denkmals zur Würdigung der Opfer des Arbeiteraufstandes, Berlin 1995.

STANDORT
Viktoriapark, Möckernstraße/Kreuzbergstraße
10961 Berlin

VERKEHRSANBINDUNG
S- und U-Bahnhof Yorckstraße

Gedenkstätte Berlin-Hohenschönhausen

Lichtenberg-Hohenschönhausen. Die Gedenkstätte Berlin-Hohenschönhausen befindet sich an einem Ort, der wie kaum ein anderer in Deutschland mit der 45-jährigen Geschichte politischer Verfolgung in der Sowjetischen Besatzungszone (SBZ) und der DDR verknüpft ist. Hier wurde nach dem Zweiten Weltkrieg das sowjetische Speziallager Nr. 3 eingerichtet, danach das zentrale sowjetische Untersuchungsgefängnis für Ostdeutschland. Anfang der fünfziger Jahre übernahm das Ministerium für Staatssicherheit (MfS) das Gefängnis und nutzte es bis 1990 als zentrale Untersuchungshaftanstalt.

Auf dem Gelände im Nordosten Berlins befand sich ursprünglich eine Großküche der Nationalsozialistischen Volkswohlfahrt (NSV). Der 1938 errichtete Backsteinbau wurde im Mai 1945 von der sowjetischen Besatzungsmacht beschlagnahmt und zu einem Internierungslager – dem „Speziallager Nr. 3" – umfunktioniert, das als Sammel- und Durchgangslager diente. Von hier aus wurden ingesamt etwa 20000 Gefangene in Gewaltmärschen oder auf Lastwagen in andere sowjetische Lager transportiert, zum Beispiel ins ehemalige Konzentrationslager ⇨Sachsenhausen. Die Lebensbedingungen im Lager waren sehr schlecht. Auf engstem Raum wurden hier zeitweise über 4200 Menschen zusammengepfercht. Die hygienischen Verhältnisse waren katastrophal, die Verpflegung mangelhaft. Da die Häftlinge keine Decken besaßen, litten sie in den unbeheizten Fabrikräumen besonders im Winter unter großer Kälte. Hinzu kam die Ungewissheit über ihr weiteres Schicksal. Viele der Inhaftierten erkrankten oder starben. Nach offiziellen sowjetischen Angaben kamen zwischen Juli 1945 und Oktober 1946 insgesamt 886 Menschen ums Leben, Schätzungen von Überlebenden gehen von über 3000 Toten aus. Ihre Leichen wurden in der Umgebung auf Schuttabladeplätzen und in Bombentrichtern verscharrt. Grundlage der Verhaftungen war der sowjetische Befehl Nr. 00315 vom 18. April 1945, demzufolge Spione, „Diversanten", Terroristen, NSDAP-Aktivisten, Polizei- und Geheimdienstangehörige, Verwaltungsbeamte und andere „feindliche Elemente" in Deutschland zu verhaften waren. Viele der Häftlinge waren nur geringfügig oder gar nicht in das NS-System verstrickt. So zählten zu den Gefangenen nicht nur zahlreiche Polen und Russen, sondern auch Frauen und Jugendliche. Oft war eine Denunziation Anlass für die Inhaftierung, etwa im Fall des berühmten Schauspielers Heinrich George. Die Häftlinge wurden vielfach jahrelang festgehalten – ohne eine Möglichkeit, sich zu verteidigen. Immer häufiger diente das Besatzungsrecht dazu, politische Gegner auszuschalten. Die meisten, die in den neunziger Jahren einen Antrag auf Rehabilitierung stellten, sind inzwischen von den russischen Behörden für unschuldig erklärt worden.

Im Stasi-Gefängnis litten von Beginn der fünfziger Jahre bis Oktober 1990 zahlreiche Menschen, die sich der kommunistischen Diktatur widersetzt hatten. In Ungnade gefallene Politiker wie der ehemalige DDR-Außenminister Georg Dertinger (CDU) oder das einstige SED-Politbüromitglied Paul Merker zählten zu den Inhaftierten. Das MfS scheute nicht davor zurück, SED-Kritiker aus dem Westen zu entführen und nach Hohenschönhausen zu bringen – zum Beispiel den West-Berliner Rechtsanwalt Walter Linse (⇨Steglitz-Zehlendorf), der 1953 in Moskau hingerichtet wurde. Anfang der sechziger Jahre mussten Häftlinge des benachbarten

Arbeitslagers des MfS einen Neubau mit über 200 Zellen und Vernehmungszimmern errichten. Der riesige Gefängniskomplex war Teil eines weitläufigen geheimen Sperrbezirks, den zu DDR-Zeiten kein normaler Bürger betreten durfte. Festgehalten wurden hier vor allem Menschen, die die DDR illegal verlassen wollten oder wegen ihrer politischen Meinung verfolgt wurden, darunter der Dissident Rudolf Bahro und der Schriftsteller Jürgen Fuchs (⇨Reichenbach). Statt mit physischer Gewalt wurden die Häftlinge nun oft mit psychologischen Methoden zermürbt. Über den Ort ihrer Haft ließ man sie bewusst im Unklaren. Von der Außenwelt und den Mitgefangenen hermetisch abgeschnitten, wurden sie durch gut ausgebildete Vernehmer monatelang verhört, um sie zu belastenden Aussagen zu bewegen. Das Gefühl des Ausgeliefertseins und der Ohnmacht gegenüber einem allmächtigen Staatsapparat bestimmte das Leben der Gefangenen. Erst nach der Auflösung des MfS im Januar 1990 verbesserten sich die Haftbedingungen grundlegend – bis zur endgültigen Schließung des Gefängnisses am 4. Oktober 1990.

Die Gedenkstätte bietet Führungen durch ehemalige Insassen der Haftanstalt von Montag bis Freitag jeweils 11 und 13 Uhr, Samstag und Sonntag stündlich von 10 bis 16 Uhr sowie nach Vereinbarung an. Die Führungen geben einen Überblick über die Geschichte des ehemaligen sowjetischen Speziallagers Nr. 3, des sowjetischen Untersuchungsgefängnisses in der SBZ/DDR und der zentralen Untersuchungshaftanstalt des Ministeriums für Staatssicherheit der DDR (MfS); Dauer 90 bis 120 Minuten. Daneben besteht die Möglichkeit, Führungen mit einem Zeitzeugen auch auf Englisch, Französisch oder Dänisch zu vereinbaren. Angeboten werden auch geführte Rundgänge zu einem Schwerpunktthema, z. B. zur Geschichte des MfS, zur politischen Haft in der DDR, zum Haftalltag und zu den Haftfolgen, zu Justiz und Strafvollzug in der DDR und zu den sowjetischen Speziallagern. Außerdem können drei- bis vierstündige Schwerpunktseminare mit Fachreferenten sowie Weiterbildungsveranstaltungen vereinbart werden.

Die Gedenkstätte bietet regelmäßig Veranstaltungen und Wechselausstellungen zur Geschichte kommunistischer Verfolgung an. Seit 1996 dokumentiert das Zeitzeugenbüro der Gedenkstätte die Haft und Verfolgung ehemaliger Häftlinge. Zahlreiche Zeitzeugen kamen, um den Ort ihrer Haft noch einmal zu sehen. Über hundert Tonbandgespräche wurden aufgezeichnet. Zusammen mit persönlichen Unterlagen, die ehemalige Häftlinge zur Verfügung stellten (Kopien von Gerichts- und MfS-Akten, Briefe und Fotos), bilden sie den Grundstock des Zeitzeugenarchivs der Gedenkstätte.

Im Innenhof der Gedenkstätte befindet sich ein Gedenkstein mit der Inschrift: „Den Opfern / Kommunistischer / Gewaltherrschaft / 1945-1989".

Eine Gedenktafel am Eingang trägt die Inschrift: „BERLINER GEDENKTAFEL / Auf diesem Gelände befand sich von 1950 bis 1990 die / UNTERSUCHUNGSHAFTANSTALT HOHENSCHÖNHAUSEN / des Ministeriums für Staatssicherheit der DDR / hervorgegangen aus einem Speziallager (1945 bis 1946) / und der Zentralen Untersuchungshaftanstalt (bis 1950) / der Sowjetischen Besatzungsmacht. / Als Ort des Leidens und Sterbens verfolgter Menschen ist die / GEDENKSTÄTTE HOHENSCHÖNHAUSEN / ein Zeugnis und Mahnmal gegen politische Unterdrückung".

QUELLEN / LITERATUR

Erler, Peter / Thomas Friedrich: Das sowjetische Speziallager Nr. 3, Berlin-Hohenschönhausen, Berlin 1995.
Gedenkstätte Berlin-Hohenschönhausen (Hrsg.): Informationen zur Gedenkstätte Berlin-Hohenschönhausen. Die ehemalige MfS-Untersuchungshaftanstalt, Berlin 1998.
Hubertus Knabe: Die deutsche Lubjanka. Das zentrale Untersuchungsgefängnis der DDR-Staatssicherheitsdienstes in Berlin-Hohenschönhausen, in: Deutschland Archiv 1/2002, S. 74-81.

ANSCHRIFT

Genslerstraße 66, 13055 Berlin

ANSPRECHPARTNER

Dr. Hubertus Knabe, Tel. 030 / 98 60 82 30 oder 030 / 98 60 82 32, Fax 030/98608234,
E-mail: info@stiftung-hsh.de, www.stiftung-hsh.de

ÖFFNUNGSZEITEN

täglich von 9 bis 18 Uhr. Besichtigungen sind nur im Rahmen einer Führung möglich

VERKEHRSANBINDUNG

Bus 256 bis Liebenwalder Straße, Straßenbahnlinien 5, 15 (Haltestelle Freienwalder Straße), 6, 7 und 17 (Haltestelle Genslerstraße)

PKW

Von der A 10 oder der B 1 kommend bis Landsberger Allee / Ecke Liebenwalder Straße; rechts abbiegen in die Genslerstraße

Denkort für die Opfer des Speziallagers Nr. 3

Lichtenberg-Hohenschönhausen. Auf dem Friedhof in der Gärtnerstraße nahe dem ehemaligen sowjetischen Speziallager Nr. 3 (⇨Lichtenberg-Hohenschönhausen) fanden etwa 250 im Speziallager Hohenschönhausen Verstorbene ihre letzte Ruhe. Im Speziallager waren zahllose Menschen durch Hunger, Kälte, Krankheiten sowie durch physischen und psychischen Terror ums Leben gekommen und auf dem umliegenden Brachland verscharrt worden. Die Schätzungen zur Zahl der Opfer belaufen sich auf zwischen 900 und 3000. Nach gezielten Suchgrabungen wurden am 24. Oktober 1995 die sterblichen Überreste von 127 namenlosen Häftlingen auf dem Friedhof bestattet. An der Erforschung der Grabanlagen der Opfer hatte der Berliner Senat aufgrund des Bundesgräbergesetzes gearbeitet. 1999 hat man die Gebeine von weiteren 132 Menschen gefunden, die ebenfalls nachbestattet wurden.

Die Einweihung des Gedenkorts fand am 24. Oktober 1998 statt. Es handelt sich um ein Mahnmal aus einem Feld von Natursteinen auf einer Rasenfläche, einem Findling mit einer Gedenkplatte und aus einem Labyrinth von Eichenbohlen am Eingang. Im Sinne eines offenen Denkmals kann jeder Besucher Steine niederlegen oder die vorhandenen Steine versetzen. Die Gestaltung des Ortes ist damit nie abgeschlossen. Im Jahre 1999 erklärten sich Schüler eines sonderpädagogischen Förderzentrums bereit, den Gedenkort regelmäßig zu pflegen.

Inschrift der Gedenktafel:
„Denkort / Hohenschönhausen/ Unweit dieses Ortes / an der Genslerstraße 66 / befand sich von Mai 1945 bis Oktober 1946/ das sowjetische Speziallager Nr. 3/ des Volkskommissariats für Innere Angelegenheiten (NKWD). / In dieser Zeit waren dort etwa 20 000 Menschen inhaftiert. / Bislang ist nicht bekannt, wie viele von ihnen / an den Folgen der Haftbedingungen, an Krankheit und Hunger starben. / Ihre Zahl wird auf mindestens eintausend bis mehrere Tausend geschätzt. / Die Toten wurden damals in unmittelbarer Nähe des Lagers / an unbezeichneten Stellen vergraben. / Die bei den ersten Suchgrabungen / aufgefundenen Reste der Gebeine von 127 Toten/ wurden am 24. Oktober 1995 auf diesem Friedhof bestattet. / Berlin, im Oktober 1998“.

Findling mit Gedenkplatte:
„Den Toten / des Speziallagers Nr. 3 / des sowjetischen Geheimdienstes / NKWD / Berlin-Hohenschönhausen 1945-46 / 24.10.1995“.

QUELLEN / LITERATUR
Der Tagesspiegel vom 16.12.1999.
Hohenschönhausener Lokalblatt vom 24.11.1995.
Der Stacheldraht 8/2001.

ANSCHRIFT
Städtischer Friedhof Hohenschönhausen
Gärtnerstraße 7, 13053 Berlin
Tel.: 030/98 200 (Auskunft)

ANSPRECHPARTNER
Stiftung Gedenkstätte Berlin-Hohenschönhausen,
Genslerstraße 66, 13055 Berlin, Tel. 030/98 60 82 401,
Fax 030/98 60 82 464

VERKEHRSANBINDUNG
Bahnhof Lichtenberg, Bus 256 bis Rheinstraße,
Straßenbahnlinie 5, 15, 26 und 28

Forschungs- und Gedenkstätte Normannenstraße

Lichtenberg-Hohenschönhausen. Im Haus 1 des Gebäudekomplexes der Normannenstraße 22 befand sich seit 1961 die Zentrale des Ministeriums für Staatssicherheit (MfS). Bis zum Ende der DDR befehligte von hier aus Erich Mielke, seit 1957 Minister für Staatssicherheit, den riesigen Unterdrückungsapparat der SED, der sich selbst als „Schild und Schwert der Partei" verstand. Das MfS agierte als Instrument zur „offensiven Unterstützung der Umsetzung der Beschlüsse der Partei" und war gleichzeitig Geheimpolizei, Nachrichtendienst und Untersuchungsorgan zur Strafverfolgung und Vorbereitung von Prozessen. Für das MfS arbeiteten 1989 bei ungefähr 16,4 Millionen DDR-Einwohnern 91 016 hauptamtliche Mitarbeiter und mindestens 173 000 Inoffizielle Mitarbeiter (IM) bzw. Gesellschaftliche Mitarbeiter für Sicherheit (GMS). Etwa 15 000 IM waren im „Operationsgebiet", d. h. in Westdeutschland und West-Berlin tätig. Der Staatshaushalt wies allein in der letzten Dekade der DDR ein jährliches Budget von 3,6 Milliarden Mark (1,3 Prozent des Haushaltes) für das MfS aus.

Etwa acht Hektar umfasste das Areal des MfS zwischen Magdalenenstraße, Rusche- und Normannenstraße, das 1989 Arbeitsplatz für 20 000 Mitarbeiter war. Am Abend des 15. Januar 1990 drangen tausende Demonstranten in das Gelände ein. Das Berliner Bürgerkomitee übernahm das Hauptquartier in der Normannenstraße und begann seine Arbeit zur Auflösung des MfS. Eine Woche später beschloss der Zentrale Runde Tisch, im Haus 1 eine Forschungs- und Gedenkstätte zum politischen System der DDR einzurichten. Die neue Regierung der DDR, gebildet nach der Wahl am 18. März 1990, fasste am 16. Mai einen entsprechenden Beschluss, der jedoch nicht mehr umgesetzt wurde. Deshalb gründeten im Sommer 1990 Mitglieder des Bürgerkomitees und Bürgerrechtler den Verein „Antistalinistische Aktion Normannenstraße (ASTAK)" e.V. Seit dem 7. November 1990 ist die Forschungs- und Gedenkstätte für Besucher geöffnet. Mittelpunkt der Dauerausstellung sind die im Originalzustand belassenen Amts- und Arbeitsräume Erich Mielkes. Andere Ausstellungsteile zeigen Aspekte des politischen Systems der DDR auf, belegen die Tätigkeit des MfS und geben ein Bild von Widerstand und Opposition in der DDR. Es besteht die Möglichkeit, Einsicht in MfS-Dokumente zu nehmen und die „Mediathek Haus 1" zu nutzen, die eine Bibliothek, eine Videothek sowie eine Sammlung von Dokumenten und anderen Archivalien umfasst. Im Buchverkauf der Gedenkstätte ist Literatur zur MfS-Thematik erhältlich. Auch der ASTAK Verlag Normannenstraße hat hier seinen Sitz.

Berlin Gedenkstätte Normannenstraße: Arbeitsraum von Erich Mielke

QUELLEN / LITERATUR

Budek, Josef/Jan Eik/Karl Wilhelm Fricke/Wolfgang Templin: Die Zentrale. Geschichte, Funktion und die herausragenden Personen des Ministeriums für Staatssicherheit der DDR, Berlin 2001.

ANSCHRIFT

ASTAK e.V. Trägerverein, Ruschestraße 103, Haus 1, 10365 Berlin

ANSPRECHPARTNER

Jörg Drieselmann (Geschäftsführer), Tel. 030/5536854 oder 030/55154757, Fax 030/5336853; E-mail: Mfsmuseum@aol.com, www.stasimuseum.de

ÖFFNUNGSZEITEN

montags bis freitags von 11 bis 18 Uhr, sonnabends und sonntags von 14 bis 18 Uhr; Gruppenführungen nach vorheriger Anmeldung. Eintrittspreise: Einzelbesucher 3 €, ermäßigt (Schüler, Auszubildende, Senioren usw.) 2 €, Gruppen ab zehn Personen 2,50 €, Gruppen ab zehn Personen mit Ermäßigung 1,50 €. Besuchergruppen können von sachkundigen Referenten durch das Haus 1 und die wechselnden Ausstellungen geführt werden. Außerdem bietet die Forschungs- und Gedenkstätte Fachvorträge, Zeitzeugengespräche sowie ein- oder mehrtägige Seminare an

VERKEHRSANBINDUNG

Deutsche Bahn bis Berlin-Lichtenberg; U 5 bis Magdalenenstraße; S-Bahn bis Frankfurter Allee

PKW

Von der B1 kommend Richtung Zentrum nach Überquerung der Lichtenberger Brücke an der dritten Ampelkreuzung rechts in die Ruschestraße; aus Richtung Alexanderplatz kommend nach der S-Bahnbrücke Frankfurter Allee auf der zweiten Linksabbiegerspur in die Ruschestraße.

Gedenktafeln an der ehemaligen Untersuchungshaftanstalt des Ministeriums für Staatssicherheit (MfS)

Lichtenberg-Hohenschönhausen. An der ehemaligen Untersuchungshaftanstalt des MfS in Berlin-Lichtenberg wurden – auf Anregung des Arbeitskreises ehemaliger politischer Häftlinge in der SPD – nach Sanierungsmaßnahmen von der Justizverwaltung Berlin zwei Gedenktafeln angebracht. Die feierliche Enthüllung der Tafeln erfolgte bei Wiederinbetriebnahme der JVA 1998 durch den Senator für Justiz und Vertreter der Opferverbände HELP e.V., ASTAK, Arbeitskreis ehemaliger politischer Häftlinge in der SPD und Bund der stalinistisch Verfolgten e.V. (BSV).

Die Tafeln sollen an die bedrückende Geschichte der Bauten an der Magdalenenstraße erinnern. Das frühere Gerichtsgefängnis wurde Anfang des 20. Jahrhunderts errichtet, hatte vier Geschosse und bestand aus drei hufeisenförmig angeordneten Flügeln. Nach dem Zweiten Weltkrieg diente das Gebäude bis 1953 dem sowjetischen Geheimdienst NKWD als Untersuchungsgefängnis und Gerichtsort, wo als potentielle NS-Verbrecher oder als „feindliche Elemente" Verhaftete von Sowjetischen Militärtribunalen verurteilt wurden. Im Zuge der Übergabe sowjetischer Besatzungseinrichtungen an die Verwaltungsbehörden der DDR wurde der Gebäudekomplex in den fünfziger Jahren von den Sowjets an das Ministerium für Staatssicherheit (MfS) übergeben, das hier seine Untersuchungshaftanstalt (UHA) II, in unmittelbarer Nähe zum Sitz des Ministeriums in der ⇨Normannenstraße, einrichtete. Im Westflügel befand sich die Gefängnisverwaltung, im Südflügel waren die Häftlingszellen, der Ostflügel wurde von der Untersuchungsabteilung des MfS belegt. Im direkt angrenzenden Gerichtsgebäude befand sich das Stadtbezirksgericht Berlin-Lichtenberg. In diese Untersuchungshaftanstalt, von den Häftlingen auch „Magdalena" genannt, wurden auch Gefangene aus der Untersuchungshaftanstalt des MfS ⇨Berlin-Hohenschönhausen zu Besuchs- und Anwaltsterminen transportiert. Sämtliche Diplomatenbesuche für ausländische und bundesdeutsche Untersuchungshäftlinge aus allen MfS-Gefängnissen der DDR wurden zentral hierhin verlegt. Nicht selten war die UHA II des MfS Durchgangsstation kurz nach der Festnahme oder für wenige Wochen bzw. Tage vor der Haftentlassung. Ende der achtziger Jahre richtete das MfS hier einen „zentralen Zuführungspunkt" für Festnahmen bei größeren oppositionellen Aktivitäten in Berlin ein. Nach gründlichem Umbau wird das Gebäude seit 1998 als JVA des Landes Berlin für den geschlossenen Strafvollzug an Frauen genutzt.

Inschriften der Gedenktafeln: Obere Tafel: „Zum Gedenken / an die Opfer / kommunistischer Gewaltherrschaft, / die zwischen 1945 und 1989 / in diesem Gefängnis / gelitten haben."

Untere Tafel: „Ab 1906 wurde dieses Gebäude als Gefängnis des / Amtsgerichtes Lichtenberg, ab Anfang der zwanziger / Jahre für Frauen und Jugendliche genutzt. Nach dem 2. / Weltkrieg wurde es vom sowjetischen Geheimdienst / übernommen, der hier bis Anfang der fünfziger Jahre / eine Untersuchungshaftanstalt unterhielt und auch / Hinrichtungen durchführen ließ. Bis Anfang 1990 / befand sich hier eine Untersuchungshaftanstalt des / Ministeriums für Staatssicherheit (Stasi) der DDR, die im / Februar 1990 dem Ministerium des Innern der DDR / unterstellt und nach der Herstellung der deutschen / Einheit im Oktober 1990 geschlossen wurde. Seit 1998 / wird dieses Gebäude als Justizvollzugsanstalt genutzt."

QUELLEN / LITERATUR

Information der Senatsverwaltung für Justiz. Ehemalige Untersuchungshaftanstalten des Ministeriums für Staatssicherheit der DDR, Broschüre des LStU, Berlin 2000.

STANDORT

Justizvollzugsanstalt (JVA) für Frauen (neben dem Eingang), Alfredstraße 11, 10365 Berlin

VERKEHRSANBINDUNG

Bahnhof Lichtenberg, U 5 bis Magdalenenstraße

Deutsch-Russisches Museum Berlin-Karlshorst

Lichtenberg-Hohenschönhausen. Im Frühjahr 1936 wurde am östlichen Rand von Berlin-Karlshorst, auf dem Gelände eines ehemaligen Flugplatzes, mit dem Bau für die Pionierschule 1 der Deutschen Wehrmacht begonnen. Die Bauarbeiten waren 1938 abgeschlossen. In dieser Zeit entstand auch das Offizierskasino der Pionierschule – das spätere Museum. Im März 1945 wurde die Pionierschule geräumt und auf den Truppenübungsplatz Hammelburg in Bayern verlegt. Wenig später, im April 1945, zog in diese Gebäude der „Gefechtsstand I" des „Verteidigungsabschnitts B" der Wehrmacht ein. Doch bei Herannahen der sowjetischen Truppen wurde der Gefechtsstand schnell geräumt, so dass es um den Bereich der ehemaligen Pionierschule keine Kämpfe gab. Die Gebäude blieben völlig unzerstört, und am 23. April 1945 wurde das Offizierskasino der Pionierschule zum Hauptquartier der 5. Stoßarmee der 1. Belorussischen Front. Im Speisesaal des Kasinos fand in der Nacht vom 8. auf den 9. Mai 1945 die Unterzeichnung der bedingungslosen Kapitulation der Wehrmacht statt. Der Krieg in Europa wurde in diesem Haus offiziell beendet, nachdem schon am 7. Mai 1945 eine erste Kapitulationsunterzeichnung der Wehrmacht in Reims mit den Westalliierten stattgefunden hatte.

Am 9. Juni 1945 erfolgte hier die Einrichtung des Amtssitzes des Chefs der Sowjetischen Militäradministration in Deutschland (SMAD). Mehr als vier Jahre später, am 10. Oktober 1949, fand in diesem Gebäude ein weiterer für die deutsche Nachkriegsgeschichte symbolisch bedeutsamer Akt statt: Der Ministerpräsident der drei Tage zuvor gegründeten DDR, Otto Grotewohl, erhielt vom Chef der SMAD, General Tschuikow, die begrenzte Souveränität für die Regierung der DDR. Zugleich wurde aus der SMAD die Sowjetische Kontrollkommission (SKK), die im Haus bis 1953 – mit der offiziellen Beendigung der Reparationen – ihren Sitz hatte. Nach der Auflösung der SKK residierte dort die Standortkommandantur, ab 1967 wurde das Gebäude als Museum genutzt.

Das Gelände in Berlin-Karlshorst war zugleich Zentrum des sowjetischen Geheimdienstes NKWD im Ausland. Um den Sitz des ehemaligen Offizierskasinos breiteten sich Einrichtungen des sowjetischen Geheimdienstes aus. Darunter befand sich auch ein Gefängnis des Geheimdienstes. Im Verlauf der fünfziger Jahre verlor Karlshorst jedoch mehr und mehr seine politische Bedeutung. Ein Teil der Einheiten wurde verkleinert bzw. ganz abgezogen. Die sowjetische Armee hat bis zum endgültigen Truppenabzug 1994 neben dem Kasernenkomplex und den Hauptgebäuden des Geheimdienstes noch zahlreiche Gebäude im Ortsbereich von Berlin-Karlshorst weiter genutzt.

Am 10. Mai 1994 wurde in Berlin-Karlshorst der Trägerverein für das „Museum Berlin-Karlshorst" gegründet. Die Vereinsgründung erfolgte im Beisein von Repräsentanten der Regierungen der Russischen Föderation und der Bundesrepublik, des Senats von Berlin sowie von Vertretern russischer und deutscher Museen. Dem Verein steht ein deutsch-russischer wissenschaftlicher Beirat zur Seite. Nach genau einem Jahr, am 10. Mai 1995, erfolgte die Eröffnung des deutsch-russischen „Museums Berlin-Karlshorst" im selben Gebäude, in dem die bedingungslose Kapitulation der deutschen Wehrmacht unterzeichnet worden war. Der Eröffnung gingen fünfjährige Diskussionen, Planungen und Projektentwürfe voraus. Die Basis bildete eine Übereinkunft der deutschen und sowjetischen Seite nach Abschluss des Vertrages über den sowjetischen Truppenabzug vom Oktober 1990. Das Bundesministerium des Innern finanzierte den Ausbau des Museums. Die Museumsgründung von 1995 bedeutete zugleich die Umwandlung eines schon bestehenden Museums. Zwischen 1967 und 1994 befand sich am gleichen Ort das „Museum der bedingungslosen Kapitulation des faschistischen Deutschland im Krieg 1941-1945" der sowjetischen, später russischen Streitkräfte. Diese Ausstellung im ehemaligen Museum der sowjetischen Streitkräfte befasste sich vornehmlich mit der Darstellung der Schlacht um Berlin und der Kapitulation im Mai 1945. Während des 27-jährigen Bestehens dieses Museums besuchten mehr als zwei Millionen Menschen die Ausstellung. Im Jahre 1991 entschloss man sich aufgrund der Vereinbarung von 1990 dazu, an Stelle des seit 1967 bestehenden „Kapitulationsmuseums" der sowjetischen Streitkräfte ein gemeinsam neu gestaltetes Museum zu errichten: für die damaligen Verhältnisse – trotz der vorausgegangenen radikalen Wandlungen in der ehemaligen Sowjetunion und der deutschen Wiedervereinigung – ein gewagtes und zugleich einmaliges Unterfangen. Bis dahin schien es schwer vorstellbar zu sein, dass gleichsam der einstmalige Aggressor und das überfallene Land bzw. der Sieger und der Verlierer in einem gemeinsamen Museum an den Krieg erinnern könnten. Dieser Krieg hatte unvorstellbares Leid auf beiden Seiten und tiefe Spuren der Verbitterung und des Hasses hinterlassen. Viele dieser Spuren waren zwar über die Jahrzehnte des Kalten Krieges und des Systemgegensatzes zwischen Ost und West verdeckt und verwischt worden, aber sie blieben vor allem aufgrund der sowjetischen Truppenpräsenz bis 1994 in Form von Klischees und Vorurteilen weiter bestehen. Hier sieht das Deutsch-

Russische Museum Berlin-Karlshorst seine Zielsetzung: Genauigkeit bei der Darstellung, Differenziertheit bei der Erklärung und Abbau von Klischees und Vorurteilen auf beiden Seiten. Auf diese Weise wurde verhindert, dass Verbrechen und schuldhafte Verstickung ausgeblendet wurden. Seit 1995 wird in den Ausstellungen des Museums kein Schwarzweißbild gezeichnet, sondern neben den Opfern werden zugleich die Hintergründe für die Politik und die Verbrechen auf beiden Seiten veranschaulicht. Das Museum gibt einen Einblick in die wechselhaften deutsch-sowjetischen Beziehungen von 1917 bis 1990. In diesem Rahmen werden unter anderem die Beziehungen zwischen der Reichswehr und der Roten Armee (1922-1933), die Mechanismen nationalsozialistischer Feindbilder und der Hitler-Stalin-Pakt von 1939 behandelt. Zudem befasst sich die Ausstellung – neben dem Zweiten Weltkrieg – mit der sowjetischen Besatzungsherrschaft im Osten Deutschlands und mit den bilateralen Beziehungen zwischen der Sowjetunion und der DDR. Im Mittelpunkt der Ausstellung steht der Krieg im Osten zwischen 1941 und 1945: Kriegsplanung, Kriegsverlauf, Soldatenalltag, NS-Vernichtungspolitik, Kriegsalltag der Zivilbevölkerung auf beiden Seiten, Krieg in Deutschland, Krieg der Alliierten und die Kapitulation. Letztere fungiert zugleich als Kernstück der Ausstellung, da sich im Museumsgebäude der historische Saal befindet, in dem 1945 die Kapitulation unterzeichnet wurde. Grundlage der Ausstellung bilden die Exponate des „Kapitulationsmuseums" und des „Zentralen Museums der Streitkräfte" in Moskau. Zudem haben das Deutsche Historische Museum (⇨Berlin-Mitte) und die Stiftung „Topographie des Terrors" mit Exponaten, Photographien und Dokumenten das Museum maßgeblich unterstützt.

QUELLEN / LITERATUR

Erinnerungen an einen Krieg. Begleitband, hrsg. vom Museum Berlin-Karlshorst, Berlin 1997.

Museum Berlin-Karlshorst, hrsg. vom Museum Berlin-Karlshorst, Berlin 1995 (zweisprachige Broschüre).

ANSCHRIFT

Deutsch-Russisches Museum, Berlin-Karlshorst
Zwieseler Straße 4 / Ecke Rheinsteinstraße
10318 Berlin

ANSPRECHPARTNER

Dr. Peter Jahn (Leiter) oder Margot Blank,
Tel. 030/501508-53 oder –52;
E-mail: jahn-museum-karlshorst@t-online.de

ÖFFNUNGSZEITEN

dienstags bis sonntags von 10 bis 18 Uhr; Eintritt frei. Neben der Dauerausstellung werden Wechselausstellungen, Kinoveranstaltungen und Seminare angeboten. Das Museum verfügt über eine Bibliothek und eine Sammlung von Exponaten. Nach Anmeldung sind kostenlose Führungen möglich

VERKEHRSANBINDUNG

S 3 bis Karlshorst, Bus 396; U 5 bis Tierpark, Bus 396

PKW

von Süden über Treskowallee-Rheinstraße, von Norden über Am Tierpark – Treskowallee – Waldowallee – Köpenicker Allee

Die Neue Wache

Zentrale Gedenkstätte der Bundesrepublik Deutschland für die Opfer von Krieg und Gewaltherrschaft

Mitte. Das im Herzen der Hauptstadt gelegene, 1816 nach Entwürfen Schinkels als Königswache erbaute Mahnmal ist ein Hauptwerk des deutschen Klassizismus. Es wurde anlässlich des Volkstrauertages am 14. November 1993 auf Beschluss der Bundesregierung zur Zentralen Gedenkstätte der Bundesrepublik Deutschland für die Opfer von Krieg und Gewaltherrschaft erhoben. Rechts und links des Eingangs zur Neuen Wache wurden bei der Neugestaltung erläuternde Bronzetafeln angebracht. Die linke Tafel schildert die Geschichte des Gedenkortes.

Sie trägt die Inschrift: „In den Jahren 1816 bis 1818 wurde die Neue Wache / nach Plänen von Karl Friedrich Schinkel für den / preussischen König Friedrich Wilhelm III. errichtet. / Von 1818 bis 1918 war hier die königliche Wache / untergebracht. / 1931 liess die preussische Regierung die Neue Wache / umgestalten. Heinrich Tessenow schuf eine / „Gedächtnisstätte für die Gefallenen des / Weltkrieges".
Im Mittelpunkt des zur Besinnung / einladenden Raumes stand ein Granitblock mit / silbernem Eichenkranz. /

Kurz vor Ende des Zweiten Weltkrieges wurde die / Neue Wache durch Bomben schwer beschädigt. / Seit 1960 diente das restaurierte Gebäude der DDR / als „Mahnmal für die Opfer des Faschismus und / Militarismus". Ab 1969 stand eine ewige Flamme in / der Mitte des Raumes. / 1969 wurden die sterblichen Überreste eines / unbekannten Soldaten und eines unbekannten / KZ-Häftlings beigesetzt. Sie sind umgeben von / Erde aus Schlachtfeldern des Zweiten Weltkrieges / und aus Konzentrationslagern. / Seit 1993 ist die Neue Wache Zentrale Gedenkstätte / der Bundesrepublik Deutschland. /

Die Raumgestaltung aus der Weimarer Republik / wurde weitgehend wiederhergestellt. Im Zentrum / der Gedenkstätte steht die vergrößerte Skulptur / von Käthe Kollwitz „Mutter mit totem Sohn". / Sie wurde von Harald Haacke ausgeführt."

Vor der Nachbildung der Skulptur von Käthe Kollwitz, aus den Jahren 1937/38, ist in den Boden eingelassen die Inschrift zu lesen: „Den Opfern von Krieg und Gewaltherrschaft".

Die Bronzetafel rechts des Eingangs trägt die Inschrift: „Die Neue Wache ist der Ort der Erinnerung / und des Gedenkens an die Opfer / von Krieg und Gewaltherrschaft. / Wir gedenken / der Völker, die durch Krieg gelitten haben. / Wir gedenken ihrer Bürger, die verfolgt wurden / und ihr Leben verloren. / Wir gedenken der Gefallenen der Weltkriege. / Wir gedenken der Unschuldigen, / die durch Krieg und Folgen des Krieges / in der Heimat, die in Gefangenschaft und / bei der Vertreibung ums Leben gekommen sind. /

Wir gedenken der Millionen ermordeter Juden. / Wir gedenken der ermordeten Sinti und Roma. / Wir gedenken aller, die umgebracht wurden / wegen ihrer Abstammung, ihrer Homosexualität / oder wegen Krankheit und Schwäche. / Wir gedenken aller Ermordeten, deren Recht auf / Leben geleugnet wurde. / Wir gedenken der Menschen, / die sterben mussten um ihrer religiösen oder / politischen Überzeugung willen. / Wir gedenken aller, / die Opfer der Gewaltherrschaft wurden / und unschuldig den Tod fanden. / Wir gedenken der Frauen und Männer, / die im Widerstand gegen die Gewaltherrschaft / ihr Leben opferten. / Wir ehren alle, die eher den Tod hinnahmen, / als ihr Gewissen zu beugen. / Wir gedenken der Frauen und Männer, / die verfolgt und ermordet wurden, / weil sie sich totalitärer Diktatur nach 1945 / widersetzt haben."

QUELLEN / LITERATUR

Stölzl, Christoph: Die Neue Wache unter den Linden. Ein deutsches Denkmal im Wandel der Geschichte, München, Berlin 1993.

STANDORT

Unter den Linden 4, 10117 Berlin

VERKEHRSANBINDUNG

S-Bahn bis Friedrichstraße, Unter den Linden oder Alexanderplatz; Bus 100, 200, 257, 348

Brandenburger Tor

Mitte. Über vier Jahrzehnte war das Brandenburger Tor Symbol der Spaltung Berlins und der Welt. Mit dem Mauerbau am 13. August 1961 wurde das als Friedenstor am Ende des 18. Jahrhunderts errichtete Brandenburger Tor abgeriegelt. Es dauerte mehr als 28 Jahre, bis es wieder für die Öffentlichkeit zugänglich war. Wenige Wochen nach dem Mauerfall am 9. November 1989 erfolgte am 22. Dezember 1989 die offizielle Wiedereröffnung des Torgebäudes. Heute ist das Brandenburger Tor nicht nur das wichtigste Wahrzeichen Berlins, sondern sowohl Symbol für die deutsche Einheit als auch für eine gemeinsame friedliche Zukunft in Europa.

Der Bau des klassizistischen Tores geht zurück auf die Zeit zwischen 1788 und 1791. Konzipiert wurde das Torgebäude als Friedenstor. Der Baumeister Carl Gotthard Langhans ließ sich dabei von den Propyläen in Athen inspirieren. Das Tor ist 26 Meter hoch und etwa 65 Meter breit. Es hat fünf Durchfahrten mit jeweils elf Metern Breite. Die schwere, stufenförmige Attika tragen 15 Meter hohe dorische Säulen. Drei Jahre nach Beendigung der Bauarbeiten wurde das Tor gekrönt durch die von Johann Gottfried Schadow aus Kupfer geschaffene Quadriga (Viergespann mit Friedensgöttin Eirene): Sie fährt auf ihrem Viergespann in die Stadt ein. Als die Preußen von Napoleon I. geschlagen wurden und Berlin unter französische Besatzung kam, ließ der Sieger 1807 die Quadriga als Kriegsbeute nach Paris bringen. Doch nach der Niederlage der Franzosen kam sie 1814 wieder nach Berlin zurück. In den Kranz auf dem Stab der Friedensgöttin ist aus diesem Anlass nachträglich ein Eisernes Kreuz eingefügt worden. Nach dem Abriss der Stadtmauer (1867/68) erweiterte man 1868 das Torgebäude durch zwei niedrige offene Säulenhallen zu beiden Seiten des Tores. Der Architekt dieser Hallen war der Schinkel-Schüler Johann Heinrich Strack. Im Zweiten Weltkrieg wurden das Torgebäude und die Quadriga schwer in Mitleidenschaft gezogen. Zwischen 1956 und 1958 erfolgte die vollständige Restaurierung des Brandenburger Tores ohne Eisernes Kreuz. Während der Silvesterfeierlichkeiten 1989/1990 kam es zur Beschädigung der Quadriga (Viergespann). Eine aufwändige Restauration wurde notwendig. Heute ist das Brandenburger Tor das einzig erhaltene von insgesamt 14 Stadttoren der alten Berliner Stadtmauer.

Im Jahre 1993 konstituierte sich der „Förderkreis Raum der Stille in Berlin e.V.“ Sein Bestreben war die Umsetzung einer Vision: die Schaffung eines für alle offenen und überkonfessionellen Raumes der Stille mitten in Berlin. Schon 1988 hatten sich Menschen im Ostteil der damals noch geteilten Stadt für einen solchen Raum eingesetzt. Vorbild war der Meditationsraum im Gebäude der Vereinten Nationen in New York, der 1954 auf Anregung des UNO-Generalsekretärs Dag Hammarskjöld für die Mitarbeiter der UNO eingerichtet wurde. Am 27. Oktober 1994 konnte der Förderkreis dank der Unterstützung des Senats den Raum der Stille im Brandenburger Tor einweihen. Er nimmt die ursprüngliche Idee des Brandenburger Tores als Friedenstor wieder auf und verstärkt die Symbolhaftigkeit des Torgebäudes. Im Raum der Stille sollen Menschen, unabhängig von ihrer Herkunft, Hautfarbe, Weltanschauung, Religion und körperlichen Verfassung meditieren können. Darüber hinaus möchte der Raum der Stille zu Toleranz und Verständigung auffordern und eine ständige Mahnung gegen Gewalt und Fremdenfeindlichkeit sein. Sinn und Zweck des Raumes bestehen vor allem darin, dass in der

Mitte Berlins ein Ort existiert, der Menschen über alle Unterschiede hinweg im Schweigen zusammenbringt. Auf dem Eingangsschild finden die Besucher die Aufforderung: „Treten Sie ein, hier dürfen Sie schweigen…“.

Auf zwei Informationstafeln vor dem Brandenburger Tor wird an die Märzrevolution von 1848 und an die letzte Wahl in der DDR am 18. März 1990 erinnert.

QUELLEN / LITERATUR

Cullen, Michael / Uwe Kielling: Das Brandenburger Tor. Eine kleine Geschichte des Berliner Wahrzeichens, Berlin 1994

VERKEHRSANBINDUNG

S 1, S 2, S 25 bis Unter den Linden; U 2 bis Mohrenstraße, dann fünf Minuten Fußweg über Mohrenstraße / Wilhelmstraße; U 6 bis Französische Straße, dann fünf Minuten Fußweg über Friedrichstraße / Unter den Linden

Deutsches Historisches Museum

Mitte. Anlässlich der 750-Jahr-Feier der Stadt Berlin wurde 1987 durch die Bundesregierung und das Land Berlin das Deutsche Historische Museum (DHM) gegründet. Der Auftrag lautete, die deutsche Geschichte von ihren Anfängen bis zur Gegenwart in ihren internationalen Verknüpfungen und ihrer regionalen Vielfalt darzustellen. Ursprünglich sollte das Museum in einem Neubau in der Nähe des Reichstagsgebäudes untergebracht werden, aber die Wiedervereinigung 1990 führte zur Aufgabe dieser Pläne. Die Bundesregierung übertrug dem Museum die Nutzung der Sammlung und Immobilien des ehemaligen Museums für Deutsche Geschichte der DDR im Zeughaus in der Straße Unter den Linden.

Sehr bald zeigte sich, dass die Gegebenheiten nicht den Anforderungen eines modernen Museums entsprachen. Mitte 1999 begannen deshalb umfangreiche Umbau- und Sanierungsarbeiten. Ab Herbst 2004 soll die Dauerausstellung zur deutschen Geschichte wieder im historischen Zeughaus zu sehen sein. Den Besuchern werden dann Epochenräume geboten, die sie von den Anfängen der deutschen Geschichte bis in die Gegenwart hineinführen. Angelpunkte sind die historischen Umbruchphasen der deutschen Geschichte: „um 1200“, „um 1500“, „um 1800“, „um 1914“, „um 1933“, „um 1945“ und „um 1989/90“. Zugleich werden Themenräume präsentiert, die sich mit Konstanten in der Geschichte befassen: zum Beispiel dem Verhältnis der Geschlechter, von Arbeit und Beruf oder von Religion und Kirche. Im benachbarten Neubau sollen thematische Wechselausstellungen zu aktuellen Themen, historischen Anlässen und Feierlichkeiten gezeigt werden.

Das DHM bietet neben der Dauerausstellung und den Wechselausstellungen eine Reihe von Möglichkeiten für Forschung und Bildung. So finden Presse und Fernsehen ein reichhaltiges Angebot an Quellen und Hintergrundmaterial. In einer hausinternen Inventardatenbank können Recherchen über derzeit 230000 Sammlungsobjekte veranlasst werden. Die wissenschaftliche Präsenzbibliothek zur deutschen Geschichte verfügt über rund 181000 Bände, und im Bildarchiv stehen den Benutzern rund 400000 Aufnahmen zur Verfügung. Das DHM besitzt eine Sammlung von Nachlässen bzw. Privatsammlungen von politik- oder alltagshistorischem Interesse. Darüber hinaus werden in den Sommermonaten Konzerte und Open-Air-Kinovorführungen veranstaltet. Besucher können kostenlos Internet-Terminals nutzen. Weitere Informationen über Recherchemöglichkeiten und Veranstaltungen, über das Bildarchiv, die Bibliothek, den Museumsladen und den Stand der Umbau- und Sanierungsarbeiten sowie Ansprechpartner sind über die Homepage des Museums (www.dhm.de) abrufbar.

ANSCHRIFT
Unter den Linden 2 (Zeughaus), 10117 Berlin
(Aufgrund von umfangreichen Bauarbeiten finden bis 2004 Ausstellungen im Kronprinzenpalais gegenüber dem Zeughaus statt.)

ÖFFNUNGSZEITEN
täglich von 10 bis 18 Uhr, Eintritt: 2 €; Jugendliche bis 18 Jahre Eintritt frei

VERKEHRSANBINDUNG
S- und U-Bahn bis Friedrichstraße, Bus 100, 157, 200 und 348 Haltestelle Staatsoper oder Lustgarten

Die Bundesbeauftragte für die Unterlagen des Staatssicherheitsdienstes der ehemaligen DDR (BStU) Informations- und Dokumentationszentrum Berlin (IDZ)

Mitte. Im Dezember 1991 verabschiedete der Deutsche Bundestag das Stasi-Unterlagengesetz (StUG). Daraufhin wurde die Behörde des Bundesbeauftragten für die Unterlagen des Staatssicherheitsdienstes der ehemaligen DDR (BStU) mit 14 Außenstellen in den ehemaligen DDR-Bezirksstädten eingerichtet. Das Berliner Informations- und Dokumentationszentrum (IDZ) wurde am 9. November 1998 im Beisein von Bundespräsident Roman Herzog, Bundesinnenminister Otto Schily, des Regierenden Bürgermeisters von Berlin, Eberhard Diepgen, und weiteren 400 Gästen eröffnet. Es dient dem Zweck, der Öffentlichkeit die Überwachungs-, Manipulations- und Verfolgungsmaschinerie der SED-Diktatur vor Augen zu führen. Das IDZ befindet sich in einem nahe dem Brandenburger Tor gelegenen Gebäude, in dem bis 1990 das Innenministerium der DDR seinen Sitz hatte. In den Räumen, in denen sich Besucher heute einen Einblick in die Praktiken des MfS verschaffen können, war von 1985 bis zur deutschen Wiedervereinigung die öffentlich nicht zugängliche „Zentrale Traditionsstätte der Deutschen Volkspolizei“ untergebracht.

In der Dauerausstellung des IDZ Berlin „Staatssicherheit – Machtinstrument der SED-Diktatur" werden Geschichte, Struktur, Methoden und Wirkungsweise des MfS anschaulich vorgeführt. Zu sehen sind Abhörgeräte, Spionagekameras und Geruchskonserven. Die Ausstellung gibt mit Informationstafeln, Installationen, Videofilmen und Tonaufzeichnungen Grundinformationen zum MfS, über die 91 000 hauptamtlichen Mitarbeiter und einzelne der 173 000 Inoffiziellen Mitarbeiter ebenso wie über die flächendeckend verteilten MfS-Dienststellen. Thematisch reicht die Ausstellung vom Kalten Krieg über den 17. Juni 1953 als Trauma des MfS und den Bau der Mauer ab dem 13. August 1961 bis zu den Konsequenzen der Entspannungspolitik in den siebziger Jahren für die Staatssicherheit. Behandelt werden auch die Themen Fluchthilfe, die Verbindungen der Stasi zur Roten Armee Fraktion (RAF), die Biermann-Ausbürgerung und ihre Folgen, der Einfluss des MfS auf die Kirchen, die Friedensbewegung in der DDR und schließlich der Zusammenbruch des Systems 1989/90.

Das IDZ bietet nach Vereinbarung Gruppenführungen durch die Dauerausstellung „Staatssicherheit – Machtinstrument der SED-Diktatur" sowie durch die wechselnden Sonderausstellungen an. Daneben besteht die Möglichkeit, Schulungsfilme des Ministeriums für Staatssicherheit (MfS) und Videodokumentationen über das MfS anzusehen. Angeboten werden Vorträge zu Aufbau, Wirkungsweise und Struktur des MfS und zur Tätigkeit der BStU. Besucher können einen Antrag auf Akteneinsicht stellen und Publikationen der Behörde erwerben. Kostenlos sind Flyer zur Ausstellung, der Text des Stasi-Unterlagen-Gesetzes (StUG), der Tätigkeitsbericht der Behörde und Begleitmaterial für den Schulunterricht erhältlich.

QUELLEN / LITERATUR
Gieseke, Jens: Der Mielke-Konzern. Die Geschichte der Stasi 1945-1990, Stuttgart-München 2001.

STANDORT
Mauerstraße 38, 10106 Berlin
Tel. 030/22 41 74 70, Fax 030/22 41 74 92

ANSCHRIFT
BStU, Abteilung Bildung und Forschung, Postfach 218, 10106 Berlin

ANSPRECHPARTNER
Dr. Peter Boeger (Leiter des IDZ), Tel. 01888/665-89 17; E-mail: post@bstu.de, www.bstu.de

ÖFFNUNGSZEITEN
montags bis samstags von 10 bis 18 Uhr, sonn- und feiertags geschlossen; Eintritt frei

VERKEHRSANBINDUNG
U 2 bis Mohrenstraße, U 6 bis Französische Straße; S 2, S 25 bis Unter den Linden; Bus: 100, 257, 348

Gedenkort Bernauer Straße

Mitte. Die Bernauer Straße an der Grenze der Stadtbezirke Wedding (West-Berlin) und Mitte (Ost-Berlin) war ein Brennpunkt der deutschen Nachkriegsgeschichte. Nach der Aufteilung der Stadt durch die Siegermächte grenzten der sowjetische und der französische Sektor in der Bernauer Straße aneinander. Der Bau der Berliner Mauer am 13. August 1961 und seine Folgen wurden hier in ihrer schärfsten Form erlebt: Die Mauer verlief mitten durch die Bernauer Straße. Lebenswege und menschliche Beziehungen in der organisch gewachsenen Wohnstraße wurden mit der Grenzziehung von einem Tag auf den anderen getrennt, Familien und Freunde auseinander gerissen. Die südliche Häuserzeile gehörte ohne den davor liegenden Gehsteig zum sowjetischen Sektor. Nach den Absperrungsmaßnahmen nutzten zahlreiche Bewohner der Häuser auf der Ost-Berliner Straßenseite diese Situation und sprangen aus den Fenstern in den Westteil der Stadt, wobei einige ums Leben kamen. Die Volkspolizei ließ kurz darauf die Wohnungen zur Straßenseite räumen und Türen und Fenster zumauern. Ende September 1961 hat man etwa 2000 Bewohner zwangsumgesiedelt, bis Ende Oktober alle Wohnungen geräumt. Schließlich wurden die Häuser 1965/66 bis auf die Fassaden des ersten Stockwerks abgerissen. Die vermauerten Häuserfassaden bildeten bis Ende der siebziger Jahre in der Bernauer Straße die Mauer. Erst 1979/80 wurden sie durch eine massive Betonmauer ersetzt.

An diesem historischen Ort, der in sehr eindrücklicher Form die Zäsur des Mauerbaus und die Folgen der Absperrung widerspiegelt, ist ein Gedenkensemble zur deutschen Teilungsgeschichte entstanden. Es besteht aus drei Teilen: der Gedenkstätte Berliner Mauer, dem Dokumentationszentrum Berliner Mauer und der Kapelle der Versöhnung. In Erinnerung an die Teilung der Stadt vom 13. August 1961 bis zum 9. November 1989 wurde der ehemalige Grenzstreifen an der Bernauer Straße gekennzeichnet und mit Informations-Stelen versehen. Gedenksteine erinnern an die Menschen, die bei Fluchtversuchen ihr Leben ließen.

VERKEHRSANBINDUNG
U 2 bis Eberswalder Straße; U 8 bis Bernauer Straße;
S 1, S 2, S 25 bis Nordbahnhof; Bus 147 und 245

Dokumentationszentrum Berliner Mauer

Mitte. Innerhalb des Gedenkensembles Berliner Mauer kommt dem Dokumentationszentrum die Aufgabe der Informationsvermittlung zu. Es befindet sich im bisherigen Gemeindehaus der Evangelischen Versöhnungsgemeinde, einem zeithistorischen Ort: Das Gebäude wurde in Reaktion auf den Mauerbau errichtet, da das frühere Gemeindezentrum mit der Kirche durch die Grenzziehung nicht mehr zugänglich war. Zum 10. Jahrestag des Mauerfalls am 9. November 1999 eröffnete das durch Projektmittel von Bund und Land geförderte Dokumentationszentrum Berliner Mauer mit der Werkausstellung „Grenzblicke", die den Lebensalltag im Schatten der Mauer aufzeigt. An Terminals werden Informationen zu den Themen „Flucht" und „Protest" vermittelt. Im Originalton können Berichte von West- und Ost-Berliner Rundfunksendern gehört werden. Ausschnitte aus Zeitzeugengesprächen, eine Lesestation mit einer exemplarischen Auswahl an Dokumenten und eine in Kooperation mit dem Ullstein Bilderdienst entstandene digitale Großbildprojektion bieten die Möglichkeit vertiefender Information. Zum 40. Jahrestag des Beginns des Mauerbaus konnte am 13. August 2001 den Besuchern eine weitere Themenausstellung vorgestellt werden: Im Mittelpunkt steht der Mauerbau am 13. August 1961. Darüber hinaus werden historische und politische Hintergründe zur Geschichte der Mauer in unterschiedlichen Medien angeboten. Von November 2002 bis Juni 2003 wurde das Dokumentationszentrum behindertengerecht umgestaltet sowie ein Turm mit Aussichtsplattform angebaut. Von dort hat man Einblick in den als Gedenkstätte gestalteten Teil der ehemaligen Grenzanlage, der in seiner Tiefenstaffelung original erhalten geblieben ist und damit die Möglichkeit bietet, die einzelnen Elemente der Grenzanlagen (Vorder- und Hintermauer, Postenweg, Lichttrasse, Reste des Signalzauns, geharkter Todesstreifen) zu erkennen. Darüber hinaus gewinnt der Betrachter einen Überblick über den Verlauf der ehemaligen Grenze und die noch erhaltenen Spuren entlang der Bernauer Straße.

Berlin Bernauer Straße: Dokumentationszentrum mit Aussichtsplattform

Träger des Dokumentationszentrums ist der Verein Berliner Mauer–Gedenkstätte und Dokumentationszentrum e.V. Er wurde im November 1998 auf Anregung der Senatsverwaltung für Wissenschaft, Forschung und Kultur gegründet. Dem Verein steht ein Fachbeirat zur Seite, dem Sachverständige aus Geschichtsforschung, Museumsarbeit, Publizistik sowie Denkmalschutz angehören. Das Dokumentationszentrum bietet regelmäßig Lesungen und Informationsveranstaltungen an. Für Gruppen können Führungen zur Gedenkstätte Berliner Mauer sowie Seminare vereinbart werden.

QUELLEN / LITERATUR

Berliner Mauer, hrsg. vom Verein Berliner Mauer – Gedenkstätte und Dokumentationszentrum e.V., Berlin 1999 (dt. und engl.).
Fotoschachtel „Grenzblicke" (Fotoserie zum Ausbau der Grenzanlagen am Standort der Gedenkstätte und zur Versöhnungskirche).
Camphausen, Gabriele: „Berliner Mauer", www.berliner-mauer-dokumentationszentrum.de.
Eisenfeld, Bernd / Roger Engelmann: 13.8.1961: Mauerbau. Fluchtbewegung und Machtsicherung. Mit einem Vorwort von Marianne Birthler, Bremen 2001.
Bahr, Christian: Geteilte Stadt. Die Berliner Mauer. Fotos und Fakten – Zeitzeugen berichten – Spurensuche heute, Berlin 2002.
Die Berliner Mauer. Ausstellungskatalog, hrsg. vom Verein Berliner Mauer – Gedenkstätte und Dokumentationszentrum e.V., Dresden 2003 (dt. und engl.).

ANSCHRIFT

Bernauer Straße 111, 13355 Berlin

ANSPRECHPARTNER

Maria Nooke, Tel. 030 / 464 10 30, Fax 030 / 46 06 97 40; E-mail: info@berliner-mauer dokumentationszentrum.de, www.berliner-mauer-dokumentationszentrum.de

ÖFFNUNGSZEITEN

mittwochs bis sonntags von 10 bis 17 Uhr; Eintritt frei.

Gedenkstätte Berliner Mauer

Mitte. Die von der Bundesregierung finanzierte Gedenkstätte Berliner Mauer ist den Opfern des Mauerbaus und der deutschen Teilung gewidmet. Der Senat von Berlin beschloss am 13. August 1991, dem 30. Jahrestag des Mauerbaus, die Errichtung einer Gedenkstätte auf dem Grenzstreifen an der Bernauer Straße entlang des Friedhofs der Sophiengemeinde. Der 212 Meter lange Mauerabschnitt war vom Ost-Berliner Magistrat noch am 2. Oktober 1990 zum Baudenkmal erklärt worden. Im April 1994 lobte der Bund, vertreten durch das Deutsche Historische Museum (DHM), einen Wettbewerb für die Gestaltung des Denkmals aus. Vorausgegangen war ein mehrjähriger kontroverser Diskussionsprozess über die Form des Gedenkens. Nach dem Entwurf des Architektenbüros Kohlhoff & Kohlhoff wurde die Gedenkanlage am 13. August 1998 schließlich offiziell eingeweiht und von der Bundesrepublik Deutschland dem Land Berlin übergeben.

Das Denkmal zeigt in künstlerischer Form die Reste der originalen Grenzanlage an der Bernauer Straße, eingerahmt durch zwei seitliche, sechs Meter hohe, innen polierte und reflektierende Edelstahlfassaden. Ein Zugang an der Ackerstraße führt zur ehemaligen Hinterlandmauer. Durch die Schlitze der Betonplatten ist ein Blick in das Innere der eingegrenzten Sperranlage möglich. Einen Überblick über die Anlage der Gedenkstätte gewinnt man vom Aussichtsturm, der an das Dokumentationszentrum angebaut wurde.

An der rostenden Außenfront der Stahlmauer ist in großen Lettern eine Gedenkinschrift eingraviert: „Gedenkstätte Berliner Mauer / In Erinnerung an die Teilung der Stadt / vom 13. August 1961 bis zum 9. November 1989 / und zum Gedenken / an die Opfer kommunistischer Gewaltherrschaft / Errichtet durch die / Bundesrepublik Deutschland und das Land Berlin / Entwurf Kohlhoff & Kohlhoff".

Vor dem Gelände der Gedenkstätte Berliner Mauer an der Bernauer/ Ecke Ackerstraße befindet sich eine Informationstafel mit der Inschrift (auf dt. und engl.): „Die nach dem Entwurf der Ar- / chitekten Kohlhoff & Kohlhoff gestaltete / Denkmalsanlage wurde von der Bundes- / republik Deutschland finanziert und am / 13. August 1998, dem Jahrestag des Mau- / erbaus, dem Land Berlin übergeben. Das / Denkmal integriert mit seiner künstlerischen Gesamtgestalt / die überlieferten Sach- / spuren der originalen Grenzanlage an der / Bernauer Straße. Es dient als Ort der Er- / innerung an die Teilung der Stadt vom / 13. August 1961 bis 9. November 1989 und / dem Gedenken an die Opfer kommunis- / tischer Gewaltherrschaft."

ANSCHRIFT
Bernauer Straße/ Ecke Ackerstraße
13355 Berlin

ANSPRECHPARTNER
Maria Nooke, Tel. 030/464 10 30, Fax 030/46 06 97 40;
E-Mail: info@berliner-mauer-dokumentationszentrum.de, www.berliner-mauer-dokumentationszentrum.de.

ÖFFNUNGSZEITEN
Die Besichtigung der Gedenkstätte ist jederzeit möglich; Eintritt frei.

Kapelle der Versöhnung

Mitte. Mit dem Bau der Mauer durch die Bernauer Straße wurde auch die Versöhnungsgemeinde zerrissen. Die meisten Gemeindemitglieder lebten im Wedding, die Kirche aber befand sich im Ostsektor. Der Zugang zum Kirchengrundstück Bernauer Straße 4 stand zunächst noch offen. Am 22. August wurde das Hauptportal der Kirche zugemauert. Von nun an war es nur noch den wenigen Gemeindemitgliedern in Ost-Berlin möglich, die Kirche zu besuchen. Am 23. Oktober 1961 wurde die Kirche endgültig geschlossen, die Kirchenglocken und die Kirchturmuhr abgeschaltet. Die Kirche stand mitten im Todesstreifen, zwischen Vorder- und Hinterlandmauer. Der Kirchturm diente lange Zeit als Wachturm. Die Gemeinde erhielt 1965 ein schnell errichtetes Gemeindezentrum in der Bernauer Straße 111 und damit einen Ort, sich im Angesicht ihrer eigenen Kirche zu versammeln. Der DDR war dieses Mahnmal auf dem Todesstreifen ein Dorn im Auge. Systematisch hat sie auf den Abriss der Kirche hingearbeitet. Am 22. Januar 1985 wurde das Kirchenschiff gesprengt, sechs Tage später der Turm. Das Bild vom fallenden Turm der Versöhnungskirche ging um die Welt und wurde zum Symbol der Teilung Deutschlands und Europas.

Nach der Maueröffnung 1989 erhielt die Gemeinde 1995 ihr „Mauergrundstück" mit der Auflage der Sakralnutzung zurück. Die geretteten Glocken der alten Kirche wurden am ursprünglichen Ort wieder in Gebrauch genommen. Am 9. November 2000, dem 11. Jahrestag des Falls der Berliner Mauer, konnte auf den Fundamenten der früheren Kirche die Kapelle der Versöhnung eingeweiht werden. Sie wurde nach Plänen der Berliner Architekten Rudolf Reitermann und Peter Sassenroth errichtet. Beim Bau halfen junge freiwillige Helfern aus 14 europäischen Ländern. In dem oval geformten Stampflehmbau mit einer lichtdurchlässigen Holzstabummantelung wurden gebrochene Steine der alten Versöhnungskirche verwendet. Auch der aus dem Altarraum der alten Kirche gerettete Altaraufsatz mit einer Abendmahlszene konnte in der Kapelle aufgestellt werden. „So ist die alte Versöhnungskirche wirklich wieder auferstanden", sagte Pfarrer Manfred Fischer bei der feierlichen Einweihung. Die Kapelle, in der 100 Menschen Platz finden, greift den Namen der gesprengten Kirche auf und verbindet ihn mit dem Versöhnungsauftrag an einem Ort im ehemaligen Todesstreifen der Mauer. Vor der neuen Kapelle der Versöhnung an der Bernauer Straße 4 wurde eine Stele mit einer Informationstafel aufgestellt.

Inschrift der Informationstafel (auf dt. und engl.): „Kapelle der Versöhnung / Auf den Fundamenten der alten / Versöhnungskirche, die 1985 im Todesstrei- / fen gesprengt wurde, / entsteht zum 10. Jahrestag des Mauerfalls / die Kapelle der Versöhnung. (Architekten: / Reitermann/ Sassenroth). Der Gemeinde dient / sie als bergende Hülle für Gottesdienste, / den Besuchern der Gedenkstätte als Ort der / Stille und Besinnung. / Der markierte Grundriss der alten Kirche / bleibt frei. Der alte Chorraum ist / umbaut. Im Empfangsbereich sind die gerette- / ten Glocken in einem Läutegerüst aufgehängt.“

QUELLEN / LITERATUR
Berliner Mauer, hrsg. vom Verein Berliner Mauer – Gedenkstätte und Dokumentationszentrum e. V., Berlin 1999 (dt. und engl.).
Homepage des Vereins für die Geschichte Berlins: www.diegeschichteberlins.de.

STANDORT
Bernauer Straße 4 / Ecke Hussitenstraße
10115 Berlin

ANSPRECHPARTNER
Evangelische Versöhnungsgemeinde, Bernauer Straße 111, 13355 Berlin, Tel. 030 / 463 60 34, Fax 030 / 464 47 55, E-mail: kirche.versoehnung@berlin.de, www.kapelle-versoehnung.de

ÖFFNUNGSZEITEN
Gottesdienst: sonntags um 10 Uhr; Andachten außer sonntags täglich um 6 Uhr, donnerstags um 12 Uhr, freitags um 18 Uhr

Gedenkstein für die Opfer der Berliner Mauer

Mitte. Die ersten Toten der Berliner Mauer gab es bei den Fenstersprüngen aus Wohnungen in der Bernauer Straße. Am 19. August stürzte Rudolf Urban (geb. am 6.6.1914) ab und starb am 17. September 1961 an den Folgen seiner Verletzungen. Die 58-jährige Ida Siekmann (geb. am 23.8.1902) stürzte am 22. August 1961 in den Tod. Dass selbst die 80-jährige Olga Segler (geb. am 31.7.1881) am 25. September 1961 diesen waghalsigen Fluchtweg aus dem zweiten Stock ihrer Wohnung in der Bernauer Straße wählte, verdeutlicht die verzweifelte Situation. Tragisch verlief auch der Fluchtversuch des 22-jährigen Bernd Lünser (geb. am 11.3.1939), der am 4. Oktober 1961 über das Dach des Hauses Bernauer Straße 44 in den Westen gelangen wollte, aber von zwei Polizisten entdeckt und beschossen wurde und daraufhin in den Tod sprang. Insgesamt verloren sieben Menschen bei Fluchtversuchen in der Bernauer Straße ihr Leben. Ende August kam es zu den ersten Todesschüssen an der abgesperrten Berliner Sektorengrenze. Der 41-jährige Ernst Mundt (geb. am 2.2.1921) hatte bei seinem Fluchtversuch am 4. September 1962 bereits die Sektorengrenze erreicht und stand auf der Umfassungsmauer des Sophienfriedhofes, als er durch MP-Schüsse tödlich getroffen wurde. Seine Leiche wurde auf Ost-Berliner Seite geborgen. Ottfried Reck (geb. am 14.12.1944) wurde 17-jährig beim Fluchtversuch in der Nähe des Nordbahnhofs am 27.

November 1962 erschossen. Dietmar Schulz kam mit 24 Jahren am 25. November 1963 an der Steegerstraße ums Leben. Der 19-jährige Transportpolizist Hans-Dieter Wesa (geb. am 10.11. 1943) wurde am 23. August 1962★ gegen 20 Uhr beim Fluchtversuch am S-Bahnhof Bornholmer Straße erschossen.

Für die Opfer der Mauer wurde vom Bezirk Wedding auf einer kleinen Grünfläche in der Bernauer Straße ein Feldstein aufgestellt mit der Inschrift: „Den Opfern der Mauer / Ida Siekmann gest. 22.8.1961 / Hans-Dieter Wesa gest. 23.8.1961★ / Rudolf Urban gest. 17.9.1961 / Olga Segler gest. 26.9.1961 / Bernd Lünser gest. 4.10.1961 / Ernst Mundt gest. 4.9.1962 / Ottfried Reck gest. Nov.1962 / Unbekannt gest. 9.6.1965 / Unbekannt gest. 1.12.1984 / Dietmar Schulz gest. 25.11.1963 / zum ehrenden Gedenken.“ ★ (die Angaben weichen voneinander ab)

QUELLEN / LITERATUR
Die vergessenen Opfer der Mauer, hrsg. von der Stiftung Gedenkstätte Berlin-Hohenschönhausen 2001.
Filmer, Werner / Heribert Schwan: Opfer der Mauer. Die geheimen Protokolle des Todes, München 1991.

STANDORT
Bernauer Straße / zwischen Schwedter und Wolliner Straße, 13355 Berlin

Gedenkstein für Bernd Lünser

Mitte. Vor dem Haus der Bernauer Straße 44 ist eine Platte mit Inschrift zur Erinnerung an Bernd Lünser in den Gehweg eingelassen. Der 22-jährige Student Bernd Lünser (1939-1961) versuchte am 4. Oktober 1961, über das Dach des Hauses Bernauer Straße 44 nach West-Berlin zu fliehen. Dabei wurde er von zwei Polizisten entdeckt und angeschossen. Er stüzte vom Dach und starb. In der Statistik der West-Berliner Polizei über Todesfälle an der Mauer und in darauf beruhenden Publikationen wird ein Unbekannter erwähnt, der gemeinsam mit Bernd Lünser flüchten wollte. Der Mann soll nach seiner Festnahme auf dem Dachboden des Fluchthauses von Grenzpolizisten zu Tode geprügelt worden sein. In Berichten des MfS über den Fluchtverlauf wird nur von Bernd Lünser gesprochen. Über die mögliche Identität des Unbekannten ist nichts bekannt. Ein Zeuge des dramatischen Geschehens spricht sogar von drei Flüchtlingen. Inschrift der Gehwegplatte: „Dem Opfer / der Schandmauer / Bernd Lünser / †4.10.1961 / gewidmet“.

QUELLEN / LITERATUR
Foto Ullstein Bilderdienst 373396,02.
BStU, MfS-ZAIG 525, S. 3-5.

STANDORT
Bernauer Straße 44
13355 Berlin

Gedenkstein für Ernst Mundt

Mitte. Am südlichen Ende der Bernauer Straße, kurz vor der Bushaltestelle in der Nähe des Nordbahnhofes, ist vor dem Mauerstreifen eine Platte mit heute verwitterter Inschrift in die Gehwegplatten eingelassen. Die Inschrift lautet: „Dem unbekannten / Opfer / der Schandmauer / †4.9.1962".

Davor wurde eine Stele mit einer Informationstafel aufgestellt, die über den Fluchtversuch von Ernst Mundt am 4. September 1962 informiert. Der 41-Jährige (geb. am 2.2.1921) hatte bereits die Sektorengrenze erreicht und stand auf der Umfassungsmauer des Friedhofes, als er durch MP-Schüsse tödlich getroffen wurde. Fotos dokumentieren, wie die Mütze des Opfers in den Westsektor und der Tote in den Sowjetsektor fielen. Die Leiche wurde auf Ost-Berliner Seite geborgen.

Inschrift der Informations-Stele (auf dt. und engl.): „Am 4. September 1962 versucht / Ernst Mundt über die Mauer des Sophien- / friedhofs aus Ost-Berlin in den Westteil der / Stadt zu fliehen. Auf der Friedhofsmauer / längs der Bergstraße in Richtung Bernauer / Straße laufend, wird er aus einem Haus auf / dem Gelände des Nordbahnhofs beschos- / sen und von einem Kopfschuss getroffen. / Mundt fällt von der Friedhofsmauer auf die / Ostseite in den Bereich des Grenzstreifens. / Die von West-Berliner Seite aus gestarteten / Hilfsaktionen können den Schwerverletz- / ten nicht erreichen. Ernst Mundt verblutet. / Die im Bürgersteig eingelassene Platte mit / der zeitgenössischen Inschrift 'Dem unbe- / kannten Opfer der Schandmauer' erinnert / an den Tod von Ernst Mundt. Bis zum Abriss / der Mauer hat an dieser Stelle außerdem / ein Mahnmal gestanden."

QUELLEN / LITERATUR
Sauer, Heiner / Hans-Otto Plumeyer: Der Salzgitter Report. Die Zentrale Erfassungsstelle berichtet über Verbrechen im SED-Staat, München 1991.

STANDORT
Bernauer Straße / Höhe Bergstraße
13355 Berlin

Gedenkstein für Ida Siekmann

Mitte. Zu den ersten Todesopfern der Berliner Mauer gehörte Ida Siekmann (geb. am 23.8.1902). Sie versuchte am 22. August 1961 gegen sieben Uhr aus dem Fenster ihrer in der Bernauer Straße 48 im dritten Stock gelegenen Wohnung auf die zum französischen Sektor gehörende Straße zu gelangen. Die 58-jährige stürzte, nachdem sie einen Teil ihrer persönlichen Habe auf die Straße geworfen hatte, beim Sprung aus dem Fenster in den Tod.

Ein Gedenkstein vor dem Haus erinnert an Ida Siekmann mit der Inschrift: „Dem Opfer der Schandmauer / Ida Siekmann / †22.8.1961 / gewidmet".

QUELLEN / LITERATUR
Information des Dokumentationszentrums Berliner Mauer. Die vergessenen Opfer der Mauer, hrsg. von der Stiftung Gedenkstätte Berlin-Hohenschönhausen 2001.

STANDORT
Bernauer Straße 48, 13355 Berlin

Denkmal und Gedenktafel zum 17. Juni 1953

Mitte. Der heute nach Detlev Rohwedder benannte wuchtige Bau an der Leipziger Straße / Ecke Wilhelmstraße steht wie nur wenige Orte für Kontinuität und Wandel in der deutschen Geschichte. Von 1871 bis 1945 war die in Berlins Mitte gelegene Wilhelmstraße das politische Zentrum des Deutschen Reiches. Nach dem Ende der Weimarer Republik und der Machtübernahme durch die Nationalsozialisten am 30. Januar 1933 sollte Berlin in ein „Germania" nationalsozialistischer Prägung umgestaltet werden. Zuständig für diese gigantischen stadtplanerischen Entwürfe war der Generalbauinspektor für die Reichshauptstadt Albert Speer. Als erster Großbau des „Dritten Reiches" entstand 1935/36 nach Plänen von Ernst Sagebiel der monumentale Gebäudekomplex für das Reichsluftfahrtministerium an der Ecke Leipziger Straße.

Im Zweiten Weltkrieg wurde der Komplex nur leicht beschädigt. Nach dem Krieg tagte hier zunächst die 1947 gegründete Deutsche Wirtschaftskommission, die zentrale Verwaltungsorganisation der SBZ. Am 7. Oktober 1949 wurde im Festsaal des Gebäudes die DDR gegründet, die Provisorische Volkskammer konstituiert und die Verfassung in Kraft gesetzt. Otto Grotewohl wurde mit der Bildung einer Provisorischen Regierung beauftragt und am 11. Oktober 1949 Wilhelm Pieck hier zum Präsidenten der DDR gewählt; am Tag danach gab Ministerpräsident Grotewohl in diesem Gebäude seine erste Regierungserklärung ab. 1950 zog die Volkskammer um, und das ehemalige Reichsluftfahrtministerium wurde als „Haus der Ministerien“ Sitz des Ministeriums der Finanzen und mehrerer Industrieministerien.

Am 16. Juni 1953 zogen die Bauarbeiter der Stalinallee vor dieses Gebäude. Sie hatten bei Arbeitsbeginn beschlossen, aus Protest gegen die zum 1. Juni wirksam gewordene beträchtliche Erhöhung der Produktionsnormen in den Streik zu treten. Nachdem in der am Morgen des 16. Juni erschienenen Ausgabe der Gewerkschaftszeitung „Tribüne“ die Normenerhöhungen ausdrücklich verteidigt wurden, wollten die Bauarbeiter an der Stalinallee (heute Karl-Marx-Allee) im Bezirk Friedrichshain ihre Forderungen dem Ministerpräsidenten Grotewohl vortragen. Dem sich um 9 Uhr formierenden Protestmarsch von ursprünglich knapp 100 Arbeitern zum Haus der Ministerien schlossen sich etwa 10 000 Menschen an. Die wenigen SED-Funktionäre, die sich den Demonstranten stellten, wurden niedergeschrieen und mit Forderungen konfrontiert, die weit über die Rücknahme der Normenerhöhungen hinausgingen, wie: Generalstreik, Rücktritt der DDR-Führung unter Walter Ulbricht und freie Wahlen. Die Bewegung griff rasch auf das Umland und die gesamte DDR über und führte am nächsten Tag zum Generalstreik, obwohl die SED die Normenerhöhungen noch am 16. Juni wieder rückgängig gemacht hatte. Der 17. Juni 1953 markiert den Höhepunkt und die Niederschlagung des Volksaufstandes in der DDR, bei dem sich große Teile der Bevölkerung gegen die dort herrschenden wirtschaftlichen und politischen Lebensbedingungen erhoben.

Mit der Wiedervereinigung Deutschlands fiel der unmittelbar an der Mauer gelegene Bau als zentraler Staatsbesitz an die Bundesregierung. Der größte Verwaltungsbau Berlins beherbergte in der Zeit von 1991 bis 1994 die am 1. März 1990 gegründete Anstalt zur treuhänderischen Verwaltung des Volkseigentums (Treuhandanstalt). Seit dem 16. Januar 1992 trägt er nach dem 1991 ermordeten Leiter dieser Einrichtung den Namen Detlev-Rohwedder-Haus. Heute ist der dem Preußischen Landtag benachbarte Gebäudekomplex Sitz des Bundesfinanzministeriums. Eine Gedenktafel erinnert an die Harnack/Schulze-Boysen-Organisation, die Widerstand gegen die nationalsozialistische Diktatur leistete, eine zweite an Detlev Karsten Rohwedder.

Eine Gedenktafel für die Opfer des Volksaufstandes (links neben dem Wandbild von Max Lingner) wurde am 17. Juni 1993 eingeweiht und trägt die Inschrift: „An dieser Stelle / vor dem Haus der / Ministerien der DDR / forderten am 16. Juni 1953 / die Bauarbeiter der / Stalinallee / im Bezirk Friedrichshain / die Senkung der / Arbeitsnormen / den Rücktritt der Regierung / die Freilassung aller / politischen Gefangenen / sowie freie und geheime / Wahlen. / Diese Protestversammlung / war Ausgangspunkt / des Volksaufstandes / am 17. Juni 1953. / Wir gedenken der Opfer / 17. Juni 1993".

Nach jahrelangem Streit und beharrlichen Bemühungen des Arbeitskreises 17. Juni und des Museums Haus am Checkpoint Charlie (⇨Friedrichshain-Kreuzberg) konnte am 16. Juni 2000, 47 Jahre nach dem Volksaufstand, ein Denkmal zu diesem Ereignis auch am historischen Ort des Massenprotestes, dem Innenhof vor dem ehemaligen Haus der Ministerien, eingeweiht werden. Das vom Berliner Künstler Wolfgang Rüppel geschaffene und von Senat und Bund finanzierte Bodendenkmal zeigt ein vergrößertes historisches Foto, in Glas geätzt, verfremdet und gerastert, mit Arbeitern unterschiedlichen Alters, die untergehakt die erste Reihe des Demonstrationszuges bildeten – eine Szene der spontanen Solidarität und des entschlossenen Mutes an jenem 16. und 17. Juni 1953.

Eine seitlich an der Bodenplatte befestigte Tafel trägt die Inschrift: „Zur Erinnerung an den Aufstand des / siebzehnten Juni Neunzehnhundertdreiundfünfzig / Wolfgang Rüppel 16. Juni 2000 / Senatsverwaltung für Stadtentwicklung / Kunst im Stadtraum".

QUELLEN / LITERATUR

Kowalczuk, Ilko-Sascha: 17. Juni 1953 – Volksaufstand in der DDR. Vorgeschichte, Ablauf, Folgen. Bremen 2003.
Frankfurter Allgemeine Zeitung vom 16.6.2000.
Die Welt vom 16.6.2000.
Böhm, Tobias / Siegfried Heimann / Andreas Mahal / Dietmar Schiller: Studie zu den Ereignissen des 17. Juni 1953. Grundlage für die Errichtung eines Denkmals zur Würdigung der Opfer des Arbeiteraufstandes, Berlin 1995.

STANDORT

Detlev-Rohwedder-Haus, Leipziger Straße/ Ecke Wilhelmstraße, 10117 Berlin

VERKEHRSANBINDUNG

U 2 und U 6 bis Stadtmitte; U 6 bis Kochstraße; Bus 148, 348 bis Leipziger Straße/ Wilhelmstraße

Gedenkstätte für die Opfer des 17. Juni 1953

Mitte. Auf dem Friedhof an der Seestraße im West-Berliner Bezirk Wedding wurden am 23. Juni 1953 acht Opfer des Aufstandes vom 17. Juni 1953 in Ost-Berlin, die in West-Berliner Krankenhäusern gestorben waren, beigesetzt und stellvertretend für alle Opfer durch ein dort errichtetes Mahnmal geehrt. Die Trauerfeier fand mit 125 000 Teilnehmern vor dem Rathaus Schöneberg statt, wo die Opfer aufgebahrt waren, bevor sie durch die von hunderttausend Berlinern gesäumten Straßen zur Beisetzung auf den Friedhof überführt wurden.

Der 17. Juni 1953 markiert den Höhepunkt und die blutige Niederschlagung des Volksaufstandes in der DDR und in Ost-Berlin, bei dem sich große Teile der Bevölkerung gegen die SED-Diktatur erhoben. Nachdem am 16. Juni Bauarbeiter aus der Stalinallee gegen die von der DDR-Regierung beschlossene Normenerhöhung protestiert und zum Generalstreik aufgerufen hatten, kam es zwischen dem 16. und 21. Juni 1953 in mehr als 700 Orten der DDR zu Protestaktionen der Bevölkerung. Bereits am 22. Juni 1953 hatte der Senat beschlossen, den durch den Großen Tiergarten führenden Straßenzug Charlottenburger Chaussee/ Berliner Straße vom Brandenburger Tor zum Ernst-Reuter-Platz zum Gedenken an die Opfer des Volksaufstands in „Straße des 17. Juni" umzubenennen. Am 4. August 1953 erklärte der Deutsche Bundestag den 17. Juni zum Tag der Deutschen Einheit. Zum zehnten Jahrestag des Aufstandes im Jahr 1963 erhob ihn der Bundespräsident in den Rang eines nationalen Gedenktages, der bis 1990 mit einem offiziellen Festakt im Reichstagsgebäude begangen wurde.

Auf dem Städtischen Urnenfriedhof an der Seestraße wurde am 17. Juni 1955 ein steinernes Mahnmal eingeweiht, das die Grabanlage begrenzt. Alljährlich finden auf dieser gesonderten Fläche des Städtischen Urnenfriedhofes offizielle Gedenkfeiern und Kranzniederlegungen der Bundesregierung und des Senats statt.

Inschrift auf dem steinernen Denkmal: „Den Opfern des 17. Juni 1953".
Davor befinden sich zwei Reihen mit fünf bzw. drei Grabsteinen für:
Horst Bernhagen / 16.3.1932 / 17.6.1953;
Willi Göttling / 14.4.1918 / 17.6.1953;
Edgar Krawetzke / 16.3.1933 / 18.6.1953;
Oskar Pohl / 3.11.1927 / 17.6.1953;
Gerhard Santura / 6.5.1934 / 17.6.1953;
Gerhard Schulze / 8.9.1911 / 18.6.1953;
Rudi Schwander / 3.8.1938 / 17.6.1953;
Werner Sendisitzky / 17.6.1937 / 17.6.1953.

QUELLEN / LITERATUR

Berlin Handbuch. Lexikon, Berlin 1994.
Böhm, Tobias / Siegfried Heimann / Andreas Mahal / Dietmar Schiller: Studie zu den Ereignissen des 17. Juni 1953. Grundlage für die Errichtung eines Denkmals zur Würdigung der Opfer des Arbeiteraufstandes, Berlin 1995.

STANDORT

Städtischer Urnenfriedhof, Seestraße 92/93, 13347 Berlin

VERKEHRSANBINDUNG

U6 bis Seestraße oder Straßenbahn 23 und 24 bis Osram-Höfe; Bus 126 bis Seestraße

Gedenkort „Weiße Mauerkreuze"

Mitte Hinter dem Ostportal des Reichstagesgebäudes verlief die Grenze zwischen dem sowjetischen und den westallierten Sektoren. Nach dem Mauerbau am 13. August 1961 wurden die Grenzanlagen immer weiter ausgebaut und die Überwindung der Grenze praktisch unmöglich gemacht. Das westseitige Ufer der Spree gehörte zu West-Berlin, die Wasserfläche war bereits Territorium Ost-Berlins. An der Stelle, wo die Grenzmauer an das Flussufer grenzte, wurden 1971 aus Anlass des 10. Jahrestages des Mauerbaus von dem „Berliner Bürger-Verein" die weißen Kreuze zum Gedenken an die bei der Flucht Umgekommenen errichtet und in der Folgezeit mit großem Einsatz gepflegt und unterhalten. Nach der Wiedervereinigung 1990 führte die Umgestaltung des Friedrich-Ebert-Platzes dazu, dass die weißen Kreuze für eine Übergangszeit an einen neuen Standort versetzt werden mussten. 1995 wurden sie deshalb an die Ecke Ebert- und Scheidemannstrasse direkt vor den Reichstag verlegt. Dort stehen sie als Provisorium noch heute.

Die Kreuze tragen die Inschrift: „13. August 1961 Mauerbau / Dem „Unbekannten" Opfer an der Mauer / Günter Litfin †24.8.1961 / Udo Düllick †5.10.1961 / Werner Probst †14.10.1961 / Ingo Krüger †10.12.1961 / Philipp Held †11.4.1962 / Axel Hannemann †5.6.1962 / Lutz Haberland †5.6.1962* / Hans Räwel †1.1.1963 / Wolf-O. Muszynski †1.4.1963* / Klaus Schröter †4.11.1963 / Heinz Sokolowski †25.11.1965 / Marienetta Jirkowski †22.11.1980 / Chris Gueffroy †5.2.1989 / 9. November 1989 die Mauer fällt". Inschrift des großen Holzkreuzes: „Heinz Sokolowski 48 J. Ostberlin †25.11.65 / Nach 7 Jahren DDR-Haft erschossen auf der Flucht".

Im Rahmen des 1997 ausgelobten landschaftsplanerischen Wettbewerbs zur Neugestaltung des Ebertplatzes wurden auch die vormals hier aufgestellten „Weißen Mauerkreuze" mit einbezogen. Sie wurden am 17. Juni 2003 im Beisein des Bundestagspräsidenten Wolfgang Thierse und des Regierenden Bürgermeisters von Berlin Klaus Wowereit der Öffentlichkeit übergeben. Die von dem Landschaftsarchitekten Jan Wehberg entworfenen neuen weißen Kreuze sind heute auf dem Spreeplatz vor dem Paul-Löbe-Haus in das

Geländer eingelassen. Insgesamt befinden sich dort sieben Kreuze, auf denen jeweils zur Wasser- und Platzseite hin die Namen der Opfer eingraviert sind.

Zur Platzseite tragen die Kreuze die Inschriften: Günter Litfin, 24.08.1961, Tiergarten Humboldthafen / Ingo Krüger, 10.12.1961, Tiergarten Spree in Höhe Marschallbrücke / Hans Räwel, 01.01.1963, Kreuzberg Spree unweit Oberbaumbrücke / Klaus Schröter, 04.11.1963, Tiergarten Spree zw. Kronprinzenbrücke und Marschallbrücke / Heinz Sokolowski, 25.11.1965, Tiergarten Berlin-Mitte Clara-Zetkin-Straße / Marinetta Jirkowski, 22.11.1980 / Den „unbekannten" Opfern an der Mauer.

Zur Wasserseite: Udo Düllick, 05.10.1961, Kreuzberg Spree in Höhe Gröbenufer / Werner Probst, 14.10.1961, Kreuzberg Spree in Höhe Schillingbrücke / Phillipp Held, 11.04.1962, Kreuzberg Spree in Berlin-Osthafen / Axel Hannemann, 05.06.1962, Tiergarten Spree in Höhe Reichstagsufer / Lutz Haberland, 27.05.1962*, Tiergarten Alexanderufer / Wolf-Olaf Muszynski, März 1963*, Kreuzberg Spree in Höhe Curvystraße 51 / Chris Gueffroy, 5.02.1989.

QUELLEN / LITERATUR
Pressemitteilung der Senatsverwaltung für Stadtentwicklung Berlin.
Die Rückkehr des Gedenkens, Tagesspiegel vom 22. Juni 2003.
Filmer, Werner/ Heribert Schwan: Opfer der Mauer. Die geheimen Protokolle des Todes, München 1991.

STANDORT
Spreeplatz, 10117 Berlin

VERKEHRSANBINDUNG
Bus 100 oder 200 bis Reichstag; S 1, S 2, S 25 bis Unter den Linden

Denkmal für die Maueropfer / Straße des 17. Juni

Mitte Die Straße des 17. Juni führt vom Brandenburger Tor durch den Großen Tiergarten und das Gelände der Technischen Universität zum Ernst-Reuter-Platz im Bezirk Charlottenburg. Der im östlichen Teil ursprünglich Charlottenburger Chaussee und im westlichen Teil Berliner Straße genannte Straßenzug erhielt seinen heutigen Namen auf Beschluss des Senats von Berlin vom 22. Juni 1953 zum Gedenken an die Opfer des Volksaufstandes in der DDR vom 17. Juni 1953.

Nahe dem Reichstag befindet sich in der Mitte der Fahrspuren auf der Straße des 17. Juni ein aus Hohlblocksteinen gemauertes Denkmal. Es wurde noch im Jahr des Mauerbaues 1961 vom „Kuratorium Unteilbares Deutschland" aufgestellt und trägt die Inschrift: „Den Opfern der Mauer / 13. August 1961".

QUELLEN / LITERATUR
Berlin Handbuch. Lexikon, Berlin 1994.

STANDORT
Straße des 17. Juni, 10557 Berlin

VERKEHRSANBINDUNG
S-Bahnhof Unter den Linden oder Tiergarten; Bus 187 oder 341 bis Großer Stern (Siegessäule)

Gedenkstein zur Erinnerung an Günter Litfin

Mitte. Günter Litfin (1937-1961) gehört zu den ersten bekannt gewordenen Toten an der Berliner Mauer. Er wuchs in Weißensee auf, ging dort zur Schule und in die Lehre. Der Damen- und Herrenmaßschneider lebte, wie viele vor dem Mauerbau, im Ostteil und arbeitete im Westteil der Stadt. Am 13. August 1961 hielt er sich in West-Berlin auf, kehrte jedoch in den Osten zurück, weil er nicht glaubte, dass die Sperrung der Berliner Grenzübergänge von Dauer sei. Als Litfin seinen Irrtum begriff, versuchte er am 24. August 1961 am Humboldthafen nach West-Berlin zu flüchten. Dabei haben ihn DDR-Grenzsoldaten erschossen. Günter Litfin ist zwar das erste Opfer der Berliner Mauer, das durch Waffengewalt ums Leben kam. Doch bereits am 19. August 1961 wurde Rolf Urban bei seinem Fluchtversuch in der Bernauer Straße lebensgefährlich verletzt und starb am 17. September 1961. Am 22. August 1961 starb Ida Siekmann beim Sprung aus der dritten Etage ihres Wohnhauses in der Bernauer Straße 48.

1962 wurde in Tiergarten (Moabit), am Friedrich-List-Ufer, für Günter Litfin ein Gedenkstein, bestehend aus einer Granitplatte mit Ziegelmauer auf einem Pflastersteinsockel, aufgestellt. Mit den Bauarbeiten am Lehrter Bahnhof verschwand der Stein spurlos und wurde erst 2000 von Bauarbeitern im Haus am Checkpoint Charlie (⇨Friedrichshain-Kreuzberg) abgegeben. Nach seiner Restaurierung mit Hilfe von Sponsoren wurde der Gedenkstein im Januar 2001 an der Sandkrugbrücke, dem ehemaligen Grenzübergang in der Invalidenstraße, neu aufgestellt. Auf Beschluss der Bezirksverordneten des Stadtbezirkes Berlin-Weißensee war bereits am 24. August 2000 die ehemalige Straße 209 in Günter-Litfin-Straße umbenannt worden. Am 24. August 2003 wurde im früheren Grenzturm an der Kieler Straße eine ⇨Gedenkstätte für Günter Litfin eingeweiht.

Inschrift des Gedenksteins: „Hier starb als erstes Opfer der Mauer / Günter Litfin / 19.1.1937 †24.8.1961 / Ihm und allen Opfern der Mauer zum Gedenken".

QUELLEN / LITERATUR
Hübner, Holger: Das Gedächtnis der Stadt. Gedenktafeln in Berlin, Berlin 1997, Tagesspiegel vom 17.1.2001.

STANDORT
Sandkrugbrücke, 10115 Berlin

VERKEHRSANBINDUNG
Deutsche Bahn bis Ostbahnhof, Bahnhof Zoo oder Bahnhof Lichtenberg, U 6 bis Zinnowitzer Straße, Bus 157, 245 oder 340 bis Invalidenstraße / Ecke Scharnhorststraße

Gedenkstätte Günter Litfin

Mitte. Nach dem Mauerbau 1961 entstanden in Berlin mehr als 300 Wachtürme der DDR-Grenztruppen, darunter auch drei so genannte Führungsstellen. Hier liefen die Lagemeldungen zusammen, und Kompaniechefs kontrollierten mit „Festnahmegruppen" die Grenze. Aufgrund ihrer Funktion waren diese drei Grenztürme im Vergleich zu den übrigen etwa doppelt so breit. Eine der Führungsstellen, die erst aus den siebziger Jahren stammt, befand sich am Kieler Eck in Berlin-Mitte. Wenige hundert Meter von diesem Ort kam am 24.8.1961 erstmals ein Flüchtling, der 24-jährige Günter Litfin, durch Waffengewalt ums Leben.

Nach dem Ende der DDR fanden sich der ehemalige NVA-Offizier Hagen Koch und der Bruder von Günter Litfin, Jürgen Litfin, zusammen, um die Führungsstelle als Gedenkstätte zu erhalten. Hagen Koch war in den letzten Tagen der DDR Beauftragter für den Schutz des Kulturgutes und veranlasste 1990, dass diese Führungsstelle unter Denkmalschutz gestellt wurde. Er plante für den Grenzturm eine Dokumentation der Geschichte der Mauer aus ostdeutscher Perspektive. Dafür wurden auch Anträge zur Sanierung des Gebäudes gestellt. Als das Gelände rund um den Wachturm noch eine Brache war, stellte der Berliner Senat die Führungsstelle 1992 unter Denkmalschutz. Mitte der neunziger Jahre allerdings entstanden auf dem Grundstück rund um den Turm Eigentumswohnungen. So steht der ehemalige Wachturm heute inmitten mehrstöckiger Häuser moderner Architektur, die alle fast doppelt so hoch sind. Der optische Zusammenhang mit den benachbarten Überresten der Mauer am Invalidenfriedhof ging verloren. Ein Abschnitt der Hinterlandmauer dient im Hof der Wohnanlage als Trennwand zwischen zwei Hausgärten. Auf den etwa 60 Quadratmetern Grundstücksfläche, auf denen der Wachturm steht, sollten ebenfalls Wohnungen gebaut werden. Ein Antrag auf Abriss des Turmes wurde vom zuständigen Bezirksamt Berlin-Mitte abgelehnt.

Am 24. August 2003 wurde im Turm eine Gedenkstätte für Günter Litfin und alle Opfer der Berliner Mauer eingeweiht. Hier sind zahlreiche Dokumente zur Grenze, Mauerfotos und Befehle zum 13. August 1961 zu besichtigen. Am Turm ist eine Gedenktafel angebracht mit der Inschrift: „Gedenkstätte / Günter Litfin / Ersterschossener am 24.08.1961 / Humboldthafen in Berlin Mitte / und allen Opfern der Berliner Mauer / vom 13.08.1961 bis November 1989.“

QUELLEN / LITERATUR
Bollwahn de Paez Casanova, Barbara: Ein Denkmal für die Erschossenen, in: die tageszeitung vom 6.8.2001. Szymanski, Mike: Ein Wachturm vor der Haustür, in: Berliner Zeitung vom 26.3.1998. Der Grenzturm steht vor der Haustür, in: Berliner Zeitung vom 8.5.1999.

STANDORT
Kieler Straße 2, 10115 Berlin

ANSPRECHPARTNER
Jürgen Litfin, Fischerinsel 2, 10179 Berlin

ÖFFNUNGSZEITEN
dienstags und donnerstags 12 bis 16 Uhr, samstags 13 bis 15 Uhr

VERKEHRSANBINDUNG
U 6 bis Reinickendorfer Straße, dann Fußweg; Bus 147 bis Bundeswehrkrankenhaus; Bus 248 bis Heidestraße / Containerbahnhof, dann Fußweg über Kieler Brücke

Gedenktafel für Robert Havemann

Mitte. Robert Havemann (1910-1982) wurde in den sechziger Jahren zum bedeutendsten und bekanntesten Systemkritiker in der DDR. Vor allem angeregt durch die Abrechnung mit Stalin auf dem XX. Parteitag der KPdSU 1956 äußerte der Naturwissenschaftler mehrfach seine grundsätzliche marxistische Kritik an den politischen Verhältnissen in der DDR und sprach sich gegen die Bevormundung der Wissenschaft aus. Seine Kritik führte 1964 zum Ausschluss aus der SED und zur fristlosen Kündigung durch die Humboldt-Universität Berlin. Zwei Jahre später folgte die Entlassung durch die Deutsche Akademie der Wissenschaften. Zudem wurde er als korrespondierendes Mitglied der Akademie statutenwidrig gestrichen. Bis zu seinem Tod am 9. April 1982 in ⇨Grünheide hatte Robert Havemann faktisch Berufsverbot und wurde vom MfS permanent überwacht. Zwischen November 1976 und Mai 1978 stellte man ihn aufgrund seiner Kritik an der Ausbürgerung Wolf Biermanns unter Hausarrest.

Der am 11. März 1910 in München geborene Robert Havemann entstammte bürgerlichen Verhältnissen. Er studierte zwischen 1929 und 1933 Chemie in München und Berlin und betätigte sich frühzeitig politisch. 1932 trat er der KPD bei. Nach 1933 beteiligte sich der Wissenschaftler aktiv am Widerstand gegen das NS-Regime. Im September 1943 wurde er von der Gestapo verhaftet und in einem Hochverratsprozess durch den Volksgerichtshof zum Tode verurteilt. Robert Havemann hatte sich bis zu seiner Verhaftung mit kriegswichtigen Forschungen befasst. Die Nazis schoben deshalb die Vollstreckung des Todesurteils immer wieder auf, da er im Zuchthaus Brandenburg in einem speziell für ihn eingerichteten Labor weiter an Forschungen über Giftgasverbindungen für das Heereswaffenamt arbeitete. Das rettete ihm das Leben. Robert Havemann setzte sich nach 1945 mit ganzer Kraft für die Sache des Sozialismus ein. In den Anfangsjahren der DDR wurde der Wissenschaftler, wie er in seiner Autobiographie erklärte, zum Stalinisten. Doch der Aufstand vom 17. Juni 1953 und die Abrechnung Chrustschows mit Stalin 1956 sowie die blutige Niederschlagung des Ungarn-Aufstandes im gleichen Jahr leiteten einen tiefen Wandlungsprozess in Havemanns politischen Ansichten ein. Der Wissenschaftler wurde seit 1960 mit seinen Vorlesungen zu naturwissenschaftlichen Aspekten philosophischer Probleme zu einer Art Leitfigur für Studenten und junge Wissenschaftler. Im Wintersemester 1963/64 zählten seine Lehrveranstaltungen über 1000 Hörer. Für die junge akademische Generation waren seine Ansichten ein intellektuelles Ventil gegen die politischen Verhältnisse in der DDR. Der Konflikt mit der SED-Führung war vorprogrammiert.

Anlässlich seines 90. Geburtstages am 11. März 2000 wurde am Gebäude des Institutes für Chemie der Humboldt-Universität auf gemeinsame Initiative der Robert-Havemann-Gesellschaft und der Universität eine Gedenktafel für Robert Havemann enthüllt. Sie trägt die Inschrift: „Hier hielt im Wintersemester 1963/64 / Robert Havemann / (11.3.1910 - 9.4.1982) / Professor für Physikalische Chemie / seine Vorlesung / ‚Naturwissenschaftliche Aspekte / Philosophischer Probleme / (Dialektik ohne Dogma)'. / Seine Forderung / nach Freiheit im Sozialismus / beantwortete die SED mit / fristloser Entlassung / aus der Humboldt-Universität / und Hausverbot."

QUELLEN / LITERATUR

Havemann, Katja / Joachim Widmann: Robert Havemann oder wie die DDR sich erledigte, München 2003.
Robert-Havemann-Archiv, Schliemannstraße 23, 10437 Berlin.

STANDORT

Humboldt-Universität Berlin, Institut für Chemie
Hessische Straße 1-2, 10115 Berlin

VERKEHRSANBINDUNG

U 6 bis Zinnowitzer Straße

Gedenktafel zur Erinnerung an den Zentralen Runden Tisch

Mitte. Nachdem sich bei den Massendemonstrationen im Herbst 1989 das ganze Ausmaß des politischen und geistigen Bankrotts der DDR-Führung gezeigt hatte, traten die bis dahin von der SED kriminalisierten Oppositionsgruppen am 10. November 1989 mit einer Erklärung an die

Öffentlichkeit: „Angesichts der krisenhaften Situation in unserem Land, die mit den bisherigen Macht- und Verantwortungsstrukturen nicht mehr bewältigt werden kann, fordern wir, dass sich Vertreter der Bevölkerung der DDR zu Verhandlungen am Runden Tisch zusammensetzen, um Voraussetzungen für eine Verfassungsreform und für freie Wahlen zu schaffen." Nach dem Vorbild Polens und Ungarns wurde am 7. Dezember 1989 im Dietrich-Bonhoeffer-Haus in Berlin-Mitte der Runde Tisch eingerichtet, an dem sich Vertreter der „alten Kräfte" – SED, Blockparteien sowie FDGB- und Repräsentanten von zunächst sieben Oppositionsgruppen gegenübersaßen. Die Delegierten verstanden sich nicht als „Nebenparlament", sondern als Bestandteil der öffentlichen Kontrolle. Sie forderten von Volkskammer und Regierung, über alle wichtigen Entscheidungen informiert und in die Entscheidungsfindung einbezogen zu werden. Kirchenvertreter übernahmen die Moderation. In Abgrenzung zu gleichnamigen Foren im Land wurde er später Zentraler Runder Tisch (ZRT) genannt. Zu den „neuen Kräften" am ZRT zählten das Neue Forum, die Vereinigte Linke, die SDP, die Grüne Partei, die Initiative Frieden und Menschenrechte, der Demokratische Aufbruch und Demokratie Jetzt sowie im weiteren Verlauf der Unabhängige Frauenverband und die Grüne Liga. Beide Seiten verfügten über jeweils 19 Stimmen und waren gewillt, den Dialog zu wagen. Während der ersten Sitzung wurde unter anderem beschlossen, die Regierung aufzufordern, das inzwischen in Amt für Nationale Sicherheit umbenannte Ministerium für Staatssicherheit aufzulösen, die politische Eigenständigkeit der DDR zu erhalten sowie eine neue Verfassung und ein neues Wahlgesetz zu erarbeiten. Ab Januar 1990 trat der ZRT im Gästehaus der Regierung in Berlin-Pankow, nahe dem Schloss Schönhausen, zusammen. In der Folge wurden mit Ministerpräsident Hans Modrow die Volkskammerwahl für den 18. März festgesetzt und von der „Arbeitsgruppe Neue Verfassung der DDR" ein Verfassungsentwurf für eine erneuerte DDR ausgearbeitet, in den die Reformvorstellungen der Oppositionsbewegungen einflossen. Danach sollte Deutschland nach vertraglicher Regelung stufenweise und allmählich zusammenwachsen. Inzwischen wurde in der Bevölkerung der Ruf nach Wiedervereinigung immer lauter. Die 16. und letzte Beratung des ZRT fand am 12. März 1990 statt.

Zehn Jahre nach der Einberufung des ZRT, am 7. Dezember 1999, wurde eine Gedenktafel am Dietrich-Bonhoeffer-Haus angebracht. Die Initiative dazu ging von der Evangelischen Kirche der Union (EKU) aus. Bei der feierlichen Enthüllung der von Karl Biedermann entworfenen verglasten Granitplatte (1 x 1 Meter) waren auch Vertreter des Zentralen Runden Tisches anwesend.

Inschrift der Gedenktafel: „Das friedliche Ende der / deutschen Teilung nahm / in diesem Haus der Kirche / in einem gewaltlos erzwungenen / Dialog zum Abbau von Willkür / und Aufbau von Demokratie / am Zentralen Runden Tisch / der DDR einen Anfang / 7.-22. Dezember 1989".

QUELLEN / LITERATUR

Grünbaum, Robert: Deutsche Einheit, Opladen 1991.
Thaysen, Uwe: Der Runde Tisch, Opladen 1990.

STANDORT

Dietrich-Bonhoeffer-Haus, Ziegelstraße 30, 10178 Berlin

VERKEHRSANBINDUNG

U 6 bis Oranienburger Tor

Gedenktafel zum 4. November 1989

Mitte. Am Morgen des 4. November 1989 zogen etwa 500 000 Demonstranten durch die Ost-Berliner Innenstadt, vorbei an der Volkskammer und am Staatsratsgebäude. Anschließend versammelten sie sich zu einer Kundgebung auf dem Alexanderplatz. Diese Demonstration mit der anschließenden Abschlusskundgebung war ein Höhepunkt der Demokratiebewegung im Herbst 1989 in der DDR. Die Idee dazu entstand im Oppositionsbündnis Neues Forum; die Trägerschaft und Organisation übernahmen Berliner Kulturschaffende. Von den Organisatoren war die Veranstaltung offiziell angemeldet worden, um die in der Verfassung der DDR zwar verankerten, aber von der Staatsmacht nie gewährten Grundrechte auf Versammlungs-, Meinungs- und Pressefreiheit einzuklagen. Mit der Polizei, die kaum in Erscheinung trat, war eine Sicherheitspartnerschaft vereinbart worden, Schauspieler mit grün-gelben Schärpen mit der Aufschrift „Keine Gewalt" wirkten als Ordner. Noch nie hatte Berlin so viel gemeinschaftliche Entschlossenheit, spontanen Einfallsreichtum und bei aller Radikalität auch Besonnenheit erlebt. Viele Demonstranten zeigten ihren Unmut und ihre Forderungen auf originellen Transparenten. Der Schriftsteller Stefan Heym brachte in seiner Ansprache die ergreifende Stimmung zum Ausdruck: „Es ist, als habe einer die Fenster aufgestoßen nach all den Jahren der Stagnation, der geistigen, wirtschaftlichen, politischen, den Jahren von Dumpfheit und Mief, von Phrasengedresch und bürokratischer Willkür, von amtlicher Blindheit und Taubheit. (...) Wir haben in diesen letzten Wochen unsere Sprachlosigkeit überwunden und sind jetzt dabei, den aufrechten Gang zu erlernen." Radikale Reformen wurden gefordert. Mit großem Beifall hat die Menge die Worte des Schriftstellers Christoph Hein aufgenommen: „Die Strukturen dieser Gesellschaft müssen verändert werden, wenn sie demokratisch und sozialistisch werden sollen. (...) Schaffen wir eine demokratische Gesellschaft, auf einer gesetzlichen Grundlage, die einklagbar ist!" Es kamen auch die Vertreter der alten Staatsmacht der DDR zu Wort, was lautstarken Protest hervorrief. Henning Schaller, einer der Organisatoren, erinnerte sich später: „Schon im Voraus hatte es handfeste Diskussionen und Unstimmigkeiten dazu gegeben, wen man (...) reden lassen soll. Redner wie Markus Wolf, Günter Schabowski und Manfred Gerlach wurden von vielen kritisiert. Ich aber war der Meinung, dass das Rednerspektrum so breit gefächert sein sollte wie das, das die gesamte zu Ende gehende DDR zu bieten hatte (...). Immer wieder mussten wir dann aber die bei den Hardlinern aufbrausende Menschenmenge auffordern, sie reden zu lassen und genau zuzuhören, denn oft genug entlarvten sich diese Redner selbst." Erstmals wurde eine Demonstration der Bürgerrechtsbewegung vom Fernsehen der DDR live übertragen. Der Kommentator konstatierte: „Das Volk hat seine Sprachlosigkeit überwunden." Am selben Tag fanden auch in vielen anderen Städten der DDR große Protestkundgebungen statt. So wurde der 4. November 1989 zum Markstein. Von nun an kam die SED-Führung an den Forderungen der Massen nicht mehr vorbei, und die alten Herrschaftspraktiken verloren ihre Wirkung.

Elf Jahre nach der Kundgebung auf dem Alexanderplatz, am 4. November 2000, wurde eine Gedenktafel in das Pflaster auf dem Platz nahe der Straßenbahnhaltestelle eingelassen. Die Initiative dazu ging von der Gedenktafelkommission des Berliner Stadtbezirkes Mitte aus. Bei der feierlichen Enthüllung sprachen auch einige der damaligen 23 Redner.

Die Gedenktafel trägt die Inschrift: „Wir sind das Volk / Hier auf dem Alexanderplatz versammelten sich am / 4. November 1989 / viele hunderttausend Menschen, um gegen Machtmissbrauch / und Verfassungsbruch zu protestieren und / für Recht und Gerechtigkeit einzustehen. / Die Demonstration trug dazu bei, die Demokratie in der DDR / auf friedlichem Wege durchzusetzen. / Die Demokratie braucht auch in Zukunft unseren öffentlich bekundeten Willen. / Bezirk Mitte von Berlin im Jahre 2000".

QUELLEN / LITERATUR

Redner und Reden, www.dhm.de.
Bahrmann, Hannes / Christoph Links: Chronik der Wende. Die Ereignisse in der DDR zwischen 7. Oktober 1989 und 18. März 1990, Berlin 1999.
Bahrmann, Hannes / Christoph Links: Bilderchronik der Wende. Erlebnisse aus der Zeit des Umbruchs 1989/90, Berlin 1999.

STANDORT
Alexanderplatz, 10178 Berlin

VERKEHRSANBINDUNG
S- und U-Bahn bis Alexanderplatz

Gedenktafel zur Erinnerung an die Grenzöffnung in Ungarn

Mitte. Wie in den anderen Staaten des Ostblocks verschlechterte sich in den achtziger Jahren auch in Ungarn zusehends die wirtschaftliche Lage. Ökonomische Reformen führten nicht zum Erfolg. Als Ausweg aus der Krise sah Ungarn die Annäherung an den Westen. Im Februar 1989 wurde beschlossen, das Machtmonopol der kommunistischen Partei aufzugeben und zum Mehrparteiensystem überzugehen. Zudem beschloss die Partei, das Grenzsicherungssystem zum Nachbarland Österreich zu verändern. Am 2. Mai 1989 durchtrennten ungarische Grenzsoldaten den „Eisernen Vorhang", den Stacheldrahtzaun an der österreichischen Grenze. Ungarn war kurz zuvor der Genfer Flüchtlingskonvention beigetreten; politische Flüchtlinge, zumal aus der DDR, durften demnach nicht mehr ausgeliefert werden. DDR-Bürger, deren Fluchtversuche aus Ungarn nach Österreich im Sommer 1989 gescheitert waren, begaben sich in die Botschaft der Bundesrepublik in Budapest, um ihre Ausreise zu erwirken. Am 14. August wurde die Botschaft wegen Überfüllung geschlossen. Am 19. August nutzten hunderte DDR-Bürger ein „Paneuropäisches Picknick" und die symbolische Öffnung eines Grenztores an der ungarisch-österreichischen Grenze bei Sopron erfolgreich zur Flucht. Die Botschaftsbesetzer in Budapest durften am 24. August nach Österreich fliegen. Am Abend des 10. September gab der ungarische Außenminister Gyula Horn die zeitweilige Ausserkraftsetzung des Reiseabkommens mit der DDR bekannt. Noch in derselben Nacht wurde die Grenze nach Österreich geöffnet, und tausende DDR-Bürger reisten in den folgenden Wochen in den Westen aus.

Am 10. September 1991, dem zweiten Jahrestag der Grenzöffnung, enthüllten Bundestagspräsidentin Rita Süßmuth und der ungarische Parlamentspräsident György Szabad eine Gedenktafel im Reichstagsgebäude. Die 90 mal 150 Zentimeter große Bronzetafel wurde bereits vor dem Umbau dort installiert und befindet sich heute an der Nordostecke des Reichstagsgebäudes im Freien.

Inschrift (deutsch und ungarisch): „10. September 1989 / Ein Zeichen der Freundschaft / zwischen dem ungarischen / und dem deutschen Volke / für ein vereinigtes Deutschland / für ein unabhängiges Ungarn / für ein demokratisches Europa."

QUELLEN / LITERATUR

Hertle, Hans-Hermann: Chronik des Mauerfalls. Die dramatischen Ereignisse um den 9. November 1989, Berlin 1996.

Spurensuche, Jahresringe der Geschichte. Historische Stätten des Reichstagsgebäudes, hrsg. vom Deutschen Bundestag, Berlin o. J.

STANDORT

Reichstagsgebäude, Platz der Republik 1, 11011 Berlin

VERKEHRSANBINDUNG

Bus 100 bis Haltestelle Reichstag / Bundestag

Parlament der Bäume gegen Krieg und Gewalt
Mahnmal im Marie-Elisabeth-Lüders-Haus

Mitte. Am 9. November 1990, ein Jahr nach dem Fall der Berliner Mauer, wurde in unmittelbarer Nähe des Reichstagsgebäudes als Mahnmal für die Toten von Krieg und Teilung die vom Aktionskünstler Ben Wargin gestaltete Gedenkstätte „Parlament der Bäume gegen Krieg und Gewalt" eröffnet. Erhaltene Mauerteile wurden künstlerisch gestaltet und in mehreren Aktionen zwischen 1990 und 1996 verschiedenartige Bäume gepflanzt. Herzstück ist am Spreeufer ein Karree von Bäumen, das die Ministerpräsidenten der 16 Bundesländer 1990 pflanzten. Vertreter des Deutschen Bundestages setzten erstmals am 18. März 1991 Bäume auf das Gelände. Auf 47 großformatigen Granitplatten sind zudem 258 Namen von Mauertoten verzeichnet. Während der Bauarbeiten für das neue Regierungsviertel mussten zahlreiche Bäume umgesetzt werden, die Gedenkstätte war längere Zeit nicht zugänglich. Am 3. Oktober 1997 machte Wargin mit einer spektakulären Aktion auf die Gedenkstätte aufmerksam: 999 entzündete Fackeln markierten den Verlauf der Berliner Mauer. Als Zeichen für die Einheit Deutschlands sollen, zudem nach Vorstellung des Aktions-Künstlers Ben Wargin, Mauerteile in den Bundestagsneubau Marie-Elisabeth-Lüders-Haus einbezogen werden, die allerdings nicht korrekt den Verlauf der Mauer widerspiegeln. Der Bibliotheksturm soll von 19 insgesamt 22 Meter langen Mauersegmenten durchschnitten werden. Zehn Meter vom Bibliotheksturm entfernt werden weitere Mauerstücke stehen. Sie verlaufen vom Eingangshof auf die Außenfassade zu und durchschneiden sie. Die Mauer wird auch mehrere Büros des Bundestages und einen Warteraum durchziehen. Jedes Mauerteil wird mit einer Jahreszahl und der Anzahl der in diesem Jahr gezählten Toten der deutschen Teilung versehen. Die Jahreszahlen sollen mit dem Jahr der Währungsreform 1948 beginnen und 1989 enden. Im Bibliotheksturm werden die Mauersegmente mit der Zahl der Toten aus den Jahren 1961 bis 1989 zugänglich sein. Die Eröffnung des Marie-Elisabeth-Lüders-Hauses ist für Ende 2003 geplant.

QUELLEN / LITERATUR
Arbeitsgemeinschaft der Museen, Gedenkstätten und Denkmale an der ehemaligen innerdeutschen Grenze: Grenzmuseeen, Mödlareuth 2000.
Hübner, Holger: Das Gedächtnis der Stadt. Gedenktafeln in Berlin, Berlin 1997.

STANDORT
Schiffbauerdamm / Reinhardtstraße, 10117 Berlin

VERKEHRSANBINDUNG
Bahnhof Friedrichstraße, Fußweg über den Schiffbauerdamm

Denkmal „Sinkende Mauer“

Mitte. Der Park an der heutigen Invaliden- / Ecke Scharnhorststraße in Berlin-Mitte wurde 1843 von Peter Joseph Lenné (1789-1866) gestaltet, dem späteren Generaldirektor der königlichen Gärten in Preußen. Er sollte Kriegsinvaliden in der Kaiser-Wilhelm-Stadt zur Erholung dienen. Im Jahre 1895 entstand hier die Gnadenkirche, die im Zweiten Weltkrieg zerstört und 1967 abgetragen wurde. Nach den Kriegszerstörungen und dem Bau der Berliner Mauer wurde die Grünfläche nicht genutzt.

Nach dem Zusammenbruch der DDR sollte der Platz neu gestaltet werden. Den Zuschlag erhielt 1992 Christophe Girot. Am 3. Oktober 1997 wurde der neue Park nach vierjährigen Arbeiten übergeben. Girot ließ im Zentrum des südlichen Parkteils ein 50 mal 62 Meter großes Wasserbecken anlegen, aus dem eine sieben Meter hohe Wand schräg heraus ragt, die begehbar ist. Sie erweckt den Eindruck, als würde die Mauer im Nichts versinken. Von ihrer Spitze ergießt sich ein Wasservorhang über eine Schieferverkleidung in die Tiefe. Auf der begehbaren Schräge fließt Wasser in zwei Kanälen abwärts. Als „Steine des Anstoßes“ befinden sich auf dem Platz neun Reihen mit Granitplatten, bis ein Übergang zur Parkanlage folgt, die heute wieder der Erholung dient. Die gesamte Installation greift die jüngste deutsche Vergangenheit auf und erinnert an die Berliner Mauer, die unweit des Parks verlief.

QUELLEN / LITERATUR
Speckmann, Sigrun: Sinkende Mauer und selbstverliebter Junge, in: Der Tagesspiegel vom 12.8.2000.

STANDORT
Invalidenpark, Invaliden-/ Ecke Scharnhorststraße
10115 Berlin

VERKEHRSANBINDUNG
Bus 157, 245, 340 bis Invalidenpark

Mahnmal für die Einheit Deutschlands

Mitte. Der Humboldthain ist einer der drei großen Volksparks in Berlin, die im 19. Jahrhundert neu angelegt wurden. Nach dem Zweiten Weltkrieg wurde der Schutt zerstörter Häuser rund um die riesigen Flakbunker angehäuft. Die Humboldthöhe ist der höchste Trümmerberg im Stadtgebiet Berlins.

Auf der Aussichtsplattform der Humboldthöhe befindet sich das von dem Künstler Arnold Schatz geschaffene und am 13. August 1967 errichtete Mahnmal für die Einheit Deutschlands. Die elf Meter hohe Aluminiumskulptur steht auf einem ummauerten Betonsockel und besteht aus zwei stelenartigen Metallteilen, die von einem Ring umfasst und zusammengehalten werden. Damit sollte die Teilung Deutschlands symbolisiert werden. Am 2. Oktober 1991 enthüllte der Bezirksbürgermeister des Stadtbezirkes Berlin-Wedding, Jörg-Otto Spiller, an dem Betonsockel des Mahnmals eine Gedenktafel. Sie trägt die Inschrift: „Mahnmal / der Einheit / Deutschlands / 13.8.67 Arnold Schatz".

QUELLEN / LITERATUR
Hübner, Holger: Das Gedächtnis der Stadt. Gedenktafeln in Berlin, Berlin 1997.

STANDORT
Humboldthöhe im Volkspark Humboldthain
13355 Berlin

VERKEHRSANBINDUNG
S 4, U 8 bis Gesundbrunnen

Der „Tränenpalast"

Mitte. Über das Gebäude am Reichstagsufer können zweierlei Geschichten erzählt werden, die einer Grenzübergangsstelle („Tränenpalast") und die eines internationalen Kulturhauses („tRÄNENpALAST"). Die Geschichte der Grenzübergangsstelle begann nach dem Mauerbau im August 1961; die Erfolgsgeschichte des Kulturhauses im Herbst 1991 mit einem Konzert von Nina Hagen und Jimmy Sommerville.

Als nach dem 13. August 1961 die Mauer um die Westsektoren der Stadt errichtet wurde, setzten auf dem U-, S- und Fernbahnhof Friedrichstraße umfangreiche Bauarbeiten ein. Der Bahnhof wurde zum Grenzbahnhof aus- und umgebaut. In unmittelbarer Nachbarschaft entstand ein Grenzabfertigungsgebäude, das den Pass- und Zollorganen der DDR als Kontrollbereich diente. Den Beinamen „Tränenpalast" erhielt das Gebäude in den sechziger Jahren, als im Rahmen der Passierscheinabkommen (1963-1966) Millionen Berliner aus dem Westteil der Stadt ihre Verwandten im Osten zu den Weihnachts-, Oster- und Pfingstfeiertagen besuchen durften. Nach mehr als zwei Jahren Trennung konnten sich im Dezember 1963 erstmals wieder auseinander gerissene Familien in die Arme schließen. Aufgrund der beim Wiedersehen und beim Abschied am Grenzübergang geflossenen Tränen erhielt der Ort von den Berlinern rasch den Namen „Tränenpalast", zumal in der unmittelbaren Nachbarschaft der Friedrichstadtpalast und der Admiralspalast (Metropol-Theater) ihren Standort haben. Als die Grenzen sich nach dem Fall der Mauer auflösten, schien auch der „Tränenpalast" schnell in Vergessenheit zu geraten und folgerichtig zu verwahrlosen. Doch der ehemalige Grenzabfertigungssaal bot vielfältige Möglichkeiten der raumfunktionalen Vergangenheitsaneignung. Deshalb wurde der neue „tRÄNENpALAST" von Marcus Herold sowohl als Ort der kulturellen Grenzgänge und Grenzgänger als auch der historischen Erinnerung aus der Taufe gehoben. Heute ist das Kulturhaus eine wichtige Adresse der Berliner Kulturszene. Aus der Schnittstelle der Systeme ist ein Kulturort mit interessanten multimedialen Angeboten und einem vielfältigen Programmspektrum geworden: Musikrichtungen aller Art, Kabarett und Comedy, Lesungen, Kino, Ausstellungen und vieles andere mehr stehen auf dem Programm. Zudem ist der „tRÄNENpALAST" ein attraktiver Ort für Fernsehaufzeichnungen. In der Nachbarschaft vom Berliner Ensemble, dem neuen Friedrichstadtpalast, dem Metropol-Theater, dem Kabarett „Die Distel" stellt der „tRÄNENpALAST" etwas Besonderes und Eigenes dar – einen einmaligen Ort zwischen gestern, heute und morgen.

Das Gebäude steht unter Denkmalschutz. Verschiedene Funktionsbereiche der ehemaligen Grenzübergangsstelle sind erhalten geblieben, so dass die Logistik des Kontroll- und Grenzregimes nachvollziehbar ist. Auf dem Gelände des Kulturhauses „tRÄNENpALAST" befinden sich zudem zwei originale Mauersegmente.

QUELLEN / LITERATUR
www.traenenpalast.de/histo.htm

STANDORT
Reichstagsufer 17, 10117 Berlin

ANSPRECHPARTNER
Frau Christiane Knoll (Pressesprecherin),
Reichstagsufer 17, 10117 Berlin, Tel. 030/206100 13,
E-mail: presse@traenenpalast.de

Gedenktafel für die Opfer des NKWD und des MfS in der Haftstätte Prenzlauer Allee

Pankow. Im Herbst 1998 beschloss die Bezirksverordnetenversammlung Prenzlauer Berg die Erforschung der Geschichte der ehemaligen Haftstätte auf dem Gelände des heutigen Bezirksamtes zwischen Prenzlauer Allee und Fröbelstraße (Nordmarkstraße). Dort befand sich in den Häusern 3, 7 und 8 zwischen 1945 und 1950 eine sowjetische Militärkommandantur. In den Kellerräumen des Hauses 3 richtete die Operativgruppe 4 des sowjetischen Geheimdienstes eine Verhör- und Haftstätte ein. In Berlin waren mehrere solcher Operativgruppen tätig, die einerseits ordnungspolizeiliche Aufgaben erfüllten und andererseits intensiv nach Anhängern des NS-Regimes suchten. Einen Schwerpunkt bildete dabei die Suche nach den vermeintlichen Mitgliedern der Untergrundorganisation „Werwolf". Wie viele Menschen im Haus 3 inhaftiert waren, ist bis heute nicht bekannt. Nach Aussagen von Zeitzeugen wurden im Gefängnis vor allem Jugendliche verhört und gefangen gehalten, denen das NKWD – zumeist aufgrund unhaltbarer Anschuldigungen – die Mitgliedschaft in der „Werwolf"-Organisation oder feindliches Verhalten gegenüber der Besatzungsmacht vorwarf. Die Haftbedingungen im Haus 3 waren katastrophal: Hunger, Durst und körperliche Misshandlungen waren an der Tagesordnung. Viele der Inhaftierten wurden nach einiger Zeit in andere Gefängnisse und Speziallager der sowjetischen Besatzungsmacht verlegt.

Im Jahre 1950 übernahm das Ministerium für Staatssicherheit (MfS) das Gebäude vom sowjetischen Geheimdienst und nutzte es weiter als Verhör- und Haftstätte. Mit dem Einzug der Berliner Bezirksverwaltung (BV) des MfS gegen Mitte der fünfziger Jahre wurde das Gefängnis schließlich aufgelöst und der Gebäudekomplex umgebaut. Im Jahre 1985 räumte die MfS-Bezirksverwaltung die Gebäude und bezog ein neues Domizil in den Neubauten an der Straße Alt-Friedrichsfelde. Danach übernahm das Bezirksamt Prenzlauer Berg das Areal. Der Hafttrakt im Gebäude 3 mit seinen schätzungsweise 20 bis 30 Zellen wurde umgebaut.

Am Ort befindet sich eine Gedenktafel, die über die Geschichte der Haftstätte informiert. Für die weitere Erforschung der Vergangenheit des Ortes und die Errichtung eines Gedenkzeichens (Denkmal) werden Spenden gesammelt. Die Kontaktadresse und das Spendenkonto sind auf der Gedenktafel verzeichnet.

Inschrift der Gedenktafel: „Gedenkzeichen / für die Opfer des NKWD / und der Staatssicherheit / in der Haftstätte / Prenzlauer Allee. Auf dem Gelände zwischen Prenzlauer Allee und / Fröbelstraße (Nordmarkstraße) befand sich nach / Kriegsende 1945 die Kriegskommandantur Prenz- / lauer Berg der Roten Armee. / Im Keller eines der Gebäude (Haus 3) errichtete der/ sowjetische Geheimdienst eine Verhör- und Haft- / stätte. Häufig reichte ein allgemeiner Verdacht, um / an diesem Ort Menschen, darunter viele im jugend- / lichen Alter, unmenschlichen Haftbedingungen aus- / zusetzen und sie für unbestimmte Zeit gefangen / zu halten. Ehemalige Häftlinge erinnern sich an end- / lose Verhöre, Misshandlungen, Hunger und Durst. / Für viele Inhaftierte begann in diesem Keller ein / Weg durch weitere Haftstätten und Speziallager. / Eine bis jetzt noch unbekannte Anzahl dieser / Menschen überlebte dies nicht. / Im Jahre 1950 übernahm der Staatssicherheitsdienst/ der DDR das Gelände. Der Keller diente weiter als / Haftstätte - mindestens bis 1955. / An diesem Ort soll künftig an stalinistische Ver- / folgung erinnert werden. / Im Herbst 1998 beschloss die Bezirksverordneten- / versammlung Prenzlauer Berg die Geschichte / des ehemaligen Haftortes in der Prenzlauer Allee / zu recherchieren und eine Kennzeichnung des / Gebäudes vorzunehmen. / Eine Gruppe von Bürgerinnen und Bürgern aus / Prenzlauer Berg bereitet die Errichtung eines / Gedenkzeichens vor. Dafür sammeln sie Spenden / und erforschen die Geschichte dieses Ortes.

Weitere Informationen zur / Geschichte der Kriegskommandantur, / der Haftstätte und der Nutzung durch / die Staatssicherheit sind willkommen. Kontakt: / Prenzlauer Berg Museum / Prenzlauer Allee 227 / Telefon: 42 40 10 97."

STANDORT
Fröbelstraße 17, 10405 Berlin

ANSPRECHPARTNER
Prenzlauer Berg Museum, Prenzlauer Allee 227, 10405 Berlin, Tel. 030/42 40 10 97

VERKEHRSANBINDUNG
S-Bahn bis Prenzlauer Allee, Straßenbahnlinien 1, 2, 3, 4 und 20

Gedenktafel für Erich Nehlhans

Pankow. Am ehemaligen Wohnhaus von Erich Nehlhans (1899-1953) in der Prenzlauer Allee 35 wurde am 1. März 2001 auf Beschluss des Bezirksamtes Pankow ein „Denkzeichen im öffentlichen Raum" für den ersten Vorsitzenden der Jüdischen Gemeinde zu Berlin nach Ende des II. Weltkriegs eingeweiht. An der feierlichen Einweihung nahmen der Bezirksbürgermeister von Pankow, Alex Lubawinski, der Vorsitzende der Jüdischen Gemeinde zu Berlin, Dr. Andreas Nachama, und Dr. Werner Rosenthal, ein Großneffe von Erich Nehlhans, teil. Mit der Gedenktafel wird an einen Mann erinnert, dessen Geschichte jahrzehntelang unter einer Decke des Schweigens und Vergessens lag. Das Schicksal dieses Überlebenden des Holocaust, der anschließend in die Mühlen des sowjetischen Sicherheitsapparates geraten war, blieb lange tabuisiert.

Erich Nehlhans wurde am 12. Februar 1899 in einer streng religiösen jüdischen Familie geboren. Den NS-Terror überlebte Erich Nehlhans als einziges Mitglied seiner Familie im Berliner Versteck durch die Hilfe einer Nachbarin. Nach der Befreiung Berlins war Nehlhans Mitbegründer der Jüdischen Gemeinde und wurde ihr erster Vorsitzender. Der Sitz der Gemeindeverwaltung lag im sowjetischen Sektor, in der Oranienburger Straße. Zeitzeugen schildern Nehlhans´ rastlosen Einsatz für die Wiedereinrichtung der Synagoge in der Rykestraße und die Aufnahme des religiösen Unterrichts sowie sein soziales Engagement für Rückkehrer aus den Lagern und aus dem Exil. Er kümmerte sich um "displaced persons", Überlebende aus Konzentrationslagern, die im zerrissenen Europa nach dem Potsdamer Abkommen keine Heimat mehr hatten. Auch jüdischen Rotarmisten verhalf er mit Papieren und Zivilkleidung zur Flucht in den Westen. Innerhalb der Gemeinde vertrat Nehlhans die damals vorherrschende Auffassung, dass jüdisches Leben in Deutschland nach der Shoah nicht mehr möglich sei. Er war Berliner Vorsitzender der religiös-zionistischen Vereinigung Misrachi, die sich für die Übersiedlung nach Palästina und den Aufbau eines jüdischen Staates einsetzte. Am 7. März 1948 hat der sowjetische Geheimdienst NKWD Erich Nehlhans verhaftet und im August zu 25 Jahren Arbeitslager verurteilt. Er wurde für schuldig befunden, „aus feindlicher Gesinnung gegen die Sowjetunion" 1945 auf eigene Initiative eine jüdische Gemeinde gegründet zu haben. Im Auftrag der Amerikaner habe er unter in Deutschland befindlichen, in moralischer und ideologischer Hinsicht labilen sowjetischen Bürgern feindliche Tätigkeit mit dem Ziel betrieben, diese zum Landesverrat zu bewegen. Außerdem habe sich Nehlhans systematisch mit der illegalen Verschickung jüdischer Bürger aus Polen und der Tschechoslowakei über amerikanische Lager in Berlin nach Palästina und Amerika befasst. Nach der Urteilsverkündung wurde Nehlhans in das sowjetische Speziallager ⇨Sachsenhausen gebracht, bevor man ihn zwei Monate später nach Brest-Litowsk transportierte. Danach verlieren sich seine Spuren. Vermutlich starb der erste Vorsitzende der Jüdischen Gemeinde zu Berlin 1953 in einem sowjetischen Lager.

Das Urteil von 1948 hob ein russisches Militärgericht 1997 auf Antrag seiner Angehörigen auf und rehabilitierte Erich Nehlhans ohne Einschränkungen.

Inschrift der Gedenktafel: „In diesem Hause / wohnte bis zu seiner Verhaftung im März 1948 / Erich Nehlhans / geboren in Berlin am 12. 2. 1899 / in der UdSSR verschollen

Erster Vorsitzender der Jüdischen Gemeinde zu Berlin nach dem Ende des Hitlerregimes / Er überlebte untergetaucht in Berlin / die antisemitische Vernichtungspolitik der Nationalsozialisten. / In der Nachkriegszeit war er in Berlin / maßgeblich am Wiederaufbau jüdischen Lebens beteiligt / und verhalf zahlreichen Überlebenden der Vernichtungslager / und jüdischen Angehörigen der Roten Armee / zu einem Neubeginn in Palästina und den USA. / Am 4. August 1948 verurteilte ihn ein sowjetisches Militärgericht / dafür zu 25 Jahren Arbeitslager. / Seine Spuren verlieren sich 1948 als Häftling in der Sowjetunion. / Am 24. September 1997 hob ein russisches Militärgericht / nach langjährigen Bemühungen der Angehörigen / das Urteil gegen Erich Nehlhans auf und rehabilitierte ihn vollständig."

Seit dem Jahr 2001 ist ihm zu Ehren eine Straße in Pankow benannt. Im März 2003 wurde die Gedenktafel für Erich Nehlhans gestohlen. Bis Redaktionsschluss wurde sie nicht wieder aufgefunden. Im Bezirksamt Pankow wird die Wiedererrichtung einer Gedenktafel diskutiert.

QUELLEN / LITERATUR

Förster, Andreas: Es blieb ihm keine Zeit mehr für die Flucht, in: Berliner Zeitung vom 20.3.1998.
Leo, Annette: Erich Nehlhans, Annäherung an eine vergessene Lebensgeschichte, hrsg. vom Aktiven Museum Faschismus und Widerstand, Chausseestraße 8, 10115 Berlin, 2001.
Offenberg, Ulrike: Seid vorsichtig gegen die Machthaber. Die jüdischen Gemeinden in der SBZ und der DDR 1945 bis 1990, Berlin 1998.
Rosenthal, Werner: Verschollen, in: Jüdisches Berlin 12/2000.

STANDORT
Prenzlauer Allee 35, 10405 Berlin

ANSPRECHPARTNER
Bezirksamt Pankow von Berlin, Tel. 030/488 30, Fax 030/ 48 83 22 44, E-mail: info@kulturamt.prenzlberg.de, www.kulturamt.prenzlberg.de

VERKEHRSANBINDUNG
Deutsche Bahn bis Ostbahnhof, Bahnhof Zoo oder Bahnhof Lichtenberg, S-Bahn bis Prenzlauer Allee, Tram 1 bis Prenzlauer Allee/ Metzer Straße; S-Bahnhof Friedrichstraße oder Hackescher Markt; Tram 1 bis Prenzlauer Allee / Metzer Straße

Gedenktafel und Gedenkstein zur Grenzöffnung

Pankow. Die ersten Ostdeutschen, die 28 Jahre nach dem Bau der Mauer eine Grenzkontrollstelle ohne Visum passieren konnten, gelangten über den Grenzübergang Bornholmer Straße nach West-Berlin. Nach der legendären internationalen Pressekonferenz am 9. November 1989, auf der das SED-

Politbüromitglied Günter Schabowski den Eindruck erweckte, die Staats- und Parteiführung habe die sofortige Öffnung der Grenze beschlossen, machten sich zahlreiche Menschen auf den Weg zu den Grenzübergängen. Um 20.30 Uhr hatten sich bereits einige hundert am Schlagbaum in der Bornholmer Straße eingefunden. Ein Wagen der Volkspolizei traf ein, von dem aus ein Polizist die Wartenden aufforderte, sich am nächsten Morgen an die Meldestellen zu wenden. Als der Druck der Massen nicht nachließ, sollten zunächst diejenigen über die Grenze gelassen werden, die als aufsässig erschienen. Deren Personalausweise sollten mit einem Stempel auf das Passbild ungültig gemacht werden, um eine Wiedereinreise zu verhindern. Diese Art der Ausbürgerung funktionierte jedoch nicht: Bereits gegen 22.30 Uhr kehrten die ersten Besucher West-Berlins wieder in den Ostteil der Stadt zurück. Auf beiden Seiten kam es zu immer größeren Menschenansammlungen, so dass die Weisung erteilt wurde, alle Kontrollen einzustellen. Mehrere tausend Menschen erlebten auf der West-Berliner Seite der Bösebrücke einen begeisterten Empfang.

Der westliche Teil der Brücke war bereits zwischen 1983 und 1985 instand gesetzt worden. Im August 1990 wurde mit dem Ostteil begonnen. Am 14. Oktober 1995 rollte zum ersten Mal wieder eine Straßenbahn über die Brücke. Seit November 1961 hatten am Bahnhof Bornholmer Straße keine S-Bahnen mehr gehalten; um den Grenzbahnhof nicht mehr anfahren zu müssen, war eine direkte Verbindung zwischen den Bahnhöfen Pankow und Schönhauser Allee gebaut worden.

Die Gedenktafel und ein Gedenkstein östlich der Bösebrücke wurden zum ersten Jahrestag der Maueröffnung am 9. November 1990 enthüllt. Inschrift der Gedenktafel: „Bösebrücke / 1961-1989 / DDR-Grenzübergang / war am 9. November 1989 / der erste Grenzübergang der innerdeutschen Grenze, / an dem die DDR-Grenzschranken fielen“.

Inschrift des Gedenksteins: „An der Brücke / Bornholmer Straße / öffnete sich in der Nacht vom 9. zum 10. November 1989 / erstmals seit dem August 1961 / die Mauer. / Die Berliner kamen / wieder zusammen. / Willy Brandt: / Berlin wird leben und / die Mauer wird fallen.“

QUELLEN / LITERATUR
Hertle, Hans-Hermann: Chronik des Mauerfalls. Die dramatischen Ereignisse um den 9. November 1989, Berlin 1996.

STANDORT
Bornholmer Straße (Bösebrücke), 10439 Berlin

VERKEHRSANBINDUNG
S 2 und S 26 bis Bornholmer Straße

Gedenktafeln an der ehemaligen Untersuchungshaftanstalt des Ministeriums für Staatssicherheit (MfS)

Pankow. An der ehemaligen Untersuchungshaftanstalt des Ministeriums für Staatssicherheit (MfS) in Berlin-Pankow wurden – auf Anregung des Arbeitskreises ehemaliger politischer Häftlinge in der SPD – nach Sanierungsarbeiten an der Anstalt von der Justizverwaltung Berlin zwei Gedenktafeln angebracht. Die feierliche Enthüllung erfolgte bei Wiederinbetriebnahme der JVA 1998 durch den Senator für Justiz und Vertreter der Opferverbände Help e.V., ASTAK, des Arbeitskreises ehemaliger politischer Häftlinge in der SPD und des Bundes der stalinistisch Verfolgten (BSV) e.V.

Das Gebäude wurde 1907 als Amtsgerichtsgefängnis errichtet. Unter dem nationalsozialistischen Regime befand sich hier ab 1933 ein SA-Heim der Pankower Sturmabteilung der NSDAP. Nach dem Zweiten Weltkrieg hat dieses Gebäude zunächst die Sowjetische Militäradministration in Deutschland genutzt. Im Zuge der Übergabe sowjetischer Einrichtungen an deutsche Behörden übernahm es die deutsche Justiz 1947. Ab Anfang der fünfziger Jahre betrieb die Abteilung XIV der Verwaltung Groß-Berlin bzw. der späteren Bezirksverwaltung (BV) Berlin des MfS hier, in der Kissingenstraße, eine eigene Untersuchungshaftanstalt. Im angrenzenden Gerichtsgebäude befand sich das Stadtbezirksgericht Berlin Pankow. Die Pankower Untersuchungshaftanstalt verfügte über 58 Zellen und war für etwa 120 Gefangene vorgesehen. Außerdem gab es ein Arbeitskommando, dem etwa 40 Frauen und Männer angehörten. Diese hatten neben Reinigungs-, Versorgungs- und Instandhaltungsarbeiten auch Dienstleistungen für die Mitarbeiter der Bezirksverwaltung des MfS auszuführen. Im Gefängnisgebäude verfügte die Untersuchungsabteilung IX der Bezirksverwaltung Berlin über zahlreiche Vernehmungszimmer. Gleichzeitig betrieb diese Abteilung einen „ständig besetzten Stützpunkt" im Berliner Polizeipräsidium in der Keibelstraße nördlich des Alexanderplatzes. Dort befand sich eine Untersuchungshaftanstalt der Polizei, die auch vom MfS genutzt wurde. Das Gefängnis ist seit 1998 nach gründlichem Umbau Justizvollzugsanstalt des Landes Berlin für die Untersuchungshaft von Frauen.

Inschriften der Gedenktafeln:
Obere Tafel: „Zum Gedenken / an die Opfer / kommunistischer Gewaltherrschaft, / die zwischen 1945 und 1989 / in diesem Gefängnis / gelitten haben."
Untere Tafel: „Dieses Gebäude wurde von 1907 bis 1928 / als Gefängnis des Amtsgerichtes Pankow / genutzt. Von 1933 bis 1945 war es eine / Unterkunft

der SA der NSDAP. Nach dem / 2. Weltkrieg wurde es von der sowjetischen / Militäradministration übernommen, / die es 1947 der deutschen Justiz zurückgab. / Vom Beginn der fünfziger Jahre bis / Anfang 1990 befand sich hier eine Unter- / suchungshaftanstalt des Ministeriums / für Staatssicherheit (Stasi) der DDR, / die im Februar dem Ministerium des / Innern der DDR unterstellt und nach / der Herstellung der deutschen Einheit im / Oktober 1990 geschlossen wurde. / Seit 1998 wird dieses Gebäude als / Justizvollzugsanstalt genutzt."

QUELLEN / LITERATUR
Information der Senatsverwaltung für Justiz. Ehemalige Untersuchungshaftanstalten des Ministeriums für Staatssicherheit der DDR. Broschüre des LStU Berlin, Berlin 2000.

STANDORT
Justizvollzugsanstalt (JVA) für Frauen (neben dem Eingang), Arkonastraße 56, 13189 Berlin

VERKEHRSANBINDUNG
S- und U-Bahnhof Pankow, Bus 255 und 155 bis Kissingenstraße

Gedenkzeichen für Robert Havemann

Pankow. Robert Havemann (1910-1982) (⇨Mitte und ⇨Grünheide), studierte von 1929 bis 1933 Chemie in München und Berlin. Er arbeitete als Professor für physikalische Chemie. 1943 wurde er als Leiter und Mitbegründer der antifaschistischen Widerstandsgruppe "Europäische Union" verhaftet und durch den Volksgerichtshof zum Tode verurteilt. Das Urteil wurde nicht vollstreckt, da er sich in seiner Todeszelle im Zuchthaus Brandenburg mit „kriegswichtigen" Arbeiten befasste. Zunächst in West-Berlin ansässig, zog er 1950 in den Ostteil der Stadt. Er trat der SED bei, distanzierte sich jedoch seit dem XX. Parteitag der KPdSU zunehmend von den politischen Verhältnissen. Seit den sechziger Jahren gehörte er zu den bedeutendsten und bekanntesten Systemkritikern in der DDR. In seinen Vorlesungen rechnete Havemann schonungslos mit dem Stalinismus ab und forderte Informations- und Meinungsfreiheit für die Bürger sowie eine Emanzipation der Wissenschaft von der stalinistischen Ideologie. 1964 wurde er aus der SED ausgeschlossen. Zeitgleich mit dem Parteiausschluss erfolgten die fristlose Entlassung durch die Humboldt-Universität und 1966 sein Ausschluss aus der Akademie der Wissenschaften. Es folgten Überwachungen, Hausarrest und andere Repressalien durch das Ministerium für Staatssicherheit. Robert Havemann zählt zu den Mitbegründern der unabhängigen Friedens- und Bürgerrechtsbewegung der DDR. Er starb 1982 in Grünheide bei Berlin.

Die Robert-Havemann-Oberschule entstand 1991 als Gesamtschule mit gymnasialer Oberstufe und offenem Ganztagsbetrieb. Gemäß der Namensgebung ist ein Schwerpunkt der schulischen Aktivitäten die Auseinandersetzung mit Robert Havemann. Es werden Projekte zu Leben und Werk Havemanns initiiert, Lesungen veranstaltet sowie Zeitzeugen eingeladen. Zu den Gästen der Schule gehörten bisher prominente Bürgerrechtler, Politiker und Wissenschaftler wie beispielsweise Jürgen Fuchs (⇨Reichenbach), Wolf Biermann, Rainer Eppelmann, Günter Gaus und Walter Romberg. Bei der Organisation der Veranstaltungen wird die Schule von der Robert-Havemann-Gesellschaft sowie vom Bürgerkomitee „15. Januar e.V." unterstützt. Die von der Schule angebotene Kombination von Naturwissenschaften, geisteswissenschaftlichen Fächern, Sprachen und Sport bedeutet zugleich eine gelungene Umsetzung der Vorstellungen Robert Havemanns von einer anspruchsvollen und vielseitigen schulischen Ausbildung. Der Besuch der Schule ermöglicht alle Abschlüsse allgemein bildender Schulen. Das Spektrum der angebotenen Betätigungsfelder reicht über eine Vielzahl von Arbeitsgemeinschaften (z. B. Chor, Theater, Informatik, Judo, Basketball), Sprachausbildung (Englisch, Französisch, Russisch und Latein) bis hin zu regelmäßigen Austauschbeziehungen zu Schulen in Frankreich, Großbritannien, Tschechien, Italien, Polen und den USA. Bemerkenswert ist die Kooperation der Schule mit dem Max-Delbrück-Zentrum für Molekulare Medizin, das sich in räumlicher Nähe befindet. Im Rahmen von Leistungskursen erhalten die Schüler durch diese Zusammenarbeit einen unmittelbaren Einblick in den neuesten Stand der Forschungen in Medizin und Gentechnik. Seit dem 1. September 1999 verfügt die Schule über ein neu erbautes und modern eingerichtetes Gebäude. Auf der Homepage stellt sich die Schule mit Worten Robert Havemanns vor: „Nur durch den Zweifel am Alten überwinden wir das Alte und bewahren uns doch seinen Reichtum, und durch den Zweifel am Neuen gewinnen wir das Neue und erhalten es am Leben." Weitere Informationen über die Schule, das Gedenkzeichen und die Veranstaltungen sind über das Internet zugänglich.

ANSCHRIFT
Robert-Havemann-Oberschule, Achillesstraße 79
13125 Berlin-Karow

ANSPRECHPARTNER
Dieter Woltmann, Tel. 030/94 87 85 11, Fax 030/94 87 85 19, www.robert-havemann-os.de

VERKEHRSANBINDUNG
S4 bis Bahnhof Buch oder Karow, weiter mit dem Bus 150, 158, 350

Gedenktafel für Roger Loewig

Reinickendorf. Der Zeichner, Maler und Dichter Roger Loewig (1930-1997) wurde am 5. September 1930 in Striegau in Niederschlesien (heute Strzegom / Polen) geboren. Am Ende des Zweiten Weltkrieges musste Loewig wie Millionen andere Deutsche seine Heimat verlassen und kam in die spätere SBZ. Dort schlug er sich in der Lausitz als Land- und Forstarbeiter durch die schweren Nachkriegsjahre. Die Verbrechen des Nationalsozialismus, das Leiden der Menschen im Krieg und dessen Folgen haben Loewig tief erschüttert und in seinem späteren künstlerischen Werk geprägt. Zwischen 1951 und 1953 absolvierte er eine Lehrerausbildung und arbeitete danach bis 1963 als Lehrer für Russisch, Deutsch und Geschichte an verschiedenen Ost-Berliner Schulen. Neben seiner Lehrtätigkeit befasste sich Loewig als Autodidakt intensiv mit Malen, Zeichnen und Schreiben. Eine erste Ausstellung in privaten Räumen 1963 führte im August desselben Jahres zur Verhaftung durch das MfS. Wenig später kam es zum Prozess, in dem er wegen „staatsgefährdender Hetze und Propaganda in schwerwiegenden Fällen" verurteilt wurde. Von Seiten der Bundesregierung bemühte man sich um die Haftentlassung des Künstlers, die 1964 erfolgte. Danach war eine Tätigkeit im Schuldienst der DDR für Roger Loewig nicht mehr möglich, so dass er unter äußerst schwierigen Bedingungen als freischaffender Künstler in der DDR weiterarbeitete. Im Jahre 1972 erhielt er nach erneuten Anstrengungen der Bundesregierung schließlich die Möglichkeit, nach West-Berlin auszureisen. Dort widmete er sein künstlerisches Schaffen immer wieder existenziellen Fragen der Menschheit und setzte sich mit Themen wie Freiheit und Unfreiheit, Schuld und Leid, Repression und Unterdrückung wie auch dem Verhältnis von Mensch und Natur auseinander. Roger Loewig starb am 4. November 1997 nach schwerer Krankheit in Berlin. In mehr als 100 Einzelausstellungen setzten sich Menschen im In- und Ausland mit seinem künstlerischen Werk auseinander. Als erstem deutschen Künstler wurde ihm 1992 die Ehre und Wertschätzung zuteil, im Lagermuseum des ehemaligen Vernichtungslagers Auschwitz seine Kunstwerke zeigen zu dürfen. Für sein künstlerisches Schaffen und Lebenswerk erhielt er im Oktober 1997 das Verdienstkreuz I. Klasse des Verdienstordens der Bundesrepublik Deutschland.

Am 24. März 1998 gründeten Freunde und Künstler die Roger Loewig Gesellschaft e.V. Sie kümmert sich um das künstlerische Gesamtwerk mit dem Ziel der Bewahrung, Präsentation und wissenschaftlichen Erschließung der Arbeit des Künstlers. Am 22. November 2002 wurde auf Initiative der Roger

Loewig Gesellschaft die Berliner Gedenktafel für den Maler, Zeichner und Dichter der Öffentlichkeit übergeben. Die Tafel, deren Wortlaut auf einen Vorschlag der Historischen Kommission von Berlin zurückgeht und mit der ersten Strophe aus seinem Gedicht „Dieses deutsche Land“ endet, befindet sich am Gebäude Wilhelmsruher Damm 120, in dem Roger Loewig und seine Lebensgefährtin Creszentia Troike-Loewig seit ihrer Ausreise aus der DDR 1972 gelebt und gearbeitet haben. Sie trägt die Inschrift: „Berliner Gedenktafel / In diesem Hause lebte und arbeitete / unterstützt von seiner Lebensgefährtin / Creszentia Troike-Loewig / der Maler, Zeichner und Dichter / ROGER LOEWIG / 5.9.1930-4.11.1997 / 1972 verließ er die DDR / Daß mir nur dieses eine bliebe / nur dieses schlimme deutsche Land / das ich so hasse, das ich liebe / an das ich eisig festgebrannt.“

QUELLEN / LITERATUR

Informationsheft der Roger Loewig Gesellschaft, Berlin 1999.
Feist, Ursula: Leid-Erfahrung. Der Dichter und Bildkünstler Roger Loewig. Eine Collage, in: Kunstdokumentation SBZ/DDR 1945-1990. Aufsätze – Berichte – Materialien, hrsg. von Günter Feist, Eckhart Gillen und Beatrice Vierneisel, Köln 1996, S. 639-653.
Loewig, Roger: Auf der Suche nach Menschenland. Ausstellung Berlin 2000, Museum Nicolaihaus.
Loewig, Roger: „Mein Kopf fliegt als Mond über dieses Land“. Gedichte, Berlin 2002.

STANDORT

Wilhelmsruher Damm 120, AT,
13439 Berlin-Reinickendorf

ANSPRECHPARTNER

Roger Loewig Gesellschaft e. V., Forststraße 16 A,
14163 Berlin, Tel. und Fax 030 / 802 3471

VERKEHRSANBINDUNG

U 8 bis Wittenau, S 1 und S 2 bis Wittenau, weiter mit der Buslinie 121 in Richtung Kreuzung Wilhelmsruher Damm / Eichhorster Weg

Gedenkstätte für Maueropfer
Gedenktafel für Herbert Bauer und Michael Bittner

Reinickendorf. Am 27. Juli 1991 wurde in Frohnau eine Gedenkstätte für die Opfer der Berliner Mauer eingeweiht. Sie besteht aus einem Segment der Mauer, vor dem ein Holzkreuz und eine Gedenktafel angebracht sind. Das Gedenkkreuz soll die Erinnerung an zwei Männer bewahren.

Inschrift der Gedenktafel auf dem Mauersegment: „Zum Gedenken / an die Opfer / der Berliner Mauer / 13.8.1961-9.11.1989“. Inschrift der Gedenktafel auf dem Holzkreuz: „Herbert Bauer / †25.12.1952 / Michael Bittner / †24.11.1986“.

Neun Jahre vor dem Mauerbau starb der Polizeioberwachtmeister Herbert Bauer (geb. 1925), als er an Weihnachten 1952 westdeutsche Besucher vor Belästigungen durch angetrunkene sowjetische Soldaten schützen wollte.

Dabei wurde er von diesen angeschossen und verblutete, weil sie durch weitere Schüsse Hilfeleistungen unmöglich machten. Zu seiner Beerdigung in einem Ehrengrab auf dem Friedhof Tegel kamen hunderttausende Berliner. Michael Bittner (geb. am 31.8.1961) wollte am 24. November 1986 im Bereich Glienicke nach West-Berlin flüchten. Der 25-jährige Maurer aus Ost-Berlin hatte 1984 einen Ausreiseantrag gestellt, der abgelehnt wurde; dies war der Hauptgrund für den nächtlichen Fluchtversuch. Bittner überstieg mit einer drei Meter langen Leiter die hintere Grenzbefestigung und löste dabei die Signalanlage aus. Im Grenzstreifen war er dem Dauerfeuer zweier Soldaten der 3. Kompanie des Grenzregimentes 38 aus etwa 160 Metern Entfernung ausgesetzt und wurde auf der Mauerkrone durch drei Schüsse in den Rücken tödlich getroffen. Bis zum Fall der Mauer wurde der Tod Michael Bittners offiziell geleugnet. Der Mutter und den Geschwistern des Erschossenen, die wegen seines Verschwindens in großer Sorge waren und sich schließlich an die Volkspolizei wandten, wurde mitgeteilt, die Flucht sei gelungen. Dabei war die Leiche schon am Tag des Fluchtversuchs zur Obduktion ins Armeekrankenhaus Bad Saarow überführt worden. Totenschein und Obduktionsbericht sind bis heute unauffindbar geblieben. Im November 1997 wurden die beiden Grenzposten, die auf Michael Bittner geschossen hatten, zu Haftstrafen von je 15 Monaten auf Bewährung verurteilt.

QUELLEN / LITERATUR
Filmer, Werner / Heribert Schwan: Opfer der Mauer. Die geheimen Protokolle des Todes, München 1991.

STANDORT
Edelhofdamm / Ecke Oranienburger Chaussee
13465 Berlin-Frohnau

VERKEHRSANBINDUNG
S 1 bis Frohnau

Gedenktafel deutsche Einheit („Checkpoint Qualitz“)

Reinickendorf. Mit dem Bau der Berliner Mauer im Jahre 1961 wurde auch der Bezirk Reinickendorf im Norden der Stadt von seinem Umland getrennt. Zwar mussten sowjetische Soldaten nach einem Einspruch der französischen Militärregierung in diesem Sektor den Mauerverlauf in der Klempkestraße noch einmal korrigieren, die Mauer dort abreißen und um zehn Meter zurücksetzen. Das änderte aber nichts an der 28 Jahre dauernden Teilung Reinickendorfs von Pankow und vom Berliner Umland. Eine Laubenkolonie an der Sektorengrenze Reinickendorf-Schönholz musste geräumt werden.

Auf Initiative der Bürgermeisterin von Reinickendorf wurde am 16. Juni 2001 eine Gedenktafel am ehemaligen Standort der Berliner Mauer an der Blankenfelder Chaussee enthüllt. Elf Jahre zuvor hatte der Bauer Helmut Qualitz aus Berlin-Lübars mit seinem Trecker die Mauer auf der nahe gelegenen Blankenfelder Chaussee in Richtung Osten durchbrochen und damit die Chaussee geöffnet. Die Idee kam Qualitz, seinem Sohn und einem Bekannten der Familie spontan am Nachmittag des 16. Juni 1990. Der Fall der Mauer lag zu diesem Zeitpunkt schon 219 Tage zurück, bis zur Währungsunion waren es nur noch zwei Wochen, und die zum großen Teil noch stehende Mauer hatten inzwischen Touristen aus aller Welt stückchenweise abtransportiert. Täglich wurden in und um Berlin Straßenverbindungen freigegeben, aber bei Lübars versperrte die Mauer noch immer die Blankenfelder Chaussee. Bauer Qualitz bestieg seinen Trecker und fuhr die Mauer auf der Chaussee einfach ein. Am Tage darauf fuhr er mit seinem Trecker zur Freiwilligen Feuerwehr nach Blankenfelde und erklärte, dass die Chaussee wieder offen sei. Gemeinsam wurden die Mauerreste beseitigt. Für kurze Zeit hieß der Mauerdurchbruch „Checkpoint Qualitz".

Die Inschrift der Gedenktafel lautet: „Als Dank und zur Erinne- / rung an den mutigen / Grenzdurchbruch am 16. / Juni 1990 – ausgeführt von / Helmut Qualitz und der / Freiwilligen Feuerwehr."

QUELLEN / LITERATUR
Berliner Zeitung vom 16./17.6.2001. S. 22.

STANDORT
Blankenfelder Chaussee / Höhe Lübars, 13469 Berlin

VERKEHRSANBINDUNG
S 1 bis Waidmannslust, Bus 222 bis Endstation Alt-Lübars und dann 10 Minuten Fußweg

PKW
Vom nördlichen Berliner Ring (A 10) Abfahrt in Richtung Birkenwerda zum Stadtzentrum: auf der Blankenfelder Chaussee (B 96a) in Höhe Lübars. Vom Stadtzentrum in Richtung nördlicher Berliner Ring (A 10): auf der Blankenfelder Chaussee (B 96a) in Höhe Lübars

Stele mit Gedenktafel zum 17. Juni 1953

Reinickendorf. Der 17. Juni 1953 markiert den Höhepunkt und die Niederschlagung des Volksaufstandes in der DDR, bei dem sich große Teile der Bevölkerung gegen die SED-Diktatur erhoben.

Am Vormittag des 17. Juni marschierten bei strömendem Regen ca. 12 000 Stahlarbeiter aus Hennigsdorf nördlich von Berlin über 27 Kilometer durch den französischen Sektor zum Stadtzentrum Ost-Berlins, wo sie mit zehntausenden anderen Demonstranten zusammentrafen. Gegen zehn Uhr kam es zu Rangeleien mit einer Absperrkette der Volkspolizei an der Leipziger Straße, gegen elf Uhr wurde die rote Fahne vom Brandenburger Tor geholt. Zugleich kam es zu einem ersten Schusswechsel. Um 13 Uhr ließ die sowjetische Besatzungsmacht durch ihren Stadtkommandanten den Ausnahmezustand verkünden, ebenso in 167 weiteren der damals insgesamt 217 Stadt- und Landkreise der DDR.

Gegenüber dem alten Borsig-Werkstor wurde am 14. Juni 1963 eine etwa zwei Meter hohe Stele des ungarischen Bildhauers Sartory eingeweiht, die an den Volksaufstand vom 17. Juni 1953 in der DDR erinnert. Daneben wurde auf der in einem Park befindlichen Gedenkanlage eine Bronzetafel angebracht mit der Inschrift: „Hier zogen am 17. Juni 1953 / die Hennigsdorfer Stahlarbeiter / vorbei zur Stadtmitte / und forderten / die Wiedervereinigung / des deutschen Volkes / durch freie Wahlen."

An diesem Ort findet jedes Jahr am 17. Juni eine Gedenkfeier des Stadtbezirkes Reinickendorf statt.

QUELLEN / LITERATUR
Böhm, Tobias / Siegfried Heimann / Andreas Maha / Dietmar Schiller: Studie zu den Ereignissen des 17. Juni 1953. Grundlage für die Errichtung eines Denkmals zur Würdigung der Opfer des Arbeiteraufstandes, Berlin 1995.
Der Tagesspiegel vom 16.06.2003.

STANDORT
Berliner Straße, 13507 Berlin-Tegel

VERKEHRSANBINDUNG
U 6 bis Borsigwerke

Gedenkstein deutsche Teilung

Spandau. Anlässlich des vierten Jahrestags der deutschen Einheit haben die Bezirksbürgermeister von Spandau und Falkensee am 3. Oktober 1994 einen Gedenkstein eingeweiht. Bearbeitet wurde der vier Tonnen schwere Findling vom Spandauer Steinmetzmeister Karlheinz Schafhausen. Der Gedenkstein befindet sich an der Stadtgrenze zwischen dem ehemals zu West-Berlin gehörenden Stadtbezirk Spandau und dem in der ehemaligen DDR gelegenen Städtchen Falkensee auf dem einstigen Mauerstreifen. Er trägt die Inschrift: „Zur / Erinnerung / an die / Trennung / bis / 1989".

QUELLEN / LITERATUR
Hübner, Holger: Das Gedächtnis der Stadt. Gedenktafeln in Berlin, Berlin 1997.

STANDORT
Falkenseer Chaussee (Stadtgrenze)
13583 Berlin-Spandau

VERKEHRSANBINDUNG
Deutsche Bahn, S 5, S 75 oder U 7 bis Rathaus Spandau, Bus 137 oder 337 bis Freudstraße

Gedenkkreuz für Adolf Philipp

Spandau. Ein Gedenkkreuz im Spandauer Forst, 100 Meter südlich der Stadtgrenze zwischen Spandau und Nauen, erinnert an den West-Berliner Grenzposten Adolf Philipp (geb. am 17.8.1943), der in der Nacht vom 4. auf den 5. Mai 1964 von DDR-Grenzern getötet wurde beim Versuch, auf das Gebiet der DDR zu gelangen. Die Inschrift auf einer weißen Tafel, die am Holzkreuz inmitten einer Umfriedung befestigt ist, lautet: „Adolf Philipp (20), / am 5. Mai 1964 / bei dem Versuch, / aus unbekannten / Gründen die Grenze / im Gebiet Nauen / zu überschreiten, / von Grenzsoldaten / erschossen".

QUELLEN / LITERATUR

Filmer, Werner / Heribert Schwan: Opfer der Mauer. Protokolle des Todes, München 1991.
Hübner, Holger: Das Gedächtnis der Stadt. Gedenktafeln in Berlin, Berlin 1997.

STANDORT

Oberjägerweg (Stadtgrenze)
13587 Berlin-Spandau

VERKEHRSANBINDUNG

Deutsche Bahn, S 5, S 75 oder U 7 bis Rathaus Spandau, Bus 671 bis Oberjägerweg, anschließend etwa zehn Minuten Fußweg

Gedenkkreuz für Dieter Wohlfahrt

Spandau. Nachdem die Regierung der DDR am 13. August 1961 die bis dahin noch durchlässigen Sektorengrenzen zwischen Ost- und West-Berlin hatte schließen lassen und in den folgenden Monaten und Jahren mit dem Ausbau und der Befestigung der Grenze und der Grenzsicherungsanlagen fortfuhr, waren für die DDR-Bürger die bis dahin noch verbliebenen Fluchtmöglichkeiten in den Westen versperrt. Von West-Berlin aus versuchten zumeist junge Leute, deren Familienangehörige oder Freunde im Ostteil der Stadt bzw. der DDR festsaßen, ihnen mit wagemutigen Fluchthilfeaktionen das Entkommen in den Westen zu ermöglichen. Einer von ihnen war der 1941 geborene Österreicher Dieter Wohlfahrt. Bei einem verabredeten, aber verratenen Fluchtversuch zerschnitt Wohlfahrt am 9. Dezember 1961 den Stacheldraht an der Bergstraße, um der Mutter eines Mitstudenten über die Grenze zu helfen, als er von den tödlichen Schüssen eines DDR-Grenzpostens getroffen wurde. Ein Holzkreuz mit einem Foto erinnert an Dieter Wohlfahrt.

Am Fuß des Gedenkkreuzes ist eine Metalltafel angebracht mit der Inschrift: „Dieter Wohlfahrt / *27.5.1941 / am 9.12.1961 / als Fluchthelfer / ermordet".

QUELLEN / LITERATUR
Filmer, Werner/ Heribert Schwan: Opfer der Mauer. Die geheimen Protokolle des Todes, München 1991.
Hübner, Holger: Das Gedächtnis der Stadt. Gedenktafeln in Berlin, Berlin 1997.

STANDORT
Bergstraße Ecke Hauptstraße (Staaken)
13591 Berlin-Staaken

VERKEHRSANBINDUNG
Deutsche Bahn, S 5, S 75 oder U 7 bis Rathaus Spandau, Bus 132 oder 331 bis Haltestelle Brunsbütteler Damm/Nennhauser Damm

Denkmal „Ein Mensch an der Mauer"

Steglitz-Zehlendorf. Als Resultat eines vom „Kuratorium Unteilbares Deutschland" organisierten Wettbewerbs zum Thema „Wir gehören zusammen" kam es anlässlich des 12. Jahrestages des Volksaufstandes vom 17. Juni 1953 am 16. Juni 1965 zur Enthüllung des Mahnmals „Ein Mensch an der Mauer" vor der Matthäuskirche in Berlin-Steglitz. Die von dem damals 18-jährigen Grafiker Michael Horberg entworfene Skulptur trägt keinen Text und wird heute kaum noch mit dem 17. Juni 1953 in Verbindung gebracht. Das „Kuratorium Unteilbares Deutschland" gründete sich ein Jahr nach dem 17. Juni 1953 und war ein Zusammenschluss führender Persönlichkeiten aus Politik, Wirtschaft und Kultur, die sich dafür einsetzen, das Bemühen um die Wiedervereinigung wachzuhalten. Es gründete Ortskuratorien und warb im In- und Ausland für die Wiederherstellung der deutschen Einheit. Im Gedächtnis geblieben sind vor allem die alljährlichen Aufforderungen, zu Weihnachten Kerzen in die Fenster zu stellen, die zur Einheit mahnen sollten. 1992 wurde das Kuratorium aufgelöst.

QUELLEN / LITERATUR
Bedürftig, Friedmann: Lexikon Deutschland nach 1945, Hamburg 1996.
Böhm, Tobias/ Siegfried Heimann/ Andreas Mahal/ Dietmar Schiller: Studie zu den Ereignissen des 17. Juni 1953. Grundlage für die Errichtung eines Denkmals zur Würdigung der Opfer des Arbeiteraufstandes, Berlin 1995.

STANDORT
Schloßstraße 44. 12165 Berlin

VERKEHRSANBINDUNG
S 1, U 9 bis Rathaus Steglitz

Gedenkstein für Paul Schwarz

Steglitz-Zehlendorf. Paul Schwarz (1877-1951) wurde am 10. November 1877 in Stollberg geboren. Während der Weimarer Republik war er Mitglied der Deutschen Volkspartei und Vorsitzender der Bezirksverordnetenversammlung Steglitz. Da Schwarz während der nationalsozialistischen Diktatur weder der NSDAP noch einer ihrer Unterorganisationen angehörte, setzte ihn die Sowjetische Militäradministration in Deutschland (SMAD) im Mai 1945 in Steglitz als Bürgermeister ein. Am 30. Juni 1945 wurde Paul Schwarz von der operativen Gruppe des NKWD verschleppt. Als offizielles Verhaftungsdatum wird der 23. Juli 1945 angegeben. Es kann davon ausgegangen werden, dass Schwarz, bevor er in das sowjetische Speziallager Nr. 3 nach ⇨Berlin-Hohenschönhausen und anschließend nach ⇨Sachsenhausen gebracht wurde, in einem der NKWD-Untersuchungsgefängnisse („GPU-Keller") festgehalten und verhört wurde. Bei der Auflösung des Speziallagers Sachsenhausen Anfang 1950 gehörte er zu jenen Gefangenen, die zur Aburteilung und weiteren Strafverbüßung an die DDR-Justiz übergeben wurden. Er kam in das Zuchthaus ⇨Waldheim, wo er im Rahmen der „Waldheimer Prozesse" am 20. Mai 1950 auf Grundlage des Befehls 201 der SMAD zu acht Jahren Haft verurteilt und als Verbrecher eingestuft wurde. Man warf ihm vor, als Bürgermeister von Berlin-Steglitz Befehle der Besatzungsmacht missachtet und durch „Verbreitung tendenziöser Gerüchte den Frieden des deutschen Volkes gefährdet" zu haben. Wie bei allen anderen Verfahren im Rahmen der „Waldheimer Prozesse" war auch bei der Verhandlung gegen Paul Schwarz kein Verteidiger zugelassen. Sein Antrag auf Revision des Urteils wurde am 20. Juni 1950 abgewiesen. In der Begründung des Oberlandesgerichts Dresden in Waldheim hieß es, dass die Zulassung eines Verteidigers in das Ermessen des Gerichtes gestellt und somit kein Grund für die Anfechtung des Urteils gegeben sei. Paul Schwarz hat die Haft nicht überlebt, er starb am 4. Oktober 1951 im Zuchthaus Waldheim.

An der Uferpromenade des Teltowkanals am Bäketeich erinnert ein Gedenkstein an Paul Schwarz mit der Inschrift: „Paul Schwarz / †1951 / zum Gedächtnis / Ein / Leben / für die / Freiheit".

Die Uferpromenade in der Nähe des Findlings heißt zu seinem Gedenken seit dem 20. Februar 1952 „Paul-Schwarz-Promenade". Ebenfalls am 20. Februar 1952 ehrten ihn die Mitglieder des Berliner Senats und der Regierende Bürgermeister von Berlin, Ernst Reuter, im Rahmen einer Gedenkfeier im Rathaus Steglitz.

QUELLEN / LITERATUR
Bundesarchiv, DO 1/2849.
Steglitzer Lokalanzeiger vom 18.8.1989.

STANDORT
Teltowkanal (Uferpromenade am Bäketeich)
12167 Berlin

VERKEHRSANBINDUNG
S 1 oder U 9 bis Rathaus Steglitz, Bus 283 bis Amfortasweg

Walter-Linse-Straße

Steglitz-Zehlendorf. Walter Linse (1903-1953), wurde 1938 an der Universität Leipzig zum Dr. jur. promoviert und arbeitete von 1938 bis 1945 als juristischer Mitarbeiter bei der Industrie- und Handelskammer Chemnitz, der er nach Kriegsende als Geschäftsführer vorstand. Als ihm im April 1949 die Verhaftung durch die politische Polizei K 5 drohte, flüchtete er nach West-Berlin. Dort trat er 1950 dem „Untersuchungsausschuss Freiheitlicher Juristen" (UFJ) bei und beriet als Abteilungsleiter für Wirtschaft unter anderem in der DDR von Enteignungen bedrohte Gewerbetreibende. Wiederholt hielt er Vorträge über die wirtschaftlichen Verhältnisse in der SBZ / DDR und war maßgeblich an der Vorbereitung des Internationalen Juristenkongresses beteiligt, auf dem sich im Juli 1952 Juristen aus 42 Ländern mit den Rechtsbrüchen in der SBZ/DDR beschäftigten. Seine Aktivitäten zogen schnell das Interesse des Ministeriums für Staatssicherheit (MfS) auf sich, das Walter Linse beschatten ließ. Am 8. Juli 1952, unmittelbar vor Beginn des von der UFJ ausgerichteten Juristenkongresses, wurde Linse vor seinem Haus in der Lichterfelder Gerichtsstraße 12 (heute: Walter-Linse-Straße) zusammengeschlagen und nach Ost-Berlin entführt. Die „Aktion Lehmann" (Deckname, den das MfS Walter Linse verlieh) endete mit der Verschleppung in das MfS-Gefängnis ⇨Berlin-Höhenschönhausen. Anfang Dezember 1952 wurde Walter Linse der Sowjetischen Kontrollkommission übergeben. Am 23. September 1953 verurteilte ihn ein Sowjetisches Militärtribunal in geheimer Verhandlung wegen „Spionage", „antisowjetischer Propaganda" und „antisowjetischer Organisationstätigkeit" zum Tod durch Erschießen. Trotz zahlreicher öffentlicher Proteste wurde Walter Linse am 15. Dezember 1953 in Moskau hingerichtet. Der Leichnam wurde im Krematorium auf dem Gelände des Donskoj-Klosters eingeäschert.

Am 8. Mai 1996 erfolgte seine Rehabilitation durch die russische Militärstaatsanwaltschaft. Damit hat auch die Russische Föderation als Staatennachfolgerin der UdSSR anerkannt, dass Linse einem Justizmord zum Opfer gefallen ist. Die Gerichtsstraße, der letzte Wohnort Walter Linses in Berlin, wurde ihm zu Ehren am 10. Juni 1961 in Walter-Linse-Straße umbenannt. Eine über dem Straßenschild befestigte Tafel trägt die Inschrift: „Walter Linse / Jurist / 1903 1952 zwangsverschleppt".

QUELLEN / LITERATUR
Mampel, Siegfried: Entführungsfall Dr. Walter Linse. Menschenraub und Justizmord als Mittel des Staatsterrors (Schriftenreihe des LStU Berlin, Bd. 10), Berlin 1999.
Veen, Hans-Joachim / Peter Eisenfeld / Hans-Michael Kloth / Hubertus Knabe / Peter Maser / Ehrhart Neubert / Manfred Wilke (Hrsg.): Lexikon Opposition und Widerstand in der SED-Diktatur, Berlin-München 2000.
Filmdokumentation: Der Fall Walter Linse. Rekonstruktion eines Justizmordes, 60-Minuten-Filmdokumentation von Bengt von zur Mühlen, als VHS im Buchhandel und über Chronos-Film GmbH (Am Hochwald 30/3, 14532 Kleinmachnow) zu beziehen.

STANDORT
Walter-Linse-Straße, 12203 Berlin

VERKEHRSANBINDUNG
S25 bis Lichterfelde-Ost, Bus 111 bis Karwendelstraße

Gedenktafel für Peter Huchel

Steglitz-Zehlendorf. Peter Huchel (1903-1981), verlebte seine Kindheit auf dem großväterlichen Bauernhof im märkischen Alt-Langewisch. Nach dem Besuch des Gymnasiums in Potsdam studierte er Philosophie und Literatur an den Universitäten Freiburg, Berlin und Wien. Ab 1925 lebte er als freier Schriftsteller in Berlin. 1941 zur Wehrmacht eingezogen, geriet er 1945 in sowjetische Kriegsgefangenschaft und kam in das östlich von Berlin gelegene Kriegsgefangenenlager Rüdersdorf. Nach seiner Entlassung im September 1945 beteiligte er sich am Aufbau des sowjetisch lizenzierten Berliner Rundfunks und war dessen künstlerischer Leiter bis zur Ernennung als Chefredakteur der Literaturzeitschrift „Sinn und Form" 1949, die Walter Jens das „geheime Journal der Nation" nannte. Darin veröffentlichte Huchel ein breites Spektrum der Weltliteratur und Literaturtheorie, darunter Bertolt Brecht, französische Existenzialisten, russische Formalisten, Franz Kafka, Walter Benjamin, Ernst Bloch und Theodor W. Adorno. 1951 erhielt Peter Huchel für seinen Band „Gedichte" den Nationalpreis. Huchels freiheitliche Auffassungen von einem undogmatischen marxistischen Literaturdiskurs brachten ihn bald in Konflikt mit der offiziellen Parteilinie. Im November 1962 wurde nach heftigen Anfeindungen gegen Huchels parteiunabhängige verlegerische Konzeption sein Rücktritt als Chefredakteur von „Sinn und Form" erzwungen. Auf dem VI. Parteitag der SED am 18. Januar 1963 wurde Huchel auch öffentlich gemaßregelt. Die Akademie der Künste und der Schriftstellerverband schlossen sich der Kritik an. 1963 erhielt Peter Huchel für seinen Gedichtband „Chausseen Chausseen" den West-Berliner Theodor-

Fontane-Preis, den er entgegen der Forderung Alfred Kurellas (Kulturfunktionär der DDR, Mitglied des ZK der SED) annahm. In den folgenden Jahren lebte er, mit Ausnahme von erlaubten Besuchen weniger Freunde, von der Außenwelt isoliert und von der Staatssicherheit streng überwacht in seinem Haus in ⇨Wilhelmshorst bei Potsdam. Er durfte nicht reisen, seine Post wurde konfisziert. Nach Interventionen der Akademie der Künste West-Berlin, Hamburg und Bayern sowie des Präsidenten des Internationalen PEN-Clubs, Heinrich Böll, wurde Huchel und seiner Frau im April 1971 die Ausreise gestattet. Er ging zunächst als Stipendiat der Villa Massimo nach Italien und siedelte dann in die Bundesrepublik Deutschland über, wo er bis zu seinem Tod 1981 in Staufen lebte.

Zur Erinnerung an ihn hat der damalige Volksbildungsstadtrat des Stadtbezirkes Lichterfelde, Thomas Härtel, am 14. Juli 1994 eine Gedenktafel an Huchels Geburtshaus enthüllt. Sie trägt die Inschrift: „Geburtshaus von / Peter Huchel / 3.4.1903 - 30.4.1981 / Schriftsteller, Lyriker / Herausgeber / der Literaturzeitschrift / „Sinn und Form“.

Die frühere Alexander-Abusch-Straße in Berlin-Marzahn, Ortsteil Hellersdorf, trägt seit dem 5. Juni 1992 seinen Namen. Im Oktober 1997 wurde sein ehemaliges Wohnhaus in Wilhelmshorst als Gedenkstätte und Literaturhaus unter dem Namen „Peter-Huchel-Haus“ eröffnet.

QUELLEN / LITERATUR
Huchel, Peter: Gesammelte Werke in zwei Bänden, Frankfurt a. M. 1984.
Walther, Peter (Hrsg.): „Am Tage meines Fortgehns. Peter Huchel (1903-1981)“. Begleitband zur Ausstellung des Brandenburgischen Literaturbüros, Frankfurt a. M. -Leipzig 1996.
Jäger, Andrea: Schriftsteller aus der DDR, Ausbürgerungen und Übersiedlungen aus der DDR, Autorenlexikon, Bd. 1, Frankfurt a. M. 1995.
Nijssen, H.: Der heimliche König. Leben und Werk von Peter Huchel, Würzburg 1998.

STANDORT
Hindenburgdamm 32, 12203 Berlin

VERKEHRSANBINDUNG
S 1, U9 bis Rathaus Steglitz, weiter mit dem Bus 185 Haltestelle Lichterfelde, Lippstädter Straße

Gedenkkreuz für Horst Kullack

Steglitz-Zehlendorf. Am ehemaligen Grenzstreifen zwischen dem West-Berliner Stadtteil Zehlendorf und der Ortschaft Großziethen befindet sich ein Holzkreuz, das an Horst Kullack (20.11.1948–1.1.1972) erinnert, der 1972 nach einem Fluchtversuch an der Grenze der DDR starb.

Die Inschrift auf einer weißen Tafel am Holzkreuz lautet: „Horst Kullack (23) / Am / 1. Januar 1972 / bei einem / Fluchtversuch / nach Lichtenrade / von Grenzsoldaten / beschossen und / später verstorben."

QUELLEN / LITERATUR
Hübner, Holger: Das Gedächtnis der Stadt, Berlin 1997.
Filmer, Werner/ Heribert Schwan: Opfer der Mauer. Die geheimen Protokolle des Todes, München 1991.

STANDORT
Wittelsbacher Straße (Stadtgrenze), 12309 Berlin

VERKEHRSANBINDUNG
S2 bis Lichtenrade, Bus 175 bis Pechsteinstraße

Gedenkkreuz für Willi Marzahn

Steglitz-Zehlendorf. Am 19. März 1966 flüchtete der 24-jährige Unteroffizier der NVA Willi Marzahn mit einem Begleiter über die Grenze nach West-Berlin. Marzahn wurde dabei erschossen, sein Begleiter blieb unverletzt. Willi Marzahn zu Ehren wurde ein Holzkreuz errichtet mit der Inschrift: „Willi Marzahn / am 19.3.1966 / auf der Flucht erschossen".

QUELLEN / LITERATUR
Filmer, Werner / Heribert Schwan: Opfer der Mauer. Die geheimen Protokolle des Todes, München 1991.
Hübner, Holger: Das Gedächtnis der Stadt. Gedenktafeln in Berlin, Berlin 1997.

STANDORT
Königsweg, gegenüber Nr. 326, 14109 Berlin

VERKEHRSANBINDUNG
S7 bis Griebnitzsee, Bus 118 bis Königsweg

Gedenkstein zur deutschen Einheit

Steglitz-Zehlendorf. An der Stadtgrenze zwischen dem Stadtbezirk Zehlendorf und dem einst zur DDR gehörenden Ort Kleinmachnow befindet sich auf dem ehemaligen Mauerstreifen ein Gedenkstein zur Erinnerung an die deutsche Einheit. Er wurde – auf Kleinmachnower Gebiet – neben dem wiedererrichteten Grenzstein der „Gemarkung Zehlendorf" und der „Gemarkung Kleinmachnow" am 31. März 1990 aufgestellt.

Er trägt die Inschrift: „Zur / Erinnerung / an die / Wiedereröffnung! / Machnower Straße / Zehlendorfer Damm / am 31.3.1990".

QUELLEN / LITERATUR
Hübner, Holger: Das Gedächtnis der Stadt. Gedenktafeln in Berlin, Berlin 1997.

STANDORT
Machnower Straße / Zehlendorfer Damm (Stadtgrenze) 14109 Berlin

VERKEHRSANBINDUNG
S1 bis „Zehlendorf", Bus 101 bis Haltestelle „Ludwigsfelder Straße / Sachtlebenstraße"

Gedenkstätte zum 17. Juni 1953

Steglitz-Zehlendorf. Der 17. Juni 1953 markiert den Höhepunkt und die Niederschlagung des Volksaufstandes in der DDR, bei dem sich große Teile der Bevölkerung gegen die SED-Diktatur erhoben.

Eine Woche nach dem Volksaufstand vom 17. Juni 1953 in der DDR und in Ost-Berlin errichteten Beteiligte, die nach West-Berlin geflüchtet waren, ein provisorisches Gedenkkreuz vor dem sowjetischen Panzer, der nach dem Sieg der Roten Armee 1945 auf dem Mittelstreifen der Potsdamer Chaussee aufgestellt worden war. Das bereits am 25. Juni 1953 spontan errichtete Holzkreuz vor dem Panzer (der am selben Tag durch einen Maschendrahtkäfig vor Anschlägen geschützt werden mußte und schließlich einige Jahre später auf das Gebiet der DDR, nahe dem früheren Grenzübergang Dreilinden, verlegt wurde) wurde zur Einweihungsfeier am 20. Juli 1953 durch ein neues Holzkreuz mit Gedenktafel ersetzt. Hier findet alljährlich am Vorabend des 17. Juni eine Gedenkfeier der Vereinigung des 17. Juni 1953 e.V. statt.

Inschrift der Gedenktafel: „Den Opfern / und / unerschrockenen / Kämpfern / für / Menschenrecht / Menschenwürde / für / Wahrheit und Freiheit / 17. Juni 1953".

Dem Kreuz gegenüber hat die Vereinigung 17. Juni 1953 e.V. im Beisein des letzten vor der Oktoberevolution 1917 amtierenden Ministerpräsidenten Russlands, Alexander Kerenskij, 1954 einen Gedenkstein eingeweiht. Er soll daran erinnern, dass es am 17. Juni 1953 auch sowjetische Offiziere und Soldaten gegeben haben soll, die den Befehl verweigerten deutsche Aufrührer zu erschießen. Die Informationen, die zur Errichtung des Denkmals führten, entstammen einem Flugblatt, das eine russische Emigranten- und Widerstandsorganisation herausgegeben hat, wonach im Morgengrauen des 27. Juni 1953 bei Biedritz, im damaligen Bezirk Magdeburg, vor dem versammelten 73. sowjetischen Schützenregiment 18 sowjetische Soldaten erschossen wurden. Diese Behauptung konnte bisher trotz intensiver Nachforschungen nicht belegt werden. In keinem bislang bekannt gewordenen Dokument aus deutschen oder russischen Archiven findet sich ein Hinweis, dass es solche Hinrichtungen gab. Neuere Forschungen erlauben berechtigte Zweifel an der Darstellung.

Inschrift des Gedenksteins: „Den / russischen / Offizieren / und / Soldaten, / die sterben mussten, / weil sie sich / weigerten, auf die / Freiheitskämpfer / des 17. Juni 1953 / zu schießen".

QUELLEN / LITERATUR
Holzapfel, Carl-Wolfgang (Hrsg.), 50 Jahre „17. Juni 1953". Spurensuche. Helden der Menschlichkeit, Berlin 2003.
Kowalczuk, Ilko-Sascha: 17. Juni 1953 – Volksaufstand in der DDR, S.257f, Bremen 2003.

STANDORT
Potsdamer Chaussee / Avuseinfahrt, 14109 Berlin

VERKEHRSANBINDUNG
Ab S-Bahnhof Wannsee mit dem Bus 211, Haltestelle Quantzstraße, weiter in Fahrtrichtung

Gedenkkreuz für Karl-Heinz Kube

Steglitz-Zehlendorf. Am ehemaligen Grenzstreifen zwischen dem West-Berliner Stadtteil Zehlendorf und der Ortschaft Kleinmachnow steht ein Holzkreuz, das an Karl-Heinz Kube (10.4. 1949-16.12.1966) erinnert. Kube wurde beim Fluchtversuch nach West-Berlin an der Grenze der DDR erschossen.

Inschrift des Gedenkkreuzes: „Karl-Heinz Kube / auf dem Weg in die Freiheit / erschossen / *10.4.1949 / †16.12.-1966".

STANDORT
Berlepschstraße (Stadtgrenze), 14165 Berlin

VERKEHRSANBINDUNG
S 1 bis Zehlendorf, Bus 115 bis Neuruppiner Straße

Bronzeskulptur mit Gedenktafel zur Erinnerung an den Fall der Berliner Mauer

Steglitz-Zehlendorf. In Berlin-Zehlendorf erinnert ein sieben Tonnen schweres Monumentalwerk an den Fall der Berliner Mauer am 9. November 1989. Die amerikanische Künstlerin Veryl Goodnight errichtete eine aus fünf Pferden bestehende Bronzeskulptur mit dem Titel "The Day The Wall Came Down" auf einem Grundstück neben dem Alliierten Museum. Ein Hengst und vier Stuten springen über Reste der bröckelnden Berliner Mauer. Die Statue soll die Freiheit und den Freiheitswillen aller Menschen symbolisieren. Der Abguss war bis zum Sommer 1998 im Stadtzentrum von Denver (Colorado) ausgestellt. Ein zweiter „amerikanischer" Abguss steht auf dem Gelände der George-Bush-Bibliothek der Texas A&M Universität. Diese Skulptur wurde 1996 für die Olympischen Spiele in Atlanta an den Bundesstaat Georgia ausgeliehen und im Herbst 1997 an die neue Präsidentenbibliothek übergeben. Im Rahmen der Feierlichkeiten zum 50. Jahrestag der Berliner Luftbrücke am 26. Juni 1998 flog die amerikanische Luftwaffe die Bronzestatue nach Berlin. Am 2. Juli 1998 wurde das Werk im Beisein des früheren amerikanischen Präsidenten George Bush sen. und der Künstlerin Veryl Goodnight eingeweiht. Im Oktober 2002 hat man zudem in Anwesenheit des ehemaligen Kommandanten des US-Sektors John H. Mitchell an der Pferdeskulptur eine Gedenktafel aus Bronze enthüllt.

Inschrift der Bronzetafel:
„Der Tag an dem die Mauer fiel / The Day The Wall Came Down".

QUELLEN / LITERATUR
Berliner Morgenpost vom 19.10.2002.
Der Tagesspiegel vom 19.10.2002.

STANDORT
Clayallee 135, 14195 Berlin-Zehlendorf

VERKEHRSANBINDUNG
U 1 bis Oskar-Helene-Heim; S 1 bis Zehlendorf, weiter mit Bus 115 bis Alliierten Museum

Gedenkstein zur deutschen Einheit und Gedenkstein für Roland Hoff

Steglitz-Zehlendorf. Der von 1901 bis 1906 erbaute Teltowkanal war für die Industrieansiedlung im Süden Berlins bedeutsam. Nach dem Zweiten Weltkrieg war der Kanal gesperrt, da 15 Kilometer des Kanals ganz oder bis zur Mitte in der SBZ lagen. Als am 13. August 1961 die DDR-Führung den Ostsektor Berlins durch den Bau von Sperranlagen gegenüber den westlichen Sektoren abriegeln ließ, wurde auch der Teltower Damm zu einer von 193 Verbindungsstraßen Berlins, die mehr als 28 Jahre lang unterbrochen waren. Die an den Kanalabschnitten in West-Berlin angesiedelten zahlreichen Industrieanlagen konnten nur unter erheblichen Schwierigkeiten auf Umwegen über Havel und Spree durch Ost-Berlin (zweimalige Zollkontrolle) erreicht werden. Nach längeren Bemühungen begannen deshalb im Dezember 1975 Gespräche des Senats mit der DDR-Regierung, die am 16. November 1978 zu der Vereinbarung führten, hier zwei Grenzübergangsstellen einzurichten. Die Verkehrsabwicklung erfolgte nach den Bestimmungen des Transitabkommens von 1971. Der Kanal musste jedoch zunächst aufwändig ausgebaut werden. Hierfür erhielt die DDR von der Bundesregierung 70 Millionen DM. Am 20. November 1981 wurde der Teltowkanal wieder in seiner ganzen Länge in Betrieb genommen. Nach der Maueröffnung am 9. November

1989 konnte schließlich auch die Knesebeckbrücke am 23. Juni 1990 wieder geöffnet werden. An dieses Ereignis erinnert ein kleiner Gedenkstein am Ende des Teltower Damms.

Er trägt die Inschrift: „Brücken / schmieden / Eintracht u. Frieden! / Teltow-Zehlendorf / 23.6.1990".

Ein weiterer Gedenkstein an der Knesebeckbrücke erinnert an den 27-jährigen Roland Hoff (geb. am 19.3.1934), der 16 Tage nach dem Mauerbau bei dem Versuch, den Teltowkanal in Höhe der Wupperstraße zu durchschwimmen, von Grenzpolizisten erschossen wurde. Der Name des Opfers war bei der Errichtung des Gedenksteines nicht bekannt. Werner Filmer und Heribert Schwan konnten nach 1989 mit einer Sondergenehmigung in die Archive der früheren DDR-Grenztruppen Einblick nehmen und haben in ihrem 1991 erschienen Buch „Opfer der Mauer" unter anderem die von den DDR-Grenztruppen akribisch geführten Protokolle veröffentlicht. Aus diesen Protokollen ist zu entnehmen, dass der am 29. August 1961 im Teltow-Kanal erschossene Flüchtling Roland Hoff war.

Inschrift des Gedenksteins: „Dem unbekannten / Opfer des Terrors / An dieser Stelle / wurde am 29.8.1961 / ein Deutscher er- / schossen, weil er / den Weg in die / Freiheit suchte."

QUELLEN / LITERATUR
Berlin Handbuch. Lexikon, Berlin 1994.
Hübner, Holger: Das Gedächtnis der Stadt. Gedenktafeln in Berlin, Berlin 1997.
Filmer, Werner / Heribert Schwan: Opfer der Mauer. Die geheimen Protokolle des Todes, München 1991.

STANDORT
Teltower Damm (Knesebeckbrücke)
14167 Berlin

VERKEHRSANBINDUNG
S1 bis Zehlendorf, Bus 217 bis Alt-Schönow

Erinnerungsstätte Notaufnahmelager Marienfelde

Tempelhof-Schöneberg. Die Erinnerungsstätte befindet sich am historischen Ort und zeigt in einer ständigen Ausstellung die Geschichte des Notaufnahmelagers, das zwischen 1953 und 1990 für insgesamt 1,35 Millionen Flüchtlinge und Übersiedler aus der DDR die erste Aufnahmestelle im Westen war. Im Gebäudekomplex waren die am Notaufnahmeverfahren beteiligten alliierten und deutschen Dienststellen, Organisationen und Verbände untergebracht. Es bestanden Unterkunftsmöglichkeiten für ca. 3000 Flüchtlinge. Marienfelde verlor im Laufe der Jahre seine Funktion als Erstaufnahmelager für DDR-Flüchtlinge. Am 30. Juni 1990 wurden die gesetzlichen Bestimmungen über die Aufnahme von DDR-Flüchtlingen infolge der Einführung der Wirtschafts-, Währungs- und Sozialunion mit der

Bundesrepublik außer Kraft gesetzt. Die letzten DDR-Übersiedler verließen 1993 das Lagergelände. Seit 1990 befindet sich hier die Zentrale Aufnahmestelle des Landes Berlin für Aussiedler (ZAB).

Im August 1993, am 40. Jahrestag der Eröffnung des Notaufnahmelagers Marienfelde, wurde die Gründung des Vereins „Erinnerungsstätte Notaufnahmelager Marienfelde" beschlossen und gleichzeitig eine ständige Ausstellung eröffnet, in der Forschungsergebnisse anhand von Schrift-, Bild- und Tondokumenten sowie zeitgenössischen Objekten präsentiert werden, welche die Geschichte dieses Ortes und seine Bedeutung im Zusammenhang mit der deutschen Teilung widerspiegeln und erfahrbar machen. Eine original eingerichtete Flüchtlingswohnung aus den fünfziger Jahren vermittelt einen Eindruck von den Wohn- und Lebensumständen der Lagerbewohner und rundet das Informationsangebot der Erinnerungsstätte ab. Von der Enquete-Kommission des Deutschen Bundestages „Überwindung der Folgen der SED-Diktatur im Prozeß der deutschen Einheit" wurde diese Ausstellung 1998 als Gedenkstätte von gesamtstaatlicher Bedeutung eingestuft. Schwerpunkte der Forschungsarbeit sind die Erweiterung der Kenntnisse über die Geschichte des Notaufnahmelagers durch das Zeitzeugenprojekt, Archivstudien zur Infiltration des Notaufnahmelagers durch das MfS sowie die Entwicklung gedenkstättenpädagogischer Konzepte für Schulklassen. Eine inhaltlich und räumlich neu gestaltete Ausstellung ist seit 2001 in Vorbereitung. Als Ergebnis der Zusammenarbeit des Vereins mit anderen Institutionen entstanden ein Plakat und ein Handzettel, auf denen die beteiligten Einrichtungen vorgestellt werden. Der Verein hat die Broschüre „Fluchtziel Berlin. Die Geschichte des Notaufnahmelagers Berlin-Marienfelde" herausgegeben. Zusätzlich ist eine überarbeitete englischsprachige Ausgabe erschienen. Zum Angebot gehören auch Vorträge, Veranstaltungsreihen und Workshops zu thematischen Schwerpunkten, Projekttage für Schulklassen, Filmvorführungen und Dia-Vorträge. Eine Bibliothek und ein Archiv sind im Entstehen begriffen.

Luftaufnahme aus dem Frühjahr 1961

1995 wurde von der Erinnerungsstätte Notaufnahmelager Marienfelde e.V. und dem Radiosender „Hundert, 6" in Anwesenheit von Vertretern des

Berliner Senats eine im Eingangsbereich an der Marienfelder Allee angebrachte künstlerisch gestaltete Gedenktafel feierlich enthüllt.
Die Inschrift lautet: „Von 1953-1990 waren / diese Gebaeude als Notauf- / nahmelager Marienfelde erste / Anlaufstelle für Flüchtlinge / aus der DDR auf ihrem Weg in die / Freiheit. Waehrend dieses Zeitraumes / wurden über 1 350.000 Menschen / mit Hilfe von deutschen und alliierten / Dienststellen sowie Wohlfahrtsorgani- / sationen aufgenommen, betreut und / in die Laender der Bundesrepublik / Deutschland weitergeleitet. / Berlin, den 30.Juni / 1995 Erinnerungs- / staette Notaufnahme- / lager Marienfelde e.V. / Gestiftet von Radio Hundert, 6".

QUELLEN / LITERATUR

Curth, Roland / Gerd Wendt: Fluchtziel Berlin. Die Geschichte des Notaufnahmelagers Berlin-Marienfelde, hrsg. von der Erinnerungsstätte Notaufnahmelager Marienfelde e.V., Berlin 2000.
Komets, Arik K. / Christian Koziol: Escape to Freedom. The History of the Marienfelde Refugee Center Berlin. Revised and enlarged English version, based on the original German Edition, hrsg. von der Erinnerungsstätte Notaufnahmelager Marienfelde e.V., Berlin 2001.

ANSCHRIFT

Marienfelder Allee 66-80, 12277 Berlin

ANSPRECHPARTNER

Harald Fiss (Vorsitzender von Erinnerungsstätte Notaufnahmelager Marienfelde e.V.), Tel. 030/901 73-325, Fax 030/901 73-190, E-mail: enm-berlin@gmx.de, www.enm-berlin.de

ÖFFNUNGSZEITEN

mittwochs bis sonntags von 12 bis 17 Uhr; Führungen: mittwochs und sonntags, jeweils 15 Uhr

VERKEHRSANBINDUNG

S 2 bis Marienfelde, Bus 177 oder 277 bis Stegerwaldstraße; U 6 bis Alt-Mariendorf, Bus 177 oder 277 bis Stegerwaldstraße

Freiheitsglocke auf dem Turm des Rathauses Schöneberg

Tempelhof-Schöneberg. Seit dem 24. Oktober 1950, dem Tag der Vereinten Nationen, erklingt die Freiheitsglocke im Turm des Schöneberger Rathauses. Anfangs täglich um 18 Uhr, dann jeden Sonntag um 11.58 Uhr sendete der RIAS und ab 1994 das DeutschlandRadio zugleich mit dem Glockengeläut den Freiheitsschwur: „Ich glaube an die Unantastbarkeit und an die Würde jedes einzelnen Menschen. Ich glaube, dass allen Menschen von Gott das gleiche Recht auf Freiheit gegeben wurde. Ich verspreche, jedem Angriff auf die Freiheit und der Tyrannei Widerstand zu leisten, wo auch immer sie auftreten mögen." Die Freiheitsglocke läutete am 3. Oktober 1990 die deutsche Einheit ein und verkündet bis heute symbolisch den Freiheitsgedanken.

Die Glocke war ein Geschenk der Amerikaner an die Berliner in den Westsektoren der Stadt, die während der Blockade (1948/49) der Welt ihre Standfestigkeit und politische Willenskraft bewiesen hatten. Die Sowjetunion versuchte, die Westsektoren mit einer Blockade gefügig zu machen. Doch die

Westalliierten versorgten die Zweimillionenstadt aus der Luft (⇨Luftbrückendenkmal Berlin Tempelhof-Schöneberg). Der frühere amerikanische Militärgouverneur in Deutschland, Lucius D. Clay, der sich entscheidend für die Luftbrücke eingesetzt hatte, initiierte nach seiner Amtszeit zur Finanzierung der Glocke den „Kreuzzug für die Freiheit des Komitees für ein Freies Europa". Er warb in 26 Bundesstaaten der USA, und 17 Millionen Amerikaner unterzeichneten den oben zitierten „Freiheitsschwur". Die Unterschriftenlisten befinden sich im Turm des Schöneberger Rathauses. Der Freiheitsschwur lehnt sich an die amerikanische Unabhängigkeitserklärung von 1776 an. Die Glocke ist eine Nachbildung der seit 1753 in Philadelphia erklingenden „Liberty Bell". Im Gegensatz zum amerikanischen Vorbild ziert die Berliner Freiheitsglocke eine Inschrift: „That this world under God shall have a new birth of freedom." – „ Möge diese Welt mit Gottes Hilfe eine Wiedergeburt der Freiheit erleben." Diese Worte gehen auf eine Rede von Abraham Lincoln auf dem Schlachtfeld von Gettysburg zurück. Die Schlacht war ein Wendepunkt im Bürgerkrieg (1861-1865), in dem die Nordstaaten unter anderem für die Abschaffung der Sklaverei kämpften und am Ende siegreich waren.

QUELLEN / LITERATUR
Liebau, Veronika: Die Freiheitsglocke in Berlin, Berlin 2000. www.dradio.de/dlr/sendungen/glocke.

STANDORT
Rathaus Schöneberg, John-F.-Kennedy-Platz 1
10820 Berlin

VERKEHRSANBINDUNG
Bus 104, 146, 185 bis Rathaus Schöneberg; U4 bis Rathaus Schöneberg

Luftbrückendenkmal am Flughafen Tempelhof

Tempelhof-Schöneberg. Kaum drei Jahre nach dem Ende des Zweiten Weltkrieges wurde Berlin zum ersten Brennpunkt des Kalten Krieges. Die Währungsreform der westlichen Alliierten vom 24. Mai 1948 in den westlichen Besatzungszonen, die auch in den Westsektoren Berlins durchgeführt wurde, nutzte die Sowjetunion als Vorwand, um am 24. Juni 1948 über die drei von den Westalliierten kontrollierten Sektoren Berlins eine Blockade zu verhängen. Alle Personen- und Gütertransportwege von und nach West-Berlin wurden unterbrochen. Damit sollte der Abzug der Westalliierten aus Berlin erreicht werden. US-Präsident Harry S. Truman verkündete am 28. Juni 1948, dass die Amerikaner Berlin nicht verlassen würden. Sie wollten „ohne Provokation" mit lokalen und diplomatischen Mitteln die Krise beilegen – der Entschluss für die Luftbrücke. Bereits am 26. Juni trafen die ersten

80 Tonnen Lebensmittel aus Frankfurt am Main in Berlin-Tempelhof ein. Die Operation „Vittles" begann. Die Briten starteten am 28. Juni erste Versorgungsflüge. Mit Transportflugzeugen, die der Volksmund „Rosinenbomber" nannte, flogen die Westalliierten Lebensmittel, Rohstoffe und Waren des täglichen Bedarfs nach West-Berlin ein. Obwohl die Blockade im Mai 1949 beendet war, hielten die Westmächte die Luftbrücke noch bis zum 30. September 1949 aufrecht. An insgesamt 462 Tagen wurden 277 264 Flüge absolviert, bei denen mehr als 1,8 Millionen Tonnen nach Berlin geflogen wurden. Im Einsatz waren insgesamt 380 Flugzeuge und 57 000 Mann Personal. Die Luftbrücke kostete 78 Menschen das Leben: 41 Briten, 31 Amerikaner und sechs Deutsche.

Zur Erinnerung an die Opfer der Luftbrücke und als Dank an alle Beteiligten wurde am 25. Juni 1949 – ein Jahr nach dem Beginn der Aktion – der Platz der Luftbrücke eingeweiht. Die Stadtverordnetenversammlung West-Berlins beschloss am 29. Juni 1950 schließlich die Errichtung eines Denkmals auf dem Platz. Am 10. Juli 1951 wurde das von Professor Eduard Ludwig geschaffene, 20 Meter hohe Denkmal aus Stahlbeton mit drei leicht gebogenen, himmelwärts ragenden Rippen der Öffentlichkeit während einer Großkundgebung übergeben. Die drei Rippen (im Volksmund „Hungerharke" genannt) symbolisieren die Luftkorridore, über welche die Stadt versorgt wurde. Auf dem Flughafen ⇨Frankfurt am Main befindet sich seit 1985 eine Nachbildung des Denkmals.

Eine im Sockel des Denkmals in Berlin eingelassene Bronzetafel trägt die Inschrift: „Sie gaben ihr Leben für die Freiheit Berlins im Dienste der Luftbrücke 1948/49". Es folgen die Namen der 78 Opfer.

QUELLEN / LITERATUR

Auftrag Luftbrücke. Der Himmel über Berlin 1948/49, hrsg. vom Deutschen Technikmuseum und der Landesbildstelle Berlin, Berlin 1998.
Berlin Handbuch. Lexikon, Berlin 1992.
Wetzlaugk, Udo: Berliner Blockade und Luftbrücke 1948/49, Berlin 1998.

STANDORT

Platz der Luftbrücke, 12101 Berlin

VERKEHRSANBINDUNG

U6 bis Platz der Luftbrücke; Bus 104, 119, 184 und 341 bis Platz der Luftbrücke

Gedenkstein für die Opfer des Zweiten Weltkrieges und zur Erinnerung an die Teilung Deutschlands

Tempelhof-Schöneberg. Auf Initiative der CDU-Ortsgruppe Tempelhof wurde am 23. August 1958 in Anwesenheit vieler Tempelhofer auf der Marienhöhe ein Gedenkstein zur Erinnerung an die Opfer des Zweiten Weltkrieges sowie an die Teilung Deutschlands enthüllt. Der damalige Bezirksbürgermeister von Tempelhof sprach die Hoffnung aus, dass dieser schlichte Gedenkstein das Bewusstsein der Zusammengehörigkeit aller Deutschen stärken und immer wieder neu wecken möge. Hier wird bis heute mit Kranzniederlegungen der Opfer des Volksaufstandes vom 17. Juni 1953 gedacht.

Der aus dem Odenwald stammende Findling trägt die Inschrift: „Denen, die nicht zurückkehrten, die ihre Heimat verloren, die noch in Knechtschaft leben".

QUELLEN / LITERATUR
Telegraph vom 24.8.1958.
Berliner Morgenpost vom 24.8.1958.
Berliner Zeitung vom 16.6.2000.

STANDORT
Marienhöhe in Mariendorf, 12105 Berlin

VERKEHRSANBINDUNG
S-Bahn bis Attilastraße

Gedenktafel für Uwe Johnson

Tempelhof-Schöneberg. Uwe Johnson (1934-1984) gilt als „Dichter der beiden Deutschland". Am 20. Juli 1934 wurde er im pommerschen Cammin geboren. Sein Vater starb 1946 in einem sowjetischen Haftlager im ukrainischen Kowel. Ab 1952 studierte Uwe Johnson Germanistik in Rostock. Wegen seiner Kritik an der staatlichen Diffamierung der Jungen Gemeinde wurde Johnson exmatrikuliert und trat aus der FDJ aus. Im Zuge der parteistaatlichen Versuche der „Schadensbegrenzung" nach dem Aufstand vom 17. Juni 1953 wurde er wieder zum Studium zugelassen. Er studierte in Leipzig weiter und legte sein Germanistik-Diplom bei Hans Mayer mit einer Arbeit über Ernst Barlachs „Der gestohlene Mond" ab. Bereits während seines Studiums begann Johnson mit der Niederschrift seines ersten Romans „Ingrid Babendererde. Reifeprüfung 1953". Dieser Roman blieb in beiden deutschen Staaten lange ungedruckt und wurde erst postum 1985 veröffentlicht. 1956 verließen Johnsons Mutter und seine Schwester die DDR. Er selbst ging nach mehreren Übersetzungsarbeiten 1959 nach West-Berlin und veröffentlichte dort seinen Roman „Mutmaßungen über Jakob". 1961 erschien „Das dritte Buch über Achim". In den beiden Romanen werden Ereignisse in der DDR und deren Auswirkungen auf einzelne Lebenswege dargestellt. Seit 1959 führte das Ministerium für Staatssicherheit (MfS) Johnson als „republikflüchtig". 1965 wurde gegen ihn „wegen seiner negativen Beeinflussung von DDR-Bürgern und seiner gegen die DDR gerichteten Tätigkeit" eine Einreisesperre in die DDR verhängt.Von 1966 bis 1968 lebte Johnson mit seiner Familie in New York und kehrte danach wieder nach West-Berlin zurück. 1969 wurde er Mitglied im PEN-Zentrum der Bundesrepublik und in der Akademie der Künste in West-Berlin. Zwei Jahre später erhielt er den Georg-Büchner-Preis, 1972 wurde er Vizepräsident der West-Berliner Akademie der Künste. 1974 zog er ins britische Sheerness on Sea, wo er am 23. Februar 1984 starb.

Am 9. Dezember 1994 hat das Bezirksamt Schöneberg an einer Laterne vor seinem ehemaligen Wohnhaus eine Gedenktafel für Uwe Johnson enthüllt. Die Besitzer des Hauses weigerten sich, die Gedenktafel unmittelbar am Wohnhaus anbringen zu lassen. Der ehemalige Nachbar und Literatur-Nobelpreisträger Günter Grass hatte sich für die Tafel eingesetzt. Ein Jahr später wurde sie von Unbekannten entfernt. Erst am 30. Oktober 2002 wurde eine neue Gedenktafel enthüllt, die sowohl an Johnson erinnert als auch an den Maler Karl Schmidt-Rottluff, Mitbegründer der Expressionistengruppe „Brücke" und späteren Initiator des „Brücke"-Museums in Berlin-Dahlem, der von 1911 bis 1933 in einem Atelier unter dem Dach des Hauses arbeitete. Johnson war 1959 in Schmidt-Rottluffs Räume eingezogen.

Inschrift der Gedenktafel: „In diesem Haus lebten und arbeiteten / von 1911 bis 1933 / Karl Schmidt-Rottluff / Expressionistischer Maler und Grafiker / * 1.12.1884 † 10.8.1976 / Mitbegründer der Künstlergruppe „Brücke" / Mitglied der Preußischen Akademie der Künste bis 1933 / Ehrenbürger Berlins und Initiator / des Brücke Museums Berlin / von 1959 bis 1968 / Uwe Johnson / Schriftsteller im geteilten Deutschland / * 20.7.1934 † 23.2.1984 / Vizepräsident der Akademie der Künste Berlin / von 1972 – 1974 / „... Es gibt nicht: Berlin. / Es sind zwei Städte Berlin." / Uwe Johnson 1961".

Der Text der verschwundenen Gedenktafel aus dem Jahre 1994 lautete: Vorderseite: „Im Hause Niedstraße 14 / wohnte und arbeitete / von 1959 bis 1968 / Uwe Johnson / 20.7.1934-23./24.2.1984 / 1959 nach West-Berlin übergesiedelt, beschrieb er die / Lebensverhältnisse in der DDR und die Folgen der deutschen Teilung / in literarischen und journalistischen Arbeiten".

Rückseite: „Die Grenze einer Stadt ist / einmalig, der unerhörte Anblick / verleitet dazu ihn hinzunehmen wie / etwas bereits Erklärtes. / Er zeigt / aber herrlich die gegenwärtige Phase / eines Zustandes, der veränderlich ist / und eine Geschichte von etwa zwölf / oder zweiundzwanzig Jahren hat; und / seine Bezeichnung ist irreführend. / Es gibt nicht: Berlin. Es sind zwei / Städte Berlin / Uwe Johnson ‚Berliner Stadtbahn', 1961".

QUELLEN / LITERATUR
Eltzel, Birgit: Gedenktafel für Künstler, in: Berliner Zeitung vom 28.10.2002.
Erinnerung an die Nachbarn, in: Der Tagesspiegel vom 31.10.2002.
Hübner, Holger: Das Gedächtnis der Stadt. Gedenktafeln in Berlin, Berlin 1997.
Walberg, Ernst-Jürgen/ Thomas Balzer: Erinnerung für die Zukunft, Bonn 1999.

STANDORT
Niedstraße 14, 12159 Berlin

VERKEHRSANBINDUNG
U9 bis Friedrich-Wilhelm-Platz, Busse 174, 181, 182

Mahnmal für 15 Maueropfer

Treptow-Köpenick. Durch die Kiefholzstraße verlief seit dem 13. August 1961 die Mauer, durch die Berlin in Ost und West geteilt war. An der 13 Kilometer langen Betonmauer zwischen den benachbarten Stadtbezirken Treptow und Neukölln sind bis 1989 nach bisherigen Recherchen mindestens 15 Menschen umgekommen.

Im November 1997 beschlossen die Treptower Bezirksverordneten, in der Kiefholzstraße ein Mahnmal zu errichten und der 15 Mauertoten zu gedenken, die an diesem Abschnitt der Mauer ihr Leben lassen mussten, unter ihnen auch die beiden Kinder Jörg Hartmann und Lothar Schleusener. Den Auftrag für die Gestaltung des Mahnmals erhielten die Treptower Künstler Rüdiger Roehl und Jan Skuin. Das Mahnmal in Form zweier übergroßer schwarzer Stahlplatten symbolisiert zwei Mauersegmente und wurde im November 1999 feierlich eingeweiht.

Eine auf dem Boden liegende Tafel trägt die Inschrift: „In Treptow starben fünfzehn / Menschen an der Berliner Mauer. / Unter den Opfern waren zwei Kinder, / Jörg Hartmann, 10 Jahre alt, und / Lothar Schleusener, 13 Jahre alt. / Erschossen am 14. März 1966."

QUELLEN / LITERATUR
Berliner Zeitung vom 10.11.1999.
Filmdokumentation von Simone Warias und Friedrich Herkt: „Geboren 1955 – erschossen 1966", Vidicon / MDR 2001.

STANDORT
Kiefholzstraße, 12435 Berlin

VERKEHRSANBINDUNG
S-Bahn bis Treptower Park oder Plänterwald

Gedenktafel zum Mauerfall

Treptow-Köpenick. Von den 155 Kilometer langen Absperrungen der Berliner Mauer verliefen 37 Kilometer überwiegend durch Wohngebiete. Eine der so unterbrochenen Straßen war die Sonnenallee zwischen Treptow und Neukölln.

Am 20. März 1993 wurde durch die Bezirksbürgermeister Michael Brückner (Treptow) und Hans-Dieter Mey (Neukölln) eine Gedenktafel zur Erinnerung an die Maueröffnung am 9. November 1989 enthüllt. Sie befindet sich am ehemaligen Grenzübergang Sonnenallee/Baumschulenweg auf der Westseite der Sonnenallee. Geschaffen wurde die in das Kleinmosaikpflaster des Bürgersteigs eingelassene Eisenplatte von den beiden Treptower Künstlern Rüdiger Röhl und Jan Skuin. Sie enthält eine Inschrift und ist reliefartig mit stangenähnlichen Verbindungen gestaltet.

Inschrift der Gedenktafel: „Maueröffnung / Berlin Treptow / Neukoelln / 9. November 1989".

QUELLEN / LITERATUR
Information des Bezirksamtes Treptow.
Hübner, Holger: Das Gedächtnis der Stadt. Gedenktafeln in Berlin, Berlin 1997.

STANDORT
Sonnenallee, Brücke über dem Heidekampgraben
12437 Berlin

VERKEHRSANBINDUNG
S-Bahnhof Baumschulenweg, Bus 265, 270 oder 241 bis Sonnenallee/ Baumschulenstraße

Mahnmal für Chris Gueffroy

Treptow-Köpenick. Chris Gueffroy, geboren am 21. Juni 1968, wurde in der Nacht vom 5. zum 6. Februar 1989 beim Versuch, über den Britzer Verbindungskanal nach West-Berlin zu gelangen, von Grenzsoldaten erschossen. Er war das letzte Opfer an der Berliner Mauer. Zusätzliche Tragik gewinnt sein Tod, da wenige Monate später der Eiserne Vorhang und am 9. November 1989 die Berliner Mauer fiel.

Seine Weigerung, den Wehrdienst bei der NVA anzutreten und die vermeintliche Sicherheit, dass Gerüchten zufolge der Schießbefehl an der Mauer aufgehoben sei, ermutigten ihn und einen Freund zu dem Versuch, im Schutze der Dunkelheit die Grenzanlagen in Treptow zu überwinden. Beide hatten bereits die Hinterlandmauer überwunden, als sie beim Übersteigen des Grenzzauns entdeckt wurden. Die Grenzsoldaten eröffneten daraufhin das Feuer. Chris Gueffroy traf eine Maschinengewehrsalve tödlich. Seinen Freund hat das Stadtbezirksgericht Pankow wenige Wochen später zu drei Jahren Gefängnis verurteilt. Er war nur leicht verwundet und wurde noch im Oktober 1989 in die Bundesrepublik entlassen.

Nach dem Fall der Mauer konnten die Todesschützen im ersten so genannten Mauerprozess strafrechtlich zur Verantwortung gezogen werden. Am 2. September 1991 begann die Verhandlung vor dem Berliner Landgericht. Der Grenzsoldat, der Chris Gueffroy erschossen hatte, wurde 1992 in erster Instanz zu dreieinhalb Jahren Gefängnis, zwei andere Grenzsoldaten zu Bewährungsstrafen verurteilt. Alle Urteile hat der Bundesgerichtshof 1994 aufgehoben und in Bewährungsstrafen umgewandelt. Der tragische Tod von Chris Gueffroy wurde aber auch bei anderen Anklagen, so beim Politbüroprozess gegen Mitglieder der ehemaligen Staats- und Parteiführung der DDR 1992, als Beweis für das unmenschliche Regime der SED-Diktatur herangezogen.

Im Sommer 2002 hat auf Initiative der Fraktion Bündnis 90 / Die Grünen das Berliner Abgeordnetenhaus einstimmig der Errichtung eines Denkmals für Chris Gueffroy zugestimmt. Der Bildhauer Karl Biedermann übernahm zusammen mit der Mutter Karin Gueffroy die Gestaltung des Gedenkortes. Karl Biedermann hatte bereits das Mahnmal für Peter Fechter (⇨Friedrichshain-Kreuzberg) gestaltet, so dass eine gedankliche Verbindung zwischen einem der ersten und dem letzten Opfer der Berliner Mauer hergestellt werden konnte. Die 2,60 Meter hohe Stele aus Stahl wurde am 35. Geburtstag von Chris Gueffroy, dem 21. Juni 2003, auf dem ehemaligen Todesstreifen am Britzer Kanal eingeweiht.

Sie trägt die Inschrift: „Von 1961 bis 1989 / verlief an diesem Ufer / die Berliner Mauer. / Hier wurde am / 5. Februar 1989 / der zwanzigjährige / Chris Gueffroy / (* 21.6.1968) / getötet. / Er war der letzte / Flüchtling, / der erschossen wurde, / als er versuchte, / die DDR-Grenzanlagen / zu überwinden. / Senat und / Abgeordnetenhaus / von Berlin / 21. Juni 2003“.

Zusätzlich wurde an der Britzer Brücke in Sichtweite des Gedenkortes eine Informationstafel mit Texten und Fotomaterial analog zu den Tafeln der „Geschichtsmeile Berliner Mauer“ angebracht, die an den tragischen Tod von Chris Gueffroy erinnert.

QUELLEN / LITERATUR
Filmer, Werner / Heribert Schwan: Opfer der Mauer. Die geheimen Protokolle des Todes, München 1991.
Information der Pressestelle der Senatsverwaltung für Wissenschaft, Forschung und Kultur Berlin.

STANDORT
Britzer Verbindungskanal, gegenüber Nobelstraße
12439 Berlin Treptow-Köpenick

VERKEHRSANBINDUNG
Bus 170 Haltestelle Nobelstraße/ Britzer Allee

Gedenktafel für die Opfer des NKWD

Treptow-Köpenick. Das Gebäude Seelenbinderstraße 99 wurde 1930/31 als Polizeischule und Polizeirevier erbaut. Nach dem Zweiten Weltkrieg richtete die sowjetische Besatzungsmacht dort einen Stützpunkt des Geheimdienstes NKWD ein, der Keller und Garage als Gefängnis nutzte. Von 1945 bis 1947 wurde die ehemalige Polizeikaserne zur Sammelstelle für Personen, die als potentielle NS-Verbrecher oder „feindliche Elemente“ von den Besatzungsorganen festgenommen und ohne Rechtsbeistand zu Lagerhaftstrafen verurteilt wurden. Von der Seelenbinderstraße aus wurden die Inhaftierten weiter in die sowjetischen Speziallager transportiert. 1947 zog die Verwaltungsschule der Stadt Berlin in die ehemalige Polizeioffiziersschule ein. Das Polizeirevier blieb erhalten. Nach der Gründung der DDR bezog die Kasernierte Volkspolizei das Objekt. Ab 1972 nutzte das DDR-Verteidigungsministerium das Gebäude, bis es mit der Vereinigung Deutschlands an die Bundeswehr übergeben wurde. Seit 1991 hat das Finanzamt seinen Sitz in der Seelenbinderstraße 99.

Am 13. Dezember 2000 wurde im Beisein von Vertretern des Bezirksamtes und der Bezirksverordnetenversammlung Köpenick sowie Mitgliedern des Bundes der Stalinistisch Verfolgten (BSV) und mehreren Zeitzeugen eine Gedenktafel am Gebäude des Finanzamtes Treptow-Köpenick enthüllt. Inschrift der Gedenktafel: „In diesem Haus, einer ehemaligen Polizeikaserne, / befand sich von 1945 bis 1947 ein Stützpunkt / des sowjetischen Geheimdienstes NKWD. / Nach Kriegsende wurden im Keller / dieses Gebäudes zahlreiche / Bürgerinnen und Bürger interniert / und von hier in Straflager deportiert, / wo viele von ihnen umgekommen sind."

QUELLEN / LITERATUR
Information des Bezirksamtes Köpenick.
Der Tagesspiegel vom 14.12.2000.
Berliner Zeitung vom 16.1.2001.
Der Stacheldraht 1/2001.

STANDORT
Seelenbinderstraße 99, 12555 Berlin

VERKEHRSANBINDUNG
S 3 bis Köpenick, Straßenbahn 60, 61, 62, 63 oder 68 bzw. Bus 169, 360, 369 bis Bahnhofstraße / Seelenbinderstraße

Geschichtsmeile Berliner Mauer und künstlerische Gestaltung der ehemaligen Grenzübergänge

Berlin. Die Geschichtsmeile Berliner Mauer ist eine viersprachige Dauerausstellung. Sie informiert in deutscher, englischer, französischer und russischer Sprache (den Sprachen der vier Besatzungsmächte) auf derzeit 21 Tafeln an 19 verschiedenen Standorten entlang des ehemaligen innerstädtischen Verlaufs der so genannten Vorderlandmauer (zu West-Berlin) über die Geschichte von Teilung, Mauerbau und Maueröffnung. Mit Fotografien und kurzen Texten werden Ereignisse geschildert, die sich am jeweiligen Standort ereignet haben und die die politische und lebensweltliche Situation in der geteilten Stadt beschreiben. Die Geschichtsmeile Berliner Mauer ist als Ergänzung zur Markierung des ehemaligen innerstädtischen Verlaufs der so genannten Vorderlandmauer mit der doppelreihigen Großsteinpflasterreihe konzipiert und wird im Auftrag der Senatsverwaltung für Stadtentwicklung erarbeitet. Redaktion: Berliner Forum für Geschichte und Gegenwart e.V., gutachterliche Betreuung: Prof. Dr. Reinhard Rürup und Dr. Hans Ottomeyer, begleitende Arbeitsgruppe (Konzeption): Senatsverwaltung für Wissenschaft, Forschung und Kultur, Deutsches Historisches Museum, Akademie der Künste Berlin-Brandenburg, Topographie des Terrors, Dokumentationszentrum Berliner Mauer, Kreuzberg Museum.

Alle Standorte von Nord nach Süd:

1. Ehem. Grenzübergang Bornholmer Straße; Thema: Verkehrspolitik, Vorwegnahme der Teilung.
2. Bernauer Straße Nr. 48; Thema: Fluchtversuch Ida Siekmann.
3. Bernauer Straße Nr. 78; Thema: „Tunnel 29“, gelungene Tunnelflucht.
4. Bernauer-/Ecke Ruppiner Straße; Thema: Flucht Conrad Schumann.
5. Bernauer-/Ecke Strelitzer Straße; Thema: „Tunnel 57“, gelungene Tunnelflucht, Tod des Grenzsoldaten Egon Schultz.
6. Nordbahnhof; Thema: Übersichtsplan Bernauer Straße.
7. Ehem. Grenzübergang Chausseestraße; Thema: Grenzöffnung 1989.
8. Ehem. Grenzübergang Invalidenstraße; Thema: Fluchtversuch.
9. Reichstagsufer; Thema: Gedenkort „Weiße Kreuze“.
10. Ebert-/Ecke Scheidemannstraße; Thema: Reichstag: Parlamentsgebäude im Kalten Krieg.
11. Pariser Platz; Thema: 13. August 1961; Besuch Gorbatschow.
12. Platz des 18. März (zwei Tafeln); Thema: 13. August 1961; Rede US-Präsident Ronald Reagan.
13. Potsdamer Platz (zwei Tafeln); Thema: Stadtplatz im Grenzstreifen.
14. Zimmer-/Ecke Wilhelmstraße; Thema: Ulbrichts Pressekonferenz im Haus der Ministerien.
15. Ehem. Grenzübergang Friedrichstraße; Thema: Panzerkonfrontation Herbst 1961.
16. Zimmer-/Ecke Charlottenstraße; Thema: Fluchtversuch Peter Fechter.
17. Zimmer-/Ecke Jerusalemer Straße; Thema: Tunnelflucht; Tod des Grenzsoldaten Reinhold Huhn.
18. Ehem. Grenzübergang Heinrich-Heine-Straße; Thema: zwei Fluchtversuche.
19. Ehem. Grenzübergang Oberbaumbrücke; Thema: Passierscheinabkommen.

Den Künstlerischen Wettbewerb „Übergänge“ hat die Senatsverwaltung für Bauen, Wohnen und Verkehr (heute: Senatsverwaltung für Stadtentwicklung) im März 1996 in Abstimmung mit den beteiligten Bezirken mit dem Ziel ausgelobt, „durch örtliche Markierungen die Erinnerung an die ehemaligen Grenzübergänge auch im Stadtbild zu bewahren“. Mit der Durchführung des Vorhabens wurde die Senatsverwaltung für Bauen, Wohnen und Verkehr (heute Senatsverwaltung für Stadtentwicklung) beauftragt.

Standorte der von einer Jury empfohlenen und realisierten Kunstobjekte:

1. Grenzübergang Bornholmer Straße/Bösebrücke: „Mind the Gap", akustische Sitzinstallation, Entwurf: Twin Gabriel, Berlin, 1996.
2. Grenzübergang Chausseestraße: „Kaninchenzeichen", 120 Bronzeintarsien im Straßenbelag, Entwurf: Carla Sachse, Berlin, 1996.
3. Grenzübergang Invalidenstraße: „Schattenbilder", Bodenmosaik im nördlichen Gehweg der Sandkrugbrücke; Entwurf: Gabriele Basch, Berlin, 1996.
4. Grenzübergang Friedrichstraße: „Leuchtkasten", Fotoinstallation, Entwurf: Frank Thiel, Berlin, 1996.
5. Grenzübergang Heinrich-Heine-Straße: „Übergang", Worttafel-Installation im Tunnel der U-Bahn, Entwurf: Susanne Ahner, Berlin, 1996.
6. Grenzübergang Oberbaumbrücke: „Stein-Papier-Schere-Spiel", Lichtinstallation stadteinwärts im Brücksprengwerk, nur in der Dunkelheit zu sehen; Entwurf: Thorsten Goldberg, Berlin, 1996.
7. Grenzübergang Sonnenallee: „Übergang", Fernrohr-Installation, Entwurf: Heike Ponwitz, Berlin, 1996.

QUELLEN / LITERATUR
Berliner Forum für Geschichte und Gegenwart e.V.

Gedenksteine zur deutschen Einheit und japanische Kirschbäume

Berlin und Brandenburg. Aus Freude über die Öffnung der Berliner Mauer rief das japanische Fernsehunternehmen TV Asahi Group spontan eine Kirschbaumpflanzaktion ins Leben. Mehr als 20 000 japanische Bürger beteiligten sich mit Spenden in Höhe von umgerechnet etwa zwei Millionen DM. Ziel des Projektes ist es, dass die Kirschbäume zu zahlreichen Kirschalleen erblühen. Die ersten japanischen Kirschbäume, die teilweise direkt aus Japan eingeführt wurden, waren am 10. November 1990 an der ⇨Glienicker Brücke in Potsdam gepflanzt worden. Danach folgten weitere Pflanzungen in Berliner Bezirken, Brandenburger Gemeinden und in Schwerin. Bis April 2001 wurden über 8 000 Kirschbäume an mehr als 40 Orten gepflanzt, vorwiegend auf dem ehemaligen Grenzstreifen, in Parks, Kindergärten, Schulen, Altersheimen und Friedhöfen in Zusammenarbeit der Sakura Campaign mit Grünflächenämtern. An einigen Pflanzorten hat man die Freude über die deutsche Einheit mit einem Gedenkstein mit Tafeln zusätzlich zum Ausdruck gebracht.

Die Gedenktafeln tragen, ergänzt um das Aufstellungsdatum, die gleiche Inschrift: „Kirschbäume gespendet von japanischen Bürgern / aus Freude über die Vereinigung unseres Volkes, / unterstützt von TV Asahi Network, / gepflanzt vom Sakura-Organisationskomitee. / Unter den Zweigen der Kirschbäume in Blüte / ist keiner ein Fremder hier / ISSA".

QUELLEN / LITERATUR
Tetsuo Terasaki, Korrespondent TV Asahi.

STANDORTE
Berlin: S-Bahnhof Wollankstraße (S 1, 2, 25), im ehemaligen Grenzstreifen 120 Bäume, 9.11.1991 gepflanzt, mit Gedenkstein; Landschaftspark Nord-Ost, Hagenower Ring, S-Bahnhof Wartenberg (S 75), fünf Minuten Fußweg, 1 434 Bäume, 29.4.1994 gepflanzt, mit Gedenktafel; Bornholmer Straße / Bösebrücke, S-Bahnhof Bornholmer Straße (S 1, 2, 25, 4, 8, 85, Tram 23, 24), im ehemaligen Grenzstreifen 215 Bäume, mit Gedenktafel; Lohmühlenbrücke, Bus 141, 167 vom U-Bahnhof Hermannplatz oder S-Bahnhof Treptower Park, am Landwehrkanal im ehemaligen Grenzstreifen, 45 Bäume, mit Gedenkstein. Klinikum Buch, Hobrechtsfelder Chaussee, 200 Bäume mit Gedenktafel. Brandenburg: Glienicker Brücke, Bus 116 vom S-Bahnhof Wannsee, Tram 93 von Potsdam Hauptbahnhof, auf Potsdamer Seite zwei Bäume, 10.11.1990 gepflanzt, mit Gedenkstein; Neustädter Havelbucht, zehn Minuten Fußweg von Potsdam Hauptbahnhof an der Breiten Straße, 42 Bäume, 8.11.1991 gepflanzt, mit Gedenkstein; Teltow / Osdorf, zehn Minuten Fußweg vom S-Bahnhof Lichterfelde Süd, Bus 185 von U-Bahnhof Rathaus Steglitz, 1 100 Bäume, mit Gedenktafel; Potsdam, Kirschallee, 71 Bäume, 18.4.2001 im Beisein des Potsdamer Oberbürgermeisters Matthias Platzeck gepflanzt, mit Gedenkstein.

Brandenburg

Gedenktafel für die Opfer des Stalinismus

Brandenburg / Havel. In der Neuendorfer Straße 89, im Sitz der heutigen Stadtverwaltung Brandenburg, residierte bis zum Dezember 1989 die Kreisdienststelle des Ministeriums für Staatssicherheit (MfS). Das 1950 auf Beschluss des SED-Politbüros gegründete MfS gliederte sich territorial in 15 Bezirksverwaltungen, 209 Kreis- sowie sieben Objektdienststellen (Stand 1989). Den 82 hauptamtlichen und 628 inoffiziellen Mitarbeitern der Kreisdienststelle Brandenburg oblag die auf ihr Territorium bezogene „politisch-operative Arbeit". Sie führten Personenkontrollen durch, nahmen Sicherheitsüberprüfungen vor und erstellten in enger Zusammenarbeit mit den SED-Kreisleitungen und den staatlichen Einrichtungen Lageanalysen und Stimmungsberichte. Die Kreisdienststellen des MfS dienten somit der Herrschaftssicherung der SED im Kreis.

Wie in vielen anderen Städten der DDR forderten auch in Brandenburg im Herbst 1989 immer mehr Bürger die Auflösung der Staatssicherheit. Am 5. Dezember 1989 initiierte das Neue Forum Brandenburg eine Mahnwache vor der Kreisdienststelle, um so die Vernichtung der Stasi-Akten zu verhindern. Gegen Mitternacht wurde durch Mitglieder des Neuen Forums die Staatsanwaltschaft über den Verdacht der Dokumentenvernichtung informiert. Die Kriminalpolizei und zehn Bürger erhielten in dieser Nacht Zutritt zum Gebäude, durchsuchten und versiegelten es. Der Verdacht auf Aktenvernichtung hatte sich bestätigt. Die Kreisdienststelle des MfS wurde aufgelöst.

Auf Initiative des „Arbeitskreises ehemaliger politischer Häftlinge" wurde im Oktober 1992 am Gebäude in der Neuendorfer Straße 89 eine Gedenktafel aus schwarzem Granit angebracht mit der Inschrift: „Den Opfern der / stalinistischen / Gewaltherrschaft / zum Gedenken / den Lebenden zur / Mahnung".

QUELLEN / LITERATUR
Brandenburger Neueste Nachrichten vom 8.12.1989.
Märkische Allgemeine Zeitung vom 26.10.1992.

STANDORT
Neuendorfer Straße 89, 14770 Brandenburg / Havel

VERKEHRSANBINDUNG
Mit der Straßenbahn vom Hauptbahnhof ins Stadtzentrum (Nicolaiplatz) zum Gebäudekomplex der Stadtverwaltung

PKW
Brandenburg / Havel liegt ca. 70 km westlich von Berlin und ist über die B 1 oder die A 2 erreichbar

Gedenktafel am ehemaligen Zuchthaus Brandenburg-Görden

Brandenburg / Havel. Der Bau des Zuchthauses Brandenburg-Görden wurde 1927 vom preußischen Staat begonnen und unter den Nationalsozialisten 1935 fertiggestellt. Ursprünglich als Musteranstalt eines humanen Strafvollzuges konzipiert, wurde es zum größten und „modernsten“ Zuchthaus des NS-Staates. Unmittelbar nach der „Machtübernahme“ kamen politische Häftlinge in die „Strafanstalt“ Brandenburg, die 1933 in „Straf- und Sicherungsanstalt“ und 1938 in „Zuchthaus und Sicherungsanstalt Brandenburg-Görden“ umbenannt wurde.

Für 1800 Häftlinge geplant, war das Zuchthaus bis 1940 mit 2500 bis 3000 Häftlingen belegt; im April 1945 betrug die Zahl der Häftlinge etwa 4500. Hierher kamen Gefangene vorwiegend aus politischen Gründen. Einer der prominentesten Häftlinge war der Physiker Robert Havemann (⇨Berlin Mitte, ⇨Grünheide), der wegen seiner Tätigkeit für die Widerstandsgruppe „Europäische Union“ 1943 zum Tode verurteilt worden war. Wegen „kriegswichtiger“ Forschungen wurde seine Hinrichtung immer wieder verschoben. Havemann erlangte für den Widerstand der Häftlinge im Zuchthaus Brandenburg große Bedeutung, da er in seinem Labor ein Empfangsgerät gebaut hatte, mit dem er heimlich ausländische Sender abhörte und die Häftlinge über die aktuelle Lage an den Fronten informierte. Im Jahr 1940 wurde das Zuchthaus Brandenburg-Görden auch Hinrichtungsstätte. Dazu wurden in einem bis dahin als Garage genutzten Bereich ein Fallbeil und eine Vorrichtung zum Erhängen installiert. Vom 1. August 1940 bis zum 20. April 1945 wurden hier 2743 Menschen hingerichtet; darunter befanden sich 1 722 Gefangene, die aus politischen Gründen zum Tode verurteilt waren, unter ihnen auch 16 Männer, die im Zusammenhang mit dem Attentat auf Hitler am 20. Juli 1944 hingerichtet wurden.

Nach der Befreiung durch die Rote Armee am 27. April 1945 nutzten die Sowjetische Militäradministration und der sowjetische Geheimdienst NKWD in den folgenden zwei Jahren das Gebäude zur Festsetzung von „Kollaborateuren" (hauptsächlich Angehörige der Wlassow-Armee) und als Untersuchungsgefängnis des NKWD.

1949/1950 übernahmen die DDR-Behörden das Zuchthaus und nutzten es wieder als reguläre Strafanstalt. Die Volkspolizei als Hausherr verschärfte die Haftbedingungen, beispielsweise durch monatelange Schreib- und Besuchsverbote. Speziallagerinsassen aus ⇨Waldheim und aus ⇨Bautzen I, die sich an der Hungerrevolte vom März 1950 beteiligt hatten, wurden hierhin verlegt. Das Zuchthaus, in dem politische Oppositionelle, aber auch Zeugen Jehovas und Homosexuelle inhaftiert waren, galt als eine der gefürchtetsten Strafvollzugseinrichtungen in der DDR. Misshandlungen von Häftlingen waren an der Tagesordnung. Wie schon in der Zeit des Nationalsozialismus wurden neben den politischen Häftlingen ab den sechziger Jahren zunehmend auch gewöhnliche Kriminelle mit besonders hohem Strafmaß (wegen Mordes, Totschlags, Vergewaltigung oder schwerer Körperverletzung) in Brandenburg-Görden eingesperrt. Dies sollte den politischen Häftlingen ihre Würde nehmen und erleichterte deren Überwachung, da kriminelle Insassen häufig als Kalfaktoren und Spitzel eingesetzt wurden.

Ab dem 30. November 1989 wurde in der Haftanstalt gestreikt. Fast 1 000 Gefangene forderten Pressefreiheit, Generalamnestie und die Abschaffung der politischen Justiz. Wenige Tage später wurden zahlreiche Gefangene im Rahmen der Amnestie vom 6. Dezember 1989 freigelassen. 1990 übernahm das Justizministerium des Landes Brandenburg die Anlage, die weiterhin als Gefängnis dient. Innerhalb des Gebäudekomplexes gibt es eine 1993 von der Stiftung Brandenburgische Gedenkstätten eingerichtete Dokumentationsstelle, die nach telefonischer Anmeldung im Rahmen einer Führung besichtigt werden kann.

Am 26. Oktober 1996 wurde auf Initiative ehemaliger Häftlinge vor der Justizvollzugsanstalt Brandenburg eine Gedenktafel eingeweiht. Hauptinitiator war der 1999 verstorbene Karl-Heinz Pahling, der nach seiner Teilnahme am Volksaufstand vom 17. Juni 1953 zu zehn Jahren Zuchthaus verurteilt worden war, von denen er sieben im Zuchthaus Brandenburg verbrachte. Die Inschrift auf der Gedenktafel an einer Klinkermauer lautet: „Wider das Vergessen / den Opfern und Verfolgten der / kommunistischen Gewaltherrschaft / 1950-1989".

QUELLEN / LITERATUR
Ansorg, Leonore: Strafvollzug an politischen Gefangenen in der DDR. Die Strafvollzugsanstalt Brandenburg-Görden, in: Deutschland Archiv 5/2002, S. 769-781.
Wunschik, Tobias: „Überall wird der Stalinismus beseitigt, nur in unserer Dienststelle nicht!" Das autokratische Regime des Leiters der Haftanstalt Brandenburg-Görden Fritz Ackermann, in: Timmermann, Heiner (Hrsg): Die DDR – Analysen eines aufgegebenen Staates, Berlin 2001, S. 321-342.

ANSCHRIFT
Justizvollzugsanstalt Brandenburg, Anton-Saefkow-Allee 22
14772 Brandenburg / Havel

ANSPRECHPARTNER
Dokumentationsstelle Zuchthaus Brandenburg, Anton-Saefkow-Allee 22, 14772 Brandenburg / Havel, Tel. und Fax 03381 / 71 89 80

ÖFFNUNGSZEITEN
Besuche nach Anmeldung und Bestätigung. Führungen für Schüler ab 9. Klasse

VERKEHRSANBINDUNG
Vom Hauptbahnhof mit der Straßenbahnlinie 1 bis Anton-Saefkow-Allee

PKW
Brandenburg / Havel liegt ca. 70 km westlich von Berlin und ist über die B 1 oder die A 2 erreichbar

Gedenkstein für die Opfer stalinistischer Willkür

Calau. Vor dem Wohnhaus in der Finsterwalder Straße 1 am Luckauer Tor, das in der Nachkriegszeit zwischen 1945 und 1948 der operativen Gruppe des NKWD für Vernehmungen und als Gefängniskeller diente, im Volksmund „Grüne Hölle" genannt, wurde von der Stadt und der Vereinigung der Opfer des Stalinismus e.V. (VOS) 1996 ein Gedenkstein errichtet. Es handelt sich bei dem Gedenkstein um einen Findling, den der Steinmetz Manfred Schaffarzick aus Burg gestaltete, der selbst nach 1945 im Speziallager ⇨Buchenwald inhaftiert war. Er trägt die Inschrift: „Zum Gedenken / an die / unschuldigen / Opfer / der / stalinistischen Willkür".

Im Sockel des Gedenksteins wurde eine kupferne Schatulle versenkt, die Dokumente zur „Grünen Hölle" enthält. Auch Gegner der Zwangsvereinigung von KPD und SPD gehörten zu den hier Verhafteten. Wenige Festgenommene wurden entlassen, jedoch mit strengem Schweigegebot. Ungezählte Häftlinge, unter ihnen sehr viele Jugendliche ab 14 Jahren, wurden willkürlich in die sowjetischen Speziallager gebracht, einige davon weiter in die Sowjetunion deportiert. Schüler der Gesamtschule Calau erforschten 1998 die Geschichte dieses Hauses; die Dokumentation hat den Titel „Der vergessene Stein".

QUELLEN / LITERATUR
Lausitzer Rundschau vom 11.9.1996 und 18.6.1998.

STANDORT
Finsterwalder Straße 1, 03205 Calau

VERKEHRSANBINDUNG
Das Luckauer Tor befindet sich westlich der Innenstadt, wenige Minuten Fußweg vom Markt entfernt

PKW
A 13, Abfahrt Calau

Gedenktafel zur Erinnerung an die Opfer des Faschismus und des Stalinismus

Calau. Seit 1928 gibt es an der heutigen Karl-Marx-Straße eine neun Meter breite Gedenkmauer aus Klinkerstein mit gezacktem Gesims und einer Inschriftentafel. Ursprünglich war das Denkmal dem SPD-Politiker und Reichspräsidenten Friedrich Ebert gewidmet. Während des Nationalsozialismus soll es keine Widmung getragen haben. 1948 ließ die Stadt eine Tafel anbringen: „Gedenkstätte der / Opfer des Faschismus / 1933-1945".

1992 beschlossen die Stadtverordneten, auch das Andenken an die Opfer der kommunistischen Gewaltherrschaft wach zu halten. In Calau gab es zu diesem Zeitpunkt noch kein Erinnerungszeichen für die zahlreichen Opfer des NKWD und der DDR-Staatssicherheit. Die Inschrift wurde erweitert und lautet jetzt: „Gedenkstätte / der Opfer / des Faschismus / 1933 1945 / und des / Stalinismus".

QUELLEN / LITERATUR
Information des Heimatmuseums Calau.

STANDORT
Karl-Marx-Straße, 03205 Calau

VERKEHRSANBINDUNG
A 13, Abfahrt Calau. Die Karl-Marx-Straße beginnt am Bahnhof

Gedenkstein für die Opfer politischer Verfolgung an der ehemaligen JVA Cottbus

Cottbus. Die aus rotem Klinkerstein in den Jahren 1857 bis 1860 erbaute und überwiegend als Frauengefängnis genutzte Haftanstalt wurde 1868 baulich erweitert. Die Geschichte politischer Haft in Cottbus begann spätestens Ende 1936. Im August 1937 wurde die Haftanstalt in ein Strafgefängnis umgewandelt und von Januar 1939 bis April 1945 als Frauenzuchthaus genutzt. Am 30. November 1942 erreichte die Belegung mit 693 Gefangenen ihren Höhepunkt.

Das durch den Zweiten Weltkrieg stark beschädigte Gebäude wurde nach 1945 wieder aufgebaut und durch die Justizverwaltung als Zentralgefängnis für 600 Insassen weiter betrieben. Im Januar 1951 wurde die Anstaltsleitung abgelöst aufgrund der Justizreform in der SBZ und der Übergabe aller Gefängnisse an das Ministerium des Innern. Die Führung übernahm nun die politisch als „zuverlässiger" geltende Volkspolizei. Im Februar 1951 zählte das

Gefängnis 794 Insassen, darunter 181 Frauen, die von 173 Aufsehern bewacht wurden. Als Höchstkapazität berechnete die Volkspolizei 1 400 Haftplätze. Die Haftbedingungen waren katastrophal.

Im März 1953 befanden sich 670 Häftlinge im Arbeitseinsatz, überwiegend bei der Schrottverwertung und in der Polsterei. Wegen des Volksaufstandes mussten im Juni 1953 die Haftarbeitslager Preschen und Drewitz geräumt und die Häftlinge in die naheliegende Haftanstalt Cottbus gebracht werden. Dies hatte zur Folge, dass dort die Belegung auf 2 500 Personen anstieg. Infolge der menschenunwürdigen Verhältnisse organisierten etwa 300 Häftlinge einen Hungerstreik, der erst nach zwei Tagen beendet werden konnte. Die „Rädelsführer" wurden daraufhin strafrechtlich zur Verantwortung gezogen.

In den späten sechziger und frühen siebziger Jahren schwankte die Zahl der Insassen zwischen 800 und 1 200; die Zahl der politischen Häftlinge wird in dieser Zeitspanne auf bis zu 600 geschätzt. Die Insassen waren bis Ende der siebziger Jahre unter primitivsten Bedingungen untergebracht. Sie litten unter unzureichender medizinischer Versorgung und schlechter Ernährung. Erst 1977 erhielten die Zellen Toiletten und Waschbecken, und in der Haftanstalt wurden Duschräume installiert. Neben dem Einbau der sanitären Anlagen erfolgte auch die Verschärfung der Sicherheitsausstattung. So hat man die Freigangboxen mit Maschendraht überspannt und später Videoüberwachungen und Lichtschranken angebracht. In den achtziger Jahren wurden die Häftlinge fast ausnahmslos zur Arbeit für Betriebe wie „Pentacon" Dresden und anstaltseigene Einrichtungen eingesetzt und in Schichtarbeit von ihnen enorme Arbeitsleistungen verlangt. Wer diese nicht erfüllen konnte, kam in Einzelhaft in so genannte Tigerkäfige: Eingezogene Gitter innerhalb der Zellen verhinderten den Zugang zu Tür und Fenster. Vor allem in den achtziger Jahren befanden sich unter den Häftlingen zahlreiche Ausreisewillige, von denen die meisten durch „Freikauf" schließlich in die Bundesrepublik gelangten.

Im April 2002 wurde die Haftanstalt geschlossen. Die letzten 300 Gefangenen wurden am 6. April 2002 in die neu errichtete Justizvollzugsanstalt Cottbus-Dissenchen verbracht.

Am 13. Juni 1998 wurde auf Initiative der Bezirksgruppe Cottbus der Vereinigung der Opfer des Stalinismus e.V. (VOS) neben dem Eingang zur ehemaligen Justizvollzugsanstalt ein Gedenkstein enthüllt. Den aus einem Tagebau stammenden Stein hat ein ehemaliger Häftling des Speziallagers ⇨Buchenwald, der Steinmetzmeister Manfred Schaffarzick, zum Gedenkstein umgearbeitet. Er trägt die Inschrift: „Den / unschuldigen / Opfern / politischer / Verfolgung / 1933-1945 / 1945-1989".

QUELLEN / LITERATUR

Ehemalige Untersuchungshaftanstalten des Ministeriums für Staatssicherheit der DDR. Broschüre des LStU, Berlin 2000.

Justizvollzugsanstalt Cottbus 1859-2002. Faltblatt, LStU Sachsen-Anhalt, Magdeburg 2002.

Pieper, Bernd: Roter Terror in Cottbus. Siebzehn Monate in Gefängnissen der DDR, Berlin 1997.

STANDORT

Bautzener Straße 140, 03050 Cottbus

VERKEHRSANBINDUNG

Zur Bautzener Straße gelangt man vom Bahnhof aus in etwa 15 Minuten zu Fuß über den Stadtring (südlich des Bahnhofs) in östlicher Richtung

PKW

A 13 Berlin–Dresden; A 15 Berlin–Cottbus– Forst / Breslau

Gedenktafel für die Opfer stalinistischer Willkür

Cottbus. Das Amtsgerichtsgefängnis am Gerichtsplatz in Cottbus diente von Mai 1945 bis 1950 dem sowjetischen Geheimdienst NKWD als Untersuchungsgefängnis für die südbrandenburgische Region. Der Weg vieler Häftlinge in die sowjetischen Speziallager führte über das NKWD-Gefängnis Cottbus. Der Großteil der in Cottbus Inhaftierten wurde in das Speziallager ⇨Jamlitz verschleppt. Zwischen Dezember 1945 und April 1947 sind in wöchentlichen Transporten insgesamt 1 306 Gefangene mit dem LKW von Cottbus nach Jamlitz verbracht worden. Ferner sind auch Häftlingsmärsche in das Speziallager ⇨Ketschendorf bekannt.

Nach 1950 nutzte das Ministerium für Staatssicherheit (MfS) das Gebäude als Untersuchungshaftanstalt. Hier wurden viele unschuldige Menschen unter primitivsten Bedingungen gefangen gehalten, gequält und als vermeintliche Staatsfeinde zu hohen Gefängnisstrafen verurteilt. Die Fenster hatten, wie meist in den MfS-Gefängnissen, keine Scheiben, sondern Glasbausteine. Die Freigangboxen waren ab 1977 mit Maschendraht überspannt. 1982 wurden eine Kameraüberwachungsanlage für die Gänge und den Außenbereich sowie Lichtschranken und elektromagnetische Schlösser an den Zwischengittern installiert. Eine rundum gepolsterte Isolierzelle wurde 1984 im Keller der Haftanstalt eingerichtet.

Am Gebäude des Amtsgerichtes an der Hofeinfahrt zum ehemaligen Zellentrakt wurde am 3. Dezember 1993 auf Initiative der CDU-Fraktion im Cottbuser Stadtparlament und der Bezirksgruppe Cottbus der Vereinigung der Opfer des Stalinismus e.V. (VOS) eine 50 mal 70 cm große Gedenktafel feierlich der Öffentlichkeit übergeben. Sie trägt die Inschrift: „Zum Gedenken an die / unschuldigen Opfer / der stalinistischen / Willkür / 1945-1950".

QUELLEN / LITERATUR
Ehemalige Untersuchungshaftanstalten des Ministeriums für Staatssicherheit der DDR. Broschüre des LStU, Berlin 2000.
Lausitzer Rundschau vom 4.12.1993 und vom 6.1.1994.
Märkischer Bote vom 16.12.1993.
Weigelt, Andreas: Umschulungslager existieren nicht. Zur Geschichte des sowjetischen Speziallagers Nr. 6 in Jamlitz 1945-1947, Berlin 2001.

STANDORT
Am Spreeufer, 03044 Cottbus

VERKEHRSANBINDUNG
Vom Bahnhof zum Amtsgericht mit der Straßenbahnlinie 2 bis Altmarkt

PKW
A 13 Berlin–Dresden; A 15 Berlin–Cottbus–Forst / Breslau

Dokumentationszentrum Alltagskultur der DDR

Eisenhüttenstadt. Die Stadtverordnetenversammlung von Eisenhüttenstadt beschloss im März 1993 den Aufbau eines Museums für Alltagsgeschichte und Alltagskultur der DDR. Über mehrere Jahre hinweg entstand ein multifunktionales Dokumentationszentrum, das als Geschichtsmuseum und als Ort „sozialen Gedächtnisses" fungiert sowie Raum für die politische Bildung und die Erforschung der inzwischen nahezu verschwundenen materiellen Kultur der DDR bietet. Das Dokumentationszentrum versteht sich als Forum des Austausches zwischen Museen, kulturellen Einrichtungen, unterschiedlichen Wissenschaftsdisziplinen, Zeitzeugen und Besuchern. Es wird vom gleichnamigen gemeinnützigen Verein getragen und vom Land Brandenburg, dem Landkreis Oder-Spree und der Stadt Eisenhüttenstadt finanziell unterstützt.

Eisenhüttenstadt ist als Standort für ein solches Dokumentationszentrum in mehrfacher Hinsicht geeignet, da es 1950 als erste neue Stadt der DDR und Sinnbild der idealen sozialistischen Gesellschaft entworfen wurde und den Namen Stalinstadt erhielt. Das Dokumentationszentrum befindet sich in einem denkmalgeschützten Gebäude der historischen Kernstadt der „ersten sozialistischen Stadt Deutschlands". Vom Museum aus können sämtliche Epochen der Architektur- und Stadtgeschichte der DDR in einem Spaziergang erkundet werden. Die Aktivitäten des Dokumentationszentrums sind damit immer auch auf die Geschichte der Stadt bezogen und bieten dem Besucher auf einmalige Weise unterschiedliche Ebenen der Anschauung.

In der Dauerausstellung „Leben in der DDR“ werden in zehn Abteilungen politische, wirtschaftliche und soziale Aspekte der ostdeutschen Gesellschaft dargestellt. Einen Schwerpunkt bildet die Politisierung des alltäglichen Lebens in der DDR. Die Ausstellung zeigt, wie versucht wurde, die Bevölkerung sozial und beruflich auf die Anforderungen des Staates und der Gesellschaft auszurichten. Neben der deutsch-deutschen Systemkonkurrenz werden auch die Besonderheiten der Wirtschaftsentwicklung in der DDR am Beispiel der vier großen Kombinate des Oder-Neiße-Raumes, Schwedt, Frankfurt (Oder), Eisenhüttenstadt und Guben, gezeigt. Gerade diese riesigen Unternehmen verdeutlichen die unterschiedlichen Modernisierungsstrategien der SED-Wirtschaftspolitik im Verlauf von 40 Jahren DDR-Geschichte: Schwerindustrie, Chemie und Mikroelektronik. Dadurch wird unter anderem auch die herausragende Bedeutung des Betriebes als „sozialer Raum“ in der ostdeutschen Gesellschaft erkennbar.

Die Ausstellung widmet den Lebensverhältnissen der Menschen breiten Raum. So wird anschaulich über die Möglichkeiten des Konsums, die Bedeutung des Westens für den Osten sowie die täglichen Mangelerscheinungen erzählt. Generell ermöglicht das Museum sowohl einen Vergleich der Generationen in der DDR als auch einen Vergleich mit den Entwicklungen in der westdeutschen Gesellschaft. Filme, Tondokumente und Informationsmappen ergänzen die Ausstellung des Dokumentationszentrums. Neben der Dauerausstellung werden Wechselausstellungen, Führungen für Gruppen sowie ein vielfältiges Spektrum von Veranstaltungen angeboten. Darüber hinaus stehen eine Präsenzbibliothek und eine Sammlung von rund 70 000 Alltagsgegenständen sowie Räumlichkeiten für Seminare und ein Museumsshop zur Verfügung.

QUELLEN / LITERATUR

Kuhn, Gerd / Andreas Ludwig (Hrsg.): Alltag und soziales Gedächtnis. Die DDR-Objektkultur und ihre Musealisierung, Hamburg 1997.

Fortschritt, Norm & Eigensinn. Erkundungen im Alltag der DDR, Berlin 1999.

Winters, Peter Jochen: Es gab nichts, aber jeder hatte alles. Eisenhüttenstadt und sein Dokumentationszentrum zeigen nicht nur Alltagskultur der DDR, in: Frankfurter Allgemeine Zeitung vom 8.8.2000.

ANSCHRIFT

Erich-Weinert-Allee 3, 15890 Eisenhüttenstadt

ANSPRECHPARTNER

Dr. Andreas Ludwig, Tel. 033 64 / 41 73 55, Fax 033 64 / 41 89 47; E-mail: info@alltagskultur-ddr.de, www.alltagskultur-ddr.de

ÖFFNUNGSZEITEN

dienstags bis freitags von 13 bis 18 Uhr; samstags, sonntags und an Feiertagen von 10 bis 18 Uhr (außer am 24.12., 31.12. und an Karfreitag).

VERKEHRSANBINDUNG

Vom Bahnhof mit den Buslinien 454, 455 und 457 bis Haltestelle Post

PKW

Über die A 12 von Berlin nach Frankfurt (Oder), Abfahrt Frankfurt (Oder), über die B 112 in Richtung Eisenhüttenstadt. Anfahrt von Beeskow kommend über die B 246 nach Eisenhüttenstadt

Gedenktafel zum 17. Juni 1953

Eisenhüttenstadt. Der 17. Juni 1953 markiert den Höhepunkt und die Niederschlagung des Volksaufstandes in der DDR, bei dem sich große Teile der Bevölkerung gegen die SED-Diktatur erhoben.

Stalinstadt im Juni 1953. Im Vormonat hatte der Ort den Namen des im März verstorbenen sowjetischen Diktators erhalten. Hier, auf der grünen Wiese, unweit der polnischen Grenze, sollte ein Zentrum der DDR-Stahlindustrie aus dem Boden gestampft werden. In der auf dem Reißbrett entworfenen Musterstadt arbeiteten damals bereits über 20 000 Menschen. Die meisten von ihnen wohnten noch in Barackenlagern. Der Ort war erst vier Monate zuvor zur Stadt erklärt worden. Bis 1961 trug er den Namen Stalins.

Die Streiks in Stalinstadt begannen am frühen Nachmittag des 17. Juni 1953. Die ersten Bauarbeiter legten zum Schichtwechsel um 14.00 Uhr die Arbeit nieder. Sie marschierten über den riesigen Bauplatz und forderten ihre Kollegen auf, sich dem Protest anzuschließen. Von Stalinstadt aus marschierten einige tausend Demonstranten in den nahe gelegenen Ort Fürstenberg, der erst 1961 in die Stadt Stalinstadt/ Eisenhüttenstadt eingemeindet werden sollte. Auf dem Marktplatz von Fürstenberg kommen schließlich rund 2000 Menschen zusammen, die unter anderem versuchen, die SED-Kreisleitung zu stürmen. In dieser Situation greift auch hier sowjetisches Militär ein und treibt mit Hilfe der Volkspolizei die Menschen auseinander. 95 Demonstranten werden verhaftet, nur 19 Personen waren älter als 24 Jahre. Das Bezirksgericht verurteilt den 18-jährigen Werner Unger zu acht Jahren Zuchthaus, die anderen Mitangeklagten zu ein bis drei Jahren.

Auch am 18. Juni wurde auf mehreren Baustellen weiter gestreikt. Doch die Streikfront begann zu bröckeln. Ab 20. Juni arbeiteten alle Baustellen wieder normal.

50 Jahre nach dem Volksaufstand, am 17. Juni 2003, wurde auf Initiative der Stadt Eisenhüttenstadt am historischen Ort, dem Marktplatz von Fürstenberg, eine Gedenktafel enthüllt. Sie trägt die Inschrift: „Wir erinnern an den 17. Juni 1953, als auch Bürger dieser Stadt / für Demokratie und bessere Lebensverhältnisse demonstrierten. / Dieses Aufbegehren wurde von der SED-Führung / und der sowjetischen Besatzungsmacht brutal unterdrückt. / Die Bürger von Eisenhüttenstadt / im Juni 2003."

QUELLEN / LITERATUR
Kowalczuk, Ilko-Sascha: 17.6.1953: Volksaufstand in der DDR. Ursachen – Abläufe – Folgen, Bremen 2003.
Ciesla, Burghard (Hrsg.): Freiheit wollen wir! Der 17. Juni 1953 in Brandenburg, Berlin 2003.

STANDORT
Rathaus Fürstenberg, Markt 1,
15890 Eisenhüttenstadt

VERKEHRSANBINDUNG / PKW
A 12 Berlin-Frankfurt (Oder), dann B 112 Richtung Eisenhüttenstadt, A 13 Berlin-Dresden, Abfahrt Lübben über die B 87 nach Beeskow und dann über die B 246 nach Eisenhüttenstadt

Gedenktafel für die Opfer des Stalinismus

Forst. An der Polizeiwache in der Bahnhofstraße 54, dem ehemaligen Gerichtsgefängnis, befindet sich seit dem Volkstrauertag 1995 eine Bronzetafel, die von der Vereinigung der Opfer des Stalinismus e.V. (VOS) angebracht wurde. Sie trägt die Inschrift: „Zum Gedenken / an die Opfer des Stalinismus. / In diesem Haus befand / sich der Operativstab / des NKWD im Jahre 1945".

Die Tafel hat Kurt Noack initiiert, der selbst in diesem Haus nach seiner Festnahme im Juli 1945 vom NKWD vernommen wurde, bevor man ihn über das NKWD-Gefängnis ⇨Cottbus in verschiedene Speziallager brachte.

QUELLEN / LITERATUR
Information der VOS e.V.

ANSCHRIFT
Polizeiwache Forst, Bahnhofstraße 54, 03149 Forst

VERKEHRSANBINDUNG
Vom Bahnhof Forst aus geht man nur wenige Minuten bis zur Polizeiwache

PKW
Über die A 15, Abfahrt Forst, dann weiter über die B 122 oder über die B 112

Die Bundesbeauftragte für die Unterlagen des Staatssicherheitsdienstes der ehemaligen DDR (BStU)/ Außenstelle Frankfurt (Oder): Archiv und Informations- und Dokumentationszentrum

Frankfurt (Oder). Im Dezember 1991 verabschiedete der Deutsche Bundestag das Stasi-Unterlagen-Gesetz (StUG). Daraufhin wurde die Behörde des Bundesbeauftragten für die Unterlagen des Staatssicherheitsdienstes der ehemaligen DDR (BStU) mit 14 Außenstellen eingerichtet. Die Außenstelle Frankfurt (Oder) mit einem Informations- und Dokumentationszentrum (IDZ) wurde am 10. Dezember 1994 eröffnet. Bis 1989 nutzte die NVA das Gebäude des heutigen Informations- und Dokumentationszentrums in der Fürstenwalder Poststraße 87.

Das IDZ „Freiheit für meine Akte" zeigt in einer Dauerausstellung auf

30 Tafeln und in mehreren Vitrinen mit authentischem MfS-Material u. a. Geschichte, Struktur und Methoden des MfS. Neben der Darstellung der allgemeinen MfS-Geschichte konzentriert sich die Ausstellung auf die Tätigkeit des Mielke-Apparates im ehemaligen Bezirk Frankfurt (Oder). Es wird von den Menschen berichtet, die für die Unterdrückung durch das MfS Verantwortung trugen und vom Schicksal derer, die Opfer des SED-Regimes waren, die in der Oderstadt bespitzelt, ausgegrenzt und aus dem Land vertrieben wurden. Die Ausstellung zeigt Planungen des MfS für ein Isolierungslager in Strausberg oder die Haftbedingungen in der MfS-Untersuchungshaftanstalt Collegienstraße (ab 1969 in der Otto-Grotewohl-Straße). Der „Operative Vorgang" (OV) „Kreis" belegt die „Zersetzung" einer Gruppe von Frankfurter Bürgern, die sich kritisch mit der Entwicklung in der DDR auseinandersetzten. Besucher können in verschiedene Musterakten Einsicht nehmen; auch Schulungs- und Observationsfilme des MfS werden gezeigt.

Führungen im IDZ und Archivrundgänge können telefonisch vereinbart werden. Das IDZ bietet insbesondere für Schülergruppen Projekttage an.

QUELLEN / LITERATUR
Gieseke, Jens: Die DDR-Staatssicherheit. Schild und Schwert der Partei, Bonn 2000.

ANSCHRIFT
Fürstenwalder Poststraße 87, 15234 Frankfurt (Oder)

ANSPRECHPARTNERIN
Martina Breitmoser Tel. 03 35 / 60 68 25 20, Fax: 03 35 / 60 68 24 19; E-mail: astfrankfurt@bstu.de, www.bstu.de.
Öffnungszeiten: täglich von 9 bis 16 Uhr, dienstags bis 18 Uhr

VERKEHRSANBINDUNG
Vom Bahnhof mit den Buslinien 980 oder 982 bis Schillerstraße, in Fahrtrichtung ca. 200 Meter Fußweg. Straßenbahnlinien 2 oder 5 bis Endhaltestelle Messegelände, in Fahrtrichtung ca. 800 Meter Fußweg

PKW
Frankfurt (Oder) ist über die A 12 sowie die B 112 erreichbar. Autobahnabfahrt Frankfurt (Oder) in Richtung Messegelände über den Kreisverkehr, an der Ampelkreuzung links abbiegen Richtung Rosengarten und ca. 800 Meter fahren. Die Behörde befindet sich auf der rechten Seite hinter dem Verteidigungsbezirkskommando (VBK)

Gedenk- und Dokumentationsstätte „Opfer politischer Gewaltherrschaft 1933-1989"

Frankfurt (Oder). Anlässlich des 41. Jahrestages des 17. Juni 1953 wurde 1994 die Gedenk- und Dokumentationsstätte „Opfer politischer Gewaltherrschaft 1933-1989" eröffnet. Ihr Anliegen ist es, die Schicksale von Menschen zu dokumentieren und öffentlich zu machen, die wegen persönlichem Mut, widerständigem Verhalten, politischer Überzeugung, durch ihren Glauben, durch ihre Rasse oder einfach nur auf Verdacht in das Räderwerk der politischen Strafsysteme des „Dritten Reiches", der sowjetischen Besatzungsmacht und der SED-Herrschaft gerieten. Bei der Gedenkstättenarbeit wird besonderer Wert darauf gelegt, der jüngeren Generation die Ereignisse nahe zu bringen. Die Initiative zum Aufbau der Gedenkstätte ging von einer 1990 gebildeten Arbeitsgruppe des Runden Tisches in Frankfurt (Oder) aus. Die Arbeitsgruppe befasste sich mit der Rehabilitation von Opfern der SBZ/SED-Diktatur. Das städtische Museum Viadrina wurde mit der Aufgabe der Einrichtung und Betreuung der Gedenk- und Dokumentationsstätte beauftragt.

Die Gedenkstätte befindet sich in einer der ältesten Strafvollzugsanstalten der Mark Brandenburg. Schon am Ende des 18. Jahrhunderts existierte auf dem Gelände ein so genanntes Arbeitshaus. Im Jahre 1812 entstand ein Polizei- und Gerichtsgefängnis, das im Laufe der Zeit mehrfach bauliche Erweiterungen erfuhr. Nach 1933 übernahm die Gestapo das Gefängnis und nahm dort auch Hinrichtungen vor.

Nach dem Untergang des „Dritten Reiches" nutzten sowjetische Sicherheitsorgane das Gefängnis zuerst als Internierungs-, später als Etappengefängnis. Etwa 1950 wurde die Einrichtung von der Staatssicherheit übernommen, die das Gebäude bis 1969 als Untersuchungshaftanstalt (UHA) führte. In den Jahren 1950 bis 1952 war das Gefängnis auch Hinrichtungsstätte. Nach der Fertigstellung eines Neubaus in der Otto-Grotewohl-Straße 53 (heute: Robert-Havemann-Straße 11) zog das MfS dorthin und übergab das alte Gebäude in der Großen Oderstraße 67 (Collegienstraße 10) der Volkspolizei (Ministerium des Innern), die das Gefängnis bis zum Ende der DDR weiter als UHA führte. Im Jahre 1990 entstand in einem Teil des Gebäudes eine Musik- und Kunstschule.

Die Gedenk- und Dokumentationsstätte widmet sich im Rahmen der Dauerausstellung besonders der Internierungspraxis und Strafverfolgung in der Zeit des „Dritten Reiches", der Sowjetischen Besatzungszone und der DDR. Die Gedenkstätte besteht aus einem Fünfzellentrakt: Zelle 1 (NS-Zeit: 1933-1945), Zelle 2 (Nachkriegszeit: 1945-1950), Zelle 3 (politische Strafjustiz der DDR: 1949-1989), Zelle 4 (Ausstellungsraum Haftzelle: um 1960) und Zelle 5 (Arrestzelle). Darüber hinaus werden Filmvorführungen angeboten. Die Gedenkstätte verfügt über eine Bibliothek, ein Archiv und eine Sammlung. Als Mahn- und Ehrenmal für die Opfer politischer Gewaltherrschaft steht seit 1995 zwischen der Gedenkstätte und der Konzerthalle Frankfurt (Oder) die Plastik „Großes Martyrium" von Wieland Förster. Am Gebäude ist eine Gedenktafel mit folgender Inschrift angebracht:

„Zum Gedenken / an jene Bürger und Bürgerinnen / die 1947/48 durch das NKWD/MWD / in Frankfurt (Oder) verhaftet / und von einem sowjetischen / Militärgericht verurteilt wurden / als politische Häftlinge in den / Lagern und Gefängnissen der SBZ/DDR einsaßen / und von denen dort umkamen: / Horst Bartelt / Heinz Blumenstein / Harald Michel / Gerda Schulze".

QUELLEN / LITERATUR
Gedenk- und Dokumentationsstätte Opfer politischer Gewalt 1933-1945, 1945-1989, Frankfurt (Oder) 1999.
Kusch, Reinhard: Kollaps ohne Agonie, hrsg. vom Museum Viadrina Frankfurt (Oder), Jacobsdorf 1999.

STANDORT
Gedenk- und Dokumentationsstätte „Opfer politischer Gewaltherrschaft", Collegienstraße 10, 15230 Frankfurt (Oder). Die Gedenkstätte ist eine Außenstelle des Museums Viadrina in der Carl-Philipp-Emanuel-Bach-Straße 11, 15230 Frankfurt (Oder)

ANSPRECHPARTNER
Herr Foth oder Dr. Siegfried Griesa (Leiter des Museums); Tel. 0335 / 22315, Fax: 0335 / 5004383; E-mail: Verwaltung@museum-viadrina.ff.shuttle.de, www.ff.shuttle.de/museum-viadrina

ÖFFNUNGSZEITEN
dienstags und donnerstags von 14 bis 16 Uhr, Eintritt frei. Führungen (auch für Einzelpersonen) sind nach Vereinbarung möglich. Hierfür wird ein Betrag von 10 € erhoben. Tel. in der Gedenkstätte: 0335 / 6802712

VERKEHRSANBINDUNG
Vom Bahnhof besteht Verbindung über die Linie 1 der Straßenbahn in Richtung Lebuser Vorstadt, Haltestelle Topfmarkt

PKW
Frankfurt (Oder) ist über die A 12 sowie die B 112 erreichbar

Gedenktafel zur Erinnerung an die friedliche Demonstration am 1. November 1989

Frankfurt (Oder). Am Abend des 1. November 1989 folgten etwa 35000 Bürger dem Aufruf der Initiativgruppe des Neuen Forums zu einer öffentlichen Demonstration in der Bezirksstadt Frankfurt (Oder). Die ungenehmigte Protestaktion war Ausdruck des mutigen Aufbegehrens der Frankfurter für einen demokratischen Aufbruch. Der Demonstrationszug bewegte sich mit Kerzen und Transparenten an Polizeiketten vorbei, bevor auf dem Brunnenplatz acht Redner die Demokratisierung der DDR einforderten. Diese Protestkundgebung war der machtvolle Auftakt für die friedliche Umgestaltung der Stadt Frankfurt.

Zwölf Jahre später, am 1. November 2001, weihte der Vorsitzende der Stadtverordnetenversammlung mit ehemaligen Aktiven des Neuen Forums eine mehrteilige Gedenktafel in der Stufenanlage am Brunnenplatz zur Erinnerung an die friedliche Demonstration von 1989 ein. Die Stadtverordnetenversammlung hatte im Dezember 1999 den beiden Frankfurter Grafikern Lothar Tanzyna und Peter Sottmeier den Auftrag erteilt, die Erinnerung an das Geschehen im Herbst 1989 künstlerisch umzusetzen. Die beiden Künstler gehörten ebenfalls zum Neuen Forum, das sich zuvor am 4. Oktober 1989 mit 43 Teilnehmern in Frankfurt (Oder) gegründet hatte. Sie gehörten zu den neun Mitgliedern des Neuen Forums, die ihren Namen am 26. Oktober unter einen Brief an den Rat der Stadt setzten, in dem sie mitteilten, dass am 1. November 1989 um 19 Uhr eine Demonstration stattfände, die die Zulassung des Neuen Forums und Presse- und Meinungsfreiheit einfordern würde.

Die in die Treppe eingelassene siebenteilige Tafel trägt die Inschrift: „Wir brauchen eine vollkommene Demokratisierung, Reisefreiheit, Rede- und Pressefreiheit, Chancengleichheit, Perspektiven für jeden einzelnen, ein besseres Bildungssystem. Und wir brauchen wirksame Kontrollen. Diese friedliche Demonstration soll kundtun, dass wir alle hier für die Wende sind, an ihr mitarbeiten, sie mittragen, sie dringend fordern. Aus der Rede von Dr. med. Karl-Ludwig von Klitzing auf der ersten, vom Neuen Forum organisierten Demonstration am 1. November 1989, mit der 35 000 Bürger die friedliche Umgestaltung der Stadt Frankfurt und ihrer Umgebung einleiteten. Zur Erinnerung angebracht und gestiftet von der dankbaren Frankfurter Bürgerschaft am 3. Oktober 2000, dem 10. Jahrestag der deutschen Einheit."

QUELLEN / LITERATUR
Information des Stadtarchivs Frankfurt (Oder).
Frankfurter Stadtbote vom 2.11.2001.
Kusch, Reinhard: Kollaps ohne Agonie, Jacobsdorf 1999.

STANDORT
Brunnenplatz, 15203 Frankfurt (Oder) Frankfurt (Oder) ist über die A 12 sowie die B 112 erreichbar

VERKEHRSANBINDUNG / PKW
Frankfurt (Oder) ist über die A 12 sowie die B 112 erreichbar

Gedenktafel am ehemaligen Gefängnis der Staatssicherheit

Frankfurt (Oder). 1968 entstand als dritter Gefängnisneubau des Ministeriums für Staatssicherheit (MfS) nach der Untersuchungshaftanstalt in ⇨ Rostock und dem Neubau in ⇨Berlin-Hohenschönhausen die Untersuchungshaftanstalt in der damaligen Otto-Grotewohl-Straße 53 (heute Robert-Havemann-Straße 11) in Frankfurt (Oder).Verglichen mit der alten Haftanstalt in der heutigen ⇨Collegienstraße 10 bedeutete der Umzug für die Häftlinge einen Fortschritt: Die Zellen waren mit Toilette, Waschbecken mit warmem und kaltem Wasser sowie besseren Heizungs-, Licht-, und Lüftungsverhältnissen ausgestattet. Gleichzeitig wurde jedoch auch umfangreiche Überwachungstechnik in die Hafträume eingebaut. Die Kapazität der MfS-Untersuchungshaftanstalt war für 142 Häftlinge ausgelegt. Im Höchstfall konnten 420 Häftlinge „verwahrt" werden. Die realen Zahlen lagen jedoch deutlich niedriger. Mitte der achtziger Jahre wurde eine Durchschnittsbelegung von 35 Untersuchungshäftlingen angegeben. Außerdem gab es ein Strafgefangenenarbeitskommando von bis zu 31 Strafgefangenen, das auch für Dienstleistungen innerhalb der Bezirksverwaltung des MfS Frankfurt (Oder) eingesetzt wurde. Die Strafgefangenen arbeiteten in der anstaltseigenen Tischlerei, der Schlosserei, der Wäscherei oder in der Küche.

Seit 1990 wird das Gebäude der Untersuchungshaftanstalt des MfS als Justizvollzugsanstalt mit Untersuchungshaftabteilung genutzt. 1990 fand auf Initiative des Neuen Forums in einer Grünanlage in der heutigen Robert-Havemann-Straße vor dem ehemaligen Gefängnis der Staatssicherheit die Einweihung einer 60 mal 80 cm großen liegenden Gedenkplatte aus rotem Granit statt. Sie trägt die Inschrift: „Den / von / der / Staatssicherheit / Verfolgten / Gefolterten / Gebrochenen / gewidmet. / NEUES FORUM".

QUELLEN / LITERATUR

Ehemalige Untersuchungshaftanstalten des Ministeriums für Staatssicherheit der DDR, Broschüre des LStU, Berlin 2000.,
Kusch, Reinhard: Kollaps ohne Agonie, Jacobsdorf 1999.

ANSCHRIFT

Robert-Havemann-Straße 11, 15236 Frankfurt (Oder)

ANSPRECHPARTNER

Gedenk- und Dokumentationsstätte „Opfer politischer Gewaltherrschaft", Collegienstraße 10, 15230 Frankfurt (Oder), Tel. 03 35 / 223 15

VERKEHRSANBINDUNG

Die Robert-Havemann-Straße verbindet die Leipziger Straße und Am Goltzhorn, Heinrich-Hildebrandt-Straße. Vom Bahnhof aus mit der Straßenbahn 3 oder 4 bis zur Haltestelle Gaststätte Komet, danach drei Minuten Fußweg nach links über die Straße

PKW

Frankfurt (Oder) ist über die A 12 sowie die B 112 erreichbar

Erinnerungszeichen an die friedliche Revolution 1989

Frankfurt (Oder). Seit 1990 steht an der Birkenallee eine fünf Meter hohe Edelstahlskulptur des Bildhauers Christian Röhl mit dem Titel „Revolutionen". Diese Arbeit hatte die Stadt noch vor 1989 in Auftrag gegeben. Die Erfahrung der friedlichen Revolution von 1989 bezog der Künstler in seine Arbeit ein. Zu seiner Skulptur gehören u.a. die Jahreszahlen: „1848 1919 1989".

QUELLEN / LITERATUR
Information des Stadtarchivs Frankfurt (Oder).

STANDORT
Birkenallee, 15236 Frankfurt (Oder), Ortsteil Neuberesinchen

VERKEHRSANBINDUNG
Vom Bahnhof aus fährt man mit der Straßenbahn 1 oder 7 drei Stationen bis zur Haltestelle Einkaufszentrum Hep

PKW
Frankfurt (Oder) ist über die A 12 sowie die B 112 erreichbar

Gedenkstätte zur Erinnerung an das sowjetische Speziallager Nr. 5 Ketschendorf

Fürstenwalde. Im Jahre 1940 ließen die Deutschen Kabelwerke (Deka) in Ketschendorf eine Werkssiedlung errichten. Noch in den letzten Tagen des Krieges Ende April 1945 beschlagnahmte der sowjetische Geheimdienst die Siedlung und richtete das „Speziallager Nr. 5" ein. Die ursprünglich für 500 Menschen gebaute Siedlung belegte man zeitweise mit weit über 9 000 Inhaftierten. Die höchste Anzahl an Gefangenen wurde am 13. November 1945 mit 9 395 Menschen verzeichnet. Die durchschnittliche Belegung betrug ca. 6 700 Personen. Doch diese Zahlen sind unvollständig, da sie nicht die vielen Tausende berücksichtigen, die kurzzeitig für Transporte in die UdSSR in Ketschendorf gesammelt wurden. In den ersten Nachkriegsmonaten lag bis zur Einrichtung des Speziallagers auch ein durchgehendes russisches Breitspurgleis für die Transporte in die Sowjetunion in Ketschendorf.

In den Belegungslisten finden sich die Namen von ca. 500 Mädchen und Frauen, mindestens 1 500 Jugendlichen, 7 000 Männern und etwa 1 500 Russen bzw. Gefangenen anderer Nationalitäten. Die Lebensbedingungen waren katastrophal und menschenunwürdig. Die Gefangenen mussten eng zusammengepfercht vom Keller über Treppen bis zum Dachboden in den verschiedenen Siedlungshäusern auf dem Fußboden kampieren. Erst später wurden mehrstöckige Schlafregale aufgestellt. Durch diese Haftbedingungen, fehlende Hygiene, Ungeziefer, Hunger sowie unzureichende medizinische Versorgung war der Tod vorprogrammiert. Nach Unterlagen des Suchdienstes des Deutschen Roten Kreuzes starben in Ketschendorf etwa 4 560 Menschen, andere Schätzungen gehen von 6 000 Toten aus. Bei der Auflösung des Lagers im März 1947 verlegte man die Gefangenen nach ⇨Sachsenhausen, ⇨Fünfeichen (Neubrandenburg), ⇨Mühlberg, ⇨Jamlitz und ⇨Buchenwald in der SBZ oder direkt in Lager der Sowjetunion. Es wurde kein Gefangener aus dem Lager Ketschendorf entlassen. Mit der Auflösung des Lagers übergab die sowjetische Besatzungsmacht die Gebäude an die Gemeinde Ketschendorf zur zivilen Nutzung.

Im März 1990 bildeten Überlebende des Speziallagers Nr. 5 die Initiativgruppe Internierungslager Ketschendorf. Durch ihr Engagement wurde am 8. Mai 1990 für die Toten des Lagers erstmals eine öffentliche Gedenkfeier mit etwa 2 000 Teilnehmern in Ketschendorf veranstaltet. Am selben Tag kam es zur Einweihung einer kleinen Gedenkstätte außerhalb des ehemaligen Speziallagers Nr. 5, in einem angrenzenden Wäldchen unmittelbar an der heutigen A 12 von Berlin nach Frankfurt (Oder). Fünf Jahre später erfolgte mit Mitteln des Landes Brandenburg und mit Unterstützung des Volksbundes Deutsche Kriegsgräberfürsorge e.V. (VDK) die Umgestaltung der bescheidenen Gedenkstätte in einen Gedenkhain. Auf diesem Gelände wurden zwischen 1945 und 1947 die Verstorbenen des Lagers anfangs in Einzel- oder kleinen Sammelgräbern beigesetzt und später in großen Massengräbern verscharrt. Bei Ausschachtungsarbeiten für Wohnhäuser in den Jahren 1952 und 1953 entdeckte man die Toten. 4 499 Tote wurden exhumiert und auf den Waldfriedhof in ⇨Halbe überführt. Die anonyme Kennzeichnung der Sammelgrabstätten in Halbe konnte nach 1990 aufgehoben werden.

Im Frühjahr und im Herbst finden jährlich Gedenkfeiern statt. Die Gedenkveranstaltung im Frühjahr wird mit einem Gottesdienst in der Kirche von Ketschendorf eingeleitet. Die zweite Gedenkfeier findet aus Anlass des Volkstrauertages statt. Im Stadtmuseum Fürstenwalde können die Videokassette „Jahre des Leidens" und ein Buch über die Geschichte des Lagers (vgl. Literaturhinweis) erworben werden. In der Stadtbibliothek Fürstenwalde am Goetheplatz ist der Besuch einer Gedenkbibliothek zu Ehren der Opfer des Stalinismus möglich.

Zwei Gedenksteine erinnern an die Verstorbenen des Speziallagers Nr. 5 in Ketschendorf. Sie tragen die Inschriften: „Internierungslager Nr. 5 / Ketschendorf / Mai 1945 – Februar 1947 / den Opfern / zum Gedenken / den Lebenden zur Mahnung".
„Wisst Ihr, wo unsre Toten liegen / Im Wäldchen unter grauen Hügeln / ruhen sie aus von allem Leid / ohne Sarg und ohne Kleid. / Bald wird der Wind Eure Gräber verwehn. / Eure Namen in unserem Gedächtnis stehn. / Ketschendorfer Lagergedicht / -Auszüge- / Verfasser unbekannt".

QUELLEN / LITERATUR
Lipinsky, Renate/ Jan Lipinsky: Die Straße, die in den Tod führte. Zur Geschichte des Speziallagers Nr. 5 Ketschendorf/Fürstenwalde, hrsg. von der Initiativgruppe Internierungslager Ketschendorf e.V., Speziallager Nr. 5, 2. Aufl., Leverkusen 1999.

STANDORT
Gedenkstätte Speziallager Nr. 5, Reifenwerkssiedlung an der A 12, 15517 Fürstenwalde

ANSPRECHPARTNER
Initiativgruppe Internierungslager Ketschendorf e.V., Speziallager Nr. 5, Stadtmuseum, Mühlenstraße 26, 15517 Fürstenwalde, Tel. 03361 / 307873

ÖFFNUNGSZEITEN
Die Gedenkstätte ist jederzeit zugänglich; Führungen nach Anmeldung und Absprache. Weitere Informationen bietet das Stadtmuseum in Fürstenwalde, Domstraße 1, 15517 Fürstenwalde; Öffnungszeiten: dienstags bis freitags und sonntags von 9 bis 12 und von 13 bis 16 Uhr

VERKEHRSANBINDUNG
Vom Bahnhof mit dem Bus in Richtung Fürstenwalde-Süd Reifensiedlung

PKW
A 12 Berlin-Frankfurt (Oder), Abfahrt Fürstenwalde. Die Anfahrt zur Gedenkstätte ist durch Hinweisschilder „Kriegsgräberstätte-Internierungslager" in Fürstenwalde-Süd gekennzeichnet

Gedenktafel für die Opfer des Speziallagers Nr. 5 Ketschendorf

Fürstenwalde. Aus Anlass der 14. Gedenkveranstaltung für die Opfer des Speziallagers ⇨Ketschendorf wurde am 3. Mai 2003 eine Tafel an der Martin-Luther-Kirche in Fürstenwalde angebracht. Durch ihr Glockengeläut, das bis in das Lager hinein vernehmbar war, hatte diese Kirche eine besondere Bedeutung für die Häftlinge. Die hölzerne Tafel trägt als Inschrift das „Vater Unser" in Kreuzform, umgeben von einem weiteren Text folgenden Inhalts:

„Krieg soll / nach Gottes / Willen / nicht sein / 1914-1918 / 1933-1939 / 1939-1945 / 1945-1947 / Verfolgt / gefangen / interniert / gefallen / ausgebombt / ermordet / verhungert / vertrieben / heimatlos / verloren / verlassen / verwaist / vermisst / ausgelöscht / euthanisiert / vergewaltigt / gedemütigt / beleidigt / belogen / verführt / denunziert / verurteilt / gebrochen

Wir gedenken / der Opfer von / Krieg und / Gewalt in der / Hoffnung auf / Frieden und / Versöhnung / Internierungslager / Ketschendorf: / Speziallager 5 des / NKWD Volkskommis / sariat für Innere / Angelegenheiten / der Sowjetunion. / Errichtet im Mai / 1945 in der Deka / Reifenwerksiedlung. Aufgelöst im / Mai 1947. 10 500 / Menschen werden / ohne Urteil / inhaftiert. 4 560 / sterben durch / menschenun / würdige Verhält / nisse. 4 500 werden / 1953 aus den / Massengräbern / exhumiert und / umgebettet auf / den Waldfriedhof / Halbe.

Herr, erhebe dein Angesicht über uns / und gib uns Frieden."

STANDORT
Martin-Luther-Kirche, Schillerstrasse 10,
15517 Fürstenwalde

VERKEHRSANBINDUNG / PKW
A 12 Berlin-Frankfurt (Oder), Abfahrt Fürstenwalde

Gedenktafel für die Opfer des NKWD

Fürstenwalde. Die Villa in der heutigen Dr.-Wilhelm-Külz-Straße 7 wurde 1945 von der Sowjetischen Militäradministration beschlagnahmt. Im Keller dieses Hauses unterhielt die sowjetische Geheimpolizei NKWD von Juni 1948 bis September 1949 ein Gefängnis („GPU-Keller"), in dem etwa 400 Verhaftete aus Fürstenwalde und Umgebung eingesperrt waren. Die meisten waren Kaufleute und Kleinunternehmer, Bauern sowie aus westlicher Kriegsgefangenschaft entlassene Soldaten. Denunziert und beschuldigt, der sowjetischen Besatzungsmacht ablehnend gegenüberzustehen, wurden sie willkürlich verhaftet. Von hier aus gelangten sie, meist über das Gefängnis ⇨Potsdam-Lindenstraße, in die sowjetischen Speziallager. Von 1949 bis zum Ende der DDR diente das heute leerstehende Haus der Stadtverwaltung.

Im Juni 1993 hat die Stadtverwaltung auf Initiative des ehemaligen Gefangenen Joseph Seemann, der zwischen 1949 und 1956 in ⇨Bautzen, ⇨Torgau und ⇨Buchenwald inhaftiert war, eine Gedenktafel angebracht mit der Inschrift: „Dem Andenken der Opfer stalinistischer Gewaltherrschaft, / die im Keller dieses Hauses zwischen 1947 und 1950 / durch die sowjetische politische Verwaltung inhaftiert wurden. / Von hier kamen sie in Zuchthäuser wie Bautzen, Torgau und Waldheim."

QUELLEN / LITERATUR
Information des Zeitzeugen Joseph Seemann.

STANDORT
Dr.-Wilhelm-Külz-Straße 7, 15517 Fürstenwalde

VERKEHRSANBINDUNG
Vom Bahnhof aus sind es wenige Minuten Fußweg in südlicher Richtung durch die Karl-Marx-Straße bis zur Dr.-Wilhelm-Külz-Straße. Diese führt am zentral gelegenen Ottomar-Geschke-Platz vorbei. Von dort sind es zwei Minuten Fußweg in westlicher Richtung zum Haus Nr. 7

Gedenktafel für Robert Havemann

Grünheide. Robert Havemann (1910-1982) wurde in den sechziger Jahren zum bedeutendsten und bekanntesten Systemkritiker in der DDR. Vor allem angeregt durch die Abrechnung mit Stalin auf dem XX. Parteitag der KPdSU 1956 äußerte der Naturwissenschaftler mehrfach seine grundsätzliche marxistische Kritik an den politischen Verhältnissen in der DDR und sprach sich gegen die Bevormundung der Wissenschaft aus. Seine Kritik führte 1964 zum Ausschluss aus der SED und zur fristlosen Kündigung durch die ⇨Humboldt-Universität zu Berlin. Zwei Jahre später folgte die Entlassung durch die Deutsche Akademie der Wissenschaften. Zudem wurde er als korrespondierendes Mitglied der Akademie statutenwidrig gestrichen. Bis zu seinem Tod am 9. April 1982 in Grünheide hatte Robert Havemann faktisch Berufsverbot und wurde vom MfS perm anent überwacht. Zwischen November 1976 und Mai 1978 stellte man ihn aufgrund seiner Kritik an der Ausbürgerung Wolf Biermanns unter Hausarrest.

Der am 11. März 1910 in München geborene Robert Havemann entstammte bürgerlichen Verhältnissen. Er studierte zwischen 1929 und 1933 Chemie in München und Berlin und betätigte sich frühzeitig politisch. 1932 trat er der KPD bei. Nach 1933 beteiligte sich der Wissenschaftler aktiv am Widerstand gegen das NS-Regime. Im September 1943 wurde er von der Gestapo verhaftet und in einem Hochverratsprozess durch den Volksgerichtshof zum Tode verurteilt. Robert Havemann hatte sich bis zu seiner Verhaftung mit kriegswichtigen Forschungen befasst. Die Nazis schoben deshalb die Vollstreckung des Todesurteils immer wieder auf, da er im Zuchthaus Brandenburg in einem speziell für ihn eingerichteten Labor weiter an Forschungen über Giftgasverbindungen für das Heereswaffenamt arbeitete. Das rettete ihm das Leben.

Robert Havemann setzte sich nach 1945 mit ganzer Kraft für die Sache des Sozialismus ein. In den Anfangsjahren der DDR wurde der Wissenschaftler, wie er in seiner Autobiographie erklärte, zum Stalinisten. Doch der Aufstand vom 17. Juni 1953 und die Abrechnung Chrustschows mit Stalin 1956 sowie die blutige Niederschlagung des Ungarn-Aufstandes im gleichen Jahr leiteten bei Havemann einen tiefen Wandlungsprozess in seinen politischen Ansichten ein. Der Wissenschaftler wurde mit seinen Vorlesungen zu naturwissenschaftlichen Aspekten philosophischer Probleme seit 1960 für viele Studenten und junge Wissenschaftler zu einer Art Leitfigur. Im Wintersemester 1963/64 zählten seine Lehrveranstaltungen über 1 000 Hörer. Für die junge akademische Generation waren seine Ansichten ein intellektuelles Ventil gegen die politischen Verhältnisse in der DDR. Der Konflikt mit der SED-Führung war vorprogrammiert.

Anlässlich des zehnten Jahrestages des Mauerfalls wurde Robert Havemann 1999 postum die Ehrenbürgerschaft der Gemeinde Grünheide verliehen. Ihm zu Ehren wurde am 11. März 2000 an der alten Schule eine Gedenktafel enthüllt. Die Inschrift lautet: „Seit dem 11. März 1990 trägt unsere alte Schule den Namen / „Robert Havemann Klubhaus“ / Wir Grünheider Bürger ehren mit dieser Namensverleihung / Professor Dr. Robert Havemann / der von 1964 bis zu seinem Tode / in der Alt-Buchhorster Burgwallstraße lebte. / Sein Grab befindet sich auf dem Grünheider Waldfriedhof.“

QUELLEN / LITERATUR

Hoffmann, Dieter: Der Physikochemiker Robert Havemann (1910-1982) – eine deutsche Biographie, in: Hoffmann, Dieter / Kristie Macrakis (Hrsg.): Naturwissenschaft und Technik in der DDR, Berlin 1997.
Havemann, Katja / Joachim Widmann: Robert Havemann oder wie die DDR sich erledigte, München 2003.

STANDORT

„Robert Havemann Klubhaus“, An der alten Schule 2
15537 Grünheide

VERKEHRSANBINDUNG

Mit der Regionalbahn bis Erkner und dann mit dem Bus, Haltestelle Schlangenlurch

PKW

Über den östlichen Berliner Ring, Abfahrt Erkner in Richtung Grünheide

Gedenktafel für die Opfer des NKWD

Guben. Nach der Besetzung Gubens durch die Rote Armee wurden das Mietshaus in der Mittelstraße 12 zwischen 1945 und 1949 als Kommandantur des NKWD und dessen Keller als Untersuchungsgefängnis („GPU-Keller“) genutzt. Ein zwei Meter hoher Bretterzaun umfasste das ganze Terrain der Mittelstraße zwischen Grünstraße und der Auffahrt zum Bahnhofsberg. In den einzelnen Häusern wohnten sowjetische Offiziere und Soldaten. Die Gubener NKWD-Kommandantur in der Mittelstraße war zentrale Erfassungsstelle für die Region. Auch in der Stadt Guben und in der Umgebung verhaftete die sowjetische Geheimpolizei willkürlich Personen und sperrte sie in diese Gefängniskeller ein. Dazu zählten u. a. auch zahlreiche Jugendliche, die unter „Werwolf-Verdacht“ geraten waren. Die Festgenommenen wurden einzeln und überwiegend nachts mit großer Brutalität verhört. Am Ende hat man sie zur Unterschrift unter ein auf Russisch abgefasstes Vernehmungsprotokoll gezwungen, in dem sie sich zu aufgebauschten oder frei erfundenen Straftaten bekennen mussten. Damit begann ihr leidvoller Weg durch verschiedene Gefängnisse und Speziallager. Das Areal des NKWD in

Guben war vermutlich noch bis 1954 durch einen Bretterzaun von der Außenwelt abgeschirmt.

1998 wurde an dem Mietshaus in der Mittelstraße 12 auf Initiative des Geschichtslehrers Andreas Peter in Zusammenarbeit mit der Stadtverwaltung und der Vereinigung der Opfer des Stalinismus (VOS) eine Gedenktafel angebracht. Die Inschrift lautet: „Den Opfern des Stalinismus! / In diesem Gebäude befand sich nach dem 2. Weltkrieg / bis 1950 die Kommandantur der sowjetischen Geheimpolizei. / Hier begann auch für viele Unschuldige – oft nach / Mißhandlungen – ein leidvoller Weg in sowjetische / Lager, der nicht wenige das Leben kostete."

QUELLEN / LITERATUR
Peter, Andreas (Hrsg.): Guben 1945/46. Berichte – Dokumente – Diskussionen, Guben 1997.

STANDORT
Mittelstraße 12, 03712 Guben

VERKEHRSANBINDUNG
Vom Bahnhof zur Mittelstraße etwa 300 Meter Fußweg in Richtung Stadtkern

PKW
Über die B 112 und die B 97

Grabanlage und Gedenkstein für die Opfer des Speziallagers Ketschendorf

Halbe. In Halbe, 40 Kilometer südöstlich von Berlin, befindet sich eine der größten deutschen Kriegsgräberstätten des Zweiten Weltkrieges. Mit der Anlage des Waldfriedhofs begann das Land Brandenburg im September 1951. Bis dahin waren die notdürftigen Gräber der Menschen, die in der letzten Kesselschlacht um Berlin im April 1945 umgekommen waren, über Gärten, Straßenränder und Feldraine in der Umgebung Halbes verteilt. Neben Angehörigen der deutschen Wehrmacht, der Waffen-SS und anderer militärischer Formationen liegen auf dem Waldfriedhof unzählige Flüchtlinge und Zivilisten, die in die Kämpfe der letzten Kriegswochen hineingeraten waren. Zu den mehr als 22 000 Toten, die hier begraben wurden, gehören auch von der Wehrmachtsjustiz als „Wehrkraftzersetzer" und Deserteure verurteilte und hingerichtete Soldaten sowie ukrainische Zwangsarbeiterinnen und Zwangsarbeiter, die während der Kriegsjahre in den umliegenden Gemeinden ausgebeutet wurden und an den Folgen von Hunger und Entkräftung starben.

Auf den Grabfeldern IX bis XI des Zentralwaldfriedhofes Halbe wurden 4 500 Frauen und Männer bestattet, die im sowjetischen Speziallager ⇨ Ketschendorf zwischen 1945 und 1947 ihr Leben ließen. Der Ort Ketschendorf ist seit der Eingemeindung nach Fürstenwalde 1950 von der Landkarte verschwunden. Bei Ausschachtungsarbeiten für den Bau von Wohnhäusern in der Reifenwerkssiedlung fand man 1952/53 die Toten des Lagers Ketschendorf in Massengräbern. Sie wurden exhumiert. Dank des Engagements des Ortspfarrers Ernst Teichmann, der als Initiator für die Schaffung des Waldfriedhofes in Halbe anzusehen ist, fanden die namenlosen Opfer des NKWD-Speziallagers Nr. 5 in Sammelgräbern ihre letzte Ruhestätte.

Im März 1990 bildete sich aus Überlebenden des Lagers die Initiativgruppe Internierungslager Ketschendorf. Sie organisiert seitdem jährliche Gedenkfeiern am Totensonntag. 1991 wurde mit Unterstützung des Volksbundes Deutsche Kriegsgräberfürsorge e.V. (VDK) ein Gedenkstein mit einer Bronzeplatte eingeweiht, auf der die wahre Herkunft der Toten des Speziallagers Nr. 5 angegeben ist. Die Inschrift des Gedenksteines lautet: „In 26 Sammelgräbern ruhen hier / Opfer des Internierungslagers / Ketschendorf 1945-1947 / (NKWD-Lager Nr.5) / Nach Exhumierung umgebettet 1952 / unvergessen".

STANDORT
Zentralwaldfriedhof Halbe, Grabfelder IX bis XI
15757 Halbe

ANSPRECHPARTNER
Initiativgruppe Internierungslager Ketschendorf e.V., Speziallager Nr. 5, Geschäftsstelle Mühlenstr. 26 (Stadtmuseum), 15517 Fürstenwalde, Tel. 03361 / 307873

ÖFFNUNGSZEITEN
Der Zentralwaldfriedhof ist jederzeit zugänglich. Führungen sind nach Anmeldung und Absprache mit der Initiativgruppe Internierungslager Ketschendorf e.V. möglich. Die Berlin-Brandenburgische Geschichtswerkstatt e.V. bietet für angemeldete Besuchergruppen Workshops für Jugendliche, Projektwochen für Schüler und Fortbildungsveranstaltungen für Lehrer sowie Filmvorführungen und Zeitzeugengespräche

VERKEHRSANBINDUNG / PKW
A 13 Berlin-Cottbus, Abfahrt Teupitz; in Halbe ist der Weg zum Friedhof ausgeschildert

Museum im ehemaligen Grenzturm

Hennigsdorf. Am östlichen Ufer der Havel liegt das zum früheren West-Berlin gehörende Heiligensee, am westlichen der zu Hennigsdorf (ehemals DDR) gehörende Ortsteil Nieder Neuendorf. Da die Havel hier besonders schmal ist, gab es zwischen 1961 und 1989 mehrere Fluchtversuche.

Am 9. November 1999, zum zehnten Jahrestag des Mauerfalls, wurde an der Uferpromenade in einem ehemaligen Grenzturm ein Museum eröffnet. Darin befindet sich eine Ausstellung über die deutsche Teilung, den Grenzalltag, den Aufbau der Sperranlagen und eine Dokumentation verschiedener Fluchtversuche. Der Turm ist eine von drei erhaltenen ehemaligen Führungsstellen der Grenztruppen. Fast alle 302 Grenztürme entlang der 155 km langen Grenzsicherungslinie rund um West-Berlin sind beseitigt worden.

STANDORT
Ortsteil Nieder Neuendorf, Dorfstraße
16761 Hennigsdorf

ANSPRECHPARTNER
Stadtverwaltung Hennigsdorf, Neuendorfer Str.23a,
16761 Hennigsdorf, Tel. 03302/877-0

ÖFFNUNGSZEITEN
von April bis Ende Oktober dienstags, donnerstags, freitags und sonntags von 10 bis 18 Uhr; mittwochs und samstags von 14 bis 18 Uhr

VERKEHRSANBINDUNG
Vom S-Bahnhof Berlin-Spandau bzw. Hennigsdorf mit dem Bus 136 bis Nieder Neuendorf

PKW
Hennigsdorf liegt an der A 111 Richtung Berlin

Gedenkstätte Waldfriedhof und Dokumentationsstätte Sowjetisches Speziallager Nr. 6 Jamlitz 1945-1947

Jamlitz. Im September 1945 verlegte das sowjetische NKWD/MWD das „Speziallager Nr. 6" aus dem östlich der Oder gelegenen Teil von Frankfurt (Oder), heute Slubice, nach Jamlitz, da das Gebiet östlich der Oder unter polnische Verwaltung kam. Man verwendete die zurückgelassenen Baracken eines Außenlagers des Konzentrationslagers ⇨Sachsenhausen, das unter dem Namen „Arbeitslager Lieberose" von November 1943 bis Februar 1945 existiert hatte. 577 Gebeine der etwa 1 200 Anfang Februar 1945 im Zusammenhang mit der Auflösung des Lagers ermordeten vor allem jüdischen Häftlinge dieses KZ-Außenlagers wurden 1971 in einem Massengrab in der Nähe des Dorfes Staakow gefunden.

Bis Mitte Oktober 1945 kamen nach Fußmärschen aus Frankfurt (Oder) etwa 3 500 Häftlinge des NKWD im Speziallager Jamlitz an, Männer und Frauen, unter „Werwolf"-Verdacht festgenommene Jugendliche, vereinzelt auch Kinder. Sie waren wegen ihrer tatsächlichen oder vermeintlichen Nähe zu den Nationalsozialisten und auf Grund von Denunziationen festgenommen worden. Unter ihnen befanden sich neben NS-Funktionsträgern auch Mitläufer und Unschuldige, sogar ausgewiesene Gegner des Nationalsozialismus, unter ihnen Männer des 20. Juli 1944 wie Justus Delbrück und Ulrich Freiherr von Sell, die beide in Jamlitz starben, oder der ehemalige Buchenwald-Häftling Georg Krausz, ein Kommunist jüdischer Herkunft, sowie Personen, denen man Opposition zur sowjetischen Besatzung unterstellte.

Die sowjetische Lagerleitung ordnete in den Speziallagern den Aufbau einer „kulturellen Sektion“, kurz „Kultura“ genannt, an. Die Theatergruppe im Lager Jamlitz wurde von dem Schauspieler und Regisseur Gustaf Gründgens bis zu seiner Entlassung im März 1946 geleitet. Er blieb wegen seines Verhaltens während der Zeit des Nationalsozialismus nicht unumstritten.

Bis zur Auflösung des Lagers im April 1947 durchliefen insgesamt 10 213 Gefangene das „Speziallager Nr. 6“ in Jamlitz. Mindestens 3 154 Insassen starben an den unmenschlichen Haftbedingungen, an Hunger und Krankheiten, die durch die schlechten hygienischen Verhältnisse im Lager ausgelöst wurden.

Im Frühjahr 1947 brachte man über 300 Häftlinge in das „Speziallager Nr. 5“ nach ⇨Ketschendorf und deportierte sie von dort in die Sowjetunion. Die restlichen Gefangenen wurden in andere Speziallager verlegt, etwa 2200 in das „Speziallager Nr. 1“ nach ⇨Mühlberg und etwa 4000 in das „Speziallager Nr. 2“ nach ⇨Buchenwald. Auf diesen Transporten gab es weitere Tote. Die Baracken des Lagers Jamlitz hat die Rote Armee ab September 1947 abgebaut. In den 1950er Jahren wurde ein Großteil des Geländes mit Einfamilienhäusern bebaut. Während für das KZ-Außenlager im Nachbarort Lieberose ein Mahnmal errichtet wurde (1971/1973, nachdem 577 Tote dieses Lagers aufgefunden und eingeäschert worden waren), blieb die Erinnerung an das „Speziallager Nr. 6“ in der DDR ein Tabu.

Seit 1990 wird die Geschichte dieses Speziallagers erforscht und der Toten gedacht. Dies geschieht vor allem durch die Initiativgruppe Internierungslager Jamlitz e. V., einem Zusammenschluss ehemaliger Häftlinge und ihrer Angehörigen. Vermutete und nachgewiesene Massengräber nordöstlich und östlich des Lagers, am Splaugraben und am unteren Schneidemühlenteich und nahe der B 320 Richtung Guben, wurden von der Gemeinde Jamlitz auf Anregung von Betroffenen gekennzeichnet. Es entstanden Holzkreuze und Gedenktafeln. Am ehemaligen Lagereingang hat man 1993 einen Findling aufgestellt, der die Inschrift trägt: „Internierungs- / Lager/ Jamlitz/ 1945-1947“. Dieser Stein sowie ein Gedenkstein für das KZ-Außenlager Lieberose wurden im Jahre 2003 im Zusammenhang mit der Ansiedlung von Freiluftausstellungen auf dem Lagergelände an die jeweiligen Gedenkstätten in Jamlitz und Lieberose umgesetzt. Bei Suchgrabungen des Volksbundes Deutsche Kriegsgräberfürsorge (VDK) nach 1990 fand man die Überreste von mehr als 30 Menschen, deren Asche jetzt in Urnen auf dem Friedhof von Jamlitz beigesetzt ist. Im September 1995 wurde am Ortsausgang Jamlitz in Richtung Guben nahe der B 320 unter großer öffentlicher Anteilnahme die ⇨ „Gedenkstätte Waldfriedhof" eingeweiht.

1999 beschlossen die Initiativgruppe Internierungslager Jamlitz e.V., die Stiftung Brandenburgische Gedenkstätten, der Zentralrat der Juden in Deutschland und die Evangelische Kirchengemeinde Lieberose, am Ort der beiden Lager in Jamlitz einen Lern- und Gedenkort zu gestalten. In Trägerschaft der Evangelischen Kirchengemeinde Lieberose und des Landes wurde eine Dokumentations- und Begegnungsstätte mit Archiv in zwei Realisierungsphasen geplant. Zwei voneinander getrennte Freilichtausstellungen als Dokumentationsstätten im nördlichen Teil des Lagergeländes wurden am 22. Juni 2003 eröffnet. In der zweiten Phase soll ein Funktionsgebäude für die Aufbewahrung der Dokumentensammlungen und für die pädagogische Arbeit errichtet werden.

In der „Gedenkstätte Waldfriedhof" erhebt sich ein großes Holzkreuz über einem Gedenkstein mit der Inschrift: „Den Opfern / von Terror / und Gewalt / Internierungslager Jamlitz / 1945-1947".
Auf dem Gedenkstein auf dem Friedhof von Jamlitz steht: „Zum Gedenken / der Opfer von Gewalt und Terror / Internierungslager Jamlitz / 1945-1947".

QUELLEN / LITERATUR
Weigelt, Andreas: Umschulungslager existieren nicht. Zur Geschichte des sowjetischen Speziallagers Nr. 6 in Jamlitz 1945-1947, hrsg. von der Brandenburgischen Landeszentrale für politische Bildung und der Stiftung zur Aufarbeitung der SED-Diktatur, Potsdam 2001.

STANDORT
15869 Jamlitz, Landkreis Dahme-Spreewald

ANSPRECHPARTNER
Andreas Weigelt, Evangelische Kirchengemeinde Lieberose und Land, Am Markt 19, 15868 Lieberose, Tel. 03 36 71 / 26 82, E-mail: info@die-lager-jamlitz.de, www.die-lager-jamlitz.de. Evangelische Kirchengemeinde Lieberose und Land, Pfarramt, Am Markt 19, 15868 Lieberose, Tel. 033671 / 21 40
Initiativgruppe Internierungslager Jamlitz e. V., über Gerhard Käppler, Hauptstraße 53, 15907 Lübben, Tel. 03546 / 18 00 74

VERKEHRSANBINDUNG
Deutsche Bahn bis Beeskow, dann weiter mit dem Bus nach Jamlitz

PKW
„Gedenkstätte Waldfriedhof" am Ortsausgang Jamlitz in Richtung Guben (hinter der Eisenbahnbrücke) an der B 320, Parkplatz und Gedenkfriedhof sind ausgeschildert. Dokumentationsstätte Sowjetisches Speziallager Nr. 6 Jamlitz 1945-1947, am Ende des Kiefernwegs, der von der Hauptstraße abgeht, ist ausgeschildert

Gedenkstein für die Opfer der deutschen Teilung

Kleinmachnow. Die Berliner Mauer teilte nicht nur eine Stadt, sondern schnitt den Westteil Berlins auch vom Umland ab. So gab es mehr als 28 Jahre lang keinen Weg zwischen dem brandenburgischen Ort Kleinmachnow und Berlin. Unmittelbar an der Stadtgrenze zwischen Kleinmachnow und dem Bezirk Steglitz-Zehlendorf wurde am 13. August 2001 anlässlich des 40. Jahrestages des Mauerbaus ein Gedenkstein eingeweiht. Die Initiative dafür hatte die Gemeindevertretung Kleinmachnows ergriffen und öffentlich zu Spenden aufgefordert. Die Gestaltung des Steins und der Inschrift übernahm der Bildhauer Wilfried Statt aus dem brandenburgischen Stahnsdorf. Die Teilung wird auch auf dem Stein symbolisiert: Eine hervorstehende Gesteinsfalte trennt die einzelnen Worte bzw. geht mitten durch das Wort Deutschland und dient auch als Trennungsstrich für die Jahreszahlen 1949 und 1989. Inschrift des Gedenksteins: „Den / Opfern / der / Teilung / Deutschlands / 1949 1989“.

STANDORT
Adam-Kuckhoff-Platz, 14532 Kleinmachnow

VERKEHRSANBINDUNG
Deutsche Bahn bis Berlin-Wannsee, dann weiter mit dem Bus nach Kleinmachnow

PKW
A 115 bis Spanische Allee, Richtung Kleinmachnow

Gedenktafel für die Opfer stalinistischer Willkür

Krumbeck. 1946 verhaftete die sowjetische Geheimpolizei NKWD alle männlichen Jugendlichen des kleinen Dorfes Krumbeck. Die acht Jungen, von denen der jüngste gerade zwölf Jahre alt war, waren beschuldigt worden, der „Werwolf“-Organisation anzugehören. Sie wurden in die sowjetischen Speziallager ⇨Fünfeichen, ⇨Sachsenhausen und ⇨Buchenwald verbracht. Erst 1950 kehrten die jungen Männer aus Krumbeck zurück, einer war im Speziallager Buchenwald gestorben.

Auf Initiative von Heinz Martini, der 1946 im Alter von 15 Jahren in das Speziallager Sachsenhausen kam, wurde 1992 eine Mahntafel aus Marmor errichtet. Diese befindet sich in einer kleinen, von einem Ziergitter umgebenen Anlage auf dem Friedhof und trägt die Inschrift: „Den Opfern / stalinistischer Willkür / 1945-1950“.

QUELLEN / LITERATUR
Prieß, Benno: Erschossen im Morgengrauen, Calw 1999

STANDORT
Friedhof Krumbeck, 16949 Krumbeck

VERKEHRSANBINDUNG
Mit der Deutschen Bahn nach Putlitz oder Pritzwalk, dann weiter mit dem Bus nach Krumbeck

PKW
A 24 Berlin-Hamburg, Abfahrt Suckow in Richtung Putlitz, von dort ein Kilometer bis Krumbeck (Ortsteil der Gemeinde Nettelbeck)

Gedenkstein für Grenzopfer

Lanz. Die innerdeutsche Grenze zwischen Ost und West war 1381 Kilometer lang. Über 94 Kilometer, zwischen Lauenburg (West) und Lütkenwisch (Ost), war die Elbe der Grenzfluss zwischen beiden Teilen Deutschlands. Beim Versuch, über die Elbe zu flüchten, verloren zwischen 1961 und 1989 Dutzende DDR-Bürger ihr Leben. Allein im Kreis Lüchow/Dannenberg sind 26 Frauen und Männer registriert. Oft wurden sie von DDR-Grenzposten bewusst mit Booten überfahren und von den Schiffsschrauben tödlich verletzt.

Auf Initiative des Pfarrers Winter setzte die 30 Einwohner zählende Gemeinde Lütkenwisch diesen Opfern ein Denkmal, das aus privaten Spenden finanziert werden konnte. Auf einen Feldstein mit einer Inschriftentafel wurde eine Schiffsschraube montiert. Der Stein steht in Ortshöhe direkt auf dem Elbdeich und trägt die Inschrift: „1999 / Den Grenzopfern / der Elbe / 1961-1989“.

QUELLEN / LITERATUR
Ritter, Jürgen / Peter Joachim Lapp: Die Grenze. Ein deutsches Bauwerk, Berlin 1997.

STANDORT
Ortsteil Lütkenwisch, 19309 Lanz

VERKEHRSANBINDUNG
Mit der Deutschen Bahn nach Wittenberge, dann weiter mit dem Bus nach Lanz-Lütkenwisch

PKW
Lütkenwisch liegt an der L 121 zwischen Lanz und Schnackenburg

Gedenktafel für die Opfer stalinistisch-kommunistischer Gewaltherrschaft

Lübben. In der Paul-Gerhardt-Straße 2 befindet sich das heute wieder von der Evangelischen Kirche Berlin-Brandenburg genutzte und nach einem für die Gemeinde Lübben bedeutsamen Pfarrer, Richard Raabe (1880-1968), benannte Haus. Es wurde 1908 von den Ständen des Markgrafentums Niederlausitz als Vicegeneralsuperintendentur erbaut und diente den Inhabern dieses Amtes bis 1941 als Dienstwohnung. 1941 musste die Kirche unter dem

Druck der NSDAP und ihres Kreisleiters das Gebäude abtreten. Bis zum Ende des Zweiten Weltkrieges stand es dem Reichsarbeitsdienst zur Verfügung.

1945 beschlagnahmte die sowjetische Besatzungsmacht das Haus; der Geheimdienst NKWD zog hier ein. In dieser Zeit wurden die Keller zum Zellentrakt ausgebaut. Jugendliche, Frauen und Männer wurden hier bis zum Weitertransport in eines der sowjetischen Speziallager inhaftiert. Wie an vielen anderen Orten ging die Besatzungsmacht unter dem Deckmantel der Entnazifizierung mit großer Willkür auch gegen Unschuldige und gegen Gegner der politischen Verhältnisse in der SBZ vor. Die Gefängnisse des NKWD waren für viele Verhaftete die erste Station auf ihrem Leidensweg durch die sowjetischen Speziallager. Nachdem im April 1950 die Dienststelle des NKWD nach ⇨Luckau verlegt worden war, befand sich kurzfristig die SED-Kreisleitung in dem Haus. Anschließend wurde es bis zum Ende der DDR 1989 vom Ministerium für Staatssicherheit (MfS) als Kreisdienststelle genutzt. Diese erweiterte das Gebäude um die Häuser 3 und 4 und baute es mit enormer Sicherheitstechnik aus.

Nach der Auflösung des MfS machte die Kirche ihre Eigentumsansprüche geltend und erhielt das Gebäude 1993 zurück. Im Zusammenwirken mit der Initiativgruppe Internierungslager ⇨Jamlitz e.V. wurde am 5. April 1998 eine Gedenktafel am Haus angebracht mit der Inschrift: „In diesem Hause wurden Opfer / stalinistisch-kommunistischer / Gewaltherrschaft / 1945 – 1989 / gedemütigt und gefoltert. / ‚Ich weiss, dass mein Erlöser lebt.' / Hiob 19,25".

QUELLEN / LITERATUR
Information der Superintendentur des Evangelischen Kirchenkreises Lübben.

STANDORT
Richard-Raabe-Haus, Paul-Gerhardt-Straße 2, 15907 Lübben

VERKEHRSANBINDUNG / PKW
A 13, von Autobahnanschlussstelle Freiwalde auf die B 115 bis Lübben

Gedenktafel für die Opfer sowjetischer Willkürjustiz

Luckau. Am 8. September 2002 wurde auf Initiative der Arbeitsgemeinschaft Lager Sachsenhausen 1945-1950 e.V. an der Mauer der Justizvollzugsanstalt Luckau eine Gedenktafel aus Bronze zur Erinnerung an die rund 800 Häftlinge eingeweiht, die nach der Auflösung des Speziallagers ⇨Sachsenhausen in das Zuchthaus Luckau transportiert wurden. Von Januar bis März 1950 wurden ca. 10 500 Verurteilte Sowjetischer Militärtribunale an die Deu-

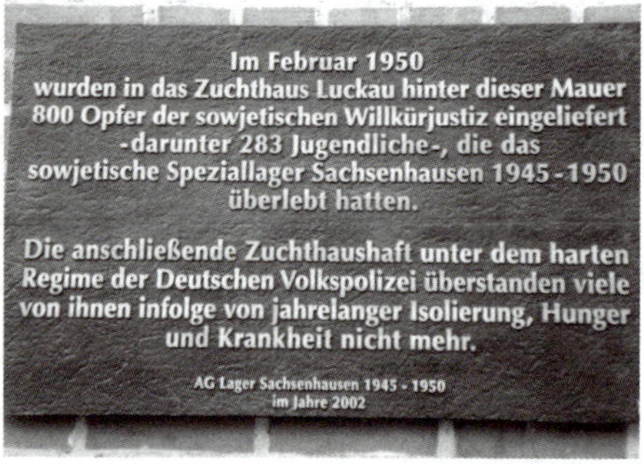

tsche Volkspolizei übergeben und in Zuchthäuser der DDR verbracht. Die Gefangenen befanden sich in einem sehr schlechten Gesundheitszustand, so dass viele von ihnen besonders in den ersten Monaten ihrer weiteren Haftzeit aufgrund der katastrophalen Haftbedingungen starben. Die meisten SMT-Verurteilten wurden im Laufe der fünfziger Jahre aus der Haft entlassen. Ab 1953 gab es mehrere Amnestien; zu den letzten Gruppenamnestien kam es 1960 und 1964.

Die Gedenktafel trägt die Inschrift: „Im Februar 1950 / wurden in das Zuchthaus Luckau hinter dieser Mauer / 800 Opfer der sowjetischen Willkürjustiz eingeliefert / – darunter 283 Jugendliche –, die das / sowjetische Speziallager Sachsenhausen 1945-1950 / überlebt hatten. / Die anschließende Zuchthaushaft unter dem harten / Regime der Deutschen Volkspolizei überstanden viele / von ihnen infolge von jahrelanger Isolierung, Hunger / und Krankheit nicht mehr. / AG Lager Sachsenhausen 1945-1950 / im Jahre 2002."

QUELLEN / LITERATUR
Michael Buddrus: „... im Allgemeinen ohne besondere Vorkommnisse". Dokumente zur Situation des Strafvollzugs der DDR nach Auflösung der sowjetischen Internierungslager 1949-1951, in: Deutschland Archiv 1/1996, S. 10-33. Der Stacheldraht 8/2002.

STANDORT
Karl-Liebknecht-Straße 1, 15926 Luckau

VERKEHRSANBINDUNG
Deutsche Bahn bis Luckau-Uckro oder Lübben, dann weiter mit dem Bus nach Luckau

PKW
B 87 / B 102 / B 96 bis Luckau

Gedenktafel für die Opfer des NKWD

Luckenwalde. Am Grundstück Burg 29a, einer Villa, die heute leer steht und bis vor kurzem als Kindergarten diente, wurde am 28. September 1991 von der Stadt Luckenwalde auf Initiative von Opfern stalinistischer Verfolgung, insbesondere des Luckenwalder Bürgers Arno Walter, eine Gedenktafel eingeweiht. An diesem Ort residierte nach 1945 der sowjetische Geheimdienst NKWD, der im Kellergeschoss Zellen eingerichtet hatte („GPU-Keller").

Arno Walter war 1945 16 Jahre alt. Unter „Werwolf"-Verdacht wurde er in diesem GPU-Keller inhaftiert und in die Speziallager ⇨Fünfeichen und ⇨Ketschendorf deportiert. Schätzungen gehen davon aus, dass insgesamt etwa 1 000 vom NKWD Verhaftete diesen Keller durchliefen.

Die Gedenktafel trägt die Inschrift: „Das auf diesem Grundstück / befindliche Haus / war nach dem Einmarsch / der Roten Armee eine / Dienststelle des NKWD. / In den Kellern / dieser Dienststelle / begann für unschuldig / verhaftete Menschen / der Leidensweg in die Lager des NKWD. / Wir gedenken der Toten / und der Überlebenden / der NKWD-Lager."

STANDORT
Burg 29a, 14943 Luckenwalde

VERKEHRSANBINDUNG / PKW
Luckenwalde liegt an der B 101; zur Burg biegt man vom Markt nach links ab und überquert die Salzufler Allee.

Gedenkstätte Speziallager Nr. 1 des NKWD / MWD

Mühlberg/Elbe. Die Geschichte des Lagers Mühlberg begann im Spätsommer 1939. Das etwa 30 Hektar große Areal war zuvor als Schieß- und Exerziergelände genutzt worden. Hier wurde ab September mit der Errichtung eines Kriegsgefangenenlagers für Mannschaften und Unteroffiziere (Stalag IV B) begonnen. Der Aufbau des Lagers erfolgte bis zum Sommer 1940 durch den damaligen Arbeitsdienst sowie polnische und französische Kriegsgefangene. Nach Abschluss der Bauarbeiten sollte das Lager bis zu 10 000 Insassen aufnehmen, aber die Belegungszahlen schwankten während des Krieges erheblich, und am Ende kam es zu einer permanenten Überbelegung. Zunächst wurden Kriegsgefangene der Westalliierten in Mühlberg untergebracht, aber mit dem Krieg im Osten wuchs schnell die Zahl der sowjetischen Kriegsgefangenen an. So kam zum Kriegsgefangenenlager „Stalag IV B" bei Mühlberg das Kriegsgefangenenlager „Stalag 304" im nahe gelegenen Zeithain, wo man vor allem sowjetische, aber auch italienische Kriegsgefangene unterbrachte. Ab 1943 gehörte das Lager in Zeithain schließlich organisatorisch zum „Stalag IV B". Im Herbst 1944 kamen nach der Niederschlagung des Warschauer Aufstandes auch Frauen und Männer der polnischen Armia Krajowa („Heimatarmee") als Kriegsgefangene nach Mühlberg und Zeithain.

Am 23. April 1945 befreiten Einheiten der 1. Ukrainischen Front die beiden Kriegsgefangenenlager. Während Angehörige der westlichen Armeen nach und nach über den sowjetisch-amerikanischen Austauschpunkt Torgau entlassen wurden, unterzog Stalins Geheimdienst die sowjetischen Kriegsgefangenen einer eingehenden Sicherheitsüberprüfung. Der größte Teil dieser sowjetischen Kriegsgefangenen wurde danach als Verräter oder Volksfeind verurteilt bzw. zum Dienst in Strafeinheiten versetzt. Im Sommer 1945 sammelte der sowjetische Geheimdienst in Mühlberg/Zeithain zudem zurückkehrende sowjetische Zwangsarbeiter und Zwangsarbeiterinnen, sowjetische Kriegsgefangene aus Lagern, die von den Westalliierten befreit worden waren, sowie Angehörige der „Wlassow-Armee", die auf der Seite Deutschlands gekämpft hatten. Zudem wurden auch Überlebende des KZ Bergen-Belsen im Sommer 1945 zeitweilig im ehemaligen Kriegsgefangenenlager festgehalten.Viele erlebten in Mühlberg/Zeithain eine weitere Zeit des Leidens und starben, da beispielsweise im Lager Zeithain seit Monaten Typhus grassierte.

Die Geschichte des Speziallagers Nr. 1 Mühlberg/Elbe des sowjetischen Geheimdienstes NKWD/MWD begann im September 1945. Dieses Lager existierte zuvor als Speziallager der 1. Ukrainischen Front in Rembertow bei Warschau und dann in Schwiebus in der brandenburgischen Neumark (heute Polen). Schließlich verlegte der sowjetische Geheimdienst das Speziallager Nr. 1 in das ehemalige Kriegsgefangenenlager nach Mühlberg an der Elbe. Bis September 1948 wurde das Lager für deutsche Zivilgefangene, die man ohne Haftbefehl und oftmals aufgrund von Denunziationen festgenommen hatte, zum Ort des Schreckens, der Erniedrigung, der Qual und des Todes: In Verbindung mit Hunger und Kälte, einseitiger Ernährung, einer menschenunwürdigen Unterbringung, katastrophalen hygienischen Bedingungen, einer mangelhaften medizinischen Betreuung und durch eine völlige Isolierung von der Außenwelt ergaben sich für die „Arrestanten" folgenschwere physische und psychische Belastungen, aus denen eine hohe Sterblichkeitsrate resultierte.

Bei einer Gesamtbelegung von 22000 Häftlingen starb zwischen 1945 und 1948 jeder dritte Inhaftierte, d. h. insgesamt kamen schätzungsweise 6800 Gefangene im Speziallager Nr. 1 ums Leben. Die Todesursachen waren meist Mangelernährung und Tuberkulose. Die Toten wurden anonym auf einem Gräberfeld nördlich des Lagers („Alte Schanze") beerdigt. Selbst der sowjetische Geheimdienst schätzte die Sterblichkeitsrate im Speziallager Nr. 1 in einem Bericht vom Februar 1948 als sehr hoch ein. Im April 1947 erreichte das Lager seine Höchstbelegung mit 13696 Inhaftierten. Die durchschnittliche Belegung kann mit rund 11500 Gefangenen beziffert werden. Darunter befanden sich auch etwa 1600 Frauen und Mädchen. Aus dem Speziallager Nr. 1 wurden 1946/47 mehr als 3000 arbeitsfähige Männer und Jugendliche zu schwerer Arbeit in die Sowjetunion deportiert. Darüber hinaus wurden so genannte Spezialisten – Naturwissenschaftler, Ingenieure oder Techniker mit Spezialkenntnissen – „herausgefiltert" und in die Sowjetunion gebracht. Letztere erfuhren dort zwar bald eine sehr gute Behandlung und wurden sogar für ihre Tätigkeit bezahlt, aber viele mussten bis weit in die fünfziger Jahre hinein in verschiedenen Bereichen der sowjetischen Rüstungsforschung ausharren.

Das Speziallager Nr. 1 wurde im September 1948 aufgelöst. Die nicht entlassenen 3611 „Arrestanten" übergab man zur weiteren Verwahrung an das Speziallager Nr. 2 in ⇨Buchenwald. Für viele folgten nach der Übergabe an die DDR-Strafjustizorgane im Februar 1950 weitere Haftjahre, oder sie starben an den Haftfolgen oder aufgrund der schlechten Bedingungen in den DDR-Gefängnissen. Nach 1948 sollten das Lager Mühlberg aus der Erinnerung verschwinden und der anonyme Friedhof in Vergessenheit geraten. Es erfolgten Sprengungen von Steinbauten, gezielte Bepflanzungen und Planierungen. Die Überreste wurden dem Wildwuchs überlassen.

Dass die Geschichte dieses Lagers nicht in Vergessenheit geriet, ist dem Einsatz der Initiativgruppe Lager Mühlberg e.V. seit 1990 zu verdanken. Mit dem Ende der DDR fanden sich in Mühlberg/Elbe ehemalige Häftlinge des sowjetischen Speziallagers Nr. 1 und Angehörige der im Lager Verstorbenen zusammen und gründeten eine Initiativgruppe. Von ihr gingen vielfältige Aktivitäten aus: Mit Unterstützung des Landes und vieler freiwilliger Helfer erfolgte die Errichtung einer würdigen Gedenkstätte. Ein großes Gedenkkreuz in abgestufter Palisadeneinfassung sowie viele Einzelkreuze und -gedenksteine von Angehörigen erinnern an das begangene Unrecht.

Die Gedenktafel vor dem Kreuz trägt die Inschrift: „Den über 6700 Toten des / Speziallagers Nr. 1 des / NKWD/MWD Mühlberg/Elbe / sowie all denen, die von / hier deportiert wurden / und starben / zum Gedenken / den Lebenden zur Mahnung."

An die im Lager Mühlberg Verstorbenen aus Reichenbach und Umgebung erinnert auf dem Gräberfeld ein Gedenkstein, der mit Hilfe von Spenden und unterstützt von freiwilligen Helfern aus dem Ort Neuburxdorf von der

Gemeinschaft ehemaliger politischer Häftlinge der VOS, Landesgruppe Sachsen (Bezirksgruppe Reichenbach), errichtet wurde. Er trägt die Inschrift: „Zum Gedenken / an unsere toten / Kameraden / aus Reichenbach/V. / und / Umgebung.“

Neben der Errichtung der Gedenkstätte, der Pflege der Grabfelder und dem Aufbau einer ständigen Ausstellung im Stadtmuseum kümmern sich die Mitglieder der Initiativgruppe Mühlberg um die Rehabilitierung von Häftlingen. Sie entwickelten in den letzten Jahren ein beachtliches Informations- und Öffentlichkeitsprogramm, das sich vor allem an die jüngere Generation wendet und die Erinnerung an das Speziallager wach hält. Seit 1990 werden jährlich, meist Anfang September, Gedenkveranstaltungen durchgeführt. Höhepunkte sind dabei die Kranzniederlegungen auf dem Kriegsgefangenenfriedhof in Neuburxdorf und an der zentralen Gedenkstätte am Rande des ehemaligen Lagergeländes. Ökumenische Gottesdienste, Begegnungen ehemaliger Gefangener und Angehöriger sowie Informationsveranstaltungen verschiedener Art sind feste Bestandteile dieser Gedenktreffen.

Im Stadtmuseum von Mühlberg / Elbe befindet sich eine ständige Ausstellung über die Geschichte des Speziallagers Nr. 1. Darüber hinaus werden Führungen, Vorträge, Lesungen, Filmveranstaltungen, die Vermittlung von Zeitzeugengesprächen sowie eine pädagogische Betreuung angeboten. Das Museum verfügt über eine Bibliothek, ein Archiv und eine Sammlung.

QUELLEN / LITERATUR

Niethammer, Lutz/ Alexander von Plato (Hrsg.): Sowjetische Speziallager in Deutschland 1945 bis 1950, Berlin 1998.

Kilian, Achim: Einzuweisen zur völligen Isolierung. NKWD-Speziallager Mühlberg/Elbe 1945-1948, 3. Aufl., Leipzig 1992.

Kilian, Achim: Mühlberg 1939-1948. Ein Gefangenenlager mitten in Deutschland, Köln 2001.

STANDORT

Ehemaliges Lagergelände und Gedenkstätte Speziallager Nr. 1, Flur Neuburxdorf zwischen 04931 Mühlberg / Elbe und 04931 Neuburxdorf

ANSPRECHPARTNER

Initiativgruppe Lager Mühlberg e.V., Schulplatz 2, 04931 Mühlberg / Elbe, Tel. 035342 / 874 87, Fax 035342 / 874 88, E-mail: Lager-Muehlberg@t-online.de

ÖFFNUNGSZEITEN

Die Gedenkstätte ist jederzeit und unbeschränkt zugänglich. Führungen nach Anmeldung und Absprache über die Geschäftsstelle der Initiativgruppe Lager Mühlberg e.V. im Stadtmuseum; Tel. 035342 / 874 87.
Ständige Ausstellung im Museum der Stadt Mühlberg: dienstags bis donnerstags von 10 bis 12 und von 13 bis 16 Uhr, freitags von 10 bis 14 Uhr, sonnabends (Mai bis September) von 13 bis 16 Uhr, sonntags von 13 bis 16 Uhr

VERKEHRSANBINDUNG

Die Gedenkstätte ist mit öffentlichen Verkehrsmitteln nicht erreichbar. Das Lagergelände befindet sich vier Kilometer von Mühlberg/Elbe und zwei Kilometer von Neuburxdorf entfernt. Mit der Deutschen Bahn nach Neuburxdorf oder Riesa, dann weiter mit dem Bus nach Mühlberg / Elbe

PKW

B 101 oder B 183 in Richtung Bad Liebenwerda bis Mühlberg / Elbe; B 169 in Richtung Elsterwerda bis Mühlberg / Elbe

Gedenkstätte und Museum „Sowjetisches Speziallager Nr. 7/ Nr. 1“ Sachsenhausen

Oranienburg/ Sachsenhausen. Nur wenige Kilometer nördlich von Berlin gelegen befindet sich der weitläufige Komplex der Gedenkstätte Sachsenhausen, zu dem die Überreste der früheren Lager, ehemalige Produktionsstätten, Gräber des sowjetischen Speziallagers Nr. 7 (1) sowie Dokumentationsstellen und Ausstellungsflächen sowie eine im Aufbau befindliche internationale Jugendbegegnungsstätte gehören. Anfänge einer Gedenkstätte sind bis in die frühen fünfziger Jahre zurückzuverfolgen, als ein erstes Denkmal auf dem von der Kasernierten Volkspolizei genutzten Lagergelände errichtet wurde. Mit der Einweihung der Gedenkstätte im Jahre 1961 wurde sie zur „Nationalen Mahn- und Gedenkstätte“. Bis 1989 wurde die Existenz des sowjetischen Speziallagers am Ort des vormaligen nationalsozialistischen Konzentrationslagers tabuisiert und in der bestehenden Gedenkstätte nicht erwähnt. Erst nach der friedlichen Revolution und den politischen Veränderungen 1989/90 in der DDR wurde eine inhaltliche Neuorientierung und Umgestaltung der Gedenkstätte, die nunmehr auch die Zeit des Speziallagers thematisiert, begonnen. Die Darstellung des sowjetischen Speziallagers ist der Darstellung des nationalsozialistischen Konzentrationslagers nachgeordnet und von dieser räumlich getrennt.

Im Sommer 1936 wurde mit dem Bau des KZ Sachsenhausen begonnen. Der im Juli zum Chef der Deutschen Polizei ernannte Reichsführer SS, Heinrich Himmler, wollte mit Sachsenhausen ein „modernes und vollkommen neuzeitliches“ Konzentrationslager errichtet wissen. Bis 1945 hielten die Nationalsozialisten dort rund 200 000 Menschen aus etwa 40 Nationen gefangen. Zu den Häftlingen zählten politisch und rassisch Verfolgte, Zwangsarbeiter, Kriegsgefangene, Homosexuelle und auch so genannte Berufs-, Gewohnheits- und Sittlichkeitsverbrecher. Nach dem Überfall auf die Sowjetunion 1941 kamen verstärkt sowjetische Kriegsgefangene nach Sachsenhausen. Mehr als 12 000 nicht registrierte Kriegsgefangene wurden in Vergasungsfahrzeugen, mit Genickschussanlagen und durch die gezielte Nichtbehandlung von Typhus ermordet. Insgesamt fanden zwischen 1938 und 1945 mehrere Zehntausend Menschen im KZ Sachsenhausen den Tod. Kurz vor Kriegsende wurde das Lager evakuiert, wobei die SS etwa 3 000 nicht „marschfähige“ Häftlinge zurückließ, die schließlich am 22. April 1945 durch sowjetische und polnische Einheiten befreit werden konnten.

Anfang August 1945 begann der sowjetische Geheimdienst NKWD mit der Verlegung von Häftlingen aus dem bis dahin in ⇨Weesow bei Werneuchen befindlichen Speziallager Nr. 7 nach Sachsenhausen. Sachsenhausen gehörte zu den insgesamt zehn in der sowjetischen Besatzungszone von der sowjetischen Besatzungsmacht eingerichteten Lagern und drei Gefängnissen. Der erste Transport mit 150 Häftlingen traf am 10. August in Sachsenhausen ein. Bis zum Ende des Jahres 1945 befanden sich im Lager schätzungsweise 12 000 Personen. Die Höchstbelegung wurde im Juni 1946 mit mehr als 16 600 Gefangenen erreicht. Die durchschnittliche Belegung betrug etwa 11 000 Personen. In einem abgetrennten Bereich des Lagers, dem so genannten „Frauenlager", waren ca. 3 000 Frauen und Mädchen inhaftiert. Insgesamt hielt die sowjetische Besatzungsmacht in Sachsenhausen zwischen 1945 und 1950 schätzungsweise 60 000 Personen gefangen. Nach bisherigen Erkenntnissen starben in diesem größten der insgesamt elf sowjetischen Speziallager in der SBZ zwischen 12 000 und 13 000 Menschen an den Folgen von Unterernährung, Kälte, Krankheiten und Misshandlungen.

In der Anfangszeit waren neben deutschen Zivilisten und Wehrmachtsangehörigen auch eine große Anzahl ehemaliger KZ-Häftlinge und sowjetischer Bürger im Lager untergebracht, die auf ihre Rückführung in die Heimat warteten. Letztere wurden als Verräter betrachtet und kamen zum Teil in der Sowjetunion wieder in Lager. Darüber hinaus befanden sich auch verurteilte Angehörige der sowjetischen Besatzungstruppen im Lager, die hier auf ihre Rückführung in die Sowjetunion oder die Versetzung in Strafbataillone warteten.

Neben Angehörigen der nationalsozialistischen Terrorapparate, Beteiligten an den NS-Massenverbrechen, wie der Euthanasie-Arzt Hans Heinze, kleinen und mittleren Funktionären der NSDAP sowie Prominenten aus der Zeit von vor 1945, wie der Schauspieler Heinrich George oder der Trickfilmpionier Hans Fischerkösen, befand sich eine große Zahl von willkürlich Verhafteten unter den Gefangenen, die aufgrund falscher Beschuldigungen oder durch Denunziationen nach Sachsenhausen gebracht worden waren. Hier waren tatsächliche und vermeintliche Gegner des stalinistischen Systems interniert, von denen viele wiederum bereits von den Nationalsozialisten verfolgt worden waren. Ab 1946 wurden nach Sachsenhausen zunehmend Personen eingeliefert, die von einem Sowjetischen Militärtribunal verurteilt worden waren. Wie groß die einzelnen Häftlingsgruppen tatsächlich waren, konnte von der Forschung bisher nicht abschließend geklärt werden, da die sowjetischen Unterlagen die Haftgründe oftmals unzureichend oder auch unzutreffend wiedergeben. Die Aufzählung spiegelt aber die Vielfalt der Haftgründe wider und lässt den Doppelcharakter des Speziallagers – als Instrument zur Sicherung der Besatzungsherrschaft und als Teil des stalinistischen Terrorsystems – erkennen.

Originalaufnahme des Lagers. Aufgenommen zwischen 1946 und 1949.

Wie alle anderen Speziallager in der SBZ war auch Sachsenhausen im Unterschied zu den Lagern in der Sowjetunion kein Arbeitslager, d. h. die Gefangenen waren zur Untätigkeit gezwungen. Die Zuteilung zu einem der Arbeitskommandos, die zur Selbstversorgung des Lagers aufgestellt wurden, galt als Privileg. Den Häftlingen war jeglicher Kontakt zur Außenwelt strikt verboten („Schweigelager"). Es herrschten katastrophale hygienische und sanitäre Verhältnisse, hinzu kam eine unzureichende Ernährung. Die Ausbreitung von Krankheiten und Epidemien war die zwangsläufige Folge. Außerdem litten die Gefangenen zusätzlich unter den strengen Wintern 1945/46 und 1946/47. Berücksichtigt werden muss, dass die Häftlinge meist nur das am Leibe trugen, was sie bei ihrer Verhaftung mit sich führten. In den Wintern kam es zum Massensterben. Ohne Identifikationsmerkmale wurden die Toten in Massengräbern verscharrt.

Eine gewisse Besserung der Verhältnisse trat nach der ersten Entlassungswelle im Sommer 1948 ein. Etwa 5000 Häftlinge wurden nach dem offiziellen Abschluss der Entnazifizierung in der SBZ in diesem Jahr aus dem Speziallager Nr. 7 entlassen. Bis zur Auflösung der sowjetischen Speziallager in der DDR im Frühjahr 1950 wurde das Lager in Sachsenhausen als Speziallager Nr. 1 geführt. Im Januar und Februar 1950 wurden insgesamt ca. 8000 Häftlinge entlassen. Eine kleinere Gruppe von etwa 260 Häftlingen wurde in die Lager der UdSSR deportiert. Mehrere tausend Gefangene überstellte der sowjetische Geheimdienst an die Behörden der DDR. Von diesen wurden 550 in den „Waldheimer Prozessen" verurteilt.

Hinter dem neu errichteten Museumsgebäude, vor dem nördlichen Ausgang der Gedenkstätte, dem so genannten Kommandantenhof, befindet sich ein Gedenkstein, der an die Toten in den dort befindlichen Massengräbern erinnert. Außerhalb des Sachsenhausener Gedenkstättengeländes, an der Schmachtenhagener Straße, wird im Bereich „An der Düne" mit einem Gedenkstein der Opfer des Speziallagers gedacht. Im ⇨ Schmachtenhagener Forst, an der B 273 zwischen Oranienburg und Schmachtenhagen, befinden sich weitere Gedenksteine und individuelle Grabzeichen. Die Errichtung der Gedenksteine und die Ausgestaltung der Gedenkanlage im Schmachtenhagener Forst geht in erster Linie auf die Initiative der Arbeitsgemeinschaft Lager Sachenhausen 1945-1950 e.V. zurück. Alljährlich im September finden hier im Rahmen von Gedenkveranstaltungen Kranzniederlegungen statt, die von der Arbeitsgemeinschaft Lager Sachsenhausen organisiert und durchgeführt werden.

Gedenkstein „An der Düne"

Auf dem Gelände der Gedenkstätte Sachsenhausen wurde am 9. Dezember 2001 in Ergänzung zu den bestehenden Museumseinrichtungen zur Geschichte des NS-Konzentrationslagers (1936-1945) ein neues Museumsgebäude eröffnet, das sich in einer Dauerausstellung mit der Geschichte des Lagers während der sowjetischen Besatzungszeit von 1945 bis 1950 (Speziallager Nr.7/Nr.1) auseinandersetzt. Wie bei den anderen sowjetischen Speziallagern, waren auch die Existenz und Wirklichkeit des Sachsenhausener Lagers in der DDR tabuisiert und jede Form der historischen Auseinandersetzung unterbunden worden. Erst als nach 1990 drei Massengräber mit Toten aus dem Speziallager gefunden wurden, kehrte die Erinnerung in das öffentliche Bewusstsein zurück. Ähnlich wie im Falle des sowjetischen Speziallagers in ⇨Buchenwald kam es beim Speziallager

Eingangsbereich des Museums „Sowjetisches Speziallagers Nr.7 / Nr. 1"

Nr. 7/ Nr. 1 zu erheblichen, jahrelangen Kontroversen darüber, ob eine angemessene Darstellung der Geschichte des sowjetischen Speziallagers in Sachsenhausen möglich sei, da zu den Inhaftierten auch zahlreiche ehemalige NS-Aktivisten zählten.

Tatsache bleibt bei allem Für und Wider, dass die Geschichte des Lagers sowohl eine Geschichte des nationalsozialistischen als auch des stalinistischen Terrors ist. Deshalb soll das Geschehen im NS-Konzentrationslager weder relativiert, noch das im sowjetischen Speziallager bagatellisiert werden. Das neue Museum stellt sich diesem Anspruch.

QUELLEN / LITERATUR

Mironenko, Sergej / Lutz Niethammer / Alexander von Plato (Hrsg.): Sowjetische Speziallager in Deutschland 1945 bis 1950, Berlin 1998, S. 279-290.
Sowjetisches Speziallager Nr. 7/ Nr. 1. Informationsblatt, Gedenkstätte und Museum Sachsenhausen, 2. überarb. Aufl. 1999.
Mählert, Ulrich: Das Gedenken an die Opfer wahren. Die Arbeitsgruppe NKWD-Speziallager der Gedenkstätte Sachsenhausen, in: Deutschland Archiv 1/1998, S. 12-15.

ANSCHRIFT

Gedenkstätte und Museum Sachsenhausen, Straße der Nationen 22, 16515 Oranienburg

ANSPRECHPARTNER

Dr. Ines Reich, Tel. 03301 / 81 09 16, E-mail: reich@stiftung-bg.de, www.sachsenhausen.brandenburg.de

ÖFFNUNGSZEITEN

Neben der Dauerausstellung über das Speziallager bietet das Museum eine Bibliothek und ein Archiv. Nach Voranmeldung sind Führungen bzw. thematische Sonderführungen mit einem Einführungsfilm möglich. Darüber hinaus gehören Werkstattausstellungen, Verbleibauskünfte, Weiterbildungsveranstaltungen, Vorträge, studentische Praktika, die Betreuung von Forschungsprojekten, Konferenz- und Tagungsveranstaltungen sowie die Vermittlung von Zeitzeugengesprächen zum Museumsangebot.
April bis September: dienstags bis sonntags von 8.30 bis 18 Uhr, Oktober bis März: dienstags bis sonntags von 8.30 bis 16.30 Uhr; montags geschlossen.

VERKEHRSANBINDUNG / PKW

Vom Berliner Ring (A 10) über den Abzweig Birkenwerder nach Sachsenhausen (die Strecke ist ausgeschildert). Im Bereich der Gedenkstätte sind ausreichend Parkmöglichkeiten vorhanden

Gräberfeld für die Opfer des „Sowjetischen Speziallagers Nr. 7/ Nr. 1" Sachsenhausen

Oranienburg / Schmachtenhagen. Die vielfach auf Grund der schlechten Lagerbedingungen im Sowjetischen Speziallager ⇨Sachsenhausen verstorbenen Häftlinge wurden zwischen 1945 und 1950 in einem nahe gelegenen Waldstück bei Schmachtenhagen anonym vergraben. Außer im Schmachtenhagener Forst gibt es weitere Massengräber im so genannten Kommandantenhof und im Bereich „An der Düne". Erst 1990 wurden die Massengräber im Schmachtenhagener Forst entdeckt und noch von NVA-Soldaten freigelegt. 1991 hat die Arbeitsgemeinschaft Lager Sachsenhausen erste Erinnerungszeichen am Gräberfeld aufgestellt. Inzwischen sind durch Familienangehörige und Hinterbliebene Grabzeichen mit Namen der Opfer errichtet worden.

Im Eingangsbereich des Gräberfeldes befindet sich eine Informationstafel mit der Inschrift: „Massengräber im Schmachtenhagener Forst

„Nach dem Ende des Zweiten Weltkrieges benutzte die sowjetische Besatzungsmacht Teile des Geländes und der Bauten des ehemaligen nationalsozialistischen Konzentrationslagers Sachsenhausen für das Speziallager Nr. 7 (ab 1948 Nr. 1). Das Lager des sowjetischen Geheimdienstes bestand von August 1945 bis Februar 1950. Zu den Gefangenen des Speziallagers gehörten deutsche Kriegsgefangene, Internierte, von sowjetischen Militärtribunalen verurteilte Personen und sowjetische Bürger, die zwangsweise in die UdSSR zurückgeführt werden sollten. Die Verstorbenen wurden an drei Orten bestattet: im Wald von Schmachtenhagen, auf dem so genannten Kommandantenhof und an der Düne in der Nähe der Zone II. Wer an welchem Ort bestattet wurde, ist unbekannt. Eine endgültige Zahl der Toten des Speziallagers konnte noch nicht ermittelt werden.

„Der Trecker brachte Nacht für Nacht die beladenen Anhänger dorthin. Weit in der Umgebung hörte man den uralten Lanz-Trek-ker donnern, wenn er mit seiner unheimlichen Fracht durch die stille Nacht rasselte. Die Barackenposten wickelten sich fester in den Mantel, der für diesen Dienst gestellt wurde, und lauschten dem Tod. Immer dieselben Männer waren es, die in Schmachtenhagen tätig sein durften: denn es musste geheimnisvoll bleiben, was dort geschah. Die Totengräber sollten bei ihrer Tätigkeit nicht auffallen, es sollten keine Totenzahlen bekannt werden...(L. Z., ehemaliger Häftling, nach 1950)".

Eine Gedenktafel am Gräberfeld trägt die Inschrift: „Hier liegen die sterblichen Überreste vieler / Gefangener des Speziallagers / Nr. 7, das das NKWD 1945-1950 in Sachsen- / hausen betrieb. / Namen und Anzahl der Toten, Geburts- und / Todesdaten sind unbekannt. / Im Frühjahr 1990 wurde das Schweigen über / diesen Ort gebrochen. / Betroffene, Hinterbliebene der Toten und die / Gemeinde Schmachtenhagen gestalteten 1991 / diese Stätte des Gedenkens und der Erinnerung."

STANDORT
An der B273 zwischen 16515 Oranienburg und 16515 Schmachtenhagen

ANSPRECHPARTNER
Arbeitsgemeinschaft Lager Sachsenhausen 1945-1950 e.V., Gisela Gneist, Scharnskamp 19d, 22415 Hamburg

VERKEHRSANBINDUNG / PKW
Bundesstraße B273 zwischen Oranienburg und Schmachtenhagen

Gedenktafel für die Opfer stalinistischer Willkür und politischer Verfolgung

Perleberg. In dem Haus Berliner Straße 48 in Perleberg hatte bis 1972 die Kreisdienststelle des Ministeriums für Staatssicherheit (MfS) ihren Sitz, bevor sie einen Neubau an einer weniger belebten Straße bezog.

Das 1950 auf Beschluss des SED-Politbüros gebildete MfS gliederte sich territorial in 15 Bezirksverwaltungen und 209 Kreis- sowie sieben Objektdienststellen (Stand 1989). Den rund 11 000 hauptamtlichen Mitarbeitern in den Kreisdienststellen oblag die auf ihr Territorium bezogene „politisch-operative Arbeit". Zum Beispiel führten sie „operative Personenkontrollen" durch, nahmen Sicherheitsüberprüfungen vor und erstellten in enger Zusammenarbeit mit der SED-Kreisleitung und den staatlichen Einrichtungen Lageanalysen und Stimmungsberichte. Die Kreisdienststellen des MfS trugen zur Herrschaftssicherung der SED im Kreis bei.

Am 17. Juni 1993, dem 40. Jahrestag des Volksaufstandes von 1953, wurde auf Initiative und mit finanzieller Unterstützung der Vereinigung der Opfer des Stalinismus e.V. (VOS), Bezirksgruppe Westprignitz, eine Gedenktafel am ehemaligen Gebäude der MfS-Kreisdienststelle in Perleberg enthüllt. Die schwarze Tafel mit einem Stacheldrahtsymbol trägt die Inschrift: „Den Opfern / stalinistischer Willkür / und politischer / Verfolgung von 1945-1989 / in der Westprignitz. / In diesem Gebäude war / bis 1972 die 1. Kreisdienststelle / der Staatssicherheit stationiert. / 17. Juni 1993".

QUELLEN / LITERATUR
Die Freiheitsglocke 10/1993.

STANDORT
Berliner Straße 48, 19348 Perleberg

VERKEHRSANBINDUNG / PKW
Perleberg liegt an der B 189

Glienicker Brücke: Skulptur „Nike 89", Gedenktafel, Mauerstele

Potsdam. Als „Brücke der Einheit" war die Glienicker Brücke über 40 Jahre lang ein Symbol der deutschen Teilung. Ihr östlicher Teil lag im Westen und ihr westlicher im Osten. Die Grenze zwischen den beiden deutschen Staaten verlief auf der Mitte der Brücke. Berühmt und berüchtigt wurde sie durch eine Aufsehen erregende Flucht im Jahr 1988 und als Ort spektakulärer Austauschaktionen internationaler Agenten aus West und Ost in den Jahren 1962, 1985 und 1986. Im November 1989 wurde die Brücke ihrem Namen gerecht und heißt heute wieder Glienicker Brücke.

Die erste Glienicker Brücke war eine Holzbrücke aus dem 17. Jahrhundert. 1777 wurde sie erneuert, erhielt ein Geländer und in der Mitte eine Zugbrücke. Die erste massive Brücke aus Stein hat man in den Jahren 1831 bis 1834 nach einem Entwurf von Karl Friedrich Schinkel errichtet. Anfang des 20. Jahrhunderts war diese dem wachsenden Verkehrsaufkommen nicht mehr gewachsen; sie wurde 1907 durch eine Eisen- und Stahlkonstruktion ersetzt. Mit der Verabschiedung des „Gesetzes über die Bildung einer neuen Stadtgemeinde Berlin" (Groß-Berlin-Gesetz) im Jahr 1920 verlief die Stadtgrenze Berlins genau auf der Brückenmitte. Nach ihrer Zerstörung in den letzten Tagen des Zweiten Weltkrieges begann 1947 der Wiederaufbau, und am 19. Dezember 1949 wurde die sog. „Brücke der Einheit" feierlich eröffnet. Die Bezeichnung geht zurück auf einen Kabinettsbeschluss der damaligen Landesregierung Brandenburg, in dem es hieß: „Als Beitrag zur Einheit Deutschlands führt die durch Kriegseinwirkung völlig zerstörte Brücke nach ihrer Wiederherstellung die Bezeichnung ‚Brücke der Einheit'." Über ihre Mitte verlief nun die Grenze zwischen der DDR und West-Berlin. Zugleich diente sie als alliierter Verbindungsweg zwischen den Westsektoren Berlins und Potsdam. Am 26. Mai 1952, nach Unterzeichnung des Generalvertrags über die Beziehungen der drei Westmächte zur Bundesrepublik, war die Brücke für die Öffentlichkeit geschlossen und in den folgenden Jahren nur noch für Mitarbeiter der alliierten Militärmissionen sowie Privatpersonen mit Sondergenehmigungen passierbar.

Nach dem Fall der Berliner Mauer wurde am 10. November 1989 auch die Glienicker Brücke geöffnet. Sie steht heute unter Denkmalschutz. Eine Bronzeskulptur, eine Gedenktafel sowie eine Mauerstele erinnern an die Zeit der deutschen Teilung. Die von dem Bildhauer Wieland Förster modellierte Skulptur trägt den Namen „Nike 89"; sie wurde auf Initiative der

Fördergemeinschaft Lindenstraße 54 am 10. November 1999 aufgestellt und feierlich eingeweiht. An der Einweihung nahmen neben dem Künstler Bundestagspräsident Wolfgang Thierse, der Ministerpräsident des Landes Brandenburg, Manfred Stolpe, der Bundesbeauftragte für die Unterlagen des ehemaligen Staatssicherheitsdienstes der DDR, Joachim Gauck, der Potsdamer Oberbürgermeister, Matthias Platzeck, und zahlreiche ehemalige Bürgerrechtler teil. Rudolph Tschäpe, Vorsitzender der Fördergemeinschaft Lindenstraße 54 und Mitbegründer des Potsdamer Neuen Forums, hatte 250 000 DM für diese Skulptur gesammelt. Die 2,80 Meter hohe vergoldete Figur steht auf einem 3,90 Meter hohen Granitsockel, der mit nachfolgender Inschrift versehen ist: „Zur Erinnerung an den Mauerfall / Fördergemeinschaft Lindenstraße 54 / 10 XI 1999".

Am 10. November 2000 konnte am Berliner Teil der Brücke auf Initiative der CDU-Fraktion in der Bezirksverordnetenversammlung Zehlendorf in Abstimmung mit der Historischen Kommission Berlins feierlich eine Gedenktafel enthüllt werden.

Sie trägt die Inschrift: „Berliner Gedenktafel / Die von 1904 bis 1907 errichtete / Glienicker Brücke wurde im Zweiten Weltkrieg zerstört / und 1949 als ‚Brücke der Einheit' wieder eröffnet. / Die Machthaber der DDR, die ihr diesen Namen gaben, / verhinderten jahrzehntelang die Einheit Deutschlands. / Nach dem Mauerbau 1961 durfte die Brücke nur noch / von alliierten Militärs und Diplomaten passiert werden. / Durch die friedliche Revolution in der DDR / ist die „Glienicker Brücke“ / seit dem 10. November 1989 wieder für jedermann offen.“

Am 8. November 2002 enthüllte der Oberbürgermeister von Potsdam die erste Stele, die in Potsdam an den Verlauf der Berliner Mauer erinnert. Auf einem 2,20 Meter hohen und einen halben Meter breiten Denkmal wird die Glienicker Brücke mit historischen Fotos vorgestellt. Darüber hinaus gibt es Informationen zum geschichtlichen Hintergrund von Mauerbau und Mauerfall. Die Koordination des durch Spenden finanzierten und durch die Fraktionen der CDU und des Bürger Bündnisses initiierten Projektes lag in den Händen des Potsdam-Museums.

QUELLEN / LITERATUR
Blees, Thomas: Glienicker Brücke. Ausufernde Geschichten, Berlin 1998.
Berliner Zeitung vom 12.4.2000.
Märkische Allgemeine vom 9./10.11.2002.

STANDORT
Glienicker Brücke, 14467 Potsdam

VERKEHRSANBINDUNG
Die Glienicker Brücke über die Havel unterhalb des Jungfernsees verbindet im Osten die Königstraße (im zum ehemaligen West-Berlin gehörenden Zehlendorf) mit der im Westen liegenden Berliner Straße (die zu Potsdam gehörte). Vom S-Bahnhof Wannsee gelangt man mit der Buslinie 116 zur Glienicker Brücke.

Gedenk- und Begegnungsstätte Ehemaliges NKWD / MGB / KGB-Gefängnis

Potsdam. In der Nähe des Potsdamer Schlosses Cecilienhof, im nordöstlichen Stadtteil Nauener Vorstadt, zwischen Neuem Garten und Pfingstberg, befand sich von 1945 bis 1994 das sowjetische Militärstädtchen Nr. 7. Dort gab es ab August 1945 in unmittelbarer Nähe zum Neuen Garten, in der Leistikowstraße 1 (früher Mirbachstraße), ein Durchgangs-, Isolations- und Untersuchungsgefängnis des sowjetischen Geheimdienstes NKWD. Bis 1953 wurden hier sowohl Deutsche als auch Russen festgehalten, denen man Sabotage, Spionage, Terroraktionen oder Widerstand gegen die Besatzungsmacht bzw. die sowjetischen Streitkräfte vorwarf. Entweder erfolgte dort eine Verurteilung zum Tode oder der Weg der Häftlinge ging von der Leistikowstraße weiter in die sowjetischen Straf- und Arbeitslager. Für die Zeit nach März 1953 sind keine Belege über die weitere Inhaftierung von Deutschen im Gefängnis vorhanden. Es ist durchaus möglich, dass im Zusammenhang mit dem 17. Juni 1953 oder aufgrund von Spionageverdacht Deutsche noch bis 1955 hier inhaftiert waren. Nach Beendigung der Zuständigkeit Sowjetischer

Militärtribunale für Deutsche nutzte der sowjetische Geheimdienst das Gefängnis insbesondere im Rahmen der internen sowjetischen Militärgerichtsbarkeit. Es waren nun vor allem in der DDR stationierte sowjetische Soldaten und zivile Beschäftigte aus Militäreinrichtungen, die wegen kritischer Meinungsäußerungen oder versuchter Fahnenflucht, unter dem Vorwurf feindlicher Gruppenbildung, antisowjetischer Propaganda oder des Landesverrates in der Leistikowstraße 1 gefangen gehalten wurden.

Für den Zeitraum 1945 bis 1953/55 sind zwei Entwicklungsphasen erkennbar. Die erste umfasste die Jahre 1945 und 1946, in denen der sowjetische Geheimdienst die vermeintlichen Anzeichen einer deutschen Partisanenbewegung („Werwolf"-Organisation) bekämpfte. Es wurden vor allem Jugendliche aus zum Teil nichtigen Gründen (z. B. Weigerung, am Russisch-Unterricht teilzunehmen oder kritische Äußerungen), wegen angeblicher terroristischer Handlungen oder aufgrund von Denunziationen mit dem Vorwurf der „Werwolf"-Tätigkeit in die Leistikowstraße gebracht. In diesem Zusammenhang verurteilte man unter anderem kaum 16-Jährige zum Tode oder zu 20 Jahren Arbeitslager.

In der zweiten Phase, ab 1947, rückte die Spionageabwehr bzw. die Ausschaltung so genannter antisowjetischer Aktivitäten in den Mittelpunkt des Geheimdienstinteresses. Im Gefängnis wurden nun mutmaßliche Spione verhört und inhaftiert. Die Verfolgung von Kriegsverbrechern oder Entnazifizierungsmaßnahmen spielten kaum eine Rolle. Ein Teil der Häftlinge war in der Tat für westliche Geheimdienstorganisationen tätig, aber generell kann von willkürlichen Ermittlungen der sowjetischen Geheimdienstmitarbeiter gesprochen werden; sie trafen vielfach Unschuldige. Gründe waren unter anderem Kontakte zu amerikanischen Besatzungsstellen, Kriegsgefangenschaft bei den Briten oder Amerikanern, wiederholte Reisen in die Westzonen und ähnliche fadenscheinige Anschuldigungen. Wie viele Häftlinge das Gefängnis durchliefen, ist bisher nicht bekannt. Sicher ist aber, dass die Leistikowstraße der Anfang eines langen Leidensweges war, der oft mit dem Tod des Verurteilten in Straf- und Arbeitslagern in Sibirien oder am Polarkreis endete.

Nach der Beschlagnahmung des Gebäudes und mit der Entstehung des Militärstädtchens Nr. 7 wurde eine Reihe von Straßen zwischen Neuem Garten und Pfingstberg umbenannt, z. B. die Mirbachstraße in Leistikowstraße. Mehrere Gebäude der Leistikowstraße und der Großen Weinmeisterstraße bildeten einen Gefängnis- und Isolationskomplex, der durch zusätzliche Mauern und einen drei Meter hohen Holzzaun abgesichert war. Während sich im Gebäude in der Leistikowstraße 1 das Gefängnis befand, residierte in der Leistikowstraße 2/3 die Ermittlungsabteilung, wo die Verhöre stattfanden und im Erdgeschoss vielfach die Tribunale tagten. Dort gab es zumindest in den ersten Jahren auch Gefängniszellen. Wie lange das Haus in der Leistikowstraße 1 als Gefängnis genutzt wurde, ist nicht geklärt. Der letzte bekannt gewordene Gefangene verließ 1983 das Gefängnis. Es gibt Hinweise darauf, dass im Verlauf der achtziger Jahre das Gebäude nur noch zur Lagerung genutzt wurde.

Nach dem Abzug der letzten sowjetischen Truppen im August 1994 kam es zuerst unter die Verwaltung des Bundes; im Februar 1995 erhielt der Evangelisch-kirchliche Hilfsverein (EKH) die Liegenschaft zurück. Auf Initiative des EKH und einer Arbeitsgemeinschaft, die sich aus Betroffenen, interessierten Bürgern, Mitarbeitern der Potsdamer Gruppe von amnesty international und dem Berliner Förderverein von „Memorial" zusammensetzt, entstand in der Leistikowstraße 1 eine Gedenk- und Begegnungsstätte, die der historisch-politischen Bildungsarbeit dient. Das Haus stellt ein erschütterndes Zeugnis menschlichen Leidens dar und ist ein Mahnmal gegen die Verletzung der Menschenrechte in der Welt. Leider stehen für die Erhaltung des Gebäudes und die Verwaltung der Gedenk- und Begegnungsstätte nur sehr geringe finanzielle Mittel zur Verfügung.

Im Gebäude wird eine ständige Ausstellung über die Geschichte des Gefängnisses unter dem Titel „Von Potsdam nach Workuta" gezeigt. Zudem gibt es eine aktuelle Ausstellung der Menschenrechtsorganisation amnesty international. Auf Anfrage sind Sonderführungen möglich. Aufgrund der Nichtbeheizbarkeit des Gebäudes und der Baufälligkeit muss die Gedenk- und Begegnungsstätte im Winter geschlossen bleiben.

QUELLEN / LITERATUR

Fein, Elke / Nina Leonhard / Jens Niederhut / Anke Höhne / Andreas Decker: Von Potsdam nach Workuta. Das NKGB/MGB/KGB-Gefängnis Potsdam-Neuer Garten im Spiegel der Erinnerung deutscher und russischer Häftlinge, hrsg. von der Brandenburgischen Landeszentrale für politische Bildung, Potsdam 1999.
Fein, Elke / Nina Leonhard / Jens Niederhut: Militärstädtchen Nr. 7. Zur Strukturgeschichte des sowjetischen Untersuchungsgefängnisses Potsdam-Neuer Garten, in: Deutschland Archiv 4/2000, S.582-590.

STANDORT

Gedenk- und Begegnungsstätte Ehemaliges KGB-Gefängnis, Leistikowstraße 1, 14469 Potsdam

ANSPRECHPARTNER

Brigitte Grell, Tel. 0331 / 270 69 40, Fax 0331 / 270 69 41

Träger der Einrichtung: Evangelisch-kirchlicher Hilfsverein, Verwaltung, Friedrich-Ebert-Straße 53, 14469 Potsdam

ÖFFNUNGSZEITEN

von Mai bis Oktober jeweils samstags und sonntags von 11 bis 17 Uhr; Sonderführungen auf Anfrage

VERKEHRSANBINDUNG

Buslinie 692 Haltestelle Glumestraße / Nähe Schloss Cecilienhof

PKW

A 2 aus Richtung Berlin oder Hannover; über Berliner Straße / B 1 bis zur Kreuzung in Richtung Behlertstraße und Am Weinmeister. Direkte Zufahrt über Neuer Garten oder Große Weinmeisterstraße zur Leistikowstraße 1

Gedenkstätte „Lindenstraße 54"

Potsdam. Nach 1990 beauftragte die Stadt Potsdam das Potsdam-Museum mit der Betreuung des Hauses in der Lindenstraße 54/55 als politische Bildungs- und historische Dokumentationsstätte. Die gesamte Hausanlage steht unter Denkmalschutz. Hier ist auch das städtische Amt für Denkmalpflege untergebracht. Das Gebäude wurde zwischen 1733 und 1737 im Barockstil der Häuser des nahen Holländischen Viertels erbaut. Das Gefängnis des späteren Potsdamer Stadtgerichtes entstand auf dem Hof. Die heute zu besichtigende Anstalt stammt aus dem Jahre 1909. Gegenwärtig wird sie zugleich als Archiv der Denkmalpflege genutzt.

Das Gebäude ist ein einzigartiger Gedenkort der politischen Justiz und Gewalt in Potsdam. Mehr als 170 Jahre lang befand sich auf dem heute 1 900 Quadratmeter umfassenden Grundstück eine Haftanstalt (1817-1989). Im 19. Jahrhundert zog zuerst das Potsdamer Stadtgericht mit Gefängnis in die Lindenstraße. Später war das Amtsgericht hier untergebracht. In der Zeit des Nationalsozialismus wurden politische Gegner dort inhaftiert. Fünf Jahre lang hatte das so genannte Erbgesundheitsgericht

Potsdam Gedenkstätte Lindenstraße: Gefängnishof

Potsdam (1935-1940) seinen Sitz in der Lindenstraße. Zwischen 1945 und 1952 nutzte die sowjetische Geheimpolizei NKWD das Gebäude als Untersuchungsgefängnis. Danach übernahm es das Ministerium für Staatssicherheit. Im Barockhaus befand sich das berüchtigte „Lindenhotel" – das Untersuchungsgefängnis der Bezirksverwaltung für Staatssicherheit (BVfS) Potsdam. Es wird geschätzt, dass dort durchschnittlich mehr als hundert Menschen festgehalten wurden.

In der Gedenkstätte steht vor der so genannten Freigangzelle auf dem ehemaligen Gefängnishof die Bronzeskulptur „Das Opfer" von Wieland Förster. Zu bestimmten Anlässen (17. Juni, Volkstrauertag) finden vor der Skulptur Veranstaltungen und Kranzniederlegungen statt.

ANSCHRIFT
Potsdam-Museum Gedenkstätte „Lindenstraße 54"
Lindenstraße 54-55, 14467 Potsdam

INFORMATION
Potsdam-Museum, Tel. 0331 / 289 68 03,
Fax 0331 / 289 68 05, www.brandenburg.de

ÖFFNUNGSZEITEN
dienstags von 9 bis 18 Uhr, donnerstags von 9 bis 12 und von 14 bis 16 Uhr; jeden 1. und 3. Samstag des Monats von 9 bis 17 Uhr. Führungen und Vorträge: montags bis freitags von 9 bis 17 Uhr nach Voranmeldung. Seit Februar 1998 wird in der Gedenkstätte eine ständige Dokumentation zum Thema „Widerstand und Repression" in der NS-Zeit, unter der sowjetischen Besatzung und in der DDR gezeigt. Führungen, Filmpräsentationen und Vorträge werden nach Bedarf angeboten

VERKEHRSANBINDUNG / PKW
A 2 aus Richtung Berlin oder Hannover

Gedenktafel zum Bürgerprotest 1989

Prenzlau. Auf Initiative von Bürgern der Stadt Prenzlau und auf Beschluss der Stadtverordnetenversammlung wurde am 20. November 1997 eine Gedenktafel an Block A der Grabow-Gesamtschule enthüllt, die an den erfolgreichen Bürgerprotest gegen die Stationierung sowjetischer Kampfhubschrauber erinnern soll. Im November und Dezember 1989 waren in Prenzlau 3 500 Menschen auf die Straße gegangen, um gegen die geplante Stationierung zu demonstrieren.

Es gab damals keine offiziellen Erklärungen, aber die Bürger aus Röpersdorf, Sternhagen und Lindenhagen beobachteten besorgt vermehrte Hubschrauberaktivitäten, und so fanden sich am 20. November 1989 etwa 300 couragierte Prenzlauer, die wissen wollten, was sich hinter den Kasernenmauern abspielte, vor dem Röpersdorfer Weg zusammen. Schließlich erhielten sie Einlass, und in einem großen Saal, heute Aula der Gesamtschule, kam es zu einer erhitzten Debatte, bei der Marlis Czerwinski, Hans-Joachim Wellmann, Peter Bülow und Harald Jahn zu Verhandlungspartnern und Kontrolleuren gewählt wurden. Der Bau des Landeplatzes für 180 Kampfhubschrauber wurde jedoch nicht abgebrochen. Am 3. Dezember kam es dann zu einer Demonstration von 3500 Prenzlauern vor den Kasernentoren. Mit Entschlossenheit und friedlichen Mitteln setzten sie sich für das Gemeinwohl ein, und sogar die NVA unterstützte die Demonstranten mit Lautsprecherwagen. Um ihrem Bürgerwillen Nachdruck zu verleihen, protestierten am 13. Februar 1990 nochmals 300 Prenzlauer vor der Botschaft der UdSSR Unter den Linden in Berlin. Im März 1990 kam die Nachricht, dass in Prenzlau nicht stationiert wird; die Demontage des Hubschrauberlandeplatzes begann. Die Gedenktafel soll der Nachwelt vermitteln, was friedliche Demonstrationen bewirken können.

Sie trägt die Inschrift: „Bürgerprotest gegen Kampfhubschrauber / Bürger der Stadt Prenzlau und der nahen Umgebung / demonstrierten hier am 20. 11.1989 zum ersten Mal / gegen die geplante Stationierung der sowjetischen / Kampfhubschrauber. / Am 3.12. folgte eine weitere Protestveranstaltung, / an der über 3500 Bürger teilnahmen. / Etwa 300 Prenzlauer demonstrierten am 3.12. 1990 / vor der Botschaft der UdSSR in Ost-Berlin. Dies war / die erste Demonstration vor der Mission Unter den Linden / gegen militärische Projekte in der DDR.“

QUELLEN / LITERATUR
Information der Unteren Denkmalschutzbehörde des Landkreises Uckermark.
Prenzlauer Zeitung vom 18.11.1997 und 21.11.1997.

VERKEHRSANBINDUNG / PKW
A 11 (E 28) Abfahrt Prenzlau, B 198 bis Prenzlau; B 109 zwischen Berlin und Pasewalk bis Prenzlau

STANDORT
Röpersdorfer Weg, 17291 Prenzlau

Gedenktafel zur deutschen Einheit

Prenzlau. Auf Initiative der Stadt Prenzlau wurde 1996 eine Gedenktafel zur deutschen Einheit angebracht. Sie befindet sich innerhalb des Rondells am Platz der Einheit, einem auf einer Anhöhe über der Uckerpromenade angelegten Rundplateau und trägt die Inschrift: „Zur Erinnerung / an die deutsche / Wiedervereinigung / 3.10.1990“

QUELLEN / LITERATUR
Information der Unteren Denkmalschutzbehörde des Landkreises Uckermark

VERKEHRSANBINDUNG / PKW
A 11 (E 28) Abfahrt Prenzlau, B 198 bis Prenzlau; B 109 zwischen Berlin und Pasewalk bis Prenzlau

STANDORT
Platz der Einheit, 17291 Prenzlau

Gedenkstein für die Opfer des Stalinismus

Prenzlau. Auf Initiative der Bezirksgruppe Prenzlau der Vereinigung der Opfer des Stalinismus e.V. (VOS) wurde im Juni 1990 ein Gedenkstein für die Opfer des Stalinismus nahe dem ehemaligen Untersuchungsgefängnis („GPU-Keller“) des NKWD in Prenzlau aufgestellt. Nach Angaben der VOS-Bezirksgruppe Prenzlau begann in den Kellern der Friedhofstraße für etwa 135 Menschen aus dem Kreis Prenzlau, die 1945 von der sowjetischen Besatzungsmacht verhaftet und ohne Gerichtsverhandlung inhaftiert wurden, der Leidensweg überwiegend in die Lager ⇨Fünfeichen und ⇨Ketschendorf, aber auch nach ⇨Bautzen, ⇨Sachsenhausen, ⇨Buchenwald, ⇨Hoheneck, ⇨Jamlitz oder in die Sowjetunion. Zwischen 1946 und 1950 kam es zu weiteren Verhaftungen durch das NKWD, wobei 37 Personen von sowjetischen Militärgerichten zu Lagerhaft verurteilt wurden.

Eine Verhaftungsaktion fand in der Nacht vom 23. zum 24. September 1948 statt. Das NKWD verschleppte zahlreiche Jugendliche und verbrachte diese in die Keller der Prenzlauer Friedhofstraße. Von dort überstellte man sie in das NKWD-Gefängnis nach Eberswalde. In monatelangen nächtlichen Verhören wurden von den Jugendlichen Schuldbekenntnisse erzwungen. Nach diesen erpressten Geständnissen hätten sie als Mitglieder einer illegalen Organisation die Absicht gehabt, gegen die sowjetische Besatzungsmacht zu kämpfen und seien auch im Besitz von Waffen und Funkgeräten gewesen. Im Februar 1949 hat ein Sowjetisches Militärtribunal in Eberswalde zwölf junge Männer, unter ihnen auch Kurt Hanjohr und Hans Stein, wegen angeblicher Mitgliedschaft in einer illegalen Organisation, antisowjetischer Propaganda und terroristischer „Diversion“ zu 25 Jahren Arbeitslager verurteilt. Im gefürchteten Zuchthaus ⇨Bautzen verbrachten sie die schlimmsten Jahre ihres jungen Lebens.

Eine vorläufige Liste der durch DDR-Gerichte zwischen 1949 und 1989 aus politischen Gründen Verurteilten umfasst 59 Namen aus dem Kreis Prenzlau. Die Anklagen bezogen sich u. a. auf „Staatshetze“, Verbreiten von Westnachrichten, Verteilen von Flugblättern zum 17. Juni 1953, Spionage, Auftreten gegen den Einmarsch der Warschauer-Pakt-Staaten in die CSSR 1968 und versuchte „Republikflucht“.

Inschrift des Gedenksteins: „Den Opfern des Stalinismus / 1945-1989 / Hier wurden 1945-1950 Jugendliche – Frauen / u. Männer gefangengehalten, / verhört u. gefoltert. / Ihr Leiden u. Sterben war Beginn / eines neuen Unrechtsystems. / Nicht Rache soll sein, / sondern Erinnerung!"
An einer Mauer neben dem Gedenkstein steht zu lesen: „Wir wollen vergeben, / wollen keine Rache, / wir wollen nie wieder eine Diktatur!"

QUELLEN / LITERATUR
Information der VOS, Landesgruppe Brandenburg, Bezirksgruppe Prenzlau, und Dokumentation von Hans Stein und Kurt Hanjohr zum 6. Treffen der Opfer des Stalinismus des Kreises Prenzlau am 13. Mai 1995.
Information der Unteren Denkmalschutzbehörde des Landkreises Uckermark.
Die Freiheitsglocke 7/1991.
Prenzlauer Zeitung vom 11.5.1995 und 15.5.1995.

STANDORT
Friedhofstraße 4, 17291 Prenzlau

VERKEHRSANBINDUNG / PKW
A 11 (E 28) Abfahrt Prenzlau, B 198 bis Prenzlau; B 109 zwischen Berlin und Pasewalk bis Prenzlau

Gedenkstein für die Opfer der Internierungslager des NKWD

Pritzwalk. An der Stelle des ehemaligen Sägewerkes in Pritzwalk befand sich von 1945 bis 1947 ein Durchgangslager des sowjetischen Geheimdienstes NKWD. Von dort aus wurden neben Funktionsträgern des Nationalsozialismus auch unter dem Verdacht der Tätigkeit für die „Werwolf"-Organisation stehende Jugendliche und willkürlich Verhaftete in die Speziallager des NKWD gebracht.

Der Sohn des damaligen Jugendpfarrers, Michael Krüger, ließ in Eigeninitiative einen Gedenkstein fertigen, der an diese Opfer erinnern soll. Er hatte durch seinen Vater vom Schicksal vieler Opfer erfahren. 1996 wurde der Stein in der Gartenstraße, wo sich früher das Lager befunden hatte, vor zwei neu errichteten Wohnblocks eingeweiht. Die Stadtverwaltung beschloss allerdings, dass der Stein mitten in der Stadt im Wege sei und ließ ihn 1998 auf den Friedhof bringen. Dort steht er neben Massengräbern von Opfern des Nationalsozialismus und weiteren Gedenksteinen und trägt die Inschrift: „Gegen Gewalt / 1945-1947 / Internierungslager / des NKWD".

STANDORT
Friedhof, 16928 Pritzwalk

VERKEHRSANBINDUNG / PKW
A 24 bis Meyenburg, dann B 103 Richtung Pritzwalk

Gedenktafel zur Erinnerung an die erste Großdemonstration am 7. November 1989 in Rathenow

Rathenow. Auf einer Mitgliederversammlung des Neuen Forums Rathenow am 28. August 1990 wurde die Idee zu einer Gedenkplatte im Stadtzentrum geboren. Anliegen der Initiatoren war es, an den Mut und die Entschlossenheit demokratisch gesonnener Bürger aus dem Kreis Rathenow zu erinnern, die sich im Herbst 1989 auf dem Märkischen Platz zu eindrucksvollen Kundgebungen zusammenfanden. Am 7. November 1989 waren es etwa 15 000 Menschen, die in Rathenow für eine demokratische Umgestaltung der DDR demonstrierten. Sie forderten u. a. den Rücktritt der Regierung und die Auflösung der SED und der Staatssicherheit.

Zum ersten Jahrestag dieser Großdemonstration, am 7. November 1990, wurde vor dem Eingangsportal des Kulturhauses eine Gehwegplatte in den Pflasterboden eingelassen. Die Inschrift auf der Granitplatte wurde von dem Steinbildhauer Volker Roth entworfen und ausgeführt und lautet: „Auf diesem Platz / versammelten / sich am / 7. November 1989 / erstmalig / Tausende Bürger / des / Kreises Rathenow, / um sich von / der SED-Diktatur / zu befreien. / Den Mut / hierzu / gab / ihnen / das Neue Forum“.

QUELLEN / LITERATUR
Information des Neuen Forum Rathenow.
Marr, Ilona / Sascha Schneider: Chronik der Wende im Kreis Rathenow. Herbst '89, hrsg. von der Kreisverwaltung Rathenow, Rathenow 1992.

STANDORT
Märkischer Platz, 14712 Rathenow

VERKEHRSANBINDUNG / PKW
A 2 bis Abfahrt 78, dann B 102 über Brandenburg / Havel bis Rathenow; B 188 nach Rathenow

Gedenktafel zur Erinnerung an die Gründung der SDP

Schwante. Nach der Zwangsvereinigung der SPD mit der KPD zur SED im April 1946 gab es erst 1989 wieder eine sozialdemokratische Partei im Osten Deutschlands. Mit der SED-Gründung hatten die Kommunisten ihren wichtigsten Gegner auf dem Weg zur politischen Vorherrschaft ausgeschaltet. Im Jahre 1948 beschloss die SED, „schädliche und feindliche Elemente“ aus ihren Reihen „auszumerzen“. Betroffen waren zahlreiche Sozialdemokraten. Ein Großteil der früheren SPD-Mitglieder wurde in den folgenden Jahren aus den Ämtern gedrängt, aus der Partei ausgeschlossen oder verhaftet. Bei den Parteisäuberungen von 1950/51 mussten etwa 150 000 ehemalige SPD-Mitglieder die SED verlassen. Danach waren die Kommunikationswege unter den Sozialdemokraten zerstört, und lokale Milieus der Sozialdemokratie lösten sich bis Mitte der fünfziger Jahre auf. Einzig in Berlin konnte die SPD bis zum Mauerbau im Ostsektor der Stadt weiterhin politisch aktiv sein. Viele Sozialdemokraten blieben ihren Überzeugungen treu, waren jedoch isoliert und hatten keine Bindungen untereinander.

In den achtziger Jahren entstand in der DDR eine Oppositionsbewegung, die im Zusammenhang der westeuropäischen Friedensbewegung und des osteuropäischen Umbruchsprozesses zu sehen ist. Anfang 1989 fiel die Entscheidung, eine sozialdemokratische Partei zu gründen, nachdem noch im Frühjahr 1988 über die Bildung eines Vereins „Bürgerbeteiligung" nachgedacht worden war. Seit dem 26. August 1989, dem 200. Jahrestag der Erklärung der Menschenrechte während der Französischen Revolution, wurde in der DDR der Gründungsaufruf verbreitet.

Während die Staatsführung der DDR den 40. Jahrestag der Gründung des Landes feierte, gründete sich am 7. Oktober 1989 illegal und unter Beobachtung der Staatssicherheit in Schwante im heutigen brandenburgischen Landkreis Oberhavel die Sozialdemokratische Partei (SDP). 43 Oppositionelle, vor allen evangelische Geistliche, fanden sich in dem kleinen Dorf zusammen und setzten mit der Parteigründung die große Tradition einer sozialdemokratischen Partei in Deutschland fort. Gleichzeitig wollten sie Eigenständigkeit gegenüber der SPD in der Bundesrepublik demonstrieren und nannten sich SDP: Sozialdemokratische Partei in der DDR. Die Gründungsmitglieder wählten einen 15-köpfigen Vorstand mit Stephan Hilsberg als Sprecher sowie Angelika Barbe und Markus Meckel als zweite Sprecher. Neben dem Gründungsdokument wurde auch ein Statutenentwurf mit einem politischen Programm verabschiedet.

Bei seinem programmatischen Vortrag auf der Gründungsversammlung in Schwante erklärte Meckel zur Motivation der Parteigründung: „Es soll ein Zeichen sein des beginnenden Endes einer entmündigenden Herrschaft und des notwendigen Anfangs einer wirklich demokratischen Republik." In der Gründungsurkunde heißt es zur Zielstellung der Parteigründer: „Sie erklären sich in voller Übereinstimmung mit dem von der Initiativgruppe zur Bildung einer SDP erklärten Grundsatz, auf eine ökologisch orientierte soziale Demokratie hinzuwirken." Die SDP verstand sich wie das Neue Forum, der Demokratische Aufbruch und die Grüne Partei als Teil der Bürgerbewegung. Sie war jedoch die erste politische Partei und demonstrierte damit ihre Bereitschaft zur Übernahme politischer Verantwortung. Am 13. Januar 1990 beschloss die SDP auf einer Landesdelegiertenkonferenz in Ost-Berlin die Umbenennung in SPD.

Zum fünften Jubiläum der Gründung wurde auf Initiative der SPD am 7. Oktober 1994 am Pfarrhaus neben der Kirche in Schwante eine Gedenktafel eingeweiht mit der Inschrift: „Am 7. Oktober 1989 wurde in diesem Haus von 43 Frauen und Männern die Sozialdemokratische Partei wiedergegründet."

In der „Alten Post" soll ein „Traditionszimmer" eingerichtet werden, in dem die Geschichte des Ortes Schwante dokumentiert sein wird. Es ist eine Ausstellung von Geschichten, Fotos und Erinnerungsstücken geplant.

QUELLEN / LITERATUR

Gröf, Wolfgang: In der frischen Tradition des Herbstes 1989. Die SDP/SPD in der DDR. Von der Gründung über die Volkskammerarbeit zur deutschen Einheit (Friedrich-Ebert-Stiftung, Historisches Forschungszentrum, Beiträge aus dem Archiv der sozialen Demokratie I), 2. Aufl., Bonn 1996.
Meckel, Markus / Martin Gutzeit: Opposition in der DDR. Zehn Jahre kirchliche Friedensarbeit. Kommentierte Quellentexte, Köln 1994.

STANDORT

Pfarrhaus, Zuweg zum Friedhof, 16727 Schwante

VERKEHRSANBINDUNG / PKW

Berliner Ring Richtung Neu-Vehlefanz, in Vehlefanz abfahren, Breite Straße Richtung Schwante

Gedenkstein zum 17. Juni 1953

Strausberg. Der 17. Juni 1953 markiert den Höhepunkt und die Niederschlagung des Volksaufstandes in der DDR, bei dem sich große Teile der Bevölkerung gegen die SED-Diktatur erhoben.

2001, am 48. Jahrestag des Volksaufstands, wurde in der Stadt Strausberg ein Gedenkstein für die Opfer des 17. Juni 1953 errichtet. Er trägt die Inschrift: „Zur / Erinnerung / an die Opfer / des Aufstandes vom / 17. Juni 1953 in Strausberg. / Die Streikleitung wurde zu / langjährigen Haftstrafen / verurteilt." Nach jahrelanger Diskussion in der Stadt konnten der Bürgermeister und der damalige Streikleiter Heinz Grünhagen diesen Gedenkstein vor der heutigen Barnim-Kaserne enthüllen. Von dieser Stelle aus war der damals 20-jährige Heinz Grünhagen, Vorarbeiter auf einer Baustelle bei Strausberg, wo Kasernen für die Nationale Volksarmee entstanden, mit 1000 Bauarbeitern in einem Konvoi aus Lastern und Kippern Richtung Berlin gefahren, um gegen die Normenerhöhungen beim Bau zu demonstrieren. Aufgrund des Ausnahmezustandes wurden die Protestierenden von russischen Soldaten zur Umkehr gezwungen. Dennoch hat man Grünhagen am folgenden Tag verhaftet und nach ⇨Frankfurt (Oder) ins Gefängnis der Staatssicherheit gebracht. In einem Schauprozess gegen ihn und fünf andere Kollegen am 26. Juni wurde er zu fünf Jahren Zuchthaus verurteilt. Unter der Überschrift

„Das Ende der Provokateure von Strausberg“ stand sein Name in der Lokalzeitung. Heinz Grünhagen wurde nach 1990 rehabilitiert. Der 2001 enthüllte Gedenkstein geht auf sein Engagement zurück.

Strausberg war von 1956 bis zum Ende der DDR Sitz des Ministeriums für Nationale Verteidigung der DDR und Tagungsort des Nationalen Verteidigungsrates der DDR. Seit dem 3. Oktober 1990 ist in Strausberg die einzige Außenstelle des Bundesministeriums für Verteidigung als Wehrbereichsverwaltung VII für die neuen Bundesländer und Berlin zuständig.

QUELLEN / LITERATUR
Ciesla, Burghard (Hrsg.): Freiheit wollen wir! Der 17. Juni 1953 in Brandenburg, Berlin 2003.
Jochen Wolff (Hrsg.): Der Aufstand. Juni '53 – Augenzeugen berichten, Berlin 2003.
Der Tagesspiegel vom 16.6.2003.

STANDORT
Vor der Barnim-Kaserne, Hennickendorfer Chaussee
15344 Strausberg

VERKEHRSANBINDUNG / PKW
B1 zwischen Berlin und Müncheberg, dann auf L 303 / L 33 /L 23 /Berliner Straße nach Strausberg

Gedenktafel für die Opfer totalitärer Gewaltherrschaft

Wandlitz. Wie an vielen anderen Orten der Sowjetischen Besatzungszone kam es auch in Wandlitz zwischen 1945 und 1950 zu Verhaftungen durch den sowjetischen Geheimdienst. Aufgrund einer gezielten Denunziation gerieten 1949 vor allem Jugendliche aus dem Ort und der Umgebung in die Fänge des NKWD. Die insgesamt 50 Verhafteten wurden zuerst zum NKWD-Gefängnis nach Eberswalde gebracht und kamen von dort aus in andere Gefängnisse und Speziallager wie ⇨Potsdam, ⇨Bautzen, ⇨Torgau und ⇨Sachsenhausen. Im Februar 1950, nach der Übergabe der Gefangenen durch die sowjetische Besatzungsmacht, setzte sich ihr Leidensweg in den Gefängnissen der DDR-Strafjustiz fort. Viele von ihnen überlebten die Haft nicht oder starben später an den Folgen ihrer Haftzeit. Das Oberste russische Militärgericht hat inzwischen alle 50 Betroffenen rehabilitiert.

Am 21. März 1999 wurde im Eingangsbereich des Rathauses von Wandlitz feierlich eine Gedenktafel enthüllt, die an die zu Unrecht Verfolgten und Inhaftierten des Ortes und der Umgebung während der NS-Zeit, der sowjetischen Besatzungszeit und der SED-Herrschaft erinnert. Die Tafel hat der Bildhauer Harald Haacke geschaffen, dessen Vater im sowjetischen Speziallager ⇨Sachsenhausen im Sommer 1945 verhungerte. Initiiert wurde die Anbringung der Tafel von einem ehemaligen Opfer der sowjetischen Militärstrafjustiz. Die Inschrift der Gedenktafel lautet: „Nie wieder Krieg / nie wieder KZ / nie wieder Diktatur – / die vor und nach 1945 zu Unrecht Verfolgten und Inhaftierten / des Amtsbereichs Wandlitz / mahnen uns.“

QUELLEN / LITERATUR
Wandlitzer Extrablatt vom April 1999

VERKEHRSANBINDUNG / PKW
Anfahrt über den Autobahnzubringer Berlin-Pankow in Richtung Dreieck-Pankow zum Berliner Ring (A 10); zuvor Abfahrt über die B 109 in Richtung Wandlitz. Anfahrt über den nördlichen Berliner Ring (A 10) bis zur Abfahrt Mühlbeck und dann weiter in Richtung Wandlitz. Anfahrt über die A 11 (Berlin-Szczecin) bis zur Abfahrt Wandlitz

Gedenkstätte zur Erinnerung an das sowjetische Speziallager Nr. 7

Weesow bei Werneuchen. Von Mai bis August 1945 befand sich in einem abgetrennten Teil des Dorfes Weesow bei Werneuchen das Speziallager Nr. 7 des NKWD, das als Sammel- und Durchgangslager diente. Die meisten Häftlinge wurden danach in das im Januar 1946 aufgelöste Lager Landsberg/Warthe und von dort in das Speziallager Nr. 2 ⇨Buchenwald verlegt. Zahlreiche Gefangene wurden in die Sowjetunion deportiert. Weesow gehörte neben den Speziallagern Nr. 5 ⇨Ketschendorf und Nr. 9 ⇨Fünfeichen zu den ersten Speziallagern, die auf dem Territorium der Sowjetischen Besatzungszone (SBZ) entstanden.

Die Häftlinge in Weesow waren kriegsgefangene Wehrmachtsangehörige, festgenommene Zivilisten, unter ihnen viele Jugendliche unter „Werwolf“-Verdacht, auch russische Soldaten der mit der Wehrmacht verbündeten Wlassow-Armee. Die von den sowjetischen Sicherheitsorganen verhafteten Deutschen wurden zuerst im benachbarten Werneuchen auf einem Flugfeld im Freien gefangen gehalten. Später wurden in Weesow sechs Bauerngehöfte am Dorfausgang in Richtung Wilmersdorf als Lager hergerichtet, mit Stacheldraht umzäunt und scharf bewacht. Die katastrophalen hygienischen Verhältnisse und die mangelhafte Ernährung führten zu Krankheiten, an denen etwa 1 000 bis 1 500 Häftlinge starben. Als das Lager im August 1945 aufgelöst und die Häftlinge nach ⇨Sachsenhausen verlegt wurden, hatten es ca. 10 000 Häftlinge durchlaufen, unter ihnen auch Prominente wie der Schauspieler Gustaf Gründgens. Die in Weesow verbliebenen etwa 2 000 Häftlinge mussten am 16. August 1945 einen 40 Kilometer langen Fußmarsch nach Oranienburg zum Speziallager Sachsenhausen antreten, den viele von ihnen nicht überlebten.

Zurück blieb ein Massengrab in einer stillgelegten Kiesgrube am Ortsrand von Weesow. Obwohl das Lager wie alle sowjetischen Speziallager in der DDR mit Schweigen belegt wurde, gab es dort in den fünfziger Jahren einzelne von Angehörigen gesetzte Grabsteine und Hecken. Später verwilderte die Stätte bis zur Unkenntlichkeit. Entgegen der Genfer Konvention wurde dicht an den Massengräbern eine Mülldeponie betrieben.

Nach 1990 ließ der Volksbund Deutsche Kriegsgräberfürsorge (VDK), veranlasst durch ehemalige Häftlinge, Probegrabungen auf dem Gelände durchführen. Nachdem das Massengrab mit den meist unbekleidet bestatteten Toten aufgefunden worden war, konnte am 18. Oktober 1992 durch den VDK im Zusammenwirken mit den Angehörigen der Opfer, der Arbeitsgemeinschaft Lager Sachsenhausen 1945-1950 e.V. sowie der Landesregierung Brandenburg eine Gedenkstätte eingeweiht und so der Ort des Massengrabes kenntlich gemacht werden.

Die feierliche Einweihung erfolgte im Rahmen eines ökumenischen Gedenkgottesdienstes in der Kirche von Weesow. Einen großen, an ein Kreuz erinnernden Naturstein hat der Bildhauer Stephan Möller aus Hohenbruch gestaltet. Angehörige der Opfer setzten einzelne Gedenksteine und pflanzten eine Buche am Ort der Gräber. Die Gedenkstätte ist eingezäunt, das Tor jederzeit geöffnet. Am Eingang befinden sich Informationstafeln zum Speziallager Weesow.

QUELLEN / LITERATUR

Flocken, Jan von; Michael Klonovsky: Stalins Lager in Deutschland 1945-1950. Dokumentation, Zeugenberichte, Berlin/Frankfurt a.M. 1991, dort insbesondere: Erlebnisbericht von Erwin Krombholz, S. 168-171.
Morré, Jörg: Werneuchen/Weesow. Speziallager Nr. 7 (Mai-August 1945), in: „Speziallager des NKWD. Sowjetische Internierungslager in Brandenburg 1945 - 1950", hrsg. von der Brandenburgischen Landeszentrale für politische Bildung und der Stiftung Brandenburgische Gedenkstätten, Potsdam 1997.

STANDORT

16356 Weesow

ANSPRECHPARTNER

Arbeitsgemeinschaft Lager Sachsenhausen 1945-1950 e.V., Frau Gisela Gneist, Scharnskamp 19d, 22415 Hamburg

VERKEHRSANBINDUNG

Regionalbahn 25 bis zum Bahnhof Werneuchen, von dort zwei Kilometer Fußweg bis Weesow. Zur Gedenkstätte führt ein Feldweg. Dort und an der Hauptstraße sind Wegschilder angebracht

PKW

B 158 bis Werneuchen, Abfahrt Weesow

Peter-Huchel-Haus

Wilhelmshorst. Im Oktober 1997 wurde das Peter-Huchel-Haus in Wilhelmshorst als Gedenkstätte und Literaturhaus eröffnet. Fast 20 Jahre lang lebte dort der Dichter Peter Huchel (3.4.1903–30.4.1981), nach Meinung von Joseph Brodsky neben Gottfried Benn der bedeutendste deutsche Dichter der Nachkriegszeit. Huchels Ruhm gründet sich auch auf sein Wirken als erster Chefredakteur der DDR-Literaturzeitschrift „Sinn und Form" von 1949 bis 1962, die Walter Jens das „geheime Journal der Nation" nannte. Darin veröffentlichte er ein breites Spektrum der Weltliteratur und Literaturtheorie, darunter Bertolt Brecht, französische Existenzialisten, russische Formalisten, Franz Kafka, Walter Benjamin, Ernst Bloch und Theodor W. Adorno.

1951 erhielt Peter Huchel für seinen Band „Gedichte" den Nationalpreis der DDR. In der freirhythmischen, unpathetischen Lyrik des „Dichters der Mark Brandenburg" ist die Liebe zu seiner Heimat zu spüren. 1962 wurde nach heftigen Anfeindungen gegen Huchels parteiunabhängige verlegerische Konzeption sein Rücktritt als Chefredakteur von „Sinn und Form" erzwungen. Es folgten neun Jahre der ständigen Überwachung durch das MfS. 1963 wurde Huchel der West-Berliner Theodor-Fontane-Preis verliehen, den er entgegen der Forderung Alfred Kurellas (Kulturfunktionär, Mitglied des ZK der SED) annahm. Von 1963 bis 1971 hatte er in der DDR faktisch Publikationsverbot. 1965 verweigerte man ihm die Annahme einer Gastdozentur für Poetik an der Universität in Frankfurt am Main. Aufgrund seines Reiseverbotes wurden ihm weitere Preise 1965 und 1968 in Abwesenheit verliehen.

Peter Huchels Haus in Wilhelmshorst war Treffpunkt von Schriftstellern, Künstlern und Intellektuellen, die in Opposition zum SED-Regime standen. Günter Kunert, Reiner Kunze, Wolf Biermann und Ludvik Kundera gehörten dazu. Auch Heinrich Böll und Max Frisch zählten zu den Besuchern dieses „Ortes des stillen Widerstandes". Nach Interventionen der Akademie der Künste West-Berlin, Hamburg und Bayern und des Präsidenten des Internationalen PEN-Clubs, Heinrich Böll, wurde Huchel und seiner Frau im April 1971 die Ausreise gestattet. Peter Huchel ging zunächst als Stipendiat der Villa Massimo nach Italien und siedelte dann in die Bundesrepublik Deutschland über, wo er bis zu seinem Tod 1981 in Staufen lebte. 1984 stifteten das Land Baden-Württemberg und der Südwestfunk Baden-Baden den Peter-Huchel-Preis.

Das Haus in Wilhelmshorst hatte Huchel nach seinem Weggang dem Dichter Erich Arendt überlassen, der dort bis zu seinem Tod 1984 wohnte. Auf Initiative der Akademie der Künste und des Landes Brandenburg wurde am 30. April 1991, dem 10. Todestag Huchels, vor dem Haus eine Gedenktafel eingeweiht. Sie trägt die Inschrift: „Peter Huchel / lebte hier von 1953 bis 1971". Anwesend waren der Schriftsteller Stephan Hermlin, der die Rede zur Einweihung hielt, und der Staatssekretär für Kultur des Landes Brandenburg, Dr. Jürgen Dittberner. Die Messingplatte wurde auf einem Findling angebracht, den der Dichter Huchel sich einst in seinen Garten holen ließ und den er als seinen Grabstein vorgesehen hatte.

1995 entstand auf Initiative des Brandenburgischen Literaturbüros in den unteren Räumen eine Ausstellung zu Leben und Werk Peter Huchels. Im Dachgeschoss befindet sich die Geschäftsstelle des „Ludvik-Kundera-Instituts", das die tschechische Literatur in deutscher Sprache fördern will. Eine Gedenktafel an Huchels Geburtshaus in ⇨Berlin Steglitz-Zehlendorf, Ortsteil Lichterfelde, erinnert seit dem 14. Juli 1994 an den Dichter. Die frühere Alexander-Abusch-Straße in Berlin-Marzahn, Ortsteil Hellersdorf, trägt seit dem 5. Juni 1992 seinen Namen.

QUELLEN / LITERATUR

Huchel, Peter: Gesammelte Werke in zwei Bänden, Frankfurt a. M. 1984.
Nijssen, H.: Der heimliche König. Leben und Werk von Peter Huchel, Würzburg 1998.
Schoor, U: Das geheime Journal der Nation. Die Zeitschrift „Sinn und Form", Berlin 1992.
Walther, Peter (Hrsg.): „Am Tage meines Fortgehns. Peter Huchel (1903-1981)". Begleitband zur Ausstellung des Brandenburgischen Literaturbüros, Frankfurt a. M. und Leipzig 1996.

STANDORT

Hubertusweg 41, 14557 Wilhelmshorst

KONTAKT

Tel. 033205 / 629 63, Fax 03 32 05 / 629 65; E-mail: Peter.Huchel.Haus@gmx.de, www.peter-huchel-haus.de

ÖFFNUNGSZEITEN

samstags und sonntags von 10 bis 13 Uhr und von 14 bis 17 Uhr

VERKEHRSANBINDUNG / PKW

Avus Richtung Berliner Ring bis Abfahrt Saarmund / Michendorf; in Langerwisch rechts Richtung Wilhelmshorst. Im Ort über die Bahnlinie, dann links (An der Aue), dann zweite Straße rechts in den Hubertusweg. Von Potsdam: B 2 Richtung Michendorf, links Abzweig nach Wilhelmshorst. Im Ort über den Goetheplatz (Kreisverkehr), dann rechts (An der Aue), dann zweite Straße rechts in den Hubertusweg

Bremen

Gedenkinschrift am Deutschen Haus

Bremen. Mitten in der Hansestadt Bremen, am Marktplatz, steht ein norddeutscher Backsteinbau, der seit 1956 an die deutsche Teilung erinnert. 1955 wurde die städtische Häusergruppe, zu der auch die ehemaligen „Bürgerstuben“ gehörten, umgebaut und als Wirkungsstätte der Deutschen Bruderschaft e.V. und der Deutschen Bruderhilfe e.V. Bremen übergeben. 1956, nach seiner Restaurierung, wurde das Haus am Markt in „Deutsches Haus“ umbenannt. Der Ort, an dem die Idee der Wiedervereinigung der beiden Teile Deutschlands wachgehalten werden sollte, diente zur Betreuung von Besuchern aus dem Osten sowie der Volkshilfe. Die großen Lettern der Inschrift an der Hausfassade wurden auf Initiative des damaligen Bürgermeisters Wilhelm Kaisen angebracht und sind über den ganzen Marktplatz hinweg sichtbar. Die Inschrift lautet: „Gedenke / der / Brüder, / die das / Schicksal / unserer / Trennung / tragen!“

QUELLEN / LITERATUR
Bremer Bürgerzeitung vom 30.6.1956.
Information des Landesamtes für Denkmalpflege der Freien Hansestadt Bremen.

STANDORT
Am Markt 1, 28195 Bremen

VERKEHRSANBINDUNG / PKW
Von A 27 (E 234) zwischen Bremerhaven und Hannover bis Abfahrt 18, 19 oder 20 zur Altstadt Bremen; von A 1 (E 37) zwischen Osnabrück und Lübeck bis Abfahrt 57 zur Altstadt Bremen; von A 28 (E 22) ab Oldenburg bis zur B 75 und weiter Richtung Altstadt Bremen

Hessen

Kassel
Wanfried
Philippsthal
Marburg
Rasdorf
Tann
Gießen
Wetzlar
Fulda
Frankfurt am Main
Hanau
Offenbach
Wiesbaden
Rüsselsheim
Darmstadt

Luftbrückendenkmal am Flughafen Frankfurt am Main

Frankfurt am Main. Kaum drei Jahre nach dem Ende des Zweiten Weltkrieges wurde Berlin zum ersten Brennpunkt des Kalten Krieges. Die Währungsreform der westlichen Alliierten vom 24. Mai 1948 in den westlichen Besatzungszonen, die auch in den Westsektoren Berlins durchgeführt wurde, nutzte die Sowjetunion als Vorwand, um am 24. Juni 1948 über die drei von den Westalliierten kontrollierten Sektoren Berlins eine Blockade zu verhängen. Alle Personen- und Gütertransportwege von und nach West-Berlin wurden unterbrochen. Damit sollte der Abzug der Westalliierten aus Berlin erreicht werden. US-Präsident Harry S. Truman verkündete am 28. Juni 1948, dass die Amerikaner Berlin nicht verlassen würden. Sie wollten „ohne Provokation" mit lokalen und diplomatischen Mitteln die Krise beilegen – der Entschluss für die Luftbrücke. Bereits am 26. Juni trafen die ersten 80 Tonnen Lebensmittel aus Frankfurt am Main in Berlin-Tempelhof ein. Die Operation „Vittles" begann. Die Briten starteten am 28. Juni erste Versorgungsflüge. Mit Transportflugzeugen, die der Volksmund „Rosinenbomber" nannte, flogen die Westalliierten Lebensmittel, Rohstoffe und Waren des täglichen Bedarfs nach West-Berlin ein. Obwohl die Blockade im Mai 1949 beendet war, hielten die Westmächte die Luftbrücke noch bis zum 30. September 1949 aufrecht. An insgesamt 462 Tagen wurden 277 264 Flüge absolviert, bei denen mehr als 1,8 Millionen Tonnen nach Berlin geflogen wurden. Im Einsatz waren insgesamt 380 Flugzeuge und 57 000 Mann Personal. Die Luftbrücke kostete 78 Menschen das Leben: 41 Briten, 31 Amerikaner und sechs Deutsche.

Bereits Ende November 1945 und im Februar 1946 legte der Alliierte Kontrollrat drei Luftkorridore von Berlin nach Hamburg, Bückeburg (Hannover) und nach Frankfurt am Main für Flüge der Alliierten zwischen Berlin und den westlichen Besatzungszonen fest. Sie waren jeweils ohne Höhenbeschränkung 32 Kilometer breit. Einschränkungen im Verkehr zwischen Ost und West setzten im Januar 1948 ein. Bereits am 30. März 1948 kündigten die Sowjets der amerikanischen Militärregierung Einschränkungen im Berlin-Verkehr für Personal und militärisches Frachtgut der Alliierten an. Der Güter- und Postverkehr auf Schiene und Straße wurde massiv behindert. Am 1. April wurden zwei britische Personenzüge an der Zonengrenze abgewiesen und zurückgeschickt, der Binnenschiffverkehr von und nach Berlin wurde unterbrochen. Wegen angeblich „technischen Schwierigkeiten" gab es am 4. April keinen direkten Zugverkehr mehr von Hamburg und München nach Berlin, einen Tag später wurde der Paketverkehr mit der Bahn in Richtung Berlin lahm gelegt. Diese Maßnahmen waren Teil einer „Salamitaktik", mit denen die Rechte der Westalliierten beschnitten werden sollten. Die Amerikaner reagierten darauf mit einer „kleinen“ oder auch „Baby-Luftbrücke“ genannten Aktion. Nach dem 2. April wurden Flugzeuge im Liniendienst vom Rhein-Main-Flughafen Frankfurt am Main nach ⇨Berlin-Tempelhof gestartet. Bereits am ersten Tag wurden auf diese Weise 25 Tonnen Lebensmittel nach Berlin gebracht. Diese bereits wenige Tage später beendete Mini-Luftbrücke galt als gelungene Generalprobe für die nach der Währungsreform einsetzende Luftbrücke und brachte 200 Tonnen Lebensmittel nach Berlin.

Die Luftbrücke war mit einem riesigen organisatorischen Aufwand verbunden. Allein auf dem Rhein-Main-Flughafen in Frankfurt am Main mussten an einem Flugtag 820 000 Liter Flugbenzin zur Verfügung gestellt werden. Ab dem 13. September wurden von Frankfurt aus Einzelteile für das neue Kraftwerk „West“, das später nach dem verstorbenen Regierenden Bürgermeister „Ernst Reuter“ benannt wurde, nach Berlin geflogen. Die Amerikaner flogen ihre Einsätze zunächst nur von den Flughäfen in Wiesbaden und Frankfurt am Main. Doch mit der zunehmenden Anzahl der Maschinen wurde die Abwicklung von nur einem Flughafen immer schwieriger. Zudem wurde angestrebt, die nach Berlin zu fliegende Strecke, die zwischen Frankfurt am Main und Berlin und zurück 880 Kilometer beträgt, zu verkürzen. Deshalb wurden ab August auch Flughäfen in Faßberg-Unterlüß und Lübeck genutzt. Später kamen Hamburg-Fuhlsbüttel, Celle und Schleswigland hinzu.

Seit 1985 steht am Ostrand des Flughafens Frankfurt am Main ein Denkmal für die Luftbrücke, das das Gegenstück zum Luftbrückendenkmal in Berlin-Tempelhof darstellt. Es symbolisiert ebenfalls die drei Luftkorridore. Daneben stehen zwei „Rosinenbomber“.

QUELLEN / LITERATUR
Krönig, Peter: Schaut auf diese Stadt! Berlin und die Luftbrücke, Berlin 1998.
Scherff, Klaus: Luftbrücke Berlin, Stuttgart 1976.
Wetzlaugk, Udo: Berliner Blockade und Luftbrücke 1948/49, Berlin 1998.

STANDORT
Flughafen Frankfurt
60549 Frankfurt am Main

VERKEHRSANBINDUNG
Ortsrand des Flughafens an der Autobahn A5 Frankfurt-Basel in Höhe Fußgängerbrücke über die A 5

Gedenksteine in der Hessischen Erstaufnahmeeinrichtung für Flüchtlinge (HEAE)

Gießen. Die Stadt Gießen wurde während des Zweiten Weltkrieges schwer bombardiert. In der Nacht zum 7. Dezember 1944 warf die Royal Air Force 1 193 Tonnen Bomben auf die Stadt. Gießen galt bei Kriegsende als vollkommen zerstört. Die Stadt gehörte nach 1945 zur amerikanischen Besatzungszone. Am 15. Februar 1946 ließ die Besatzungsmacht in Gießen ein Lager für Heimatvertriebene aus den sog. „Ostgebieten" errichten. Gegen Ende Oktober 1946 waren etwa 16 Prozent der mehr als 17 Millionen Menschen zählenden Bevölkerung der amerikanischen Besatzungszone Flüchtlinge und Vertriebene. Mit dem Kalten Krieg erlangte vor allem die Zuwanderung von Menschen aus der Sowjetischen Besatzungszone (SBZ) immer stärkere Bedeutung. Das Lager in Gießen erhielt deshalb im Juli 1947 den Status eines Landesaufnahmelagers für Flüchtlinge aus der SBZ. Zwischen der Verkündung des Grundgesetzes für die Bundesrepublik Deutschland (23.5.1949) und der Wahl zum 1. Deutschen Bundestag (14.8.1949) regelten die Flüchtlingsverwaltungen in den westlichen Besatzungszonen am 11. Juli 1949 (Uelzener Entschließungen) die Flüchtlingsfrage und Zuwanderung aus der SBZ neu. Man beschloss die Errichtung von zwei zentralen Zonendurchgangslagern: Uelzen und Gießen. Mehr als einen Monat später, am 25. August 1949, erhielt das Lager Gießen schließlich offiziell den Status eines zentralen Durchgangslagers. Nach damaligem Sprachgebrauch war es die Aufgabe der beiden Lager, „illegale Grenzgänger", die aus politischen Gründen die SBZ verlassen hatten, zu überprüfen. Gießen und Uelzen wurden aufgrund ihrer günstigen Lage zur SBZ ausgewählt; 1953 kam ein drittes Notaufnahmelager in ⇨Marienfelde-Berlin hinzu. Bis 1949 wurden Flüchtlinge aus der SBZ und dem sowjetischen Sektor von Berlin nicht systematisch registriert. Schätzungen gehen davon aus, dass im Zeitraum von 1945 bis 1949 mehr als 440 000 Menschen die SBZ einschließlich Ost-Berlin verlassen haben. Die Zahl könnte jedoch erheblich höher liegen. Erst ab Januar 1949 fand in West-Berlin und ab September 1949 in der Bundesrepublik eine systematische Erfassung statt. Am 22. August 1950 wurde das „Gesetz über die Notaufnahme von Deutschen in das Bundesgebiet" erlassen. Die Zahl der aufgrund des Gesetzes beantragten Notaufnahmeverfahren darf nicht mit der Zahl der Flüchtlinge aus der DDR gleichgesetzt werden: Einerseits waren nach dem Inkrafttreten des Notaufnahmegesetzes zahlreiche Menschen in der Bundesrepublik wohnhaft, die kein Aufnahmelager passiert hatten, und andererseits wurden in der Statistik auch Personen erfasst, die mit offizieller

Genehmigung der DDR in die Bundesrepublik übergesiedelt waren und damit nicht den Status eines Flüchtlings erfüllten. Zwischen 1949 und 1961 registrierten die NAL 2 686 942 Flüchtlinge bzw. Antragsteller im Notaufnahmeverfahren. Nach dem Bau der Mauer im August 1961 sank die Zahl der Flüchtlinge drastisch. Ab dem 1. April 1963 fungierte deshalb nur noch das Lager in Gießen als zentrales Notaufnahmelager mit zwei Außenstellen in Bad Nauheim und Laubach. Am 18. Februar 1986 kam es zur Umwandlung des Notaufnahmegesetzes mit seinen Anpassungen in ein Aufnahmegesetz. Im Zuge dieser Gesetzesumwandlung wurde per 1. Mai 1986 das NAL Gießen in Zentrale Aufnahmestelle des Landes Hessen (ZAH) umbenannt.

Die Wiedervereinigung beendete den Auftrag der ZAH. Das Hessische Ministerium für Jugend, Familie und Gesundheit gründete zum 1. April 1993 die Hessische Erstaufnahmeeinrichtung für Flüchtlinge in Gießen mit gleichzeitiger Änderung des Auftrages. Heute werden in der Dienststelle Asylsuchende aus aller Welt aufgenommen, untergebracht, betreut und versorgt, die dem Bundesland Hessen zugewiesen wurden. Ein Teil der Unterlagen des ehemaligen Notaufnahmelagers für Flüchtlinge und Zuwanderer aus der DDR (NAL/ ZAH) wird im Stadtarchiv Gießen aufbewahrt. Informationen unter folgender Anschrift: Stadtarchiv beim Magistrat der Universitätsstadt Gießen, Berliner Platz 1, 35390 Gießen.

Bis 1990 standen auf dem Gelände des/der ehemaligen NAL/ZAH drei Gedenksteine. Aus verkehrstechnischen Gründen kam es im Jahr 2000 zu deren Umsetzung in eine Gedenkstätte neben dem Pfortengebäude. Der Gedenkstein zum 17. Juni 1953, aufgestellt anlässlich des 1. Jahrestages des Volksaufstandes in der DDR am 17. Juni 1954, trägt die Inschrift: „17. Juni 1953 / Einheit / Frieden Freiheit". Die beiden anderen Gedenksteine, Ende 1990 anlässlich des Falls der Mauer und zur Verwirklichung der deutschen Einheit gestiftet, sind dem Fernfahrer-Country-Club Gießen e.V., Sektion „Berlin", bzw. einer Schenkung der CDU in Gießen zu verdanken. Ersterer besteht – ohne Aufschrift – aus einem von der Berliner Mauer stammenden Mauerabschluss und einer dicken Kette. Neben dem Stein mit der Aufschrift: „3.10.1990 / zur / Deutschen Einheit / CDU-Kreis-Gießen“ wurde eine Eiche gepflanzt.

QUELLEN / LITERATUR
Dokumente des geteilten Deutschland, hrsg. von Ingo von Münch, 2., unveränd. Aufl., Stuttgart 1976.

STANDORT
Hessische Erstaufnahmeeinrichtung für Flüchtlinge
Meisenbornweg 27, Haus 1, 35398 Gießen
Wichtiger Hinweis: Die Gedenksteine sind nicht frei zugänglich. Besuche sind nur nach Vereinbarung möglich: Tel. 0641 / 7961-0 (Vermittlung), Fax 0641 / 79 61-270; Sprechzeiten: montags und dienstags von 8.30 bis 12 Uhr und von 13.30 bis 15.30 Uhr, freitags von 8.30 bis 12 Uhr

VERKEHRSANBINDUNG / PKW
A 5, A 7 und A 45

Grenzmuseum

Philippsthal / Werra. Nach Beendigung des Zweiten Weltkrieges und der Aufteilung Deutschlands in vier Besatzungszonen wurde die Grenze zwischen Thüringen und Hessen zur Grenze zwischen der sowjetischen und der amerikanischen Besatzungszone und nach Entstehen der beiden deutschen Staaten 1949 zur „Staatsgrenze“. Der Grenzverkehr erfolgte mit Passierscheinen und Visa. Als Reaktion auf den wachsenden Flüchtlingsstrom aus der SBZ in die Westzonen bzw. nach 1949 aus der DDR in die Bundesrepublik verschärfte die DDR-Regierung die Sicherungsmaßnahmen an der innerdeutschen Grenze und beschloss am 26. Mai 1952 deren Abriegelung. Entlang der Grenze wurde ein fünf Kilometer breiter Sperrbezirk eingerichtet. Nach dem Bau der Berliner Mauer im August 1961 folgte der weitere Ausbau der Grenzanlagen. 1962 wurde erstmals außerhalb Berlins, vor der thüringischen Stadt Vacha entlang der Werra, eine Mauer aus Fertigbetonteilen errichtet.

Das Grenzmuseum im nordhessischen Philippsthal war bis zur Grenzöffnung 1989 eine Einrichtung des bundesdeutschen Grenzzolldienstes. Die Informationsstelle Philippsthal wurde im Februar 1967 auf Betreiben des Leiters des Zollkommissariates eingerichtet, um dem großen Besucherinteresse an der innerdeutschen Grenze entgegenzukommen. Anhand von Filmen, einem Sandkastenmodell des Grenzabschnitts bei Philippsthal und von Exponaten (unter anderem einem selbst gebastelten Holzschuh, mit dem ein Flüchtling den engmaschigen Metallgitterzaun an der Grenze überwand), konnten sich die Besucher über die Grenzanlagen, über geglückte und gescheiterte Fluchten und über das Leben auf der anderen Seite der Grenze informieren. Bis 1979 befand sich die Informationsstelle in einer Baracke, die von 1951 bis zur Schließung der Grenze im Mai 1952 als Grenzkontrollstelle gedient hatte. 1979 zog sie in großzügigere Räume im Torbogenhaus des Philippsthaler Schlosses um, wo sich das Museum heute befindet.

Nach der Grenzöffnung 1989 wurde die Trägerschaft der Einrichtung an die Gemeinde Philippsthal übergeben und die Informationsstelle zu einem Museum umgewidmet. Die ursprüngliche Ausstellung wurde unverändert übernommen und um eine neue Abteilung ergänzt, in der Bildtafeln von der Grenzöffnung 1989 zu sehen sind. Betreut wird die Einrichtung von der Arbeiterwohlfahrt. Diese bietet nach Vereinbarung einstündige Führungen durch das Haus an, die Filme über die innerdeutsche Grenze, die vom damaligen Gesamtdeutschen Institut produziert wurden, mit einschließen.

QUELLEN / LITERATUR
Gemeinde Philippsthal, Fremdenverkehrsamt.
Bundesministerium für innerdeutsche Beziehungen (Hrsg.): Die innerdeutsche Grenze, Bonn 1987.

STANDORT
Schloß 6, 36269 Philippsthal / Werra

ANSCHRIFT
Arbeiterwohlfahrt, Mühlstraße 2, 36269 Philippsthal / Werra.

ANSPRECHPARTNER
Elisabeth Herrmann (Arbeiterwohlfahrt), Tel. 066 20 / 14 32; Fritz Schäfer (Gemeindeverwaltung), Tel. 066 20 / 921 00

ÖFFNUNGSZEITEN
nach Vereinbarung

VERKEHRSANBINDUNG
Deutsche Bahn bis Bad Hersfeld, dann mit Bus 311 nach Philippsthal. Ausstieg am Schloss, Haltestelle ist ca. 50 Meter vom Grenzmuseum entfernt

PKW
Über die A 4, Abfahrt Friedewald, B 62 Richtung Philippsthal/ Werra, Bad Salzungen bzw. über die B 84 bis Vacha, B 62 Richtung Philippsthal / Werra, Bad Hersfeld

Grenzmuseum Rhön „Point Alpha“

Rasdorf. Die US-Armee richtete 1948 auf dem Rasdorfer Berg in der hessischen Rhön unmittelbar an der amerikanisch-sowjetischen Demarkationslinie eine Beobachtungsstation „Observation Point Alpha“ ein. Diese Station sollte zunächst nur als provisorischer Stützpunkt der Grenzpatrouillen der amerikanischen 24. Constabulary Squadron dienen. Die Einheit gehörte zum 11. Panzeraufklärungsregiment, einer Eliteeinheit, die in Fulda stationiert war und ab 1975 „11. ACR Blackhorse“ hieß. 1954 wurde auf dem Rasdorfer Berg ein Holzturm errichtet, von dem aus man das benachbarte thüringische ⇨Geisa einsehen und mögliche Truppenbewegungen verfolgen konnte. Geisa war die westlichste Stadt in der DDR. Dort waren DDR-Grenztruppen stationiert. Während der Zeit des Kalten Krieges vermuteten westliche Strategen, dass im Falle eines Angriffs die sowjetische Armee von einer Senke nördlich von Fulda, dem „Fulda Gap", in Richtung RheinMain-Gebiet vorstoßen könnte. Daher gewann dieses Gebiet als „Auge und Ohr" zum Osten zentrale Bedeutung im Verteidigungskonzept der NATO. 1971 wurde der Holzturm durch einen Betonturm ersetzt, zuvor waren bereits die Wellblechbaracken für die Unterbringung der Soldaten durch Betonbauten ersetzt worden. In „Point Alpha" leisteten stets rund 200 Soldaten des „Black Horse"- Panzeraufklärungsregiments rund um die Uhr Beobachtungsdienst. Der Ort Rasdorf wurde durch die ständige Präsenz der Amerikaner stark geprägt, und zwischen der Bevölkerung und den Soldaten entwickelten sich enge und teilweise freundschaftliche Beziehungen. Nach dem Ende des Kalten Krieges und der deutschen Vereinigung 1990 gab die amerikanische Armee 1992 den Stützpunkt auf dem Rasberg auf.

Die ersten Bestrebungen, „Point Alpha" und einige der DDR-Grenzanlagen zu erhalten, gab es bereits bald nach der Grenzöffnung 1989. 1995 wurde der Verein Grenzmuseum Rhön/Point Alpha e. V. gegründet, der von hessischen und thüringischen Gemeinden unterstützt wird. Schließlich entstand eine Mahn-, Begegnungs- und Bildungsstätte als „Lernort der Geschichte". Auf dem Gelände des ehemaligen „Point Alpha", das auf hessischer Seite ca. 30 000 Quadratmeter und auf thüringischer Seite etwa 40 000 Quadratmeter groß ist, werden in drei ehemaligen Baracken sowohl Dauer- als auch Wechselausstellungen zur Geschichte von „Point Alpha" und zur Geschichte des Ost-West-Konfliktes und der deutschen Teilung gezeigt. Viele der Exponate stammen aus dem Fundus der amerikanischen „Blackhorse"-Einheiten. Der ehemalige Beobachtungsturm, der bei gutem Wetter einen weiten Blick über die Rhön bietet, ist begehbar. Mit einem Euro-Jugendcamp wurden preiswerte Übernachtungsmöglichkeiten für Jugendliche geschaffen. Zum Grenzmuseum Rhön/Point

Alpha e.V gehört auch ein Gelände in Thüringen, auf dem sich bis 1989 der Grenzstreifen befand. Dort kann eine Rekonstruktion der ehemaligen Sperranlagen als Mustergrenze, einschließlich des Signalzaunes und der Hundelaufanlage, besichtigt werden. So ist auf etwa 100 Metern ein im Original erhaltener „Streckmetallgitterzaun" zu besichtigen. Auf einem Abschnitt des „Kolonnenweges" aus Betonplatten sind solide LKW-Sperren, ein befestigter Erdbunker und ein erst im Mai 1989 errichteter Grenzwachturm erhalten. Im Herbst 2001 wurde ein „Grenzlehrpfad" entlang der ehemaligen Grenze zwischen Rasdorf und Geisa eingeweiht. Darüber hinaus kann man auf einem Grenzwanderweg, der als Teil des ⇨„Grünen Bandes" entlang der ehemaligen innerdeutschen Grenze an „Point Alpha" vorbeiführt, durch das Biospärenreservat Rhön wandern.

Am 13. August 2000, dem Jahrestag des Mauerbaus, wurde auf „Point Alpha" in Rasdorf ein fünf Meter hohes „Denkmal der deutschen Teilung" eingeweiht. Es besteht aus drei Holzstelen in einer Metallfassung und soll die deutsche Teilung und die Wiedervereinigung symbolisieren. Zwei Platten sind durch einen Riss getrennt und stehen vor einer dritten ungeteilten Platte. In das Betonfundament wurde eine Kapsel mit Urkunden und Gegenständen aus der DDR, unter anderem Schlüssel des ⇨Erfurter Gefängnisses und Orden von Grenzsoldaten, eingelassen. Gestaltet haben das Denkmal drei Holzbildhauer-Auszubildende aus Bad Salzungen. Die Finanzierung wurde durch Spenden und die Länder Thüringen und Hessen gesichert. Das Denkmal trägt die Inschrift: „Wir sind das Volk / Jetzt wächst zusammen, was zusammengehört".

QUELLEN / LITERATUR
www.pointalpha.com

STANDORT
Hummelberg 1, 36169 Rasdorf

ANSCHRIFT
Mahn-, Gedenk- und Begegnungsstätte „Point Alpha", Vereinssitz: Am Markt 27, 36419 Geisa / Rhön; Tel. 06651-919030, Fax 06651-919031, E-mail: PointAlpha@t-online.de, www.pointalpha.com

ÖFFNUNGSZEITEN
täglich von 10 bis 17 Uhr (Winterhalbjahr) bzw. von 9 bis 18 Uhr (Sommerhalbjahr). Eintritt: Erwachsene 2 €, Kinder bis sieben Jahre frei; Studenten, Schüler, Rentner, Arbeitslose 1,50 €, Schülergruppen 0,75 € pro Person, Führungsgebühr 15 €

VERKEHRSANBINDUNG
Bahnverbindung bis Hünfeld und dann weiter mit dem Bus

PKW
„Point Alpha" ist zu erreichen über die A4 (Abfahrt Eisenach-Ost Richtung Bad Salzungen) oder über die A4 (Abfahrt Bad Hersfeld Richtung Hünfeld); von Süden über die A 19 (Abfahrt Petersberg/Künzel)

Informationsstelle über die ehemalige Grenze zur DDR

Tann (Rhön). Das Städtchen Tann liegt in einem Landzipfel der hessischen Rhön, der wie ein Pilz nach Thüringen hineinragt. Die Demarkationslinie zwischen der amerikanischen und der sowjetischen Besatzungszone bzw. nach 1949 die innerdeutsche Grenze umschloss Tann mit seinen ca. 5000 Einwohnern von drei Seiten. Nach der Schließung der innerdeutschen Grenze am 26. Mai 1952 wurde die Straßenverbindung von Tann in das thüringische Kaltennordheim gesperrt. Damit waren die traditionell engen Verbindungen in die thüringische Rhön abgeschnitten.

Um dem großen Interesse von Anwohnern und Besuchern an der innerdeutschen Grenze entgegenzukommen, eröffnete das Zollgrenzkommissariat 1987 mit Unterstützung des Ministeriums für innerdeutsche Beziehungen in Tann eine „Informationsstelle Grenze zur DDR". Auf Initiative der Stadt Tann wurde diese mit dem Zusatz „ehemalige Grenze" auch nach der Grenzöffnung 1989 weitergeführt. Die Ausstellung vermittelt die Geschichte der deutschen Teilung und der innerdeutschen Grenze durch zeitgenössische Presseberichte, Fotos, Exponate und einen Videofilm. Ferner können sich die Besucher anhand eines Modells über die ehemaligen Grenzsperranlagen in der Rhön informieren. Das Modell stellt die Sperranlagen mit Hilfe optischer Signale dar. Außerdem klärt die Ausstellung über die Aufgaben des bundesdeutschen Zollgrenzdienstes an der innerdeutschen Grenze auf. Zu sehen sind zudem Waffen, Utensilien und Uniformen der einstigen NVA-Grenztruppen. Die Führungen durch die Informationsstelle werden von einem pensionierten Zollbeamten durchgeführt, der den Alltag der Grenze über Jahrzehnte hautnah miterlebt hat.

QUELLEN / LITERATUR

Auf einen Blick. Leitfaden zur regionalen Geschichtsaufarbeitung in Thüringen nach 1945, hrsg. von der Thüringischen Staatskanzlei und der Geschichtswerkstatt Jena e. V., Weimar 2000.

STANDORT

Am Kalkofen 6, 36142 Tann (Rhön)

ANSPRECHPARTNER

Albert Zörgiebel, Tel. 06682/1655, Fax 06682/8922, E-mail: info@tann-online.de

ÖFFNUNGSZEITEN

von Mai bis Oktober jeden Freitag ab 10.30 Uhr Führung; Gruppenführungen sind nach Anmeldung auch außerhalb der Öffnungszeiten möglich

VERKEHRSANBINDUNG

Deutsche Bahn bis Fulda, dann weiter mit dem Bus

PKW

B458 von Fulda Richtung Hilders, weiter auf der B278 nach Tann; oder auf der B285 von Kaltennordheim Richtung Tann

Dokumentationszentrum zur deutschen Nachkriegsgeschichte

Wanfried. Wanfried, das östlichste Städtchen Hessens, lag über 40 Jahre lang in unmittelbarer Nähe zur innerdeutschen Grenze. Die traditionell engen Verbindungen ins benachbarte Thüringen waren von 1952 bis zur Grenzöffnung im November 1989 abgeschnitten. Als sich im Herbst 1989 die Entwicklungen an der innerdeutschen und an der ungarischen Grenze überschlugen, beschlossen Wanfrieder Zollbeamte und die Stadt Wanfried, diese historischen Ereignisse zu dokumentieren. Man begann, Dokumente, Zeitungsartikel und Fotos über die Massenflucht aus der DDR über Ungarn in die Bundesrepublik und über die Grenzöffnung im November 1989 zu sammeln. Aus dieser Initiative entstand das Wanfrieder Dokumentationszentrum zur deutschen Nachkriegsgeschichte.

Das Dokumentationszentrum wurde im Mai 1992 im ehemaligen Keudellschen Schloss eröffnet, in dem sich auch das Heimatmuseum von Wanfried befindet. Es wird von der Stadt Wanfried und durch Spenden unterstützt. Neben Unterlagen zur Öffnung der innerdeutschen Grenze sammelt das Zentrum Material zur Geschichte und zum Hintergrund der deutschen Teilung. Zu diesem historischen Material gehören auch Unterlagen über das so genannte „Wanfrieder Abkommen“, das am 17. September 1945 zwischen der sowjetischen und der amerikanischen Besatzungsmacht geschlossen wurde. Das Abkommen regelte den Gebietsaustausch zwischen hessischen und thüringischen Dörfern, um die Nord-Süd-Eisenbahnverbindung zwischen Bremen, Hannover, Götttingen, Eichenberg und Bebra zu erleichtern. Insgesamt sind im Dokumentationszentrum über 4000 Publikationen zur Geschichte der deutschen Teilung zugänglich. Die Zeitungsausschnittsammlung wird ständig aktualisiert. Darüber hinaus gibt es im Wanfrieder Dokumentationszentrum Fotos und Videofilme über die deutsch-deutsche Grenze und die Grenzöffnung. Zudem kann ein Modell des Dorfes Großburschla besichtigt werden, das nach 1952 im 500 Meter breiten Schutzstreifen lag. Großburschla war bis 1989 durch einen Stacheldrahtzaun geteilt, der den Bahnhof des Dorfes durch die 1945 gezogene Grenze abschnitt; er lag auf der hessischen Seite der Grenze.

QUELLEN / LITERATUR

Künzel, Artur: Witzenhausen. „Das Wanfrieder Abkommen", WTV Schriftenreihe Nr. 4.

ANSCHRIFT

Marktstraße 2, 37281 Wanfried

ANSPRECHPARTNER

Uwe Eberhardt, Bahnhofstraße 12, 37281 Wanfried, Tel. 05655/1312; Klaus Streitenberger, Zum Leisterberg 32, 37281 Wanfried, Tel. 05655/1067

ÖFFNUNGSZEITEN

samstags von 15 bis 17 Uhr, sonntags von 10 bis 12 Uhr. Nach telefonischer Vereinbarung ist die Benutzung des Dokumentationszentrums auch außerhalb der Öffnungszeiten jederzeit möglich. Führungen durch das Dokumentationszentrum sind in deutscher, französischer und englischer Sprache möglich

VERKEHRSANBINDUNG

Deutsche Bahn bis Eschwege West, dann weiter mit dem Bus

PKW

Über die B249 nach Wanfried

Mecklenburg-Vorpommern

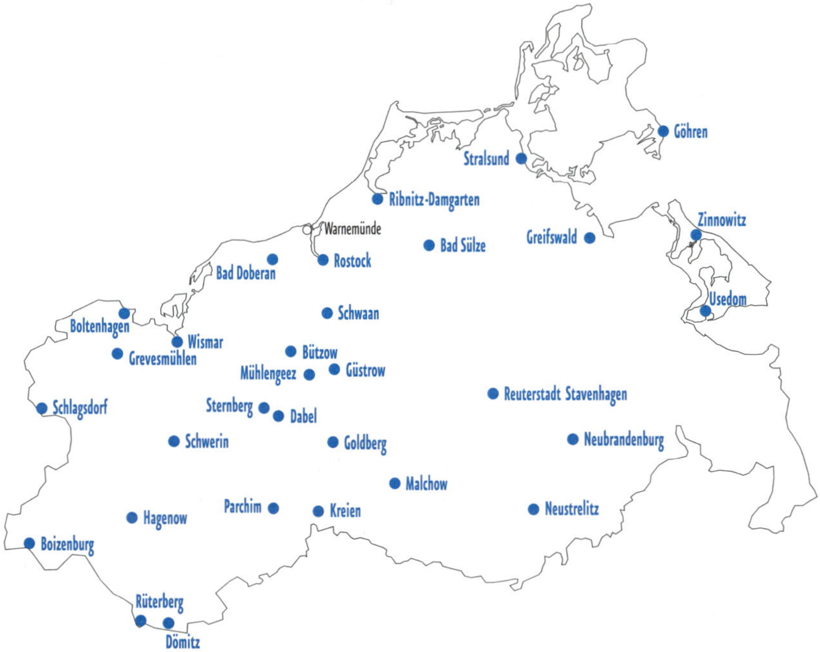

Gedenkstein zur deutschen Einheit

Bad Doberan. In der Kleinstadt westlich von Rostock (Landkreis Bad Doberan) erinnert auf einer Wiese am Parkentiner Weg ein Gedenkstein mit einer ungewöhnlichen Inschrift an die deutsche Einheit. Sie nennt einen Ausspruch von Michail Gorbatschow, um auf die außenpolitischen Voraussetzungen und die Rolle der Deutschen im vereinten Europa zu verweisen.

Die Inschrift lautet: „Der Deutschen Nation / Glück, Gedeihen und Frieden / Im Vereinten Europa / M. Gorbatschow".

QUELLEN / LITERATUR
Karge, Wolf / Hugo Rübesamen / Andreas Wagner: Bestandsaufnahme politischer Memoriale des Landes Mecklenburg-Vorpommern, Schwerin 1998.

STANDORT
Parkentiner Weg, 18209 Bad Doberan

VERKEHRSANBINDUNG / PKW
Über die A 19 nach Rostock, dann über die B 105 weiter nach Bad Doberan oder über die B 105 von Wismar nach Bad Doberan

Elbbergmuseum

Boizenburg / Elbe. Zwischen Boizenburg und dem Ortsteil Vier befindet sich auf einer Anhöhe das Elbbergmuseum. Am historischen Ort dokumentiert das kleine, im Frühjahr 2000 eröffnete Museum unterschiedliche, sich überlagernde Schichten deutscher Vergangenheit. Die Ausstellung ist in einer während des Zweiten Weltkriegs entstandenen Steinbaracke untergebracht.

Nach Kriegsausbruch konnte die Boizenburger Werft und Maschinenfabrik Thomsen & Co. ihre Produktion nur mit ausländischen Arbeitskräften aufrechterhalten. Das Unternehmen ließ unmittelbar neben dem Werk auf einer Anhöhe über der Elbe mehrere Baracken errichten. Zuerst wurden dort wahrscheinlich belgische und niederländische Zwangsarbeiter untergebracht. Im Frühjahr 1944 schuf das Unternehmen die Voraussetzungen zur Schaffung der notwendigen „Unterkunfts- und Sicherheitsbedingungen" für KZ-Häftlinge im Barackenlager. Zumeist kamen ungarische Jüdinnen in dieses Außenlager des KZ Neuengamme. Sie mussten unter katastrophalen Bedingungen in der Werft und Maschinenfabrik Thomsen & Co. Zwangsarbeit leisten. Die SS räumte das Lager am 28. April 1945. Wenige Tage später befreiten amerikanische Truppen die überlebenden Häftlingsfrauen in der Nähe von Ludwigslust. Seit 1969 erinnert ein Gedenkstein, 100 Meter vom Museum entfernt, an das Leid der Häftlinge im KZ-Außenlager. Nach Kriegsende waren in den Holzbaracken Flüchtlinge und Vertriebene untergebracht. In den fünfziger Jahren wurden die Holzbaracken abgebaut und in andere Orte gebracht. In Schwanheide zum Beispiel konnten Reste einer Baracke gesichert werden, die als Schulgebäude gedient hatte.

Mit der Teilung Deutschlands wurde Boizenburg zum Grenzort. Als die DDR 1952 Maßnahmen zur Sicherung des Grenzgebietes festlegte, lag Boizenburg im Sperrgebiet. Einwohner des Ortes wurden im Zuge von „Grenzsicherungsmaßnahmen" und der Aktion „Ungeziefer" zwangsausgesiedelt; für die Verbliebenen wurde die Ein- und Ausreise genehmigungspflichtig. Nach dem Mauerbau 1961 und dem Ausbau des Grenzverlaufs zur Bundesrepublik verschärften sich die Sicherheitsauflagen für das Leben im Sperrgebiet weiter: Im Rahmen der Aktion „Festigung" setzten erneute Zwangsaussiedlungen ein. Mit der Entspannungspolitik zu Beginn der siebziger Jahre und der Unterzeichnung des Grundlagenvertrages 1972 wurde das Sperrgebiet verkleinert; Städte wie Boizenburg und ⇨Dömitz konnten nun ohne Kontrolle besucht werden. Die Grenzübergangsstellen Lauenburg-Horst (Straßenverkehr) und Büchen-Schwanheide (Eisenbahnverkehr) wurden für den kleinen Grenzverkehr geöffnet. Die Sicherheitsorgane der DDR errichteten am ehemaligen KZ-Gelände den Vorkontrollposten Boizenburg mit Unterkunftsgebäude, Wachturm und Kontrolleinrichtungen. An diesem Posten wurde der Transitverkehr zur Grenzübergangsstelle Horst vorkontrolliert. Personen, die im Sperrgebiet wohnten oder arbeiteten, mussten ihn ebenfalls passieren.

Mit dem Fall der Mauer und dem Abbau der innerdeutschen Grenzanlagen verschwanden die Spuren der deutschen Teilung auch um Boizenburg. Nur der Wachturm und das Unterkunftsgebäude blieben erhalten. Zwischen 1999 und 2001 entwickelte die Gemeinnützige Boizenburger Beschäftigungsgesellschaft mbH ein Museumsprojekt in der unter Denkmalschutz stehenden ehemaligen KZ-Baracke. Im länglichen Steingebäude bauten ABM-Kräfte zwei räumlich voneinander getrennte und unterschiedlich gestaltete Ausstellungen auf. Im ersten Raum wird die Geschichte des KZ-Außenlagers dokumentiert. Im zweiten Raum werden Objekte zur Geschichte der innerdeutschen Grenze im Raum Boizenburg präsentiert. In der Abteilung zur Grenzgeschichte finden sich die Themen Grenzkontrolle (GÜST Horst und Dokumente zum Passieren der Kontrollpunkte), Dienst der Grenztruppen der DDR (technische Ausrüstungen, Uniformen) sowie Zwangsaussiedlung und Mauerfall. Vor der Baracke wurden in einer Freiluftausstellung Grenzsicherungsanlagen nachgebildet und erläutert. Die DDR-Sperranlagen an der innerdeutschen Grenze aus den achtziger Jahren hat man in stark verkleinertem Maßstab rekonstruiert. Vom Museumsgelände bietet sich ein Rundblick auf den ehemaligen Grenzverlauf an der Elbe, wo noch Dämme, Kolonnenwege und auch ein Beobachtungsturm zu erkennen sind.

QUELLEN / LITERATUR

Gentzen, Udo / Karin Wulf: Niemand wußte, wohin wir gebracht wurden... Zwangsausgesiedelte von 1952 und 1961 berichten über ihr Schicksal, Hagenow-Boizenburg 1993.
Ständer, Ilse: Das Außenlager Boizenburg des KZ Neuengamme, Boizenburg 1996.
Thorun, Andreas: Juni 1952, Die Zwangsaussiedlung in Westmecklenburg unter besonderer Berücksichtigung des Kreises Hagenow, Hagenow 1992.

ANSCHRIFT

Elbbergmuseum, Hamburger Straße
19258 Boizenburg / Elbe

ANSPRECHPARTNER

Gemeinnützige Boizenburger Beschäftigungsgesellschaft mbH (GBB), Herr Kindermann, Fährweg 1, 19258 Boizenburg, Tel. 03 88 47 / 409 61

ÖFFNUNGSZEITEN

montags bis donnerstags von 9 bis 15 Uhr, freitags von 9 bis 12.30 Uhr. Führungen können über die GBB verabredet werden. Informationen erteilt auch die Stadtinformation Boizenburg / Elbe, Tel. 03 88 47 / 555 19

VERKEHRSANBINDUNG

Das Museum liegt am westlichen Rand der Stadt; vom Stadtzentrum ca. 20 Minuten Fußweg an der ehemaligen Werft vorbei in Richtung Lauenburg

PKW

Über die A 24 Berlin-Hamburg, dann über die B 195 nach Boizenburg. Das Elbbergmuseum liegt direkt an der Straße nach Boizenburg

Gedenkstein für die Opfer der DDR-Seegrenze

Boltenhagen. Auch die Seegrenze der DDR wurde scharf bewacht, und Menschen starben beim Versuch, auf diesem Weg aus der DDR zu flüchten. Ähnlich wie die Landgrenze wurde die Seegrenze durch ein gestaffeltes System der Überwachung abgeschirmt, das eine Flucht unmöglich machen sollte. Nur der westlichste, ca. 15 km lange Küstenabschnitt zwischen der Halbinsel Priewall und dem Dorf Brook war hermetisch mit einer Mauer abgeriegelt und öffentlich nicht zugänglich. Für Urlauber und Einheimische war Boltenhagen das am weitesten westlich gelegene, noch öffentlich zugängliche Seebad der DDR. Die Seegrenze wurde sowohl von Land als auch von See aus bewacht. Das „landseitige System der Grenzsicherung" bestand aus Polizeieinheiten, freiwilligen Grenzhelfern, dem Spitzelsystem der Staatssicherheit und Einheiten der Grenzkompanien. Den Angehörigen der Grenzkompanien oblag die Beobachtung der Küstenlinie. Dazu entstanden in den siebziger Jahren 38 Beobachtungstürme entlang der Küste, die auch mit

Suchscheinwerfern ausgerüstet waren. An besonderen Küstenabschnitten patrouillierten bewaffnete Posten. Dieses ausgeklügelte Sicherheitssystem verhinderte die meisten Fluchten, noch bevor die Flüchtenden das Wasser der Ostsee erreicht hatten. Das „seeseitige System der Grenzsicherung" bestand aus den Booten der Grenzbrigade Küste, einer zur DDR-Volksmarine gehörenden Einheit.

Trotz dieser umfangreichen Sicherungssysteme versuchten DDR-Bürger seit 1961 immer wieder, über die Ostsee zu flüchten. Da die Ostseeküste bis auf den kleinen Abschnitt im äußersten Westen frei zugänglich war, sahen viele Flüchtende hier ihre größten Chancen. Besonders aussichtsreich erschienen Fluchtversuche über die Lübecker Bucht nach Schleswig-Holstein, vom Fischland/Darß zum internationalen Schifffahrtsweg und von Hiddensee oder Rügen zur dänischen Insel Mön. Mehrere tausend Menschen wagten trotz der großen Unwägbarkeiten mit z.T. abenteuerlichen Fluchtfahrzeugen und Hilfsmitteln die Flucht über die Ostsee. Mindestens 174 Menschen kamen dabei ums Leben. Die allermeisten wurden gefasst und eingesperrt. Noch im Mai 1989 ertrank Jörg Martelok beim Versuch, über die Lübecker Bucht zu schwimmen. Er war vermutlich das letzte Opfer des DDR-Grenzregimes an der Ostsee.

Inzwischen sind nahezu alle Überreste der Überwachungsanlagen entlang der Küste Mecklenburg-Vorpommerns abgebaut. Der Verein „Über die Ostsee in die Freiheit" hat sich der Erinnerung an das Grenzregime an der Ostseeküste verschrieben. Dazu wurde eine Wanderausstellung erarbeitet, die ausgeliehen werden kann. Wichtige Informationen sind über die Homepage des Vereins zugänglich. Der Verein und Privatpersonen initiierten in Boltenhagen (Mecklenburg-Vorpommern) und in ⇨Dahme (Schleswig-Holstein) eine parallele Gedenksteinsetzung, die an den Fluchtweg über die Lübecker Bucht und an die Schicksale der Küstenbewohner in Ost und West erinnern soll. Der Boltenhagener Gedenkstein befindet sich unmittelbar neben der Seebrücke und wurde am 14. Oktober 2000 in Anwesenheit vieler Ostsee-Flüchtlinge und ihrer Angehörigen enthüllt. Er trägt die Inschrift: „Über der Ostsee / leuchtete für uns / das Licht der Freiheit. / Den DDR-Flüchtlingen 1949-1989".

QUELLEN / LITERATUR

Müller, Christine / Bodo Müller: Über die Ostsee in die Freiheit. Dramatische Fluchtgeschichten, Bielefeld 1992.

STANDORT

Seebrücke, 23946 Ostseebad Boltenhagen

ANSCHRIFT

„Über die Ostsee in die Freiheit" e.V., c/o Christine Vogt-Müller, Mecklenburgerstraße 56, 23570 Lübeck, Tel. 045 02 / 53 86, Fax 045 02 / 32 50, E-mail: ch.vogt-mueller@t-online.de, www.ostseefluchten.de

VERKEHRSANBINDUNG
Das Ostseebad Boltenhagen ist nur mit dem Bus erreichbar. Die nächstgelegenen Bahnhöfe sind Grevesmühlen, Wismar, Bad Kleinen und Lübeck

VERKEHRSANBINDUNG / PKW
A 20 Wismar-Lübeck, dann B 105

Dokumentation zum politischen Missbrauch des Strafvollzuges

Bützow. In der ersten Hälfte des 19. Jahrhunderts entstanden im Zuge der Reform von Justiz und Strafvollzug in Mecklenburg-Schwerin zwei Gefängnisse in Bützow. Aus dem 1812 errichteten Untersuchungsgefängnis des Kriminalkollegiums entwickelte sich 1876 das Zentralgefängnis am Schlossplatz. 1838/39 begannen Häftlinge mit dem Bau einer neuen Großherzoglichen Landesstrafanstalt Dreibergen, damals noch vor den Toren der Stadt. Hier sollten Zuchthaus- und lange Gefängnisstrafen vollstreckt werden.

Nach der Wahl Hitlers zum Reichskanzler 1933 füllten sich die beiden Gefängnisse mit hunderten von politischen Gegnern der Nationalsozialisten, Andersdenkenden, rassisch Verfolgten und Unbequemen. Während des Zweiten Weltkrieges kamen Gefangene aus fast allen Teilen Europas nach Bützow. Seit Anfang 1945 arbeitete im Zuchthaus Dreibergen eine Hinrichtungsstätte. Neben 16 Hinrichtungen im Jahr 1942 sind 43 für 1945 dokumentiert. Weit mehr Häftlinge starben an den katastrophalen Haftbedingungen in den letzten Kriegswochen.

Nach der Befreiung durch die Rote Armee am 3. Mai 1945 nutzte die sowjetische Besatzungsmacht das Zuchthaus Dreibergen bis Dezember 1946 als Repatriierungslager. In den ersten Nachkriegsjahren fanden sich zunächst kaum politische Häftlinge im regulären Strafvollzug, da vor allem die sowjetische Besatzungsmacht Verfolgung und Strafvollstreckung bei politischen Delikten übernahm. Sie nutzte einen Flügel des ehemaligen Zentralgefängnisses am Schlossplatz. Für viele Bützower war es die erste Haftstation auf ihrem Weg in die sowjetischen Gefängnisse und Speziallager, u. a. auch für „Werwolf"-verdächtigte Jugendliche.

Mit der Gründung der DDR und der Übergabe der Gefängnisse an die Hauptverwaltung der Volkspolizei im Ministerium des Innern füllten sich die Bützower Gefängnisse mit politischen Gegnern des SED-Regimes. Am 1. Januar 1951 übernahm die Volkspolizei die Verwaltung der Strafanstalt Dreibergen-Bützow. Das Haftregime wurde verschärft, Misshandlungen von Häftlingen standen auf der Tagesordnung. Die Gefängnisse waren überbelegt. Vor allem die Enteignungswellen und politischen Säuberungen in den fünfziger Jahren füllten die beiden Bützower Gefängnisse mit Missliebigen und Andersdenkenden, die gemeinsam mit Kriminellen untergebracht waren.

Anfang 1953 rollte unter dem Tarnnamen „Aktion Rose" eine Enteignungswelle über den Bezirk Rostock. Polizei, Staatssicherheit und Justiz verhafteten 447 Gaststätten- und Hotelbesitzer in der Küstenregion und sperrten sie in die Strafanstalt Bützow-Dreibergen. Eine eigens beim Kreisgericht Bützow gebildete Strafkammer verurteilte die Inhaftierten in einer Justizfarce zu Haftstrafen und zum Verlust des Eigentums. Viele kamen erst nach Monaten wieder frei. Die Tochter einer Hotelbesitzerin aus Bad Doberan starb im Gefängnis, da man ihr dringend benötigtes Insulin verweigerte.

Der DDR-Strafvollzug wurde zur Unterdrückung politischer Opposition missbraucht. Angehörige der bürgerlichen Parteien, Mitglieder der evangelischen Kirche, Zeugen Jehovas oder Bauern, die den Eintritt in eine LPG verweigerten, wanderten in die Gefängnisse. Von September 1952 bis Ende 1955 verbüßte der Rätekommunist und Antistalinist Alfred Weiland seine Strafe in Bützow-Dreibergen. Die sowjetische Geheimpolizei hatte ihn 1950 aus West-Berlin entführen lassen. Weiland, Anarchist und Kritiker des Bolschewismus, hatte sich am Widerstand gegen die Nationalsozialisten beteiligt und bemühte sich nach 1945 um eine Sammlung antibolschewistischer Gruppen in Deutschland. Weitere Mitglieder des linksoppositionellen Widerstandes gegen die SED-Herrschaft verhaftete die Staatssicherheit. Das Landgericht Greifswald verurteilte Weiland zu 15 Jahren Zuchthaus. 1955 wurde er in das Zuchthaus ⇨Brandenburg-Görden verlegt und kam 1958 frei.

Seit Ende der sechziger Jahre änderten sich die Haftbedingungen und die Zusammensetzung der Häftlinge. Wichtigster politischer Haftgrund wurde die versuchte „Republikflucht". Bützow galt als Gefängnis für Schwerverbrecher, politische Häftlinge waren hier eher die Ausnahme. Wie in anderen Haftanstalten charakterisierten den Bützower Strafvollzug ein militärisch ausgerichtetes Haftregime, die uneingeschränkte Einflussnahme der DDR-Staatssicherheit, die periodische Überbelegung sowie die Unterordnung der Gefangenenarbeit unter die Erfordernisse der Planwirtschaft. Das hohe Alter der Haftanstalt und mangelnde Investitionen führten zu besonders schlechten Haftbedingungen. 1961 gab man den Gefängnisstandort am Schlossplatz auf. Mit der Errichtung des Landes Mecklenburg-Vorpommern 1990 kehrte die Haftanstalt Bützow in die Zuständigkeit der Justizverwaltung zurück.

Nach 1945 bemühte sich die Stadt um eine Erinnerung an die Opfer des NS-Regimes im Strafvollzug, jedoch blieben bestimmte Opfergruppen ausgeblendet, und eine wissenschaftliche Erforschung der Vergangenheit unterblieb ganz. 1985 eröffnete man im Krummen Haus am Schlossplatz eine Gedenkstätte für die Opfer der NS-Herrschaft. Nach dem Ende der SED-Herrschaft versuchte das Heimatmuseum einen Neuanfang in der Gedenkstättenarbeit und bezog auch die Verfolgung durch die sowjetische Besatzungsmacht nach 1945 in die Arbeit ein. Die Geschichte des DDR-Strafvollzuges blieb weiterhin ausgeklammert. Als nach der Gebäudesanierung Anfang 2000 das Krumme Haus mit Heimatmuseum und Bibliothek wieder öffnete, hatte sich die Gedenkstätte auf die Nachbildung der Hinrichtungsstätte in den Kellerräumen des Gebäudes reduziert. Ein von Politische Memoriale e.V. initiiertes Gutachten über den Zustand und die Perspektiven der Gedenkstätte bildete den Anstoß für deren Neugestaltung. Vertreter aller Fraktionen im Stadtparlament, Fachleute und Vertreter von Opferverbänden einigten sich auf die Einrichtung einer Dokumentation zum politischen Missbrauch des Strafvollzuges in Bützow, die Ende 2002 eröffnet wurde. Parallel dazu begannen Forschungen zur Geschichte des Strafvollzuges zwischen 1945 und 1989 in Bützow.

Diese Dokumentation ist eine Abteilung des Heimatmuseums. Die Ausstellung gliedert sich chronologisch in die Abschnitte 19. Jahrhundert, NS-Zeit, 1945 bis 1950 und DDR. Führungen sind nach Vereinbarung möglich. Neben der Ausstellung stehen eine umfangreiche Dokumentensammlung und Filmmaterial zur Auseinandersetzung mit der Geschichte des Strafvollzuges in Bützow zur Verfügung.

QUELLEN / LITERATUR

Tappenbeck, Kurt: Jenseits von Recht und Menschlichkeit, Erinnerungen eines mecklenburgischen Zeitzeugen, Schwerin 1999.
Wagner, Andreas: Stadt unterstützt Projekt zur Neugestaltung der Gedenkstätte Krummes Haus in Bützow, in: Zeitgeschichte Regional 2001 / Heft 2, S. 101f.
Walberg, Ernst-Jürgen / Thomas Balzer: Erinnerungen für die Zukunft. Geschichten und Geschichte aus dem Norden der DDR, Bonn 1999, S. 88-113.
Wegener, Margarete: Meine schlimmen Jahre, in: Studienhefte zur mecklenburgischen Kirchengeschichte 1/1990, S. 20-38.

STANDORT

Heimatmuseum, Krummes Haus
Schlossplatz 2, 18246 Bützow

ANSPRECHPARTNER

Bärbel Kipar; Tel. 038461 / 4051 oder 038461 / 669 15, Fax 038461 / 669 24, E-mail: Bibo-Buetzow@t-online.de

ÖFFNUNGSZEITEN

montags von 13 bis 17 Uhr, dienstags von 9 bis 17 Uhr, mittwochs und freitags von 9 bis 16 Uhr, donnerstags von 9 bis 12 Uhr, sonnabends von 9 bis 11 Uhr, sonntags von 14 bis 16 Uhr. Eintritt: Erwachsene 2 €, ermäßigt (Schüler, Studenten, Rentner) 1 €

VERKEHRSANBINDUNG

Vom Bahnhof bis zum Krummen Haus am Schlossplatz müssen 25 Minuten Fußweg eingeplant werden. Außerdem verbindet der Stadtbus den Bahnhof mit der Innenstadt

PKW

A 20 und A 19 (Abfahrt Güstrow)

Elbbrückensegment und Gedenktafel zur Erinnerung an die deutsche Einheit

Dömitz. Am 20. April 1945 zerstörte ein alliierter Luftangriff die erst 1934 erbaute Straßenbrücke über die Elbe bei Dömitz. Damit wurde eine wichtige Ost-West-Verbindung zwischen Mecklenburg und Niedersachsen unterbrochen. Da der Elbabschnitt zwischen Dömitz und ⇨Boizenburg die innerdeutsche Grenze markierte und Dömitz zwischen 1952 und 1973 in der Fünf-Kilometer-Sperrzone lag, wurde die Brücke nicht wieder aufgebaut. Die Reste der zerstörten Brücke blieben als inoffizielles Mahnmal und Symbol der deutschen Teilung bis zum Ende der DDR erhalten.

Nach der deutschen Einheit wurde der Wiederaufbau der Straßenbrücke als wichtige Verkehrsverbindung in Angriff genommen. Die 1945 ebenfalls zerstörte Eisenbahnbrücke sollte hingegen nicht instand gesetzt werden. Da sich die alten Brückenpfeiler nicht wiederverwenden ließen, wurden sie zwischen Oktober 1990 und Juni 1991 entfernt. An ihre Stelle trat ein Brückenneubau, der im Dezember 1992 seiner Bestimmung übergeben wurde. Die neue Brücke spannt sich über 18 Brückenpfeiler und ist fast 1 000 Meter lang.

Zur Erinnerung an die deutsche Teilung und die Geschichte der Brücke wurde ein historisches Brückensegment auf dem Parkplatz an der Kreuzung der Bundesstraßen 191 und 195 aufgestellt. Als am 18. Dezember 1992 der Bundesverkehrsminister gemeinsam mit dem Ministerpräsidenten von Mecklenburg-Vorpommern und dem niedersächsischen Verkehrsminister die Brücke für den Verkehr freigab, enthüllten sie an diesem Brückensegment Erinnerungstafeln. Am Sockel sind auf der einen Seite zwei Tafeln mit den technischen Daten zu den Brücken und ihren Erbauern angebracht. Auf der anderen Seite erinnert eine Tafel mit den Wappen der Bundesrepublik und der beiden Länder Niedersachsen und Mecklenburg-Vorpommern an die politische Dimension des Brückenschlags. Sie trägt die Inschrift: „Elbebrücke Dömitz / 18.12.1992 / Dem am 3. Oktober 1990 wiedervereinten / deutschen Volk gewidmet."

QUELLEN / LITERATUR
Projektgruppe Gedenkstättenarbeit in Mecklenburg-Vorpommern (Hrsg.): Bestandsaufnahme politischer Memoriale des Landes Mecklenburg-Vorpommern, Schwerin 1998.

STANDORT
Parkplatz an der Kreuzung B 191 und B 195
19303 Dömitz

VERKEHRSANBINDUNG
Deutsche Bahn bis Schwerin und Ludwigslust, dann weiter mit dem Bus

PKW
A 24 Berlin-Hamburg, Abfahrt Ludwigslust, dann über die B 195 nach Dömitz

Gedenkstein für die Opfer der „Aktion Rose"

Göhren. Im Februar und März 1953 startete die SED-Führung entlang der Ostseeküste unter dem Namen „Aktion Rose" eine umfangreiche Enteignungswelle. Die Losung „Gegen Schieber und Spekulanten in den Ostseebädern" sollte um Zustimmung unter der Bevölkerung werben. Den privaten Besitzern von Hotels und Pensionen wurde die Schuld an den zahlreichen Problemen in der täglichen Versorgung der einheimischen Bevölkerung und der Urlauber gegeben. Tatsächlich jedoch zielte die SED mit dieser groß angelegten Enteignungsaktion auf den beschleunigten Aufbau der DDR-Gesellschaft nach sowjetischem Vorbild ab.

Generalstabsmäßig vorbereitet, verhaftete die Volkspolizei flächendeckend Hotel- und Pensionsbesitzer. Neben Polizei und Justiz waren SED-Parteileitungen, Grenzpolizei und FDGB in die Aktion eingebunden. Konstruierte und zum großen Teil haltlose Tatvorwürfe brachten die Besitzer und teilweise auch ihre Familien ins Gefängnis u. a. nach ⇨Bützow-Dreibergen. In Bützow hatte man besondere Strafkammern – ein Sondergericht – gebildet, die in Schnellverfahren die Inhaftierten zu Vermögenseinzug und Haftstrafen verurteilten. Insgesamt beschlagnahmte die Volkspolizei 621 Objekte, darunter 440 Hotels und Pensionen. 447 Personen kamen in Untersuchungshaft; 400 davon erhielten Gefängnis- und Zuchthausstrafen bis zu zehn Jahren. Etwa 200 Personen konnten sich der Verhaftung durch Flucht in die Bundesrepublik entziehen. Aus den ehemaligen privaten Herbergen schufen die Verantwortlichen staatliche und betriebliche Ferienheime. Für die Urlaubersaison 1953 bedeutete die „Aktion Rose" jedoch ein Desaster. Die vom FDGB gebuchten Plätze standen vielerorts nicht mehr zur Verfügung, da die Heime nicht betriebsfähig oder in die Verfügung der Volkspolizei übergegangen waren.

Nach der Verkündung des Neuen Kurses und dem Volksaufstand vom 17. Juni 1953 wurden die Inhaftierten überwiegend freigelassen; rehabilitiert wurden sie nicht. Viele Entlassene flohen in die Bundesrepublik und versuchten, sich unter schwierigen Bedingungen eine neue Existenz aufzubauen. Mit der Enteignung des Familienbesitzes gingen häufig auch zahlreiche persönliche Dinge verloren, die sich der FDGB oder Privatpersonen aneigneten.

Zu den damals enteigneten Objekten zählt auch das der Familie Gager gehörende Hotel mit benachbarter Villa in Göhren. Als die Volkspolizei am 11. Februar 1953 den Besitzer nicht antraf, verhaftete sie kurzerhand seine Ehefrau und die älteste Tochter. Beide kamen in die Strafanstalt Bützow-Dreibergen. Das Sondergericht verurteilte die Mutter wegen angeblicher Wirtschaftsverbrechen zu 16 Monaten Zuchthaus. Die Tochter erhielt eine Freiheitsstrafe von sechs Monaten. Sie kam am 17. Juni frei, erhielt aber nicht ihre persönliche Habe zurück. Bei einer Beschwerde drohte man ihr eine erneute Inhaftierung an. Nach der Freilassung der Mutter flüchtete die Familie in die Bundesrepublik und begann einen wirtschaftlichen Neuanfang. Die Geschwister Gager stellten 1991 einen Gedenkstein vor dem Hotel „Seestern" auf, der an die Enteignung ihres Elternhauses erinnern soll. Der Gedenkstein ist derzeitig das einzige Erinnerungszeichen für die von dieser Enteignungswelle betroffenen Opfer der kommunistischen Herrschaft an der Ostseeküste und trägt die Inschrift: „in memoriam / Aktion Rose / 1953".

QUELLEN / LITERATUR

Mueller, Klaus: Die Lenkung der Strafjustiz durch die SED-Staats- und Parteiführung der DDR am Beispiel der Aktion Rose, Frankfurt a. M. 1995.
Walberg, Ernst-Jürgen / Thomas Balzer: Erinnerungen für die Zukunft, Geschichten und Geschichte aus dem Norden der DDR, Bonn 1999, S. 88-113.
„Dann standen wir vor dem Nichts….." Enteignungswelle an der Ostsee, Videoedition der Stiftung Aufarbeitung mit Begleitheft, Berlin 2002.

STANDORT
Hotel Seestern, Poststraße 10, 18586 Göhren

VERKEHRSANBINDUNG
Göhren auf der Insel Rügen ist mit dem öffentlichen Nahverkehr erreichbar: von Bergen fahren Busse; mit der Bahn von Bergen über Putbus nach Göhren

PKW
B 105 oder B 96 nach Stralsund, dann über die B 96 Richtung Bergen und B 196 nach Göhren

Gedenktafel zur deutschen Einheit

Goldberg. Im Zentrum der mecklenburgischen Kleinstadt (Landkreis Parchim) westlich von Schwerin erinnert eine Steintafel an die deutsche Wiedervereinigung. Sie befindet sich in der Langen Straße an einer etwas zurückgesetzten Mauer und trägt die Inschrift: „Tag der / deutschen Einheit / 3. Oktober 1990".

QUELLEN / LITERATUR
Karge, Wolf / Hugo Rübesamen / Andreas Wagner: Bestandsaufnahme politischer Memoriale des Landes Mecklenburg-Vorpommern, Schwerin 1998.

STANDORT
Lange Straße, 19399 Goldberg

VERKEHRSANBINDUNG
Bahnverbindung bis Güstrow, dann weiter mit dem Bus

PKW
Über die A 19, dann weiter über die B 192 nach Goldberg

Ernst-Lohmeyer-Haus

Greifswald. Ernst Lohmeyer, geboren 1890, setzte sich ein Leben lang für freiheitliche Forschung und Lehre an Universitäten ein. Nach dem Studium der Theologie, Philosophie und der Orientalischen Sprachen sowie dem Militärdienst von 1913 bis 1918 wurde Lohmeyer zunächst Privatdozent in Heidelberg, ab Oktober 1920 Professor für Neues Testament in Breslau und 1930/31 Rektor dieser Universität. Als sich Lohmeyer für einen jüdischen Juristen einsetzte, kam es zum ersten Konflikt. Spannungen entwickelten sich zu seinen deutsch-christlichen Fakultätskollegen sowie aufgrund seiner Zugehörigkeit zur Bekennenden Kirche. Mit einem Minister-Erlass vom 15. Oktober 1935 wurde Lohmeyer wegen seiner „antinationalsozialistischen Haltung und Betätigung" zur Universität nach Greifswald versetzt. Nach dieser Strafversetzung zog er sich aus der Öffentlichkeit zurück. Lohmeyer unterrichtete nur wenige Studenten und konzentrierte sich vielmehr auf die Kommentierung des Markus-Evangeliums. Am 27. August 1939 wurde Lohmeyer als Reserveoffizier in das „Landeschützenbataillon" einberufen und diente die folgenden Jahre als Besatzungsoffizier in Polen, Holland, Belgien und Russland. Ab Sommer 1942 verwaltete Lohmeyer eine Kreiskommandantur im Kubangebiet. Bei der einheimischen Bevölkerung war er beliebt. Juden schützte er vor der SS, Weißrussen nach der Schlacht von Stalingrad vor dem Zugriff der Sowjetarmee. Nach dem Tod eines Professors drängte die Universität Greifswald darauf, Lohmeyer aus dem Militärdienst zu entlassen. Am 28. April 1943 durfte er an die Universität zurückkehren. Lohmeyer, der einen Sohn im Krieg verloren hatte und dessen anderer Sohn schwer verletzt wurde, lud auch Schuld auf sich selbst: „Schwerer ist noch, dass man in dieses fürchterliche Chaos von Grauen und Schuld mitverflochten ist", schreibt er an einen Freund.

Im April 1945 beteiligte sich Lohmeyer an den Vorbereitungen für die kampflose Übergabe Greifswalds. Am 3. Mai übernahm er das Prorektorat der Universität und nach der Amtsenthebung des Rektors am 31. Mai dessen Amtsgeschäfte. Er kümmerte sich intensiv um die Wiedereröffnung des

Lehrbetriebes, der zwar am 4. Mai begonnen hatte, jedoch am 30. Mai auf Befehl der Sowjets wieder eingestellt werden musste. Lohmeyer wurde in dieser Zeit auch in die Kirchenleitung und zum Konsistorialrat im Nebenamt berufen. Spannungen entwickelten sich zunehmend mit der Landesverwaltung von Mecklenburg-Vorpommern. Ein Streitpunkt war der Umfang der geforderten Entnazifizierung der Lehrenden. Die Mitte Oktober vorgesehene Wiedereröffnung der Universität kam nicht zustande. Die SMAD forderte schließlich die Entfernung aller früheren NSDAP-Mitglieder. Am 17. Dezember 1945 verlangte die Schweriner Landesverwaltung, dass eine Wiederaufnahme des Lehrbetriebes nur mit Lehrkräften ohne Parteizugehörigkeit ermöglicht werde. Lohmeyer widersetzte sich, weil er die Stilllegung von Einrichtungen, insbesondere der Kliniken, befürchtete. Auf Anweisung der SMAD begann Lohmeyer Ende Januar 1946 damit, die Neuaufnahme des Lehrbetriebs vorzubereiten. Am Vorabend der für den 15. Februar 1946 vorgesehenen feierlichen Wiedereröffnung der Universität wurde Lohmeyer von der Schweriner Landesverwaltung für abgesetzt erklärt. Zur selben Zeit erschienen NKWD-Vertreter in seiner Wohnung. Kurz nach Mitternacht kamen sie erneut, durchsuchten die Wohnung und nahmen Lohmeyer schließlich fest. Er kam in Einzelhaft im Gefängnis Domstraße 7.

Eine offizielle Mitteilung über die Gründe der Verhaftung wurde nie gegeben. Lohmeyers Familie ließ man über sein Schicksal im Ungewissen. Namhafte Gelehrte bescheinigten noch 1948 gegenüber sowjetischen Behörden den internationalen Rang Lohmeyers und seine antinationalsozialistische und antimilitaristische Haltung. Da war Lohmeyer jedoch schon zwei Jahre tot. Erst 1958 erfuhr die Familie aus einer vom 6. Dezember 1957 stammenden Mitteilung des Roten Kreuzes aus Moskau: „Lohmeyer, Ernst, geb. 1890 in Dorsten, gestorben am 19. September 1946 im Lager“. Weitere Angaben folgten nicht. In seit 1990 zugänglichen sowjetischen Akten ist vermerkt, dass Lohmeyer als Hauptmann und Kommandant einer Kommandantur im besetzten Territorium der UdSSR am 28. August 1946 vom Kriegstribunal der Provinz Mecklenburg/Westpommern verurteilt und schließlich in Greifswald erschossen wurde. 50 Jahre nach seinem Tod wurde Lohmeyer von den russischen Behörden rehabilitiert.

Die Universität Greifswald hat Ernst Lohmeyer im Beisein seiner Tochter Gudrun Otto am 16. Oktober 2000 mit der Benennung des Gebäudes der Theologischen Fakultät in „Ernst-Lohmeyer-Haus“ und einer Gedenktafel am Haus geehrt. Die Gedenktafel trägt die Inschrift: „In memoriam / ERNST LOHMEYER / geboren am 8.7.1890 / Professor für Neues Testament, Greifswald 1935-1946 / Rektor der Universität ab 15.5.1945 / verhaftet vom NKWD am 15.2.1946 / zu Unrecht hingerichtet am 19.9.1946 / rehabilitiert am 15.8.1996“.

Vor dem Senatssaal des Hauptgebäudes der Universität steht eine Büste Lohmeyers.

Bereits seit den achtziger Jahren gibt es im westfälischen Herford ein Ernst-Lohmeier-Haus, vor dem sich ebenfalls eine Lohmeyer-Büste befindet. Das Gemeindehaus befindet sich in der Stiftbergstraße 30, 32049 Herford. Lohmeyers Vater war gebürtiger Herforder.

QUELLEN / LITERATUR

„In memoriam Ernst Lohmeyer. Gedenkveranstaltung am 19. September 1990 anlässlich des 100. Geburtstages und der Wiederkehr des Todestages. Gedenkvortrag zum 100. Geburtstag Ernst Lohmeyers von Prof. Dr. Günter Haufe“, in: Greifswalder Universitätsreden Neue Folge Nr. 59, Ernst-Moritz-Arndt-Universität Greifswald 1991, S. 6-16.
Wiebel, Arnold: „Der Fall L.“ in Greifswald, Schwerin und Berlin – Was wurde zur Rettung Ernst Lohmeyers unternommen? in: Zeitgeschichte Regional 1997, Heft 2, S. 29-34.

STANDORT

Am Rubenowplatz 2-3, 17487 Greifswald

VERKEHRSANBINDUNG / PKW

Greifswald ist über die B96 und über die B109 erreichbar

Gedenktafel an der ehemaligen Kreisdienststelle des MfS

Greifswald. Zu den zentralen Forderungen der Bürgerbewegung im Herbst 1989 zählten die Entmachtung und Auflösung des Ministeriums für Staatssicherheit (MfS). Nachdem das Ministerium in „Amt für Nationale Sicherheit“ umbenannt worden war, setzte eine groß angelegte Aktenvernichtung ein. Dies und die Flucht von Alexander Schalck-Golodkowski, seines Zeichens Oberst des MfS, spitzte die Situation so zu, dass führende Bürgerrechtler zur Bildung von Kontrollgruppen aufriefen und die Zentralen des MfS besetzten, um weitere Absetzbewegungen und Verschleierungsversuche zu unterbinden.

Wie in anderen Städten auch, umstellten Vertreter des Neuen Forums am 4. Dezember in Greifswald die Kreisdienststelle der Staatssicherheit und die SED-Kreisleitung, um weitere Aktenvernichtungen zu verhindern. Auf einem Flugblatt forderte das Neue Forum: „1. Auflösung der Betriebsparteileitungen der SED und 2. Volkssiegel auf alle Panzerschränke". Wenige Stunden später entstand in der Stadtverwaltung unter Beteiligung von Vertretern des Runden Tisches die Initiative zu einem Untersuchungsausschuss. Für diesen Ausschuss sollte Aktenmaterial beim Rat der Stadt, der SED-Kreisleitung und der Kreisdienststelle des Amtes für Nationale Sicherheit sichergestellt werden.

Um 13 Uhr hatten sich vor der Kreisdienststelle ca. 200 Menschen versammelt, die alle Zugänge zum Gebäude versperrten. Vier Bürger, der 1. Stellvertreter des Bürgermeisters und der Kreisstaatsanwalt gingen hinein und überzeugten den Leiter des Amtes von der Notwendigkeit, Material durch die Bürgervertreter sicherstellen zu lassen. Die kleine Gruppe kontrollierte alle Räume und versiegelte die Panzerschränke. Anschließend besetzten die Bürger die Pforte und beobachteten den Keller und die drei Geschosse des Hauses. Damit fand auch in Greifswald die Tätigkeit des MfS ein gewaltfreies Ende. Am 6. Dezember 1989 wählte der städtische Untersuchungsausschuss seine Leitung und setzte fünf Arbeitsgruppen ein, die sich unter anderem mit der Kreisdienststelle der Staatssicherheit befassten, die daraufhin am 11. und 12. Dezember 1989 aufgelöst wurde.

Zum 10. Jahrestag am 4. Dezember 1999 wurde auf einer Veranstaltung der Besetzung der Dienststelle gedacht und eine Erinnerungstafel angebracht. Spenden von Einzelpersonen und Institutionen sowie des Vereins „Gegen Vergessen – Für Demokratie e.V." ließen die Initiative von ehemaligen Mitgliedern des Runden Tisches Wirklichkeit werden.
Die Gedenktafel trägt die Inschrift: „Volkssiegel / Auf Panzerschränke / Der Stasi Und Der SED! / 4.12.1989".

QUELLEN / LITERATUR
Gegen Vergessen. Informationen für Mitglieder, Freunde und Förderer des Vereins „Gegen Vergessen – Für Demokratie e.V.", Nr. 24, März 2000, S. 47.
Abschlussbericht des Untersuchungsausschusses der Stadt Greifswald, Greifswald 1990.

STANDORT
Gebäude des Oberverwaltungsgerichts
Domstraße 7, 17487 Greifswald

VERKEHRSANBINDUNG / PKW
Greifswald ist über die B 96 und über die B 109 erreichbar.

Gedenkstele für die Opfer der Internierungslager

Greifswald. In Greifswald verhaftete die sowjetische Besatzungsmacht nach dem Ende des Zweiten Weltkrieges und der kampflosen Übergabe der Stadt an die Rote Armee etwa 360 Einwohner. Nach brutalen Verhören in den GPU-Kellern der Stadt brachte man sie in verschiedene Speziallager, überwiegend in das Lager Fünfeichen bei ⇨Neubrandenburg. Wie alle Besatzungsmächte versuchten auch die Sowjets, der Verantwortlichen für die Kriegsverbrechen und des NS-Regimes habhaft zu werden. Dabei unterschied sich ihre Verhaftungspraxis stark von derjenigen der anderen Alliierten. Neben tatsächlich Schuldigen inhaftierte die sowjetische Geheimpolizei Unschuldige, gering Belastete und eine Vielzahl von Jugendlichen. Ab 1946/47 verfolgte die Besatzungsmacht zunehmend politische Gegner und andere politisch oder gesellschaftlich missliebige Menschen.

Dieser Verfolgungspraxis fielen u. a. die Rektoren der Greifswalder Universität des Jahres 1945 zum Opfer. Carl Engel, seit 1938 Professor für Vorgeschichte an der Greifswalder Universität sowie seit 1942 ihr Rektor, hatte sich stark für die Beschäftigung mit der ostdeutschen Geschichte engagiert und sich hierbei in den Dienst der völkischen Politik der Nationalsozialisten gestellt. Ende April 1945 gehörte er zu den Parlamentären, die der Roten Armee entgegenfuhren und in Anklam die Verhandlungen zur kampflosen Übergabe Greifswalds erfolgreich führten. Zwischen dem 12. und 15. Mai 1945 wurde Engel seines Amtes enthoben, verhaftet und in das Lager Fünfeichen transportiert, wo er am 25. Januar 1947 starb. Auch sein Nachfolger, der Theologe Ernst Lohmeyer, wurde von den Sowjets bald darauf verhaftet (⇨Greifswald, Ernst-Lohmeyer-Haus). Ein weiteres prominentes Opfer der sowjetischen Verhaftungspraxis war der Sozialdemokrat, Freimaurer und NS-Gegner Hans Lachmund (1892-1972), der in der Nacht vom 27. auf den 28. Mai 1945 festgenommen wurde. Noch am 8. Mai hatte man den Amtsrichter Lachmund wegen seiner aktiven Rolle im Widerstand und bei der Vorbereitung der kampflosen Übergabe Greifswalds an die Rote Armee zum ehrenamtlichen Beigeordneten der Stadtverwaltung berufen. Hans Lachmund kam wie so viele andere ebenfalls in das Speziallager Nr. 9 ⇨Fünfeichen und 1948 in das Speziallager Nr. 2 ⇨Buchenwald. Nach der Auflösung der Speziallager 1950 übergaben die Sowjets Hans Lachmund den DDR-Behörden, die ihn 1950 im Rahmen der berüchtigten „Waldheimer Prozesse“ zu 25 Jahren Haft verurteilten. Die Begründung, „für die Gestapo gearbeitet zu haben“, war haltlos und konnte durch nichts belegt werden. 1954 wurde er begnadigt und aus dem Zuchthaus ⇨Waldheim entlassen.

Der Errichtung der Gedenkstele ging eine lange und kontroverse, bis 1994 zurückreichende Diskussion voraus. Im Juni 1995 beschloss die Bürgerschaft der Stadt, für die Opfer der Speziallager eine Gedenktafel aufzustellen. Als Inschrift wählte man ein Zitat von Irmgard Engel, der Ehefrau des verhafteten Greifswalder Rektors. Durch eine Spendenaktion unter den Greifswalder Einwohnern war die Aufstellung einer Metallstele möglich geworden.

Am 17. Juni 1997 übergaben der damalige Bürgermeister Reinhard Glöckner und der Präsident der Bürgerschaft Thomas Meyer diese Stele der Öffentlichkeit. Sie trägt die Inschrift: „Im Gedenken / an die Greifswalder Opfer / der Internierungslager 1945-1950. / Die Bürgerschaft der Hansestadt / Greifswald. / Die Zeiten / werden hoffentlich einmal kommen / wo dieses Golgatha / als solches / geschützt wird. / Irmgard Engel über ‚Fünfeichen' / Totensonntag 1949."

QUELLEN / LITERATUR

Schwabe, Klaus / Margarethe und Hans Lachmund: Eine Biographie im Widerstand, in: Modernisierung und Freiheit, Beiträge zur Demokratiegeschichte in Mecklenburg-Vorpommern, Schwerin 1995.
Wernicke, Horst: Greifswald, Geschichte der Stadt, Schwerin 2000.

STANDORT

Wallanlage/ Übergang vom Bahnhof zur Langen Straße, 17489 Greifswald

VERKEHRSANBINDUNG / PKW

Greifswald ist über die B 96 und über die B 109 erreichbar

Gedenktafel für den Medizinerstreik 1955

Greifswald. Nach dem Übergang von der verdeckten Aufrüstung zum Aufbau der NVA beschloss die Sicherheitskommission des Politbüros der SED Anfang März 1955, die Ausbildung von Militärärzten an der Universität Greifswald zu konzentrieren. Dieser Beschluss löste unter Studenten und Dozenten der Universität eine für die Machthaber überraschende Protestbewegung aus. Versuche, die Studenten zu beruhigen, scheiterten, da die Verantwortlichen vor Ort weder über das Zustandekommen noch über die genauen Konsequenzen des Beschlusses Auskunft geben konnten, insbesondere darüber, ob das Medizinstudium an der Universität Greifswald künftig mit dem Eintritt in die Kasernierte Volkspolizei verbunden sein würde.

Entsprechende Gerüchte hatten bereits seit dem 24. März 1955 für beträchtliche Unruhe gesorgt, auf welche die Sicherheitsorgane mit massiver Überwachung reagierten. Am 30. März schloss sich die Mehrheit der Studenten der Medizinischen Fakultät einem spontanen Vorlesungsstreik an. Am Abend sollte in der Aula eine Veranstaltung stattfinden, von der die Studenten Aussagen zur Zukunft ihres Studiums erwarteten. Als die Hochschullehrer wegen der parallel tagenden Fakultätssitzung nicht erschienen und klar wurde, dass es sich vielmehr um eine FDJ/SED-Versammlung mit dem SED-Bezirkssekretär Karl Mewis handelte, verließen viele Studenten den Saal. Den dabei entstehenden Tumult nutzten die Einsatzkräfte der Polizei, um die „Rädelsführer" zu verhaften. Über 200 Studenten wurden an diesem Abend festgenommen. Nach 24 Stunden waren fast alle wieder entlassen. Selbst führende SED-Funktionäre bezeichneten die Verhaftungswelle als nicht gerechtfertigt. Zwölf Medizinstudenten blieben mehrere Wochen in Untersuchungshaft. Sechs von ihnen wurden – unabhängig vom Studentenstreik – wegen angeblicher Zusammenarbeit mit westlichen Geheimdiensten bzw. wegen ihrer Kontakte zu Personen, die für diese Dienste tätig sein sollten, zu langen Haftstrafen verurteilt.

Der Greifswalder Vorlesungsstreik nimmt durch sein Ausmaß und die Verhaftung von über 200 Studenten einen herausgehobenen Platz unter den Protesten gegen die SED-Politik im Hochschulbereich ein. Dieser massive Widerstand gegen staatliche Willkür trug zur Kompromissfindung zwischen der Universität und dem Staatssekretariat für Hochschulwesen bei. Zwar wurde die Ausbildung von Militärmedizinern in Greifswald konzentriert, aber die Medizinische Fakultät blieb als Bestandteil der Universität erhalten, so dass bis zum Ende der DDR sowohl zivile Studenten als auch Militärmediziner dort studierten.

Am 24. Mai 2000 wurde auf einer Gedenkveranstaltung anlässlich des 45. Jahrestages der Greifswalder Ereignisse eine Gedenktafel aus Metall im Treppenaufgang des Hörsaalgebäudes enthüllt mit der Inschrift: „Im März 1955 protestierten hunderte Studentinnen und Studenten gegen die Umwandlung der medizinischen Fakultät in eine militärmedizinische Akademie. Ihr Mut setzte ein Zeichen für die akademische Freiheit der Universität. Sie verdienen lebendige Erinnerung".

QUELLEN / LITERATUR

Schmiedebach, Heinz-Peter / Karl-Heinz Spiess (Hrsg.): Studentisches Aufbegehren in der frühen DDR. Der Widerstand gegen die Umwandlung der Greifswalder Medizinischen Fakultät in eine militärmedizinische Ausbildungsstätte im Jahr 1955, Stuttgart 2001.

STANDORT

Hörsaalgebäude der Universität Greifswald
Rubenowstraße 1, 17489 Greifswald

VERKEHRSANBINDUNG / PKW

Greifswald ist über die B96 und über die B 109 erreichbar

Gedenkstein zur deutschen Einheit

Grevesmühlen. In der Kreisstadt des Landkreises Nordwestmecklenburg steht an der Klützer Straße in einer Grünanlage ein Findling, der an den Tag der deutschen Einheit erinnert. Die Inschrift lautet: „Deutschland / einig Vaterland / 3. Okt. 1990".

QUELLEN / LITERATUR
Karge, Wolf / Hugo Rübesamen / Andreas Wagner: Bestandsaufnahme politischer Memoriale des Landes Mecklenburg-Vorpommern, Schwerin 1998.

STANDORT
Klützer Straße, 23936 Grevesmühlen

VERKEHRSANBINDUNG / PKW
Grevesmühlen liegt an der A 20 zwischen Lübeck und Wismar

Gedenkstein für die Opfer der SED-Herrschaft

Güstrow. Am Abend des 21. Dezember 1984 leistete ein hauptamtlicher Mitarbeiter des MfS in der Kreisdienststelle Wachdienst. Mit dem Offizier vom Dienst feierte er feucht-fröhlich seinen Geburtstag. Am gleichen Abend traf sich in der Gaststätte im benachbarten Haus des Handwerks eine Brigade aus dem Landmaschinenbaubetrieb zur Weihnachtsfeier. Auch hier floss Alkohol. Zum Abschluss der Feier erkletterte ein alkoholisierter Arbeiter die Mauerumzäunung der MfS-Dienststelle. Der MfS-Mann F. wurde durch die Wachhunde auf den Mann aufmerksam. Unter Alkoholeinfluss stehend nahm er die Verfolgung des Mannes auf, der inzwischen die Mauer wieder verlassen hatte. Er stellte die jungen Leute und forderte die Ausweispapiere. Als seinen Aufforderungen nicht Folge geleistet wurde, zog F. die Pistole und schoss aus nächster Nähe auf die jungen Leute. Zwei starben an den Schussverletzungen, dem dritten zerschmetterte der Schuss einen Oberschenkel.

Die unverhältnismäßige Reaktion des Wachmanns war auch nach DDR-Gesetzen rechtswidrig. Der Vorgang wurde vom MfS vertuscht; Zeugen des Vorfalls wurden unter Druck gesetzt, um ihr Stillschweigen zu erzwingen. Das MfS versetzte F. nach Berlin, wo er aus dem Dienst entlassen wurde. Den Hinterbliebenen der Erschossenen wurde mitgeteilt, dass die Männer ihren Tod selbst verschuldet hätten. Beide Opfer hinterließen Frau und Kinder.

Mit der friedlichen Revolution in der DDR konnte das Schweigen über den Tod der beiden Männer beendet werden. Auf Initiative der Bürgerbewegung Neues Forum stellte die Güstrower Stadtverwaltung noch 1990 einen kleinen Gedenkstein am Tatort auf. Das ursprünglich ebenfalls an dieser Stelle errichtete Gedenkkreuz mit den Namen der beiden Todesopfer wurde später entfernt. Der Gedenkstein soll an alle Opfer der kommunistischen Herrschaft in der DDR erinnern. Mit Unterstützung der Bürgerbewegung konnte bereits Ende 1990 gegen F. Anklage erhoben werden. Anfang Dezember 1990 verurteilte das Schwurgericht den Angeklagten wegen zweifachen Totschlages in Tateinheit mit versuchtem Totschlag zu zehn Jahren Freiheitsentzug. Während des Prozesses vor dem West-Berliner Landgericht im November

1990 stellte das Gericht fest, dass F. geschossen hatte, „weil er berauscht war, nicht nur vom Alkohol, sondern auch von dem Gefühl der Macht, die er als Uniformträger und Angehöriger der Stasi hatte". Sein Vorgesetzter und die für die Vertuschung des Tathergangs Verantwortlichen wurden strafrechtlich nicht belangt.

Der vor der ehemaligen Kreisdienststelle des Ministeriums für Staatssicherheit (MfS) errichtete Gedenkstein erinnert an den Tod von zwei Güstrower Bürgern und steht stellvertretend zum Gedenken an alle Opfer der SED-Herrschaft. Er trägt die Inschrift: „Den Opfern der Gewalt / 1949-1989".

QUELLEN / LITERATUR
Schweriner Volkszeitung, Ausgabe Güstrow vom 30.11.1990 und 7.12.1990.
Informationen von Heiko Lietz.

STANDORT
Vor dem Gebäude Neukrugerstraße 3
18273 Güstrow

VERKEHRSANBINDUNG
Vom Bahnhof mit dem Stadtbus zum Stadtteil Dettmannsdorf. Der Gedenkstein befindet sich an der Haltestelle „Haus des Handwerks"

PKW
Über die A 19 Berlin-Rostock Abfahrt Güstrow

Gedenkstein für die Opfer der sowjetischen Geheimpolizei

Güstrow. Gegenüber dem Güstrower Schloss befand sich von Ende des 19. Jahrhunderts bis zum Frühjahr 1992 das Untersuchungsgefängnis der Stadt Güstrow. Nach der Besetzung Güstrows durch die Rote Armee am 2. Mai 1945 nutzte die sowjetische Geheimpolizei das Gefängnis bis 1949 als Verhör- und Haftstätte. Wie an vielen anderen Orten ging die sowjetische Besatzungsmacht unter dem Vorwand der Entnazifizierung mit großer Willkür auch gegen Unschuldige und zunehmend gegen Gegner der politischen Verhältnisse in der Sowjetischen Besatzungszone vor. Die Operativgefängnisse des NKWD – im Volksmund „GPU-Keller" genannt – waren für viele Verhaftete die erste Station auf ihrem Leidensweg durch die sowjetischen Speziallager.

Auch in Güstrow und Umgebung verhaftete die sowjetische Geheimpolizei mit Unterstützung deutscher Behörden willkürlich Personen und sperrte sie in das Gefängnis am Schlossberg ein. Zu ihnen gehörte eine Gruppe von Jugendlichen zwischen 15 und 23 Jahren, die als Mitglieder der freiwilligen Feuerwehr unter „Werwolf"-Verdacht geraten waren und während einer Verhaftungswelle im Mai 1946 festgenommen wurden. Sowjetische NKWD-Angehörige verhörten sie mit großer Brutalität und erpressten Aussagen. Von einem Sowjetischen Militärtribunal (SMT) „als Feinde der Roten Armee“ verurteilt, kamen sie in das Speziallager Nr. 7 ⇨Sachsenhausen, was viele von ihnen nicht überlebten.

In das Güstrower Gefängnis wurden auch aus anderen mecklenburgischen Städten Häftlinge der Besatzungsmacht verbracht. Einer von ihnen war Benno Prieß. Er wurde kurz vor seinem 17. Geburtstag am 4. Mai 1946 in ⇨Bützow verhaftet und in das NKWD-Gefängnis nach Güstrow gebracht. Man warf ihm vor, als Mitglied des „Werwolf“ gegen die sowjetische Armee kämpfen zu wollen. Das unter Folter erpresste Geständnis wurde zur Anklageerhebung verwendet. Im August 1946 verurteilte ihn das SMT zu zehn Jahren Arbeitslager, die er in sowjetischen Lagern in der SBZ und in DDR-Gefängnissen verbrachte. Anfang 1954 entließen die DDR-Behörden Benno Prieß aus der Strafanstalt ⇨Waldheim.

Zur SMT-Spruchpraxis in Güstrow gehörten auch Todesurteile. Wahrscheinlich sind in Güstrow Gefangene durch das NKWD hingerichtet worden, darauf verweisen die Erinnerungen ehemaliger Häftlinge. Jedoch ist bis heute nicht geklärt, wo die Leichen verscharrt wurden. Ende der vierziger Jahre übergab die sowjetische Besatzungsmacht das Gefängnis den deutschen Behörden.

Nach dem Untergang der DDR hat man das Gefängnis wegen seines sehr schlechten baulichen und ungenügenden Sicherheitszustands geschlossen. Mitte der neunziger Jahre wurden Pläne bekannt, das Gefängnis zu einem Hotel umzubauen. Überlebende forderten, ein Erinnerungszeichen für die Opfer stalinistischer Willkür an diesem Gebäude anzubringen. Als im Oktober 1996 das Hotel eingeweiht wurde, stellte man an der Straße Schlossberg einen kleinen Stein mit einer Gedenktafel auf. Inschrift der Gedenktafel: „Den Opfern / stalinistischer Willkür“.

QUELLEN / LITERATUR

Prieß, Benno: Unschuldig in den Todeslagern des NKWD 1946-1954, Calw 1995.

1991 veröffentlichte die Schweriner Volkszeitung auf der Lokalseite Güstrow mehrere Artikel zur Tätigkeit des KGB in Güstrow. Anstoß waren die Recherchen von Rudolf Radtke, der im Mai 1946 verhaftet worden war, im Güstrower NKWD-Gefängnis einsaß und den ein SMT zu zehn Jahren Arbeitslager verurteilte.

STANDORT

Schlossberg, 18273 Güstrow

VERKEHRSANBINDUNG

Der Weg vom Bahnhof zum Schloss ist ausgeschildert und über das Stadtzentrum zu Fuß in ca. 15 Minuten zu erreichen

PKW

A 19 Berlin-Rostock, Abfahrt Güstrow

Gedenkstein zur deutschen Einheit

Kreien. Die Gemeinde Kreien im Landkreis Parchim liegt südlich der Kleinstadt Lübz. An der Schulstraße wurde noch zu DDR-Zeiten ein Denkmal zur Erinnerung an die Gründung der Landwirtschaftlichen Produktionsgenossenschaft (LPG) des Dorfes errichtet. Nach 1990 widmete man das Denkmal um. Die neue Inschrift lautet: „Einigkeit u. Recht / u. Freiheit / 3. Okt. 1990".

QUELLEN / LITERATUR
Karge, Wolf / Hugo Rübesamen / Andreas Wagner: Bestandsaufnahme politischer Memoriale des Landes Mecklenburg-Vorpommern, Schwerin 1998.

STANDORT
Schulstraße, 19386 Kreien

VERKEHRSANBINDUNG
Bahnverbindung bis Lübz, dann weiter mit dem Bus

PKW
A 24 Hamburg-Berlin, Abfahrt Parchim, dann über die B 191 nach Lübz und von dort nach Kreien

Gedenkstein für die Opfer der Verfolgung durch die sowjetische Besatzungsmacht

Malchow. Die Villa des früheren Fabrikbesitzers Gottfried Blanck in der Gartenstraße 19 in Malchow wurde im Mai 1945 zum Sitz der sowjetischen Ortskommandantur. Wie an anderen ostdeutschen Orten fielen der Suche nach den Verantwortlichen für die NS-Verbrechen auch zahllose Unschuldige zum Opfer. Vor allem Jugendliche und junge Erwachsene wurden verdächtigt, dem „Werwolf", einer von den Nationalsozialisten propagandistisch aufgeblähten Untergrundbewegung, anzugehören.

Ende 1945/Anfang 1946 verhaftete die sowjetische Geheimpolizei in Malchow über 30 Jugendliche auf Grund von Denunziationen oder Willkür. Viele Jugendliche wurden zunächst in die Kellerräume der Kommandantur gesperrt, um später in das NKWD-Gefängnis in Waren transportiert zu werden. Andere brachte man direkt dorthin. Hier wurden sie durch Angehörige des NKWD verhört. Geständnisse wurden durch brutale Folter erpresst. Sowjetische Militärtribunale in Waren oder ⇨Güstrow verurteilten die Verhafteten auf der Grundlage dieser Geständnisse zu zehn oder 15 Jahren Lagerhaft; an einem 1929 geborenen Eisenbahnlehrling wurde das Todesurteil vollstreckt. Die Mehrheit der Verurteilten kam über das sowjetische Gefängnis ⇨Alt-Strelitz in das Speziallager Nr. 7 nach ⇨Sachsenhausen. Fünf Jugendliche starben an den unmenschlichen Bedingungen im Lager. Die Auflösung des sowjetischen Speziallagers in Sachsenhausen 1950 bedeutete jedoch nicht für alle Inhaftierten das Ende der Haft. Einige wurden erst Jahre später aus dem Strafvollzug der DDR entlassen. Viele verhaftete Malchower Jugendliche hat das Urteil des Generalstaatsanwalts der Russischen Föderation am 18. Oktober 1991 rehabilitiert.

Erst nach der Überwindung der SED-Herrschaft konnte in Malchow eine Beschäftigung mit diesem dunklen Kapitel der Nachkriegsgeschichte beginnen. Die Stadt stellte sich mit Unterstützung der Überlebenden dieser Auseinandersetzung. Auf Beschluss der Stadtvertretung wurde vor der ehemaligen Blanckschen Villa ein Gedenkstein aufgestellt, der am 2. Juli 1998 in Anwesenheit von Überlebenden der Öffentlichkeit übergeben wurde. Am Gedenkstein ist eine Kupfertafel angebracht, die der Malchower Künstler Sieghard Dittner gestaltete. Sie trägt die Inschrift: „In diesem Haus befand sich / von 1945-1947 die sowjetische / Zivilkommandantur. / Hier begann für viele Jugend- / liche und Erwachsene / Malchowerinnen und / Malchower der Weg in leid- / volle Haft, für manche in / qualvoll-gewaltsamen Tod. / Ihr Schicksal mahnt!".

QUELLEN / LITERATUR

Besiegt – Befreit – Verfolgt. Malchower Jugendliche erleben den Zusammenbruch 1945, Teil 1, Malchow 1996 (Heft 4 zur Geschichte der Stadt Malchow).

Treu – aber wem? Bestraft – doch wofür? Malchower Jugendliche erleben den Zusammenbruch 1945, Teil 2, Malchow 1997 (Heft 5 zur Geschichte der Stadt Malchow).

Putzar, Arnulf H. K.: Im Schatten einer Zeit, Schwerin 1998.

STANDORT

Gartenstraße 19, 17213 Malchow

VERKEHRSANBINDUNG / PKW

A 19, Abfahrt Malchow

Gedenkstein zur deutschen Einheit

Mühlengeez. Auf dem Gelände der Gemeinde Mühlengeez westlich von Güstrow (Landkreis Güstrow) an der B 104 entstand nach 1990 das Mecklenburgische Ausstellungszentrum (MAZ). Vor dem Eingang zum Gelände des MAZ stellte man mehrere Findlinge zusammen. Die Inschrift auf dem zentralen Stein lautet: „3. Oktober 1990 / Vereinigung".

QUELLEN / LITERATUR

Karge, Wolf / Hugo Rübesamen / Andreas Wagner: Bestandsaufnahme politischer Memoriale des Landes Mecklenburg-Vorpommern, Schwerin 1998.

STANDORT

an der B 104, 18276 Mühlengeez

VERKEHRSANBINDUNG

Bahnverbindung bis Güstrow, dann weiter mit dem Bus

PKW

Über die A 19 nach Güstrow, dann über die B 104 nach Mühlengeez

Mahn- und Gedenkstätte Fünfeichen

Neubrandenburg. Fünfeichen, ein ehemaliges landwirtschaftliches Gut am südlichen Rand von Neubrandenburg, wurde 1938 von der Wehrmacht gekauft, die hier 1939 zwei Lager errichtete, das Kriegsgefangenenlager Stalag II E und das Offiziersgefangenenlager Oflag II E. Mehrere tausend Armeeangehörige aus zehn Ländern waren hier interniert. Besonders hoch war die Todesrate unter den sowjetischen Kriegsgefangenen, die als „rassisch Minderwertige" katastrophalen Lebensbedingungen ausgesetzt waren.

Von Mai 1945 bis Ende 1948 bestand in Fünfeichen das sowjetische Speziallager Nr. 9, in dem der sowjetische Geheimdienst über 15 000 Häftlinge gefangen hielt. Wie die anderen sowjetischen Lager war Fünfeichen gegenüber der Außenwelt vollständig isoliert. Die höchste Häftlingszahl wurde im September 1946 mit 10 679 Menschen registriert, darunter waren vier Prozent weibliche Häftlinge. Im Lager befanden sich nahezu ausschließlich Arretierte, keine durch Sowjetische Militärtribunale verurteilten Deutschen und nur wenige Kriegsgefangene. Das Lager bestand aus fünf Zonen: dem Nord- und Südlager, einem Lagerbereich für Frauen, einem Wirtschaftshof sowie einem Bad und den Quarantänebaracken. Das gesamte Lager umgaben mehrere Reihen Stacheldrahtzaun. Im Nordlager galten besonders strenge Sicherheitsvorschriften. Außerdem befand sich dort das Lagergefängnis. Der Lazarettbereich lag außerhalb des eigentlichen Lagerbereichs. Fünfeichen unterschied sich von den anderen NKWD-Lagern in der SBZ durch den hohen Anteil von Internierten, die einer Beschäftigung nachgehen konnten. Ungefähr die Hälfte der Lagerinsassen war in Lagerwerkstätten oder Außenkommandos eingesetzt.

Die sowjetische Geheimpolizei sperrte aktive Nationalsozialistenin in das Lager, zumeist kleine Funktionäre wie Block- und Zellenleiter, aber auch angebliche „Spione", „Saboteure", „Werwölfe", Betriebsleiter und Verwaltungsbeamte. Unter die Kategorie „Werwolf" fielen vor allem Jugendliche, die zumeist nach Denunziation völlig unschuldig verhaftet wurden. Zu den im Lager Fünfeichen festgehaltenen Kriegsgefangenen zählten Wehrmachtssoldaten, Angehörige des Volkssturms, von SS und SA. Eine juristische Überprüfung der Schuldvorwürfe unterblieb. Auf Grund der schlechten Haftbedingungen überlebte ein Drittel der Häftlinge die Haftzeit nicht. Am 4. November 1948 wurden die letzten 179 Internierten aus Fünfeichen in das Speziallager Nr. 7 ⇨Sachsenhausen verlegt. Der Befehl Nr. 4 der Abteilung Speziallager des NKWD vom 18. Januar 1949 beendete offiziell die Existenz des Lagers. Bis 1950 waren die Lagerbaracken und zahlreiche andere Gebäude abgerissen. Allein das ehemalige Gutshaus überdauerte als Ruine. 1961 wurde eine Gedenkanlage für die Opfer des Kriegsgefangenenlagers errichtet; die Geschichte und die Toten des Speziallagers hingegen wurden tabuisiert. Aber auch die Gedenkanlage mit dem Friedhof für die Kriegsgefangenen hat man missachtet, da sie von 1979 bis 1990 zum Übungsgelände im militärischen Sperrgebiet gehörte.

1990 führten Recherchen des Regionalmuseums Neubrandenburg zum Auffinden von zwei Gräberfeldern der Toten des Speziallagers. 1991 wurde die Arbeitsgemeinschaft Fünfeichen gegründet, eine Interessenvertretung ehemaliger Häftlinge des Speziallagers und ihrer Angehörigen. 1993 konnte ein neu gestaltetes Mahnmal eingeweiht werden. Den Entwurf für das schräg stehende, gestützte Kreuz lieferte der Holzbildhauer Uwe Grimm aus Neu Wokern bei Teterow. Die beiden Gräberfelder des Speziallagers wurden markiert und gesichert. Im November 1999 konnten auf dem südlichen Gräberfeld 59 Bronzetafeln mit den Namen von über 5000 Opfern des NKWD-Lagers Fünfeichen der Öffentlichkeit übergeben werden. Regelmäßig am Volkstrauertag finden Gedenkveranstaltungen in Fünfeichen statt. Im Regionalmuseum Neubrandenburg wird die Geschichte des Lagers dargestellt.

Inschrift der Gedenktafel im Eingangsbereich: „Allen Toten von Fünfeichen zu immerwährendem Gedenken und den Lebenden zur Mahnung. Nach 1945 kamen hier in diesem Lager der sowjetischen Besatzungsmacht tausende deutsche Männer, Frauen und Jugendliche um. Sie starben an Hunger, Seuchen und Krankheit: Auf zwei Grabfeldern im Wald und an anderen Stellen sind sie als Namenlose der Erde übergeben worden. Der Weg zur deutschen Einheit im Jahre 1990 gab den Opfern ihre Würde zurück.

Auf diesem Friedhof von Kriegsgefangenen des Zweiten Weltkrieges ruhen 500 Soldaten und Offiziere in Einzelgräbern. Sie kamen aus Belgien, Frankreich, Großbritannien, Italien, den Niederlanden, Polen, Serbien, der Slowakei und den USA. Mehr als 1000 kriegsgefangene Soldaten der Roten Armee starben in Fünfeichen an den Folgen schlechter Behandlung. Sie wurden in Gruppengräbern bestattet."

QUELLEN / LITERATUR

Baumann, Tobias: Das Speziallager Nr. 9 Fünfeichen, in: Sergej Mironenko u. a. (Hrsg.): Sowjetische Speziallager in Deutschland 1945 bis 1950, Bd. 1: Studien und Berichte, Berlin 1998, S. 426-444.
Briefe Betroffener und Hinterbliebener: Fünfeichen 1945-1948, Neubrandenburg 1990.
Die Opfer von Fünfeichen, 2 Bde., Schwerin 1996.
Die Opfer von Fünfeichen. Gedanken und Erinnerungen, hrsg. vom Sprecherrat der AG Fünfeichen, Neubrandenburg 2000.
Krüger, Dieter / Egon Kühlbach: Schicksal Fünfeichen. Teil 1: Gefangene im NKWD/MWD-Lager Fünfeichen 1945 bis 1948. Versuch einer Ermittlung, Neubrandenburg 1991.

STANDORT
Fünfeichener Weg/ Am Rande des Mühlenholzes
17033 Neubrandenburg

ANSPRECHPARTNER
Arbeitsgemeinschaft Fünfeichen, Dr. Rita Lüdtke,
Hopfenstraße 5a, 17034 Neubrandenburg

ÖFFNUNGSZEITEN
Die Mahn- und Gedenkstätte ist jederzeit zugänglich

VERKEHRSANBINDUNG
Bus Linie 80 vom Busbahnhof Neubrandenburg

PKW
B96 aus Richtung Berlin/Neustrelitz kommend am Ortseingang Neubrandenburg in Richtung Burg Stargard; am Ortseingang Bargensdorf nach links Richtung Fünfeichen abbiegen und der Ausschilderung („Gedenkstätte Kriegsgräberfürsorge") folgen; aus Neubrandenburg kommend vom Ring in die Neustrelitzer Straße abbiegen und der Ausschilderung folgen

Gedenktafel für die Opfer von Nationalsozialismus und stalinistischer Gewalt

Neubrandenburg. Unmittelbar nach Kriegsende nutzte das NKWD für eine kurze Übergangszeit auch das ehemalige KZ-Außenlager von Ravensbrück an der Ihlenfelder Straße als Speziallager. An diese Zeit erinnert am Haus Ihlenfelder Straße 116 eine Gedenktafel, die sich über derjenigen für die KZ-Häftlinge befindet und am 19. Januar 1994 der Öffentlichkeit übergeben wurde.

Sie trägt die Inschrift: „Von Mai bis August 1945 diente / das Gelände als Zweitlager des / Internierungslagers Fünfeichen / des sowjetischen Innenministeriums. / Die Opfer von Nationalsozialismus / und stalinistischer Gewalt mahnen."

QUELLEN / LITERATUR
Briefe Betroffener und Hinterbliebener: Fünfeichen 1945-1948, Neubrandenburg 1990.
Krüger, Dieter/Egon Kühlbach: Schicksal Fünfeichen, Teil I: Gefangene im NKWD/MWD-Lager Fünfeichen 1945 bis 1948. Versuch einer Ermittlung, Neubrandenburg 1991.
Die Opfer von Fünfeichen, 2 Bde., Schwerin 1996.

STANDORT
Ihlenfelder Straße 116, 17034 Neubrandenburg

VERKEHRSANBINDUNG / PKW
B96 Abfahrt Neubrandenburg

Gedenkstein für die Opfer des NKWD-Gefängnisses Nr. 5 Strelitz

Neustrelitz. Die Anfänge der heutigen Justizvollzugsanstalt Neustrelitz reichen bis in das 18. Jahrhundert zurück, als das Landarbeits-, Zucht- und Irrenhaus des Herzogtums Mecklenburg-Strelitz errichtet wurde. Bis 1945 waren auf dem Gelände Gefängnis, Zuchthaus und eine Abteilung zur Verwahrung unzurechnungsfähiger Rechtsbrecher untergebracht. Im Mai 1945 übernahm die sowjetische Besatzungsmacht die Gefängnisgebäude und nutzte sie bis zum Juli 1945 als NKWD-Gefängnis mit regionaler Zuständigkeit. Danach unterstand die Strafanstalt als Gefängnis Nr. 5 Strelitz der Abteilung Speziallager des NKWD in Deutschland und wurde bis Ende 1946 von ihr verwaltet.

Bei der Übergabe zählte man 1 088 Häftlinge, überwiegend Bürger der Sowjetunion, die auf ihre Repatriierung warteten, zu Lagerhaft verurteilte ehemalige Kriegsgefangene und Wlassow-Soldaten. Das Gefängnis durchliefen aber auch Deutsche, die nach kurzem Aufenthalt in die sowjetischen Speziallager transportiert wurden. Im April 1946 stieg die Zahl der Häftlinge stark an, da die Operativgruppen durch Sowjetische Militärtribunale (SMT) verurteilte Deutsche aus Mecklenburg-Vorpommern und dem nördlichen Brandenburg der sowjetischen Geheimpolizei überstellten. Von nun an war das Gefängnis auf Dauer mit über 1 000 Personen belegt, darunter Frauen und Jugendliche. Ehemalige Häftlinge berichten, dass auch sowjetische Bürger gemeinsam mit Deutschen eingesperrt waren.

Aufgrund der katastrophalen Haftbedingungen, der schlechten Ernährung und fehlender medizinischer Betreuung starben zahllose Häftlinge. Die Gräber der Toten sind bis heute nicht identifiziert. Das Gefängnis konnte die ständig wachsende Anzahl von SMT-Verurteilten bald nicht mehr aufnehmen. Das NKWD-Gefängnis Nr. 5 Strelitz wurde geschlossen und die verurteilten Häftlinge im September 1946 in das Speziallager Nr. 7 nach ⇨Sachsenhausen gebracht, wo sie isoliert von anderen Häftlingen in der so genannten Zone II untergebracht wurden. Das Gefängnis kam wieder unter deutsche Verwaltung. Bis zum Jahr 2001 wurden in den überalterten und baulich verschlissenen Haftgebäuden Freiheitsstrafen vollstreckt. Am 1. April 2001 nahm die auf einem anderen Gelände neu errichtete Jugendhaftanstalt ihren Betrieb auf. Das alte Gefängnisgebäude steht gegenwärtig leer.

Auf Initiative ehemaliger Häftlinge des Speziallagers Nr. 7 Sachsenhausen wurde gemeinsam mit dem Justizministerium Mecklenburg-Vorpommern am 3. September 2000 ein Gedenkstein mit einer Tafel vor dem Eingang der Strafanstalt aufgestellt. Sie trägt die Inschrift: „Zum Gedenken an die Opfer, / die im Gefängnis / des NKWD Nr. 5 Strelitz / von 1945 – 1946 / durch sowjetische Willkür / ihr Leben lassen mussten.“

QUELLEN / LITERATUR

Bieg, Hans-Henning: Das Werdeholz oder die Wiederkehr der Bilder meiner Jugend, Ms., 1998.
Prieß, Lutz: Das Gefängnis des NKWD Nr. 5 Strelitz, in: Sergej Mironenko u. a. (Hrsg.): Sowjetische Speziallager in Deutschland 1945 bis 1950, Bd. I, Berlin 1998.
Putzar, Arnulf H. K.: Im Schatten einer Zeit, Schwerin 1998.

STANDORT

Justizvollzugsanstalt, Wilhelm-Stolte-Straße 1
17235 Neustrelitz

VERKEHRSANBINDUNG
Der Gedenkort befindet sich im Ortsteil Strelitz-Alt und ist im öffentlichen Nahverkehr über Busse von Neustrelitz aus erreichbar

PKW
Von Berlin über die B96

Gedenktafel für Erich Creutzfeldt und Dr. Karl Richter

Parchim. Am ehemaligen Gebäude des Parchimer Gymnasiums erinnert eine Gedenktafel an zwei Lehrer. Erich Creutzfeldt (1888-1962) kam 1933 an die Schule und unterrichtete Geschichte, Deutsch und Latein. Gegenüber der NS-Ideologie hielt er Distanz, trat nicht der NSDAP bei und gestaltete den Geschichtsunterricht, ohne das offizielle Lehrbuch einzubeziehen. Nach Kriegsende gehörte er zu den wenigen Lehrern, die weiter unterrichten durften. Als Mitglied der LDP setzte er sich für den demokratischen Wiederaufbau ein. Dr. Karl Richter (1886-1952) kam nach 1945 an das Parchimer Gymnasium, auch er ein Demokrat. Beide bemühten sich darum, ihren Schülern freies und kritisches Denken nahe zu bringen.

Im Oktober 1949 verhaftete die sowjetische Geheimpolizei eine Gruppe junger Leute. Creutzfeldt warnte weitere Schüler, so dass diese sich retten konnten. An Pfingsten 1951 wurden Creutzfeldt, Richter und weitere Parchimer Bürgerinnen und Bürger verhaftet, im NKWD-Gefängnis am Demmlerplatz in ⇨Schwerin eingesperrt und vom Sowjetischen Militärtribunal in Schwerin wegen „Spionage" zu 20 Jahren Zwangsarbeit verurteilt. Nach der Urteilsverkündung wurden sie wie viele andere in die Sowjetunion deportiert. Sie kamen in den Lagerkomplex Taischet nach Sibirien. Karl Richter starb 1952 im Lager; Erich Creutzfeldt überlebte die Haftzeit, wenn auch gesundheitlich geschwächt und auf einem Auge erblindet. Er kehrte im Oktober 1955 nach Parchim zurück. Wenig später ging er mit seiner Frau in den Westen, wo er 1962 starb.

Bereits 1990 startete die Altschülerschaft Parchim eine Initiative, die an die aufrichtige Haltung der beiden Lehrer öffentlich erinnern sollte. Nach einer längeren Diskussion um die angemessene Form des Gedenkens wurde am 14. November 1993 die kleine Gedenktafel am ehemaligen Schulgebäude eingeweiht mit der Inschrift:

„Den aufrechten Bürgern und Lehrern / ERICH CREUTZFELDT *1888 † 1962 / und / DR. KARL RICHTER *1886 † 1952 / zum Gedenken. / Sie hielten auch in schwerer Zeit zu den ihnen / anvertrauten jungen Menschen, wurden 1951 / verhaftet und in die Sowjetunion gebracht. / Dr. Richter starb 1952 in einem Straflager / Creutzfeldt kehrte 1955 krank zurück."

Unbekannte entwendeten die Tafel im August 1995, so dass sie erneuert werden musste.

QUELLEN / LITERATUR
Wiese, Friedrich-Franz: Zum Lebensweg eines aufrechten Lehrers, in: Mecklenburg Nr. 34 (1992). Gedenktafel für zwei Parchimer Lehrer enthüllt, in: Mecklenburg Nr. 36 (1994).

STANDORT
Blutstraße 5, 19370 Parchim

VERKEHRSANBINDUNG
A 24 Berlin-Hamburg, dann über die B 191 oder B 321 bis Parchim

Gedenktafel für die Opfer der stalinistisch-kommunistischen Diktatur

Parchim. Als zum Kriegsende die Rote Armee große Teile Mecklenburgs besetzte, folgten ihr Operativeinheiten der sowjetischen Geheimdienste unter Leitung des NKWD, die in den besetzten Territorien „feindliche Elemente" aufspüren sollten. Für die Unterbringung der Inhaftierten wurden Gefängnisse genutzt, Lager eingerichtet und Arresträume in Kellern geschaffen. In Parchim richtete das NKWD seinen Sitz im Doppelgebäude Schweriner Straße 3/4 ein, das mit seinen Kellerräumen zwischen 1945 und 1948 dem NKWD als Verhör- und Haftstätte diente.

In der Anfangszeit inhaftierten die Sowjets vor allem Funktionsträger des NS-Staates wie Bürgermeister, Ortsgruppenleiter, Ortsbauernführer, Polizisten, NSDAP-Funktionäre, Mitglieder der HJ und sonstige unliebsame Personen. Später fanden sich unter den Gefangenen immer mehr Gegner der Politik von Besatzungsmacht und SED in der SBZ. Die Verhaftungspraxis war durch große Willkür geprägt. Viele Jugendliche wurden unter dem Vorwurf eingesperrt, für den „Werwolf" tätig gewesen zu sein. Häufig veranlassten Denunziationen die Verhaftung unliebsamer Personen. Die Verhöre wurden nicht selten mit großer Brutalität geführt, um Zeugenaussagen zu erpressen.

Die Bedingungen im NKWD-Gefängnis Parchim waren katastrophal: mangelhafte Verpflegung, keine medizinische Betreuung und schlechte hygienische Bedingungen. Die Häftlinge wurden brutalen Verhören unterzogen, teilweise zu falschen Geständnissen gezwungen und blieben von der Außenwelt vollständig isoliert. Teilweise waren die Kellerräume in Parchim mit zehn bis zwölf Häftlingen belegt. Im Keller gab es Dunkelzellen für Einzelhaft. Viele Häftlinge aus dem NKWD-Gefängnis Parchim kamen in das Gefängnis Nr. 5 in Alt-Strelitz oder das Speziallager Nr. 9 in Fünfeichen.

Am 17. Juni 1993 wurde an dem Gebäude eine Gedenktafel für die Opfer der stalinistisch-kommunistischen Diktatur angebracht mit der Inschrift: „In diesem Haus wurden / in der Zeit von / 1945 – 1948 / Opfer der stalinistisch- / kommunistischen Unrechts- / diktatur gefangen gehalten / und gefoltert."

QUELLEN / LITERATUR
Giese, Friedrich: Leben in dieser Zeit, Flensburg 1970.
Parchimer Heimathefte Nr. 21, Hamburg 1995.

VERKEHRSANBINDUNG / PKW
A 24 Berlin-Hamburg, dann über die B 191 oder B 321 bis Parchim

STANDORT
Schweriner Str. 3/4, 19370 Parchim

Gedenkstein zur deutschen Einheit

Parchim. In der Kreisstadt des Landkreises Parchim befindet sich im Stadtzentrum auf dem Schuhmarkt ein Stein zur Erinnerung an den 3. Oktober 1990. Der Findling trägt die Inschrift: „Einigkeit / und Recht / und Freiheit / 3. Okt. 1990".

QUELLEN / LITERATUR
Karge, Wolf / Hugo Rübesamen / Andreas Wagner: Bestandsaufnahme politischer Memoriale des Landes Mecklenburg-Vorpommern, Schwerin 1998.

VERKEHRSANBINDUNG / PKW
A 24 Berlin-Hamburg, dann über die B 191 oder B 321 bis Parchim

STANDORT
Schuhmarkt, 19370 Parchim

Gedenkstein zur deutschen Einheit

Ribnitz-Damgarten. Zwischen Ribnitz und Damgarten verlief bis 1945 die Ländergrenze zwischen Mecklenburg und der preußischen Provinz Pommern. Seit 1950 sind beide Städte vereinigt und gehören zum Landkreis Nordvorpommern. Im Stadtzentrum vor der Stadtkirche steht ein Findling, der an die deutsche Einheit erinnert. Seine Inschrift lautet: „Einigkeit / und / Recht / und / Freiheit / Deutschland / einig Vaterland. / 3. Oktober 1990".

QUELLEN / LITERATUR
Karge, Wolf / Hugo Rübesamen / Andreas Wagner: Bestandsaufnahme politischer Memoriale des Landes Mecklenburg-Vorpommern, Schwerin 1998.

STANDORT
Stadtkirche St. Marien, 18311 Ribnitz-Damgarten

VERKEHRSANBINDUNG / PKW
Ribnitz-Damgarten liegt an der B 105 zwischen Rostock und Stralsund

Die Bundesbeauftragte für die Unterlagen des Staatssicherheitsdienstes der ehemaligen DDR (BStU) Außenstelle Rostock: Dokumentations- und Gedenkstätte in der ehemaligen Untersuchungshaftanstalt des Staatssicherheitsdienstes in Rostock

Rostock. Im Dezember 1991 verabschiedete der Deutsche Bundestag das Stasi-Unterlagengesetz (StUG). Daraufhin wurde die Behörde des Bundesbeauftragten für die Unterlagen des Staatsicherheitsdienstes der ehemaligen DDR (BStU) mit 14 Außenstellen in den ehemaligen DDR-Bezirksstädten eingerichtet. Die Dokumentations- und Gedenkstätte der Außenstelle Rostock wurde 1999 in der ehemaligen Untersuchungshaftanstalt (UHA) der Bezirksverwaltung für Staatssicherheit Rostock eröffnet.

Die UHA des MfS in Rostock, Ende der fünfziger Jahre auf dem Gelände der Bezirksverwaltung des MfS errichtet, war für Außenstehende nicht einsehbar. Sie zählt neben dem Neubau in ⇨Berlin-Hohenschönhausen zu den ersten Gefängnissen des MfS und ist der einzige tatsächlich genutzte Neubau eines Stasi-Gefängnisses im Norden. Hier konnten 110 Frauen und Männer in drei Etagen „verwahrt" werden. In den 46 Zellen – meist für zwei Inhaftierte auf 7,5 Quadratmetern Grundfläche – gab es keine direkten Belüftungsmöglichkeiten. Tageslicht drang nur durch undurchsichtige Glasbausteine. Von 1960 bis 1989 hat man hier mehr als 4 800 Frauen und Männer eingesperrt. In den achtziger Jahren war die UHA durchschnittlich mit 50 Häftlingen belegt. Im Zuge der Besetzung der Bezirksverwaltung des Amtes für Nationale Sicherheit in der Nacht vom 4. zum 5. Dezember 1989 durch Rostocker Bürgerrechtler wurde die UHA aufgelöst.

Die Dokumentations- und Gedenkstätte ist eingebunden in das Zentrum für die Opfer deutscher Diktaturen des Landes Mecklenburg-Vorpommern. Dazu gehört auch eine umfangreiche Präsenzbibliothek zur DDR-Geschichte, welche das Historische Institut der Universität Rostock im Erdgeschoss der UHA eingerichtet hat. Die Dokumentations- und Gedenkstätte informiert in einer ständigen Ausstellung über Geschichte, Struktur und Wirkungsweise des Staatssicherheitsdienstes, das Verhältnis von SED und MfS und die UHA des MfS in Rostock. Zellen, Dunkelzellen und der von den Häftlingen als „Tigerkäfig" bezeichnete „Freihof" können besichtigt werden. Es werden sowohl öffentliche Führungen als auch solche speziell für Gruppen angeboten. Daneben besteht die Möglichkeit, Video- und Tondokumente vorzuführen. Im Leseraum mit Internetpräsentation können Besucher verschiedene Musterakten und Dienstvorschriften des MfS einsehen. Angeboten werden außerdem Vorträge zu speziellen Themen. Information und Beratung erhalten Interessierte zu privater Akteneinsicht, Rehabilitierung und Wiedergutmachung sowie zu Forschungsthemen und -möglichkeiten.

QUELLEN / LITERATUR
Ammer, Thomas / Hans-Joachim Memmler (Hrsg.): Staatssicherheit in Rostock. Zielgruppen, Methoden, Auflösung, Köln 1991.

STANDORT
Hermannstraße 34b, Zugang über Augustenstraße / Grüner Weg, 18055 Rostock

ANSPRECHPARTNER
Herr Dr. Höffer, Tel.: 038208/8261320 bzw. 0381/49856-51 -52, Fax 0381/49856-50;
E-mail: astrostock@bstu.de, www.bstu.de

ÖFFNUNGSZEITEN
dienstags bis freitags von 10 bis 18 Uhr, sonnabends bis 17 Uhr (montags, sonntags und an Feiertagen geschlossen). Führungen nach Anmeldung. Öffentliche Führungen: Mittwoch: 15.30 Uhr; Samstag: 14.00 Uhr

VERKEHRSANBINDUNG
Straßenbahnlinien 1, 2, 4, 11 oder 12 bis Steintor

VERKEHRSANBINDUNG / PKW
Von der A 24 Berlin-Hamburg über die A 19 oder über die A20 Lübeck-Rostock. Über Schröderplatz – August-Bebel-Straße – Hermannstraße – Augustenstraße – Grüner Weg (eingeschränkte Parkmöglichkeiten) oder Ernst-Barlach-Straße – Steintor – Richard-Wagner-Straße – Augustenstraße – Grüner Weg (eingeschränkte Parkmöglichkeiten)

Gedenktafel für die Opfer der kommunistischen Gewaltherrschaft

Rostock. Auf dem Areal zwischen August-Bebel-Straße und Augustenstraße errichtete das Ministerium für Staatssicherheit (MfS) Ende der fünfziger Jahre einen neuen Gebäudekomplex für seine Bezirksverwaltung. Neben Verwaltungsgebäuden und technischer Infrastruktur entstand auch eine nach außen abgeschirmte Untersuchungshaftanstalt. 1959 bezog das MfS die Gebäude. Im Bezirk Rostock arbeitete die größte der 15 Bezirksverwaltungen, da mit dem Küstengebiet als Grenze sowie der Seeverkehrs-, Fischerei- und Hafenwirtschaft besondere Aufgabenbereiche zu überwachen waren.

Im Herbst 1989 führten mehrere Demonstrationen an der Bezirksverwaltung der Staatssicherheit vorbei. Am 4. Dezember 1989 begann eine Mahnwache vor dem Gebäude, und in der Nacht verschafften sich Bürger-

innen und Bürger Zugang zum Gebäudekomplex, um die Aktenvernichtung zu stoppen. Ein Unabhängiger Untersuchungsausschuss entstand, der die Auflösung kontrollierte und erste Untersuchungen zur Tätigkeit des MfS im Bezirk Rostock vorlegte.

Auf Initiative der Vereinigung der Opfer des Stalinismus e. V. (VOS) wurde 1995 eine Gedenktafel am ehemaligen Haupteingang der Bezirksverwaltung angebracht, die aber bereits nach wenigen Wochen zerstört wurde. Mit Unterstützung privater Spender sowie der Friedrich-Ebert-Stiftung und der Konrad-Adenauer-Stiftung konnte die Tafel wieder hergestellt und nun hinter Panzerglas am 3. Oktober 1995 erneut der Öffentlichkeit übergeben werden. Sie trägt die Inschrift: „Dem Andenken / der Opfer / der / kommunistischen / Gewaltherrschaft / von / 1945 – 1989".

Im Oktober 1999 eröffnete im ehemaligen Untersuchungsgefängnis eine Dokumentations- und Gedenkstätte, in der in einer Dauerausstellung sowie in zahlreichen Veranstaltungen über die Tätigkeit der Staatssicherheit im Bezirk Rostock und über die Schicksale von Opfern informiert wird.

QUELLEN / LITERATUR
Ammer, Thomas / Hans-Joachim Memmler (Hrsg.): Staatssicherheit in Rostock. Zielgruppen – Methoden – Auflösung, Köln 1991.
Arbeitsberichte über die Auflösung der Rostocker Bezirksverwaltung des Ministeriums für Staatssicherheit, hrsg. vom Unabhängigen Untersuchungsausschuss Rostock, Rostock 1990.
Faltblatt „Kleiner Rundgang zu Rostocker Erinnerungsstätten des Unrechts in der Zeit der Sowjetischen Besatzungszone und der Deutschen Demokratischen Republik 1945-1989", Rostock 2000.

STANDORT
August-Bebel-Str. 15, 18055 Rostock

VERKEHRSANBINDUNG / PKW
Von der A 24 Berlin-Hamburg über die A 19 oder über die A 20 Lübeck-Rostock

Gedenktafel für Arno Esch

Rostock. Arno Esch (1928-1951) gehört zu den profiliertesten Vertretern der studentischen Opposition in der frühen DDR. Er wurde am 6. Februar 1928 in Memel (heute Klaipeda) geboren. Von Januar 1944 an diente er als Marinehelfer im Kriegshilfsdienst, aus dem er am 5. April 1945 entlassen wurde. Nach dem Krieg setzte er seine Schulausbildung an der Oberschule in Grevesmühlen fort und erlangte mit der Reifeprüfung die Zugangsberechtigung zum Universitätsstudium. Im März 1946 begann er das Studium der Rechts- und Wirtschaftswissenschaften an der Universität Rostock.

Mit dem Wechsel nach Rostock begann Arno Esch, sich in der FDJ und der LDP zu engagieren. Er gehörte zu den jungen Leuten, die nach dem Zusammenbruch des NS-Regimes einen demokratischen Neuanfang mitgestalten wollten. Sein großes Wissen und sein rhetorisches Geschick ließen ihn zum Mittelpunkt einer Gruppe junger Liberaldemokraten werden, die gegen die Vorherrschaft der SED auftraten. Ende 1947 wurde er zum Hochschulreferenten der LDP im Land Mecklenburg bestellt, dann zum Landesjugendreferenten und Mitglied des geschäftsführenden Landesvorstandes der LDP und am 27. Februar 1949 in den geschäftsführenden Zonenvorstand der LDP gewählt. Parallel dazu führte er sein Studium erfolgreich fort, so dass ihn sein Mentor Prof. Strasser für eine wissenschaftliche Laufbahn vorschlug.

Durch sein öffentliches Auftreten für eine freie Betätigung aller demokratischen Parteien, für den Erhalt des Privateigentums als Grundlage einer freiheitlich-parlamentarischen Demokratie und für andere liberaldemokratische Ideen zog er die Feindschaft der SED und der Besatzungsmacht auf sich. Zudem hatte er die Blockpolitik der SED als Sicherung ihrer Vorherrschaft gegenüber den bürgerlichen Parteien entlarvt. Nach öffentlichen Angriffen in der Landeszeitung verhaftete die sowjetische Geheimpolizei am 18. Oktober 1949 Arno Esch und zahlreiche seiner Freunde, darunter mehrere Studenten der Universität Rostock. Im ⇨Schweriner NKWD-Gefängnis am Demmlerplatz inhaftiert, verurteilte ihn ein Sowjetisches Militärtribunal am 20. Juli 1950 zum Tode. Im April 1951 kam es zu einem zweiten Prozess in Moskau, der das Todesurteil gegen Arno Esch bestätigte. Am 24. Juli 1951 wurde es vollstreckt.

Nach dem Ende der kommunistischen Herrschaft setzte sich vor allem der Verband ehemaliger Rostocker Studenten e.V. (VERS) für eine Rehabilitierung und öffentliche Erinnerung an Arno Esch ein. 1991 rehabilitierte das Militärkollegium des Obersten Gerichts der UdSSR Arno Esch und seine Mitangeklagten. Bereits am 24. Februar 1990 war in der Eingangshalle der Universität eine Gedenktafel der Öffentlichkeit übergeben worden mit der Inschrift: „Dem Studenten / Arno Esch / geb. am 6. Februar 1928 / hingerichtet am 24. Juli 1951 / und allen Opfern und Verfolgten / des / Stalinismus / an dieser Universität / zum mahnenden Gedenken“.

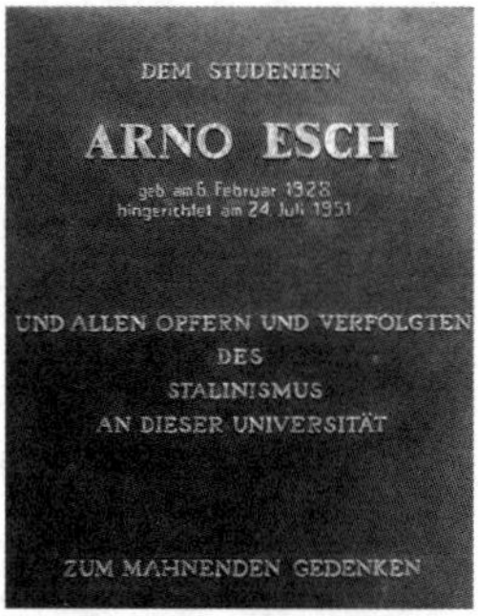

QUELLEN / LITERATUR
Köpke, Horst / Friedrich-Franz Wiese: Mein Vaterland ist die Freiheit. Das Schicksal des Studenten Arno Esch, Rostock 1990.
Wiese, Friedrich-Franz/Hartwig Bernitt: Arno Esch, Eine Dokumentation, hrsg. vom VERS, Dannenberg 1994.

STANDORT
Hauptgebäude der Universität, Universitätsplatz
18055 Rostock

VERKEHRSANBINDUNG / PKW
Von der A 24 Berlin-Hamburg über die A 19 oder über die A 20 Lübeck-Rostock

„Dorfrepublik"

Rüterberg. Rüterberg, eine westlich von Dömitz am Elbbogen gelegene Gemeinde, lag nach der Teilung Deutschlands an der innerdeutschen Grenze. Seit 1952 gehörte das Dorf zum Sperrgebiet der DDR. Von 1967 bis 1989 lebten die Dorfbewohner in einem hermetisch abgeriegelten Gebiet, vollständig eingezäunt sowie rund um die Uhr bewacht. Nach einer Idee von Hans Rasenberger erklärten sich die Dorfbewohner am 9. November 1989 zur unabhängigen Dorfrepublik, um an die Jahre der vollständigen Isolation zu erinnern. Diese Aktion erregte bundesweite und internationale Aufmerksamkeit. Heute ist das Dorf zu einem Zeugnis für das Leben im Sperrgebiet geworden. Hans Rasenberger, der seit 1946 in Rüterberg wohnt, trug zahlreiche Zeugnisse und Informationen zur Geschichte des Dorfes und der Grenze zusammen. Von den Grenzsicherungsanlagen ist noch der Beobachtungsturm erhalten. Zum 10. Jahrestag der Verkündung der „Dorfrepublik" entstand 1999 ein Heimatmuseum in der Gemeinde, das die lokale Vergangenheit vorstellt.

Die Gemeinde Rüterberg fasste 1938 die Dörfer Wendisch-Wehningen und Broda-Sandwerder zusammen. Durch die Lage an der Elbe und die erschlossenen Rohstoffe entstanden bereits um die Jahrhundertwende ein Klinkerwerk und eine Ziegelei, später kam ein Sägewerk hinzu. Im April 1945 besetzten zunächst amerikanische Truppen das Dorf. Im Juli 1945 übernahm die Rote Armee Westmecklenburg, und eine gewählte Gemeindeverwaltung begann mit der Arbeit. Am 2. September 1945 erfasste man die Einwohner: 497 Menschen lebten in der Gemeinde Rüterberg. Als im Mai 1952 der Beschluss des Ministerrates der DDR das Grenzregime wesentlich verschärfte, begannen auch in Rüterberg Reglementierungen den Alltag zu beherrschen. Zudem lag das Dorf mitten im Sperrgebiet. In der Aktion „Ungeziefer" siedelten Sicherheitsorgane mehrere Familien aus. Die verbleibenden Dorfbewohner wurden der Passierscheinpflicht unterworfen. Mit den Grenzsicherungsmaßnahmen im August 1961 verschlechterte sich das Leben in Rüterberg weiter. Erneut wurden vor allem alteingesessene Bauernfamilien in der Aktion „Kornblume" zwangsweise ausgesiedelt. 1966 kam es auf der Elbe bei Rüterberg zu Auseinandersetzungen um die Festlegung des Grenzverlaufs auf dem Fluss. Als die Gemeinde 1967 durch einen Metallgitterzaun eingeschlossen wurde, begannen die Jahre der Isolation. Es gab nur noch einen Zugang von der B 195 zum Dorf, der durch ein Eisentor abgeriegelt und ständig bewacht wurde.

Nachdem alles Gewerbe im ehemaligen Industriedorf beseitigt war, gab es in Rüterberg keine Arbeitsplätze mehr. Die Einwohnerzahl verminderte sich drastisch. 1971 riss man das Klinkerwerk ab, den Blick auf die Elbe versperrte nun ein drei Meter hoher, undurchsichtiger Streckmetallgitterzaun. Zehn Jahre später stand im Ortsteil Broda nur noch ein Haus. Bis 1989 sank die Einwohnerzahl auf 150. Die Abschottung der innerdeutschen Grenze gegen die eigene Bevölkerung hatte fast zum Ende der Gemeinde geführt. Doch die friedliche Revolution im Herbst 1989 befreite auch Rüterberg. Am 10. November zog man die Posten vom Eingangstor nach Rüterberg ab, die 22-jährige Einsperrung fand ihr Ende.

Heute erinnert neben den wenigen Überresten und der Heimatstube eine kleine Gedenkstätte an das Grenzregime. An der Elbe, auf der ehemaligen Grenze, wurde ein Zaunteilstück mit einem Grenztor aufgestellt. An die Zwangsausgesiedelten und die Jahre der vollständigen Isolation erinnert ein 1995 errichteter Gedenkstein mit der Inschrift: „Für die Opfer der Unmenschlichkeit".

Das Heimatmuseum befindet sich im ehemaligen Schulgebäude, dem heutigen Gemeindehaus mit der Gaststätte „Elbklause".

QUELLEN / LITERATUR

Bennewitz, Inge / Rainer Potratz: Zwangsaussiedlungen an der innerdeutschen Grenze, Berlin 1994.
Rasenberger, Hans: Die Dorfrepublik Rüterberg, Rüterberg 1995.

ANSCHRIFT

Heimatmuseum Rüterberg, Am Brink 3
19303 Rüterberg

ANSPRECHPARTNER

Bürgermeister Meinhard Schmechel, Tel. 038758 / 223 14 (Gruppenanmeldungen und Führungen), www.meine-stadt.de/rueterberg/dorfrepublik

ÖFFNUNGSZEITEN

April bis Oktober: montags bis freitags von 10 bis 15 Uhr, samstags und sonntags von 14 bis 17 Uhr; November bis März: montags bis freitags von 10 bis 15 Uhr; Eintritt: Erwachsene 1 €, Kinder frei

VERKEHRSANBINDUNG / PKW

Nach Rüterberg gelangt man nur mit dem PKW oder Fahrrad über die B 191 von Dömitz nach Dannenberg. Hinter der Kreuzung mit der B 195 erreicht man nach ca. vier Kilometern die Abfahrt nach Rüterberg. Wegweiser sind vorhanden

Grenzhuus Museum und Informationszentrum

Schlagsdorf. Schlagsdorf liegt nahe des Ratzeburger Sees und befand sich bis 1990 unmittelbar an der innerdeutschen Grenze. Durch das Barber-Lyaschenko-Abkommen vom 13. November 1945 geriet das Dorf an die Demarkationslinie zwischen der britischen und sowjetischen Besatzungszone. Die Gemeinde Schlagsdorf blieb in der SBZ. 1946 begannen die ostdeutschen Länder mit dem Aufbau einer Grenzpolizei, die gemeinsam mit den Besatzungstruppen die Kontrolle der Demarkationslinie übernahm. Schlagsdorf war Sitz einer Grenzkommandantur.

Mit der Gründung der beiden deutschen Staaten wandelte sich die Demarkationslinie zur Grenze. 1952 richtete die Regierung der DDR eine Fünf-Kilometer-Sperrzone entlang der innerdeutschen Grenze ein, in der jeder Aufenthalt genehmigungspflichtig war. „Verdächtige" Personen wurden von den Sicherheitsorganen zwangsweise ausgesiedelt. Der Mauerbau 1961 führte zur Verschärfung der Kontrollen und zum Ausbau der Grenzsperranlagen. Im Rahmen der Aktion „Kornblume" wurden erneut Zwangsaussiedlungen im Grenzsperrgebiet vorgenommen.

In den siebziger Jahren wurden die Grenzsicherungsanlagen weiter ausgebaut, Signal- und Sperrzäune sowie Beobachtungstürme gebaut, Minenfelder angelegt, Selbstschussanlagen angebracht und eine Kompanie der Grenztruppen stationiert. Die Kontrolle des Gebietes wurde durch zivile Grenzhelfer und Inoffizielle Mitarbeiter der Staatssicherheit verstärkt. Schlagsdorf war in jenen Jahren von der Außenwelt fast abgeschnitten. Kontrollpunkte, Ausgangssperren und die allgegenwärtigen Grenzsicherungsanlagen gehörten zum überwachten Alltag. Nach der Grenzöffnung am 9. November 1989 wurden die Sperranlagen fast vollständig abgebaut.

Das historische Schulgebäude des Dorfes wurde 1997/1998 zu einem Informationszentrum und Museum ausgebaut. Am 11. November 1999, anläßlich des 10. Jahrestages des Mauerfalls, eröffneten die Landtagspräsidenten von Mecklenburg-Vorpommern und Schleswig-Holstein die Ausstellung über Geschichte und Gegenwart des Grenzraumes im heutigen Landkreis Nordwestmecklenburg im Grenzhuus. Bereits 1997 hatte der Landkreis Nordwestmecklenburg eine kleine Ausstellung zur Geschichte der Grenze präsentiert, die als Grundlage für die gegenwärtige Exposition diente. Das Gebäude beherbergt im unteren Bereich die Touristeninformation, eine Gaststätte und einen Medienraum, in dem ständig wechselnde Sonderausstellungen gezeigt werden. In der ersten Etage befinden sich Exponate zur Alltagsgeschichte in Schlagsdorf und eine Ausstellung zur regionalen Geschichte der innerdeutschen Grenze zwischen 1945 und 1989. Themen wie der Grenzverlauf und sein sicherheitstechnischer Ausbau, Zwangsaussiedlungen und geschleifte Dörfer, Ausrüstungen der Grenzeinheiten, Fluchtversuche und Grenzzwischenfälle sowie der Fall der Mauer werden behandelt. Dokumente und Sachzeugnisse sowie Filmberichte mit Ausschnitten aus Zeitzeugengesprächen geben Einblicke in das Leben und Arbeiten an der Grenze. Im Dachgeschoss informiert ein weiterer Ausstellungsabschnitt über die naturräumlichen Besonderheiten der Grenzregion. Seit März 2001 ist auf einem Freigelände unweit des Museums eine Rekonstruktion der Grenzanlagen aus den achtziger Jahren zugänglich. Unter Verwendung von Originalteilen wurden Elemente der Sperranlagen maßstabsgerecht rekonstruiert, z.B. der Grenzsperr- und Signalzaun, die Hundelaufanlage und ein Betonbeobachtungsturm. Das Grenzhuus versteht sich als Bildungsstätte und bietet unterschiedliche Formen der Beschäftigung mit der Regionalgeschichte an. Die Mitarbeiterinnen organisieren Diskussionsrunden, Führungen, Lesungen und Projekttage, bieten aber auch touristische Angebote wie Radtouren und Wanderungen im ehemaligen Grenzgebiet. In Abstimmung mit den Lehrern kann ein Besuch im Grenzhuus zu einem wertvollen Bestandteil des Geschichts-, Sozialkunde- und Biologieunterrichts oder des Sachkundeunterrichts werden.

QUELLEN / LITERATUR

Bennewitz, Inge / Rainer Potratz: Zwangsaussiedlungen an der innerdeutschen Grenze. Analysen und Dokumente, Berlin 1994.
Molkenthin, Karl-Heinz: Das „Grenzhuus" in Schlagsdorf – eine verschenkte Chance?, in: Zeitgeschichte Regional 2/2000, S. 54.
Piehl, Ramona: Geschichte und Geschichten entlang der innerdeutschen Grenze in Nordwestmecklenburg, hrsg. vom Kulturamt des Landkreises Nordwestmecklenburg, Grevesmühlen o. J.
Faltblatt des Grenzhuus, Bildungsstätte – Museum. Angebote zur Ergänzung des Schulunterrichts.

ANSCHRIFT

Grenzhuus, Neubauernweg 1, 19217 Schlagsdorf

ANSPRECHPARTNER

Ellen Müller, Tel. 03 88 75 / 203 26, Fax 03 88 75 / 207 35; E-mail: GRENZHUUS@gmx.de, www.Schlagsdorf.de

ÖFFNUNGSZEITEN

April bis Oktober: dienstags bis sonntags von 10 bis 16.30 Uhr; November bis März: dienstags bis sonntags von 10 bis 16 Uhr; Eintritt: Erwachsene 3 €, Kinder 2 €

VERKEHRSANBINDUNG

Deutsche Bahn bis Gadebusch oder Ratzeburg, dann weiter mit dem Bus

PKW

Fernverkehrsstraße 208 von Ratzeburg kommend im Ortsteil Ziethen in Richtung Schlagbrügge und Schönberg, in Schlagbrügge nach Schlagsdorf abbiegen. Von Gadebusch kommend hinter Thurow-Horst in Richtung Groß Molzahn und Schönberg abbiegen. In Groß Molzahn in Richtung Schlagsdorf fahren

Gedenkstein zur deutschen Einheit

Schwaan. In der Kleinstadt südlich von Rostock (Landkreis Bad Doberan) steht seit 1991 im Stadtzentrum auf dem Pferdemarkt neben dem Rathaus ein Gedenkstein zur deutschen Einheit. Der aufrecht stehende Stein trägt die Inschrift: „Tag / der Deutschen / Einheit / 3. Oktober 1990".

QUELLEN / LITERATUR
Karge, Wolf / Hugo Rübesamen / Andreas Wagner: Bestandsaufnahme politischer Memoriale des Landes Mecklenburg-Vorpommern, Schwerin 1998.

STANDORT
Rathaus Schwaan, 18258 Schwaan

VERKEHRSANBINDUNG
Bahnverbindung bis Güstrow und dann weiter mit der S-Bahn

VERKEHRSANBINDUNG / PKW
Über die A 19, Abfahrt Richtung Schwaan oder über A 20 Wismar-Rostock, Abfahrt Richtung Schwaan

Dokumentationszentrum des Landes Mecklenburg-Vorpommern für die Opfer deutscher Diktaturen

Schwerin. Das repräsentative Verwaltungsgebäude am Demmlerplatz verkörpert die Justizgeschichte des 20. Jahrhunderts und zeugt von Recht und Unrecht in unterschiedlichen geschichtlichen Epochen. Der Grundstein für den Bau wurde am 25. März 1914 gelegt; zweieinhalb Jahre später waren Justizgebäude und der zugehörige dreistöckige Gefängnistrakt fertig gestellt. Während der Zeit des Nationalsozialismus beherbergte das Gebäude u.a. das „Anerben- und Gesundheitsgericht“: Hier wurde z. B. über Zwangssterilisationen entschieden. Außerdem arbeiteten am Demmlerplatz NS-Sondergerichte. Im dazugehörigen Untersuchungsgefängnis waren zunehmend auch politische Gefangene inhaftiert.

Mit dem Kriegsende besetzten amerikanische und danach britische Truppen die Stadt. Nach ihrem Abzug Ende Juni 1945 etablierte sich die sowjetische Besatzungsmacht in Schwerin. Das Gebäude am Demmlerplatz wurde Sitz des sowjetischen Geheimdienstes (NKWD). Hier fällten Sowjetische Militärtribunale (SMT) ihre Willkürurteile. Zahllose Häftlinge aus ganz Mecklenburg(-Vorpommern) kamen hierher. Im Zuge der Entnazifizierung wurden nicht nur NS-Belastete, sondern auch Unschuldige und zunehmend Gegner der politischen Verhältnisse in der SBZ verhaftet und zu langjährigen Gefängnis- oder Lagerstrafen verurteilt. Die Bedingungen im Untersuchungsgefängnis waren katastrophal: überbelegte Zellen, mangelnde Verpflegung und medizinische Betreuung sowie Folter und völlige Isolation von der Außenwelt. Zu den hier Inhaftierten gehörte auch Arno Esch (⇨Rostock), der aktiv Widerstand gegen die SED-Herrschaft geleistet hatte.

Am 1. Januar 1954 ging das Gebäude in die Rechtsträgerschaft des Ministeriums für Staatssicherheit (MfS) über, dessen Bezirksverwaltung Schwerin hier ihren Sitz nahm. Von hier aus koordinierte die DDR-Geheimpolizei ihre Aktivitäten im Bezirk Schwerin und betrieb auch das Untersuchungsgefängnis weiter. Das gesamte Gelände war von der Umgebung hermetisch abgetrennt und mit Mauern und Wachturm gesichert. Im Untersuchungsgefängnis wurden weiterhin politisch Andersdenkende oder Unangepasste eingesperrt und terrorisiert. Im Turm, der den Gefängnistrakt abschließt, beseitigte man die kleine Kapelle und richtete Vernehmerzimmer ein. Hier verhörten Angehörige der Abteilung IX des MfS die Inhaftierten.

Mit der friedlichen Revolution 1989 musste die Staatssicherheit ihre Arbeit auch am Demmlerplatz einstellen, Bürgerinnen und Bürger besetzten die Gebäude. Auf dem gesamten Gelände nahm man bauliche Veränderungen vor, so wurde der Freigang an der Südseite des Gefängnisses abgerissen. 1990 zog zunächst die Schweriner Außenstelle der BStU ein, doch bereits im selben Jahr folgte das neu gegründete Justizministerium des Landes Mecklenburg-Vorpommern. Heute sind im Hauptgebäude Amts- und Landgericht untergebracht.

Um die Nutzung des Gefängnistraktes als Gedenk- und Lernort gab es lange Zeit Auseinandersetzungen. Von Anfang an setzte sich der Landesbeauftragte für Mecklenburg-Vorpommern für die Unterlagen des Staatssicherheitsdienstes der ehemaligen DDR für eine Nutzung des Gebäudes als Gedenkstätte ein, erarbeitete eine Konzeption, präsentierte Ausstellungen und machte zahllose Gruppen mit der Geschichte des Gebäudes und den Schicksalen der politischen Häftlinge vertraut. Schließlich beschloss die Landesregierung 1998, in den ehemaligen MfS-Untersuchungsgefängnissen ⇨Rostock und Schwerin Gedenk- und Forschungseinrichtungen in Trägerschaft der Universität Rostock einzurichten. Doch erst mit der Übergabe der Zuständigkeit für den Schweriner Standort an die Landeszentrale für politische Bildung im November 2000 begannen die notwendigen Umgestaltungen im Gefangenenhaus. Am 6. Juni 2001 konnte das Dokumentationszentrum am Demmlerplatz in Anwesenheit von Bundespräsident Johannes Rau eröffnet werden.

Bereits 1994 war auf Initiative der Vereinigung der Opfer des Stalinismus e.V. (VOS) eine Gedenktafel neben dem Eingang zum Justizgebäude am Demmlerplatz der Öffentlichkeit übergeben worden. Am 21. März enthüllte Schwerins stellvertretende Oberbürgermeisterin in Anwesenheit des Ministerpräsidenten und zahlreicher Gäste diese Tafel.

Sie trägt die Inschrift: „1945-1989 / Sitz der sowjetischen Geheimpolizei, der / Bezirksverwaltung Schwerin des Ministeriums / für Staatssicherheit und Haftanstalt. / Die hier in Wahrnehmung der Menschen- und / Bürgerrechte inhaftiert waren, nahmen das / schwere Los von Opfer und Widerstand / gegen das stalinistische System auf sich."

QUELLEN / LITERATUR
Beleites, Johannes: Schwerin, Demmlerplatz. Die Untersuchungshaftanstalt des Ministeriums für Staatssicherheit in Schwerin, hrsg. vom LStU Mecklenburg-Vorpommern, Schwerin 2001.
Herbstritt, Georg: „Das Justizgebäude am Demmlerplatz in Schwerin 1914 bis 1997. Recht und Unrecht in sechs Epochen deutscher Geschichte. Über das Projekt ‚Gedenkstätte Demmlerplatz'", Zeitgeschichte Regional 2/1997, S. 45-48.

STANDORT
Demmlerplatz, 19053 Schwerin

ANSCHRIFT
(Hausanschrift und Postanschrift:) Obotritenring 106, 19053 Schwerin, Tel. 0385/7452991 1, Fax 0385/77 78847, E-mail: dokuzentrum-schwerin@t-online.de

ANSPRECHPARTNER
Anke Prinzler

ÖFFNUNGSZEITEN
1. Juli bis 30. September: dienstags bis freitags von 12.30 bis 17.30 Uhr, sonntags von 15 bis 17.30 Uhr; 1. Oktober bis 30. Juni: dienstags bis freitags von 12.30 bis 15.30 Uhr, sonntags von 15 bis 17.30 Uhr. Führungen sind täglich auch außerhalb der Öffnungszeiten möglich

VERKEHRSANBINDUNG
Vom Bahnhof aus ein ca. zehnminütiger Fußweg über Bahnhofstraße, Platz der Freiheit, Rudolf-Breitscheid-Straße, Mozartstraße

PKW
A24 Hamburg-Berlin, Abfahrt Hagenow oder Schwerin, in Schwerin Richtung Zentrum, am Obotritenring Ausschilderung; A241 nach Schwerin

Gedenkstein zur deutschen Einheit

Schwerin. Neben dem Eingang zum Schloss befindet sich ein schlichter Findling, der von der Landsmannschaft Mecklenburg zur Erinnerung an die deutsche Einheit neben dem Sitz des Landesparlamentes aufgestellt wurde. Der Stein trägt die Inschrift: „Deutschland / einig Vaterland / 3. Oktober 1990 / Landsmannschaft / Mecklenburg".

QUELLEN / LITERATUR
Karge, Wolf / Hugo Rübesamen / Andreas Wagner: Bestandsaufnahme politischer Memoriale des Landes Mecklenburg-Vorpommern, Schwerin 1998.

STANDORT
Schloss Schwerin, 19053 Schwerin

VERKEHRSANBINDUNG / PKW
A24 Hamburg-Berlin, Abfahrt Hegenow oder Schwerin; A241 nach Schwerin

Denkmal „Runder Tisch“

Schwerin. Die Plastik aus Metall und Feldsteinen des Lübecker Künstlers Guillermo Steinbrüggen entstand auf dem 2. Symposium für Metallbildhauer, zum ersten Mal unter gesamtdeutscher Teilnahme, im Spätsommer 1990 und wurde auf dem Markplatz aufgestellt. Um eine runde Metallplatte sind sechs stilisierte Personen angedeutet, die in ihrer Haltung unterschiedliche Positionen symbolisieren. Es ist das einzige Erinnerungszeichen im Land Mecklenburg-Vorpommern für die friedliche Revolution im Herbst 1989.

Auch in der damaligen Bezirksstadt Schwerin hatte sich im Spätsommer 1989 eine wachsende Protestbewegung gegen die SED-Herrschaft formiert. Bereits am 18. September beantragten Uta Loheit und Martin Klähn beim Rat des Bezirkes die Zulassung des Neuen Forum. Am 23. Oktober fand die erste Kundgebung des Neuen Forum statt, der sich eine Demonstration durch die Innenstadt anschloss. Im Dezember entstanden auf Druck der Oppositionsbewegung und nach polnischem Vorbild überall in der DDR Runde Tische, um die alten Machthaber zu kontrollieren. Mit ihrer Hilfe wurde das Machtvakuum überwunden, das durch den Verlust an Vertrauen in die alten Parteien unter Führung der SED und die fehlende Machtbeteiligung der Oppositionsgruppen entstanden war. Der Runde Tisch des Bezirks Schwerin tagte zum ersten Mal am 12. Dezember im katholischen Gemeindezentrum. Er kontrollierte die Verwaltungen und die Auflösung der Staatssicherheit, deckte Amtsmissbrauch und Korruption auf und beschäftigte sich u.a. mit ökologischen Problemen, Fragen des Bildungs- und Gesundheitswesens.

Der Künstler Steinbrüggen erinnert mit seiner Arbeit an diese Einrichtung einer emanzipatorischen Bewegung. Am Runden Tisch trafen alte und neue Sichtweisen, verschiedene politische Richtungen, fordernde und zögernde Haltungen aufeinander, hier konnte niemand mehr Anweisungen geben, sondern musste mit Argumenten überzeugen. Diesem Symbol der friedlichen Revolution widmete der Künstler sein Werk. Das Kunstwerk provozierte in Schwerin eine kontroverse Diskussion, die vor allem die Form der künstlerischen Umsetzung des Themas betraf. Für viele war es zu abstrakt, das rostende Metall störte auf dem zentralen Platz der Stadt. Im Sommer 1995 wurde die Plastik abgebaut; sie musste dem neuen Löwendenkmal weichen.

In der Puschkinstraße, gegenüber dem einstigen Haus der Demokratie, fand das Denkmal einen neuen Platz. Außerdem vollendete der Künstler seine Plastik mit einer Farbgebung. Am 11. August 1995 wurde sie erneut der Öffentlichkeit übergeben.

QUELLEN / LITERATUR
Langer, Kai: Ihr sollt wissen, daß der Norden nicht schläft... Zur Geschichte der „Wende" in den drei Nordbezirken der DDR, Bremen 1999.
Schweriner Volkszeitung vom 30.8.1990 und vom 12.8.1995.

STANDORT
Einmündung Großer Moor in die Puschkinstraße
19053 Schwerin

VERKEHRSANBINDUNG / PKW
A 24 Hamburg-Berlin, Abfahrt Hegenow oder Schwerin; A 241 nach Schwerin

Gedenkstein zur deutschen Einheit

Sternberg. In der Kleinstadt Sternberg (Landkreis Parchim) zwischen Schwerin und Güstrow befindet sich neben der Gedenktafel für die Opfer von Krieg und Gewaltherrschaft ein kleiner Stein. Dahinter wurde anlässlich der Übergabe an die Öffentlichkeit ein Baum gepflanzt. Hier wird wie in Schwaan gemeinsam mit der westdeutschen Partnergemeinde Lütjenburg in Schleswig-Holstein an dieses Ereignis erinnert. Der Stein trägt die Inschrift: „3.10.1990 / Wir sind ein Volk / Lütjenburg / Sternberg".

QUELLEN / LITERATUR
Karge, Wolf / Hugo Rübesamen / Andreas Wagner: Bestandsaufnahme politischer Memoriale des Landes Mecklenburg-Vorpommern, Schwerin 1998.

STANDORT
19406 Sternberg

VERKEHRSANBINDUNG
Bahnverbindung bis Blankenberg oder Güstrow, dann weiter mit dem Bus

PKW
Über die A 141 Richtung Wismar, dann über die B 104 nach Sternberg oder über die A 19, dann über die B 192 nach Sternberg

Gedenktafel für die politischen Opfer der Staatssicherheit

Stralsund. Im Gebäude Frankendamm 5 residierte die Kreisdienststelle Stralsund des Ministeriums für Staatssicherheit (MfS). Sie gehörte zu den insgesamt zehn Kreisdienststellen der Bezirksverwaltung Rostock des MfS, in denen im Juni 1989 505 hauptamtliche Mitarbeiter beschäftigt waren, zählte neben Wismar, Rostock und Greifswald zu den größten Kreisdienststellen im Bezirk Rostock. Sie spielte bei der Beobachtung und Unterdrückung oppositioneller Kräfte sowie anderer „feindlich negativer Elemente" eine wichtige Rolle. Im Sommer 1989 arbeiteten für die Kreisdienststelle Stralsund fast 600 Inoffizielle Mitarbeiter. Hafen, Werft, Seewirtschaft, Transitverkehr und Oppositionsbewegung bildeten lokale Schwerpunkte der geheimpolizeilichen Tätigkeit.

In der ersten Hälfte der achtziger Jahre bildete sich auch in Stralsund ein kirchlicher Friedenskreis, ein Zentrum der lokalen Opposition. Als im Oktober 1987 in Stralsund der Olof-Palme-Friedensmarsch begann, gelang es der unabhängigen Friedensbewegung, öffentlich auf Menschenrechtsverletzungen hinzuweisen. Die Forderungen nach mehr Demokratie im Herbst 1989 fanden auch in Stralsund starken Widerhall. Seit dem 18. September fanden regelmäßig Fürbittgottesdienste statt, die von immer mehr Menschen besucht wurden. Am 5. November 1989 kamen 10 000 Einwohner Stralsunds auf dem Olof-Palme-Platz zu einer Dialog-Veranstaltung zusammen. Es folgte die Bildung der Gruppe „Stralsunder 20", die den lokalen Demokratisierungsprozess wesentlich mitbestimmte. Am 4. Dezember endete auch in Stralsund die Tätigkeit der Staatssicherheit. Durch die landesweite Aktenvernichtung alarmierte Bürger besetzten die Kreisdienststelle und ließen Räume und Panzerschränke versiegeln.

Mitte der neunziger Jahre fanden sich Opfer der SED-Herrschaft zur Landesgruppe Stralsund innerhalb der Vereinigung der Opfer des Stalinismus e.V. (VOS) zusammen. Sie initiierten am Gebäude der ehemaligen Stasi-Kreisdienststelle die Gedenktafel, die am 3. Oktober 1996 der Öffentlichkeit übergeben wurde. Sie trägt die Inschrift: „Zum Gedenken / der politischen Opfer, / die das Machtinstrument / Staatssicherheit / mit sozialistischem Terror / und SED-Gewalt verfolgte, / in Gefängnisse einsperrte / und dem Tode auslieferte. / In diesem Gebäude / residierte die Staatssicherheit. / VOS 3. Okt. 1996".

QUELLEN / LITERATUR

Langer, Kai: Ihr sollt wissen, daß der Norden nicht schläft... Zur Geschichte der „Wende" in den drei Nordbezirken der DDR, Bremen 1999.
Staatssicherheit in Rostock. Zielgruppen, Methoden, Auflösung, hrsg. von Thomas Ammer und Hans-Joachim Memmler (Edition Deutschland Archiv), Köln 1991.

STANDORT

Frankendamm 5, 18439 Stralsund

VERKEHRSANBINDUNG

Vom Bahnhof 20 Minuten Fußweg den Frankenwall entlang

PKW

Stralsund ist über die B 105 von Rostock aus, über die B96 von Berlin aus und über die B 194 zu erreichen

Niedersachsen

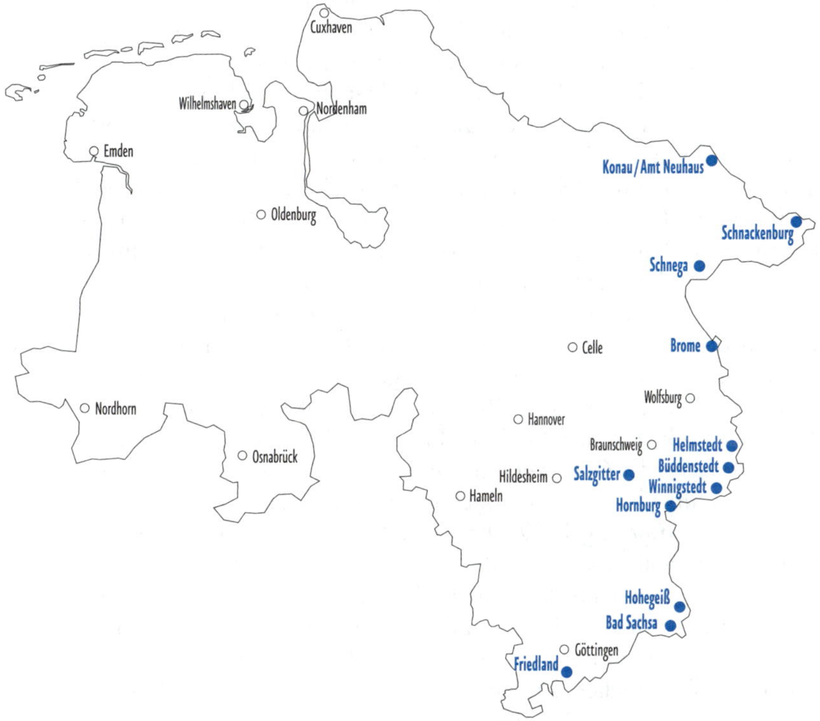

Grenzlandmuseum Bad Sachsa e. V.

Bad Sachsa. Das im Südharz gelegene Bad Sachsa im Bundesland Niedersachsen gehörte bis 1945 zur Grafschaft Hohnstein in Thüringen. Im Rahmen eines Gebietsaustausches war es im Juli 1945 der britischen Zone zugeschlagen worden. Der Grund waren pragmatische Erwägungen der Besatzungsmächte: Die Grafschaft Hohnstein ragte wie eine Nase in die britische Zone, und wichtige Eisenbahnverbindungen zwischen einzelnen Orten liefen durch das sowjetisch besetzte Gebiet. Im Gegenzug erhielt die sowjetische Besatzungsmacht von den Briten einen Teil des Kreises Blankenburg, der seinerseits in die SBZ ragte. In der unmittelbaren Nachkriegszeit herrschte bei Bad Sachsa, auf der Straße zwischen Walkenried und Ellrich, reger Passierverkehr. Unzählige Menschen überquerten im kleinen Grenzverkehr die Demarkationslinie bei Walkenried-Ellrich: Eine Reihe von Bewohnern der Grenzgemeinden pendelte zum Arbeiten in die Westzone, und viele Bauern passierten die Grenze aus dem Westen in Richtung SBZ, um ihre Äcker in Thüringen zu bewirtschaften. Bewohner beider Zonen fuhren zum Verwandtenbesuch auf die andere Seite. Aber auch ehemalige Zwangsarbeiter, Flüchtlinge aus den ehemaligen Ostgebieten und entlassene Kriegsgefangene überquerten die Passierstelle Walkenried-Ellrich. Wie überall im Nachkriegsdeutschland gehörten zu den Grenzgängern auch Schmuggler und Schieber, die mit der Beschaffung von Waren in der Nachbarzone Geschäfte machten. Zwar wurde die Grenze durch die britischen bzw. die sowjetischen Truppen streng bewacht, der Grenzverkehr mit einem Interzonenpass, der im Oktober 1946 eingeführt wurde, war jedoch gestattet. Dies änderte sich nach der doppelten Staatsgründung 1949. Die Bewachung der Westgrenze oblag nun der DDR-Grenzpolizei, die von der sowjetischen Besatzungsmacht aufgebaut worden war. Angesichts des großen Flüchtlingsstroms Richtung Westen verschärfte die Grenzpolizei die Kontrollen an den Passierstellen. Zunächst war weiterhin ein Überqueren der Grenze mit legalen Papieren für Bauern und Arbeitspendler möglich. Zudem war die „grüne Grenze" noch relativ durchlässig, und eine große Anzahl von Menschen überquerte sie illegal. Dieser Flüchtlingsstrom führte zu einer abermaligen Verschärfung der Kontrollen. 1952 schließlich beschloss der Ministerrat der DDR die vollständige Schließung der Westgrenze. Der Grenzverkehr am Übergang Walkenried-Ellrich wurde schlagartig unterbunden. Im Laufe der fünfziger Jahre sicherte die DDR die Grenze weiter; Kontrollstreifen, Schutzzone und Sperrgebiet wurden eingerichtet und Erdbunker aus Beton als Grenzsicherung gebaut. Der Flüchtlingsstrom verlief fortan zumeist über Ost-Berlin in Richtung Westteil der Stadt. Nach dem 13. August 1961, dem Beginn des Mauerbaus, war eine Flucht Richtung Westen nur noch unter Lebensgefahr möglich. Auch im Südharz wurde nach dem August 1961 die Grenze weiter ausgebaut und mit dem Bau eines zweireihigen Stacheldrahtzaunes und einem Kfz-Sperrgraben begonnen. Trotzdem versuchte auch hier eine unbekannte Zahl von Menschen, in den Westen zu flüchten. Die Straße Walkenried-Ellrich konnte erst nach der Grenzöffnung im November 1989 wieder passiert werden.

Das Grenzlandmuseum Bad Sachsa e.V. wurde nach der Grenzöffnung von einer Privatinitiative aus Tettenborn angeregt und am 12. November 1992 eröffnet. Es wird von einem Förderverein betrieben und über Spenden und Eintrittsgelder finanziert. Im Museum werden die Aufbauphasen der Staatsgrenze im thüringischen Harzvorland anhand von Geländemodellen und Ausrüstungsgegenständen gezeigt. Kern der Ausstellung ist eine komplett ausgestattete Führungsstelle der DDR-Grenztruppen. Eine besondere Attraktion in der Ausstellung ist der Heißluftballon, den ein Ehepaar noch im August 1989 aus Bettwäsche nähte, um nach dem Vorbild einer geglückten Flucht zweier Familien 1978 in den Westen zu fliehen. Doch das Vorhaben scheiterte, und das Ehepaar wurde zu einer Haftstrafe verurteilt, die nach der Grenzöffnung 1989 endete.

QUELLEN / LITERATUR
Grenzlandmuseum Bad Sachsa e.V.: Innerdeutsche Grenze im Südharz, Bad Sachsa 1994 (Broschüre, 2,50 €).

ANSCHRIFT
Hinterstr. 1 a, 37441 Bad Sachsa
Ortsteil Tettenborn
Tel. und Fax: 05523/999773

ANSPRECHPARTNER
Rainer Böhle, Tel. 05523/1323 oder 0177/3192 31

ÖFFNUNGSZEITEN
sonntags von 10 bis 12 Uhr. Eintritt: für Erwachsene 2,50 €, für Gruppen (ab zehn Personen) 2 € pro Person; Schulklassen: 20 € pro Klasse

VERKEHRSANBINDUNG / PKW
Das Museum befindet sich am Ortsausgang Tettenborn Richtung Neuhof (Walkenried). Von der B 243 (Seesen – A 7 – Nordhausen) in Nüxei oder Mackenrode nach Tettenborn; von Bad Sachsa über Neuhof, Tettenborn-Kolonie nach Tettenborn, dann Richtung Walkenried

Gedenkkreuz für Kurt Lichtenstein

Brome. Der westdeutsche Journalist Kurt Lichtenstein (1911-1961) wurde am 12. Oktober 1961 in der Nähe des niedersächsischen Ortes Zicherie an der innerdeutschen Grenze von DDR-Grenzsoldaten erschossen. Er war der erste westdeutsche Tote an der Grenze nach dem Beginn des Mauerbaus in Berlin im August 1961. Seine Ermordung löste nationale und internationale Empörung und Proteste gegen die Grenzpolitik der DDR aus.

Kurt Lichtenstein arbeitete für die „Westfälische Rundschau" und war auf einer Reportagereise über die innerdeutsche Grenze. Unmittelbar vor seiner Erschießung hatte Lichtenstein vermutlich versucht, mit LPG-Bauern auf der anderen Seite des Grenzzaunes zu sprechen. Ungeklärt ist bis heute, ob Kurt Lichtenstein „zufällig" erschossen wurde, weil er „in provokatorischer Weise die Staatsgrenze der DDR verletzt hatte", oder ob seine Ermordung vom DDR-Staatssicherheitsdienst geplant war. Sicher ist jedoch, dass Lichtenstein dem Staatssicherheitsdienst als „unzuverlässiger Genosse" bekannt war. Lichtenstein, ein ehemaliges KPD-Mitglied, verband eine lange und von Brüchen gekennzeichnete Lebensgeschichte mit der DDR und führenden Repräsentanten des SED-Staates. Er wurde am 1. Dezember 1911 in Berlin-Prenzlauer Berg geboren und stammte aus einem kleinbürgerlichen, jüdisch-assimilierten Elternhaus. Unter dem Eindruck der Weltwirtschaftskrise trat er 1931 in die KPD ein. 1933 ging er in die Sowjetunion, um sich politisch weiterzubilden. Daraufhin wurde er in die Bezirksleitung der KPD ins Saargebiet geschickt, wo er Erich Honecker kennenlernte. 1935 arbeitete Lichtenstein in Paris im „Weltjugendkomitee gegen Krieg und Faschismus" mit. Im November 1935 wurde er nach Straßburg versetzt, wo er die illegale Arbeit kommunistischer Jugendlicher koordinieren sollte. 1936 schloss er sich den Internationalen Brigaden im Spanischen Bürgerkrieg an. Dort begann er seine journalistische Tätigkeit bei einem republikanischen Radiosender und als Herausgeber der deutschen Ausgabe der Brigadezeitung „Volontaire de la Liberté". 1939 wurde er in Südfrankreich interniert und kämpfte ab 1940 in der Résistance. Während des Krieges ging Kurt Lichtenstein freiwillig als Zwangsarbeiter nach Thüringen, um dort seine Untergrundtätigkeit für die Résistance fortzusetzen. Seine Eltern und seine Schwester wurden 1942/43 deportiert und sind vermutlich in Auschwitz ermordet worden. Nach dem Krieg wurde Kurt Lichtenstein von amerikanischen Truppen interniert und kurz darauf freigelassen. Er arbeitete als KPD-Funktionär im Ruhrgebiet und heiratete seine Weggefährtin Gertrud, die ebenfalls als Kommunistin bei der Résistance gekämpft hatte. Bis 1950 war er Chefredakteur der KPD-Zeitung

„Neue Volkszeitung". 1950 wurde er entlassen, da er als „politisch unzuverlässig" galt. Im Zuge der Säuberung der Partei von tatsächlichen oder vermeintlichen oppositionellen Kräften wurde er nach einem dreijährigen Parteiverfahren 1953 aus der KPD ausgeschlossen. Sein Ausschluss stand in engem Zusammenhang mit dem Fall des KPD-Bundestagsabgeordneten Kurt Müller, mit dem Lichtenstein befreundet war. Müller wurde 1950 von der Staatssicherheit in die DDR entführt, von Erich Mielke verhört und schließlich in ein sowjetisches Arbeitslager verschleppt. Er war des „Trotzkismus" und des „Titoismus" angeklagt. Lichtensteins Unterstützung für Müller war, wie spätere Recherchen zeigten, keinesfalls ungebrochen: In einem Verhör mit KP-Kadern hatte Lichtenstein kurz nach Müllers Entführung Zweifel an dessen politischer Zuverlässigkeit geäußert. Trotzdem genügte die Verbindung mit Müller, um Lichtenstein aus der Partei auszuschließen und ihn seines Postens als Chefredakteur der „Neuen Volkszeitung" zu entheben. Danach hatte Lichtenstein große Schwierigkeiten, erneut eine Anstellung bei einer Zeitung zu finden. Bei kommunistischen Zeitungen galt er als Persona non grata, bei der bürgerlichen Presse wurde ihm seine kommunistische Vergangenheit angelastet. Nach mehreren Jahren als Gelegenheitsarbeiter gelang es ihm schließlich, 1958 eine Anstellung bei der „Westfälischen Rundschau" zu bekommen, für die er nach dem Mauerbau eine Reportagereise an die innerdeutsche Grenze unternahm. Dabei ging es ihm auch um die Aufarbeitung der eigenen Vergangenheit. Nach seiner Ermordung am 12. Oktober 1961 wurde Lichtenstein zum „Held der freien Welt" verklärt – seine Lebensgeschichte, die nicht unbedingt diesem Etikett entsprach, geriet dabei aus dem Blickfeld. Das Denkmal, in Erinnerung an Lichtenstein in Zicherie errichtet, zeugt deshalb weniger von seinem Leben und seinen Überzeugungen; vielmehr gibt es Auskunft über das historisch-politische Umfeld im Kalten Krieg, in dem es errichtet wurde.

Das Lichtensteinkreuz ließ ein Studienrat vom Gemeinschaftswerk Zonenrandhäuser e.V. im Herbst 1961 aufstellen. Dort versammelten sich am 17. Juni 1962 20 000 Menschen, um für die deutsche Einheit und gegen die DDR-Regierung zu demonstrieren. Die Inschrift auf dem Kreuz lautet: „Ein Deutscher von Deutschen erschossen – Kurt Lichtenstein 12.10. 1961".

Neben dem Kreuz befindet sich eine Blechtafel mit der Inschrift: „An dieser Stelle wurde am 12.10.1961 der Dortmunder Journalist Kurt Lichtenstein erschossen, weil er als Deutscher mit Deutschen drüben sprechen wollte."

QUELLEN / LITERATUR
Zunder, Rainer: Erschossen in Zicherie. Vom Leben und Sterben des Journalisten Kurt Lichtenstein, Berlin 1993.

STANDORT
Zicherie, 38465 Brome

VERKEHRSANBINDUNG
Deutsche Bahn bis Wolfsburg, dann weiter mit dem Bus

PKW
A 188 bis Brome, dort der Ausschilderung zum Gedenkkreuz folgen

Gedenkstein zur Erinnerung an die innerdeutsche Grenze

Büddenstedt. Bereits seit 1957 existiert vor dem Dorfgemeinschaftshaus in Offleben, einem heutigen Ortsteil von Büddenstedt, ein Gedenkstein zur Erinnerung an die innerdeutsche Grenze. Er wurde auf Beschluss der Gemeinde Offleben errichtet.

Büddenstedt gehörte zum Zonenrandgebiet, im Osten der Bundesrepublik litten seine Bewohner besonders unter dem Kalten Krieg. Das Gebiet, das zuvor im Zentrum Europas lag, rückte nun an den Rand und musste sich auch wirtschaftlich Richtung Westen orientieren. Nachdem 1952 die Grenze der DDR Sperrgebiet geworden war, begann die Bundesregierung mit einer systematischen Förderung des Zonenrandgebietes. Ab 1954 wurde der gesamte 40 Kilometer breite Streifen von Flensburg bis Passau in die regionale Wirtschaftsförderung einbezogen, die 1959 durch ein Entwicklungsprogramm für zentrale Orte in ländlich strukturierten Regionen ergänzt wurde. Der Gedenkstein trägt die Inschrift: „Deutschland / ist / unteilbar".

QUELLEN / LITERATUR
Informationen der Gemeinde Büddelstedt.

STANDORT
Barneberger Straße 10
38372 Büddenstedt, Ortsteil Offleben

VERKEHRSANBINDUNG
Deutsche Bahn bis Helmstedt, dann Sammeltaxi 395 Richtung Kraftwerk bis Büddenstedt, Offleben

PKW
A 2 Abfahrt Helmstedt, dann B 245 Richtung Büddenstedt

Grenzdurchgangslager Friedland

Friedland. Die britische Militärverwaltung richtete nach dem Ende des Zweiten Weltkrieges in Friedland, einem Dorf südlich von Göttingen, in der Nähe des Dreiländerecks Niedersachsen, Thüringen und Hessen ein Notaufnahmelager für Flüchtlinge, Vertriebene, Heimkehrer und heimatlose Menschen ein. In der Nähe von Friedland stießen die britische, russische und amerikanische Besatzungszone zusammen. Damit lag das Dorf unweit des späteren Eisernen Vorhanges. Es gab zudem eine Bahnstation und eine gut ausgebaute Straße. Zuerst wurden für das Lager die Einrichtungen des ehemaligen Versuchsgutes der Universität Göttingen genutzt. Schnell entstanden um das Gut herum in nassen Wiesen und auf Ackerboden einige hundert halbrunde, dunkel geteerte Wellblechbaracken („Nissenhütten"), die man später durch Holzbaracken und feste Gebäude ersetzte. Friedland wurde ein „Tor zur Freiheit". Hierher kamen ab 1945 Millionen von Menschen: in den ersten Nachkriegsjahren Männer und Frauen aus den sowjetischen Arbeits- und Gefangenenlagern, Internierte vor allem aus Polen und der Tschechoslowakei, Vertriebene und Aussiedler aus den ehemals deutschen Gebieten Schlesien und Pommern, politische Flüchtlinge aus Ungarn und anderen osteuropäischen Staaten, elternlose Kinder und Jugendliche, Rückwanderer aus Übersee, ehemals Zwangsverschleppte und die Heimkehrer aus der sowjetischen Gefangenschaft. Nach der Gründung der DDR wurde Friedland zum ersten Anlaufpunkt für die Flüchtlinge und Übersiedler aus dem Osten Deutschlands. Politischer Druck, Enteignung, Unzufriedenheit und Repressalien ließen Millionen Ostdeutsche zwischen 1949 und 1990 ihre Heimat verlassen. Neben den Menschen aus der DDR kamen im Verlauf der Jahrzehnte aber auch viele Spätaussiedler aus der ehemaligen Sowjetunion, die in Friedland ein erstes Quartier bezogen. Aus dem einstigen Notaufnahmelager wurde mit Gründung der Bundesrepublik das Grenzdurchgangslager Friedland, eine Erstaufnahmeeinrichtung des Landes Niedersachsen. Heute verfügt das Lager über 2600 Bettplätze. Insgesamt durchliefen seit 1945 mehr als 3,6 Millionen Menschen dieses Lager.

Das Friedland-Mahnmal wurde zum Gedenken an die Toten des Zweiten Weltkrieges und die Opfer des Nachkriegsunrechts 1966 auf einer Anhöhe in Lagernähe errichtet. Mit seinen bis zu 28 Meter hohen Betonflächen symbolisiert es nach allen Himmelsrichtungen offene Türen. Im Lager selbst befinden sich eine unter Denkmalschutz stehende Baracke, die Friedland-Glocke, die den Ankömmlingen bei ihrer Ankunft läutete, und das Heimkehrer-Denkmal. Das Denkmal trägt die Inschrift: „Den toten Kameraden – allen Opfern der Gewalt – Völker versöhnt euch!"

QUELLEN / LITERATUR

Reding, Josef: Friedland. Chronik der großen Heimkehr, Recklinghausen 1956
www.friedland.de.

ANSCHRIFT

Grenzdurchgangslager Friedland
Heimkehrerstraße 18, 37133 Friedland

ANSPRECHPARTNER

Verwaltung des Grenzdurchgangslagers,
Tel. 05504/803-0

VERKEHRSANBINDUNG / PKW

Über die B27, die von Witzenhausen in Richtung Göttingen die Ortschaft Friedland durchläuft; über die A7, Abfahrt Friedland

Zonengrenz-Museum

Helmstedt. Nach dem Zweiten Weltkrieg lag Helmstedt in der britischen Besatzungszone unmittelbar an der Demarkationslinie zur Sowjetischen Besatzungszone (SBZ). Zwischen den Orten auf britischer und auf sowjetischer Seite bestanden enge wirtschaftliche und soziale Beziehungen. Viele Betriebe lagen sowohl in der britischen als auch in der sowjetischen Zone, etwa die Offlebener Zuckerfabrik, deren Einzugsgebiet zu zwei Dritteln in der SBZ befand. Einige Arbeiter pendelten vom Westen in den Osten, ein größerer Teil der Arbeiter jedoch kam täglich vom Osten in den Westen, um beispielsweise im Tagebau der Braunschweiger Kohlebergwerke zu arbeiten. Auch wenn die Kontrollen an der Zonengrenze bzw. nach 1949 an der innerdeutschen Grenze schrittweise verschärft wurden, war es Arbeitspendlern noch bis 1952 möglich, mit legalen Papieren die Grenze zu passieren. Dies änderte sich schlagartig mit dem Beschluss des Ministerrates der DDR vom 26. Mai 1952, die innerdeutsche Grenze zu schließen. Die Maßnahme wirkte sich nicht nur auf die Arbeiter, sondern auch auf viele Betriebe aus, die regelrecht geteilt wurden. Die Offlebener Zuckerfabrik musste nach 1952 schliessen, weil der größte Teil der Rübenfelder nun nicht mehr zugänglich war. Besonders augenscheinlich wirkte sich die Grenzziehung auf das traditionelle Braunkohleabbaugebiet bei Helmstedt aus. Nach dem 26. Mai 1952 waren über die Hälfte der Kohlevorkommen im Abbaugebiet für die Förderung durch die Braunschweigischen Kohlebergwerke (BKB) nicht mehr erreichbar. Das Kraftwerk Harbke, eines der ältesten Braunkohlekraftwerke Deutschlands, lag auf sowjetischem Gebiet, wurde teilweise demontiert und konnte nach 1952 nicht mehr für die Stromversorgung des Westens eingesetzt werden. Die Stromleitung Harbke-Helmstedt wurde im Mai 1952 gekappt. Im Rahmen der Entspannungspolitik in den frühen siebziger Jahren gingen Bundesrepublik und DDR dazu über, bei der Kohleförderung zu kooperieren. 1974 gab es in Magdeburg erste Verhandlungen über die gemeinsame Nutzung des Braunkohlereviers Helmstedt/Harbke. Seit November 1975 baute die BKB wieder Kohle im Gebiet der DDR ab. Bis 1990 haben beide deutsche Staaten 15 Millionen Tonnen Kohle abgebaut.

Im Raum Helmstedt gelang mehreren Menschen die Flucht in den Westen, außerdem gab es eine unbekannte Zahl von Fluchtversuchen. Zu den spektakulärsten Fällen gehörte im Jahre 1969 die Flucht eines Ingenieurs, der im Kraftwerk Harbke beschäftigt war, zusammen mit seiner Familie. Die Familie passierte mit einer Kohlenlok eine Stelle, an der der Minengürtel durch Abraummaterial verschüttet war. Helmstedt hatte eine ungewöhnliche

Dichte von Grenzübergängen. Von den insgesamt sieben Eisenbahnlinien, drei Wasserstraßen und vier Straßen, die den Verkehr von West nach Ost ermöglichten, befanden sich vier im Raum Helmstedt. Im Norden befand sich eine Zollschiffstation bei Rühen, wo der Mittellandkanal die innerdeutsche Grenze überquerte. Bei ⇨Oebisfelde war der Bahngrenzübergang der Trasse Wolfsburg-Stendal. Auch Helmstedt hatte einen Bahngrenzübergang, der unter anderem für die Verbindung Paris-Berlin genutzt wurde. Über den Autobahnübergang auf der A 2 Hannover-Berlin wurde ein großer Teil des Berlinverkehrs abgewickelt. Der Marienborner Autobahnübergang wurde mit der zunehmenden Grenzsicherung zu einer komplizierten Festung ausgebaut. Die Reisenden mussten zur Abfertigung ein gestaffeltes System von Beobachtungstürmen und Sperranlagen durchfahren, alle Vorgänge wurden überwacht und gefilmt. Helmstedt war sehr stark frequentiert: Bereits 1958 wurden am Autobahnübergang 10 000 bis 15 000 Personen täglich abgefertigt, im gesamten Jahr 1978 waren es neun Millionen. Besonders groß war der Andrang auf den Autobahnübergang Helmstedt-Marienborn nach der Grenzöffnung am 9. November 1989. Autofahrer nahmen für eine Stippvisite in den Westen bis zu neun Stunden Wartezeit in Kauf.

Die Idee, in Helmstedt ein Informationszentrum zur Deutschlandpolitik zu gründen, stammt noch aus den Jahren vor der Grenzöffnung. Das Zonengrenz-Museum, das vom Landkreis Helmstedt getragen wird, ist seit 1992 zugänglich und wurde am 24. Januar 1994 offiziell eröffnet. Die Dauerausstellung zeigt die Geschichte der innerdeutschen Grenze im Landkreis Helmstedt und deren Auswirkungen auf die Bewohner auf beiden Seiten der Grenze. Die Ausstellung umfasst fünf Abteilungen: Geschichte und Aufbau der Sperranlagen, Flucht, Wirtschaft und Verkehr, Grenzöffnung und „Grenzkunst“. In der letzten Abteilung zeigt man Arbeiten von Künstlern aus Ost und West, die sich mit dem Thema Grenze auseinandersetzen. Präsentiert werden Originalobjekte, Fotos, Modelle und Lebensbilder sowie Texttafeln. Darüber hinaus wird das Museumsprogramm durch Sonderausstellungen ergänzt. Das Zonengrenz-Museum ist Mitglied im Verein „Grenzenlos- Wege zum Nachbarn“, ein Zusammenschluss mit dem Grenzdenkmal ⇨Hötensleben, der Gedenkstätte Deutsche Teilung ⇨Marienborn und mit den von der Stadt Helmstedt ausgerichteten Universitätstagen.

Im Rahmen des Projektes „Grenzenlos" gibt es die Möglichkeit, an einer Rundfahrt nach Hötensleben, in das Zonengrenz-Museum Helmstedt und zu der Gedenkstätte Deutsche Teilung Marienborn teilzunehmen. Der Fahrpreis beträgt 5 € pro Person. Außerdem gibt es Angebote für Schulklassen und Gruppen. Rückfragen und Reservierung bei Frau Benkert, Tel. 05351 / 17178.

QUELLEN / LITERATUR

Landkreis Helmstedt (Hrsg.): Kurzführer Zonengrenz-Museum Helmstedt (Veröffentlichung der Kreismuseen Helmstedt, Bd. 2), Helmstedt 1998.

ANSCHRIFT

Südertor 6, 38350 Helmstedt

ANSPRECHPARTNER

Marita Sterly, Tel. 05351 / 121 11 33, Fax 05351 / 121 1627, E-mail: Landkreis.Helmstedt@t-online.de

ÖFFNUNGSZEITEN

dienstags von 15 bis 17 Uhr, mittwochs von 10 bis 12 und von 15 bis 17 Uhr, donnerstags von 15 bis 18.30 Uhr, freitags von 15 bis 17 Uhr, sonnabends und sonntags von 10 bis 17 Uhr; Führungen nach Vereinbarung auch außerhalb der Öffnungszeiten

VERKEHRSANBINDUNG / PKW

An der B 1 in Helmstedt, neben der Kreisverwaltung

Gedenkstein für Helmut Kleinert

Hohegeiß (Harz). Der Kurort Hohegeiß zwischen Braunlage (Niedersachsen) und Benneckenstein (Sachsen-Anhalt) lag bis zur Grenzöffnung unmittelbar westlich an der innerdeutschen Grenze. Am Ortsausgang von Hohegeiß in Richtung Braunlage erinnert ein Gedenkstein an Helmut Kleinert (1940 -1963), der bei einem Fluchtversuch am 1. August 1963 an der Grenze auf tragische Weise ums Leben kam.

Der 23-jährige Helmut Kleinert hatte versucht, zusammen mit seiner 22-jährigen schwangeren Frau am helllichten Tag über die Grenze in den Westen zu gelangen. Beim Fluchtversuch wurden sie von DDR-Grenzsoldaten entdeckt und mit Warnrufen und Warnschüssen zum Stehenbleiben aufgefordert. Während seine Frau stehen blieb, rannte Kleinert weiter. Daraufhin erfolgten gezielte Schüsse auf den Flüchtenden. Kleinert brach zusammen, konnte sich aber noch in ein Gebüsch rund 150 Meter von der Grenze entfernt schleppen. Kurz darauf haben DDR-Grenzsoldaten mit Maschinenpistolen das Feuer eröffnet, und Kleinert starb. Augenzeugen auf westlicher Seite errichteten spontan ein schlichtes Holzkreuz mit einem Stacheldrahtkranz. Die Tafel auf dem Holzkreuz trug die Inschrift: „dem Unbekannten". Als einige Tage später der Name des Erschossenen bekannt war, wurde dieser auf einem Schild zusätzlich vermerkt.

1971 wurde das Holzkreuz durch einen Gedenkstein ersetzt mit der Inschrift: „Am 1. 8. 1963 wurde / 150 Meter von hier / Helmut Kleinert / vor dem Überschreiten / der Demarkationslinie / erschossen."

QUELLEN / LITERATUR
Filmer, Werner/ Heribert Schwan: Opfer der Mauer. Die geheimen Protokolle des Todes, München 1991.
Goslarische Zeitung vom 15.9.1990.
Harzer Tageblatt vom 23.8.1963.

STANDORT
38700 Hohegeiß

VERKEHRSANBINDUNG
Deutsche Bahn bis Bad Harzburg oder Walkenried, dann weiter mit dem Bus nach Hohegeiß

PKW
Hohegeiß liegt an der B 4

Informationsraum „Grenze zur DDR"

Hornburg. Hornburg lag nach dem Zweiten Weltkrieg in der britischen Zone, unmittelbar an der Demarkationslinie zur SBZ. Die Beziehungen zu Orten in der SBZ, zum Beispiel nach Osterwieck, waren traditionell eng, da Hornburg bis 1941 zum Landkreis Wernigerode im Harz gehörte, der später in der SBZ lag. Hornburg war eine der Gemeinden im Kreis Wolfenbüttel, die im August 1941 im Rahmen eines Gebietsaustausches der Kommune Braunschweig zugeschlagen worden waren. Ziel war die Unterstützung der Produktion der „Reichswerke Hermann Göring" in Salzgitter durch die Infrastruktur eines kommunalen Gemeindeverbundes. Die Verbindungen von Hornburg zu den Nachbargemeinden in der SBZ bzw. nach der Staatsgründung 1949 in die DDR waren nach Schließung der Grenze im Mai 1952 unterbrochen. In den folgenden Jahrzehnten wurden auch bei Hornburg die Grenze massiv ausgebaut und die militärischen Sicherungen verschärft. Am Grenzabschnitt bei Hornburg kam es zu einer unbekannten Anzahl von Fluchtversuchen und einer erfolgreichen Flucht eines DDR-Unteroffiziers Mitte der achtziger Jahre.

1980 richtete das Niedersächsische Ministerium für Bundes- und Europaangelegenheiten in Hornburg den Informationsraum „Grenze zur DDR" ein, um Besucherinnen und Besucher über die Geschichte der innerdeutschen Grenze und über die Sperranlagen zu informieren. Nach der Grenzöffnung 1989 wurde die ursprüngliche Ausstellung im Informationsraum beibehalten und um Foto- und Informationsmaterial von der Grenzöffnung in der Region Hornburg erweitert. Es kamen Exponate wie ein Panoramabild der Grenzanlagen, Grenzpfähle und -steine sowie Schilder der DDR-Grenztruppen hinzu.

QUELLEN / LITERATUR
Ritter, Jürgen / Peter Joachim Lapp: Die Grenze. Ein deutsches Bauwerk, Berlin 1997.

STANDORT
Montelabbateplatz 1, 38315 Hornburg
Tel. 05334 / 1507

ANSPRECHPARTNER
Dietfried Berndt, Förderkreis Heimatmuseum Hornburg e.V., Tel. 05334 / 1411

ÖFFNUNGSZEITEN
dienstags bis samstags von 14 bis 16 Uhr, sonntags von 11 bis 12 und von 15 bis 18 Uhr. Der Besuch von Gruppen ist nach Anmeldung jederzeit möglich

VERKEHRSANBINDUNG
Deutsche Bahn bis Wolfenbüttel, dann weiter mit dem Bus

PKW
A 2 bis Helmstedt, B 82 bis Hornburg; A 7 bis Seesen-Schladen, B 82 bis Hornburg; A 395 bis Schladen, B 82 bis Hornburg

„Grenzgänge": Rundweg und Ausstellungsscheune

Konau / Elbe. Das Gebiet um das heutige Amt Neuhaus mit dem Dorf Konau gehörte bis zum Ende des Zweiten Weltkrieges zur Provinz Hannover, ab 1945 zur SBZ/DDR. Nach den freien Wahlen in der DDR im Mai 1990 beschlossen die acht Gemeinderäte des Gebiets jeweils einstimmig die Umgliederung der Gemeinden aus Mecklenburg-Vorpommern nach Niedersachsen, besiegelt durch einen Staatsvertrag zwischen den beiden Ländern. Das Gebiet des ehemaligen Amtes Neuhaus mit einer Fläche von etwa 240 km^2 und etwa 6000 Einwohnern ist seit 30. Juni 1993 Teil des Landes Niedersachsen. Durch die dortige Gebiets- und Verwaltungsreform wurden die vormals acht selbstständigen Gemeinden am 1. Oktober 1993 auf eigenen Wunsch zur heutigen Einheitsgemeinde Amt Neuhaus zusammengeschlossen.

Das denkmalgeschützte Dorf Konau an der Elbe ist ein in der Grundstruktur seit Jahrhunderten erhalten gebliebenes Marschhufendorf. Die niederdeutschen Hallenhäuser liegen in einer Reihe am Deich, die Wirtschaftsflächen der Höfe, Hufe genannt, sind wegen der Kosten der Deicherhaltung schmal und lang. Die Elbranddörfer im Amt Neuhaus, Konau, Popelau und Darchau, lagen in dem 1952 durch die DDR-Regierung verordneten Sperrgebiet an der innerdeutschen Grenze. Der Alltag der Bewohner war bestimmt durch die für den 500 Meter breiten Schutzstreifen an der Westgrenze der DDR erlassenen Sonderverordnungen. Die Dorfbewohner wurden registriert, und Besucher durften das Schutzgebiet nur mit besonderer Genehmigung betreten. Alle Gaststätten waren geschlossen, der nächtliche Aufenthalt im Freien nicht mehr gestattet. Die sieben im Deichvorgelände gelegenen Höfe von Konau und Popelau und die ehemalige Ziegelei in Popelau wurden zur Grenzsicherung abgerissen. Nach 1961 wurden die Grenzbefestigungen verstärkt und Wachtürme, ein Kolonnenweg und ein 3,20 Meter hoher Metallgitterzaun gebaut. Der Zaun befand sich zunächst im Deichvorland, musste aber später wegen eines Hochwassers auf die Deichkrone verlegt werden, was seinen bedrohlichen Charakter noch verstärkte. Der freie Blick auf die Elbe war den Bewohnern von Konau fortan versperrt. Nach 1961 gelang es nur wenigen Menschen, über die Elbe in den Westen zu flüchten. Die genaue Zahl der Fluchtversuche ist unbekannt. Für 1961 ist der Fall eines Jugendlichen dokumentiert, der bei seinem Fluchtversuch bei Darchau erschossen wurde. Nach Öffnung der Grenze im November 1989 konnte nach 44 Jahren die Fährverbindung zum westlichen Elbufer nach Neu-Darchau wieder aufgenommen werden.

Der historische Rundweg „Grenzgänge – Leben an der Elbe" beginnt und mündet in der Ausstellung „Wendepunkte". Der Rundweg gehört zu dem Expo-2000-Projekt „Fluss, Landschaft, Elbe – Wendepunkte Lüneburg." Die Route führt am ehemaligen Kolonnenweg und am Wachturm entlang. An einzelnen Punkten sind insgesamt neun Schautafeln angebracht. Die Text-Bild-Tafeln werfen Schlaglichter auf die Erfahrungen der Bewohner Konaus mit der Grenze und den Sperrgebietsverordnungen. Unter anderem behandeln die Schautafeln die Bedeutung der Fährverbindung zum westlichen Elbufer, die von 1945 bis 1989 unterbrochen war, die Zwangsaussiedlungen, das System der DDR-Grenzsicherung und die Ökologie im Grenzgebiet. Anfangs- und zugleich Endpunkt des Rundwegs ist die Ausstellung „Wendepunkte", die in einer historischen Durchfahrtsscheune in Konau untergebracht ist. Im Mittelpunkt stehen Aussagen der Bewohner zu ihrem Lebensalltag im Dorf zwischen 1945 und 1989, die auf Text-Bild-Tafeln zu lesen sind. Außerdem können sich die Besucher über Hörstationen Ausschnitte aus Erinnerungsberichten von Bewohnern Konaus anhören.

QUELLEN / LITERATUR
Hüls, Werner: Das Elbdorf Konau, Lüneburg 1998.
Informationen des Amtes Neuhaus.

ANSCHRIFT
Elbstraße 11
19273 Konau / Amt Neuhaus

ANSPRECHPARTNER
Förderverein Konau e.V., Frau G. Heintzmann, Auf dem Michaeliskloster 4, 21335 Lüneburg; Tel. 04131 / 26-1201, Fax 04131 / 26-1466

ÖFFNUNGSZEITEN
im Winter sonntags von 10 bis 17 Uhr, sonst täglich von 10 bis 18 Uhr

VERKEHRSANBINDUNG
Deutsche Bahn bis Lüneburg

PKW
Über Lüneburg, Dahlenburg, Neu-Darchau; über Schwerin, Hagenow, Gemeinde Amt Neuhaus, Haar, Darchau, Popelau, Konau. Der Rundweg „Grenzgänge" bietet sich für eine Radtour an, Fahrräder können auf die Fähre mitgenommen werden

Gedenkstätte für die Opfer des Stalinismus-Kommunismus

Salzgitter. Am 11. Juni 1994 wurde auf dem Burgberg von Salzgitter-Lichtenberg eine Gedenkstätte als Mahnmal für die Opfer der politischen Gewaltherrschaft in der SBZ/DDR eingeweiht. Mit der Gedenkstätte entstand ein symbolischer Ort der Erinnerung und Mahnung, der dazu beitragen soll, dass die Opfer von einst nicht in Vergessenheit geraten. Die Gedenkstätte warnt zugleich vor jeglicher Form der Gewaltherrschaft. Die Initiatoren vom Verband politscher Häftlinge e.V. kennen die Auswirkungen diktatorischer Herrschaft aus eigener Erfahrung. Die Gedenkstätte wurde durch Unbekannte mehrfach geschändet. Am 6. Oktober 1997 kam es zur Zerstörung der Gedenktafel (Chronik), die über das Anliegen der Gedenkstätte informierte.

Der umfangreiche Text der Chronik lautete: „GEDENKSTÄTTE/ ZUR ERINNERUNG UND MAHNUNG

Im Mai 1945 ging der Zweite Weltkrieg in Europa zu Ende. Eine Vielzahl deutscher Soldaten und Zivilpersonen mußten den Weg in die Gefangenschaft antreten. Die westlichen Siegermächte entließen diese innerhalb weniger Jahre; im Gegensatz zur Sowjetunion. Hier mußte erst eine Vereinbarung mit der Bundesregierung im Jahr 1955 den Weg in die Freiheit ebnen.

In den damaligen drei westlichen Besatzungszonen begann der Aufbau demokratischer Institutionen. In der sowjetischen Besatzungszone, später DDR, wurde der Weg zur stalinistisch-kommunistischen Diktatur beschritten.

Um dieses zu erreichen, wurden ab 1945 Oppositionelle, Andersdenkende und für das System unerwünschte Personen bis 1950 von der sowjetischen Militärmacht verhaftet, willkürlich zu langjährigen Freiheitsstrafen, bis zu 25 Jahre, verurteilt, oder auch als Internierte in Speziallager der sowjetischen Besatzungszone, Sibirien und am Nordmeer inhaftiert. Todesurteile in diesem Zusammenhang waren keine Seltenheit.

1950 wurden die Speziallager Buchenwald und Sachsenhausen (im Nazi-Regime KZ) von der sowjetischen Militärmacht aufgelöst. Alle anderen Speziallager übernahmen die DDR-

Behörden (Staatssicherheit, Justiz und Volkspolizei) und nannten sie jetzt Justizvollzugsanstalt (JVA). Die Methoden der Verfolgung änderten sich nicht. Die Behandlung der Inhaftierten in der DDR wurde Ende der siebziger Jahre durch ein weiteres Strafvollzugsgesetz neu geregelt. Gravierende Menschenrechtsverletzungen fanden trotz neuem Gesetz bis zur politischen Wende im Jahr 1989 weiterhin statt.

Viele dieser Inhaftierten mussten in der Haft, im Kriegsgefangenenlager und als Verschleppte durch Hunger, Krankheit, körperliche und geistige Isolation ihr Leben lassen.VERBAND POLITISCHER HÄFTLINGE / DES STALINISMUS e.V. / Braunschweig - Salzgitter. / Sachsen VERBAND DER HEIMKEHRER. / Kreisverband. / Salzgitter Die sich des Vergangenen nicht erinnern, / sind dazu verurteilt, / es noch einmal zu erleben / Santanyanan"

Am Standort der zerstörten Gedenktafel (Reste des zerstörten Pfeilers mit Chronik) wurde ein Schild mit folgender Aufschrift befestigt:
„Die Chronik / ‚Zur Erinnerung und Mahnung' / wurde am 06.10.1997 / gestohlen und zerstört. - / Wir, die Überlebenden der / Gewaltherrschaft von / Stalinismus-Kommunismus / denken, daß durch Diebstahl, / Zerstörung und Verunreinigung, / geschehenes Unrecht nicht / ungeschehen gemacht werden kann. / Jeder bilde sich sein eigenes Urteil!".
Die Inschriften auf den drei Gedenksteinen unter einem Kreuz lauten von links nach rechts:
Linker Findling: „Zum Gedenken der Opfer des / Stalinismus-Kommunismus / 1945-1989 / Verband politischer Häftlinge / des Stalinismus / Braunschweig-Salzgitter / Sachsen".
Findling Mitte: „Wir vergessen / Euch nicht / Verband der Heimkehrer / Kreisverband Salzgitter".
Rechter Findling: „Straflager / der / politischen Häftlinge / 1945-1989 / Bautzen / Brandenburg / Buchenwald / Fünfeichen / Halle / Hoheneck / Jamlitz / Mühlberg / Sachsenhausen / Torgau / Waldheim".

QUELLEN / LITERATUR
Informationen des Verbandes politischer Häftlinge des Stalinismus e.V. (VPHdS).

STANDORT
Auf dem Burgberg „Kanzel von Salzgitter"
38228 Salzgitter-Lichtenberg

ANSPRECHPARTNER
Verband politischer Häftlinge des Stalinismus e.V. (VPHdS), Wolfgang Becker, Hagedornweg 87, 38229 Salzgitter (Heerte), Tel. 05341 / 27978, Fax 05341 / 22 5042

VERKEHRSANBINDUNG
Deutsche Bahn bis Salzgitter-Lebenstedt, Bus 619 nach Salzgitter-Lichtenberg

PKW
A 39 von Braunschweig, Abfahrt Salzgitter-Lichtenberg

Grenzlandmuseum

Schnackenburg. In Schnackenburg an der Elbe befand sich bis 1990 die größte Zollschiffstation in Deutschland. Hier wurde seit der Eröffnung 1948 der Schiffsverkehr von Hamburg Richtung Berlin abgewickelt, der die Zonengrenze zwischen der britischen und der sowjetischen Zone passieren musste. Nach Schließung der Grenze im Mai 1952 durch die DDR-Regierung war die Zollschiffstation in Schnackenburg weiterhin eine der Grenzstationen, die auf dem Weg von Westdeutschland nach Berlin geöffnet blieben. Bis 1990 passierten hier jährlich 12000 Schiffe. Damit war Schnackenburg der wichtigste Übergang für die Versorgung Berlins auf dem Wasserweg. In den Jahren nach der Grenzschließung und der Verschärfung der Sicherungsanlagen wurde auch die Zollschiffstation Schnackenburg schrittweise zu einer Festung ausgebaut. Dadurch sollten Fluchten über die Zollstation verhindert werden. Auf dem Ostufer der Elbe wurde ab 1972 entlang des Elbdeiches ein 3,20 Meter hoher Metallgitterzaun befestigt. An diesem Zaun wurden bis 1984 Splitterminen des Typs SM-70 angebracht. Über die Elbe glückten trotzdem einige Fluchtversuche. Doch allein im Landkreis Lüchow-Dannenberg kamen bei Fluchtversuchen 22 Menschen ums Leben.

Das Grenzlandmuseum Schnackenburg wurde 1995 im historischen Fischerhaus in Schnackenburg eröffnet. Seine Gründung geht auf eine Initiative von bundesdeutschen Zöllnern zurück, die sich kurz nach der Grenzöffnung 1989 zusammenschlossen, um die Geschichte der Grenze und der Zollschiffstation zu dokumentieren. Aus dieser Initiative ging der 1994 gegründete Förderverein Grenzlandmuseum Schnackenburg e.V. hervor. Der Schwerpunkt des Museums liegt auf der Dokumentation der innerdeutschen Grenze in der Elbregion bei Schnackenburg und der Geschichte der Zollschiffstation. Besondere Berücksichtigung finden die Auswirkungen der Grenzschließung 1952 auf die Bewohner auf beiden Seiten der Elbe. Gezeigt werden Exponate zum Thema Grenzsperranlagen, Land- und Wasserfahrzeuge der DDR-Grenztruppen, deren Uniformen und diejenigen des westdeutschen Bundesgrenzschutzes, Ausrüstungsgegenstände, Schautafeln und Fotos. Zum Grenzlandmuseum Schnackenburg gehört die Gedenk- und Begegnungsstätte ⇨Stresow (Sachsen-Anhalt). Im Jahr 1998 entstand außerdem auf Initiative des Fördervereins Grenzlandmuseum Schnackenburg e. V. der zehn Kilometer lange Grenzlehrpfad Schnackenburg-Gartow. Er folgt ehemaligen Überwachungs- und Sicherungsanlagen der Grenztruppen der DDR, die im Original besichtigt werden können.

Vor dem Museum befindet sich eine Gedenktafel mit der Inschrift: „Zur Erinnerung und zum Gedenken an die Opfer der innerdeutschen Grenze / die bei ihrer Flucht aus der Deutschen Demokratischen Republik in die Bundesrepublik / Deutschland / im Kreis Lüchow-Dannenberg ums Leben gekommen sind."

Die Namen der Opfer und die Umstände des Todes werden auf der Tafel aufgeführt.

QUELLEN / LITERATUR
Ritter, Jürgen / Peter Joachim Lapp: Die Grenze. Ein deutsches Bauwerk, Berlin 1997.

STANDORT
Grenzlandmuseum Schnackenburg
Am Markt 4, 29493 Schnackenburg

ANSPRECHPARTNER
Herr Kögl (Museumsleiter), Tel. und Fax 058 40 / 210; oder Stadt Schnackenburg, Tel. 058 40 / 225; oder Kurverwaltung Gartow, Tel. 058 46 / 333. E-mail: GIschnbg@compuserve.de; www.GrenzlandmuseumSchnackenburg.de

ÖFFNUNGSZEITEN
1. Mai bis 30. September: montags bis freitags von 9 bis 17 Uhr, sonnabends von 13 bis 17 Uhr, sonntags von 10 bis 17 Uhr; 1. Oktober bis 30. April: montags bis freitags von 10 bis 16 Uhr, sonnabends von 13 bis 17 Uhr, sonntags von 10 bis 17 Uhr; Eintritt: Erwachsene 2 €; Kinder bis 13 Jahre 0,50 €; Gruppen ab zehn Personen 1,50 € pro Person; Foto- und Videoaufnahmen 2 €; Führungen pro Gruppe 10 €

VERKEHRSANBINDUNG
Deutsche Bahn bis Wittenberge, dann weiter mit dem Bus

PKW
B 493 von Lüchow Richtung Schnackenburg

Grenzlandmuseum „Swinmark" Schnega

Schnega. Das Grenzlandmuseum „Swinmark" Schnega liegt im Ortsteil Göhr von Schnega, einem kleinen Ort mit 600 Einwohnern im ehemaligen Zonenrandgebiet von Niedersachsen. Die innerdeutsche Grenze lag fünf Kilometer von Schnega entfernt. Der Name „Swinmark" ist die plattdeutsche Bezeichnung für „Schweinemark" und bezeichnet die Gegend um Schnega, die ein traditionelles Schweinezuchtgebiet ist.

Das Grenzlandmuseum „Swinmark" Schnega wurde nach der Grenzöffnung 1989 auf private Initiative von Dietrich-Wilhelm Ritzmann in einem ehemaligen Traktorschuppen eingerichtet. Das Ziel des Museums ist es, Besuchern die Geschichte der innerdeutschen Grenze zu veranschaulichen. In dem Museum, das ein nach der Grenzöffnung 1989 gegründeter Verein unterstützt, wird eine Vielzahl privater Fotos gezeigt, die Ritzmann von 1969 bis 1989 mit Hilfe eines Teleobjektivs von der innerdeutschen Grenze machte. Weiterhin werden im Museum verschiedene Originalteile der Grenzanlagen präsentiert. Dazu gehören Stücke der Zäune, eine Grenzsäule mit DDR-Emblem und eine Grenzboje aus der Ostsee. Das älteste Exponat ist ein Grenzpfahl, der an der britisch-russischen Demarkationslinie stand. Im Museum stehen außerdem verschiedene Fahrzeuge der DDR-Grenztruppen wie ein Kübelwagen-Trabant P 601, ein Motorrad und ein Mannschaftstransportwagen. Außerdem sind Fernmeldegeräte und eine originalgetreue Rekonstruktion des Dienstzimmers eines Kompaniechefs der Grenztruppen zu sehen. Zum Museum gehört ein 450 Quadratmeter großes Freigelände, auf dem ein Stück der Sichtschutzmauer und die Kanzel eines Beobachtungsturmes stehen. Weiterhin kann auf dem Freigelände die Rekonstruktion eines Durchlasstores im Metallgitterzaun besichtigt werden.

QUELLEN / LITERATUR
Ritter, Jürgen/ Peter Joachim Lapp: Die Grenze. Ein deutsches Bauwerk, Berlin 1997.

STANDORT
Göhr Nr. 13, 29465 Schnega

ANSPRECHPARTNER
Dietrich-Wilhelm Ritzmann, Tel. 05842/246 und 05842/245; oder: Touristinformation der Samtgemeinde Clenze, Lange Straße 40, 29459 Clenze; Tel. 05844/1422, Fax 05844/1208; E-mail: touristinfo-clenze@t-online.de

ÖFFNUNGSZEITEN
1. Mai bis 3. Oktober samstags und sonntags von 13 bis 18 Uhr; montags bis freitags nach Vereinbarung

VERKEHRSANBINDUNG
Deutsche Bahn bis Uelzen, dann weiter mit dem Bus

PKW
B71 Uelzen-Salzwedel, Abfahrt Schnega

Gedenkstätte Grenze Mattierzoll-Hessen

Winnigstedt. Die Gemeinde Winnigstedt gehörte ab 1945 zur britischen Besatzungszone, die durch die Demarkationslinie von der SBZ abgegrenzt war. Als Reaktion auf den wachsenden Flüchtlingsstrom aus der sowjetischen in die westlichen Besatzungszonen wurde am 30. Juni 1946 durch eine von der SMAD geforderte Kontrollratsverordnung die Zonengrenze zwischen der SBZ und den drei Westzonen gesperrt. Den privaten Reiseverkehr regelten die Kontrollratsdirektiven Nr. 33 vom 29. Oktober 1946 und Nr. 49 vom 23. April 1947. Personen, die aus dringenden familiären oder beruflichen Gründen in eine andere Zone reisen wollten, konnten bei den Besatzungsmächten einen Interzonenpass mit 30 Tagen Gültigkeitsdauer beantragen. Die unterschiedlichen wirtschaftlichen und politischen Verhältnisse in der sowjetischen und den drei westlichen Besatzungszonen führten zu einer anhaltenden Massenflucht aus der SBZ. Unter dem Vorwand „ständiger westlicher Provokationen" beschloss die DDR-Regierung am 27. Mai 1952 „Maßnahmen zur Verstärkung der Grenzsicherheit". Der Grenzverkehr wurde endgültig unterbrochen, die innerdeutsche Grenze in den darauf folgenden Jahren zu einem fast unüberwindbaren Hindernis ausgebaut.

Die Gedenkstätte Grenze Mattierzoll-Hessen in Niedersachsen befindet sich im ehemaligen Grenzpavillon des Gesamtdeutschen bzw. Innerdeutschen Ministeriums. Diese Pavillons waren vom Bundesministerium entlang der Grenze errichtet worden, um Besuchergruppen, darunter viele Schulklassen, über den Verlauf und die Anlagen der Befestigungen zu informieren. Nach der Grenzöffnung 1989 ergriff die Gemeinde Winnigstedt die Initiative, die Ausstellung zu übernehmen und fügte eine Dokumentation zur Grenzöffnung am 11. November 1989 in Winnigstedt hinzu. Um die Zusammengehörigkeit zu den Gemeinden in der ehemaligen DDR zu demonstrieren, wurde der Name der Gedenkstätte Mattierzoll fortan um den Namen der Nachbargemeinde im Land Sachsen-Anhalt, Hessen, ergänzt. Zum Infopavillon gehört ein ca. 3000 Quadratmeter großes Freigelände, auf dem Nachbauten der Grenzsperranlagen, z. B. Grenzsäulen, der Kolonnenweg, der Grenzsignalzaun und der Schlagbaum, besichtigt werden können. Auf dem Gelände befindet sich auch ein originaler Wachturm der DDR-Grenztruppen, der allerdings nur an wenigen Tagen im Jahr, etwa anlässlich des Jahrestages der Grenzöffnung, für Besucher geöffnet wird.

QUELLEN / LITERATUR

Ritter, Jürgen / Lapp, Peter Joachim: Die Grenze. Ein deutsches Bauwerk, Berlin 1997.
Bundesministerium für innerdeutsche Beziehungen (Hrsg.): Die innerdeutsche Grenze, Bonn 1987.

STANDORT
Ortsteil Mattierzoll, 38170 Winnigstedt

ANSCHRIFT
Gemeinde Winnigstedt, Schulstraße 4, 38170 Winnigstedt

ANSPRECHPARTNER
Erick Bewig, Tel. 05336 / 90922

ÖFFNUNGSZEITEN
Die Gedenkstätte ist jederzeit frei zugänglich

VERKEHRSANBINDUNG
Deutsche Bahn bis Wolfenbüttel, dann weiter mit dem Bus

PKW
Über die B 79 Wolfenbüttel-Halberstadt

Nordrhein-Westfalen

Haus der Geschichte der Bundesrepublik Deutschland

Bonn. Am 28. Februar 1990 verabschiedete der Deutsche Bundestag mit den Stimmen der Fraktionen von CDU/CSU, FDP und SPD das „Gesetz zur Errichtung einer selbständigen Stiftung Haus der Geschichte der Bundesrepublik Deutschland" (BGBl I 1990 Nr. 8, S. 294ff). Die Initiative zur Schaffung eines Museums zur Geschichte der Bundesrepublik ging vom damaligen Bundeskanzler Helmut Kohl aus, der in seiner Regierungserklärung am 13. Oktober 1982 vorgeschlagen hatte, „eine Sammlung zur Deutschen Geschichte seit 1945" aufzubauen, die „der Geschichte unseres Staates und der geteilten Nation" gewidmet sein sollte. Im Oktober 1984 beschäftigte sich der Deutsche Bundestag mit diesem Projekt. Das von einer Sachverständigenkommission erarbeitete und intensiv diskutierte Gutachten wurde zur wesentlichen inhaltlichen Grundlage für die Realisierung des Museums und seiner Dauer- und Wechselausstellungen. Seit Frühjahr 1986 arbeitete ein Aufbaustab an der Vorbereitung der Dauerausstellung. Gleichzeitig wurde eine Sammlung von historischen Objekten angelegt. Die Bauarbeiten für das neue Museum begannen schließlich am 21. September 1989; 1994 wurde das Haus mit einer Dauerausstellung eröffnet, die man im Juli 2001 teilweise überarbeitete und unter das Motto „Geschichte neu erleben" stellte.

In der Dauerausstellung wird dem Besucher die deutsche Geschichte vom Ende des Zweiten Weltkrieges bis in die Gegenwart veranschaulicht. Die Ausstellung ist chronologisch und in der zeitlichen Abfolge nach historischen Ereignis- und Entwicklungsschwerpunkten aufgebaut. Die Ausstellungsobjekte umfassen eine Vielzahl von Originalen, die auf ansprechende Weise durch ein visuelles und akustisches Programm hinsichtlich der Fakten, Geschichte und Hintergründe erklärt werden. Dabei ist es den Besuchern freigestellt, wie sie sich über die doppelte deutsche Vergangenheit informieren möchten, d. h. der Museumsrundgang kann aufgrund der vielfältig angebotenen Informationsmöglichkeiten nach individuellem Wunsch und Interesse ausgestaltet werden. Die Dauerausstellung wird regelmäßig durch aktuelle Wechselausstellungen ergänzt. Zudem gibt es einen Museumsgarten, der die Entwicklung vom Schrebergarten der Nachkriegszeit bis zum Garten der Gegenwart darstellt. Dort findet sich auch eine Ausstellung über historisches Kinderspielzeug. In einem Informationszentrum können Fragen gestellt und weitere Informationen zur deutschen Zeitgeschichte über Computer, Medienkabinett oder Bibliothek selbst recherchiert werden. Museumscafé und

Museumsshop runden einen Aufenthalt im Museum ab. Als Stiftung fungiert das Haus der Geschichte der Bundesrepublik Deutschland als Träger des Zeitgeschichtlichen Forums ⇨Leipzig.

Auf der Homepage sind weitere Hinweise über den Aufbau und die Lage des Museums zu finden sowie Informationen über aktuelle Wechselausstellungen und Veranstaltungsangebote abrufbar. Von Montag bis Freitag steht zudem ein Besucherdienst in der Zeit zwischen 9 und 16 Uhr zur Verfügung. Dort sind Gruppenanmeldungen per Telefon (0228/9165400) möglich.

ANSCHRIFT
Haus der Geschichte der Bundesrepublik Deutschland
Museumsmeile, Willy-Brandt-Allee 14, 53113 Bonn
Tel. 0228/91650, Fax 0228/9165302; www.hdg.de

ANSPRECHPARTNER
Peter Hoffmann (Pressereferent), Tel. 0228/9165109, Fax 0228/9165302, E-mail: hoffmann@hdg.de

ÖFFNUNGSZEITEN
Museum: dienstags bis sonntags von 9 bis 19 Uhr; Informationszentrum: dienstags bis freitags von 9 bis 17 Uhr; Eintritt frei

VERKEHRSANBINDUNG
U 16, 63 und 66 bis Heussallee/Museumsmeile; über Ausgang Haus der Geschichte. Bus 610 und 630 bis Bundeskanzlerplatz/Heussallee

PKW
Über die A3 Frankfurt a. M. (Bonn-Beuel); A59 Köln/Flughafen (Bonn-Beuel); A555 Köln (Bonn-Nord, Bonn-Beuel); A560 Siegburg (Bonn-Beuel); A562 (Bonn-Rheinaue, Autobahnkreuz Bonn Ost); A565 Meckenheim/Koblenz (Bonn-Poppelsdorf, Bonn-Beuel) sowie B9 Koblenz und B42 Königswinter. Anfahrt zum Museum über die Walter-Flex-Straße; dort gibt es auch Parkmöglichkeiten für PKW und Bus. Für Rollstuhlfahrer sind über die Einfahrt Rheinweg Parkplätze in der Tiefgarage reserviert

Gedenkstein für die Opfer des Stalinismus

Düren. Auf Initiative der Vereinigung der Opfer des Stalinismus e.V. (VOS) wurde am 17. Juni 1981 vor dem Rurtal-Gymnasium in Düren ein Gedenkstein für die Opfer des Stalinismus eingeweiht mit der Inschrift: „VOS / Den Opfern / des / 17. Juni 1953“.

Seither finden an dieser Stelle alljährlich am Tag des Volksaufstandes, dem 17. Juni, am Tag der Deutschen Einheit am 3. Oktober (seit 1991) sowie am Volkstrauertag Kranzniederlegungen statt.

QUELLEN / LITERATUR
Information der Vereinigung der Opfer des Stalinismus e.V., Landesgruppe Nordrhein-Westfalen.

STANDORT
Bismarckstraße 90, 52351 Düren

VERKEHRSANBINDUNG
Düren ist über Köln mit der Regional- oder S-Bahn erreichbar

PKW
A 4 zwischen Aachen und Köln, Abfahrt 7 auf der B56 bis Düren

Mahnmal zum Gedenken an die Deutsche Teilung

Hagen. Auf Initiative des „Kuratoriums Unteilbares Deutschland" wurde am 2. September 1962 im Hagener Volkspark ein Mahnmal zur Deutschen Teilung aufgestellt. Es besteht aus zwei Stahlträgern, wobei der kleinere sich dem größeren zuneigt. Dazwischen befand sich zunächst ein Stacheldraht, der die Trennung durch Mauer und Todesstreifen symbolisierte.

1964 verlegte die Stadt Hagen das Denkmal auf den Vorplatz des Hauptbahnhofes und versah es mit einer Mauer. Am 11. Jahrestag des Volksaufstandes in der DDR, am 17. Juni 1964, wurde es feierlich eingeweiht und der Vorplatz des Hagener Hauptbahnhofes in Berliner Platz umbenannt. Nach der Wiedervereinigung wurde der Stacheldraht entfernt und eine Gedenktafel angebracht. Die Inschrift lautet: „17. Juni 1953 / Aufstand der Arbeiter / in Ost-Berlin / 13. August 1961 / Bau der Mauer / 9. November 1989 / Die Mauer fällt / der Weg zur Einheit / ist frei".

QUELLEN / LITERATUR
www.historisches-centrum.de/denkmal/58097.htm.
Hobein, Beate / Dietmar Osses: „Bis in die fernste, fernste Zeit....". Hagen und seine Denkmäler, Hagen 1996.

STANDORT
Berliner Platz, 58089 Hagen

VERKEHRSANBINDUNG / PKW
A 1 (Hansalinie) Hagen-Nord, Hagen-West; A 45 (Sauerlandlinie) Autobahnkreuz Hagen, Hagen-Süd; A 46 (Hagen-Brilon) Hohenlimburg, Hohenlimburg-Ost

Mahnmal „Unteilbares Deutschland"

Münster. Das Mahnmal „Unteilbares Deutschland" in Münster wurde am 18. Dezember 1960 feierlich eingeweiht und der Öffentlichkeit übergeben. Die Künstlerin Anni Buschkötter gewann mit ihrem Sinnbild des nationalen Schicksals den ersten Preis eines Wettbewerbs, der auf Initiative des Vorsitzenden des Volksbundes Deutsche Kriegsgräberfürsorge und des Kuratoriums Unteilbares Deutschland in der Bildhauerklasse der Werkkunstschule ausgeschrieben worden war. Die Bildhauerin gestaltete zwei monumentale Betonblöcke, die wirken, als seien sie willkürlich gespalten worden

und drohten nun auseinanderzubrechen. Diese neutralen Betonblöcke sind als „Macht-Blöcke", als die beiden Staaten in Deutschland, zu interpretieren. Die beiden Blockkörper wurden oberhalb der jeweiligen Steinmitte durch schwere Eisenketten in großen runden Öffnungen im Beton verbunden. Der Kette als Symbol des allgemeinen Zusammenhaltes zwischen Himmel und Erde ist hier ein politischer Hintergrund unterlegt. Mit Worten Dr. Eulerichs vom „Kuratorium Unteilbares Deutschland" ist sie „die deutsche Bevölkerung; ihre Glieder sind jeder einzelne von uns. Sie müssen die beiden Teile Deutschlands zusammenhalten."

Das Mahnmal in Münster hält das Gedenken an die Errichtung der Mauer in Berlin am 13. August 1961 und an deren Opfer sowie an die deutsche Wiedervereinigung am 3. Oktober 1990 wach.

QUELLEN / LITERATUR
Information der Städtischen Denkmalbehörde Münster.
Uber, Ursula: Freiplastiken in Münster. Stadtbildgestaltung durch Freiplastiken, Diss. an der Westfälischen Wilhelms-Universität zu Münster, 1976.

STANDORT
Servatiiplatz, 48143 Münster

VERKEHRSANBINDUNG / PKW
A 1 (E 37) zwischen Osnabrück und Hagen, Abfahrt 77 auf der B54 bis Münster

Gedenkstein für die Opfer des Stalinismus

Paderborn. Der Gedenkstein im Riemeke-Park in Paderborn wurde 1975 auf Initiative der Vereinigung der Opfer des Stalinismus e. V. (VOS), Bezirksgruppe Detmold / Münster eingeweiht. An dem etwa 170 Zentimeter hohen Findling ist eine Metalltafel angebracht mit der Inschrift: „VOS / Zum Gedenken / an die / Opfer des Stalinismus".

Die VOS hält an dieser Stelle das Gedenken an die Opfer stalinistischer Willkür, an den 17. Juni 1953, an die Opfer von Mauer und Schießbefehl wach.

QUELLEN / LITERATUR
Information der VOS, Bezirksgruppe Detmold/Münster.
Die Freiheitsglocke 9/2000.

STANDORT
Riemekestraße, 33102 Paderborn

VERKEHRSANBINDUNG / PKW
A 33, Abfahrt 27 bis Paderborn

Mahnmal „Unteilbares Deutschland“

Recklinghausen. 1959 rief die Stadt Recklinghausen, angeregt durch die Bürger der Stadt und die politischen Parteien, einen Wettbewerb für ein Mahnmal „Unteilbares Deutschland“ aus. Sieger dieses Wettbewerbes war der Recklinghauser Maler, Grafiker und Kunsterzieher Heinz Ridder.

Das Mahnmal „Unteilbares Deutschland“ wurde anlässlich des 7. Jahrestages des Volksaufstandes in der DDR, am 17. Juni 1960, auf dem Kirchplatz bei St. Peter durch den damaligen Oberbürgermeister, Heinrich Auge feierlich eingeweiht. Die Rede zum 17. Juni hielt der damalige Sozialminister des Landeskabinetts Nordrhein-Westfalen, Konrad Grundmann, vor 6000 Menschen.

Das Denkmal besteht aus zwei großen Betonblöcken, die ursprünglich mit Stacheldraht verbunden waren, der nach der Wiedervereinigung durch Eisenstangen ersetzt wurde.

Das Mahnmal trägt folgende Inschriften: An der Stirnseite des linken Blocks stehen die Namen der Großstädte „Hamburg / Köln / München“. Am Sockelfuß steht auf der unteren rechten Seite „Deutschland / ist unteilbar“. Auf dem rechten Block steht im oberen Bereich sowohl auf der Front- wie auch auf der Rückseite „Berlin“.

QUELLEN / LITERATUR
Information der Stadt Recklinghausen, Untere Denkmalbehörde.

STANDORT
Kirchplatz St. Peter, 45657 Recklinghausen

VERKEHRSANBINDUNG / PKW
Über die A 2 und die A 43

Sachsen

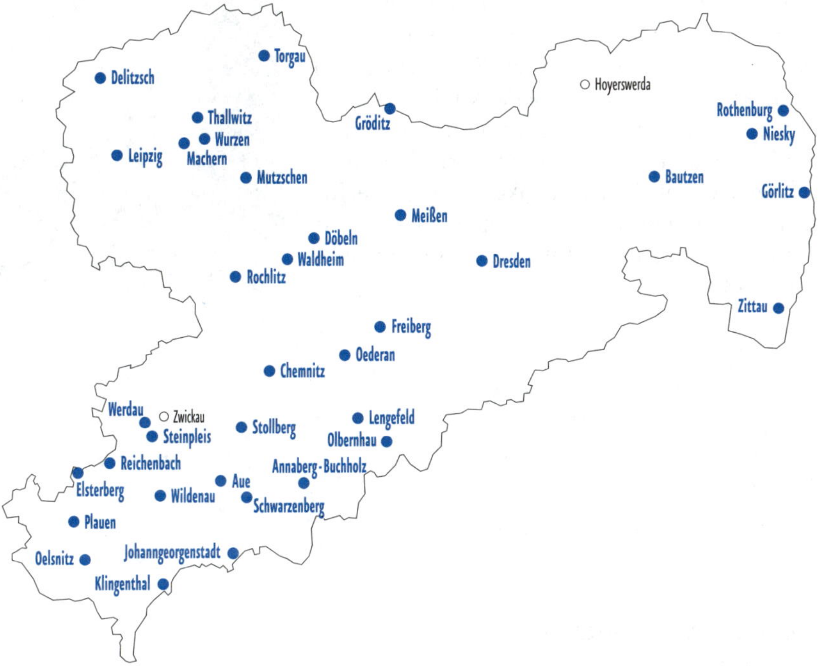
Torgau
Delitzsch
Thallwitz
Wurzen
Machern
Leipzig
Mutzschen
Gröditz
Hoyerswerda
Rothenburg
Niesky
Bautzen
Görlitz
Meißen
Döbeln
Waldheim
Rochlitz
Dresden
Zittau
Freiberg
Oederan
Chemnitz
Werdau
Zwickau
Steinpleis
Stollberg
Lengefeld
Olbernhau
Reichenbach
Annaberg-Buchholz
Elsterberg
Aue
Wildenau
Schwarzenberg
Plauen
Oelsnitz
Johanngeorgenstadt
Klingenthal

Gedenkstein zur Erinnerung an die Opfer des Kommunismus und an die friedliche Revolution 1989

Annaberg-Buchholz. Am 4. November 1989 versammelten sich etwa 7000 Menschen vor der Methodistenkirche in Annaberg-Buchholz, um ihren Willen zur Veränderung im Lande kundzutun. In den folgenden Wochen zogen bis zum Dezember 1989 jeden Sonnabend bis zu 12000 Demonstranten durch die Stadt.

Auf Initiative eines parteiübergreifenden Aktionskreises und mit Unterstützung der Stadtverwaltung wurde am 4. November 1999 unmittelbar an der historischen Stadtmauer von Annaberg-Buchholz ein Gedenkstein zur Erinnerung an die Opfer des Kommunismus und an die friedliche Revolution 1989 errichtet. Eine Bronzetafel auf dem Gedenkstein trägt die Inschrift: „Erinnerung / an die Opfer / des / Kommunismus / und an die / Wende 1989 / Initiative 4.11.1989".

QUELLEN / LITERATUR
Annaberger Wochenblatt Nr. 18 vom 2.-15.11.1990.
Information der VOSVereinigung der Opfer des Stalinismus e.V., Landesgruppe Sachsen, Bezirksgruppe Reichenbach.
Information der Stadtverwaltung von Annaberg-Buchholz.

STANDORT
Klosterstraße, 09456 Annaberg-Buchholz

VERKEHRSANBINDUNG / PKW
Über die A4 (E40) oder A72 (E441) bis Chemnitz, weiter über die B95 nach Annaberg-Buchholz, A72 (E441) zwischen Chemnitz und Hof bis Anschlussstelle 13 (Stollberg), weiter Autobahnzubringer über Zwönitz, Elterlein auf die B 101 nach Annaberg-Buchholz

Gedenkstätte Bautzen

Bautzen. Der Ruf Bautzens als Gefängnisstandort gründete sich ursprünglich auf die auch unter dem Namen „Gelbes Elend" bekannt gewordene Strafvollzugsanstalt Bautzen I, die Anfang des 20. Jahrhunderts aus gelben Klinkern am Rande der Stadt errichtet wurde. Fast zeitgleich wurde in unmittelbarer Nähe zum Landgericht Bautzen das Gefängnis Bautzen II gebaut. Mit dem Bau beider Gefängnisse verband das Land Sachsen die reformerischen Ideen eines modernen, humaneren Strafvollzuges. Während der Zeit der nationalsozialistischen Diktatur wurden beide Gefängnisse zur Inhaftierung politischer Gegner genutzt. Bereits kurz nach der ersten Terrorwelle der Nationalsozialisten wurden seit 1933 Kommunisten, Sozialdemokraten, aber auch Zeugen Jehovas inhaftiert.

Von 1945 bis 1950 befand sich auf dem Gelände von Bautzen I das von der sowjetischen Geheimpolizei NKWD eingerichtete „Speziallager Nr. 4". Mindestens 26000 Menschen – der größte Teil von ihnen unschuldige Opfer von Willkür und Denunziationen sowie politische Gegner des stalinistischen Systems, aber auch Beteiligte an NS-Verbrechen – waren hier inhaftiert. Die menschenunwürdigen Haftbedingungen des Lagers kosteten tausende Menschen das Leben. Bautzen II diente in jener Zeit dem Sowjetischen Militärtribunal als Untersuchungsgefängnis. Von 1950 bis 1990 war Bautzen I eine der größten Strafvollzugseinrichtungen der DDR.

Die besondere Geschichte des Gefängnisses Bautzen II begann, als es 1956 in den unmittelbaren Zugriff des Ministeriums für Staatssicherheit gelangte. Hier inhaftierte das MfS in den folgenden Jahrzehnten neben Kritikern des Regimes sowie DDR-Bürgern und Ausländern, die wegen Spionage, Fluchthilfe oder „Republikflucht" verurteilt waren, auch aufgrund krimineller Vergehen verurteilte Armee- und MfS-Angehörige sowie Parteifunktionäre. Zu den Gefangenen zählten unter anderen der erste Außenminister der DDR Georg Dertinger, der bereits unter den Nationalsozialisten in Bautzen I inhaftierte Leiter des Aufbauverlages Walter Janka, der Physiker Adolf Henning Frucht sowie der Philosoph und Schriftsteller Rudolf Bahro. Obwohl mitten in der Stadt gelegen, drang aus diesem „Haus des Schweigens" kaum etwas nach außen. Mit dem Zusammenbruch des SED-Regimes konnten im Dezember 1989 die letzten politischen Häftlinge Bautzen II verlassen.

Der Sächsische Landtag beschloss im Sommer 1991, im ehemaligen Gefängnis Bautzen II eine „Gedenk- und Begegnungsstätte für alle Opfer politischer Gewaltherrschaft in den Bautzener Gefängnissen" zu errichten. Die Haftanstalt Bautzen II wurde 1992 geschlossen und im darauffolgenden Jahr dank des besonderen Einsatzes des Bautzen-Komitees zur Gedenkstätte erklärt. Seit 1994 befindet sich die Gedenkstätte Bautzen unter dem Dach der „Stiftung Sächsische Gedenkstätten zur Erinnerung an die Opfer politischer Gewaltherrschaft". 1997 erfolgte die Verabschiedung einer Konzeption zum Aufbau der Gedenkstätte, und seit dem Jahr 1998 fördern Bund und Land die Gedenkstätte institutionell.

Die Gedenkstätte befindet sich im Aufbau. Derzeit entsteht die Dauerausstellung zur Geschichte beider Bautzener Haftanstalten. Bereits heute können u. a. der Einführungsraum zur Geschichte beider Haftanstalten vom Beginn des 20. Jahrhunderts bis 1989/90, das ehemalige Hafthaus, die Garagen mit zwei Gefangenentransportwagen, die Freiganghöfe sowie besondere Haftbereiche (Isolations- und Arresttrakt) besichtigt werden. Zur allgemeinen Information über die politische Verfolgung in beiden Bautzener Haftanstalten bietet die Gedenkstätte Führungen für Besuchergruppen (nach Anmeldung) an. Der Ablauf und die Schwerpunkte („Speziallager Nr. 4"; Bautzen II 1956-1989) jeder einzelnen Führung richten sich nach den Interessen und zeitlichen Möglichkeiten. Die Führungen dauern in der Regel eineinhalb bis maximal zwei Stunden. Neben Besucherführungen bietet die Gedenkstätte Bautzen nach Vereinbarung Projekttage für Schüler an. Für die eigenständige Auseinandersetzung in Gruppenarbeiten hält die Gedenkstätte Materialien bereit und sichert die Betreuung. Zentrale Arbeitsformen sind dabei das entdeckende Lernen und das Gespräch. Unter Zuhilfenahme von Dokumenten, Literatur und Zeitzeugenaussagen vertiefen sich die Schüler in Themen zum sowjetischen Speziallager und zur MfS-Sonderhaftanstalt Bautzen II. Diese Schülerprojekte nehmen ca. 2 Stunden in Anspruch und können mit einer Führung durch die Gedenkstätte Bautzen und Filmvorführungen verbunden werden. In Abstimmung mit dem Lehrplan werden für die 10. Klasse Projekttage zur Geschichte des sowjetischen Speziallagers angeboten. Für Schüler der 12. Klasse sind Projekttage mit dem Schwerpunkt MfS-Sonderhaftanstalt Bautzen möglich. Im Informationszentrum der Gedenkstätte kann sich der Besucher individuell und weiterführend mit historischen Inhalten befassen. Die Präsenzbibliothek umfasst derzeit ca. 2100 Bände sowie Video- und Audiomedien. Sammlungsschwerpunkte sind Arbeiten zur politischen Verfolgung und Repression in Deutschland in der Zeit von 1933 bis 1989, Forschungen zur „friedlichen Revolution" und zum vereinigten Deutschland. Darüber hinaus sind Überblicksdarstellungen zur deutschen Geschichte und lexikalische Werke verfügbar. Das Archiv der Gedenkstätte Bautzen steht ebenfalls der allgemeinen Nutzung offen. Über die Dokumen-

Innenansicht Hauptzellenhaus Bautzen II

tenbestände gibt es ein Findbuch. In der Gedenkstätte Bautzen besteht im Rahmen von Schüler-Projekttagen die Möglichkeit zu Filmvorführungen. Außerdem sind laufend Sonder- und Wechselausstellungen zu besichtigen.

QUELLEN / LITERATUR
Fricke, Karl Wilhelm / Silke Klewin: Bautzen II, Sonderhaftanstalt unter MfS-Kontrolle 1956 bis 1989. Bericht und Dokumentation, Leipzig 2001.
Bautzen-Komitee (Hrsg.): Das Gelbe Elend. Bautzen-Häftlinge berichten. 1945-1950, Berlin 1997.
Dokumentation Gedenkstätten für die Opfer des Nationalsozialismus, Bd. II, hrsg. von der Bundeszentrale für politische Bildung, Bonn 1999/2000, S. 623-627.
Hunger – Kälte – Isolation, Erlebnisberichte und Forschungsergebnisse zum sowjetischen Speziallager Bautzen 1945-1950, bearbeitet von Cornelia Liebold und Bert Pampel (Lebenszeugnisse – Leidenswege, Heft 4), 2. Aufl., Dresden 1999.
Janka, Walter: Spuren eines Lebens, Berlin 1991.
Kempowski, Walter: Im Block, Reinbek 1969.
Kempowski, Walter: Ein Kapitel für sich, München 1994.
Lange, Herbert: Engel von Bautzen, Bericht über eine Haft, Berlin 1994.
Wege nach Bautzen II. Biographische und autobiographische Porträts, eingeleitet von Silke Klewin und Kirsten Wenzel (Lebenszeugnisse – Leidenswege, Heft 8), Dresden 1999.

ANSCHRIFT
Weigangstraße 8a, 02625 Bautzen
Postanschrift: Postfach 1928, 02609 Bautzen

ANSPRECHPARTNER
Silke Klewin (Leiterin der Gedenkstätte), Kerstin Richter; Tel. und Fax 03591 / 40474;
E-mail: info.bautzen@stsg.smwk.sachsen.de;
www.gedenkstaette-bautzen.de

ÖFFNUNGSZEITEN
dienstags bis samstags von 10 bis 16 Uhr; montags geschlossen. Samstags und sonntags um 13 Uhr öffentliche Führung; weitere Führungen auch außerhalb der Öffnungszeiten möglich

VERKEHRSANBINDUNG
Vom Bahnhof ca. zehn Minuten, ausgeschilderter Fußweg

PKW
A4 Dresden-Görlitz; Fahrtzeit ca. 40 Minuten von Dresden bis Abfahrt Bautzen-West oder Bautzen-Ost; Parkmöglichkeiten im Hof der Gedenkstätte

Gräberstätte der Opfer kommunistischer Gewaltherrschaft von 1945 bis 1956 mit Gedächtniskapelle

Bautzen. Von 1945 bis 1950 befand sich auf dem Gelände von Bautzen I das von der sowjetischen Geheimpolizei NKWD eingerichtete „Speziallager Nr. 4". Mindestens 26000 Menschen, der größte Teil von ihnen unschuldige Opfer von Willkür und Denunziationen, sowie politische Gegner des stalinistischen Systems, aber auch Beteiligte an NS-Verbrechen waren hier inhaftiert. Die menschenunwürdigen Haftbedingungen des Lagers kosteten tausende Menschen das Leben. Die Toten wurden auf dem Karnickelberg, der sich nordwestlich an die heutige Justizvollzugsanstalt anschließt, verscharrt. Nach Auflösung des Speziallagers 1950 gerieten die Gräber in Vergessenheit. Nach Berichten wurden noch bis 1956 von der Volkspolizei weitere Tote dort begraben. Später begann man unterhalb des Hügels mit dem Bau von Wohnanlagen.

Erst im Zuge der friedlichen Revolution 1989 rückte der Karnickelberg wieder in das öffentliche Bewusstsein. Auf Initiative des 1990 gegründeten Bautzen-Komitees, einem Zusammenschluss ehemaliger Häftlinge der Bautzener Haftanstalten, begannen 1992 Suchgrabungen auf dem Gelände, wobei sterbliche Überreste von 189 Speziallagerhäftlingen geborgen werden konnten. Der Karnickelberg wurde somit zum zentralen Gedenkort für die Opfer des Lagers.

Am 10. November 1990 errichtete das Bautzen-Komitee einen ersten Gedenkstein aus Naturgranit, auf welchem die Inschrift zu lesen ist: „Den / Opfern der / kommunistischen / Gewaltherrschaft / in den Bautzener / Gefängnissen zum / Gedenken – den / Lebenden zur / Mahnung".

In der Folgezeit wurde das Areal mit Unterstützung des Volksbundes Deutsche Kriegsgräberfürsorge, der Stadt Bautzen und des Freistaates Sachsen zu einem Friedhof umgestaltet. Auf der neu errichteten Gräberstätte sind in zehn Gräberreihen 248 inzwischen geborgene Opfer bestattet.

Am Eingang zur Gräberstätte befindet sich eine Gedenktafel mit der Inschrift: „Gräberstätte der / Opfer kommunistischer / Gewaltherrschaft in den / Bautzener Gefängnissen".

Ein großes Holzkreuz mit einer Gedenktafel markiert den Beginn der Grabanlage. Es trägt die Inschrift: „Leiden zu lindern, / Wunden zu heilen, / aber auch Tote zu / ehren, Verlorene zu / beklagen, bedeutet / Abkehr von Hass, / bedeutet Hinkehr zur / Liebe, und unsere Welt / hat Liebe nötig. / (Paul Löbe)".

Rechts und links davon finden sich zwei Granitsteine, die die Namen von 61 Toten tragen. Sie erinnern an namentlich bekannte Opfer des Speziallagers, deren sterbliche Überreste jahrzehntelang in Urnen in Görlitz aufbewahrt worden waren und die nachträglich auf dem Karnickelberg beigesetzt wurden. Andere namenlose Granitkreuze erinnern symbolisch an die Toten, die nicht mehr auffindbar sind.

Ein weiterer Gedenkstein wurde für die 248 geborgenen Toten errichtet. Er trägt die Inschrift: „Hier ruhen / 248 Tote, die / geborgen werden / konnten, im Ge- / denken auch an / die vielen Toten, / die nicht mehr / auffindbar sind".

Am 13. September 2000 wurde nach dreijähriger Planungs- und Bauzeit eine Gedächtniskapelle eingeweiht. Sie soll als ökumenischer

Ort der Andacht den Besuchern des Karnickelberges dienen. In der Kapelle befindet sich ein Totenbuch, in dem die namentlich bekannten Verstorbenen des Speziallagers verzeichnet sind. Der Altar trägt die Inschrift: „Ich bin ihr Gott, ich verlasse sie nicht".

Links und rechts daneben erinnern zwei Granitstelen mit den Jahreszahlen 1945 und 1950 an die Toten des Speziallagers, sowie 1950 und 1956 an jene, die nach der Auflösung des Lagers und der Übergabe an die deutsche Volkspolizei gestorben sind.

QUELLEN / LITERATUR
Erinnern für die Zukunft. Formen des Gedenkens – Prozess der Aufarbeitung. XI. Bautzen-Forum der Friedrich-Ebert-Stiftung, Büro Leipzig. 14. und 15. September 2000.
Einweihung der Gedenkkapelle. Dokumentation, Leipzig o. J.

STANDORT
Nähe Breitscheidstraße neben der JVA Bautzen („Gelbes Elend"), 02625 Bautzen

ANSPRECHPARTNER
Bautzen-Komitee e. V., Weigangstraße 8a, 02625 Bautzen, Tel. 03591 / 42521

VERKEHRSANBINDUNG / PKW
A4 Dresden-Görlitz, Abzweig Bautzen-West oder -Ost, ausgeschildert. Lage nahe der Autobahnabfahrten Bautzen im Neubaugebiet

Gedenkstein an der ehemaligen Untersuchungshaftanstalt der MfS-Bezirksverwaltung Karl-Marx-Stadt

Chemnitz. Nach dem Ende des Zweiten Weltkrieges befand sich im Gebäude der heutigen Justizvollzugsanstalt des Freistaates Sachsen ein Gefängnis des sowjetischen Geheimdienstes NKWD. Dort wurden – wie an vielen anderen Orten in der SBZ – vor allem Jugendliche interniert, denen man „Werwolf"-Aktivitäten vorwarf. Die Haftanstalt war für viele der Beginn eines langen Leidensweges durch die Gefängnisse und Speziallager der SBZ und der Sowjetunion.

Mit der Auflösung der Speziallager und der Übergabe der Gefängnisse durch die sowjetische Besatzungsmacht im Jahre 1950 an die DDR wurde die Chemnitzer Haftanstalt sowohl vom Ministerium des Innern (MdI) als auch vom MfS als Untersuchungshaftanstalt (UHA) weiter genutzt. Über einen längeren Zeitraum befand sich in diesem Komplex auch eine UHA der eigenständig arbeitenden MfS-Objektverwaltung „Wismut" des gleichnamigen Unternehmens („Sowjetische Aktiengesellschaft Wismut", ab 1954 „Sowjetisch-deutsche Aktiengesellschaft Wismut") für die sowjetische Uranförderung in der SBZ/DDR. Ab Ende der sechziger Jahre konzentrierte das MfS in der UHA diejenigen Häftlinge, die von der Regierung der Bundesrepublik „freigekauft" werden sollten. Den Betroffenen ist in Erinnerung geblieben, dass die Unterbringungs- und Verpflegungsbedingungen in Karl-Marx-Stadt deutlich besser waren als in den anderen Haftanstalten von MfS und MdI. In den achtziger Jahren unterteilte sich die UHA des MfS in drei Bereiche: Der so genannte Trakt A diente als UHA, der Trakt B wurde für die Freikaufhäftlinge genutzt und der Trakt C fungierte als „zentrale Reserve" für besondere Situationen. 1989 verfügte die Haftanstalt über 163 Zellen für 329 Untersuchungshäftlinge. Die Zahl der Mitarbeiter wurde mit 60 angegeben. In den Gefängnisbetrieb war ein Strafgefangenenarbeitskommando integriert, das in Küche, Wäscherei, Schlosserei, Tischlerei und im anstaltseigenen Schweinestall beschäftigt wurde.

Auf Initiative der Bezirksgruppe der Vereinigung der Opfer des Stalinismus e.V. (VOS) wurde 1999 in der Hohen Straße am Gedenktag des Aufstandes vom 17. Juni 1953 zur feierlichen Einweihung eines Gedenksteins für die Opfer der Gewaltherrschaft von 1945 bis 1989 eingeladen. Der Gedenkstein trägt die Inschrift: „Den Opfern der / Gewalt- / herrschaft / 1945-1989 / Verzeihen / heißt nicht / vergessen".

QUELLEN / LITERATUR

Ehemalige Untersuchungshaftanstalten des Ministeriums für Staatssicherheit der DDR. Broschüre des LStU, Berlin 2000.
Rehlinger, Ludwig, Freikauf. Die Geschäfte der DDR mit politisch Verfolgten 1963-1989, Berlin/ Frankfurt a. M. 1991.

STANDORT

Justizvollzugsanstalt, Hohe Straße / Kaßbergstraße
09112 Chemnitz

VERKEHRSANBINDUNG / PKW

Über die A4 von Hannover über Hermsdorfer Kreuz (A9 von Nürnberg bzw. Berlin); über die A4 von Dresden (A13 von Berlin); über die A72 von Hof (A 9 von Nürnberg)

Gedenkstein für die Opfer stalinistischer Gewaltherrschaft in den Zuchthäusern Waldheim und Hoheneck

Chemnitz. Auf dem Städtischen Friedhof wurden zwischen 1950 und 1956 die Urnen von 125 Frauen und Männern aus den Strafvollzugsanstalten ⇨Hoheneck (Frauengefängnis) und ⇨Waldheim beigesetzt. Die Toten gehörten zu den rund 3450 Häftlingen, die der DDR-Justiz nach der Auflösung der sowjetischen Speziallager zu Beginn des Jahres 1950 übergeben wurden. Nach dem Grundsatz „die sowjetischen Sicherheitsorgane verhaften keine Unschuldigen" wurden die Häftlinge in den so genannten „Waldheimer Prozessen" in Schnellverfahren, meist ohne Beweisdokumente und Strafverteidiger, fast ausnahmslos zu hohen Haftstrafen verurteilt. Insgesamt verhängte man gegen 24 Gefangene die Todesstrafe. Hunderte starben – körperlich geschwächt durch die Zeit in den sowjetischen Speziallagern – an der in Hoheneck und Waldheim grassierenden Tuberkulose.

Auf Initiative des Waldheim-Kameradschaftskreises wurde 1993 ein Gedenkstein auf dem Friedhof errichtet. Die Inschrift lautet: „Das Recht des Stärkeren ist das stärkste Unrecht / Marie Ebner von Eschenbach / Den Opfern der stalinistischen Gewaltherrschaft / von Waldheim und Hoheneck / 1950-1956".

QUELLEN / LITERATUR
Information des Waldheim-Kameradschaftskreises.
Werkentin, Falco: Politische Strafjustiz in der Ära Ulbricht, Berlin 1995.

STANDORT
Städtischer Friedhof Chemnitz
Reichenhainerstraße, 09116 Chemnitz

VERKEHRSANBINDUNG / PKW
Über die A4 von Hannover über Hermsdorfer Kreuz (A9 von Nürnberg bzw. Berlin); über die A4 von Dresden (A13 von Berlin); über die A72 von Hof (A9 von Nürnberg)

Gedenktafel zum 17. Juni 1953

Delitzsch. Der 17. Juni 1953 markiert den Höhepunkt und die Niederschlagung des Volksaufstandes in der DDR, bei dem sich große Teile der Bevölkerung gegen die SED-Diktatur erhoben.

Auch im Herzen der im sächsischen Industriegebiet gelegenen Stadt Delitzsch kam es zu massenhaften Protesten, die am 17. Juni 1953 eskalierten. Dem Aufstand war die im Februar vom ZK der SED ausgelöste Kampagne „Feldzug für strenge Sparsamkeit – Der Kampf um fortschrittliche technische Normen" vorausgegangen. Unter dem Schein der Freiwilligkeit verpflichteten sich auch die Arbeiter des Reichsbahnausbesserungswerkes (RAW) Delitzsch am 12. April 1953 zu höheren Arbeitsleistungen. Die zum 1. Juni 1953 zentral festgelegte Erhöhung der Arbeitsnormen ohne Einkommenszuwachs steigerte die vorhandene Unzufriedenheit.

Am Morgen des 17. Juni, als tausende Delitzscher Arbeiter und Angestellte nach ⇨Bitterfeld, Wolfen, ⇨Leipzig und ⇨Halle gefahren waren, standen viele vor verschlossenen Werkstoren, hinter denen die Nachtschicht streikte. Mittags kehrten die ersten Arbeiterzüge aus Bitterfeld mit hunderten Pendlern zurück, die sich zu einer Demonstration vor der SED-Kreisleitung formierten. In Sprechchören forderten sie die Funktionäre zum Gespräch. Als 300 Personen versuchten, in das Gebäude einzudringen, wurden sie von Sowjetsoldaten, die Feuerstöße aus Maschinenpistolen in die Luft abgaben, zurückgeworfen. Der Protestmarsch zog zum Volkspolizeikreisamt (VPKA) in der Dübener Straße (heute Oscar-Reime-Gymnasium). Dort forderten 500 Demonstranten „Gebt die Gefangenen heraus" und meinten damit auch die vor dem 17. Juni wegen Nichterfüllung des Ablieferungssolls selbstständigen Bauern. Die Lage spitzte sich weiter zu, als neue Arbeiterzüge aus Bitterfeld und Leipzig in Delitzsch eintrafen. Nach einigen Warnschüssen wurden aus dem oberen Stockwerk des VPKA Schüsse in die Menschenmenge vor der Schokoladenfabrik Böhme abgefeuert. Zwei junge Männer, der Maurer Joachim Bauer und der Maschinenschlosser Gerhard Dubielzig, innerhalb dieser Protestbewegung mehr Zuschauer als Handelnde, fanden den Tod. Zwei andere Personen wurden verwundet: ein 14-jähriger Junge mit einem Schulterdurchschuss sowie ein Mann, der nach seinem Krankenhausaufenthalt am 11. August verhaftet und verurteilt wurde. Die Menge löste sich auf, Angst breitete sich aus. Bald fuhren vier sowjetische Panzer auf, und der Militärkommandant im Kreis Delitzsch verhängte den Ausnahmezustand. In der Nacht kam es zu mehreren Verhaftungen. Die Kollegen des erschossenen Gerhard Dubielzig im RAW Delitzsch sammelten am 18. Juni Geld für die Hinterbliebenen und legten den verwaisten Arbeitsplatz mit schwarzem Papier aus, darauf stellten sie brennende Kerzen, Blumen und ein Bild des Toten. In der Nacht musste der Gewerkschaftsgruppenorganisator das gespendete Geld an Sicherheitskräfte aushändigen; erst nach heftigen Protesten der Arbeitskollegen erreichte die Geldspende die Familie. Die Leiche von Gerhard Dubielzig wurde nach Leipzig überführt, ohne dass die Eltern ihren toten Sohn nochmals sehen konnten. Am 24. Juli fand die Urnenbeisetzung statt, an der die Arbeitskollegen nicht teilnehmen durften. Erst am 31. Juli konnte die Familie Dubielzig den Tod ihres 19-jährigen Sohnes in der Zeitung anzeigen. Ähnlich erging es der Familie Bauer in Brodau, die erst im August die stille Beisetzung des 20-jährigen Joachim in der Leipziger Volkszeitung bekannt geben und damit öffentlich den Kollegen des jungen Maurers in der Delitzscher Firma Martin Zschernitz sowie der Belegschaft des VEB Böhme für Geld- und Kranzspenden danken konnte. Im Juli 1953 verurteilte das Bezirksgericht Leipzig mehrere Bürger aus dem Kreis Delitzsch wegen „Boykotthetze" und „Zusammenrottung" zu einem Jahren bzw. wegen „Propaganda für den Nationalsozialismus" zu sieben Jahren Zuchthaus. Jedoch hat der Generalstaatsanwalt in Berlin einige dieser Urteile kassiert; in neuen Verhandlungen wurden höhere Zuchthausstrafen ausgesprochen. Insgesamt waren in Delitzsch und umliegenden Orten 28 Menschen unmittelbar von den Vorgängen am 17. Juni und den Folgehandlungen betroffen. 24 Personen wurden als „Konterrevolutionäre" zu insgesamt 41 Jahren und sechs Monaten Zuchthaus bzw. 44 Jahren und drei Monaten Gefängnis verurteilt. Es handelte sich um einfache Arbeiter, drei Angestellte, zwei Minderjährige und zwei Frauen. Die damaligen Urteile wurden inzwischen von den Rehabilitierungsgerichten als rechtsstaatswidrig kassiert.

Am 17. Juni 1996, 43 Jahre nach dem Volksaufstand, wurde in Delitzsch eine Gedenktafel für die Opfer enthüllt. Die auf Beschluss des Stadtrates am Ort des Geschehens gegenüber dem ehemaligen VPKA am Gebäude der Schokoladenfabrik Böhme angebrachte Tafel soll ein Beitrag zur moralischen und politischen Wiedergutmachung und zur öffentlichen Rehabilitierung der Opfer des 17. Juni in Delitzsch sein. Sie trägt die Inschrift: „Gegen das Vergessen / An dieser Stelle wurden / während des Volksaufstandes / am 17. Juni 1953 / Joachim Bauer * 04. Mai 1933 / Gerhard Dubielzig * 29. März 1934 / erschossen".

QUELLEN / LITERATUR

Gatow, Hannes-Heinz: Vertuschte SED-Verbrechen. Eine Spur von Blut und Tränen, Berg 1991.
Löser, Karl-Heinz / Leithold, Albert: Der Volksaufstand am 17. Juni 1953 im Kreis Delitzsch. Veröffentlichungen zur Delitzscher Geschichte, Heft 14, Landratsamt und Stadtverwaltung Delitzsch 1998.

STANDORT

Dübener Straße 33, 04509 Delitzsch

VERKEHRSANBINDUNG / PKW

Von der A 9 (E 51) zwischen Wolfen und Leipzig über die B 100 auf die B 183A, die nach Delitzsch und direkt zur bzw. über die Dübener Straße führt

Gedenkstein für die Opfer der „Waldheimer Prozesse"

Döbeln. Auf Anregung des Waldheim-Kameradschaftskreises und mit Unterstützung der Stadtverwaltung von Döbeln wurde am 3. Mai 1992 am Krematorium Döbeln ein Gedenkstein aufgestellt. Bei den dort bestatteten Toten handelt es sich um zwischen 1950 und 1956 verstorbene Häftlinge aus der Strafvollzugsanstalt ⇨ Waldheim, die im Krematorium Döbeln verbrannt und nach 1958 im Reihengrab am Krematorium beigesetzt wurden. Bis 1958 wurden aus Gründen der Geheimhaltung die Urnen auf dem Dachboden des Zuchthauses Waldheim gelagert. Insgesamt sind im Döbelner Reihengrab die Urnen von 451 Toten beigesetzt.

Der Gedenkstein in Form einer stilisierten Mauer wird im mittleren Teil von einer Pflanze durchbrochen und trägt die Inschrift: „Gut ist / Leben erhalten / böse ist Leben vernichten / Albert Schweitzer / Den Opfern / von Diktatur / und Gewalt".

Auf Initiative und mit finanzieller Unterstützung des Waldheim-Kameradschaftskreises wurde am 6. Juni 2003 neben dem Gedenkstein eine zusätzliche Gedenktafel angebracht, die mit ihrer Inschrift ausschließlich an die unschuldigen Opfer erinnert, die im Zuchthaus

Waldheim verstarben. Sie trägt die Inschrift: „Im Gedenken / an die unschuldigen Opfer / der kommunistischen Gewaltherrschaft / in der Strafanstalt Waldheim / 1950 bis 1956".

QUELLEN / LITERATUR
Werkentin, Falco: Politische Strafjustiz in der Ära Ulbricht, Berlin 1995.
Information des Waldheim-Kameradschaftskreises.

STANDORT
Städtischer Friedhof, Geyersbergstraße 107
04720 Döbeln

VERKEHRSANBINDUNG / PKW
Von Dresden bzw. Chemnitz über die A 4, Abfahrt Hainichen über die B 169 nach Döbeln

Gedenkstätte Münchner Platz

Dresden. Der Münchner Platz in Dresden ist einer der wichtigsten Orte der sächsischen Justizgeschichte des 20. Jahrhunderts. Das Landgericht am Münchner Platz diente seit seiner Eröffnung 1907 als Gerichtsort, Haftanstalt und Hinrichtungsstätte. Während der nationalsozialistischen Diktatur führten sächsische Sondergerichte und der Volksgerichtshof hier einen Teil ihrer Prozesse durch. Da der Münchner Platz eine der zentralen Richtstätten des „Dritten Reiches" war, wurden – insbesondere nach Kriegsbeginn – auch zahlreiche Menschen hier ermordet, die anderenorts zum Tode verurteilt worden waren.

Nach der Einführung der deutschen Gerichtsbarkeit im „Protektorat Böhmen und Mähren" wurden Todesurteile des Sondergerichts Prag, des Oberlandesgerichts Dresden und des Volksgerichtshofs am Münchner Platz vollstreckt. Tschechinnen und Tschechen, die sich der deutschen Fremdherrschaft widersetzt hatten, stellten mit über zwei Dritteln der rund 1 400 während der nationalsozialistischen Diktatur am Münchner Platz Hingerichteten die mit Abstand größte Gruppe. Deutsche und polnische Widerstandskämpfer, Deserteure der Wehrmacht, Opfer der drakonischen Sondergerichtsbarkeit sowie Angehörige der Zeugen Jehovas starben ebenfalls unter der Guillotine im Hof des Landgerichts.

Münchner Platz: Plastik „Namenlos – ohne Gesicht" von Wieland Förster

Nach dem Zweiten Weltkrieg setzte sich der Missbrauch der Justiz zu politischen Zwecken am Münchner Platz fort. Sowjetische Sicherheitsorgane nutzten den Ort bis 1950 als Sammel- und Durchgangsgefängnis für eine unbekannte Zahl von Menschen, denen kein Prozess gemacht wurde oder die in Verfahren Sowjetischer Militärtribunale (SMT) zu zehn bis 25 Jahren Arbeitslager verurteilt worden waren. Diese Schnellprozesse fanden ebenfalls unter anderem am Münchner Platz statt. Von Dresden aus wurden die Häftlinge in Speziallager, insbesondere nach ⇨Mühlberg und ⇨Bautzen oder in die UdSSR deportiert. Darunter befanden sich Anhänger und Funktionsträger der NSDAP, die zum Teil grausame Verbrechen begangen hatten, aber auch politische Gegner der sowjetischen Besatzungsmacht, willkürlich Verhaftete und Unschuldige, die Denunziationen zum Opfer gefallen waren. Die Zahl der am Münchner Platz von sowjetischen Sicherheitsorganen Erschossenen ist bislang nicht bekannt.

Die deutsche Justiz nutzte den Ort ebenfalls seit Kriegsende. In den frühen Nachkriegsjahren führte das Landgericht vorwiegend Prozesse wegen nationalsozialistischer Tötungsverbrechen durch. Dazu gehörte das Verfahren gegen Verantwortliche und Beteiligte an der massenhaften Ermordung psychisch Kranker und geistig Behinderter in der Heilanstalt auf dem Sonnenstein in Pirna, gegen Richter und Staatsanwälte am Oberlandesgericht Dresden und gegen Angehörige der SA-Wachmannschaften des Schutzhaftlagers Hohnstein. Mit fortschreitender Stalinisierung wurden seit Anfang der fünfziger Jahre zunehmend vermeintliche und tatsächliche Regimegegner juristisch verfolgt. Seit der Auflösung der Länder 1952 war der Münchner Platz bis 1956 die zentrale Hinrichtungsstätte der DDR. Bis Juni 1956 wurden hier nach bisherigem Kenntnisstand 62 Menschen hingerichtet. Darunter befanden sich beispielsweise Abtrünnige des MfS ebenso wie die am 17. Juni 1953 aus dem Gefängnis ⇨Halle (Saale) befreite angebliche KZ-Aufseherin Erna Dorn.

1957 übernahm die Technische Hochschule Dresden den Komplex und ließ ihn zu einem Lehr- und Verwaltungsgebäude umbauen. 1959 wurde der Gebäudeteil mit dem ehemaligen Hinrichtungshof und den Todeszellen als „Mahn- und Gedenkstätte" eingeweiht. Sie wurde 1986 um ein „Museum des antifaschistischen Widerstandes" und Ende der achtziger Jahre um einen ehemaligen Gefängnishof erweitert.

1994 übernahm die „Stiftung Sächsische Gedenkstätten zur Erinnerung an die Opfer politischer Gewaltherrschaft" die Gedenkstätte Münchner Platz Dresden in ihre Trägerschaft. Am 7. November 1995 wurde im Nordosthof die Plastik des Bildhauers Wieland Förster „Namenlos – ohne Gesicht" (nach einer Gedichtzeile Anna Achmatovas) eingeweiht, um der „zu Unrecht Verfolgten nach 1945" zu gedenken. Wieland Förster war selbst als 16-Jähriger nach einer Denunziation von der sowjetischen Besatzungsmacht hier gefangen gehalten und von einem SMT zu einer mehrjährigen Haftstrafe verurteilt worden. Für einen Teil der bis 1956 hingerichteten Personen wurde im Juni 1998 auf dem Urnenhain in ⇨Dresden-Tolkewitz eine würdige Grabanlage geschaffen.

Angebote für Besucher: Rundgänge am historischen Ort für Gruppen nach Vereinbarung, individuelle Teilnahme an öffentlichen Rundgängen (aktuelle Termine auf der Homepage der Gedenkstätte). Zur Zeit wird eine ständige Ausstellung zur politischen Strafjustiz während der nationalsozialistischen Diktatur, der sowjetischen Besatzung und der frühen DDR erarbeitet. Die gegenwärtig gezeigten Wechselausstellungen zu zentralen Themenkomplexen verstehen sich als „Bausteine" der künftigen Dauerausstellung. Es gibt verschiedene pädagogische Angebote für Jugendliche, insbesondere für Schulklassen.

QUELLEN / LITERATUR

Haase, Norbert / Birgit Sack (Hrsg.): Münchner Platz, Dresden. Die Strafjustiz der Diktaturen und der historische Ort. Schriftenreihe der Stiftung Sächsische Gedenkstätten zur Erinnerung an die Opfer politischer Gewaltherrschaft, Bd. 7, Dresden 2001.
Sälter, Gerd: Interne Repression. Die Verfolgung übergelaufener MfS-Offiziere durch das MfS und die DDR-Justiz (1954-1966). Schriftenreihe des Hannah-Arendt-Institut für Totalitarismusforschung Bd. 21, Dresden 2002.
Gursky, André: Erna Dorn „...zum Tode verurteilt..." am 22. Juni 1953 in Halle (Saale) (Schriftenreihe Sachbeiträge der LStU Sachsen-Anhalt), Magdeburg 1996.
Fricke, Karl Wilhelm / Roger Engelmann: Konzentrierte Schläge. Staatssicherheitsaktionen und politische Prozesse in der DDR 1953-1956, Berlin 1998.

ANSCHRIFT

Georg-Schumann-Bau der TU Dresden
George-Bähr-Straße 7, 01069 Dresden

POSTANSCHRIFT

Mommsenstraße 13, 01069 Dresden

ANSPRECHPARTNER

Dr. Birgit Sack (Wissenschaftliche Leiterin);
Tel. 0351 / 4633-1990, Fax 0351 / 4633-1991;
E-mail: Gedenkstaette@mailbox.tu-dresden.de,
www.stsg.de

ÖFFNUNGSZEITEN

Ausstellung montags bis freitags von 10 bis 16 Uhr und nach Vereinbarung; ehem. Richthof und Todeszellen: montags bis freitags von 8 bis 17 Uhr und nach Vereinbarung; der Zugang zur Plastik von Wieland Förster ist jederzeit möglich

VERKEHRSANBINDUNG

Vom Hauptbahnhof und vom Bahnhof Dresden-Neustadt mit der Straßenbahnlinie 3 in Richtung Coschütz bis Münchner Platz

PKW

Vom Hauptbahnhof in Richtung Südvorstadt / Coschütz der Fritz-Löffler-Straße bis zum Nürnberger Platz folgen, dort in die Münchner Straße fahren und am Münchner Platz links abbiegen

Grabanlage für die Opfer kommunistischer Gewaltherrschaft

Dresden. Das Krematorium in Dresden-Tolkewitz wurde in den Jahren 1910 bis 1911 nach den Plänen von Fritz Schuhmacher erbaut. In den Jahren 1944 und 1945 wurden hier Urnen von Häftlingen der nationalsozialistischen Konzentrationslager Schwarzheide und Flossenbürg namenlos beigesetzt. Die Häftlinge aus Flossenbürg waren vermutlich in Dresden und Umgebung für Zwangsarbeiten eingesetzt. Die in den Unterlagen vermerkten Todesursachen deuten darauf hin, dass sie an Entkräftung und Krankheiten starben. Nur wenige wurden hingerichtet. Von vielen ist die Todesursache nicht bekannt. Sie wurden im Krematorium Tolkewitz eingeäschert, die Urnen ohne Grabkennzeichnung auf dem Urnenhain beigesetzt. Erst 1996 fand man eine Dokumentierung der Beisetzungen. 1999 wurde eine Gedenkstätte eingeweiht und die Namen von 213 Toten auf Tafeln aus Bronze mit Geburts- und Sterbetag genannt.

Auf dem Urnenhain in Dresden-Tolkewitz befindet sich auch ein Gräberfeld mit Urnen von 23 Opfern der stalinistischen Gewaltherrschaft aus den Jahren 1952 bis 1956. Dieses Feld wurde 1994 angelegt. Die Namen und biographischen Daten der Opfer sind bekannt. Zu ihnen gehören Elli Barczatis (1912-1955) und ihr Freund, der Journalist Karl Laurenz (1905-1955). Barczatis war Chefsekretärin des DDR-Ministerpräsidenten Otto Grotewohl gewesen. Ihr wurde Spionage vorgeworfen, Laurenz Wirtschaftssabotage. Sie wurden beschuldigt, Staatsgeheimnisse an die bundesdeutsche „Organisation Gehlen", den Vorläufer des Bundesnachrichtendienstes, verraten zu haben. In einem vierzehnstündigen Geheimprozess ohne Verteidiger wurden beide am 23. September 1955 zum Tode verurteilt und hingerichtet. Die Hinrichtungen durch das Fallbeil fanden wahrscheinlich immer in den frühen Morgenstunden zwischen drei und vier Uhr auf dem Gefängnishof in ⇨Dresden (Gedenkstätte Münchner Platz) statt. Den Hingerichteten bescheinigten Ärzte offiziell „akutes Herzversagen" – meist mehreren zur gleichen Zeit am selben Ort. Im Krematorium wurden die Leichen eingeäschert und zunächst drei Jahre in ⇨Bautzen deponiert. Dann brachte man die Urnen heimlich auf den Friedhof Dresden-Tolkewitz. In Unterlagen des Krematoriums steht bei Namen von Verstorbenen der Zusatz „PO", offenbar die Kennzeichnung für politisch Verurteilte, was erst 1990 durch Friedhofsmitarbeiter bekannt wurde.

Auf dem Friedhof Tolkewitz befinden sich damit sowohl Urnen von in Bautzen Verstorbenen als auch von am Münchner Platz in Dresden Hingerichteten. 1998 wurde eine Gedenkstele errichtet mit der Inschrift: „Den Opfern des Stalinismus".

QUELLEN / LITERATUR
Informationen des Grünflächenamtes Dresden

STANDORT
Krematorium Tolkewitz, Wehlener Straße 15
01279 Dresden, Tel. 0351 / 251 51 53

VERKEHRSANBINDUNG
Straßenbahnen 4, 6 und 12 zum Friedhof

Gedenkstätte Untersuchungshaftanstalt des MfS Dresden – Bautzner Straße

Dresden. Das Gebäude der ehemaligen Untersuchungshaftanstalt des MfS befindet sich im früheren zentralen Gebäudekomplex der Dresdner Bezirksverwaltung des MfS in der Bautzner Straße. Die Bezirksverwaltung wurde am 5. Dezember 1989 von Bürgern besetzt und einige Wochen später vom MfS verlassen. Nach der Besetzung wurden die Zellen der Untersuchungshaftanstalt geräumt, um in ihnen die Aktenbestände der Bezirksverwaltung und der Kreisdienststellen des Bezirkes Dresden einzulagern und somit vor weiterer Vernichtung und unbefugtem Zugriff zu sichern. Die Unterlagen gingen nach der Wiedervereinigung in die Verantwortung des Bundesbeauftragten für die Unterlagen des Staatssicherheitsdienstes der ehemaligen DDR über, dessen Dresdner Außenstelle zunächst ihren Sitz auf dem Gelände hatte. Im Sommer 1993 zog die Außenstelle in das Verwaltungsgebäude in der Riesaer Straße. Seitdem steht die Untersuchungshaftanstalt leer und kann besichtigt werden. Inventar und vorgefundene Materialien wurden soweit wie möglich gesichert. Im Wesentlichen befindet sich das seit 1996 unter Denkmalschutz stehende Haus in dem Zustand, in dem es von seinen früheren Nutzern 1990 verlassen wurde.

Zu besichtigen ist auch eine der Untersuchungshaftzellen im Keller des „Heidehofes“, die ab 1945 vom Sowjetischen Geheimdienst NKWD genutzt wurden. Dort sind Dokumentationen über Menschen, die von den Sowjetischen Militärtribunalen (SMT) zu Lagerhaft oder zum Tod verurteilt wurden und heute rehabilitiert sind, einzusehen. Zu erreichen ist diese Zelle durch den „Fuchsbau“, einen unterirdischen Verbindungsgang. Der „Heidehof“ diente ab Mai 1945 als Sitz der Sowjetischen Militäradministration (SMAD) für das Land Sachsen, bevor er Anfang der 50er Jahre vom MfS als Bezirksverwaltung für den DDR-Bezirk Dresden eingerichtet wurde.

Eine Gedenktafel zur Erinnerung an die Besetzung der früheren Bezirksverwaltung des MfS durch tausende Dresdner Bürger am 5. Dezember 1989 und zur Markierung der ehemaligen Haftanstalt wurde im Dezember 1998 eingeweiht.

Sie trägt die Inschrift: „Hinter dieser / Mauer / befand sich die / Bezirksverwaltung / der / Staatssicherheit. / Am 5. Dezember 1989 / erzwangen / demonstrierende / Dresdner Bürger / die Öffnung / der Tore / und besetzten dieses / Gelände“.

QUELLEN / LITERATUR
Informationen der Gedenkstätte Untersuchungshaftanstalt des MfS Dresden Bautzner Straße.

ANSCHRIFT
Bautzner Straße 114-116, 01099 Dresden

ANSPRECHPARTNER
Erkenntnis durch Erinnerung e.V., Dr. Klaus-Dieter Müller (Leiter), Tel. 0351 / 46955-47, 48, 49 (Stiftung Sächsische Gedenkstätten) oder Tel. 0351 / 656848 (dienstags und freitags), Fax 0351 / 4695541 oder 0351 / 65688 48; Besucherbetreuung: Lothar E. Klein; E-Mail: lothar.klein@stsg.smwk.sachsen.de

ÖFFNUNGSZEITEN
dienstags und freitags von 8 bis 16 Uhr und nach Vereinbarung. Nach Anmeldung können auch Führungen vereinbart werden. Eine Handbibliothek mit Leseraum steht zur Verfügung. Der ehemalige Gefängnistrakt wird auch für Ausstellungen und Veranstaltungen genutzt

VERKEHRSANBINDUNG
Vom Hauptbahnhof bzw. vom Bahnhof Dresden-Neustadt Straßenbahnlinie 11 Richtung Dresden-Bühlau bis Angelikastraße

Gedenktafel zur Erinnerung an die friedliche Revolution 1989

Dresden. Die Gedenktafel am Hauptbahnhof wurde im Dezember 1998 von Oberbürgermeister Herbert Wagner und Pfarrer Frank Richter eingeweiht und soll an die dramatischen Ereignisse im Herbst 1989 erinnern. Sie trägt die Inschrift: „‚Wir wollen raus!‘ – Mit diesem Ruf sammelten sich Ausreisewillige / ab dem 3. Oktober 1989 am Dresdner Hauptbahnhof, um mit den Zügen für die / Prager Botschaftsflüchtlinge in die Freiheit zu gelangen. / Das Aufbegehren wuchs zu Massenprotesten. / Tausende forderten auf der Straße Veränderungen: / ‚Wir bleiben hier – Reformen wollen wir!‘ Die Staatsmacht reagierte mit brutaler Gewalt. / Aus gewaltfreier Demonstration bildete sich am 8. Oktober 1989 auf der Prager Straße / die ‚Gruppe der 20‘ – die friedliche Revolution in Dresden begann. / Das Volk erzwang den Sturz des SED-Regimes“.

Im Herbst 1989 wurden Ausreisewillige, die in der Prager Botschaft der Bundesrepublik Zuflucht gesucht hatten, mit Sonderzügen, die den Dresdener Hauptbahnhof passierten, in den Westen gefahren. Noch vor Durchfahrt des ersten Zuges besetzten am 3. Oktober 1989 etwa 3000 Menschen den Bahnhof, um die Mitfahrt zu erzwingen. Angesichts der Massenflucht über Ungarn und die Tschechoslowakei schloss das SED-Regime an diesem Tag die Grenze zum südlichen Nachbarn. DDR-Bewohner, denen nun die Weiterreise nach Prag und Budapest versperrt war, versuchten in ihrer Verzweiflung, auf die fahrenden Züge aufzuspringen. Als Polizei, Staatssicherheit und Bereitschaftspolizei anrückten und zugleich immer mehr Menschen über die Prager Straße in Richtung Bahnhof strömten, kam es zu bürgerkriegsähnlichen Auseinandersetzungen. Am 4. Oktober gab es erneut schwere Zusammenstöße, als sich bis zu 20000 Menschen auf dem Hauptbahnhof versammelt hatten. Am nächsten Tag passierten auf einem Nebengleis Züge mit Flüchtlingen aus Prag den Dresdener Hauptbahnhof. Der Konflikt verlagerte sich auf die Prager Straße. Immer mehr Menschen versammelten sich und forderten Veränderungen der gesellschaftlichen Verhältnisse, Dialog und Reformen. Am Abend des 7. Oktober 1989, dem 40. Jahrestag der DDR, formierte sich ein Demonstrationszug mit etwa 10000 Menschen, die sich trotz der Polizeieingriffe nicht von dem Ruf „Wir bleiben hier!" abbringen ließen. Am folgenden Abend bestimmten die von Sicherheitskräften eingekreisten Demonstranten auf der Prager Straße per Akklamation 20 Vertreter aus ihrer Mitte für Verhandlungen mit der SED. Die Evangelische Kirche griff vermittelnd ein und ermöglichte am 9. Oktober das Gespräch zwischen der „Gruppe der 20" und dem damaligen Oberbürgermeister Wolfgang Berghofer.

QUELLEN / LITERATUR

Bahrmann, Hannes / Christoph Links (Hrsg.): Chronik der Wende, Berlin 1999.

Richter, Michael / Erich Sobeslavsky: Entscheidungstage in Sachsen, Berichte von Staatssicherheit und Volkspolizei über die friedliche Revolution im Bezirk Dresden, Dresden 1999.

Urich, Karin: Die Bürgerbewegung in Dresden 1989/90, Köln 2001.

STANDORT

Hauptbahnhof, neben dem Hauptausgang zur Wiener Straße, 01069 Dresden

Gedenktafel zum 17. Juni 1953

Dresden. Der 17. Juni 1953 markiert den Höhepunkt und die Niederschlagung des Volksaufstandes in der DDR, bei dem sich große Teile der Bevölkerung gegen die SED-Diktatur erhoben.

In Dresden begann der Aufstand am 17. Juni 1953 im Industriegebiet Niedersedlitz, im damals größten Industriebetrieb Dresdens, dem SAG-Sachsenwerk, und erfasste innerhalb kurzer Zeit den VEB ABUS (Ausrüstungen und Getriebe für die Schwerindustrie). Hier war es Wilhelm Grothaus, der mit seinen Forderungen nach Rücktritt der Regierung, freien und geheimen Wahlen, Freilassung der politischen Gefangenen, Senkung der HO-Preise und Aufhebung der Verschlechterung der Sozialfürsorge zum Führer des Arbeiteraufstandes in Dresden wurde. Große Teile der Bevölkerung Dresdens solidarisierten sich mit den Arbeitern des VEB ABUS und zogen gemeinsam mit ihnen und Arbeitern aus weiteren Betrieben zum Zentrum Dresdens auf den Postplatz. Hier verhängte der sowjetische Stadtkommandant Bogdanow ab 14 Uhr den Ausnahmezustand. Der Postplatz wurde von der Kasernierten Volkspolizei und sowjetischen Militärs abgeriegelt. Als aufgebrachte Demonstranten das Post- und Telegrafenamt stürmen wollten, wurde geschossen. Die Kundgebungen und Streiks hielten bis zum 18. Juni an. Danach war der Widerstand gebrochen. In der Nacht zum 18. Juni wurden die ersten sechs Mitglieder der Streikleitung verhaftet, darunter Wilhelm Grothaus. Das Bezirksgericht Dresden verurteilte ihn am 23. Juli 1953 wegen seiner Beteiligung am Volksaufstand des 17. Juni 1953 in einem Schauprozess wegen „Boykotthetze" und „faschistischer Propaganda" zu einer fünfzehnjährigen Zuchthausstrafe. 1960 kam er frei und flüchtete in den Westen.

Am 17. Juni 1993 wurde auf Beschluss der Stadtverordnetenversammlung anlässlich des 40. Jahrestages des Volksaufstandes eine Gedenktafel am Postplatz angebracht. Sie trägt die Inschrift: „Zur Erinnerung an den / Volksaufstand / am 17. Juni 1953".

Zum 50. Jahrestag des Volksaufstandes wurde am 17. Juni 2003 die Hennigsdorfer Straße am Sachsenwerk in „Straße des 17. Juni" umbenannt.

QUELLEN / LITERATUR
Roth, Heidi: Der 17. Juni 1953 in Sachsen, Köln 1999.
Russig, Peter: Wilhelm Grothaus – Dresdner Antifaschist und Aufstandsführer des 17. Juni (LStU Sachsen), Dresden 1997.

STANDORT
Annenstraße / Ecke Marienstraße, 01067 Dresden

VERKEHRSANBINDUNG
Vom Hauptbahnhof oder Bahnhof Neustadt mit der Straßenbahnlinie 8 oder 11 zum Postplatz.

Die Bundesbeauftragte für die Unterlagen des Staatssicherheitsdienstes der ehemaligen DDR Außenstelle Dresden: Archiv und Informations- und Dokumentationszentrum

Dresden. Im Dezember 1991 verabschiedete der Deutsche Bundestag das Stasi-Unterlagen-Gesetz (StUG). Daraufhin wurde die Behörde des Bundesbeauftragten für die Unterlagen des Staatssicherheitsdienstes der ehemaligen DDR (BStU) mit 14 Außenstellen in den ehemaligen DDR-Bezirksstädten eingerichtet. Zunächst befand sich die Außenstelle Dresden in der ehemaligen Untersuchungshaftanstalt des Ministeriums für Staatssicherheit (MfS) in der Bautzener Staße 112. 1993 zog die Außenstelle in die Riesaer Straße 7. Um den gesetzlichen Auftrag zur politischen Bildungs- und Öffentlichkeitsarbeit zu erfüllen, wurde in Zusammenarbeit mit der Abteilung Bildung und Forschung der BStU im Februar 1997 das Informations- und Dokumentationszentrum (IDZ) in der Außenstelle eröffnet, die auch das Archiv der ehemaligen MfS-Bezirksverwaltung Dresden und die Unterlagen aus den Kreisdienststellen des Bezirkes Dresden betreut. Im Magazin der Außenstelle lagern ca. 12 km Aktenmaterial und ca. drei Millionen Karteikarten. Im IDZ wird eine Ausstellung über Geschichte, Struktur, Methoden und Wirkungsweise des MfS präsentiert. Abhörgeräte, Spionagekameras und konservierte Geruchsproben von Stasi-Opfern sind zu sehen und es besteht die Möglichkeit, Schulungsfilme des MfS und Videodokumentationen u. a. über den Herbst 1989 anzuschauen. Außerdem werden Vorträge über die Tätigkeit der BStU und über Aufbau und Wirkungsweise des MfS angeboten. In diesem Rahmen finden auch Führungen durch den Archivbereich statt. Seit 2003 beteiligt sich die Außenstelle an der jährlich von der Stadt Dresden durchgeführten Museumssommernacht. An diesem Abend sind alle Angebote kostenfrei und ohne Voranmeldung nutzbar.

QUELLEN / LITERATUR
Urich, Karin: Die Bürgerbewegung in Dresden 1989/90, Köln 2001.

ANSCHRIFT
Riesaer Straße 7, 01129 Dresden

ANSPRECHPARTNER
Konrad Felber (Außenstellenleiter), Tel. 0351/25083410, Fax: 0351/25083419; E-mail: astdresden@bstu.de, www.bstu.de

VERKEHRSANBINDUNG
Straßenbahnlinie 3 bis Trachenberger Platz; S-Bahn Dresden-Meißen bis Pieschen

Gedenktafel für Dr. Werner Hartenstein

Freiberg. Der Rechtswissenschaftler Dr. Werner Hartenstein (6.5.1879-11.2.1947) war von 1924 bis 1945 Oberbürgermeister der sächsischen Bergstadt Freiberg. Besondere Verdienste um seine Stadt erwarb er sich am Ende des Zweiten Weltkrieges, als er Freiberg vor unnötigen Verlusten bewahrte. Die Sinnlosigkeit weiterer Kampfhandlungen erkennend, hatte er mit wenigen Eingeweihten insgeheim die Kapitulation vorbereitet. Dabei riskierte er nicht nur seine Amtsenthebung, sondern wegen Wehrkraftzersetzung die Todesstrafe – auch in Sachsen gab es noch in den letzten Apriltagen Standgerichte. Am 7. Mai 1945 um 11.15 Uhr ließ Hartenstein auf dem Petriturm eine weiße Fahne hissen, nachdem 15 Minuten vorher die letzte Panzerjägereinheit der Wehrmacht die Bergstadt verlassen hatte. Hartenstein hatte darauf beharrt, dass Freiberg Lazarettstadt sei und konnte so einen Artillerieoffizier, der in der Nähe des Schlosses Geschütze zum Kampf vorbereiten ließ, zum

Abzug seiner Truppen bewegen. Anschließend erklärte er im Rathaus gegenüber einem Oberst der Roten Armee die Übergabe. Freiberg war kampflos besetzt worden und gehörte zu den wenigen Städten gleicher Größe, die das Ende des Krieges ohne größere Zerstörung erlebten. Von der sowjetischen Besatzungsmacht wurde Hartenstein zunächst im Amt belassen, als ehemaliges Mitglied der NSDAP aber am 2. Juni 1945 auf zentralen Befehl als Oberbürgermeister abgesetzt, wobei ihm Stadtkommandant Gardeoberst Koschmjak seine Wertschätzung ausdrückte. Anfang August verhaftete ihn das NKWD und verschleppte ihn in das örtliche Gefängnis von Freiberg. Von dort wurde er Mitte September 1945 mit etwa 30 weiteren Häftlingen in das Speziallager ⇨Bautzen transportiert und ein Jahr später schließlich in das Speziallager ⇨Jamlitz verbracht, wo er am 11. Februar 1947 starb.

Gefördert von der Stadtverwaltung Freiberg wurde zum ehrenden Gedenken am 7. Mai 1995 eine Tafel an der ehemaligen Dienstwohnung von Werner Hartenstein in der Beethovenstraße enthüllt. Sie trägt die Inschrift: „Dr. W. Hartenstein / Oberbürgermeister 1924 – 1945 / † 1947 im Lager Jamlitz / Sein besonnenes Handeln / bewahrte Freiberg 1945 / vor sinnloser Zerstörung / Die Stadt Freiberg“.

QUELLEN / LITERATUR

Bannis, Volker / Dorothee Sippel: Dr. jur. Werner Hartenstein (1879-1947) – ein Leben für Freiberg, in: Mitteilungen des Freiberger Altertumsvereins, 72. Heft, 1992.
„Erinnerungen an den Tag der Befreiung“, in: Mitteilungen des Freiberger Altertumsvereins, 75. Heft, 1995, S. 55ff.
Ratsprotokoll: Die Verabschiedung von OB Dr. Hartenstein am 4.6.1945 im Rathaus, in: Mitteilungen des Freiberger Altertumsvereins, 75. Heft, 1995, S. 70f.
Stadtarchiv Freiberg, Akte 254.

STANDORT

Beethovenstraße 7, 09599 Freiberg

VERKEHRSANBINDUNG / PKW

B 101: Berliner Ring – Meißen – Freiberg – Annaberg-Buchholz – Aue, B 173: Lichtenfels – Hof – Chemnitz – Freiberg – Dresden

Gedenkstein für die Opfer des Stalinismus

Freiberg. Auf Initiative der Bezirksgruppe Freiberg der Vereinigung der Opfer des Stalinismus e.V. (VOS) wurde am 19. November 1995 auf dem Donatsfriedhof ein Gedenkstein für die Opfer des Stalinismus eingeweiht. Die Enthüllung erfolgte anlässlich des Volkstrauertages im Rahmen der zentralen Gedenkfeier der Stadt Freiberg. Dabei erinnerte Siegfried Walther, Mitglied der VOS, an all jene Freiberger, die in den Lagern des NKWD oder in den Zuchthäusern der DDR interniert und festgehalten waren.

Der Gedenkstein trägt die Inschrift: „Zum Gedenken / der Opfer / des Stalinismus / 1945-1989“.

QUELLEN / LITERATUR
Amtsblatt der Stadt Freiberg vom 29.11.1995.

STANDORT
Donatsfriedhof (am oberen Teil des Hauptweges)
Donatsring/ Ecke Dresdner Straße, 09599 Freiberg

VERKEHRSANBINDUNG / PKW
B 101: Berliner Ring – Meißen – Freiberg – Annaberg-Buchholz – Aue, B 173: Lichtenfels – Hof – Chemnitz – Freiberg – Dresden

Gedenktafel zum 17. Juni 1953

Görlitz. Der 17. Juni 1953 markiert den Höhepunkt und die Niederschlagung des Volksaufstands in der DDR, bei dem sich große Teile der Bevölkerung gegen die SED-Diktatur erhoben.

In der sächsischen Industriestadt Görlitz mit damals über 100 000 Einwohnern wurde am 17. Juni 1953 der Macht- und Unterdrückungsapparat der SED, wie in keiner anderen Stadt, für einen Tag völlig außer Kraft gesetzt. Die spontane Protestbewegung wuchs innerhalb weniger Stunden zum politischen Aufstand mit einer breiten sozialen Basis. Die Initiative zum Streik ging in Görlitz von jungen Arbeitern der LOWA aus, einem Großbetrieb des Lokomotiv- und Waggonbaus, in dem in zwei Werken insgesamt 4 000 Menschen beschäftigt waren. Sie riefen alle Betriebsangehörigen auf, sich mit den Berliner Arbeitern solidarisch zu erklären, und forderten Preissenkungen, höhere Löhne und die Abschaffung der Normen. Danach zogen die Streikenden zum VEB Maschinenbau (EKM), wo bereits Forderungen nach Rücktritt der Regierung, freien und geheimen Wahlen sowie nach Absetzung der SED- und Gewerkschaftsfunktionäre laut geworden waren. Gemeinsam begaben sich Waggon- und Maschinenbauer vor weitere Betriebe, und ein Großteil der Belegschaften reihte sich in den Demonstrationszug ein. Schon in den Vormittagsstunden versammelten sich auf den Straßen und Plätzen von Görlitz tausende Menschen, die mit den Demonstranten ins Zentrum strömten. Auf dem Obermarkt, dem zentralen Platz der Stadt, der damals Leninplatz hieß, versammelten sich die Massen gegen 11.30 Uhr zu einer Protestkundgebung, die von einer überbetrieblichen Streikleitung aus Arbeitern der LOWA und anderer Betriebe spontan organisiert wurde. Demonstranten besetzten die Anlage des Stadtfunks und übertrugen die Kundgebung. Oberbürgermeister Ehrlich wurde aufgefordert, „zur verbrecherischen Politik der SED und der Regierung der DDR“ Stellung zu nehmen. Nach seinen agitatorischen Floskeln über „ernste Fehler der Partei“ wählten die Einwohner von Görlitz per Akklamation öffentlich ihren Oberbürgermeister ab.

Im weiteren Verlauf gründete sich ein Stadtkomitee aus 20 Freiwilligen, das als provisorische Stadtverwaltung fungierte. Dieses stellte eine Bürger- und Arbeiterwehr auf, die mit Armbinde versehen, aber unbewaffnet im Stadtgebiet für Ordnung sorgen sollte. In den nächsten Stunden wurden alle Gebäude, die als Symbole der Macht galten, von den Demonstranten ohne größeren Widerstand besetzt, darunter auch die MfS-Kreisdienststelle und die beiden örtlichen Haftanstalten. Hier befreiten die Demonstranten 416 Personen, mehr als in jeder anderen Stadt. Bis zum Nachmittag hatten sich zwischen 30 000 und 40 000 Menschen in der Innenstadt eingefunden, um an der angekündigten Kundgebung und Demonstration teilzunehmen, darunter auch viele aus umliegenden Orten und Betrieben des Landkreises. Sie hörten die Verlesung des Befehls Nr. 1, unterzeichnet vom Chef der Garnison der Stadt Görlitz, Generalmajor Schmyrew, und dem Militärkommandanten der Stadt Görlitz, Gardeoberst Klepikow: „Ab 15.00 Uhr des 17. Juni 1953 wird in der Stadt Görlitz der Belagerungszustand (...) verhängt." Dennoch begann die Kundgebung auf dem Obermarkt. Als Oberbürgermeister wurde der Arzt Dr. Hütter vorgestellt, und der Altsozialdemokrat Max Latt gab die Bildung eines Initiativkomitees zur Gründung der SPD bekannt. Eine aus Löbau eintreffende Einheit der Kasernierten Volkspolizei beendete nach 16 Uhr die Besetzung des Rathauses. Die Massendemonstration wurde jedoch erst gegen 18 Uhr durch das Eintreffen weiterer Einheiten der Sowjetarmee mit Panzern aufgelöst.

Am 17. Juni 1993 wurde auf Initiative von Mitgliedern des Bautzen-Komitees in der Stadt Görlitz eine Gedenktafel für die Opfer des 17. Juni 1953 enthüllt, vor der seitdem alljährlich Kranzniederlegungen stattfinden. Die am Gebäude des Amtsgerichtes auf dem Postplatz angebrachte Tafel soll ein Beitrag zur moralischen und politischen Wiedergutmachung für die Opfer des 17. Juni 1953 in Görlitz sein. Sie trägt die Inschrift: „Zum Gedenken / an die Opfer / des Volksaufstandes / 17. Juni 1953 / in Görlitz und Umgebung".

Anlässlich des 50. Jahrestages des Volksaufstandes wurde am 17. Juni 2003 der Platz zwischen Kaisertrutz, Humboldthaus, Reichenbacher Turm und Beginn Obermarkt in „Platz des 17. Juni“ umbenannt.

QUELLEN / LITERATUR
Roth, Heidi: Der 17. Juni 1953 in Görlitz, Bautzen 2003.

VERKEHRSANBINDUNG / PKW
A4 (E40) über Bautzen bis zur Abfahrt 94 nach Görlitz

STANDORT
Amtsgericht, Postplatz 18, 02826 Görlitz

Gedenkstein zur deutschen Einheit

Gröditz. Auf Initiative der CDU-Fraktion fasste der Stadtrat von Gröditz am 10. September 1990 den Beschluss, einen Gedenkstein zur deutschen Einheit zu errichten. Dieser wurde am 2. Oktober 1990 in der Grünanlage gegenüber dem Haupteingang des Rathauses von Gröditz feierlich enthüllt und trägt die Inschrift: „Lass uns dir / zum Guten / dienen / Deutschland / einig / Vaterland / 3. Oktober 1990“.

QUELLEN / LITERATUR
Information der Stadtverwaltung Gröditz

VERKEHRSANBINDUNG / PKW
Bundesstraße B 169 Chemnitz-Gröditz-Cottbus.

STANDORT
Reppiser Straße 10, 01609 Gröditz

Gedenkstein für die Opfer des Stalinismus

Johanngeorgenstadt. Auf Initiative der ehemaligen Häftlinge Günter Schneider und Alfred Ullmann wurde am 13. Juni 1993 auf dem erweiterten Marktplatz ein Gedenkstein für die 1945 vom sowjetischen Geheimdienst NKWD verschleppten und in den Lagern gestorbenen Johanngeorgenstädter eingeweiht. Die Errichtung des Gedenksteins wurde durch Bürgermeister Hans-Joachim Herrmann und Pfarrer Konrad Meyer von der Evangelisch-Lutherischen Kirchengemeinde unterstützt. Das Modell für die Bronzeplatte auf dem Stein fertigte der Tischlermeister Günter Schneider.

Die Bronzeplatte auf dem Gedenkstein trägt die Inschrift: „In ehrendem Gedenken / der Opfer des Stalinismus 1945–50 / Eska Hans / Helmert Frank Lager Mühlberg / Schlegel Curt / Brändel Alfred / Pfob Bernhard Bautzen / Heinz Hugo / Riedel Hans Lager Jamlitz / Teich Oswin / Zeh Werner Sibirien“.

QUELLEN / LITERATUR
Nachrichtenblatt und Anzeiger für Johanngeorgenstadt und Umgebung 13/1993.

STANDORT
Marktplatz, 08349 Johanngeorgenstadt

VERKEHRSANBINDUNG / PKW
Johanngeorgenstadt ist Grenzort zur Tschechischen Republik und liegt neben der Strecke Chemnitz (A 72 /E 441) - Aue (B 169/B 283/S 275) - Richtung Karlovy Vary

Gedenkstein für die Opfer von Faschismus und Stalinismus

Klingenthal. Im Sommer 1992 beschloss das Klingenthaler Stadtparlament, zur Erinnerung an die Opfer der beiden deutschen Diktaturen einen Gedenkstein zu errichten. Die Kirchenleitung hatte sich bereit erklärt, diesen Gedenkstein im Bereich der Rundkirche aufstellen zu lassen. Eine eingeschlagene Kerze soll gegen jede Diktatur mahnen, aber auch die friedliche Revolution im Herbst 1989 symbolisieren. Auch in Klingenthal fanden die ersten Veranstaltungen der Bürgerbewegungen unter dem Dach der Kirche statt.

Der Gedenkstein wurde im Oktober 1992 aufgestellt und trägt die Inschrift: „Das Geheimnis / der Versöhnung / ist die Erinnerung / Jüdische Weisheit / Zum Gedenken / den Opfern / des Faschismus / und Stalinismus / 1933-1989“.

QUELLEN / LITERATUR
Freie Presse vom 27.10.1992.

STANDORT
Rundkirche, 08248 Klingenthal

VERKEHRSANBINDUNG / PKW
A 9 / E 51 bis Lobenstein, B 90 nach Hirschberg, B 2 nach Töpen, Moosanger, A 72 / B 92 nach Oelsnitz, Adorf, Markneukirchen, B 283 nach Zwota bis Klingenthal

Gedenkstätte Museum in der „Runden Ecke“

Leipzig. Am 31. August 1990 eröffnete das Bürgerkomitee Leipzig im Gebäude der ehemaligen Bezirksverwaltung für Staatssicherheit in original erhaltenen Räumen die Gedenkstätte Museum in der „Runden Ecke“. Das in seiner Architektur repräsentative Gebäude liegt in der Leipziger Altstadt. Aufgrund der auffällig gerundeten Fassade bedachte der Leipziger Volksmund das Haus mit dem Spitznamen „Runde Ecke“.

Die Gedenkstätte Museum in der „Runden Ecke“ befindet sich auf historischem Terrain. Um etwa 1000 entstand hier die erste deutsche Burg auf slawisch/sorbisch besiedeltem Gebiet. Die alte Leipziger Stadtmauer lief einst direkt an der Stelle des Museums entlang. Das heutige Gebäude entstand in den Jahren 1911 bis 1913 als neues Geschäftshaus der Alten Leipziger Feuerversicherung. Es besteht die Vermutung, dass die Gestapo in der Zeit des Nationalsozialismus das Haus für ihre Zwecke genutzt hat. Nachdem Leipzig im April 1945 von amerikanischen Truppen eingenommen worden war, bezog die US-Armee bis zu ihrem Abzug Ende Juni 1945 Quartier in der „Runden Ecke". Mit der Übernahme der Stadt durch die sowjetische Armee beschlagnahmte der Geheimdienst NKWD das Haus; hier hatte auch der MfS-Vorläufer „K5" Räume zur Verfügung.

1950 übernahm die Staatssicherheit das Gebäude vom sowjetischen Geheimdienst. Mit der 1952 vorgenommenen Verwaltungsreform, bei der es zur Umwandlung der Länder in Bezirke kam, wurden auch die Strukturen des MfS in Bezirksverwaltungen umgebildet. In der „Runden Ecke" befand sich nun die Bezirksverwaltung für Staatssicherheit Leipzig. Die „Runde Ecke" wurde zum Symbol für die Unterdrückung durch die SED und die flächendeckende Durchdringung der Gesellschaft mit Misstrauen, psychischer, aber auch physischer Gewalt. Welch mächtiges Repressionsinstrument in der „Runden Ecke" seinen Sitz hatte, lassen folgende Zahlen und Fakten deutlich werden: Im Dezember 1989 beschäftigte die Leipziger Bezirksverwaltung 2401 hauptamtliche und etwa 10000 Inoffizielle Mitarbeiter. Allein in der „Runden Ecke" gingen täglich rund 800 hauptamtliche Mitarbeiter ein und aus. Hinzu kamen im Bezirk und in der Stadt Leipzig weitere etwa 850 Dienstgebäude, Bunker, Spezialanlagen und konspirative Wohnungen. In der „Runden Ecke" wurden alle erdenklichen Informationen über die Bürger des Bezirkes Leipzig gesammelt. Nach der Besetzung gab es in der „Runden Ecke" – trotz vorausgegangener massiver Unterlagenvernichtungen – immer noch mehr als zehn Kilometer Akten.

Wie in anderen Bezirksstädten der DDR besetzten am 4. Dezember 1989 auch in Leipzig Bürger im Anschluss an die Montagsdemonstration gewaltlos die Zentrale der Staatssicherheit und stoppten die seit Tagen laufende Aktenvernichtung. Sie lähmten und entmachteten ein wesentliches Element des SED-Unterdrückungsapparates. Erstmals konnte die Zerstörungsarbeit eines Geheimdienstes beendet und offengelegt werden.

Anlässlich der ersten Kontrollen in den Dienstgebäuden des MfS bildete sich in der Nacht nach der Besetzung der Zentrale das Bürgerkomitee Leipzig für die Auflösung der Staatssicherheit. Es entstand aus dem losen Verbund engagierter Bürger, die Tag und Nacht in der „Runden Ecke" über tausende Akten wachten. Von Anfang an war das Komitee Mittler zwischen den hunderttausenden Demonstranten und der Staatssicherheit und damit der Öffentlichkeit verpflichtet. Neben der Auflösung des MfS und der Sicherung der

Akten stand immer auch die Aufklärung der Öffentlichkeit über die Funktionsweise der SED-Diktatur im Mittelpunkt. In den ersten Wochen nach der Besetzung der MfS-Dienststellen wurden viele Gegenstände, die offensichtlich der Überwachung und Repression dienten, vernichtet. Erst langsam setzte sich die Erkenntnis durch, dass neben der Sicherung der Akten auch die Arbeitsgeräte der MfS-Offiziere bewahrt werden sollten. Außer Devotionalien aller Art und Qualität wurden Abhörgeräte, Ausrüstungen für das Öffnen, Kopieren und Verschließen von Briefen sowie Geruchskonserven ebenso gesammelt wie eine Maskierungswerkstatt, Wanzen und konspirative Fototechnik. Im Mai 1990 hat man mit diesen Objekten und Dokumenten aus den Archiven sowie den Erkenntnissen aus Befragungen der MfS-Offiziere die weltweit erste Ausstellung über die Staatssicherheit erarbeitet. Am 10. Juni 1990 wurde sie unter dem Titel „Stasi – Macht und Banalität. Indizien des Verbrechens" eröffnet. Aufgrund des enormen Besucherinteresses gab es sehr bald die Überlegung, sie in eine Dauerausstellung zu überführen. Am 31. August wurde die Exposition „Stasi – Macht und Banalität" als ständige zeitgeschichtliche Ausstellung in der „Runden Ecke" eröffnet. Sie informiert über Geschichte, Struktur und Arbeitsweise des MfS. Gezeigt werden originale Einrichtungsgegenstände und Arbeitsmittel, ergänzt durch Fotografien und ausgewählte Dokumente. Im Mittelpunkt der Gedenkstättenarbeit steht das Interesse, Öffentlichkeitsarbeit zu leisten und damit zur politisch-demokratischen Meinungsbildung beizutragen.

Neben der Dauerausstellung werden Wechselausstellungen, Lesungen, thematische Stadtführungen und Diskussionsabende angeboten. Eine Fotosammlung, die bereits in eingeschränktem Umfang genutzt werden kann, befindet sich im Aufbau. Ebenso existieren ein Videoarchiv und eine Zeitungsausschnittssammlung zur Endphase der DDR und des MfS sowie zur Aufarbeitung. Die museale Sammlung der Gedenkstätte umfasst mehr als 30 000 zum Teil einmalige Objekte. Das Bürgerkomitee ist ständig bemüht, diese Sammlung zu erweitern und zu vervollständigen. Es tritt außerdem als Leihgeber auf.

In der ehemaligen Ausweichführungsstelle der Leipziger Bezirksverwaltung für Staatssicherheit bei ⇨Machern befindet sich heute das Museum im Stasi-Bunker. Es ist Teil der Gedenkstätte Museum in der „Runden Ecke". Das Bürgerkomitee betreibt mit diesen beiden Einrichtungen eine einmalige Gedenkstättenkombination. Nach Absprache sind Führungen für Gruppen (auch fremdsprachig) durch die Ausstellung möglich. Täglich um 15 Uhr findet eine öffentliche Führung statt. Weitere Informationen über die Homepage des Museums: www.runde-ecke-leipzig.de.

Am 9. Oktober 1999 enthüllte Bundestagspräsident Wolfgang Thierse am Haupteingang der ehemaligen Bezirksverwaltung für Staatssicherheit, der heutigen Gedenkstätte Museum in der „Runden Ecke", eine Gedenktafel zur Kennzeichnung des authentischen Ortes und zur Erinnerung an die friedliche Revolution vom Herbst 1989. Die Inschrift lautet: „Hier befand sich / von 1950-1989 die / Bezirksverwaltung / für / Staatssicherheit / Leipzig. / Bürger besetzten sie / während der / Montagsdemonstration / am 4. Dezember 1989".

QUELLEN / LITERATUR

Bürgerkomitee Leipzig (Hrsg.): Stasi intern. Macht und Banalität, Leipzig 1998.
Hollitzer, Tobias (Hrsg.): Einblick in das Herrschaftswissen einer Diktatur – Chance oder Fluch?, Opladen 1996.
Hollitzer, Tobias / Reinhard Bohse (Hrsg.): Heute vor 10 Jahren. Leipzig auf dem Weg zur Friedlichen Revolution, Leipzig 2000.
Hollitzer, Tobias: Wir leben jedenfalls von Montag zu Montag (Reihe B der BStU), Berlin 1999.
Hollitzer, Tobias: Der Rollen- und Funktionswandel von Aufarbeitungsinitiativen seit der friedlichen Revolution 1989/90 am Beispiel des Bürgerkomitees Leipzig, in: Deutscher Bundestag (Hrsg.): Materialien der Enquete-Kommission „Überwindung der Folgen der SED-Diktatur im Prozeß der deutschen Einheit", Bd. VII, Baden-Baden / Frankfurt a. M. 1999, S. 228-687.
Hollitzer, Tobias: Die Staatssicherheit im Museum, in: Deutschland Archiv 2/1997.

ANSCHRIFT
Gedenkstätte Museum in der „Runden Ecke"
Dittrichring 24, 04109 Leipzig

POSTANSCHRIFT
Gedenkstätte Museum in der „Runden Ecke" mit dem Museum im Stasi-Bunker, Postfach 100345, 04003 Leipzig

ANSPRECHPARTNER
Irmtraut Hollitzer; Tel. 0341 / 961 2443, Fax 0341 / 961 2499; E-mail: mail@runde-ecke-leipzig.de

ÖFFNUNGSZEITEN
täglich von 10 bis 18 Uhr; Eintritt frei

VERKEHRSANBINDUNG
Das Museum liegt am Innenstadtring; fünf Minuten zu Fuß vom Hauptbahnhof

Zeitgeschichtliches Forum Leipzig

Leipzig. Am symbolischen 9. Oktober 1999 wurde in Erinnerung an die zehn Jahre zuvor in Leipzig begonnenen Montagsdemonstrationen, die wenige Wochen später zum Fall der Mauer und zum Untergang des SED-Regimes in der DDR beitrugen, das Zeitgeschichtliche Forum Leipzig eröffnet. Als Träger fungiert die Stiftung Haus der Geschichte der Bundesrepublik Deutschland. Der Aufbau des Forums geht auf eine Initiative der Unabhängigen Föderalismuskommission des Deutschen Bundestages und des Bundesrates von 1992 zurück.

Das Zeitgeschichtliche Forum versteht sich als Ort der lebendigen Erinnerung an die Geschichte von Diktatur und Widerstand in der Sowjetischen Besatzungszone und der DDR. Vor dem Hintergrund der Geschichte der Teilung Deutschlands und des Systemgegensatzes zwischen Ost und West wird vom widerständigen Verhalten der Bevölkerung der SBZ/DDR in Text, Ton, Bild und an Hand von etwa 2500 Ausstellungsstücken erzählt. Thematisch steht die friedliche Revolution in der DDR, deren Ausgangsort Leipzig symbolisiert, im Mittelpunkt der Dauerausstellung. Hauptanliegen ist die Würdigung der Zivilcourage der Bevölkerung unter den Bedingungen der Diktatur und die Veranschaulichung politischer, wirtschaftlicher, kultureller und alltagsgeschichtlicher Aspekte. Damit bietet das Zeitgeschichtliche Forum Raum für die Auseinandersetzung mit der deutschen Geschichte und Gegenwart. Zudem wird ein Ort der Begegnung präsentiert, der den Besuchern die Erfahrungen, Belastungen und Leistungen der Menschen in beiden Teilen Deutschlands verständlich macht.

Neben der Dauerausstellung werden Wechselausstellungen gezeigt, die sich sowohl an aktuellen Anlässen orientieren als auch die Vertiefung einzelner Themen der Dauerausstellung vornehmen. Im Informationszentrum mit Bibliothek und Mediathek können die Besucher weiterführende Informationen entsprechend ihren individuellen Interessen erhalten. Zudem stehen Seminar- und Veranstaltungsräume zur Verfügung.

Unter www.hdg.de sind Hinweise über den Aufbau und die Lage des Forums zu finden sowie Informationen über aktuelle Wechselausstellungen und Veranstaltungsangebote abrufbar.

ANSCHRIFT
Stiftung Haus der Geschichte der Bundesrepublik Deutschland, Zeitgeschichtliches Forum Leipzig
Grimmaische Straße 6, 04109 Leipzig

ANSPRECHPARTNER
auf Anfrage über Tel. 0341/2220-0, Fax 0341/2220-500, sowie über das Haus der Geschichte in Bonn, Tel. 0228/9165-0, Fax 0228/9165-302. Von Montag bis Freitag können in der Zeit zwischen 9 und 16 Uhr, Besuchergruppen per Telefon (0341/2220-400) angemeldet werden

ÖFFNUNGSZEITEN
dienstags bis freitags von 9 bis 18 Uhr, samstags und sonntags von 10 bis 18 Uhr; Eintritt frei

VERKEHRSANBINDUNG
Das Zeitgeschichtliche Forum liegt im Stadtzentrum ca. 5 Minuten Fußweg vom Hauptbahnhof entfernt

PKW
Anfahrt zum Forum und Parkmöglichkeiten für PKW und Busse über Parkplätze am Wilhelm-Leuschner-Platz sowie Tiefgarage Augustusplatz

Nikolaikirche

Leipzig. Die Stadt- und Pfarrkirche St. Nikolai ist das größte und älteste Gotteshaus der Stadt Leipzig. Sie wurde um 1165 gegründet und entstand an der Kreuzung zweier bedeutender Handelsstraßen, die Ost- und West- sowie Süd- und Nordeuropa miteinander verbanden. Geweiht wurde die Kirche dem mittelalterlichen Schutzheiligen der Kaufleute Nikolaus. Mit der offiziellen Einführung der Reformation in Leipzig 1539 wurde die Nikolaikirche zum Sitz des ersten Superintendenten und damit zur Hauptkirche Leipzigs.

Über Leipzig hinaus bekannt wurde sie durch die montäglichen Friedensgebete mit anschließenden Demonstrationen im Herbst 1989, die schließlich ganz wesentlich zur friedlichen Revolution beitrugen. Die Zahl der Teilnehmer an den Montagsdemonstrationen stieg von etwa 20000 am 2. Oktober auf 50000 am 6. November 1989.

Anfang der achtziger Jahre war die Ausbreitung einer unabhängigen Friedensbewegung in der DDR, als Gegenbewegung zur offiziell propagierten Friedenspolitik der Staats- und Parteiführung, nicht mehr zu übersehen. Ihre Ursprünge hatte sie in den sechziger Jahren im Zusammenhang mit der Einführung der Allgemeinen Wehrpflicht 1962. Sie erhielt unter dem Dach der Evangelischen Kirche großen Zulauf, als das Unterrichtsfach Wehrkunde für die 9. und 10. Klassen aller Schulen (1978) eingeführt wurde. Im November 1980 fand in den Kirchen der DDR die erste Friedensdekade statt. Das Motto stammte aus der christlichen Jugendarbeit: „Frieden schaffen ohne Waffen". Das Symbol der unabhängigen Friedensbewegung, eine inzwischen vor dem UN-Gebäude in New York aufgestellte sowjetische Plastik mit dem Bibelwort „Schwerter zu Pflugscharen", wurde 1982 von der Regierung der DDR verboten. Als Aufkleber und Anstecker fand es jedoch große Verbreitung. 1982 initiierte eine Junge Gemeinde aus dem Leipziger Osten Friedensgebete, die fortan an jedem Montag um 17 Uhr in der Nikolaikirche stattfanden. Vor dem Hintergrund der drohenden atomaren „Nachrüstung" der NATO und der Aufstellung neuer Raketensysteme beteiligten sich immer mehr Menschen an kirchlichen Friedenskreisen. Es bildeten sich Arbeitskreise, die für öffentliche Aufmerksamkeit sorgten, etwa „Frauen für den Frieden", „Dritte Welt"- oder Ökologie-Gruppen. Die DDR-Regierung reagierte auf die Aktivitäten der Friedensbewegung repressiv, u. a. mit Studien- und Berufsverboten oder Gefängnisstrafen. Zunehmend wurden die Friedensgebete in der Nikolaikirche von alternativen Gruppen bestimmt. Es entstanden Bürger- und Menschenrechtsgruppen sowie Initiativen zur demokratischen Erneuerung der Gesellschaft. Die Kirche öffnete sich auch für Bürger, die ihre Ausreise aus der DDR beantragt hatten, was zu einem sprunghaften Anstieg des Besuchs der Friedensgebete führte; nun kamen bis zu 1000 Teilnehmer. Das Friedensgebet im April 1989, durch den Arbeitskreis „Gerechtigkeit" gestaltet, forderte offen und unmissverständlich, die politischen Verhältnisse zu ändern und sich gegen Entmündigung zu wehren. Seit dem 8. Mai 1989 wurden die Zufahrtsstraßen durch die Polizei kontrolliert und blockiert. Später standen sogar die Autobahnabfahrten nach Leipzig unter Kontrolle oder wurden für die Zeit des Friedensgebetes gesperrt. Die staatlichen Behörden verstärkten den Druck auf die Kirche, die Friedensgebete abzusetzen oder wenigstens von der Nikolaikirche an den Stadtrand zu verlegen. Montag für Montag kam es in diesem Zusammenhang zu Verhaftungen und „Zuführungen". Dennoch kamen immer mehr Besucher. Schließlich reichten die 2000 Plätze in der Nikolaikirche nicht mehr aus. Deshalb wurden ab dem 2. Oktober 1989 in vier anderen Innenstadtkirchen zur gleichen Zeit Friedensgebete gehalten, um die Menschen vor der Polizei zu schützen und die Botschaft der Gewaltlosigkeit zu übermitteln. Am 9. Oktober, zwei Tage nach dem 40. Jahrestag der DDR, stellte die Staatsmacht den Protestierenden ein Aufgebot von Armee, Kampfgruppen mit gepanzerten Fahrzeugen, Polizei und zivilen Beamten entgegen. Die Bürger waren aufgefordert worden, die Innenstadt zu meiden. Doch als die 2000 Besucher des Friedensgebetes aus der Nikolaikirche strömten, warteten bereits zehntausende beherzte Leipziger mit Kerzen in den Händen auf dem Platz. Mit diesen Zeichen der Gewaltlosigkeit, mit den Rufen „Wir sind das Volk" und „Keine Gewalt" begründeten sie die Leipziger Montagsdemonstrationen auf dem Innenstadtring.

Die zentralen Schauplätze der Ereignisse 1989 waren die Nikolaikirche und der Nikolaikirchhof (Platz vor der Kirche). Am Eingang der Kirche erinnern die Originalschilder – „offen für alle" – und eine Gedenktafel mit der Inschrift: „In dieser Kirche beteten die Helden unserer Tage. Sie streuten damit eine Saat, die im Oktober 1989 überall im Land aufging" an die friedliche Revolution 1989. Im Rahmen der Expo 2000 wurde der Nikolaihof künstlerisch architektonisch neu gestaltet. Eine mit Palmwedeln gekrönte Säule aus dem Kirchenschiff ist auf dem Platz nachgebildet worden. Das von der Kulturstiftung Leipzig initiierte Projekt des Künstlers Andreas Stötzner trägt den Gedanken des Aufbruchs von 1989 symbolisch aus der Kirche hinaus. Am 9. Oktober 1999, dem zehnten Jahrestag der friedlichen Revolution, wurde die Säule in Anwesenheit von Bundeskanzler Gerhard Schröder, Sachsens Ministerpräsident Kurt Biedenkopf und Leipzigs Oberbürgermeister Wolfgang Tiefensee der Öffentlichkeit übergeben. Das Pflaster des Kirchhofs von 1989 wird als Zeitzeugnis nicht mehr verändert.

QUELLEN / LITERATUR

Czok, Karl : Die Nikolaikirche Leipzig, Leipzig 1992.
Groffen, Clarije: Leipzig und die Wende, www.clelgr.tmfweb.nl / studiereizen / sachsenreise, 2001.
Hollitzer, Tobias/ Reinhard Bohse (Hrsg.): Heute vor 10 Jahren. Leipzig auf dem Weg zur friedlichen Revolution, Bonn 2000.

ANSCHRIFT

Stadt- und Pfarramtskirche St. Nikolai - St. Johannis zu Leipzig, Evangelisch-Lutherische Gemeinde
Nikolaikirchhof, 04109 Leipzig
Tel. 0341/9605270, Fax 0341/9605661

Gedenktafel an der ehemaligen Untersuchungshaftanstalt (UHA) des MfS

Leipzig. Das Gebäude der Leipziger Untersuchungshaftanstalt (UHA) des Ministeriums für Staatssicherheit (MfS) wurde von dem Architekten Hugo Licht entworfen und 1880 erbaut. Die UHA war in einen Justiz- und Gefängniskomplex zwischen Dimitroff-, Harkort- und Beethovenstraße sowie Petersteinweg eingebunden. Es existierte ein direkter Zugang zum Revier der Volkspolizei (VP). Dieser Umstand wurde von der Staatssicherheit genutzt, um potentielle Häftlinge „zur Klärung eines Sachverhalts" bei der Volkspolizei vorzuladen und von dort aus direkt der Untersuchungshaftanstalt zuzuführen. In der UHA herrschten verschärfte Haftbedingungen. Freigang war nur in kleinen Boxen möglich, in denen man zwar mit dem Zellenkameraden, nicht aber mit anderen Häftlingen zusammentreffen konnte. Die Gefangenen wurden nur mit ihrer Nummer angesprochen, durften nicht arbeiten, hatten tagsüber Liegeverbot und durften abends nicht lesen. 98 Untersuchungshäftlinge und 22 Strafgefangene konnte die UHA aufnehmen. Dazu existierten 41 Doppelzellen, vier Viererzellen, zwei Durchsuchungszellen sowie eine Isolierzelle. Der originalgetreue Nachbau einer Zelle der UHA kann heute in der Gedenkstätte Museum in der „Runden Ecke" (⇨Leipzig) des Bürgerkomitee Leipzig e.V. besichtigt werden. In den neunziger Jahren wurde das Gebäude restauriert und weitgehend in den Zustand seiner Erbauung zurückversetzt. Seit 1997 wird es als Polizeigewahrsam genutzt.

Auf Initiative des Bundes der Stalinistisch Verfolgten e.V. (BSV) in Sachsen wurde am 24. Februar 1994 gemeinsam mit dem Oberbürgermeister der Stadt Leipzig und dem Stadtpräsidenten am Gebäude der ehemaligen Untersuchungshaftanstalt eine Gedenktafel eingeweiht, deren Inschrift lautet: „Im Gedenken. / Den Opfern der Gewaltherrschaft / 1933 – 1945 / und / 1945 – 1989 / Bürger der Stadt Leipzig".

Das Teilstück der Beethovenstraße vor der ehemaligen Untersuchungshaftanstalt des MfS wurde 2003 anlässlich des 50. Jahrestages des Volksaufstandes vom 17. Juni 1953 in „Straße des 17. Juni" umbenannt. Hier versuchten die Aufständischen 1953, die Gefangenen der Untersuchungshaftanstalt des Ministeriums für Staatssicherheit zu befreien. Dabei gab es auch das erste Leipziger Todesopfer: Der neunzehnjährige Dieter Teich wurde noch vor der Verhängung des Ausnahmezustandes vermutlich von einem Volkspolizisten erschossen.

QUELLEN / LITERATUR

Ehemalige Untersuchungshaftanstalten des Ministeriums für Staatssicherheit der DDR, hrsg. vom LStU Berlin, Berlin 2000.

ANSCHRIFT

Straße des 17. Juni 2 (ehemals Beethovenstraße)
04107 Leipzig

ANSPRECHPARTNER

Bürgerkomitee Leipzig e.V.; Tel. 0341/9612443, Fax 0341/9612499, E-mail: mail@runde-ecke-leipzig.de, www.runde-ecke-leipzig.de

VERKEHRSANBINDUNG

Straßenbahn Linien 2, 8, 9, 10, 11 bis Wilhelm-Leuschner-Platz

Zentrale Hinrichtungsstätte der DDR

Leipzig. Die ehemalige Haftanstalt in der Alfred-Kästner-Straße wurde ab 1961 zur zentralen Hinrichtungsstätte in der DDR. Nach heutigem Kenntnisstand wurden in Leipzig 66 Menschen hingerichtet. Insgesamt fielen den meist politisch motivierten, aber immer von der SED beeinflussten Urteilen rund 200 Menschen zum Opfer. Vollstreckt wurde die Todesstrafe bis 1981, offiziell abgeschafft jedoch erst am 18. Dezember 1987. Die Hinrichtungen wurden bis 1968 durch Enthauptung, danach durch Erschießen vollzogen. Die Räume, in denen die Todesurteile vollstreckt wurden, sind weitgehend original erhalten. Zu betreten waren und sind sie durch einen separaten Eingang in der Arndtstraße.

Das Bürgerkomitee Leipzig e.V. bemüht sich seit mehreren Jahren, die einstige Hinrichtungsstätte in authentischem Zustand zu erhalten und als Gedenkort zu etablieren. Erstmals machten der Verein und der damalige sächsische Staatsminister der Justiz die Räume im April 2002 im Rahmen der Leipziger Museumsnacht einer breiten Öffentlichkeit zugänglich. In der ⇨Gedenkstätte Museum in der „Runden Ecke" in Leipzig informiert eine Sonderausstellung über die Todesstrafe in der DDR.

QUELLEN / LITERATUR

Evans, Richard J.: Rituale der Vergeltung. Die Todesstrafe in der deutschen Geschichte 1532-1987, Berlin 2001.
Werkentin, Falco: Die politische Instrumentalisierung der Todesstrafe in der SBZ/DDR – Darstellung der justitiellen Praxis in der SBZ/DDR und Bilanz der Rehabilitierung von Verurteilten und deren Angehörigen in der Zeit nach 1990, in: Deutscher Bundestag (Hrsg.): Enquete-Kommission „Überwindung der Folgen der SED-Diktatur im Prozeß der deutschen Einheit", Band II/1, Baden-Baden/Frankfurt a. M. 1999, S. 101-193.

ANSCHRIFT

Alfred-Kästner-Straße (Eingang Arndtstraße 48)
04275 Leipzig

ANSPRECHPARTNER

Bürgerkomitee Leipzig e.V., Tel. 0341/961 24 43, Fax 0341/961 24 99, E-mail: mail@runde-ecke-leipzig.de, www.runde-ecke-leipzig.de; Sächsisches Staatsministerium der Justiz, Hospitalstraße 7, 01097 Dresden, Tel. 0351/564-0

VERKEHRSANBINDUNG

Straßenbahn Linien 9, 10, 11 bis Kurt-Eisner-Straße, Bus Linie 6 bis Kurt-Eisner-Straße

Denkmal zum Volksaufstand vom 17. Juni 1953

Leipzig. Der 17. Juni 1953 markiert den Höhepunkt und die Niederschlagung des mehrtägigen Volksaufstands in der DDR, bei dem sich große Teile der Bevölkerung gegen die SED-Diktatur erhoben.

Leipzig gehörte neben ⇨Berlin und ⇨Halle zum Zentrum der Streikbewegung. Der am 17. bzw. 18. Juni 1953 durch die sowjetische Besatzungsmacht ausgerufene Ausnahmezustand in mehr als drei Viertel aller Land- und Stadtkreise der ehemaligen DDR wurde in Berlin, Halle und Leipzig bis zum 11. Juli aufrechterhalten.

Im Bezirk Leipzig gab es am 17. Juni 1953 in allen dreizehn Kreisen Demonstrationen, Arbeitsniederlegungen bzw. größere Unruhen. Nach Angaben der Volkspolizei sollen sich allein 28 Großbetriebe mit ca. 120 300 Beschäftigten zum überwiegenden Teil an der Streikbewegung beteiligt haben. Neben der Bezirksstadt selbst kam es vor allem in den im Leipziger Umland gelegenen Industriestandorten Schkeuditz, ⇨Delitzsch, Böhlen und Eilenburg zu Streiks und großen Demonstrationen. In der Stadt Leipzig wurde seit den Morgenstunden mit Arbeitsniederlegungen in den Betrieben begonnen. Streikleitungen bildeten sich und Demonstrationszüge bewegten sich am Vormittag aus den Fabriken in Richtung Stadtzentrum. Die Streikenden solidarisierten sich mit den Berliner Arbeitern und führten Transparente mit sich. Sie forderten neben wirtschaftlichen Verbesserungen, wie z.B. Senkung der Arbeitsnormen und bessere Versorgung, auch politische Veränderungen. So wurden unter anderem die Absetzung der Regierung, freie Wahlen, Zulassung aller Parteien und die Freilassung aller politischen Gefangenen gefordert. Wie an anderen Orten auch, stürmten am frühen Nachmittag die Demonstranten die Symbole der Macht. Gebäude der SED, der FDJ und des FDGB, aber auch der Leipziger Volkszeitung und des Gerichtes wurden besetzt. Es gelang sogar, die Gefangenen aus der Untersuchungshaftanstalt in der Beethovenstraße zu befreien. Gegen 16.00 Uhr wurde der Ausnahmezustand verhängt, und sowjetische Panzer rollten in das Stadtinnere. Die 40 000 bis 100 000 Demonstranten leisteten dennoch bis in den Abend hinein Widerstand. Zwischen 15.00 und 16.00 Uhr wurde der 19-jährige Dieter Teich vermutlich durch einen Volkspolizisten erschossen. Bis zum Abend erhöhte sich die Zahl der toten Demonstranten und Passanten auf drei; die Zahl der Verletzten belief sich auf etwa 120. Nur mit großen Anstrengungen gelang es in den Folgetagen den Besatzungstruppen und der Volkspolizei, Leipzig wieder unter Kontrolle zu bringen. Nach der Niederschlagung des Aufstandes wurden drei Arbeiter wegen Beteiligung an den Streiks vom sowjetischen Militärkommandanten zum Tode verurteilt und hingerichtet.

Anlässlich des 50. Jahrestages des Volksaufstandes wurde am 17. Juni 2003 an der Nordseite des Alten Rathauses hinter der Alten Börse in Leipzig durch den „Förderverein für ein Denkmal zum Volksaufstand vom 17. Juni 1953 e.V." der Grundstein für ein Denkmal gelegt. Eine in den Fußweg eingelassene Tafel trägt die Inschrift „17. Juni 1953". In Zukunft sollen an dieser Stelle in Bronze gegossene drei mal vier Meter große Abdrücke von Panzerketten an die gewaltsame Niederschlagung des Aufstandes in Leipzig durch die Panzer der sowjetischen Streitkräfte erinnern.

QUELLEN / LITERATUR
Roth, Heidi: Der 17. Juni 1953 in Sachsen, Köln 1999.

STANDORT
Salzgässchen / Nähe Marktplatz, 04109 Leipzig

ANSPRECHPARTNER
Förderverein für ein Denkmal zum Volksaufstand vom 17. Juni 1953 e.V., Kochstraße 21, 04275 Leipzig, Tel. 0341 / 3046145, Fax. 0341 / 3061871, E-mail: tobidavid@web.de

Ehrenhain für die Opfer kommunistischer Gewaltherrschaft

Leipzig. Eine Gedenkstätte für die Leipziger Opfer der kommunistischen Gewaltherrschaft befindet sich auf dem Südfriedhof, im nördlichen Teil des Urnengartens. Zu den Verstorbenen, an die hier erinnert wird, gehören jene, die in den sowjetischen Speziallagern starben, als „Feinde des Sozialismus" zum Tode verurteilt wurden, die bei einer „Republikflucht" ums Leben kamen, als politische Häftlinge starben oder im Zusammenhang mit dem 17. Juni 1953 erschossen wurden. Mehrere Gedenksteine sind sowohl Einzelpersonen gewidmet – wie beispielsweise Fritz Lehmann, der hingerichtet wurde, weil er als Leiter der Kreisdienststelle der Volkspolizei für den amerikanischen Nachrichtendienst gearbeitet haben soll – als auch unbekannten Gruppen. Dazu zählen jene, an denen in der Leipziger Hinrichtungsstätte in der Alfred-Kästner-Straße (⇨Leipzig) die Todesstrafe vollstreckt wurde. Ihre Leichen äscherte man auf dem Südfriedhof heimlich ein.

Auf Initiative der Vereinigung der Opfer des Stalinismus e.V. (VOS) wurde 1993 auf dem Südfriedhof ein Gedenkstein aufgestellt, der den Mittelpunkt der neu geschaffenen Gedenkanlage für die Opfer des Stalinismus bilden sollte. Doch das Leipziger Grünflächenamt teilte der VOS auf Nachfrage mit, dass der Stein „schon nach kurzer Zeit wieder beseitigt werden" musste, „da es in Hinblick auf die namentliche Benennung einiger dieser Opfer dringenden Klärungsbedarf gab und ein örtlicher Zusammenhang zwischen den tatsächlichen bzw. vermeintlichen Begräbnisstätten von Opfern stalinistischer Gewaltherrschaft in keiner Weise gegeben war". Den Blicken der Besucher entzogen, befand sich der Stein aus Beuchaer Granitporphyr sechs Jahre lang auf dem Parkplatz neben dem Gebäude der Friedhofsverwaltung, wo er der Verwitterung ebenso ausgesetzt war wie dem Vergessen. Erst auf Drängen der VOS, Bezirksgruppe Leipzig, veranlasste der Leipziger Stadtrat im Herbst 2000, dass der Stein wieder aufgestellt wurde, nun allerdings ohne Beschriftung, was zu neuerlichen Protesten der VOS führte.

Anfang des Jahres 2001 bekam der Gedenkstein wieder seine in großen Bronzebuchstaben ausgeführte Inschrift, die lautet: „Den Opfern / der / Gewaltherrschaft / 1945-1989".

Vor dem großen Gedenkstein liegen in der Grabanlage im Bereich des Urnengartens Nord Grabplatten mit den Inschriften: „Den / unbekannten / Toten / 1945 - 1989",„Den / Hingerichteten",„Den / Opfern / der / Haft", „Den / Opfern / von / Grenze / und / Mauer",„Den / Opfern / des / Volksaufstandes / vom / 17. Juni 1953".

QUELLEN / LITERATUR
Löffler, Katrin / Iris Schöpa / Heidrun Sprinz: Der Leipziger Südfriedhof, Berlin 2000.

STANDORT
Südfriedhof der Stadt Leipzig, Urnengarten Nord
04277 Leipzig

VERKEHRSANBINDUNG
Der Südfriedhof ist in unmittelbarer Nähe des Völkerschlachtdenkmals zwischen Prager Straße, Connewitzer Straße und An der Tabaksmühle gelegen. Straßenbahn Linie 15; Bus Linie 76, 79

Gedenktafel für die Opfer der Diktaturen des 20. Jahrhunderts

Leipzig. Am 2. Dezember 2000 wurde in der Universitätsbibliothek „Albertina" eine Gedenktafel zur Erinnerung an die Opfer der Diktaturen des 20. Jahrhunderts eingeweiht, die der Universität Leipzig verbunden waren und an ihr studiert oder gelehrt hatten. Unter der Tafel erinnert in einer Vitrine ein Ehrenbuch an Studenten und Angehörige der Universität, die in der Zeit der beiden deutschen Diktaturen verfolgt wurden, ihr Eintreten für Demokratie und Menschenrechte mit dem Leben bezahlt haben oder eingekerkert wurden. Das Ehrenbuch enthält zunächst die Namen der Todesopfer. Danach werden die Namen der Verfolgten von 1933 bis 1989 aufgeführt, mit biografischen Angaben zu Herkunft, Beziehung zur Universität und Daten der Verfolgung. Die Liste mit den hingerichteten, ermordeten und in der Haft verstorbenen Personen umfasst 16 Namen. Für die Zeit der nationalsozialistischen Diktatur sind das Margarete Blank und Maria Grollmuss, die an der Universität Leipzig promoviert wurden, Margarete Bothe, die Geschichte, Germanistik und Geographie studierte, Prof. Dr. Lazar Gulkowitsch, 1932/33 Professor für jüdische Religionsgeschichte, Siegmund Hellmann, von 1923 bis 1933 Professor für mittelalterliche Geschichte, Hermann Reinmuth, der Rechtswissenschaft studierte und auch an der Universität promoviert wurde, und Georg Sacke, dessen Promotion und Habilitation in Leipzig erfolgten. Für die Zeit nach dem Zweiten Weltkrieg während der zweiten deutschen Diktatur werden die Studenten Herbert Belter (Volkswirtschaft), Heinz Eisfeld (Medizin), Jutta Erbstößer (Rechtswissenschaft), Werner Ihmels (Theologie), Ingolf-Ariovist Klein (Philosophie), Horst Leissring (Rechtswissenschaft), Gerhard Rybka (Veterinärmedizin), Axel Schroeder (Theologie) und Helmut Sonnenschein (Mathematik, Physik und Philosophie), der an der Universität Leipzig promoviert wurde, im Ehrenbuch aufgeführt. Die Liste derer, die zwischen 1933 und 1989 Konzentrationslager, Speziallager und Zuchthaus erleiden mussten, umfasst 102 Namen. Diese Aufstellung spiegelt den gegenwärtigen Wissensstand wider. Das Universitätsarchiv ist für ergänzende Hinweise dankbar.

Anlässlich des 50. Todestages von Werner Ihmels im Juni 1999 erhielt das Universitätsarchiv den Nachlass des einstigen Leipziger Theologiestudenten, der in seiner kurzen Lebenszeit politisch aktiv in christlicher sozialer Verantwortung handelte. Sein Schicksal hat eine politische Brisanz und steht stellvertretend für viele Biographien in Ostdeutschland. Schon während seiner Schulzeit im Nationalsozialismus hatte der Thomasschüler erste Erfahrungen mit der Jugendpolitik einer Diktatur gemacht. Weil er eine kirchliche Jugendgruppe leitete, wurde Werner Ihmels vorzeitig zum Wehrdienst eingezogen. Nach dem Ende des Krieges hoffte er mit seiner Jugendarbeit innerhalb der evangelischen Kirche Sachsens und als Mitglied und Verbindungsmann zur FDJ auf einen demokratischen Neubeginn. Im Mai 1947 kam es zu erbitterten politischen Auseinandersetzungen zwischen Werner Ihmels und dem damaligen FDJ-Vorsitzenden Erich Honecker. Als er innerhalb des Systems keinen Handlungsspielraum mehr sah, beschloss Ihmels mit drei weiteren Jugendlichen, Informationen über die Verhältnisse in der SBZ an die Viermächtekonferenz im Herbst 1947 in London zu übermitteln. Am 11. September 1947 wurde er auf dem Leipziger Bahnhof vom sowjetischen Geheimdienst NKWD verhaftet und von einem Sowjetischen Militärtribunal in Dresden wegen Spionage zu 25 Jahren „Besserungslager" verurteilt. Am 25. Juni 1949 starb Werner Ihmels, nur 23 Jahre alt, an Tuberkulose im sowjetischen Speziallager Nr. 4 in ⇨Bautzen, dem so genannten „Gelben Elend".

Mit einer Ausstellung und einem Katalog hat die Universität Leipzig versucht, die vergessenen Schicksale Leipziger Studenten wieder in das Gedächtnis zurückzurufen. Anhand dreier Widerstandsgruppen wurde der Weg von der politischen Auseinandersetzung zur Kriminalisierung aufgezeigt. Durch Abschreckung sollte der Widerstand gebrochen werden, so auch bei der Gruppe um Herbert Belter, der zum Tode verurteilt und am 28. Mai 1951 erschossen wurde. Nach Herbert Belter ist heute eine Straße benannt. Die Ausstellung erinnerte auch an die bekannteste studentische Oppositionsgruppe in Leipzig um den Liberalen und Vorsitzenden des Leipziger Studentenrates Wolfgang Natonek der zu den energischsten Wortführern der studentischen Opposition gehörte und vom sowjetischen Geheimdienst im November 1948 verhaftet wurde.

Die Gedenktafel in der Universitätsbibliothek trägt die Inschrift: „Ihren Opfern / der Diktaturen des 20. Jahrhunderts / Die Universität Leipzig / 2. Dezember 2000".

QUELLEN / LITERATUR
Information der Universität Leipzig.
Hummel, Karl-Joseph / Christoph Strohm (Hrsg.): Zeugen einer besseren Welt, Leipzig 2000.
Ihmels, Folkert: Im Räderwerk zweier Diktaturen. Werner Ihmels 1926-1949, Leipzig 1999.

STANDORT
Universitätsbibliothek Albertina
Beethovenstraße 6, 04107 Leipzig

VERKEHRSANBINDUNG
Mit den Straßenbahnlinien 2 und 8 bis Neues Rathaus, mit dem Bus 89 bis Grassistraße

Gedenkstein für die Opfer des Faschismus und des Stalinismus

Lengefeld. Bis zum Mai 1992 stand in der Parkanlage des Marktes von Lengefeld im Mittleren Erzgebirgskreis ein am 30. Juli 1955 eingeweihter Gedenkstein für die „Opfer des Faschismus", der das Andenken an zehn Opfer des nationalsozialistischen Regimes aus Lengefeld und an über 50 Inhaftierte während dieser Zeit bewahrte. 1992 wurde dieser Stein ergänzt, um auch die Erinnerung an die Opfer des Stalinismus wach zu halten. Nach der Neugestaltung ist die Flamme des ewigen Gedenkens jetzt flankiert von zwei Gedenksteinen, gewidmet den Opfern „des Faschismus" und den Opfern „des Stalinismus". Bei der Einweihung am 11. Juni 1992 auf dem Marktplatz der Stadt erklärte Bürgermeister Rolf Kunze den Beschluss der Abgeordneten: „Nachdem das menschenverachtende System des Faschismus zerschlagen war, kam ein neues totalitäres System an die Macht, der Stalinismus. Der Opfer dieser Diktatur gilt es ebenso zu gedenken." Er erinnerte an die 20 Lengefelder, die genau vor 47 Jahren vom sowjetischen Geheimdienst NKWD an der Wolkensteiner Straße in Richtung Marienberg abgeführt wurden.

Inschriften der Gedenksteine: Mitte: „Den Opfern"; Links: „Des Faschismus"; Rechts: „Des Stalinismus".

QUELLEN / LITERATUR
Information der Stadtverwaltung Lengefeld.
Freie Presse vom 13.6.1992.
Gedenkstätten für die Opfer des Nationalsozialismus. Eine Dokumentation, Bd. II, hrsg. von der Bundeszentrale für politische Bildung, Bonn 1999.

STANDORT
Parkanlage des Marktes, 09514 Lengefeld

VERKEHRSANBINDUNG
Bahnverbindung über Dresden oder Chemnitz nach Wilischthal und dann weiter mit dem Bus

PKW
A4/A72 bis Chemnitz, weiter über die B174/S227/S223 auf K8110 nach Lengefeld

Museum im Stasi-Bunker

Machern. Für den möglichen „Ernstfall" eines atomaren Angriffs errichtete das Ministerium für Staatssicherheit (MfS) in den Jahren 1968 bis 1972 in Machern bei Leipzig eine Bunkeranlage, die der Leitung der Leipziger Bezirksverwaltung für Staatssicherheit als Ausweichführungsstelle dienen sollte. Der Bunker mit einer Fläche von 1435 Quadratmetern bot Raum für rund 100 Personen. Die Gesamtfläche der Anlage beläuft sich auf 5,2 Hektar. Im „Spannungs- und Mobilmachungsfall" sollte hier die Arbeit der Bezirksverwaltung weitergeführt werden.

Für die Erhaltung der Bunkeranlage und die Errichtung des Museums im Stasi-Bunker hat sich das Bürgerkomitee Leipzig e.V. intensiv eingesetzt. Es gelang nach langen Verhandlungen, einen Teil des Areals vom Landkreis Wurzen auf 99 Jahre zu pachten. Auf diese Weise konnte das Objekt vor einer Zerstörung durch Umnutzung bewahrt und der Originalzustand weitgehend erhalten werden. Fehlende Einrichtungsgegenstände wurden wiederbeschafft. Im Jahr 1995 erhielt die Bunkeranlage den Status eines Denkmals zuerkannt. Die Besucher können über einen beschilderten Rundgang das Außengelände selbst erschließen. Die Besichtigung des Bunkers ist nur im Rahmen einer Führung möglich. Dabei ist unter anderem zu erfahren, wie die Versorgungssysteme funktionierten, wie Nachrichtenkontakte zustande gekommen wären und welche Überlebensstrategien das MfS für einen Atomschlag entwickelt hatte. Über dem Bunker befindet sich eine Halle, in der eine Ausstellung über die Funktionsweise der Anlage, die Planungen für den Spannungs- und Mobilmachungsfall im Bezirk Leipzig und die Aufgaben des MfS für diesen Fall informiert. Der Bunker in Machern ergänzt die Ausstellung in der ⇨Gedenkstätte Museum in der „Runden Ecke" in Leipzig, da hier maßgeblich die militärische Seite der in der „Runden Ecke" behandelten Thematik veranschaulicht wird. Beide Museen ergänzen sich, können aber auch unabhängig voneinander besucht werden.

STANDORT
Flurstück 439 im Naherholungsgebiet Lübschützer Teiche, 04827 Machern

ANSCHRIFT
Gedenkstätte Museum in der „Runden Ecke“ mit dem Museum im Stasi-Bunker, Postfach 100345, 04003 Leipzig. Ansprechpartner: Bürgerkomitee Leipzig e.V. für die Auflösung der Staatssicherheit (MfS), Tel. 0341/9612443, Fax: 0341/9612499, E-mail: mail@runde-ecke-leipzig.de, www.runde-ecke-leipzig.de

ÖFFNUNGSZEITEN
jedes letzte Wochenende im Monat jeweils von 13 bis 16 Uhr. Das Außengelände kann eigenständig besichtigt werden. Der Besuch des Bunkers ist nur im Rahmen einer Führung möglich. Eintritt: 3 €, Schüler/Studenten 2 €

VERKEHRSANBINDUNG
Von Leipzig Hauptbahnhof in Richtung Wurzen bis Machern, dann 30 Minuten Fußweg. Rückfahrt: ab Bahnhof Machern

PKW
B6 in Richtung Wurzen, ab Machern den Hinweisschildern (Anfahrt in Richtung Zeltplatz Lübschützer Teiche) folgen. Fahrzeit ab Leipzig-Mitte etwa 40 Minuten

Gedenktafel zum 17. Juni 1953

Niesky. Der 17. Juni 1953 markiert den Höhepunkt und die Niederschlagung des Volksaufstandes in der DDR, bei dem sich große Teile der Bevölkerung gegen die SED-Diktatur erhoben.

Die größten Proteste im Bezirk Dresden am 17. Juni 1953 erlebten die Städte ⇨Dresden, ⇨Görlitz, Niesky und Riesa. In der etwa 8000 Einwohner zählenden Kleinstadt Niesky gab es 1953 zwei große Betriebe: den VEB LOWA, in dem Güterwagen produziert wurden, und den VEB Stahlbau Niesky. Hier arbeiteten insgesamt etwa 4000 Menschen. Schon am Morgen des 17. Juni herrschte in der LOWA Unruhe. SED-Agitatoren versuchten, nach einer Belegschaftsversammlung weitere „Zusammenballungen“ zu verhindern, doch beschlossen 600 bis 800 Belegschaftsangehörige, die Arbeit niederzulegen. Am Nachmittag marschierten die Beschäftigten zum VEB Stahlbau, dessen Arbeiter sich den Streikenden aus der LOWA anschlossen. Beim Rat des Kreises Niesky verlangte eine Abordnung der Arbeiter die Absetzung des LOWA-Betriebsleiters und die Wiedereinsetzung seines Vorgängers. Vor dem Gebäude der SED-Kreisleitung wurde der Sturz der Regierung gefordert. Schließlich stürmte die aufgebrachte Menschenmenge das Haus. Transparente, Fahnen und Embleme wurden auf der Straße verbrannt. Gegen 16 Uhr versammelten sich erste Demonstranten auch vor dem Sitz der Kreisdienststelle des Ministeriums für Staatssicherheit (MfS) in Niesky, insgesamt waren es schließlich mehr als 1 200 Menschen, darunter vor allem streikende Arbeiter. Die Demonstranten vermuteten politische Gefangene in den Zellen der Dienststelle, die sie befreien wollten. Die vom Ministerium für Staatssicherheit zu Hilfe gerufene Polizei wurde von den Demonstranten zurückgedrängt. Schließlich gaben die MfS-Mitarbeiter dem Druck der Menschenmenge nach. Alle Räume standen offen. Der Dienststellenleiter und drei seiner Mitarbeiter wurden in den Hundezwinger gesperrt. Ein Kommando der Kasernierten Volkspolizei beendete am Abend die Besetzung des Gebäudes. Erst nach Räumung des Hauses wurde gegen 21 Uhr der Ausnahmezustand über den Kreis Niesky verhängt. Nun marschierten auch sowjetische Soldaten mit Panzern in Niesky ein. Am Morgen des 18. Juni erschienen im LOWA-Werk alle drei Schichten gleichzeitig, ohne die Arbeit aufzunehmen. Die Beschäftigten forderten unter anderem die Freilassung von sechs festgenommenen Kollegen. Sowjetische Soldaten versuchten immer wieder unter Androhung von Waffengewalt, die Wiederaufnahme der Arbeit zu erzwingen, doch erst am 19. Juni arbeiteten alle Betriebe im Kreis Niesky wieder. Im „Nieskyer Prozess" wurde am Bezirksgericht Dresden vom 13. Juli bis 18. Juli 1953 gegen 16 Angeklagte aus Niesky und Umgebung verhandelt. Ein Angeklagter wurde als „Organisator" des Sturms auf die MfS-Dienststelle zu einer lebenslänglichen Freiheitsstrafe verurteilt, die Übrigen erhielten Gefängnisstrafen zwischen sechs Monaten und 13 Jahren. Die meisten Verurteilten verbüßten mehr als zwei Drittel der Strafe.

Zum Gedenken an die Opfer des Volksaufstandes wurde am früheren Sitz der Kreisdienststelle des MfS in Niesky anlässlich des 40. Jahrestages eine Gedenktafel eingeweiht. Sie trägt die Inschrift: „17. Juni 1953 / Der Tag des Volksaufstandes / gegen das SED-Regime / Wir gedenken der Opfer".

QUELLEN / LITERATUR
Informationen der Stadt Niesky.
Roth, Heidi: Der 17. Juni 1953 in Görlitz. Dokumentation zum Volksaufstand, Bautzen 2003.

STANDORT
Horkaer Straße 15, 02906 Niesky

VERKEHRSANBINDUNG
Bahnverbindung bis Cottbus und dann weiter mit dem Bus

PKW
A 4 Richtung Görlitz, Abfahrt Nieder Seifersdorf; Niesky liegt an der B 115 zwischen Görlitz und Cottbus

Zeitzeugenmuseum

Oederan. Die Idee der Menschenrechte steht im Mittelpunkt des privaten Zeitzeugenmuseums im sächsischen Oederan. Am 10. Dezember 2002, dem Tag der Menschenrechte, wurde das Museum mit etwa 70 Exponaten von Martin Hoffmann eröffnet. Neben der Geschichte der Menschenrechte seit 1926 werden die sowjetischen Speziallager in der SBZ/DDR, der Widerstand gegen Menschenrechtsverletzungen in der DDR, das Lager Workuta, die Rückkehr von Kriegsgefangenen und weitere Ereignisse aus der Zeit der kommunistischen Gewaltherrschaft und des Widerstandes zwischen 1945 und 1989 thematisiert. Die Ausstellung soll nicht nur vor dem Vergessen bewahren, sondern auch zum Dialog mit der Jugend beitragen. Ziel ist es, das Bewusstsein darüber zu wecken, dass Demokratie, Freiheit und Erhalt der Menschenwürde mühsam und opfervoll errungen wurden und bewahrt, gepflegt und gewaltfrei verteidigt werden müssen.

Im Museum befinden sich zwei Gedenktafeln. Eine noch nicht vollständige Tafel erinnert mit bisher 17 aufgeführten Namen an Menschen, die zwischen 1945 und 1989 aus Oederan verschleppt wurden und nicht zurückkehrten. Für diese Liste wird nach weiteren Opfern gesucht. Unter der Überschrift „In memoriam" steht der Satz „Die Erinnerung siegt heute gegen das gewollte Vergessen", danach folgen die bisher bekannten Namen.

Eine zweite Gedenktafel beschreibt das Ziel des Museums mit der Inschrift: „Zum / Gedenken / an die Opfer der stalinistischen / Gewaltherrschaft und des Widerstandes gegen / Menschenrechtsverletzungen in Oederan und / Umgebung von 1945-1990. / Verzeihen heißt nicht vergessen".

ANSCHRIFT
Enge Gasse 1, 09569 Oederan

ANSPRECHPARTNER
Martin Hoffmann, Tel. 037292/4702. Führungen durch die Ausstellung nach Vereinbarung; weitere Angebote sind Vorträge und Lesungen, spezielle Veranstaltungen für Schüler und Lehrer, Dia- und Videovorführungen sowie eine Bibliothek

VERKEHRSANBINDUNG / PKW
A 13 Richtung Dresden, Dreieck Dresden, A 4 bis Anschlussstelle 74 Striegistal-Pappendorf, an Pappendorf vorbei bis Oederan

Gedenktafel für die Opfer stalinistischer Willkür

Oelsnitz / Vogtland. Der Keller des Gebäudes Am Jahnteich 7 diente von Juli 1945 bis 1948 als Untersuchungsgefängnis („GPU-Keller") für das NKWD. Die Verhöre fanden meist nachts statt und wurden oft mit sehr brutalen Mitteln geführt. Für viele begann hier der Leidensweg in die sowjetischen Speziallager ⇨Bautzen, ⇨Mühlberg und ⇨Buchenwald. Nach Aussagen von Matthias Schulz, Mitglied der Bezirksgruppe Oberes Vogtland der VOS, waren hier 110 Menschen aus Oelsnitz, 50 aus Markneukirchen, 30 aus Adorf und zehn aus Bad Elster inhaftiert.

Auf Initiative der Bezirksgruppe Oberes Vogtland der Vereinigung der Opfer des Stalinismus e.V. (VOS) wurde am 7. November 1992 in Oelsnitz am ehemaligen Gebäude des sowjetischen Geheimdienstes NKWD feierlich eine Gedenktafel für die Opfer des Stalinismus enthüllt. Sie trägt die Inschrift: „Im Gedenken an die Opfer kommunistischer, stalinistischer Willkür, der in diesem Hause von 1945 bis 1948 gefolterter, internierter, verschleppter und verurteilter Menschen aus den Kreisen Oelsnitz/Vogtl. und Klingenthal / Vogtl.".

QUELLEN / LITERATUR
Die Freiheitsglocke 1/1993.
Information der VOS, Landesgruppe Sachsen, Bezirksgruppe Oberes Vogtland.

STANDORT
Am Jahnteich 7, 08606 Oelsnitz/Vogtland

VERKEHRSANBINDUNG / PKW
A72 (E441) zwischen Chemnitz und Hof bis Anschlussstelle 6, weiter über B92 (E49) nach Oelsnitz

Gedenktafel für die Opfer des Zweiten Weltkriegs und die Opfer stalinistischer Gewaltherrschaft

Olbernhau. Anlässlich des Volkstrauertages wurde am 13. November 1994 oberhalb des Ortsteiles Blumenau im Vogtland eine Gedenktafel an dem 1932 für die Gefallenen des Ersten Weltkrieges aufgestellten Kriegerdenkmal angebracht. Durch Befragen der Einwohnerschaft wurden sowohl die Namen der im Zweiten Weltkrieg gefallenen Blumenauer als auch der Opfer nach 1945 ermittelt. Zu ihnen gehören die im Lager ⇨Mühlberg umgekommenen Fritz Heintz (†1.10.1947) und Arthur Reuter jr. (†28.6.1946) sowie der in ⇨Bautzen gestorbene Arno Meschwitz (†19.1. 1948).

Die Gedenktafel geht auf eine Initiative des CDU-Ortsverbandes Blumenau zurück und wurde durch Mittel aus dem Gemeindehaushalt und durch Spenden der Einwohner möglich. Sie trägt die Inschrift:

„1939 – 1945 / Alfred Neubert / Max Siegert / Helmut Puffe / Gerhard Tanneberger / Max Preißler / Wilfried Thieme / Fritz Reuter / Gerhard Uhlig / Gerhard Reuter / Erhard Uhlemann / Herbert Richter / Rolf Ulbricht / Siegfried Richter / Horst Walter / Willy Richter / Egon Weigert / Erich Sachs / Willy Weinhold / Manfred Schmieder / Gerhard Wiltner / Paul Schönherr / Gottfried Wiltner / Lothar Schubert / Walter Wittig / Werner Seifert / Walter Wüstner / Max Zimmermann

Mai 1945 / 3 unbekannte deutsche Soldaten / Opfer der stalinistischen Gewaltherrschaft nach / 1945 / Fritz Heintz / Arno Meschwitz / Arthur Reuter jr.“.

QUELLEN / LITERATUR
Information der Initiativgruppe Lager Mühlberg e.V.

STANDORT
Am Kriegerdenkmal im Ortsteil Blumenau
09526 Olbernhau

VERKEHRSANBINDUNG / PKW
B 171 zwischen Marienberg und Frauenstein bis Olbernhau

Gedenktafel für die Opfer der Speziallager in den Vogtlandkreisen

Plauen. Nach dem Ende des Zweiten Weltkrieges wurden von der sowjetischen Geheimpolizei hunderte Jugendliche im Alter zwischen 15 und 16 Jahren im Plauener Gefängnis interniert. Sie gehörten zu insgesamt rund 6000 Jugendlichen, die von der sowjetischen Besatzungsmacht allein bis Ende 1946 auf dem Gebiet der SBZ verhaftet wurden. Hauptsächlich warf man ihnen die Zugehörigkeit zur „Werwolf"-Organisation oder „Kampf und Terror" gegen die Rote Armee vor. Diese Anschuldigungen waren zumeist unbegründet. Vielmehr reichte schon eine allgemein ablehnende Haltung gegenüber der Besatzungsmacht aus, um in das Visier des NKWD zu geraten. Die Geheimpolizei holte auch Jungen und Mädchen ab, die durch Spitzel und missgünstige Nachbarn denunziert worden waren. Die verhafteten Jugendlichen wurden während der Verhöre unter Druck gesetzt, misshandelt und gefoltert. Dadurch erreichte man „Geständnisse" und erfuhr die Namen von weiteren Mädchen und Jungen. Auf diese Weise inhaftierte das NKWD ganze Freundeskreise, Schulklassen bzw. Gruppen der ehemaligen Hitlerjugend (HJ) und des Bundes Deutscher Mädel (BDM). Neben Todesurteilen kam es vor allem zu Verurteilungen zu zehn, 15 oder 25 Jahren Arbeitslager in der Sowjetunion. Von Gefängnissen wie dem in Plauen kamen die Jugendlichen in die sowjetischen Speziallager in der SBZ und in die Sowjetunion. Oft erfuhren die Angehörigen nichts vom Schicksal der Verhafteten, sie wussten nicht einmal, dass überhaupt eine Verhaftung stattgefunden hatte.

Zum Volkstrauertag im November 1995 wurde auf Initiative der Vereinigung der Opfer des Stalinismus e.V. (VOS) Reichenbach mit Unterstützung der Stadt Plauen und der Stiftung Sächsische Gedenkstätten eine Gedenktafel am Eingangstor der Justizvollzugsanstalt eingeweiht. Die Inschrift lautet: „Den Opfern von Krieg und / Gewaltherrschaft zum Gedenken. / Im Jahre 1945 gingen vom / Plauener Gefängnis viele hundert / unschuldige Jugendliche im / Alter von 15 - 16 Jahren aus / den Vogtlandkreisen einen leid- / vollen Weg in die Speziallager / Buchenwald, Bautzen, Mühlberg / und in die Sowjetunion (Sibirien). / Viele kamen nach mehrjähriger / Haft krank zurück oder haben / gar nicht überlebt".

QUELLEN / LITERATUR
Prieß, Benno: Erschossen im Morgengrauen, Calw 1997.

STANDORT
Justizvollzugsanstalt Plauen, Amtsberg 10
08523 Plauen

VERKEHRSANBINDUNG / PKW
A 72 (E 441) zwischen Chemnitz und Hof bis Abfahrt Plauen; B 92 zwischen Greiz und Plauen; B 173 zwischen Zwickau und Hof durch Plauen

Gedenktafel zur Demonstration am 7. Oktober 1989

Plauen. Auf Initiative der 88-jährigen Plauener Bürgerin Annaliese Saupe wurde am 7. Oktober 2000 eine Gedenktafel auf dem Theaterplatz enthüllt, die an die Großdemonstration vom 7. Oktober 1989 erinnern soll. An jenem Oktobertag, dem 40. Jahrestag der DDR, gingen in Plauen 15 000 Menschen auf die Straße, um gegen das SED-System aufzubegehren und für Reise-, Versammlungs- und Meinungsfreiheit sowie für die Zulassung des Neuen Forum und für freie Wahlen zu demonstrieren. Die Bevölkerung wurde mit kleinen Handzetteln und über Mundpropaganda zum Protest aufgerufen. Die couragierten Plauener Demonstranten sammelten sich auf dem Platz vor dem Theater, wo sie von Löschfahrzeugen der Feuerwehr mit Wasser bespritzt wurden. Mit Entschlossenheit und unter dem Ruf von Superintendent Thomas Küttler „Keine Gewalt! Lasst euch nicht provozieren!" gab der Protestzug der 15 000 Menschen dem Bürgerwillen Ausdruck.

Die Gedenktafel aus Theumaer Fruchtschiefer ist ein Geschenk von Annaliese Saupe, die damals unter den Demonstranten war, an die Plauener Bürger und trägt die Inschrift: „An dieser Stelle / begann / am 7. Oktober 1989 / die erste / Grossdemonstration / auf dem Gebiet / der ehemaligen DDR. / Das war der Anfang / der Veränderung / unserer Welt".

QUELLEN / LITERATUR
Freie Presse / Plauener Zeitung vom 9.10.2000.
Vogtland-Anzeiger vom 6. und 9.10.2000 sowie vom 18.11.2000.

STANDORT
Theaterplatz, 08523 Plauen

VERKEHRSANBINDUNG / PKW
A 72 (E 441) zwischen Chemnitz und Hof bis Abfahrt Plauen; B 92 zwischen Greiz und Plauen; B 173 zwischen Zwickau und Hof durch Plauen

Gedenktafel vor der Lutherkirche

Plauen. Zehn Jahre nach der friedlichen Revolution gedachten die Plauener Bürger am 7. Oktober 1999 der Großdemonstration vom 7. Oktober 1989, jenem Tag, an dem sie zum ersten Mal zu Tausenden auf die Straße gegangen waren, um für Freiheit und Demokratie zu demonstrieren. Am Südportal der Lutherkirche wurde eine Gedenktafel enthüllt und sieben Kerzen von sieben Kindern entzündet. Diese Kerzen sollten an die sieben Städte erinnern, in denen sich zehn Jahre zuvor der Protest geregt hatte: Berlin, Leipzig, Dresden, Jena, Potsdam, Arnstadt und Plauen.

Die Gedenktafel trägt die Inschrift: „Vor diesem Portal / brannten im Herbst 1989 / vom 7. Oktober an / ungezählte Kerzen / als Zeichen / des Widerstandes / und der Hoffnung."

QUELLEN / LITERATUR
Information der Stadtverwaltung Plauen.
Freie Presse / Plauener Zeitung vom 8.10.1999.

STANDORT
Lutherkirche, 08523 Plauen

VERKEHRSANBINDUNG / PKW
A 72 (E 441) zwischen Chemnitz und Hof bis Abfahrt Plauen; B 92 zwischen Greiz und Plauen; B 173 zwischen Zwickau und Hof durch Plauen

Gedenktafel zur friedlichen Revolution 1989

Plauen. Auf Initiative der SPD-Fraktion gab das Plauener Stadtparlament eine Gedenktafel in Auftrag, die an die Großdemonstration vom 7. Oktober 1989 erinnern soll. Bei der feierlichen Einweihung am 7. Oktober 1993 sagte SPD-Fraktionsvorsitzender Rainer Kett: „Diese Tafel soll den Passanten beim Vorbeigehen jederzeit bewusst machen, dass es diesen Tag gab, der in Plauen die friedliche Wende eingeläutet hat."

Am 40. Jahrestag der DDR hatten in Plauen 15 000 Menschen den Mut gefasst, gegen das SED-System aufzubegehren und für Reise-, Versammlungs- und Meinungsfreiheit sowie für die Zulassung des Neuen Forum und für freie Wahlen zu demonstrieren. An den Ruf „Wir sind das Volk" erinnerte Pastor Klaus Straka: „Die Platte soll daran erinnern, woher wir gekommen sind und wer wir bleiben werden." Er würdigte das verantwortungsvolle Auftreten von Superintendent Thomas Küttler, der damals mit Entschlossenheit „Keine Gewalt! Lasst euch nicht provozieren!" gefordert hatte und während der Einweihungsfeier den Zuschauenden zurief: „Wir sollten uns unsere Würde und den gelernten aufrechten Gang nicht nehmen lassen." Als Bildhauer Johannes Schulze das Tuch von der von ihm geschaffenen und in den Boden eingelassenen Bronzeplatte zog, sagte er: „Die Leute sollen ruhig drüberlaufen, wie vor vier Jahren und 23 Demonstrationen lang." Das Kunstwerk wurde anteilig von den Monatspauschalen der Abgeordneten des Plauener Stadtparlamentes gespendet.

Die Gedenktafel trägt die Inschrift: „Wir / sind das / Volk / 7. Oktober 1989".

QUELLEN / LITERATUR
Information der Stadtverwaltung Plauen.
Plauener Zeitung vom 8.10.1993.

STANDORT
Unterer Graben, Vor dem Eingang zum Neuen Rathaus
08523 Plauen

VERKEHRSANBINDUNG / PKW
A72 (E441) zwischen Chemnitz und Hof bis Abfahrt Plauen; B92 zwischen Greiz und Plauen; B173 zwischen Zwickau und Hof durch Plauen

Gedenkstein zur deutschen Einheit

Plauen. Auf Initiative von Elsterforum Plauen-Vogtland wurde am 8. Oktober 2000 anlässlich des zehnten Jahrestages der deutschen Wiedervereinigung vor der 1990 gepflanzten Linde zur Deutschen Einheit ein Gedenkstein eingeweiht. Die „Einheitslinde" und der Gedenkstein befinden sich vor der Johanniskirche der Stadt Plauen. Der Gedenkstein trägt die Inschrift: „3.10.1990 / Deutsche Einheit / Diese Linde / -gepflanzt in Plauener und Hofer Erde- / erinnert an den Neubeginn".

QUELLEN / LITERATUR
Information der Stadtverwaltung Plauen.
Freie Presse – Plauener Zeitung – vom 9.10.2000.

STANDORT
Johanniskirchplatz, 08523 Plauen

VERKEHRSANBINDUNG / PKW
A72 (E441) zwischen Chemnitz und Hof bis Abfahrt Plauen; B92 zwischen Greiz und Plauen; B173 zwischen Zwickau und Hof durch Plauen

Bibliothek / Gedenktafel für Jürgen Fuchs

Reichenbach / Vogtland. Jürgen Fuchs (1950-1999), Schriftsteller, Psychologe und Bürgerrechtler, wurde am 19. Dezember 1950 in Reichenbach/Vogtland geboren. Während seines Abiturs 1968 war er erfüllt von den Ideen des Prager Frühlings und den Vorstellungen von einem „Sozialismus mit menschlichem Antlitz". Mit anderen Schülern verbreitete er Texte von Reiner Kunze und Wolf Biermann, der ihm später zu einem engen Freund und Mentor wurde. Als Folge wurde er erst nach einer Lehre bei der Reichsbahn und dem Dienst in der NVA (1969 bis 1971) zum Psychologiestudium in Jena zugelassen. 1973 trat Jürgen Fuchs in die SED ein, in der Hoffnung, als Sozialist von innen gegen die Dogmen angehen zu können. 1975 wurde er aus der Partei ausgeschlossen und kurz vor dem Abschlussexamen wegen „Schädigung des Ansehens der Universität in der Öffentlichkeit“ exmatrikuliert. Robert Havemann nahm ihn und seine Familie in seinem Haus in ⇨Grünheide auf. Fuchs fand Arbeit in einem kirchlichen Heim für geistig behinderte Kinder. Nachdem er im November 1976 öffentliche Proteste gegen die Ausbürgerung des Liedermachers Wolf Biermann aus der DDR organisiert hatte, kam er für neun Monate in Untersuchungshaft beim MfS in ⇨Berlin-Hohenschönhausen. Nach einer Solidaritätsaktion in der Bundesrepublik, die von seiner ersten Buchveröffentlichung „Gedächtnisprotokolle“ begleitet war, wurde Jürgen Fuchs mit seiner Familie im August 1977 aus der DDR ausgebürgert. Er lebte in West-Berlin als Autor. 1978 erschienen „Vernehmungsprotokolle“ mit seinen Hafterlebnissen, 1979 „Tagesnotizen“, 1984 „Fassonschnitt“ über die ersten Tage als Rekrut der NVA und 1988 sein zweiter Roman „Das Ende einer Feigheit“. Seit 1979 arbeitete er als Psychologe in Beratungsstellen in Berlin. Für Jürgen Fuchs gehörten Politik und Literatur zusammen. Er hielt Kontakt zu oppositionellen Freunden in Osteuropa, verwahrte Tagebuchnotizen, vermittelte Texte. Nach der deutschen Wiedervereinigung wurde er 1992 zeitweilig wissenschaftlicher Mitarbeiter des Bundesbeauftragten für die Unterlagen des Staatssicherheitsdienstes der ehemaligen DDR. Am 9. Mai 1999 starb Jürgen Fuchs in Berlin an Blutkrebs.

Mit einer Gedenktafel an seinem Geburtshaus sowie mit der am 13. Mai 2001 nach ihm benannten Stadtbibliothek ehrt die Stadt Reichenbach das Andenken an Jürgen Fuchs.

Die Gedenktafel wurde anlässlich seines 49. Geburtstages am 19. Dezember 1999 feierlich enthüllt und trägt die Inschrift: „Geburtshaus / Jürgen Fuchs / 19.12.1950-9.5.1999 / Schriftsteller / Psychologe / Bürgerrechtler“.

Am 20. Dezember 2002 wurde die Straße am Erfurter Landtag (ehemalige Arnstädter Straße) in „Jürgen-Fuchs-Straße“ umbenannt.

QUELLEN / LITERATUR

Fuchs, Jürgen: „... und wann kommt der Hammer?“, Psychologie, Opposition und Staatssicherheit, Berlin 1990.
Fuchs, Jürgen (Mitautor): Dissidenten, Präsidenten und Gemüsehändler, Essen 1998.
Horch und Guck Nr. 34 (2001).

ANSCHRIFT

Jürgen Fuchs Bibliothek, Markt 1
08468 Reichenbach / Vogtland
Tel. 037 65 / 524 41 41, Fax 037 65 / 524 41 42,
E-mail: fuchs.biblio@reichenbach-vogtland.de

STANDORT

Mühlgraben 13, 08468 Reichenbach

VERKEHRSANBINDUNG / PKW

A 72 (E 441) zwischen Chemnitz und Hof bis Abfahrt Reichenbach; B 94 zwischen Greiz und Rodewisch über Reichenbach; B 173 von Zwickau nach Reichenbach

Gedenkstein zur Erinnerung an die Berliner Mauer

Reichenbach / Vogtland. Der Gedenkstein, ein Mauersegment, wurde von der Sparkasse Vogtland, Hauptgeschäftsstelle Reichenbach, im August 1997 errichtet und trägt die Inschrift: „Nie / wieder! / Berliner Mauer / 1961-1989".

Der Initiator, Herr Goedejohann, damaliges Vorstandsmitglied der Sparkasse, bezog die Bezirksgruppe Reichenbach der Vereinigung der Opfer des Stalinismus e.V. (VOS) in die Gestaltung mit ein.

QUELLEN / LITERATUR
Information der Vereinigung der Opfer des Stalinismus e.V., Gemeinschaft ehemaliger politischer Häftlinge, Landesgruppe Sachsen, Bezirksgruppe Reichenbach.

STANDORT
Neubaugebiet West, Vor der Seniorenbegegnungsstätte
08468 Reichenbach / Vogtland

VERKEHRSANBINDUNG / PKW
A72 (E441) zwischen Chemnitz und Hof bis Anschlussstelle 9 (Reichenbach), weiter über B94 und B173 nach Reichenbach

Gedenktafel zur Erinnerung an die Opfer der sowjetischen Geheimpolizei

Rochlitz. 1852 wurde in Rochlitz auf der ehemaligen Reichsburg eine dreigeschossige Untersuchungshaftanstalt eingerichtet, die bis 1961 genutzt wurde. Zwischen 1945 und 1947 war Schloss Rochlitz Sitz des sowjetischen Geheimdienstes NKWD. Mehr als 600 Menschen wurden in jener Zeit hier gefangen gehalten. Nach dem Zusammenbruch der DDR hat man die ehemalige Haftanstalt abgerissen, die ursprüngliche Hofsituation wieder hergestellt und weitere Sanierungsmaßnahmen durchgeführt.

Auf Anregung der Initiativgruppe Lager ⇨Mühlberg wurde am 2. Oktober 1999 eine Gedenktafel zur Erinnerung an die Opfer des NKWD angebracht, deren Inschrift lautet: „Das Schloss Rochlitz diente / von 1945 bis 1947 einer / Operativgruppe der sowjetischen / Geheimpolizei NKWD / MWD / als Haftanstalt. / Nach brutalen Verhören wurden / über 600 inhaftierte Frauen, / Männer und Jugendliche zur / Verurteilung vor Tribunale / gestellt, in Straflager / eingewiesen oder in die / Sowjetunion deportiert. Jeder / Dritte überlebte die meist / langjährigen Haftzeiten nicht."

Bei der Enthüllung waren 52 Gäste anwesend, darunter viele ehemalige Häftlinge und Angehörige von Häftlingen, welche die Haftzeit nicht überlebt hatten.

STANDORT
Schloß Rochlitz, Sörnziger Weg 1
09306 Rochlitz

VERKEHRSANBINDUNG
Deutsche Bahn bis Zeithain, dann weiter mit dem Bus

PKW
Über die A 14 von Leipzig Richtung Dresden, Abfahrt Grimma, dann über die B 107 nach Rochlitz

Gedenkstein für Hermann Schnabel und Horst Köhler

Rothenburg. Anfang der 50er Jahre wurde in Rothenburg, Kreis Niesky, mit dem Bau eines Militärflughafens begonnen. Für die anfallenden Erdarbeiten setzte man Häftlinge aus dem Gefängnis ⇨Bautzen ein, so dass hier seit dem Frühjahr 1953 ein Haftarbeitslager bestand. Etwa 200 bis 300 Insassen der Bautzener Haftanstalt mit Haftstrafen unter fünf Jahren waren in Zelten ständig vor Ort untergebracht.

Hermann Schnabel (1904-1953) und Horst Köhler (1927-1953) waren zu dieser Zeit als politische Häftlinge in Bautzen inhaftiert. Hermann Schnabel, 1904 als Sohn eines Missionars der Herrnhuter Brüdergemeine in Indien geboren, folgte dem Beruf seines Vaters und ging 1932 als Missionar nach Tansania. Dort war er bis zum Ausbruch des Zweiten Weltkrieges für die Verwaltung der Missionsschulen zuständig. 1934 heiratete er Käthe Prellwitz, ebenfalls Tochter eines Herrnhuter Missionars. Mit Kriegsausbruch von den Briten interniert, kehrte er kurz darauf nach Deutschland zurück. Ein Jahr später wurde er zur Wehrmacht eingezogen. Nach Kriegsende übernahm er die Leitung der Brüder-Unität in Niesky. Nach Differenzen mit der Brüdergemeine trat er 1947 aus der Glaubensgemeinschaft aus und wurde später Mitglied der SED. Seine freiheitlichen Grundüberzeugungen ließen ihn jedoch sehr schnell in Konflikt mit der offiziellen Parteilinie geraten. Ab 1949 verfasste er Briefe und Anklageschriften, die sich gegen Enteignung, Bodenreform und zunehmende Sowjetisierung der DDR wandten. Unter dem Pseudonym „Rübezahl" schrieb er sogar an Konrad Adenauer und den RIAS, um die Missstände auch außerhalb der DDR bekannt zu machen. Vor der Volkskammerwahl 1950 beantragte er die Zulassung der von ihm gegründeten „Ostdeutschen Bewegung", die sich dem Paneuropagedanken der frühen 50er Jahre anschloß. Sein Engagement für die Paneuropäische Bewegung, eine blockübergreifende Einigungsbewegung zu Beginn der 50er Jahre, wurde ihm zum Verhängnis.

Als er am 17. Juli 1951 auf einer Versammlung der Nationalen Front in Niesky offen für diese Idee warb, wurde er vom Rednerpult weg verhaftet. Schnabel wird in das spätere Gefängnis Bautzen II überführt, dort bis zu seiner Verurteilung Ende Mai 1952 festgehalten und wegen „staatsfeindlicher Propaganda und Gefährdung des Friedens“ zu vier Jahren Zuchthaus verurteilt. 1993 wurde Hermann Schnabel voll rehabilitiert.

Über Horst Köhler ist wenig bekannt. Geboren 1927 in Kamenz / Sachsen, arbeitete er zuletzt als Schauspieler am Theater in Gera. Vermutlich ebenfalls dort wurde er Anfang der 50er Jahre verhaftet und gelangte nach seiner Verurteilung nach Bautzen. Mit Gründung des Haftarbeitslagers lernen sich Schnabel und Köhler beim Bau des Flughafens in Rothenburg kennen. Die Kunde vom Volksaufstand des 17. Juni 1953 dringt auch zu den Häftlingen durch, die anfänglich Hoffnung auf Entlassung hegen. Doch das Lager wird am 17. Juni für einige Tage geschlossen und die Insassen nach Bautzen zurückgebracht. Nach Wiederaufnahme der Bauarbeiten Ende Juni werden die Gefangenen wieder zur Baustelle geholt. Nebel liegt über dem Gelände, und die Wachmannschaften sind an diesem Tag ohne Hunde im Einsatz. Spontan fassen einige Häftlinge den Entschluß zu fliehen. Unter dem Eindruck des Volksaufstandes rechnen sie nicht damit, dass die Volkspolizisten schießen würden. Über den Sanitäter, der sich zwischen den Kommandos bewegen konnte, werden andere Häftlinge angesprochen. Doch der Plan wird verraten. Hermann Schnabel wirft seine Schaufel weg und rennt mit sechs weiteren Häftlingen los. Die Wachmannschaften eröffnen sofort das Feuer. Horst Köhler wird getroffen und ist auf der Stelle tot, Hermann Schnabel erliegt seinen tödlichen Verletzungen kurze Zeit später. Die übrigen Häftlinge werden gestellt und zurück nach Bautzen gebracht. Die Leichen von Hermann Schnabel und Horst Köhler verbrannte man anonym im Zittauer Krematorium. Ihre Urnen würden zusammen mit 89 Toten aus den Bautzener Haftanstalten 1957 heimlich beigesetzt, die Grabstelle jedoch 1977 eingeebnet. Die Angehörigen von Hermann Schnabel erfuhren durch ein Telegramm, dass der Vater beim Fluchtversuch erschossen worden sei.

Erst nach der friedlichen Revolution 1989 kommt das Schicksal von Hermann Schnabel und Horst Köhler durch die Aufstellung des Gedenksteines für die 89 Toten auf dem ⇨Zittauer Friedhof wieder ins Gedächtnis.

Aus Anlass des 50. Jahrestages der Flucht erfolgte am 3. Juli 2003 auf dem Friedhof von Rothenburg die Einweihung eines Gedenksteines, der an das tragische Schicksal von Hermann Schnabel und Horst Köhler erinnert. Die Errichtung dieses Gedenksteins geht zurück auf eine Initiative des DSU-Kreisrates Christfried Wiedemuth und des Landkreises Niederschlesischer Oberlausitzkreis sowie von ehemaligen Häftlingen und der evangelischen Kirche.

Der Stein trägt die Inschrift: „Ich glaube an die Unantastbarkeit / und an die Würde jedes einzelnen Menschen, / Ich glaube, dass allen Menschen von Gott / das gleiche Recht auf Freiheit gegeben wurde. / Ich verspreche, jedem Angriff auf die Freiheit / und der Tyrannei Widerstand zu leisten, / wo auch immer sie auftreten mögen. / Hermann Schnabel/ geb. am 6.6.1904 in Poo, Indien / Horst Köhler / geb. am 3.1.1927 in Kamenz / Sie waren politische Gefangene in Bautzen / und wurden am 3. Juli 1953 / auf dem Flugplatz Rothenburg / bei einem Fluchtversuch erschossen."

QUELLEN / LITERATUR

Simon, Mandy: „Die Bonzen erschossen meinen Vater – mein Bruder macht im SED-Staat Karriere", in: Themen-Akademie Totalitarismus AK 04/98 der Konrad-Adenauer-Stiftung.
Sächsische Zeitung vom 01.07.2003.

STANDORT

Evangelischer Gemeindefriedhof
02786 Rothenburg / Spree

VERKEHRSANBINDUNG

Bahnverbindung bis Görlitz, dann weiter mit dem Bus

PKW

Autobahn A 15 bis Abfahrt Rogossen, dann weiter auf der B 115 bis Krauswitz, dort auf der S 127 bis Rothenburg / Spree

Gedenktafel für die Opfer stalinistischer und kommunistischer Willkür

Schwarzenberg. Im Turm des im 12. Jahrhundert erbauten Schlosses Schwarzenberg befanden sich bereits seit 1558 Gefängniszellen. Diese wurden 1729 und 1852 erweitert, so dass das Schloss bis 1952 auch als Gefängnis genutzt wurde.

Mit der bedingungslosen Kapitulation der deutschen Wehrmacht am 8. Mai 1945 endete der Zweite Weltkrieg, und Deutschland wurde von den alliierten Streitkräften besetzt. Die Amthauptmannschaft Schwarzenberg blieb jedoch bis zum 26. Juni 1945 unbesetztes Gebiet. In den einzelnen Städten und Gemeinden bildeten sich Antifaschistische Aktionskomitees, die bis zum Einrücken der Roten Armee im Juni 1945 die Organisation des öffentlichen Lebens übernahmen. Als eine der ersten Maßnahmen beschlagnahmten die Sowjetische Militäradministration und das NKWD das Schlossgelände und richteten hier ein Internierungs- und Durchgangslager ein. Im Zuge der unter dem Deckmantel der Entnazifizierung durchgeführten Verhaftungen von politischen Gegnern des sowjetischen Besatzungsregimes wurden 1945/46 auch in Schwarzenberg zahlreiche Menschen ohne Haftbefehl und ohne Begründung gefangen genommen. Darunter befanden sich zahlreiche Beamte, Verwaltungsangestellte, Richter, Unternehmer und auch Geistliche, die allein aufgrund ihrer sozialen Herkunft als so genannte „Klassenfeinde" galten. Sie wurden im Schloss interniert und in die Lager ⇨Bautzen, ⇨Mühlberg oder ⇨Buchenwald verschleppt. Manche Transporte endeten in den Lagern Sibiriens. 1950 wurde das Gefängnis zunächst von der Deutschen Volkspolizei übernommen, 1952 jedoch endgültig geschlossen.

Seit 1998 bemühte sich die Vereinigung der Opfer des Stalinismus e.V. (VOS) um eine Gedenktafel für die 1945/46 hier Inhaftierten. Sie wurde mit Unterstützung des Landrates des Landkreises Schwarzenberg am 12. April 2003 auf dem Außengelände des Schlosses feierlich eingeweiht und trägt die Inschrift: „Zum Gedenken an die unschuldigen / Opfer der kommunistischen und stalinistischen / Willkür nach Kriegsende ab Mai 1945“.

QUELLEN / LITERATUR
Stadtverwaltung Schwarzenberg (Hrsg.), Schwarzenberg. Ouvertüre im Niemandsland, Schwarzenberg 1995.

STANDORT
Schlossgefängnis Schwarzenberg, Obere Schlossstrasse 36, 08340 Schwarzenberg

VERKEHRSANBINDUNG / PKW
Von der A 72 über Abfahrten Zwickau, Hartenstein und Stollberg in Richtung Aue. Von dort über die B 101 nach Schwarzenberg

Gedenkstein für die Opfer von Faschismus und Stalinismus

Steinpleis. Im hinteren Teil des Ortsfriedhofes befindet sich auf der linken Seite eine Grabstätte, in der zwei unbekannte, vermutlich jüdische Häftlinge ihre letzte Ruhestätte fanden. Die Opfer waren im Januar 1945 an der Eisenbahnlinie Leipzig-Hof aus einem Transportzug mit Häftlingen aus dem Konzentrationslager Auschwitz geworfen und tot aufgefunden worden.

Die Inschrift auf dem Grabstein wurde nach 1990 erweitert und zugleich den Opfern des Stalinismus gewidmet. Sie lautet: „Zum Gedenken / an alle Opfer / des Faschismus / und Stalinismus“.

QUELLEN / LITERATUR
Gedenkstätten für die Opfer des Nationalsozialismus. Eine Dokumentation, Bd. II, hrsg. von der Bundeszentrale für politische Bildung, Bonn 1999.

STANDORT
Friedhof, 08432 Steinpleis

VERKEHRSANBINDUNG / PKW
A 4 (E 40) zwischen Gera und Glauchau, Abfahrt Werdau, weiter über Landstraße nach Steinpleis; oder B 175 bis Werdau, weiter über Landstraße nach Steinpleis

Gedenkstele für die Opfer des Stalinismus der Haftanstalt Hoheneck; Dauerausstellung „Frauen als politische Gefangene in Hoheneck"

Stollberg. In der Kleinstadt Stollberg im mittleren Erzgebirge liegt die berüchtigte, burgähnliche Haftanstalt Hoheneck, die bereits seit 1864 zur Strafverbüßung für weibliche und männliche Strafgefangene genutzt wurde.

Nach dem Ende des Zweiten Weltkrieges führte die sowjetische Besatzungsmacht die Burg Hoheneck auf dem Schlossberg in Stollberg als Straflager. Zeitweise waren dort bis zu 2000 Menschen in der für rund 230 Häftlinge ausgelegten Gefängnisanlage zusammengepfercht. Nach der Auflösung des sowjetischen Lagersystems übernahm die DDR-Justiz auch das Gefängnis Hoheneck und brachte dort fast ausschließlich weibliche Gefangene unter. Ab 1950 waren hier 1000 von Sowjetischen Militärtribunalen verurteilte Frauen inhaftiert, die erst 1956 amnestiert wurden. Unter ihnen befanden sich auch 30 Kinder. Mit der Einkerkerung dieser Frauen begann die Geschichte Hohenecks als bedeutendstem Frauengefängnis der DDR. Durch die schlechten Haftbedingungen und die körperliche Schwächung aufgrund der vorangegangenen Inhaftierung in den sowjetischen Speziallagern fielen vor allem in der Anfangszeit viele Frauen der Tuberkulose zum Opfer. Die Urnen der Verstorbenen wurden unter anderem auf dem städtischen Friedhof in ⇨Chemnitz beigesetzt. Hoheneck war gefürchtet wegen des militärischen Drills im Gefängnisalltag, menschenunwürdiger Haftbedingungen und Schikanen des Wachpersonals. Es besaß unter anderem eine „besondere Abteilung" für alle „äußerst renitenten" weiblichen Strafgefangenen. Bis zum Ende der DDR waren hier neben anderen Verurteilten zahlreiche Frauen inhaftiert, die wegen politischer Delikte wie „Republikflucht" oder „staatsfeindlicher Hetze" verurteilt worden waren. Etwa 15000 Frauen sind während der DDR-Zeit in den Westen „freigekauft" worden. 1990 wurde die Haftanstalt der Justizverwaltung des Freistaates Sachsen unterstellt. Im Mai 2001 hat man die Justizvollzugsanstalt Hoheneck geschlossen und die Inhaftierten in die Justizanstalt Chemnitz überführt. Das Gebäude wurde mittlerweile an einen Investor verkauft.

Zum Gedenken an die in der Haftanstalt Hoheneck inhaftierten weiblichen politischen Gefangenen wurde am 28. Oktober 1991 gegenüber der Justizvollzugsanstalt eine Stele errichtet. In die Stele, die von dem Stollberger Steinmetzmeister Friedhold Scheunert angefertigt wurde, ist im oberen Teil eine Bronzekette mit stilisierter Handschelle eingearbeitet. Darunter befindet sich die Inschrift: „Den / Opfern / des / Stalinismus“.

Für dieses Ehrenmal hatten sich vor allem der Frauenkreis ehemaliger Hoheneckerinnen e.V., die Friedrich-Ebert-Stiftung und der Bürgermeister von Stollberg, Matthias Wirth, eingesetzt. Alljährlich treffen sich die Mitglieder des Frauenkreises, gedenken ihrer toten Kameradinnen und warnen vor jeder Form von Diktatur.

Seit Anfang Oktober 2001 können sich Interessierte in einer ständigen Ausstellung mit dem Titel „‚Ich dachte, es gibt draußen keine andere Welt‘ – Frauen als politische Gefangene in Hoheneck“ informieren. Die Dauerausstellung mit dem zeitlichen Schwerpunkt 1950 bis 1956 beleuchtet den Weg der Frauen über Speziallager und Gefängnisse der sowjetischen Geheimpolizei nach Hoheneck, die verschiedenen Aspekte des Haftalltags sowie die Bemühungen der Gefangenen, ihre Würde zu bewahren. Neben zahlreichen Archivdokumenten und Fotografien ist eine Zelle zu besichtigen, die nach den Erinnerungen der ehemaligen Hoheneckerinnen rekonstruiert wurde. Die Ausstellung befindet sich in einem separaten Raum der Stadtbibliothek Stollberg.

QUELLEN / LITERATUR
Latotzky, Alexander: Kindheit hinter Stacheldraht. Mütter mit Kindern in sowjetischen Speziallagern und DDR-Haft, Leipzig 2001.
Veith, Ines: Hoheneck. Frauen in politischer Haft, 1950-1989. Erfahrungen und Erinnerungen, Dresden 2001.

STANDORT
Burg Hoheneck, Zwönitzer Straße, 09366 Stollberg
Dauerausstellung „Frauen als politische Gefangene in Hoheneck“: Stadtbibliothek, Schillerplatz 2
09366 Stollberg, Tel. 03 72 96 / 22 37

VERKEHRSANBINDUNG
Deutsche Bahn bis Chemnitz, dann weiter mit dem Bus

PKW
Von Hof bzw. Chemnitz über die A 72

Dokumentations- und Informationszentrum (DIZ)

Torgau. Das 1991 gegründete Dokumentations- und Informationszentrum (DIZ) Torgau arbeitet unter dem Dach der Stiftung „Sächsische Gedenkstätten zur Erinnerung an die Opfer politischer Gewaltherrschaft“. Es befasst sich mit der Geschichte der Torgauer Haftstätten – vom Wehrmachtsstrafsystem über die sowjetischen Speziallager Nr. 8 und Nr. 10 bis zum Strafvollzug in der DDR.

Der Händedruck des amerikanischen Second Lieutenant Bill Robertson mit dem sowjetischen Sergeanten Nikolaj Andrejew am 25. April 1945 auf den Trümmern der Torgauer Elbbrücke symbolisierte den Sieg der Alliierten über das nationalsozialistische Deutschland im Zweiten Weltkrieg. In Torgau, der Zentrale des Wehrmachtstrafsystems, befanden sich seit 1939 zwei von insgesamt acht Wehrmachtsgefängnissen Deutschlands: Fort Zinna, in den Jahren 1938 und 1939 zum größten und modernsten Gefängnis der Wehrmacht ausgebaut, und das Gefängnis Brückenkopf. In beiden Torgauer Wehrmachtsgefängnissen litten neben Kriegsdienst- und Befehlsverweigerern, Deserteuren und wegen krimineller Delikte verurteilten Soldaten auch Angehörige des deutschen und europäischen Widerstands. Zentrale Bedeutung für das Wehrmachtstrafsystem erlangte Torgau als Überprüfungsstelle für kriegsgerichtlich verurteilte Soldaten, die zur „Frontbewährung" bei der Bewährungstruppe 500 bestimmt waren, sowie als Aufstellungsort der berüchtigten Feldstraflager I und II. In ihnen wurden besonders häufig Gefangene willkürlich erschossen oder durch Hunger, Drill und Misshandlung zu Tode gequält, weshalb man sie unter Militärjuristen auch als „Konzentrationslager der Wehrmacht" bezeichnete. Seit August 1943 residierte zudem das Reichskriegsgericht, die höchste Instanz der Wehrmachtsjustiz, in der Torgauer Zieten-Kaserne. Je länger der von Deutschland begonnene Krieg dauerte und je aussichtsloser der Kampf wurde, desto drakonischer bekämpfte die NS-Militärjustiz die Kriegsmüdigkeit in der Wehrmacht und die wachsende Opposition. Mehr als eine Million deutscher Soldaten wurden von ihr verurteilt, 20 000 davon wurden hingerichtet. Zum Vergleich: Im selben Zeitraum vollstreckten die westlichen Alliierten in ihren eigenen Reihen insgesamt ca. 300 militärgerichtliche Todesurteile. Nach den unvollständigen Unterlagen der Torgauer Friedhofsverwaltung wurden in Torgau zwischen 1939 und 1945 171 Wehrmachtsangehörige erschossen. Andere Quellen legen die Vermutung nahe, dass die Zahl der Hinrichtungsopfer erheblich höher war.

Im August 1945 richtete die sowjetische Geheimpolizei NKWD im Fort Zinna das Speziallager Nr. 8 ein. Die Mehrzahl der dort ohne Urteil festgehaltenen Gefangenen gehörte der NSDAP oder anderen NS-Organisationen an, außerdem befanden sich mehrere hundert Kriegsgefangene unter den Internierten. Als Grund reichte den verhaftenden Operativgruppen des NKWD und anderer sowjetischer Sicherheitsorgane die bloße Mitgliedschaft in einer Organisation oder eine Denunziation; konkrete Tatvorwürfe waren selten. Die Hauptaufgabe der Speziallager bestand laut Vorläufiger Lagerordnung vom 27. Juli 1945 in der „vollständigen Isolierung" der Internierten. Das bedeutete: keine Nachrichten an die Angehörigen, auch nicht im Falle des Todes, strenge Sicherheitsmaßnahmen, so gut wie keine Arbeitskommandos außerhalb der Lager. Die Lebensmittelrationen und die medizinische Versorgung waren völlig unzureichend, so dass fast alle Todesfälle auf physische Auszehrung oder Tuberkulose zurückzuführen waren. Bis Ende 1945 füllte sich Fort Zinna, für 1 000 Gefangene konzipiert, mit 7 500 Gefangenen, die im Zellenbau, in eilig errichteten Baracken und in Kasematten der Festung notdürftig untergebracht wurden. Im März 1946 hat man das Lager in die benachbarte Seydlitz-Kaserne verlegt und dort bis zu seiner Auflösung im Januar 1947 betrieben; die Gefangenen wurden in die Speziallager ⇨Buchenwald und ⇨Mühlberg überführt.

Das Fort Zinna wurde von Mai 1946 bis Oktober 1948 unter der Bezeichnung Speziallager Nr. 10 weiter betrieben. Seine Besonderheit im System der Speziallager in der SBZ bestand darin, dass in ihm seit Herbst 1946 vor allem sowjetische Staatsangehörige, die von Sowjetischen Militärtribunalen (SMT) verurteilt worden und für die Deportation in die Zwangsarbeitslagerkomplexe der UdSSR vorgesehen waren, vor ihrem Abtransport gefangen gehalten wurden. Insgesamt vollzog sich die Hälfte aller Deportationen aus den der Abteilung Speziallager in der SBZ unterstehenden Lagern und Gefängnissen in die UdSSR über Torgau. Die Militärgerichte verurteilten in Verfahren, die keinen rechtsstaatlichen Ansprüchen genügten, Sowjetbürger wegen Kollaboration mit den Deutschen („Landesverrat"), „unerlaubter Entfernung", Desertion und krimineller Delikte zu fünf bis 25 Jahren „Besserungs-Arbeitslager". Unter den verurteilten deutschen Staatsbürgern, die im Fort Zinna gefangen gehalten wurden, befanden sich weniger Kriegsverbrecher oder Personen, die den Nationalsozialismus aktiv gestützt hatten, als Menschen, die gegen die sowjetische Nachkriegspolitik Widerstand leisteten oder einfach verdächtig erschienen. Insgesamt starben nach sowjetischen Angaben von 1945 bis 1948 in den beiden Torgauer Speziallagern 800 bis 850 Menschen, 130 davon durch Erschießen. Die Toten wurden auf dem Gelände des Gefängnisses oder in seiner unmittelbaren Nähe anonym verscharrt.

Ende Januar 1950 übernahm die Deutsche Volkspolizei das Fort Zinna für den Strafvollzug an denjenigen SMT-Verurteilten, die bei Auflösung der letzten drei Speziallager an das Innenministerium der DDR übergeben worden waren. Im ersten Jahr nach der Übernahme durch die Volkspolizei starben – geschwächt durch die jahrelange Lagerhaft – 115 Häftlinge an Tuberkulose, unzureichenden Lebensbedingungen und möglicherweise auch an schweren Misshandlungen, die 1950 in Torgau an der Tagesordnung waren. Bis in die Mitte der fünfziger Jahre war das Gefängnis um das Dreifache überbelegt. Nach der weitestgehenden Entlassung aller SMT-Verurteilten bis Ende 1956 verbüßten erneut Zeugen Jehovas, systemkritische Pfarrer, Verurteilte nach Befehl 201 der Sowjetischen Militäradministration in Deutschland (SMAD), Verurteilte nach Artikel 6 („Boykotthetze") der DDR-Verfassung und „Wirtschaftsverbrecher" ihre Strafen in Torgau. Seit April 1963 gewann Torgau zunehmend als Strafvollzugseinrichtung für „Staatsverbrecher" an Bedeutung. Dazu zählten u. a. „Republikflüchtige" im Wiederholungsfall, die in Torgau konzentriert wurden.

Seit 1990 befindet sich im Fort Zinna eine Justizvollzugsanstalt des Freistaates Sachsen. Neben Fort Zinna gab es in Torgau zwischen 1964 und 1989 zudem den einzigen ⇨Geschlossenen Jugendwerkhof der DDR.

Das DIZ Torgau zeigt im Schloss Hartenfels die ständige Ausstellung „Spuren des Unrechts" zur Geschichte der Torgauer Haftstätten im 20. Jahrhundert. Sie umfasst derzeit die Teilabschnitte „Torgau im Hinterland des Zweiten Weltkriegs. Militärjustiz, Wehrmachtgefängnisse, Reichskriegsgericht" und „‚Feindliche Elemente sind in Gewahrsam zu halten' – Die sowjetischen Speziallager Nr. 8 und Nr. 10 in Torgau 1945-1948". Ein weiterer Ausstellungsabschnitt unter dem Titel „Eine Schule der Repression", der sich der Geschichte der politschen und sozialen Repression im SED-Staat am Beispiel des DDR-Strafvollzugs im Gefängnis Fort Zinna widmet, wird zur Zeit vorbereitet.

QUELLEN / LITERATUR

Eberlein, Michael / Norbert Haase / Wolfgang Oleschinski: Torgau im Hinterland des Zweiten Weltkriegs. Militärjustiz, Wehrmachtgefängnisse, Reichskriegsgericht, Leipzig 1999 (Schriftenreihe der Stiftung Sächsische Gedenkstätten zur Erinnerung an die Opfer politischer Gewaltherrschaft, Bd. 6).
Haase, Norbert / Brigitte Oleschinski (Hrsg.): Das Torgau-Tabu. Wehrmachtstrafsystem, NKWD-Speziallager, DDR-Strafvollzug, 2. Aufl., Leipzig 1998.
Haase, Norbert / Brigitte Oleschinski (Hrsg.): Torgau. Ein Kriegsende in Europa, Bremen 1995.
Kohlsche, Kurt: So war es! Das haben Sie nicht gewußt. Konzentrationslager Sachsenburg 1935/36 und Wehrmachtgefängnis Torgau-Fort Zinna 1944/45 – ein Häftlingsschicksal, eingeleitet und kommentiert von Yvonne Hahn und Wolfgang Oleschinski, Dresden 2001 (Lebenszeugnisse – Leidenswege, Heft 7).
Oleschinski, Brigitte / Bert Pampel: Feindliche Elemente sind in Gewahrsam zu halten. Die sowjetischen Speziallager Nr. 8 und Nr. 10 in Torgau 1945–1948, Leipzig 1997 (Schriftenreihe der Stiftung Sächsische Gedenkstätten zur Erinnerung an die Opfer politischer Gewaltherrschaft, Bd. 3).
Luxemburger Zwangsrekrutierte im Wehrmachtgefängnis Torgau-Fort Zinna 1943–1945, bearbeitet und eingeleitet von Michael Eberlein und Norbert Haase, Dresden 1996 (Lebenszeugnisse – Leidenswege, Heft 1).
Kostenlose Faltblätter in verschiedenen Sprachen und Begleitbroschüren zur ständigen Ausstellung „Spuren des Unrechts" in deutscher, französischer und englischer Sprache zum Preis von 1,50 € sind in der Ausstellung und über das DIZ erhältlich.

ANSCHRIFT

Dokumentations- und Informationszentrum (DIZ) Torgau, Rosa-Luxemburg-Platz 16, 04860 Torgau
Tel. 03421 / 71 34 68, Fax 03421 / 71 34 68, E-Mail: diz.info@diz-torgau.de, www.diz-torgau.de

ÖFFNUNGSZEITEN

montags bis donnerstags von 9 bis 17 Uhr, freitags von 9 bis 12 Uhr. Das DIZ Torgau bietet Führungen durch die ständige Ausstellung, Projekttage, Seminare und Fortbildungen an. Der Besuch der Ausstellung kann mit einer Filmvorführung oder einer Stadtrundfahrt zu den historischen Orten verbunden werden. Darüber hinaus wird vom DIZ eine Wanderausstellung über die Geschichte des ehemaligen Geschlossenen Jugendwerkhofs betreut. Alle Angebote sind kostenlos.

VERKEHRSANBINDUNG
Vom Bahnhof mit der Stadtbuslinie bis Rosa-Luxemburg-Platz

PKW
Torgau ist Kreuzungspunkt der B87 (zwischen Herzberg und Eilenburg), 182 (Riesa-Wittenberg) und 183 (Bad Düben – Bad Liebenwerda). Parkplatz Elbstraße für Bus und PKW; Parkplatz am Rosa-Luxemburg-Platz nur für PKW

Mahnmal für die Opfer der Gewaltherrschaft von 1933 bis 1989

Torgau. Seit 1992 erinnert auf einem Parkplatz vor dem Gelände der heutigen Justizvollzugsanstalt Torgau Fort Zinna ein Mahnmal an die leidvolle Geschichte der Haftanstalt (⇨DIZ Torgau).

Auch in Fort Zinna wurde, wie in vielen ehemaligen Konzentrationslagern und Gefängnissen des nationalsozialistischen Regimes, der nahtlose Übergang von einem in das andere Unrechtssystem vollzogen.

Auf Initiative der Vereinigung der Opfer des Stalinismus e.V. (VOS), Bezirksgruppe Torgau, wurde zur Erinnerung an die Opfer beider Diktaturen in Deutschland ein Mahnmal, bestehend aus einem Gedenkkreuz und zwei Gedenktafeln, errichtet. Mit Fördermitteln des Landratsamtes Torgau und unter der Schirmherrschaft der Landrätin Burghilde Tomczak haben Steinmetzmeister Thomas Hanisch und Ingenieur Lutz Sommer das Mahnmal geschaffen und am 8. November 1992 eingeweiht.
Die Inschriften lauten: Mahnkreuz: „Die Toten mahnen". Gedenktafel am Mahnkreuz: „Zur Erinnerung / an die Opfer der / Gewaltherrschaft / im Fort Zinna". Gedenktafel seitlich des Mahnkreuzes: „Zum Gedenken / an die während der / kommunistischen Willkürherrschaft / unschuldig Ermordeten, / Internierten und Inhaftierten".

QUELLEN / LITERATUR
„Verzeihen ... heißt nicht vergessen...", hrsg. von der VOS, Bezirksgruppe Torgau 1993.

STANDORT
Am Fort Zinna 7, 04860 Torgau

VERKEHRSANBINDUNG / PKW
Torgau ist Kreuzungspunkt der B87 (zwischen Herzberg und Eilenburg), 182 (Riesa-Wittenberg) und 183 (Bad Düben-Bad Liebenwerda)

Erinnerungs- und Begegnungsstätte im ehemaligen Geschlossenen Jugendwerkhof Torgau

Torgau. Seit 1965 befand sich in Torgau-Fischerdörfchen, unmittelbar an der Elbe, der einzige Geschlossene Jugendwerkhof (GJWH) der DDR. Das Gebäude erschien aufgrund seiner Vergangenheit und der baulichen Gegebenheiten für die „Erziehung der Jugendlichen" geeignet, der typische

Charakter einer Strafanstalt blieb dieser Einrichtung der Jugendhilfe erhalten. Wegen der Vorgeschichte des Gebäudes (seit 1903 Haftanstalt, Untersuchungsgefängnis der Wehrmachtsjustiz, Gefängnis des Sowjetischen Militärtribunals, seit 1952 Jugendstrafanstalt der DDR) ließ sich das Haus wie eine Strafvollzugseinrichtung führen. Man verfügte über einen Hof für Rundgänge, Verwahrräume ohne sanitäre Einrichtungen und Arbeitsräume. Alle Fenster waren vergittert. Eine hohe Mauer mit Stacheldraht umschloss das Gelände.

Im November 1989 wurde die 1965 als Sonderform eines Jugendwerkhofes geschaffene Einrichtung auf Anweisung des Ministeriums für Volksbildung der DDR überstürzt aufgelöst. Die Jugendlichen entließ man entweder nach Hause oder in ihre „Stammeinrichtungen“ (Heime, offene Jugendwerkhöfe). Das Personal blieb bis zum Sommer 1990 im GJWH beschäftigt. In den Monaten zwischen Winter 1989 und Sommer 1990 erfolgten umfangreiche Umbaumaßnahmen, die die Spuren des Unrechts im GJWH verwischten. In der Folgezeit wurde das Gelände an Investoren veräußert, und lediglich das Verwaltungsgebäude des ehemaligen GJWH blieb als möglicher Ort der Erinnerung erhalten. Die Erinnerungs- und Begegnungsstätte baut diesen Ort derzeit aus und möchte auf diese Weise an die Geschichte des GJWH erinnern.

In den GJWH Torgau als „Spezialheim der Jugendhilfe“ kamen hauptsächlich Jugendliche im Alter zwischen 14 und 18 Jahren, die als schwer erziehbar eingeschätzt wurden und unter haftähnlichen Bedingungen zu „vollwertigen Mitgliedern der sozialistischen Gesellschaft“ umerzogen werden sollten. Bei der Ersteinweisung wurden die Jugendlichen bis zu sechs Monate nach Torgau gebracht, aber häufig kam es auch zu Zweit- und Dritteinweisungen. Zur Einweisung genügte ein förmlicher Antrag beim Ministerium für Volksbildung. Wer nach Torgau kam, lebte meist schon in einer der oben genannten „Stammeinrichtungen“ des Ministeriums für Volksbildung. Verstöße gegen die Hausordnung der Einrichtungen wie Verweigerung bzw. Nichtbewältigung von Arbeitsnormen oder Flucht („Entweichung“) bzw. abstrakte Fluchtpläne konnten eine Einweisung nach sich ziehen. Als weitere Gründe galten „sexuelle Triebhaftigkeit“, „terroristische Handlungen“ (z. B. tätliche Angriffe gegen andere Jugendliche und Erwachsene eines Heimes) oder „faschistische Provokationen“ (z. B. Beschmutzung von Bildern von politischen Persönlichkeiten, Beschimpfungen und Bedrohungen von Funktionären staatlicher und gesellschaftlicher Organisationen, Staatsverleumdung und „Hetze“ gegen die DDR). Darüber hinaus wurden Verhaltensstörungen als Einweisungsgrund genutzt. Dazu zählte man unter anderem mangelnde

Einordnungsbereitschaft, „unmotivierte Tobsuchtsanfälle" sowie Selbstmordversuche. Der Auslegungsrahmen war sehr groß und der Willkür damit Tür und Tor geöffnet. Zum Teil wurden die Jugendlichen über den Grund ihrer Einweisung nicht unterrichtet. Einen Psychologen oder Fürsorger gab es bis zuletzt in der Anstalt nicht. Im Alltag wurden die Jugendlichen über Stunden an Gitter gefesselt, Flure und Gänge mussten mit der Handbürste geschrubbt werden, es wurden „Spießrutenläufe" veranstaltet, die Duschen waren im Winter kalt, es kam zu stundenlangen Stehstrafen in der Arrestzelle und zu Drillexzessen („Schleifen") auf dem Hof der Anstalt.

In der Erinnerungs- und Begegnungsstätte wird die Dauerausstellung „Auf Biegen und Brechen. Geschlossener Jugendwerkhof Torgau 1964-1989" angeboten: Bildtafeln, Fotos und verschiedene Exponate geben einen Einblick in die Geschichte des GJWH zwischen 1964 und 1989. Es finden regelmäßig Sonderausstellungen, Vorträge, Filmvorstellungen und Lesungen statt. Die Gedenkstätte verfügt neben einer Bibliothek auch über eine Sammlung/Archiv sowie über eine Mediathek. Es besteht die Möglichkeit, Besuchergruppen durch das historische Stadtzentrum mit seiner wechselvollen Geschichte zu begleiten. Die Erinnerungs- und Begegnungsstätte ist zugleich Anlaufstelle für Betroffene und deren Angehörige, die ihre Jugend in den Einrichtungen der so genannten Jugendhilfe der DDR und vor allem im GJWH Torgau verbringen mussten. Hierfür stehen Betreuungs- und Beratungsangebote zur Verfügung, die von Fragen der Rehabilitierung bis zur psychologischen Beratung reichen.

QUELLEN / LITERATUR

Bittner, Michael: Der geschlossene Jugendwerkhof Torgau (GJWH). Geschichte und Struktur, Torgau 1999.
Jörns, Gerhard: Der Jugendwerkhof im Jugendhilfesystem der DDR, Göttingen 1995.
Einweisung nach Torgau. Texte und Dokumente zur autoritären Jugendfürsorge in der DDR (Geschichte, Struktur und Funktionsweise der DDR-Volksbildung, Bd. 4), Berlin 1997.

ANSCHRIFT

Erinnerungs- und Begegnungsstätte im ehemaligen GJWH, Fischerdörfchen 15, 04860 Torgau

ANSPRECHPARTNER

Birgit Hahmann, Michael Bittner, Tel. / Fax 03421 / 71 42 03, E-mail: ebs.info@jugendwerkhof-torgau.de, www.jugendwerkhof-torgau.de

ÖFFNUNGSZEITEN

dienstags bis freitags von 10 bis 12 und 14 bis 17 Uhr. Sonnabend und Sonntag nach Vereinbarung. Führungen nach Anmeldung und Absprache

VERKEHRSANBINDUNG

Stadtbuslinie ab Bahnhof bis Haltestelle Rosengarten, anschließend zwei Minuten Fußweg unter der Elbbrücke hindurch

PKW

Torgau ist Kreuzungspunkt der B 87 (zwischen Herzberg und Eilenburg), 182 (Riesa-Wittenberg) und 183 (Bad Düben-Bad Liebenwerda)

Sächsisches Strafvollzugsmuseum

Waldheim. Die Justizvollzugsanstalt Waldheim ist die älteste Einrichtung ihrer Art in ganz Deutschland. Aus diesem Grund wurde 1995 mit dem Aufbau eines kleinen Museums in der Anstalt begonnen. Inzwischen bietet die Ausstellung einen Einblick in die Geschichte des sächsischen Strafvollzuges über drei Jahrhunderte hinweg. Darüber hinaus fungiert das Museum als Bildungseinrichtung, zu deren Besuchern neben Schüler- und Jugendgruppen auch Fachbesucher wie zum Beispiel Vollzugspraktiker, Sozialpädagogen, Psychologen oder Juristen gehören.

Über die Strafanstalt Waldheim gibt es im Sächsischen Hauptstaatsarchiv Dresden eine 173 Meter lange Aktenüberlieferung, die mit dem Jahre 1716 einsetzt und noch weitgehend unbearbeitet ist. Im Verlauf der Geschichte des Gefängnisses haben eine Reihe prominenter Gefangener ihre Haftzeit dort verbracht. Hier saß unter anderem der Abenteuerschriftsteller Karl May (1842-1912) eine vierjährige Haftzeit ab. Durch das Literaturstudium in der Gefängnisbibliothek konnte sich der Schriftsteller das Wissen über ferne Länder für seine späteren Romane anlesen. Zudem wurde 1876 in Waldheim die erste psychiatrische Station für geisteskranke Verbrecher in Deutschland eingerichtet.

Ein Schwerpunkt der Ausstellung ist die Darstellung der Zeit der nationalsozialistischen Gewaltherrschaft und des Strafvollzuges in der SBZ/DDR. Eine besondere Rolle spielen in der Ausstellung die „Waldheimer Prozesse" (1950).

Im Januar 1950 wurde in der Öffentlichkeit bekannt gegeben, dass die sowjetische Besatzungsmacht ihre Speziallager in der DDR auflösen werde. Die Gefangenen sollten freigelassen bzw. in den kommenden Wochen an die DDR-Behörden zur weiteren Inhaftierung und Aburteilung übergeben werden. Unter den vielen tausenden Gefangenen, die die DDR-Strafjustiz übernahm, waren auch rund 3 450 Internierte ohne Urteil. Die DDR-Strafjustiz machte diesen Gefangenen zwischen April und Juni 1950 den Prozess. Zu diesem Zweck wurde im Februar 1950 die Strafvollzugsanstalt Waldheim mit 1 430 Insassen geräumt und die Häftlinge auf andere Gefängnisse verteilt. An deren Stelle traten die ohne Urteil gebliebenen Internierten der inzwischen aufgelösten sowjetischen Speziallager. Der größte Teil der zur Aburteilung nach Waldheim gebrachten Häftlinge stammte aus dem Speziallager Nr. 2 ⇨Buchenwald (2 415 ehemalige Lagerinsassen). Damit war das Zuchthaus hoffnungslos überbelegt, und es herrschten katastrophale Haftbedingungen. Noch bevor die Verfahren begannen, starben im überfüllten Zuchthaus 43 der neu eingelieferten Häftlinge aufgrund ihres schlechten Gesundheitszustandes. Im Zuchthaus grassierte Tuberkulose. Bei den angestrebten Prozessen ließen sich die Richter von dem Grundsatz leiten: Die Gefangenen sind in jedem Fall schuldig. Im Taktverfahren (im Regelfall etwa 20 bis 30 Minuten), ohne Verteidiger, Zeugen und meist auch ohne Beweisdokumente, wurden die Verurteilungen vorgenommen. Obwohl Straftaten nur in Ausnahmefällen nachgewiesen werden konnten, erhielten mehr als 50 Prozent der Verurteilten Strafen von 15 bis 25 Jahren. Zu lebenslanger Haftzeit wurden 146 Personen verurteilt; das Todesurteil verhängten die Richter 33 Mal, bei 24 Verurteilten wurde es vollstreckt. Lediglich in zehn Fällen, bei denen die Anschuldigungen stichhaltig vermittelt werden konnten, kam es zu einer „öffentlichen" Schauverhandlung vor ausgewähltem Publikum im Rathaus von Waldheim. Heute gilt als belegt, dass es sich bei einem großen Teil der rund 3450 Verurteilten um Unschuldige und keinesfalls um schwer belastete NS-Täter handelte. Eine faire Verhandlung hatte jedenfalls keiner von ihnen erhalten. Die Prozesse von Waldheim gehören zum dunkelsten Kapitel der DDR-Justizgeschichte. In der Propaganda der DDR wurden sie als strafrechtliche Abrechnung mit Verbrechen und Verbrechern des NS-Systems dargestellt, aber in der Realität kam es zu schwerer Missachtung strafrechtlicher und verfassungsmäßiger Grundsätze.

QUELLEN / LITERATUR
Faltblatt „Sächsisches Strafvollzugsmuseum in der Justizvollzugsanstalt Waldheim".

ANSCHRIFT
AG Sächsisches Strafvollzugsmuseum in der Justizvollzugsanstalt Waldheim, Dresdner Straße 1a
04736 Waldheim

ÖFFNUNGSZEITEN
täglich außer an Sonn- und Feiertagen. Besuche nur nach vorheriger schriftlicher Vereinbarung, da sich das Museum innerhalb der Justizvollzugsanstalt befindet. Jugendliche unter 14 Jahren haben keinen Zutritt. Für den Museumsbesuch ist der Personalausweis oder Pass mitzubringen. Mobiltelefone und Fotoapparate sind nicht gestattet. Durch die Ausstellung wird geführt. Eintritt frei. Tel. 034327/99359, Fax 034327/99299

VERKEHRSANBINDUNG / PKW
Über die A4 von Dresden oder Chemnitz, Abfahrt Hainichen über Mittweida oder in Richtung Döbeln nach Waldheim

Gedenktafel und Gedenkstein für die Opfer der „Waldheimer Prozesse"

Waldheim. Im Januar 1950 wurde in der Öffentlichkeit bekannt gegeben, dass die sowjetische Besatzungsmacht ihre Speziallager in der DDR auflösen werde. Die Gefangenen sollten freigelassen bzw. in den kommenden Wochen an die DDR-Behörden zur weiteren Inhaftierung und Aburteilung übergeben werden. Unter den vielen tausenden Gefangenen, die an die DDR-Strafjustiz übergeben wurden, waren auch rund 3 450 Internierte ohne Urteil. Die DDR-Strafjustiz machte diesen Gefangenen zwischen April und Juni 1950 den Prozess. Zu diesem Zweck wurde im Februar 1950 die Strafvollzugsanstalt ⇨Waldheim mit 1 430 Insassen geräumt und die Häftlinge auf andere Gefängnisse verteilt. An deren Stelle traten die ohne Urteil gebliebenen Internierten der inzwischen aufgelösten sowjetischen Speziallager. Der größte Teil der zur Aburteilung nach Waldheim übergebenen Häftlinge stammte aus dem Speziallager Nr. 2 ⇨Buchenwald (2 415 ehemalige Lagerinsassen). Damit war das Zuchthaus hoffnungslos überbelegt, und es herrschten katastrophale Haftbedingungen. Noch bevor die Verfahren begannen, starben im überfüllten Zuchthaus 43 der neu eingelieferten Häftlinge aufgrund ihres schlechten Gesundheitszustandes. In der Haftanstalt grassierte Tuberkulose. Bei den angestrebten Prozessen ließen sich die Richter von dem Grundsatz leiten: Die Gefangenen sind in jedem Fall schuldig. Im Taktverfahren (im Regelfall etwa 20 bis 30 Minuten), ohne Verteidiger, Zeugen und meist auch ohne Beweisdokumente, wurden die Verurteilungen vorgenommen. Obwohl Straftaten nur in Ausnahmefällen nachgewiesen werden konnten, erhielten mehr als 50 Prozent der Verurteilten Strafen von 15 bis 25 Jahren. Zu lebenslanger Haftzeit wurden 146 Personen verurteilt; das Todesurteil verhängten die Richter 33-mal, bei 24 Verurteilten wurde es vollstreckt. Lediglich in zehn Fällen, bei denen die Anschuldigungen stichhaltig vermittelt werden konnten, kam es zu einer „öffentlichen" Schauverhandlung vor ausgewähltem Publikum im Rathaus von Waldheim. Heute gilt als belegt, dass es sich bei einem großen Teil der rund 3 450 Verurteilten um Unschuldige und keinesfalls um schwer belastete NS-Täter handelte. Eine faire Verhandlung hatte jedenfalls keiner von ihnen erhalten. Die Prozesse von Waldheim gehören zum dunkelsten Kapitel der DDR-Justizgeschichte.

Das Gebäude, in dem die meisten Prozesse stattgefunden hatten, wurde später als Haftkrankenhaus und psychiatrische Klinik genutzt. Nach 1990 verkleinerte der Freistaat Sachsen die Haftanstalt, und ein Teil des ehemaligen Gefängnisgeländes wurde für anderweitige Nutzung freigegeben. Dazu gehörte auch das ehemalige Haftkrankenhaus, das im Jahre 2000 wegen Baufälligkeit und enormer Sanierungskosten abgerissen wurde. Von Seiten der Opferverbände wurde gegen den Abriss protestiert, da das Gebäude als historisches Denkmal erhalten werden sollte. Auf Initiative des Waldheim Kameradschaftskreises und mit Unterstützung der Stiftung Sächsische Gedenkstätten sowie der Stadtverwaltung Waldheim wurden am 29. September 2000 auf dem ehemaligen Gelände des Haftkrankenhauses ein Gedenkstein und eine

Gedenktafel für die Opfer der „Waldheimer Prozesse“ feierlich eingeweiht. Die Inschrift auf dem Gedenkstein lautet: „Den unschuldigen / Opfern der / Waldheimer Prozesse / 1950“.

Der Text der Inschrift auf der Gedenktafel lautet: „Auf diesem Gelände stand bis Mitte 2000 ein Teil des ehemaligen Zuchthauses Waldheim. / Hier fand zwischen April und Juni 1950 ein Grossteil der „Waldheimer Prozesse“ statt. / Unter direkter Anleitung der SED-Führung verurteilten linientreue Richter ohne den / Nachweis individueller Schuld mehr als 3300 Menschen im Schnellverfahren zu lang- / jährigen Haftstrafen. Verteidiger waren nicht zugelassen, Zeugen wurden nicht / gehört. 24 Todesurteile wurden in der Nacht vom 3. auf den 4. November 1950 auf / dem Hauptgebäude der Anstalt vollstreckt. / Bei den Verurteilten handelte es sich überwiegend um Menschen, die in der Nachkriegs- / zeit allein wegen ihrer Mitgliedschaft bzw. Funktion in der NSDAP oder in einer der / ihr angeschlossenen Organisationen verhaftet worden waren. Im Anschluss an ihre / bis zu 5-jährige Haft in so genannten Speziallagern der sowjetischen Geheimpolizei / wurden sie bei Auflösung dieser Lager an die Behörden der DDR übergeben. Nur wenige / von ihnen hatten sich während des „Dritten Reiches“ an Verbrechen beteiligt. Viele / waren aufgrund haltloser Denunziationen und einige wegen ihrer Opposition zur / sowjetischen Besatzungspolitik verhaftet worden. Mehrere hundert Verurteilte der / ‚Waldheimer Prozesse‘ starben in der Folgezeit an Krankheiten, Unterernährung und / den Folgen der Überbelegung der Haftanstalt. / Nach Abschluss der Prozesse wurde das geschichtsträchtige Gebäude bis 1990 als / Haftkrankenhaus und psychiatrische Klinik genutzt. Im Jahr 2000 musste es wegen / Baufälligkeit abgerissen werden.“

QUELLEN / LITERATUR
Werkentin, Falco: Politische Strafjustiz in der Ära Ulbricht, Berlin 1995.

STANDORT
Gartenstraße, 04736 Waldheim

VERKEHRSANBINDUNG / PKW
Über die A 4 von Dresden oder Chemnitz, Abfahrt Hainichen über Mittweida oder in Richtung Döbeln nach Waldheim

Gedenkstein für die Opfer der „Waldheimer Prozesse“

Waldheim. In den ersten Monaten nach der Übergabe der in Speziallagern Gefangenen durch die sowjetische Besatzungsmacht an die DDR-Justiz starben im Zuchthaus Waldheim eine Vielzahl von Gefangenen aufgrund ihres schlechten Gesundheitszustandes und der katastrophalen Haftbedingungen. 120 von ihnen wurden auf dem Beamtenfriedhof der Strafanstalt in einem Reihengrab ohne Sarg bestattet. Für die Überführung vom Zucht-

haus zum Friedhof stand lediglich ein Sarg zur Verfügung. Ab Juni 1950 wurden die meisten Toten im Krematorium ⇨Döbeln verbrannt.

In den Folgejahren kam es zur Vernachlässigung des Friedhofes; am Ende der DDR war daraus eine Müllkippe geworden. Dem Einsatz des Waldheim-Kameradschaftskreises und der Vereinigung der Opfer des Stalinismus e.V. (VOS), Bezirksgruppe Döbeln, ist es zu verdanken, dass auf dem Gelände mit Unterstützung der Stadtverwaltung Waldheim ein Ort des Gedenkens entstehen konnte.

Der Waldheim-Kameradschaftskreis errichtete am 3. Oktober 1993 auf dem ehemaligen Beamtenfriedhof der Strafvollzugsanstalt Waldheim einen Gedenkstein. Er trägt die Inschrift: „Den / unschuldigen Opfern / der / stalinistisch- / kommunistischen / Gewaltherrschaft / im / Zuchthaus Waldheim 1950 - 1954".

QUELLEN / LITERATUR
Information des Waldheim-Kameradschaftskreises.
Prieß, Benno: Unschuldig in den Todeslagern des NKWD 1946-1954, Calw 1998.
Werkentin, Falco: Politische Strafjustiz in der Ära Ulbricht, Berlin 1995.

VERKEHRSANBINDUNG / PKW
Über die A 4 von Dresden oder Chemnitz, Abfahrt Hainichen über Mittweida oder in Richtung Döbeln nach Waldheim

STANDORT
Beamtenfriedhof, Döbelner Straße (Am Kornhaus)
04736 Waldheim

Gedenktafel für die Werdauer Oberschüler

Werdau. Im Jahre 1997 wurde im Gymnasium „Alexander von Humboldt" in Werdau eine Gedenktafel für die 19 Mitglieder einer oppositionellen Gruppe Jugendlicher, die „Werdauer Oberschüler", eingeweiht, denen am 3. Oktober 1951 vor dem Landgericht Zwickau der Prozess gemacht worden war. Bei den Verurteilten handelte es sich in der Mehrzahl um ehemalige Schüler des heutigen Gymnasiums.

Sie waren mit selbst gefertigten Flugblättern für die Einheit Deutschlands eingetreten, hatten gegen den stalinistischen Terror protestiert und die Legitimation der SED-Herrschaft in Frage gestellt. Ihnen wurde daraufhin auf der Grundlage von zutreffenden und erdichteten Vorwürfen „Boykotthetze gegen demokratische Einrichtungen und Organisationen der DDR" vorgeworfen. In den DDR-Medien wurde der Prozess totgeschwiegen. Als der

RIAS – dessen Programm auch von einer westdeutschen Sendeanlage an der Südgrenze der DDR ausgestrahlt wurde – über den Schülerprozess berichtete, schaltete man zum Zeitpunkt der Sendung in der Stadt Werdau den Strom ab. Die Verhaftung der Gruppe erfolgte im Mai 1951. Monate später wurden drakonische Strafen verhängt: Die 19 Verurteilten erhielten zusammen 130 Jahre Zuchthaus. Das höchste Strafmaß betrug 15 Jahre und wurde über einen 17-Jährigen verhängt. Eine Verteidigungschance bestand nach der Verhaftung und während der Prozesse zu keiner Zeit. Die Öffentlichkeit war ausgeschlossen. Zuvor hatte man versucht, die Jugendlichen mit Isolierung, Dunkelhaft und psychischer Folter geständig zu machen. Die letzten inhaftierten Jugendlichen wurden nach dem XX. Parteitag der KPdSU und der Abrechnung mit Stalin im Februar 1956 aus der Haft entlassen. Die bereits zuvor freigekommenen Mitglieder der ehemaligen Oppositionsgruppe warteten auf die letzten ihrer Mitschüler, um keinen aus der Gruppe zu gefährden, bevor die meisten in den Westen gingen. Nur wenige blieben in Werdau. Heute sind die „Werdauer Oberschüler" rehabilitiert. Die Inschrift der Gedenktafel lautet: „Zum Gedenken / an die 19 Jugendlichen, / die am 3. Oktober 1951 / im Prozess gegen die / Werdauer Oberschüler / von der SED-Justiz / zu insgesamt 130 Jahren / Zuchthaus verurteilt / wurden. / In selbstgefertigten / Flugblättern traten / sie für die Einheit / Deutschlands ein und / protestierten gegen / stalinistischen Terror."

QUELLEN / LITERATUR

Beyer, Achim: Urteil: 130 Jahre Zuchthaus. Jugendwiderstand in der DDR und der Prozess gegen die „Werdauer Oberschüler". Schriftenreihe des LStU Sachsen, Bd. 1, Leipzig 2003.
Pergande, Frank: Vorbild waren die Geschwister Scholl. Neunzehn widerspenstige Schüler in der DDR, ein halber Tag Prozess, 130 Jahre Zuchthaus, in: Frankfurter Allgemeine Zeitung vom 27.12.2001.

STANDORT

Gymnasium „Alexander von Humboldt"
Goethestraße 2, 08412 Werdau

VERKEHRSANBINDUNG / PKW

Über die A 4 von Gera oder Dresden über Abfahrt Crimmitschau nach Werdau; über die A 72 von Hof oder Dresden über Abfahrt Zwickau oder Reichenbach nach Werdau

Gedenktafel für Dr. Armin Graebert

Wurzen. 1898 in Berlin geboren, studierte Armin Graebert (1898-1947) nach dem Ersten Weltkrieg Rechts- und Verwaltungswissenschaften und wurde promoviert. Von 1928 bis 1935 war er 2. Bürgermeister in Anklam und bis 1937 2. Bürgermeister in Glogau. Anschließend fungierte er als Stadtkämmerer von Weimar. Von Juli 1939 bis zum Ende des Zweiten Weltkrieges war er Oberbürgermeister von Wurzen. Als er die Sinnlosigkeit weiterer Kampfhandlungen erkannte, ließ Armin Graebert weiße Fahnen hissen. Mit Mitgliedern der SPD und der KPD und den Pfarrern der evangelischen und katholischen Kirchen der Stadt besprach er, wie Wurzen vor der Zerstörung und die Bewohner vor dem sicheren Tod gerettet werden könnten. Am 18./19. April 1945 ließ Graebert den Amerikanern ein Kapitulationsangebot überbringen und entließ den Volkssturm; am 24. April wurde die kampflose Kapitulation von Wurzen vollzogen. Dabei riskierte Graebert nicht nur seine Amtsenthebung, sondern wegen Wehrkraftzersetzung sogar die Todesstrafe – auch in Sachsen gab es noch in den letzten Apriltagen mehrere Standgerichte. So gehörte Wurzen zu den wenigen Städten dieser Größe, die das Ende des Krieges ohne größere Zerstörungen erlebten. Tausende Einwohner, Verwundete, Flüchtlinge, Heimatvertriebene und Zwangsarbeiter überlebten. Vom Geheimdienst der sowjetischen Besatzungsmacht NKWD wurde der Oberbürgermeister dennoch am 18. Mai 1945 verhaftet. Er wurde zunächst in das sowjetische Speziallager Nr. 4 ⇨Bautzen und anschließend am 24. September 1946 in das Speziallager Nr. 6 ⇨Jamlitz gebracht, wo er am 5. Februar 1947 starb. Sein ältester Sohn wurde ebenfalls verhaftet und unter „Werwolf"-Verdacht vom 5. November 1945 bis zum 10. Juli 1948 im Speziallager Nr. 1 ⇨Mühlberg interniert.

Am Eingang des Stadthauses Wurzen, dem Sitz des Landratsamtes Muldentalkreis, erinnert eine Gedenktafel an den ehemaligen Oberbürgermeister von Wurzen, Dr. Armin Graebert. Sie wurde am 24. April 1995 auf Initiative des Oberbürgermeisters Anton Pausch und des Wurzener Geschichts- und Altertumsvereins enthüllt und trägt die Inschrift: „In diesem Hause / vollzog am 24. April 1945 / Oberbürgermeister Dr. Armin Graebert / gegenüber dem Kommandeur des 1. Bat. 273. US-Inf.-Reg. / Major Victor Conley, die Kapitulation Wurzens. / Damit wurden Einwohner, Flüchtlinge, Kriegsverwundete / und Zwangsarbeiter vor dem Tode / sowie die Stadt vor der Zerstörung bewahrt. / Vor 50 Jahren 24. April 1995".

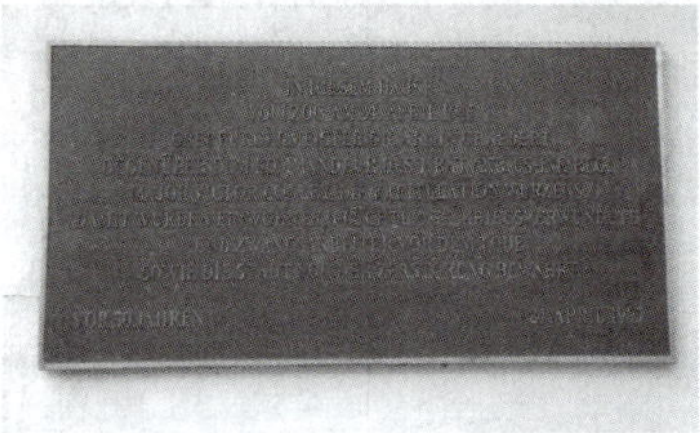

QUELLEN / LITERATUR
Information von Hans A. Graebert (Sohn von Dr. Armin Graebert), Mitglied der Initiativgruppe Lager Mühlberg e.V.
Weigelt, Andreas: Umschulungslager existieren nicht. Zur Geschichte des sowjetischen Speziallagers Nr. 6 in Jamlitz, Berlin 2001.

STANDORT
Stadthaus, Landratsamt Muldentalkreis
Friedrich-Ebert-Straße 2, 04808 Wurzen

VERKEHRSANBINDUNG
S-Bahn ab Leipzig bis Wurzen

PKW
A 14 von Magdeburg, Halle über Leipzig Richtung Dresden bis Abfahrt 23 (Grimma) Richtung Wurzen; B 107 nach Wurzen oder B 6 zwischen Leipzig und Dresden

Gedenkstein für 89 Opfer der SED-Diktatur

Zittau. Auf Initiative der Gemeinschaft ehemaliger politischer Häftlinge der Bezirksgruppe Zittau wurde am 22. April 1995 auf dem Friedhof des Zittauer Krematoriums ein Gedenkstein für 89 politische Häftlinge eingeweiht, die dort am 22. August 1957 in aller Heimlichkeit bestattet worden waren.

Der Gedenkstein trägt die Inschrift: „In Gedenken / der 89 Opfer / der / SED-Diktatur / 1950-1956".

Bei ihnen handelt es sich um zwischen 1951 und 1956 verstorbene bzw. zum Tode verurteilte Häftlinge der Strafvollzugsanstalt ⇨Bautzen, deren Leichen im Krematorium von Zittau eingeäschert wurden und deren Urnen man nach Bautzen zurückschickte, um sie dort bis 1956 einzulagern. Eine Übergabe an die Angehörigen und damit eine Bestattung in den Heimatorten kam nicht in Frage, da man jede öffentliche Diskussion vermeiden wollte. Es sollte ferner verhindert werden, dass Urnen durch die Hinterbliebenen entwendet werden konnten. Die Opfer waren zum überwiegenden Teil Häftlinge der sowjetischen Speziallager und Gefängnisse, die im Februar 1950 an die deutsche Strafjustiz übergeben wurden. Viele von ihnen waren an Unterernährung und Krankheiten wie Tuberkulose gestorben. Zudem zählten zu den in Zittau Eingeäscherten auch Beteiligte am Aufstand vom 17. Juni 1953, die zum Tode verurteilt worden waren. Im November 1956 wurden die gesammelten Urnen nach Zittau zurückgebracht. Sie sollten in einer Sammelstelle im Urnenhain des Friedhofs des Krematoriums beigesetzt werden. Am 22. August 1957 fand die Beisetzung in aller Heimlichkeit statt. Offiziell hätte die Krematoriumsverwaltung nun auch die Hinterbliebenen über den Bestattungsort ihrer verstorbenen Angehörigen in Kenntnis setzen können, aber soweit aus den Unterlagen ersichtlich ist, hat eine solche Information nie stattgefunden. Die Sammelstelle wurde 1977 eingeebnet und die Aschereste ohne Urnen in einer Gemeinschaftsanlage erneut beigesetzt.

QUELLEN / LITERATUR
Der Stacheldraht 5/2000.

STANDORT
Friedhof des Zittauer Krematoriums
02763 Zittau

VERKEHRSANBINDUNG / PKW
Von Dresden über die A4 (Abfahrt Bautzen), B96 nach Zittau; von Dresden über die B6 bis Bischofswerda, dann über die B98 und B96 (Richtung Ebersbach) weiter nach Zittau

Gedenktafel zur Erinnerung an den 17. Juni 1953

Zittau. Der 17. Juni 1953 markiert den Höhepunkt und die Niederschlagung des mehrtägigen Volksaufstands in der DDR, bei dem sich große Teile der Bevölkerung gegen die SED-Diktatur erhoben.

Im Jahre 1953 war die Versorgungslage im Kreis Zittau gegenüber anderen Kreisen des Bezirks Dresden deutlich schlechter. Für den Kauf vieler Waren musste die Bevölkerung in die benachbarten Kreisstädte fahren. In dem Industriekreis südöstlich von Dresden gab es mehrere große Textilbetriebe, Fahrzeugindustrie und das Braunkohlewerk Hirschfelde. Der größte Arbeitgeber war mit etwa 4000 Beschäftigten das IFA-Werk Phänomen Zittau, in dem Nutzfahrzeuge hergestellt wurden. Es war im ersten Quartal 1953 im gesamten Bezirk der Betrieb mit der schlechtesten Planerfüllung, was zu hohen Lohnausfällen der Arbeiter führte. Am 17. Juni 1953 kam es auch in Zittauer Werken zu spontanen Versammlungen. Mittags wurde im IFA-Werk II in Seifhennersdorf einstimmig eine Resolution verabschiedet, in der man freie, geheime, demokratische Wahlen, die Senkung der HO-Preise, eine einheitliche Einstufung der Lebensmittelkarten für die gesamte Bevölkerung und die Reduzierung hoher Gehälter forderte. Ab 16 Uhr galt in Zittau der Ausnahmezustand. Am 18. und 19. Juni wurden Betriebsangehörige des IFA-Werkes verhaftet, woraufhin am 19. Juni die Früh- und Normalschicht in den Streik trat. Auf einer Betriebsversammlung beharrten die Arbeiter gegenüber der SED auf ihren Forderungen. Sowjetische Soldaten umstellten das Zittauer Phänomen-Werk und zwangen die Arbeiter unter vorgehaltener Waffe zur Arbeitsaufnahme. In den folgenden Wochen sammelten die Arbeiter Geld für die Angehörigen der Inhaftierten, viele traten aus der Gewerkschaft aus, hunderte kehrten der Deutsch-Sowjetischen Freundschaft (DSF) den Rücken.

Aus Anlass des 50. Jahrestages des Volksaufstandes wurde in Zittau am 17. Juni 2003 eine Gedenktafel enthüllt mit der Inschrift: „Zum Gedenken / an den Volksaufstand / 17. Juni 1953".

QUELLEN / LITERATUR
Roth, Heidi: Der 17. Juni 1953 in Sachsen. Köln 1999.

VERKEHRSANBINDUNG / PKW
A 13 / A 4 und B96 bis nach Zittau

STANDORT
Bahnhofstraße 27, 02763 Zittau

Sachsen-Anhalt

Gedenk- und Begegnungsstätte Stresow

Aulosen. Das Dorf Stresow, südöstlich von Schnackenburg zwischen Wittenberge und Salzwedel gelegen, gehörte zu den so genannten geschleiften Dörfern in der DDR. Aufgrund seiner Lage unmittelbar in der 500 Meter breiten „Schutzzone" an der innerdeutschen Grenze wurde das gesamte Dorf zwischen 1952 und 1974 sukzessive unter Zwang geräumt und die Häuser abgerissen. Lediglich zwei Häuser des ehemaligen Gutshofes von Jagow blieben wegen ihrer Lage etwas außerhalb des Ortskerns erhalten. Stresow hatte nach dem Krieg 27 Kleinsthöfe und ca. 80 Einwohner. Nach der Schließung der Grenze am 26. Mai 1952 wurden auch in Stresow einige Familien im Rahmen der Aktion „Ungeziefer" zwangsweise umgesiedelt. In der Folge flüchteten vier Familien in den Westen. Nach dem Mauerbau 1961 wurde das Dorf weiter abgeriegelt und lag nun zwischen zwei Zäunen, die nur mit einer Sondergenehmigung passiert werden durften. Der Druck auf die Bewohner durch die DDR-Organe führte dazu, dass immer mehr Familien Stresow verließen und sich an anderen Orten niederließen. 1974 zogen die letzten Bewohner aus Stresow fort. Danach ließ die Regierung sämtliche Gebäude des Dorfes abreißen.

1998 wurde die zum Grenzlandmuseum ⇨Schnackenburg gehörende Gedenk- und Begegnungsstätte Stresow eingeweiht. Sie ist umgeben von einer Außenanlage, in der Modelle der ehemaligen Grenzbefestigungsanlagen in Originalgröße stehen. Von einem elf Meter hohen Beobachtungsturm aus können Besucher einen guten Überblick über den ehemaligen Grenzverlauf gewinnen. Ergänzt wird die Anlage durch Übersichtskarten und Texttafeln zum Grenzaufbau der DDR. An die Gedenk- und Begegnungsstätte angeschlossen ist der zehn Kilometer lange Grenz- und Naturerlebnispfad von Schnackenburg bis Gartow, der teilweise den ehemaligen Kolonnenweg der Grenztruppen entlangführt. Auf der Wanderung können neben der Gedenkstätte Stresow Reste von Grenzsicherungsanlagen und des Grenzübergangs Kapern-Bömenzien besichtigt werden. Die regionale Tier- und Pflanzenwelt wird ebenfalls entlang des Pfades auf Schautafeln erläutert. Auf Initiative des Fördervereins des Grenzlandmuseums Schnackenburg e.V. und der Gemeinde Aulosen wurden am 2. Oktober 1997 dort, wo sich die Ortschaft Stresow einst befunden hatte, feierlich ein Gedenkstein und eine Schautafel aufgestellt sowie ein Lebensbaum gepflanzt.

Die Inschrift auf dem Gedenkstein lautet: „Zur Erinnerung / Dorf Stresow / 1310 wurde Stresow erstmalig urkundlich erwähnt / 1922 große Brandkatastrophe und Beginn des Wiederaufbaus im gleichen Jahr / 1952-1974 Zwangsumsiedlung und Abriss des Dorfes / durch die DDR-Behörden / 2. Oktober 1997".

QUELLEN / LITERATUR

Förderverein Grenzlandmuseum Schnackenburg e.V. (Hrsg.): Festschrift zur Einweihung eines Gedenksteines für den Ort Stresow, 2. Oktober 1997.
Bennewitz, Inge / Rainer Potratz: Zwangsaussiedlungen an der innerdeutschen Grenze, Berlin 1994.

STANDORT

Dorfstelle Stresow, 39615 Aulosen

POSTANSCHRIFT

Grenzlandmuseum Schnackenburg e.V., Am Markt, 29493 Schnackenburg, Tel. 05840/225. Nach Vereinbarung bietet das Museum Führungen entlang des Grenz- und Naturerlebnispfades an. Ein Besuch in der Gedenk- und Begegnungsstätte Stresow eignet sich für Radwanderungen. Die ehemalige Ortsstraße von Stresow ist heute Teil des Elbe-Radweges Cuxhaven-Dresden.

VERKEHRSANBINDUNG

Deutsche Bahn bis Salzwedel, dann weiter mit dem Bus

PKW

Von Schnackenburg B 493 Richtung Gartow, dann Landstraße Richtung Gummern, den Schildern Richtung Gedenk- und Begegnungsstätte Stresow folgen. Die Anfahrt ist auch über Aulosen möglich. An der Gedenk- und Begegnungsstätte Stresow befindet sich ein Parkplatz.

Gedenkstein für die Verfolgten und Opfer des 17. Juni 1953

Bitterfeld. Der 17. Juni 1953 markiert den Höhepunkt und die Niederschlagung des mehrtägigen Volksaufstands in der DDR, bei dem sich große Teile der Bevölkerung gegen die SED-Diktatur erhoben.

Der Bezirk Halle gehörte neben Berlin und dem Bezirk Leipzig zu den Schwerpunktregionen der Streikbewegung. Neben der Bezirksstadt selbst gab es am 17. Juni 1953 in allen 22 Kreisen Demonstrationen, Arbeitsniederlegungen bzw. größere Unruhen, darunter vor allem in den Industriestandorten Leuna, ⇨Bitterfeld, Wolfen, Weißenfels sowie Quedlinburg und Köthen. In der Industrieregion Bitterfeld-Wolfen entwickelte sich die Erhebung neben ⇨Görlitz am weitesten hin zu einem bewusst und überregional geführten politischen Aufstand gegen das SED-Regime. In Wolfen und Bitterfeld beteiligten sich sämtliche Großbetriebe und fast alle mittleren und kleineren Betriebe an der Streikbewegung. Etwa 12000 Arbeiter der Agfa-Filmbetriebe Wolfen und anderer Betriebe begannen vormittags einen Marsch nach Bitterfeld. Am späten Vormittag kam es auf dem Platz der Jugend in Bitterfeld zu einer Großkundgebung mit etwa 50000 Menschen; Bitterfeld zählte zu dieser Zeit ca. 32000 Einwohner. Für den Kreis Bitterfeld konstituierte sich ein Streikkomitee, das sich aus 25 Vertretern einzelner Betriebsleitungen zusammensetzte. Paul Othma (⇨Bitterfeld, ⇨Sandersdorf) formulierte die politischen Forderungen der Menschen und mahnte zur Besonnenheit. Werner Fiebelkorn, ebenfalls Mitglied der Streikleitung, verlas ein Telegramm an die „Regierung der Deutschen Demokratischen Republik". Gefordert wurden u.a. der „sofortige Rücktritt der Regierung, die durch Wahlmanöver an die Macht gekommen ist" sowie „freie, demokratische, geheime und direkte Wahlen in 4 Monaten". Nach der Kundgebung besetzten die Demonstranten alle wichtigen Gebäude Bitterfelds, darunter das Rathaus, das Landratsamt, die SED-Kreisleitung, die MfS-Kreisdienststelle und das Gefängnis. Auch in Bitterfeld zogen die Panzer der Roten Armee ein, der Aufstand wurde niedergeschlagen. Einige Streikführer flüchteten in den Westen, darunter Werner Fiebelkorn, andere wurden vom MfS verhaftet. Das Bezirksgericht Halle verurteilte Paul Othma Ende Oktober zu zwölf Jahren Zuchthaus.

Anlässlich des 50. Jahrestages des Volksaufstandes am 17. Juni 2003 errichtete die Stadt Bitterfeld auf dem Robert-Schumann-Platz, dem damaligen Platz der Jugend und Ort der Großdemonstration, einen Gedenkstein mit einer Bronzetafel. Sie trägt die Inschrift: „Den / Teilnehmern / Verfolgten / und Opfern / des Aufstandes / vom / 17. Juni 1953".

QUELLEN / LITERATUR

Kowalczuk, Ilko-Sascha: 17.6.1953: Volksaufstand in der DDR. Ursachen-Abläufe-Folgen, Bremen 2003.
Wahl, Stefanie, Paul Werner Wagner (Hrsg.): Der Bitterfelder Aufstand. Der 17. Juni 1953 und die Deutschlandpolitik, Leipzig 2003.

STANDORT

Robert-Schumann-Platz, 06749 Bitterfeld

VERKEHRSANBINDUNG / PKW

A 9 Berlin-Leipzig, Abfahrt Halle (Saale) auf die B 100

Gedenktafel für Paul Othma

Bitterfeld. Der Elektromonteur Paul Othma (1905-1969) aus ⇨Sandersdorf / Kreis Bitterfeld war am 17. Juni 1953 Mitglied des Streikkomitees in Bitterfeld und trug durch sein Auftreten in entscheidendem Maße dazu bei dass der Aufstand in Bitterfeld in friedlichen Bahnen verlief. Nach dessen Niederschlagung durch russische Panzer wurde Paul Othma verhaftet und zu zwölf Jahren Zuchthaus verurteilt, sein Vermögen wurde eingezogen. Anfangs bemühten sich Kollegen und Freunde vergebens um Othmas Freilassung. An Leberzirrhose erkrankt, wurde er 1964 nach elfeinhalb Jahren Haft entlassen. Kurz zuvor war noch ein Gnadengesuch abgelehnt worden. Am 20. Juni 1969 starb Paul Othma an den Spätfolgen der Haft in Sandersdorf.

Anlässlich des 50. Jahrestages der Volksaufstandes veranstaltete der Verein „Gegen Vergessen – Für Demokratie“ e.V. in Kooperation mit der Landeszentrale für politische Bildung Sachsen-Anhalt, zusammen mit der Landesbeauftragten für die Unterlagen des Staatssicherheitsdienstes der ehemaligen DDR des Landes Sachsen-Anhalt und dem Wilhelm-Fraenger-Institut Berlin vom 16. bis 17. Mai 2003 in Bitterfeld die Gedenkveranstaltung „Paul Othma – ein Mensch mit Zivilcourage“.

Im Rahmen dieser Tagung wurde am 17. Mai 2003 am historischen Rathaus eine Gedenktafel für Paul Othma durch dessen Witwe Hedwig Othma, den Vorsitzenden des Vereins „Gegen Vergessen – für Demokratie“ e.V., Dr. Hans Koschnick, und den Bürgermeister von Bitterfeld, Werner Rauball, feierlich enthüllt. Die Tafel aus Glas trägt die Inschrift: „Gegen Das Vergessen / Ort der Zivilcourage / Paul Othma, Streikführer (1905-1969) / Am 17. Juni 1953 formulierte das Bitterfelder / Streikkomitee im Rathaus seine Forderungen / an die Ulbricht-Regierung: / Freie demokratische geheime und direkte Wahlen / Zurückziehung der deutschen Polizei / von den Zonengrenzen und sofortiger Durchgang / für alle Deutschen, / sofortige Freilassung der politischen Häftlinge, / Zulassung aller großen Parteien Westdeutschlands / in unserer Zone / Paul Othma stand dabei an erster Stelle. / Der Wille der Streikenden artikulierte sich / in Grund-Sätzen der Demokratie und / bewirkte in Bitterfeld einen friedlichen Umsturz. / Einen Tag lang war Freiheit. / Der Streikführer Othma wurde mehr als ein / Jahrzehnt in Zuchthäusern der DDR inhaftiert“.

Das Projekt „Orte der Zivilcourage“ steht unter der Schirmherrschaft des Präsidenten des Deutschen Bundestages, Wolfgang Thierse, und soll Menschen und Ereignisse bekannt machen, die sich in der SBZ/DDR in besonderer Weise für Demokratie und Menschenrechte eingesetzt haben. Träger des Projektes sind die Landeszentrale für politische Bildung Sachsen-Anhalt und die Landesbeauftragte für die Unterlagen des Staatssicherheitsdienstes der ehemaligen DDR des Landes Sachsen-Anhalt.

QUELLEN / LITERATUR
Schmidt, Heidemarie / Paul Werner Wagner: „... man muss doch mal zu seinem Recht kommen ..." Paul Othma, Streikführer am 17. Juni 1953 in Bitterfeld. (= Reihe Sachbeiträge der LStU Sachsen-Anhalt, Bd. 17), Magdeburg 2001.

STANDORT
Rathaus Bitterfeld, Am Markt 7, 06749 Bitterfeld

VERKEHRSANBINDUNG / PKW
A9 Berlin-Leipzig, Abfahrt Halle (Saale) auf die B 100

Anhaltinisches Theater

Dessau. Vom 24. bis zum 29. April 1950 inszenierte die SED-Führung im Dessauer Landestheater den ersten politischen Schauprozess der DDR. Den acht Angeklagten wurde vorgeworfen, Vermögen der Deutschen Continental-Gas-Gesellschaft (DCGG, kurz: Conti) in den Westen verschoben zu haben. Die Anklage erfolgte auf der Grundlage des Befehls Nr. 160 der Sowjetischen Militäradministration (SMAD) wegen Wirtschaftssabotage. Schon vor Gründung der DDR hatte es im November 1948 im Osten Deutschlands einen vergleichbaren Prozess gegeben. In Glauchau-Meerane wurde nach Art eines stalinistischen Schauprozesses gegen Wirtschaftssaboteure („Textilschieber") verhandelt. Ursprünglich hatte die SMAD den Befehl Nr. 160 zur Unterbindung der damals alltäglichen Schwarzmarkt- und Kompensationsgeschäfte erlassen, aber mit der Durchsetzung der planwirtschaftlichen Strukturen entstand auf der Grundlage dieses Befehls um 1948 ein Wirtschaftsstrafrecht, das vorrangig zur rigorosen Etablierung der Planwirtschaft und der Vermögenseinziehung zugunsten der staatlichen Eigentumsordnung genutzt wurde. Der Dessauer Prozess sollte nicht der letzte Schauprozess in der DDR sein. Ihm folgten weitere, u. a. der „Moog-Prozess" im Kultursaal der Erfurter Maschinenfabrik „Pels" im Dezember 1950 sowie der „Solvay-Prozess", der im selben Monat im Theater der Stadt Bernburg stattfand. Verantwortlich für diese Form der wirtschaftspolitischen Säuberungsjustiz war die im Mai 1948 in der SBZ gegründete Zentrale Kommission für staatliche Kontrolle (ZKK), die auch nach Gründung der DDR bis 1953 als gefürchtetes Ermittlungsorgan in Wirtschafts- und Eigentumssachen fungierte. Bei den Beschuldigten im Dessauer Prozess von 1950 handelte es sich um prominente Wirtschaftsvertreter aus Sachsen-Anhalt, zumeist CDU-Mitglieder oder ehemalige Sozialdemokraten. Gegen Willi Brundert (1912-1970) und Leo Herwegen (1886-1970) wurde die Hauptanklage geführt. Brundert war 1930 der SPD beigetreten und seit 1946 Mitglied der SED. Er nahm zum Zeitpunkt seiner Verhaftung den Posten des stellvertretenden Wirtschaftsministers von Sachsen-Anhalt ein. Die Angelegenheiten der „Conti" fielen in seinen Zuständigkeitsbereich. Herwegen wiederum wurde nach Kriegsende Mitglied der CDU und leitete diese als Landesvorsitzender zwischen Juli 1945 und Mai 1948. Er war als Minister für Arbeits- und Sozialpolitik in Sachsen-Anhalt tätig und zugleich Mitglied des Aufsichtsrates der „Conti".

Die „Conti", gegründet 1855, war ein traditionsreiches anhaltinisches Unternehmen. Bis zum Zweiten Weltkrieg hatte es sich zu einem der größten Gasversorger Europas entwickelt. Nach 1945 beschränkten sich die Aktivitäten aufgrund der Vermögenskonzentration und der Besatzungszonenaufteilung auf Sachsen-Anhalt. Damit das in den Westzonen und West-Berlin befindliche Vermögen der DCGG nicht verloren ging, war es 1947 zur Gründung einer Parallelfirma im Westen gekommen. Diese Vorgehensweise wurde von den Angeklagten aus wirtschaftspragmatischen Gründen toleriert bzw. mitgetragen. Formaljuristisch war die Parallelgründung möglich, weil man im März 1946 keine entschädigungslose Enteignung der Conti nach SMAD-Befehl Nr. 124 vorgenommen, sondern ein landeseigenes Versorgungsunternehmen, die Provinzialsächsische Energieversorgungs AG (Prevag), als Aktiengesellschaft gegründet hatte. Die Prevag übernahm die Betriebe der DCGG, und damit blieb die ursprüngliche Geschäftskonstruktion der Conti bis zur Löschung im Handelsregister im März 1948 bestehen.

Die Anklage bestand darin, dass die Conti als selbstständige Rechtsperson weiter existiert und der Aufsichtsrat die Parallelgründung zum Verschieben von Vermögen in den Westen benutzt habe. Von Anfang an ging es jedoch nicht um Wahrheitsfindung, denn die Urteile standen schon vor Beginn des Prozesses fest. Es gab keine Zeugenanhörung. Das Gericht, auf der Bühne des Theaters sitzend, agierte ausschließlich mit Dokumenten und nahm die Angeklagten, ähnlich wie bei den Prozessen des NS-Volksgerichtshofes oder den Schauprozessen in der Sowjetunion, ins Kreuzverhör. Im Hintergrund der Bühne hatte man ein riesiges Schaubild angebracht, das die Kapitalverbindungen der DCGG – einem Spinnennetz gleich – darstellte. Der Schauprozess war zugleich eine Premiere für das neu gegründete Oberste Gericht der DDR. Das Motto lautete: „Die Deutsche Demokratische Republik schlägt zu!" Hierbei profilierte sich die neue Vizepräsidentin des Obersten Gerichts und spätere DDR-Justizministerin Hilde Benjamin (1902-1989) in besonderem Maße. Das Landestheater Dessau war mit 1 200 Plätzen eines der größten Theater

Deutschlands. Die Sitzordnung im Saal folgte einem vorher festgelegten Schlüssel: Der Freie Deutsche Gewerkschaftsbund bekam während der sechs Prozesstage täglich 800 Plätze, die Freie Deutsche Jugend konnte 200 Plätze an ihre Mitglieder verteilen. Die westdeutsche Presse war zum Prozess ebenfalls zugelassen. Die SED-Führung verfolgte mit dieser politischen Inszenierung gleich vier Ziele: Erstens sollten die bürgerlichen Parteien eingeschüchtert und diszipliniert werden. Die SED-Führung hatte nicht vergessen, dass einige Monate zuvor in der CDU Kritik an der DDR-Gründung laut geworden war. Zweitens wollte die SED demonstrieren, dass sie die Justiz inzwischen fest in der Hand hatte. Drittens bedeuteten die Schauprozesse ein Signal für eine breitere Säuberungsaktion gegen so genannte Abweichler aus den eigenen Reihen („Ausrottung des Sozialdemokratismus“) und „zersetzende, opportunistische Elemente“ in den übrigen Parteien. Viertens schien ein solches Spektakel geeignet zu sein, deutlich zu machen, dass einerseits die Enteignung von volkswirtschaftlich bedeutsamen Betrieben unbedingt notwendig sei, um eine „Ausraubung“ der DDR zu verhindern, und andererseits konnte mit der entlarvten „Agentenclique“ ein Sündenbock für die Wirtschaftsprobleme vorgeführt werden. Kein Wort wurde in Dessau über die gravierenden Folgen der sowjetischen Demontagen und die Blockierung der wichtigsten Betriebe der DDR-Wirtschaft für Reparationslieferungen aus der laufenden Produktion verloren.

Leo Herwegen und Willi Brundert wurden zu je 15 Jahren Zuchthaus verurteilt. Herwegen konnte 1956 in die Bundesrepublik übersiedeln. Brundert kam ein Jahr später frei und ging ebenfalls in den Westen; 1964 wurde er zum Oberbürgermeister von Frankfurt am Main gewählt.

QUELLEN / LITERATUR

Beckert, Rudi: Die erste und letzte Instanz. Schau- und Geheimprozesse vor dem Obersten Gericht der DDR, Goldbach 1995.

Braun, Jutta / Nils Klawitter / Falco Werkentin: Die Hinterbühne politischer Strafjustiz in den frühen Jahren der SBZ / DDR (Schriftenreihe des LStU Berlin, Bd. 4), 2. Aufl., Berlin 1999.

Gursky, André: Die Vorgeschichte des Dessauer Schauprozesses (Reihe Sachbeiträge, Teil 13), hrsg. von der LStU Sachsen-Anhalt, Magdeburg 2000.

ANSCHRIFT

Anhaltinisches Theater Dessau, Friedensplatz 1a
06844 Dessau

VERKEHRSANBINDUNG / PKW

Von Magdeburg / Zerbst über Albrechtstraße, B 184 in Richtung Zentrum, Wolfgangstraße, Antoinettenstraße zum Friedensplatz (Zentrum). Von der Abfahrt A 9 Dessau-Süd, B 184 über Heidestraße, B 184 in Richtung Zentrum, Friedrichstraße, Antoinettenstraße zum Friedensplatz

Gedenkstein für die Opfer des Faschismus und Stalinismus

Dessau. Am 6. Mai 1928 wurde in Dessau-Mildensee für den ersten Reichspräsidenten der Weimarer Republik Friedrich Ebert (1871-1925) ein Gedenkstein errichtet. Die Nationalsozialisten entfernten ihn, da sie keine öffentliche Erinnerung an den SPD-Politiker duldeten, der unter Anwendung des Notstandsartikels 48 nicht nur Aufstände von links, sondern auch den Kapp-Putsch (1920) und den Hitler-Putsch (1923) niederwerfen ließ. Nach dem Zweiten Weltkrieg wurde der Gedenkstein wieder aufgestellt. Doch die SED hatte die Mitverantwortung Eberts bei der Niederwerfung des Spartakusaufstandes (1919) und seine Forderungen nach Reichswehrexekutionen gegen SPD/KPD-Regierungen in Thüringen und Sachsen (1923) nicht vergessen. Für die SED hatte die Weimarer SPD die Arbeiter „verraten" und den Aufstieg der Nationalsozialisten begünstigt. Sie ließ deshalb die Widmung für Friedrich Ebert durch eine Tafel mit der Inschrift „Den Opfern des Faschismus" überdecken. Zugleich erhielt der Platz, auf dem sich der Gedenkstein befand, den Namen des am Ende der Weimarer Republik in Dessau ermordeten Kommunisten Wilhelm Feuerherdt.

Im Februar 1990 beschloss die Stadt Dessau eine Erweiterung der Inschrift, um an den stalinistischen Terror und dessen Opfer nach 1945 zu erinnern. Die Inschrift lautet: „Den Opfern / des Faschismus / und Stalinismus".

QUELLEN / LITERATUR
Dokumentation Gedenkstätten für die Opfer des Nationalsozialismus, Bd. II, hrsg. von der Bundeszentrale für politische Bildung, Bonn 1999, S. 525.

STANDORT
Wilhelm-Feuerherdt-Platz, 06844 Dessau

VERKEHRSANBINDUNG
Vom Busbahnhof unmittelbar vor dem Hauptbahnhof mit Linie 14 oder 15 nach Mildensee, Haltestelle Kleutscher Straße

PKW
A 9 Berlin-Nürnberg, Anschlussstellen Dessau-Ost und Dessau-Süd; B 184 Nord-Süd; B 185 Ost-West

Gedenktafel zur Erinnerung an den 17. Juni 1953

Eisleben. Der 17. Juni 1953 markiert den Höhepunkt und die Niederschlagung des mehrtägigen Volksaufstands in der DDR, bei dem sich große Teile der Bevölkerung gegen die SED-Diktatur erhoben.

Die Betriebe des Mansfeld-Kombinats „Wilhelm Pieck" im Kreis Eisleben waren für die SED schon vor dem 17. Juni 1953 ein Ärgernis, galten sie doch als ständige Keimzelle „partei- und staatsfeindlicher Aktivitäten". Bereits im

April 1953 gab es in mehreren Betrieben des Mansfeld-Kombinats begrenzte Arbeitsniederlegungen. Am 13. Mai streikten die Arbeiter der Schlackestein-Herstellung in Eisleben, nachdem ihnen die Löhne gekürzt worden waren und wetterbedingte Feierschichten nicht mehr bezahlt werden sollten. Die Wortführer wurden verhaftet, woraufhin andere Abteilungen in einen fünfstündigen Solidaritätsstreik traten und die Verhafteten wieder freigelassen wurden. In der Nacht zum 17. Juni fanden sich an mehreren Stellen Eislebens auf Plakaten Parolen mit Aufrufen zum Generalstreik. Am Morgen des 17. Juni wurde im Mansfeld-Kombinat gestreikt. Bergarbeiter des Brosowski-Schachts begannen mit dem Streik. Bauarbeiter in Eisleben solidarisierten sich mit denen der Berliner Stalinallee und streikten ebenfalls. Am Vormittag zogen sie durch Eisleben. Die Volkspolizei schritt nicht ein, sondern geleitete die Demonstranten zum Markt, der jedoch gegen Mittag durch sowjetische Truppen geräumt wurde. Die Bergarbeiter weiterer Schächte traten zu dieser Zeit in den Streik und zogen am Nachmittag ins Eislebener Stadtzentrum. Insgesamt bis zu 5 000 Menschen schlossen sich dem Demonstrationszug an, in dem Forderungen wie: „Nieder mit der Regierung!“ und „Die Zonengrenzen müssen fallen!“ laut wurden. Das Volkspolizeikreisamt Eisleben war vorübergehend belagert, an der Untersuchungshaftanstalt forderte man die Freilassung politischer Gefangener. Die Haftanstalt wurde schließlich gestürmt, alle Häftlinge befreit. Auch das Kreisgericht, die Oberschule und die Kreisleitungen der SED und FDJ wurden besetzt. Am Abend räumten sowjetische Soldaten die Gebäude. Im Kreis Eisleben streikten an diesem Tag insgesamt 3 900 Menschen, 5 000 demonstrierten. Ein Toter war zu beklagen. Die Streiks der Eislebener Bau- und Bergarbeiter gingen am 18. und 19. Juni weiter. Der Ausnahmezustand endete am 24. Juni.

Aus Anlass des 50. Jahrestages des Volksaufstandes wurde zur Erinnerung eine Bronzeplatte unweit des Rathauses an der Bruchsteinmauer am Marktberg enthüllt. Sie trägt die Inschrift: „1953–2003 / Wir erinnern an die Mutigen, die am / 17. Juni 1953 / für Recht, Freiheit und soziale / Verbesserungen in der DDR eintraten“.

QUELLEN / LITERATUR
Daniel Bohse: „„Arbeiter, laßt euch auf keinen Kuhhandel ein! Sie lügen immer noch. Sie meinen es nicht ehrlich!' Der 17. Juni 1953 im Bergbau- und Industrierevier Mansfeld-Sangerhausen“, in: Hermann-Josef Rupieper (Hrsg.): „...und das Wichtigste ist doch die Einheit.“ Der 17. Juni 1953 in den Bezirken Halle und Magdeburg. Münster, Hamburg, London, 2003, S. 59-105.

STANDORT
Rathaus Eisleben, Markt 1
06295 Eisleben

VERKEHRSANBINDUNG / PKW
B 80 nach Eisleben

Gedenktafel für die Opfer des Stalinismus

Haldensleben. Die spätere Kreisdienststelle des Ministeriums für Staatssicherheit (MfS) in Haldensleben in der Schützenstraße 47 wurde im Zusammenhang mit dem Bau des Mittellandkanals im Jahre 1938 als Verwaltungsgebäude der Steinbruch- und Bauindustrie GmbH Bodendorf errichtet. Seit 1953 hat das Rote Kreuz Teile der Werkswohnungen genutzt. Ab 1971 fanden in dem Haus umfangreiche Baumaßnahmen statt, die wahrscheinlich im Zusammenhang mit der Umnutzung als Objekt des MfS zu sehen sind. Ende November 1989 stellte das MfS seine Tätigkeit auch in Haldensleben ein; das Objekt wurde am 12. Dezember dem Rat des Kreises Haldensleben übergeben. Am 5. Dezember erhielten Bürgervertreter der Stadt die Information, dass in allen Bezirksstädten die Dienststellen der Staatssicherheit von Vertretern der Bürgerinitiativen und vom Staatsanwalt untersucht werden. Noch am selben Abend ging eine Gruppe von Bürgern mit dem Staatsanwalt in die MfS-Dienststelle, wo sie leere Büroräume, Uniformen, eine versiegelte Waffenkammer und einen versiegelten Aktenschrank vorfanden. Die Akten waren zur Vernichtung nach Magdeburg gebracht worden. Offensichtlich wurden aber auch Akten vor Ort „entsorgt“. Vom Runden Tisch gedrängt, entschuldigte sich am 30. Januar 1990 der ehemalige Leiter des Kreisamtes für Nationale Sicherheit bei allen Bürgern des Kreises Haldensleben, die in irgendeiner Form von den Tätigkeiten des MfS betroffen waren.

Nach der freien Volkskammerwahl im März 1990 rief der Runde Tisch des Kreises Haldensleben die Bevölkerung dazu auf, ihre Meinung zu dem Vorhaben zu äußern, an der Mauer vor der ehemaligen Dienststelle der Staatssicherheit eine Gedenktafel anzubringen. Auf Initiative von Bündnis 90/Die Grünen wurde noch 1990 eine solche Tafel am ehemaligen MfS-Gebäude in der Schützenstraße 47 eingeweiht mit der Inschrift: „Den Opfern des Stalinismus / Lasst Euch von niemandem so tief hinabziehen, dass Ihr ihn hasst. / M. L. King“.

Im Frühjahr 2000 wurde die Tafel wegen Bauarbeiten am Haus eingelagert. Da sich das Gebäude jetzt in Privatbesitz befindet, ist geplant, die Gedenktafel in der Nähe des Hauses auf öffentlichem Grund wieder zu errichten.

QUELLEN / LITERATUR

Borchert, Hans-J.: Die Wende im Grenzkreis Haldensleben, Haldensleben 1990.

STANDORT

vorgesehen in der Schützenstraße 47
39331 Haldensleben

VERKEHRSANBINDUNG / PKW

A 2 (E 30) Richtung Hannover-Magdeburg, Abfahrt Irxleben/Hohenwarsleben, auf K 1150, K 1158 Richtung Haldensleben

Gedenkstätte „Roter Ochse"

Halle (Saale). Im Jahre 1842 wurde dem königlich-preußischen Innenministerium in Halle eine neue Strafanstalt für Häftlinge mit hohem Strafmaß übergeben. Beim Bau des Gebäudes (1836-1842) verwendete man Porphyr- und Ziegelsteine mit rötlicher Färbung, die zusammen mit der architektonischen Anordnung des Gebäudes schnell dazu führten, dass die Hallenser der Strafanstalt den Beinamen „Roter Ochse" gaben. Schon im Kaiserreich wurden auf dem Gelände der Strafanstalt Hinrichtungen durchgeführt, so beispielsweise die Exekution zweier an einem Attentat auf Kaiser Wilhelm I. (22. Dezember 1883) beteiligten Anarchisten im Jahre 1885. Zudem gab es im Gebäude um die Jahrhundertwende ein Lazarett und eine „Irrenanstalt".

In der revolutionären Anfangszeit der Weimarer Republik wurden im „Roten Ochsen" neben kriminellen Häftlingen auch Teilnehmer der Novemberrevolution und Beteiligte späterer politischer Unruhen inhaftiert. Im Zuge der Modernisierung und Liberalisierung des deutschen Strafvollzuges in der ersten Hälfte des 20. Jahrhunderts kam es auch in der Hallenser Strafvollzugsanstalt zu einer Reihe von Verbesserungen der Haftbedingungen wie Hafturlaub, Spaziergänge unter Bewachung außerhalb der Vollzugsanstalt und Hausstrafen. Mit dem Machtantritt der Nationalsozialisten änderte sich das Regime in der Strafvollzugsanstalt grundlegend. Die Zahl derjenigen Gefangenen, die politische Gegner des NS-Systems oder politisch Andersdenkende waren, stieg im Vergleich zu den aus kriminellen Gründen einsitzenden Gefangenen sprunghaft an. Nach Beginn des Zweiten Weltkrieges baute man die Strafvollzugsanstalt zur Hinrichtungsstätte aus. Hier enthaupteten die Nationalsozialisten von November 1942 bis April 1945 mehr als 550 Menschen verschiedener Nationalitäten. Das Gefängnis wurde außerdem in die Rüstungsproduktion des „Dritten Reiches" eingebunden: Auf dem Gelände der Strafvollzugsanstalt entstand ein größeres Werkstattgebäude.

Im April 1945 kam es zur Evakuierung eines Teils der Gefängnisinsassen. Auf dem Marsch starb ein großer Teil von ihnen. Die im „Roten Ochsen" verbliebenen Gefangenen erhielten mit der Besetzung der Stadt durch die amerikanische Armee am 17./18. April 1945 ihre Freiheit. Nach Abzug der Amerikaner und mit der Übernahme der Stadt durch sowjetische Truppen im Juli 1945 nutzte der sowjetische Geheimdienst das Gefängnis als Untersuchungsanstalt und Gerichtsgebäude. Hier wirkten nun die Sowjetischen Militärtribunale (SMT), deren Zuständigkeitsbereich sich auf ganz Sachsen-Anhalt erstreckte. In der unmittelbaren Nachkriegszeit kam es vor allem zu

Todesurteilen aufgrund des „Werwolf"-Verdachtes. Die Zahl der Hinrichtungen ist bis heute unbekannt. Weitere Verurteilungsgründe stellten illegaler Waffenbesitz, Spionage, Wirtschaftsvergehen und Verbrechen gegen die Menschlichkeit dar. Der überwiegende Teil der Urteile waren hohe Haftstrafen (bis 25 Jahre), die in Lagern des hohen Nordens oder in Sibirien verbüßt werden mussten.

Im Jahre 1950 zog das MfS in das Gebäude ein, das zunächst auch weiterhin durch den sowjetischen Geheimdienst genutzt wurde. Nach Aussagen ehemaliger Häftlinge vollzog sich der Aufbau der MfS-Untersuchungshaftanstalt (UHA) unter aktiver Anleitung des sowjetischen Geheimdienstes NKWD. Neben der UHA des MfS befand sich ab 1952 auch eine Strafvollzugsanstalt des Ministeriums des Innern (MdI) im „Roten Ochsen". Während des Volksaufstands vom 17. Juni 1953 versammelten sich etwa 700 bis 800 Menschen vor der Haftanstalt und versuchten, die Gefangenen zu befreien. Zuvor war die in der Nähe liegende Frauenhaftanstalt (Kleine Steinstraße) erfolgreich gestürmt worden. Mit Hilfe sowjetischer Panzer wurde schließlich eine Erstürmung des „Roten Ochsen" verhindert.

Von 1952 bis 1989 waren schätzungsweise 9000 Häftlingszugänge im Gefängnis „Am Kirchtor 20a-d" zu verzeichnen. Genaue Zahlen liegen erst ab 1955 vor. Im Jahre 1989 beschäftigte das MfS ca. 350 Mitarbeiter in der UHA „Roter Ochse". Das endgültige Ende für die MfS-Untersuchungshaftanstalt folgte im Zuge der vorangegangenen Auflösung des MfS und der Gründung des Amtes für Nationale Sicherheit (AfNS) durch die Regierung Modrow am 15./17. November 1989. Neun Abteilungen wurden aufgelöst, die letzten noch verbliebenen U-Häftlinge entweder entlassen oder in die UHA des Ministerium des Innern verlegt. Am 4. Januar 1990 entschied der Runde Tisch des Bezirkes Halle, das Bezirksamt für Nationale Sicherheit Halle ab sofort dem Bürgerkomitee direkt zu unterstellen und vollständig aufzulösen.

Im Jahre 1993 beschloss die Landesregierung von Sachsen-Anhalt, in einem Teil der ehemaligen MfS-Untersuchungshaftanstalt eine Gedenkstätte einzurichten. Der andere Teil des Gebäudes wird seit 1991 wieder als Justizvollzugsanstalt genutzt. Die Gedenkstätte „Roter Ochse" wurde am 15. Februar 1996 vom Innenminister des Landes Sachsen-Anhalt Manfred Püschel eröffnet. Ihre Ausstellung setzt sich in drei Dokumentationsräumen mit der politischen Strafjustiz dreier Zeitperioden auseinander: dem Nationalsozialismus (1933-1945), der Sowjetischen Besatzungsherrschaft (SMAD/SKK 1945-1955) und der SED-Herrschaft (1950-1989). Zwei Musterzellen zeigen die Ausstattung (Inventarstücke im Original) aus der Zeit um 1945 und 1960.

Ein Mehrzweckraum eröffnet vielfältige Möglichkeiten für eine über die Ausstellung hinausgehende politische Arbeit. Neben der Dauerausstellung werden von der Gedenkstätte Sonderausstellungen, Seminare (ggf. mit Videoaufführungen), Vorträge, Lesungen und Projekttage / Tagungen angeboten. Darüber hinaus ist die Vermittlung und Moderation von Gesprächsrunden mit Zeitzeugen möglich. Es stehen Beratungsräume für Opfergruppen und -verbände zur Verfügung. Die Gedenkstätte verfügt über ein Archiv und eine Präsenzbibliothek mit ca. 8 000 katalogisierten Titeln. Hinzu kommt eine Videosammlung, die auch Aufzeichnungen bereits stattgefundener Bildungsveranstaltungen in der Gedenkstätte (Vorträge und Tagungen) einschließt. Bei Bedarf können Dokumentationen (Mustermappen) für Bildungsveranstaltungen angefordert werden. Es besteht auch die Möglichkeit der Betreuung von Jahres- und Projektarbeiten. Eine Lern- und Projektwerkstatt befindet sich im Aufbau.

Im Eingangsbereich der Gedenkstätte ist eine Gedenktafel angebracht mit der Inschrift: „Zum Gedenken / an die unschuldigen Opfer / politischer Verfolgung / durch stalinistische / und SED-Unrechtsjustiz / 1945-1989“.

QUELLEN / LITERATUR

Fricke, Kurt: Die Justizvollzugsanstalt „Roter Ochse“ Halle (Saale) 1933-1945. Eine Dokumentation (Gedenkstätten und Gedenkstättenarbeit im Land Sachsen-Anhalt, Heft 3), Magdeburg 1997.
Sperk, Alexander: Die MfS-Untersuchungshaftanstalt „Roter Ochse“ von 1950 bis 1989. Eine Dokumentation (Gedenkstätten und Gedenkstättenarbeit im Land Sachsen-Anhalt, Heft 4), Magdeburg 1998.
Viebig, Michael: Das Zuchthaus Halle (Saale) als Richtstätte der nationalsozialistischen Justiz 1942 bis 1945 (Gedenkstätten und Gedenkstättenarbeit im Land Sachsen-Anhalt, Heft 5), Magdeburg 1998.

ANSCHRIFT

Gedenkstätte „Roter Ochse“, Am Kirchtor 20a
06108 Halle (Saale)

ANSPRECHPARTNER

André Gursky (Leiter der Gedenkstätte),
Tel. 0345 / 220 12 13, Fax 0345 / 220 12 77

ÖFFNUNGSZEITEN

montags, mittwochs und donnerstags von 10 bis 15 Uhr, dienstags von 10 bis 18 Uhr, freitags von 9 bis 12 Uhr, jeden ersten Sonnabend im Monat von 10 bis 16 Uhr oder nach Vereinbarung; Führungen nach vorheriger Anmeldung

VERKEHRSANBINDUNG

Straßenbahnlinie 7 ab Bahnhof Richtung Kröllwitz; Straßenbahnlinie 3 ab Markt in Richtung Trotha, Haltestelle Puschkinstraße; Straßenbahnlinie 8 ab Markt Richtung Kröllwitz, Haltestelle Diakoniewerk

PKW

A 9 (E 51) zwischen Berlin und Hof, A 14, B 6 oder B 100 nach Halle; B 91 von Merseburg, B 80 von Nordhausen, B 100 von Bitterfeld

Grabanlage für die Opfer kommunistischer Gewaltherrschaft

Halle (Saale). Auf dem Gertraudenfriedof in Halle (Saale) befindet sich eine mit einer Informationstafel versehene Grabanlage. Es ist eine Stätte des Gedenkens an die Opfer der kommunistischen Gewaltherrschaft. Sie erinnert zugleich aber auch an die Zivilcourage und die Menschlichkeit des Leiters des Friedhofes in den fünfziger Jahren, Erich Grenz, und seiner Mitarbeiter: Inschrift der Informationstafel:
„Gertraudenfriedhof Halle Abteilung 24. Diese Grabanlage wurde im Jahr 2002 für 117 Menschen errichtet, die in den Jahren 1950-1953 an den Folgen der Haftbedingungen im Torgauer Gefängnis Fort Zinna starben.

Die Gefangenen waren von sowjetischen Militärtribunalen zu 7 bis 25 Jahren Zuchthaus verurteilt worden. Der Wahrheitsgehalt der Anklagen wurde nicht geprüft, es bestand keine Möglichkeit zur Verteidigung, und die Angehörigen erfuhren nichts über den Verbleib der Gefangenen. Auch über ihren Tod wurden sie nicht informiert, und so warteten die Familien noch viele Jahre vergeblich auf die Rückkehr der Verschwundenen und wagten es nicht, öffentlich über ihre verzweifelte Trauer zu reden.

Die kommunistischen Machthaber hatten die Verstorbenen zur Einäscherung nach Halle bringen lassen und den Befehl erteilt, die Urnen ohne jede Kennzeichnung „verlassen“ beizusetzen. Damit sollte erreicht werden, dass die Urnen unauffindbar bleiben. Die damaligen Mitarbeiter der Friedhofsverwaltung haben diesen Befehl nicht ausgeführt, sondern die Urnen in der Abteilung 39, einem Reihengrabfeld, dessen Ruhefristen bereits abgelaufen waren, bestattet. Die Urnen wurden einzeln, jeweils hinter dem Grabstein bzw. Kopfende eines Grabes beigesetzt. Da dies nicht in einer Reihe, sondern im Gräberfeld weit verteilt erfolgte, hat der Friedhofsleiter, trotz des damit für ihn verbundenen Risikos, heimlich einen Lageplan angefertigt. Dank dieses Planes, der 1993 im Friedhofsarchiv gefunden wurde und der nun, nach der friedlichen Revolution von 1989, der Öffentlichkeit präsentiert werden konnte, fiel endlich Licht auch auf dieses schreckliche Kapitel unserer Geschichte.

Die Urnen wurden umgebettet, um ihnen hier in dieser Grabanlage eine letzte würdige Ruhestätte zu geben. Die Steine tragen die Namen aller Toten, deren Angehörige nicht mehr ermittelt werden konnten.

Viele von ihnen wurden inzwischen von der russischen Administration rehabilitiert.

Die Grabanlage wurde im Sinne des Gesetzes der Gräber der Opfer von Krieg und Gewaltherrschaft anerkannt und hat daher unbegrenztes Ruherecht".

QUELLEN / LITERATUR
Spurensicherung. Urnen von Torgauer Häftlingen auf dem Gertraudenfriedhof Halle. Ein Zwischenbericht, hrsg. von Zeit-Geschichte(n) e.V. Halle, Halle 2000.

STANDORT
Gertraudenfriedhof, Abteilung 24
Landrain 2, 06118 Halle (Saale)

ANSPRECHPARTNER
Zeit-Geschichte(n) e.V. – Verein für erlebte Geschichte, Heidi Bohley, Große Ulrichstraße 51, 06108 Halle (Saale), Tel. 0345/2036040, Fax 0345/2036041, E-mail: zeit-geschichten@t-online.de

VERKEHRSANBINDUNG
Straßenbahn in Richtung Frohe Zukunft bis zum Friedhof

PKW
A9 (E51) zwischen Berlin und Hof, A14, B6 oder B100 nach Halle; B91 von Merseburg, B80 von Nordhausen, B100 von Bitterfeld

Gedenktafel zum 17. Juni 1953

Halle (Saale). Der 17. Juni 1953 markiert den Höhepunkt und die Niederschlagung des mehrtägigen Volksaufstands in der DDR, bei dem sich große Teile der Bevölkerung gegen die SED-Diktatur erhoben.

Auch in der Industrie- und Universitätsstadt Halle (Saale), die damals über 290000 Einwohner zählte, kam es an diesem Tag zu massenhaften Protesten der Bevölkerung gegen die SED-Diktatur. Zahlreiche Belegschaften legten am 17. Juni und an den beiden folgenden Tagen die Arbeit nieder. Sie bildeten Streikleitungen und stellten Forderungskataloge auf. Ihre wichtigsten Forderungen waren: Rücktritt der Regierung; freie Wahlen für ein einheitliches Deutschland; Freilassung aller politischen Gefangenen; Senkung der Arbeitsnormen und der HO-Preise. Die Streikleitungen versuchten telefonisch oder über Kuriere, die Aktionen mit den Belegschaften anderer Betriebe zu koordinieren und den Forderungskatalog untereinander abzustimmen. Zum Vorreiter wurden Großbetriebe wie die Lokomotiven- und Waggonfabrik Halle-Ammendorf (LOWA). Etwa 2000 Arbeiter der LOWA marschierten gegen 10 Uhr auf der Stalinallee (heute Merseburger Straße) in das Stadtzentrum von Halle. Die Belegschaften aller an der Stalinallee befindlichen Fabriken sowie viele Passanten wurden durch das Beispiel der LOWA-Arbeiter ermutigt, an der Demonstration teilzunehmen. Als der Zug den Thälmann-Platz (heute Riebeck-Platz) erreichte, war er auf über 8000 Teilnehmer angewachsen. Eine gewaltsame Zerschlagung der Demonstration durch Polizeitruppen lehnte der sowjetische Stadtkommandant zunächst ab. In den Nachmittagsstunden entwickelte sich der Arbeiteraufstand in Halle zum Volksaufstand. Das zeigte sich auch in der Zusammensetzung des „Zentralen Streikkomitees", das von Streikführern gegen 14 Uhr auf dem Hallmarkt gebildet wurde: Dort waren fast alle Bevölkerungsgruppen vertreten. Das Komitee setzte für 18 Uhr eine Großkundgebung an. Während sich die Vertreter der Staatsmacht durch den Protestzug der Arbeiter bedroht sahen, empfanden die Demonstranten die gemeinsamen Aktionen als Akt der Befreiung. Auf den Straßen kam es zu spektakulären Aktionen. Die Menschen lachten und jubelten, wenn Stalin-Bilder, Transparente und SED-Akten auf die Straße flogen. Polizisten wurden die Waffen abgenommen und zerstört oder in die Kanalisation geworfen. Etwa tausend Demonstranten stürmten gegen Mittag die Strafvollzugsanstalt in der Kleinen Steinstraße, um politische Häftlinge zu befreien. Nachdem sie zunächst von der Wachmannschaft mit gezielten Schüssen zurückgetrieben worden waren, gelang es den Demonstranten am Nachmittag, in das Zellenhaus einzudringen. Daraufhin konnten alle 245 überwiegend weiblichen Insassen die Strafanstalt verlassen. Unter Einsatz von Schusswaffen und Panzern schlugen Sowjetarmee und Kasernierte Volkspolizei auch in Halle den Aufstand blutig nieder. Bereits ab 14.15 Uhr galt der Schießbefehl für alle Polizeikräfte im Bezirk Halle. Deshalb scheiterte auch der Versuch mehrerer hundert Demonstranten, die politischen Gefangenen aus dem Zuchthaus „Roter Ochse" (⇨Halle (Saale)) zu befreien. Fünf Demonstranten starben hier im Gewehrfeuer der Wachmannschaft, weitere wurden schwer verletzt. Um 18.30 Uhr erfolgte durch Plakate und Flugblätter die Ausrufung des Ausnahmezustandes. Dessen ungeachtet folgten rund ca. 60000 Bürgerinnen und Bürger am Abend dem Aufruf des Streikkomitees zu einer Kundgebung auf dem Hallmarkt. Während die Menschen zum Abschluss das Deutschlandlied sangen, rollten sowjetische Panzer auf den Platz und vertrieben die Demonstranten. Am Ende dieser Ereignisse waren in Halle acht Tote zu beklagen, ferner 22 Schwerverletzte und 15 Leichtverletzte, davon sechs bzw. sieben Vertreter der Staatsmacht.

Am 17. Juni 1998 wurde auf Beschluss des Stadtrats und auf Anregung von Herbert Priew, einem ehemals Verurteilten des 17. Juni 1953 in Halle, und der Fraktion Neues Forum eine Gedenktafel am Ort des damaligen Geschehens enthüllt mit der Inschrift: „Hier demonstrierten / am 17. Juni 1953 Tausende / Bürgerinnen und Bürger / mutig für / Freiheit und Demokratie".

Seit dem 17. Juni 2003 hängen neben dieser Tafel drei Fotos, die Szenen des Volksaufstandes in Halle zeigen und die auf Initiative des Vereins Zeit Geschichte(n) e.V. und mit Unterstützung der Landesbeauftragten für die Unterlagen des Staatssicherheitsdienstes der ehemaligen DDR des Landes Sachsen-Anhalt angebracht wurden. Ebenfalls auf Initiative des Vereins für Zeit-Geschichte(n) e.V. erhielt der Hallmarkt anlässlich des 50. Jahrestages des Volksaufstandes zusätzlich den Namen „Platz des 17. Juni 1953".

QUELLEN / LITERATUR
Information des Zeit-Geschichte(n) e.V. – Verein für erlebte Geschichte.
Grashoff, Udo: Der 17. Juni 1953 in Halle – ein Tag der Zivilcourage, Broschüre des Zeit-Geschichte(n) e.V. – Verein für erlebte Geschichte, Halle 2001.

STANDORT
Am Hallmarkt/„Platz des 17. Juni 1953"
06108 Halle (Saale)

ANSPRECHPARTNER
Zeit-Geschichte(n) e.V. – Verein für erlebte Geschichte, Große Ulrichstraße 51, 06108 Halle (Saale), Tel. 0345/2036040, Fax 0345/2036041,
E-mail: zeit-geschichten@t-online.de

VERKEHRSANBINDUNG / PKW
A9 (E51) zwischen Berlin und Hof, A14, B6 oder B100 nach Halle; B91 von Merseburg, B80 von Nordhausen, B100 von Bitterfeld

Die Bundesbeauftragte für die Unterlagen des Staatssicherheitsdienstes der ehemaligen DDR (BStU) Außenstelle Halle: Informations- und Dokumentationszentrum

Halle (Saale). Im Dezember 1991 verabschiedete der Deutsche Bundestag das Stasi-Unterlagen-Gesetz (StUG). Daraufhin hat man die Behörde des Bundesbeauftragten für die Unterlagen des Staatssicherheitsdienstes der ehemaligen DDR (BStU) mit 14 Außenstellen in den ehemaligen DDR-Bezirksstädten eingerichtet. Das Informations- und Dokumentationszentrum (IDZ) in Halle, 1995 im Gebäude der ehemaligen Bezirksverwaltung des Ministeriums für Staatssicherheit (MfS) eröffnet, soll die Öffentlichkeit über die Praktiken des MfS unterrichten.

Auf derzeit 36 Tafeln werden Informationen zu folgenden Themen vermittelt: Aufgaben der Bundesbeauftragten (Verwaltung, Rekonstruktion, Erschließung und Erhaltung der Aktenbestände; Akteneinsicht für Bürger; Überprüfungen von Personen im öffentlichen und nichtöffentlichen Dienst;

Bearbeitung von Rehabilitierungsanträgen; Akteneinsicht für wissenschaftliche Forschung und politische Bildung); Geschichte und Tradition des MfS (sowjetische Vorbilder wie NKWD und MWD, gesetzliche Lage, Statuten, Beziehungen SED-MfS); Struktur des MfS (Ministerium, Bezirksverwaltung, Kreis- und Objektdienststellen); Hauptamtliche Mitarbeiter (Karrieren und Brüche); Inoffizielle Mitarbeiter (individuelle Schicksale; unterschiedliche Verhaltensweisen, Ablehnen der Zusammenarbeit); Methoden des MfS (offizielle und inoffizielle Informationsbeschaffung, Personenbeobachtung, Geruchskonserven, Postkontrolle, konspirative Technik, Untersuchungshaftanstalt, Überwachung der Transitstrecke, Reaktionen auf den 17. Juni 1953); besondere Pläne des MfS (Isolierungslager, Vorbeugekomplex); betroffene Bürger (Operative Personenkontrolle, Operativer Vorgang); Darstellung der Wendezeit in Halle und der DDR (Daten und Details).

Das IDZ bietet Führungen durch die Dauerausstellungen „Entschlüsselte Macht" und „Die Ausweichführungsstelle der Bezirksverwaltung für Staatssicherheit Halle im Saalkreis" sowie durch die wechselnden temporären Ausstellungen an. Daneben besteht die Möglichkeit, Videodokumentationen über das MfS, Schulungsfilme des MfS und Mitschnitte von Konferenzen des MfS einzusehen. Besucher können verschiedene Beispielakten einsehen (Opfervorgänge, Ablehnung inoffizieller Tätigkeit, Inoffizielle Karrieren; Hauptamtliche Mitarbeiter, Diplom-, Fachschulabschluss- und Doktorarbeiten). Angeboten werden außerdem Vorträge zu speziellen Themen: das MfS und seine Feindobjekte im Operationsgebiet Bundesrepublik; die Zelleninformanten in den Untersuchungshaftanstalten des MfS; der 17. Juni 1953 und das MfS; die Auflösung des MfS in Halle; Staatssicherheit und politische Justiz; die Chemieindustrie im Bezirk Halle; die Martin-Luther-Universität Halle-Wittenberg und das MfS; Werbung von Jugendlichen als Inoffizielle Mitarbeiter des MfS; die Ausweichführungsstelle der Bezirksverwaltung für Staatssicherheit Halle im Saalkreis. Es besteht zudem die Möglichkeit, Projekttage und -arbeiten mit Bildungsträgern unter speziell gewünschten Aspekten abzusprechen, wobei für die fachliche Vorbereitung ein längerer Zeitraum eingeplant werden muss.

QUELLEN / LITERATUR

Berg, Wieland / Daniel Cyranka / Ulrich Schlademann: Keine Überraschung zulassen. Berichte und Praktiken der Staatssicherheit in Halle bis Ende November 1989, Halle 1991.
Berg, Wieland / Daniel Cyranka: „Zur Aktenlage-MfS-Papiere und Öffentlichkeit"; Eigenverlag, Halle 1992
Löhn, Hans-Peter:: Unsere Nerven lagen allmählich blank. MfS und SED im Bezirk Halle. Schrift des BStU, Berlin 1996.

ANSCHRIFT

Blücherstraße 2, 06122 Halle (Saale)

ANSPRECHPARTNER

Hans J. Plötze, Tel. 0345/6141-2733, oder Peter Tietz (Außenstellenleiter), Tel. 0345/6141-2710; Anmeldung von Besuchergruppen: Tel. 0345/6141-2813, Fax 0345/6141-2719; E-mail: asthalle@bstu.de

VERKEHRSANBINDUNG

Vom Bahnhof mit der Straßenbahnlinie 5 oder 6 bis Gimritzer Damm

Gedenkstein zur Grenzöffnung

Hanum. Die Gemeinde Hanum in Sachsen-Anhalt liegt unmittelbar an der Grenze zu Niedersachsen und gehörte bis zur Öffnung der innerdeutschen Grenze zum Sperrgebiet. Mit der Grenzöffnung im Januar 1990 hatten die Bewohner von Hanum sowie die Bewohner des westdeutschen Nachbarortes Zasenbeck endlich wieder die Möglichkeit, sich gegenseitig zu besuchen. Aus diesem Anlass wurde 1991 in der Dorfmitte von Hanum ein Gedenkstein aufgestellt mit der Inschrift: „6. Januar 1990 / Tag der Grenzöffnung / Hanum – Zasenbeck".

QUELLEN / LITERATUR
Felix Mühlberg, in: Unsere Medien – Unsere Republik 2 – Aufregende Einheit, Januar 1994.

STANDORT
Dorfstraße, 38489 Hanum

VERKEHRSANBINDUNG
Mit der Bahn über Stendal bis Salzwedel und dann weiter mit dem Bus

PKW
Über die A 2 Hannover-Berlin, Abfahrt Helmstedt, dann weiter über die B 244 Richtung Wittingen nach Hanum

Grenzdenkmal Hötensleben

Hötensleben. Hötensleben, ein Dorf an der Grenze zwischen Sachsen-Anhalt und Niedersachsen, gehörte nach dem Ende des Zweiten Weltkriegs zu den 1500 Orten an der Demarkationslinie zwischen der sowjetischen und den durch westliche Alliierte besetzten Zonen Deutschlands. Nachdem Hötensleben zunächst von Amerikanern und dann von Engländern besetzt war, zogen sich diese am 4. Juli 1945 auf ihr jeweiliges Besatzungsgebiet zurück. Das Gebiet um Hötensleben wurde von der Roten Armee besetzt und gehörte nunmehr zur SBZ.

Der Ort lag in der 500 Meter breiten „Schutzzone", die als Teil der Sicherungsmaßnahmen nach der Schließung der Grenze im Mai 1952 durch die Grenzpolizei der DDR eingerichtet worden war. Wie in den anderen Grenzdörfern der DDR war der Zugang zu Hötensleben nur mit einer Sondererlaubnis bzw. für auswärtige Besucher nur mit einem Passierschein möglich. In den Nachkriegsjahren hatte sich Hötensleben zu einer wichtigen Passierstelle zwischen den Westzonen und der SBZ entwickelt. Auch nach der Gründung der beiden deutschen Staaten 1949 wurde es, trotz der verstärkten Bewachung durch die DDR-Grenztruppen, als Übergangsstelle genutzt. Neben den legalen Arbeitspendlern, die über Hötensleben zu ihren Arbeitsstellen – in der Regel im Tagebau – auf der westlichen Seite gelangten, überquerten unzählige Menschen die Grenze an dieser Stelle „schwarz". Hötensleben war vor allem deshalb als Grenzort bedeutend, weil sich dort, ebenso wie im westlichen Nachbarort Schöningen, ein Bahnhof in unmittelbarer Grenznähe befand. Außerdem bot das Tagebaugebiet auf beiden Seiten der Grenze gute Schutzmöglichkeiten bei illegalem Grenzübertritt. Im Mai 1952 wurde dieser Grenzverkehr durch die Schließung der Grenze abrupt gestoppt. Damit reagierte die DDR-Regierung auf die Massenflucht von DDR-Bürgern Richtung Westen. Unmittelbar darauf wurden Zwangsumsiedlungen von „feindlichen, verdächtigen und kriminellen Elementen" aus dem Sperrgebiet angeordnet, eine Maßnahme, die MfS-intern die menschenverachtende Bezeichnung Aktion „Ungeziefer" trug. Im August 1961 wurde im Zusammenhang mit dem Mauerbau und der weiteren Abriegelung der Grenze eine weitere Umsiedlungsaktion durchgeführt. Im Zuge der schrittweisen Verschärfung der Grenzsicherung wurden in Hötensleben Mitte der siebziger Jahre zwei Mauern als Sicht- und Kontaktsperre errichtet.

Diese Grenzanlagen sind auf einigen hundert Metern vollständig erhalten geblieben. Auf einer Länge von 350 Metern und einer Fläche von 6,5 Hektar sind unter anderem die Sichtblendmauer, der Signalzaun, das Sicht- und Schussfeld mit Lichtterrasse, Kolonnenweg und Kfz-Hindernis, die Grenzmauer und der Führungsturm mit Kfz-Stellung zu besichtigen. Besonders beeindruckend ist diese Grenzanlage auch wegen ihrer unmittelbaren Nähe zu den Häusern des Ortes. Auf dem Freigelände können die Sperranlagen, einschließlich einer doppelten Sichtblendmauer und der Führungsstelle, besichtigt werden. Im Januar 1990, sofort nach der Öffnung der innerdeutschen Grenze, wurde die gesamte Grenzanlage auf Betreiben einer Anwohnerinitiative unter Denkmalschutz gestellt. Trägerin ist die Gemeinde Hötensleben. Der 1993 gegründete „Grenzdenkmalverein Hötensleben e.V." setzt sich für den Erhalt der Anlage ein und organisiert Führungen. Das Grenzdenkmal Hötensleben gehört zu der Initiative „Grenzenlos – Wege zum Nachbarn e.V.", einem durch die Expo 2000 geförderten Projekt im Raum Helmstedt, das sich der Erinnerung an die deutsche Teilung widmet.

Das Freigelände ist ständig zugänglich; Führungen nach Vereinbarung. Darüber hinaus ist es möglich, mit der Initiative „Grenzenlos – Wege zum Nachbarn e.V." eine Rundfahrt zu verschiedenen Gedenkorten im Raum Helmstedt zu unternehmen (Tel. 05351 / 17173). In Hötensleben werden außerdem Workcamps für Jugendliche ausgerichtet, die der „Verein internationale Begegnung" in Stuttgart organisiert (Tel. 0711 / 6490263). Regelmäßig finden hier Veranstaltungen zum Jahrestag des Mauerbaus am 13. August 1961 und der Grenzöffnung im November 1989 statt.

QUELLEN / LITERATUR
Walther, Achim/ Joachim Bittner,: Heringsbahn
Die innerdeutsche Grenze im Raum Hötensleben / Schöningen 1945-1952, hrsg. u. a. vom Grenzdenkmalverein Hötensleben e. V., 3. Aufl., Schöningen 2001.

STANDORT
Schöninger Straße, 39393 Hötensleben

POSTANSCHRIFT
Grenzdenkmalverein Hötensleben e. V., Achim Walther, 1. Vorsitzender, Wallstraße 3, 39393 Hötensleben

ANSPRECHPARTNER
Achim Walther, Grenzdenkmalverein Hötensleben e. V., Tel. 039405 / 50660, oder Frau Fessel, Gemeindeverwaltung Hötensleben, Tel. 039405 / 961-0

VERKEHRSANBINDUNG
Deutsche Bahn bis Helmstedt, Wolfenbüttel oder Magdeburg, dann weiter mit dem Bus

PKW
Über die A2, Braunschweig-Magdeburg, Abfahrt bei Helmstedt auf die B244 Richtung Schöningen oder auf die B245 Richtung Halberstadt, Abfahrt Hötensleben

Gedenktafel zum 17. Juni 1953

Jessen. Der 17. Juni 1953 markiert den Höhepunkt und die Niederschlagung des mehrtägigen Volksaufstands in der DDR, bei dem sich große Teile der Bevölkerung gegen die SED-Diktatur erhoben.

Die ehemalige Kreisstadt Jessen war 1953 ein Zentrum des bäuerlichen Widerstandes gegen die repressive SED-Landwirtschaftspolitik. Im Mittelpunkt der Proteste stand die Forderung, die Zwangskollektivierung rückgängig zu machen und den privaten Bauern gleiche Chancen bei der Zuteilung von Saatgut, Maschinen und Geräten zu gewähren. In Jessen gingen rund 1500 Bauern auf die Straße. Viele kamen aus den umliegenden Gemeinden. Dem Demonstrationszug schlossen sich zahlreiche Bürgerinnen und Bürger der Stadt an. Der zum Sprecher gewählte Rudolf Hildebrand forderte die Freilassung unschuldig inhaftierter Bauern und die 40%-ige Reduzierung des Abgabensolls. Die Forderungen der Bauern nach Rücknahme der Abgaben wurden erfüllt und noch am selben Tag Bauern aus dem Gefängnis entlassen, die zuvor wegen „Wirtschaftsvergehen" eingesperrt worden waren. Ein Kraftwagen brachte die Freigelassenen aus dem Gefängnis Liebenwerda nach Jessen, wo sie von den Demonstrierenden auf dem Marktplatz mit großem Beifall empfangen wurden. Doch auch in Jessen und Umgebung sollte der kurze Moment der Freiheit nicht lange währen. Sowjetische Panzer fuhren auf. Der Ausnahmezustand wurde verhängt, die Demonstration aufgelöst.

46 Jahre später, am 17. Juni 1999, gründete sich unter der Leitung von Rudolf Hildebrand und Hans-Dieter Heinze der „Arbeitskreis 17. Juni Jessen" mit dem Ziel, die Ereignisse des Volksaufstandes in Jessen wissenschaftlich aufzuarbeiten.

Am 9. November 1999 enthüllten der Bürgermeister von Jessen Dietmar Brettschneider und Rudolf Hildebrand im Innenhof des Jessener Schlosses, dem heutigen Sitz der Stadtverwaltung, eine Gedenktafel zur Erinnerung an die Ereignisse vom 17. Juni 1953. Sie trägt die Inschrift: „Man muss begreifen, dass die Freiheit mehr wert ist, / als das eigene Leben. / Solschenitzyn / Am 17. Juni 1953 erhoben sich an dieser historischen Stätte / 1 500 Bauern aus den Dörfern des Kreises Jessen / gegen die Diktatur der SED und die Wirtschaftspolitik / des „Arbeiter- und Bauernstaates" unter der Regierung W. Ulbrichts. / Viele Arbeiter und Einwohner der Stadt Jessen schlossen sich / dem Demonstrationszug der Bauern an und forderten: / sofortige freie geheime Wahlen für alle Deutschen / Absetzung der SED-Kreisverwaltung / Freilassung aller politischen Gefangenen / Abschaffung der soz. Planwirtschaft. / Wir gedenken der vielen Menschen, die in der Folge umgekommen, / verfolgt und zu langen Haftstrafen verurteilt wurden. / Wir gedenken derer, denen die Freiheit mehr wert war, / als das eigene Leben. / Wir gedenken auch derer, die nicht mehr unter uns sind".

QUELLEN / LITERATUR
Amtsblatt des Landkreises Wittenberg vom 13.11.99.
Mitteldeutsche Zeitung vom 17.6.2003.
Rupieper, Hermann-Josef (Hrsg.): „….und das Wichtigste ist doch die Einheit." Der 17. Juni 1953 in den Bezirken Halle und Magdeburg, Münster 2003.

STANDORT
Stadtverwaltung Jessen, Schlossstrasse 11
06917 Jessen/Elster

VERKEHRSANBINDUNG / PKW
A 9 Berlin-Leipzig, Abfahrt Wittenberg, dann B 187 Richtung Jessen

Gedenkstein zur deutschen Einheit

Jübar. Auf Initiative des Gemeinderates von Jübar wurde anlässlich des zehnten Jahrestages der Deutschen Einheit im Rahmen der 760-Jahrfeier des Ortes auf dem Dorfplatz ein Gedenkstein enthüllt mit der Inschrift: „3.10. 1990 / Tag der / Deutschen / Einheit".

QUELLEN / LITERATUR
Information des Gemeinderates von Jübar.

STANDORT
Breite Straße, 38489 Jübar

VERKEHRSANBINDUNG
Mit der Bahn nach Salzwedel, dann weiter mit dem Bus nach Jübar

PKW
Über die A2 Hannover-Berlin, Abfahrt Helmstedt, dann weiter über die B244 Richtung Wittingen nach Jübar

Gedenkstätte Moritzplatz Magdeburg für die Opfer politischer Gewaltherrschaft 1945-1989

Magdeburg. Das rote Backsteingebäude im Norden Magdeburgs wurde im Jahre 1876 als Königliches Amtsgericht und Stadtgefängnis errichtet. Nach Herauslösung der Gerichtsbarkeit im Jahre 1940 wurde der gesamte Gebäudekomplex als Polizeigefängnis genutzt. Im Unterschied zu anderen Gefängnissen, die nach 1945 der Sowjetischen Militäradministration unterstellt waren, blieb die Haftanstalt Magdeburg-Neustadt nach dem Zweiten Weltkrieg unter deutscher Polizeiverwaltung.

Während des Aufstandes vom 17. Juni 1953 kam es zur Erstürmung der Haftanstalt und zur Befreiung aller 221 Häftlinge. Im Jahre 1957 übernahm das Ministerium für Staatssicherheit (MfS) das Objekt. Von nun an diente es über 30 Jahre lang als MfS-Untersuchungshaftanstalt für den Bezirk Magdeburg. Tausende Menschen wurden hier wegen ihrer Kritik, ihrer Verweigerung und ihres Widerstandes gegen die SED-Politik oder wegen des Wunsches, die DDR zu verlassen, als „Staatsfeinde" inhaftiert. Unter menschenunwürdigen Bedingungen und unter Zuhilfenahme psychologischer Folter hat man dort von den Inhaftierten vielfach Aussagen erpresst, die als Beweismaterial bei späteren Gerichtsverfahren benutzt wurden. Im Herbst 1989 forderten Demonstranten die Freilassung der Inhaftierten, und am 4. Dezember 1989 erreichte das Neue Forum erstmals eine Öffnung des Gebäudes.

„Stasi in Magdeburg" hieß eine vom Bürgerkomitee und Memorial Magdeburg initiierte Ausstellung im Herbst 1990, die sechs Wochen lang in den Zellen der ehemaligen Untersuchungshaftanstalt gezeigt wurde. 23 000 Besucher wurden erstmals am authentischen Ort über das allumfassende Netz des MfS informiert. Es waren die Initiatoren und Besucher der Ausstellung, die mit der Forderung „Dieser Ort muss Gedenkstätte werden" an die Öffentlichkeit traten. Im Dezember 1990 wurde diese Forderung Realität. Die Stadtverordneten von Magdeburg beschlossen, in der ehemaligen Untersuchungshaftanstalt des MfS eine Gedenkstätte für die Opfer politischer Gewaltherrschaft zwischen 1945 und 1989 zu errichten. Mit Wirkung vom 1. Januar 1994 übernahm das Land Sachsen-Anhalt die Trägerschaft für diese Einrichtung.

Die Gedenkstätte Moritzplatz Magdeburg hat sich die Aufgabe gestellt, die Strukturen und Folgen der SED-Herrschaft aufzuarbeiten und zu dokumentieren. Die Gedenkstätte soll dem Vergessen entgegenwirken und jenen

Anerkennung zollen, die ihren Widerstand oder ihre Verweigerung in der DDR mit Bespitzelung, Verfolgung und Haft bezahlen mussten. Zu besichtigen sind der ehemalige Zellentrakt und die früheren Freigänge im Zustand der achtziger Jahre. In Gruppenführungen (Dauer 30 bis 45 Minuten) werden die Geschichte der Haftanstalt, die Haftbedingungen zwischen 1945 und 1989, das Überwachungssystem, Schicksale Betroffener und die vielschichtigen Probleme der Aufarbeitung erläutert. Darüber hinaus wird zielgruppenorientierte Bildungsarbeit (Seminare, Zeitzeugengespräche, Studientage, Vorträge, Ausstellungen) angeboten. Dauer- und Wechselausstellungen sollen nach Abschluss der erforderlichen Baumaßnahmen folgen. Opfern der SED-Diktatur bieten die Mitarbeiter der Gedenkstätte Beratung und Unterstützung an.

QUELLEN / LITERATUR

Möbius, Sascha: „Grundsätzlich kann von jedem Beschuldigten ein Geständnis erlangt werden." Die MfS-Untersuchungshaftanstalt Magdeburg-Neustadt von 1957-1970. Reihe Gedenkstätten- und Gedenkstättenarbeit im Land Sachsen-Anhalt, hrsg. vom Ministerium des Innern, Magdeburg 1999.
Müller, Klaus-Dieter/Annegret Stephan (Hrsg.): „Die Vergangenheit läßt uns nicht los." Haftbedingungen politischer Gefangener in der SBZ/DDR und deren gesundheitliche Folgen", Berlin 1998, Sonderedition der Landeszentrale für politische Bildung Sachsen-Anhalt.
BSV e.V. Kreisverband Magdeburg: Wirkungsstätten stalinistischen Terrors in der SBZ/DDR –Magdeburg (Schriftenreihe „Betroffene erinnern sich", Teil 8, der LStU Sachsen-Anhalt), Magdeburg 2000.
Diese Publikationen sind auch über die Gedenkstätte Moritzplatz Magdeburg zu erhalten.

ANSCHRIFT

Gedenkstätte Moritzplatz Magdeburg für die Opfer politischer Gewalt in Sachsen-Anhalt, Umfassungsstraße 76, 39124 Magdeburg

POSTANSCHRIFT

Postfach 180249, 39029 Magdeburg

ANSPRECHPARTNER

Annegret Stephan / Ulrike Jerratsch, Tel. 0391 / 2445590, Fax 0391 / 2445599

ÖFFNUNGSZEITEN

montags bis freitags von 9 bis 16 Uhr, donnerstags von 9 bis 18 Uhr, jeden ersten Sonnabend im Monat von 10 bis 12 Uhr oder nach Vereinbarung. Führungen nach vorheriger Anmeldung, Eintritt frei

VERKEHRSANBINDUNG

Straßenbahnlinien 1, 8, 9 und 10, Haltestelle Magdeburg-Nicolaiplatz; Moritzstraße bis Moritzplatz, rotes Backsteingebäude, fünf Minuten Fußweg von der Haltestelle

PKW

Von Norden über A 2 (Ausfahrt Magdeburg-Zentrum), auf den Magdeburger Ring (Ausfahrt Magdeburg-Neustadt / Mittagstraße); Anfahrt von Süden über Magdeburger Ring (Ausfahrt Magdeburg Neustadt / Mittagstraße). Kostenlose Parkmöglichkeiten; Busparkplatz vor dem Gebäude

Gedenktafel zum 17. Juni 1953

Magdeburg. Der 17. Juni 1953 markiert den Höhepunkt und die Niederschlagung des mehrtägigen Volksaufstands in der DDR, bei dem sich große Teile der Bevölkerung gegen die SED-Diktatur erhoben.

Auch in der Industriestadt Magdeburg kam es zu massenhaften Protesten der Bevölkerung. Magdeburg gehörte neben ⇨Berlin, ⇨Jena, ⇨Görlitz und ⇨Leipzig zu den Zentren des Aufstandes. Am Vormittag versuchten tausende

Demonstranten, das Untersuchungsgefängnis des MfS zu stürmen, um politische Häftlinge zu befreien. Doch durch den Einsatz von Schusswaffen und Panzern der Sowjetarmee wurde das Vorhaben blutig niedergeschlagen. Drei Teilnehmer der Demonstration verloren dabei ihr Leben. Von den Bewachern der Haftanstalt starben zwei Volkspolizisten und ein MfS-Offizier. Dagegen gelang es den Demonstranten am Nachmittag des 17. Juni trotz des schon verhängten Ausnahmezustandes, die Haftanstalt der Volkspolizei am Moritzplatz (⇨Magdeburg) in der Magdeburger Neustadt zu stürmen und 221 Häftlinge zu befreien. Am 18. Juni wurden zwei Magdeburger, Herbert Stauch und Alfred Dartsch, durch ein Sondertribunal der Sowjetischen Militäradministration in Deutschland (SMAD) als angebliche Mörder zum Tode verurteilt und am selben Tage auf dem Hof der Haftanstalt Magdeburg-Sudenburg standrechtlich erschossen. Die mittlerweile zugänglichen russischen Akten beweisen, dass beide unschuldig starben. Das Bezirksgericht stellte im August 1953 einen weiteren Magdeburger, Ernst Jennrich, unter Mordanklage und verurteilte ihn in erster Instanz zu lebenslanger Haft. Da das Gericht keine Beweise fand, sollte lediglich seine Teilnahme am Volksaufstand als abschreckendes Beispiel die lebenslange Haftstrafe rechtfertigen. Dieses Urteil wurde jedoch auf Anweisung der Justizministerin Hilde Benjamin vom Obersten Gericht der DDR zurückgewiesen, da das SED-Politbüro die Todesstrafe für „angemessener" hielt. Im Oktober 1953 verurteilte daraufhin das Magdeburger Bezirksgericht ohne neue Beweisaufnahme den Angeklagten wegen Mordes zum Tode. Er wurde 1954 hingerichtet. Die damaligen Todesurteile haben inzwischen russische und deutsche Rehabilitierungsgerichte als rechtsstaatswidrig kassiert. Im gesamten Bezirk Magdeburg gab es mehrere hundert Festnahmen. Wegen der Teilnahme am Volksaufstand haben sowjetische und deutsche Justizorgane die Betroffenen zum Teil zu hohen Haftstrafen verurteilt.

Am 17. Juni 1999, 46 Jahre nach dem Volksaufstand, wurde anlässlich einer Ausstellungseröffnung am Gebäude des heutigen Ministeriums des Innern des Landes Sachsen-Anhalt in Magdeburg durch den Innenminister des Landes Manfred Püchel eine Gedenktafel für die Opfer des 17. Juni 1953 enthüllt mit der Inschrift: „Zum Gedenken / an die Opfer des / Volksaufstandes / am 17. Juni 1953 / in Magdeburg".

Ein Jahr zuvor war dieser Platz in „Platz des 17. Juni" umbenannt worden. Das Gebäude beherbergte zwischen 1952 und 1989 die Bezirksdirektion der Volkspolizei (BdVP). In unmittelbarer Nähe befanden sich das Bezirksgericht Magdeburg und die Haftanstalt der VP Magdeburg-Sudenburg sowie bis 1957 die Untersuchungshaftanstalt des Ministeriums für Staatssicherheit.

QUELLEN / LITERATUR
Information der Gedenkstätte Magdeburg Moritzplatz für die Opfer politischer Gewalt in Sachsen-Anhalt.
Kowalczuk, Ilko-Sascha: „17.6.1953: Volksaufstand in der DDR. Ursachen – Abläufe – Folgen", Bremen 2003.

STANDORT
Gebäude des Ministeriums des Innern des Landes Sachsen-Anhalt, Halberstädter Straße 2 (am Platz des 17. Juni), 39112 Magdeburg

VERKEHRSANBINDUNG
A 14, Abfahrt 105; A 2 (E 30) auf B 71 (E 49) nach Magdeburg

Denkmal zur Erinnerung an die Montagsdemonstrationen im Herbst 1989

Magdeburg. Durch die Lothar-Kreyssig-Straße führten im Herbst 1989 die Montagsdemonstrationen in der Domstadt Magdeburg. Zwischen der ersten gotischen Kathedrale auf deutschem Boden und dem heutigen Sitz des sachsen-anhaltinischen Landtages demonstrierten die Magdeburger Bürger im Herbst 1989 ihren Willen zur Gewaltlosigkeit und forderten mit dem Ruf „Wir sind das Volk!" Veränderungen im Land, die schließlich den Sturz des SED-Regimes bewirkten.

Hier wurde eine 4,50 Meter hohe, aus Bronze gegossene Stele des Künstlers Norbert Zagel aus Langwied zur Erinnerung an den Mut und das Engagement Magdeburger Bürger während der friedlichen Revolution und bei den Montagsdemonstrationen errichtet. Initiator des Denkmals war das 1999 gegründete Kuratorium „Magdeburger Bürgerdenkmal e.V.", das mit einem Aufruf an alle Bürgerinnen und Bürger Sachsen-Anhalts, Gemeinden, Institutionen und Unternehmen um Spenden gebeten hat. Es soll ein Denkmal von Bürgern für Bürger sein und in Erinnerung rufen, dass Zivilcourage und Solidarität zur Bewahrung der im Herbst 1989 errungenen Freiheit und Demokratie unverzichtbar sind. Auch unter dem Eindruck anhaltender Friedlosigkeit und Unterdrückung in der Welt soll es Dank und Mahnung für Frieden, Freiheit und Demokratie sein.

Als symbolische Grundsteinlegung des Denkmals am 9. Oktober 1999 wurde vor dem Hauptportal des Magdeburger Doms eine Gedenktafel in den Boden eingelassen mit der Inschrift: „Wir / sind / das / Volk / Hier entsteht das / Magdeburger Bürgerdenkmal / zu Ehren der / Montagsdemonstrationen des Herbstes '89 / aus Spenden der Bevölkerung / Sachsen-Anhalts".

Die feierliche Einweihung des Denkmals erfolgte am 3. Oktober 2003, dem Tag der Deutschen Einheit, in Anwesenheit von Bundespräsident Johannes Rau und Ministerpräsident Prof. Dr. Wolfgang Börner.

Dokumentationszentrum am Moritzplatz des Bürgerkomitees Sachsen-Anhalt e.V.

Magdeburg. Das im Jahr 1876 als Königliches Amtsgericht und Stadtgefängnis errichtete Gebäude am Moritzplatz wurde von 1957 bis 1989 von der Magdeburger Bezirksverwaltung des Ministeriums für Staatssicherheit (MfS) als Untersuchungshaftanstalt genutzt.

Heute befinden sich im Vernehmergebäude der ehemaligen Untersuchungshaftanstalt des MfS das Dokumentationszentrum des Bürgerkomitees Sachsen-Anhalt e.V. und im Haftbereich die ⇨Gedenkstätte Moritzplatz Magdeburg für die Opfer politischer Gewaltherrschaft 1945-1989.

Die Ursprünge des Bürgerkomitees Sachsen-Anhalt sind eng mit der Auflösung der Bezirksverwaltung des MfS in Magdeburg verbunden. Bereits am 20. November 1989 gab es eine erste große Demonstration von Magdeburgern vor der Kreisdienststelle des Ministeriums für Staatsicherheit (MfS), die mit der öffentlichen Forderung nach Auflösung der Stasi einherging. Auf Initiative des Runden Tisches der Stadt Magdeburg wurde am 5. Dezember 1989 eine Arbeitsgruppe geschaffen, die vermehrten Hinweisen auf Aktenvernichtung in der Bezirksverwaltung nachgehen sollte. Legitimiert und unterstützt durch den damals amtierenden Oberbürgermeister, nahm das Komitee seine Arbeit auf. Um der weiteren Vernichtung von Unterlagen Einhalt zu gebieten, konnte die Arbeitsgruppe am 8. Dezember 1989 vom damaligen Ministerpräsidenten Hans Modrow die Zusage erhalten, dass die MfS-Bezirksverwaltung aufgelöst wird. Das Bürgerkomitee übernahm in der Folgezeit nicht nur die Sicherung des Gebäudekomplexes, es schuf auch eine Arbeitsgruppe „Akten“, die neben der Archivierung der Unterlagen auch erste Auswertungen vornahm und damit die öffentliche Diskussion um den Umgang mit den Stasi-Unterlagen in Magdeburg vorantrieb. Im Sommer des Jahres 1990 wandelte sich das Bürgerkomitee in einen Verein um und eröffnete im Herbst 1990 gemeinsam mit Memorial Magdeburg die Ausstellung „STASI in Magdeburg“, die sechs Wochen lang in den Zellen der ehemaligen Untersuchungshaftanstalt gezeigt wurde.

An demselben Ort, wo bereits 1990 der Aufbau der Gedenkstätte Moritzplatz begonnen wurde, erfolgt seit 1992 der kontinuierliche Aufbau des Dokumentationszentrums des Bürgerkomitees.

Das Dokumentationszentrum stellt in der Dauerausstellung zum Thema „Machtmissbrauch durch SED und MfS in der ehemaligen DDR“ auf einer Fläche von 200 Quadratmetern Struktur und Arbeitsweise des MfS und speziell der Bezirksverwaltung in Magdeburg dar, u.a. zum Einsatz der Post-

und Telefonkontrolle oder von Geruchsproben und Schriftenspeichern als Methoden zur Überwachung der DDR-Bevölkerung. Ein anderer Ausstellungsteil befasst sich mit dem Bildungssystem der DDR und der Einflussnahme des MfS auf Jugendliche. Daneben werden 22 Einzelausstellungen zum Verleih angeboten. Der Besucher findet weiterhin eine Bibliothek, Videothek sowie ein Pressearchiv und ein Archiv mit Befehlen, Richtlinien und Weisungen des MfS vor. Regelmäßig stattfindende Vorträge und Diskussionsveranstaltungen dienen der Aufklärung der Öffentlichkeit und sollen das Gedenken an die Opfer der kommunistischen Gewaltherrschaft wach halten. Für Schulklassen werden Projekttage zur Überwachung der Jugend durch das MfS, zu den Zwangsaussiedlungen an der innerdeutschen Grenze sowie weiteren Themen zu Repression und Opposition in der DDR angeboten.

Das Dokumentationszentrum ergänzt durch seine Arbeit die politische Bildung und Forschung über die Mechanismen der Unterdrückung in der DDR mit der Gedenkstätte für die Opfer politischer Gewalt. Während sich die Arbeit der Gedenkstätte auf die Wirkungen der Abteilung Haftanstalt und Vernehmung konzentriert, arbeitet das Dokumentationszentrum die Wirkungen der übrigen MfS-Abteilungen und das Zusammenwirken von SED und Staatsapparat auf.

QUELLEN / LITERATUR

Vogel, Jürgen: „Magdeburg Kroatenweg. Chronik des Bürgerkomitees zur Auflösung der Stasi." Magdeburg/Braunschweig 1991.
Bürgerkomitee Sachsen-Anhalt e.V.: „Was im Herbst begann..." Die Auflösung der Staatssicherheit im ehemaligen Bezirk Magdeburg. Eine Materialiensammlung, Magdeburg 1993.
Ehemalige Untersuchungshaftanstalten des Ministeriums für Staatssicherheit der DDR. Broschüre des LStU, Berlin 2000

ANSCHRIFT

Dokumentationszentrum des Bürgerkomitees Sachsen-Anhalt, Umfassungsstraße 76
39124 Magdeburg

POSTANSCHRIFT

Postfach 180130, 39028 Magdeburg

ANSPRECHPARTNER

Ute Gramm, Tel.: 0391 / 2532316,
Fax: 0391 / 2532316,
E-mail: info@buergerkomitee.de,
www.buergerkomitee.de

ÖFFNUNGSZEITEN

montags bis mittwochs von 9 bis 16 Uhr, Donnerstag 9 bis 18 Uhr, Freitag 9 bis 15 Uhr und jeden ersten Samstag im Monat von 10 bis 12 Uhr. Der Eintritt ist frei.

VERKEHRSANBINDUNG

Straßenbahnlinien 1, 8, 9 und 10, Haltestelle Magdeburg-Nicolaiplatz; Moritzstraße bis Moritzplatz, rotes Backsteingebäude, fünf Minuten Fußweg von der Haltestelle

PKW

Von Norden über A2 (Ausfahrt Magdeburg-Zentrum), auf den Magdeburger Ring (Ausfahrt Magdeburg-Neustadt / Mittagstraße); Anfahrt von Süden über Magdeburger Ring (Ausfahrt Magdeburg-Neustadt / Mittagstraße). Kostenlose Parkmöglichkeiten; Busparkplatz vor dem Gebäude

QUELLEN / LITERATUR
www.digitale-region.de/infos/vereine/buergerdenkmal/s1_1024.html

STANDORT
Domplatz/Lothar-Kreyssig-Straße
39104 Magdeburg

VERKEHRSANBINDUNG
Vom Hauptbahnhof Straßenbahn Linien 2, 9 und 10 bis Haltestelle Domplatz

PKW
A14, Abfahrt 105; A2 (E30) auf B71 (E49) nach Magdeburg

Gedenkstätte Deutsche Teilung

Marienborn. Zwischen den Städten Marienborn (Sowjetische Besatzungszone) und ⇨Helmstedt (Britische Besatzungszone) – an der ehemaligen Reichsautobahn (und heutigen A2) von und nach Berlin und der Eisenbahnstrecke Berlin-Hannover – richteten die Siegermächte am 1. Juli 1945 den Kontrollpunkt Marienborn-Helmstedt ein. Über den Kontrollpunkt lief der gesamte Verkehr der Westalliierten von und nach Berlin. In die Schlagzeilen geriet der Kontrollpunkt erstmalig während der Berlin-Blockade (Luftbrückendenkmal in ⇨Berlin-Tempelhof), als die sowjetische Besatzungsmacht in der Zeit vom 24. Juni 1948 bis zum 12. Mai 1949 die Verkehrswege zu den Westsektoren Berlins sperrte. Der Kontrollpunkt entwickelte sich im Verlauf des Kalten Krieges zum Seismographen der Ost-West-Beziehungen und zu einem Nadelöhr zwischen den Welten. Im Jahre 1950 übernahm die Volkspolizei der DDR das Kommando über den „Kontrollpassierpunkt" Marienborn. Im Mai 1952 erfolgten aufgrund einer Verordnung des Ministerrates der DDR die völlige Abriegelung der Grenze sowie die Verschärfung des Grenzregimes durch Einrichtung eines fünf Kilometer breiten Sperrgebietes, eines 500 Meter breiten Schutzstreifens und eines zehn Meter breiten Kontrollstreifens sowie der Ausbau der Kontrollstelle. Die Grenzpolizei wurde dem MfS unterstellt, was allerdings 1957 wieder rückgängig gemacht wurde. Nach dem Mauerbau 1961 zeigte sich immer deutlicher, dass die Grenzübergangsstelle dem wachsenden Verkehrsaufkommen von und nach West-Berlin nicht mehr gewachsen war. Im Rahmen des Transitabkommens errichtete die DDR in den Jahren 1972 bis 1974 schließlich in etwa 1,5 Kilometern Entfernung von der innerdeutschen Grenze eine neue Grenzübergangsstelle. Nach deren Fertigstellung waren rund 1000 Bedienstete (Zoll, Grenze und Zivilbeschäftigte) im Einsatz, und allein zwischen 1985 und 1989 wurden dort 34,6 Millionen Reisende abgefertigt. Marienborn entwickelte sich zur größten und bedeutendsten Grenzübergangsstelle an der innerdeutschen Grenze. Mit der Neuerrichtung des Kontrollkomplexes entstand zugleich ein fast lückenloses Kontrollsystem. In Verbindung mit den eigentlichen Sperranlagen und dem in das Hinterland reichenden Überwachungssystem wurde jeder Fluchtversuch über die Grenzübergangsstelle Marienborn für DDR-Bürger unmöglich gemacht.

Mit der Öffnung der Grenze am 9. November 1989 konnten DDR-Bürger die Übergangstelle uneingeschränkt passieren. Am 1. Juli 1990 – mit dem Inkrafttreten der Wirtschafts-, Währungs- und Sozialunion – verlor die Anlage ihre Funktion, da die Kontrollen am 30. Juni 1990 um 24 Uhr eingestellt wurden. 1992 beschloss das Land Sachsen-Anhalt den Aufbau der Gedenkstätte Deutsche Teilung Marienborn. Am 13. August 1996 erfolgte die feierliche Eröffnung durch Ministerpräsident Reinhard Höppner. Der Aufbau der Gedenkstätte ist noch nicht abgeschlossen. Als Standort wurde der Kernbereich der ehemaligen Grenzübergangsstelle Marienborn/Autobahn gewählt, der an der A 2 zwischen Helmstedt und der Ausfahrt Ostingersleben liegt. Die Besucher können das Gelände selbstständig erschließen sowie im Rahmen einer Führung die verschiedenen Bereiche und Funktionseinheiten (u. a. Kontrolleinrichtungen, Kommandoturm) der ehemaligen Grenzübergangsstelle besichtigen. Hierfür wurde ein Besucherleitsystem eingerichtet, das über Faltblätter in deutscher, englischer, französischer und russischer Sprache sowie über Hinweistafeln und fünf Multimedia-Stationen (ebenfalls mehrsprachig) dem Individualbesucher vielfältige Möglichkeiten der Orientierung und Information bietet. Zur Gedenkstätte gehört ein Dokumentations- und Informationszentrum, in dem eine Dauerausstellung („Die GÜSt Marienborn: Bollwerk, Seismograph, Nadelöhr") und Videofilme („Auf Wacht für die DDR" und „Nadelöhr zwischen den Welten") über die ehemalige Grenzübergangsstelle informieren. Eine weitere Ausstellung unter dem Titel „Grenzenlos im Übergang – Zehn deutsche Jahre: 9. November 1989 bis 9. November 1999" befindet sich im Bereich Zoll der Gedenkstätte. Zwischen der Gedenkstätte Deutsche Teilung Marienborn und dem Zonen-Grenz-Museum ⇨Helmstedt besteht eine länderübergreifende Zusammenarbeit, die unter anderem auch die Besichtigung weiterer Grenz- und Kunstdenkmale einschließt.

QUELLEN / LITERATUR

Kultusministerium des Landes Sachsen-Anhalt, Arbeitskreis Aufarbeitung (Hrsg): Gedenken, Nachdenken, Vorausdenken. Gedenkstätten, Dokumentationszentren und andere Einrichtungen, Halle 2000.
Scherrieble, J.: Marienborn/Helmstedt – Synonym der Teilung Deutschlands. In: Börde, Bode, Lappwald, Oschersleben 1998.

ANSCHRIFT
Gedenkstätte Deutsche Teilung
An der Bundesautobahn A 2, 39365 Marienborn

POSTANSCHRIFT
Regierungspräsidium Magdeburg, Dezernat 37,
Olvenstedter Straße 1-2, 39108 Magdeburg

ANSPRECHPARTNER
Dr. Joachim Scherrieble (Leiter), Dr. Frank Struck, Tel.: 039406/92091, Fax 039406/92099; E-mail: gedenkstaette@marienborn.de, www.marienborn.de

ÖFFNUNGSZEITEN
dienstags bis sonntags von 10 bis 17 Uhr; nach Absprache auch pädagogische Angebote über die regulären Öffnungszeiten hinaus

VERKEHRSANBINDUNG
Regionalbahn bis Bahnhof Marienborn, dann Buslinie 11 Haltestelle Grenzdenkmal

PKW
A 2 aus Berlin: Abfahrt Ostingersleben und der Ausschilderung „Gedenkstätte" folgen; A 2 aus Hannover: über ESSO-Tankstelle Marienborn; B 1 bis Morsleben: weiter in Richtung Marienborn und der Ausschilderung „Gedenkstätte" folgen; B 245a bis Harbke: dann der Ausschilderung „Gedenkstätte" folgen

Grenzdenkmal

Oebisfelde. Oebisfelde, im heutigen Bundesland Sachsen-Anhalt, lag nach dem Zweiten Weltkrieg in der Sowjetischen Besatzungszone unmittelbar an der Demarkationslinie zu Niedersachsen. Am 26. Mai 1952 erließ der Ministerrat der DDR die Verordnung über Maßnahmen an der Demarkationslinie zwischen der Deutschen Demokratischen Republik und den westlichen Besatzungszonen Deutschlands. Damit reagierte die DDR-Regierung auf die Massenflucht von DDR-Bürgern Richtung Westen. Es folgte die Anlage einer fünf Kilometer breiten Sperrzone entlang der Demarkationslinie. Die Straße von Oebisfelde Richtung Wolfsburg in Niedersachsen wurde geschlossen. Aufgrund seiner geographischen Lage fiel das damals rund 8 000 Einwohner zählende Oebisfelde in die Sperrzone, und wie in vielen anderen Grenzorten auch wurden im Rahmen der landesweit durchgeführten Aktion „Ungeziefer" Personen zwangsumgesiedelt, die als „unerwünscht" galten. Bis in die siebziger Jahre wurde die Grenze bei Oebisfelde schrittweise weiter befestigt, beispielsweise durch die Einrichtung einer „Hundezone". Am 26. November 1989 war die Grenze auf der Straße Richtung Wolfsburg wieder geöffnet.

Das Grenzdenkmal Oebisfelde steht am ehemaligen Grenzstreifen an der Aller, unmittelbar an der Straße Richtung Wolfsburg. Das Denkmal ohne Titel schuf der Oebisfelder Bildhauer Manfred Böttcher; es wurde am 26.

Juli 1992 feierlich enthüllt. Es setzt sich aus verschiedenen Bildelementen zusammen, die als Gleichnis für die Teilung und die Wiedervereinigung gelten. Ein Weg, eine Mauer, ein Loch in der Mauer, eine Treppe und eine Frauengestalt symbolisieren Hoffnung. Eine Eule steht für die Natur bei Oebisfelde, die bemerkenswerte Landschaft des Drömling, eines früheren Moorgebietes, das nach der Grenzöffnung rekultiviert und zum Naturschutzgebiet erklärt wurde. Am ehemaligen Grenzstreifen steht zudem seit dem 26. November 1999, dem Jahrestag der Grenzöffnung, eine Informationstafel, die über den früheren Grenzverlauf und über die technischen Daten der Sperranlagen aufklärt.

QUELLEN / LITERATUR
Information der Verwaltungsgemeinschaft Oebisfelde

STANDORT
Büstedter Brücke, 39646 Oebisfelde

VERKEHRSANBINDUNG / PKW
B 188 Oebisfelde-Wolfsburg

Gedenktafel für die Opfer der Internierungslager in Oranienbaum

Oranienbaum. Am 9. Mai 1998 wurde auf dem Friedhof der Stadt Oranienbaum eine Tafel für 19 Bürger der Stadt, die in den Jahren 1945 bis 1950 in den sowjetischen Speziallagern zu Tode kamen, feierlich eingeweiht. Die kupferne Gedenktafel entstand auf Initiative der Angehörigen in Zusammenarbeit mit der Stadtverwaltung Oranienbaum und erhielt innerhalb einer Gedenkstätte für zivile Opfer des Zweiten Weltkrieges und der Folgezeit ihren Platz. Sie trägt die Inschrift: „Den Opfern der / Internierungslager / 1945 - 1950“.

Darunter sind die Namen der in Speziallagern verstorbenen Bürger der Stadt Oranienbaum aufgeführt: „Hermann Bärtz / Paul Elze / Dr. Ernst Fritsche / Paul Grieser / Hermann Huth / Werner Karl / Carl Kramb / Ernst Laudien / Franz Laue / Max Liebigt / Ernst Oppermann / Fritz Saalfeld / Fritz Seidel / Dr. Hans Söllinger / Franz Schurade / Wolfgang Stiepel / Franz Wagner / Willy Warnicke / Friedrich Weise“.

QUELLEN / LITERATUR
Information von Günther Stiepel

STANDORT
Städtischer Friedhof
06785 Oranienbaum

VERKEHRSANBINDUNG
Deutsche Bahn bis Dessau, Gräfenhainichen oder Radis, dann weiter mit dem Bus

PKW
A 9 bis Abfahrt Dessau-Ost nach Oranienbaum

Gedenktafel für die Opfer des NKWD

Querfurt. Aus dem ehemaligen Kreis Querfurt, wozu Mücheln, Laucha, Roßleben, Nebra und umliegende kleinere Ortschaften gehörten, wurden nach dem Einzug der Roten Armee bis zur Gründung der DDR etwa 100 Personen verhaftet und durch ein sowjetisches Militärtribunal verurteilt. Im ehemaligen Gefängnis der Stadt hielt der sowjetische Geheimdienst NKWD neben Mitgliedern der NSDAP und ihrer Gliederungen auch Jugendliche im Alter zwischen 15 und 17 Jahren gefangen, denen Mitgliedschaft in der Organisation „Werwolf" oder Widerstand gegen die Besatzungsmacht vorgeworfen wurde. Die erste Gruppe, die im Querfurter Gefängnis vom NKWD gefangen gehalten wurde, war aus der Klosterschule Roßleben (Verhaftungsbeginn 27. September 1945). Die letzte angebliche Werwolfgruppe aus Mücheln wurde am 9. September 1949 verhaftet. Eine bisher noch unbekannte Anzahl von ihnen starb im Gefängnis an den Folgen von Hunger, Tbc oder Ruhr. Der größte Teil der Jugendlichen wurde am 28. Januar 1993 durch den Generalstaatsanwalt der Russischen Föderation rehabilitiert.

Am 10. September 1997 wurde auf Initiative von Hans-Joachim Hantsche, der als Jugendlicher selbst in der Zeit von 1945 bis 1950 unschuldig inhaftiert war, an der Mauer des ehemaligen Querfurter Gefängnisses eine Gedenktafel enthüllt. Sie trägt die Inschrift: „Zum Gedenken / den Opfern / der / stalinistischen / Willkür / 1945-1950".

QUELLEN / LITERATUR
Information des Zeitzeugen Hans-Joachim Hantsche. Amtsblatt der Stadt Querfurt 8/1997.

STANDORT
Vor dem Nebraer Tor 1a, 06268 Querfurt

VERKEHRSANBINDUNG / PKW
A 4, Abfahrt Jena, über die B 180 bis Naumburg und dann weiter bis Querfurt; A 9, Abfahrt Merseburg, über die B 81 nach Querfurt

Gedenktafel „Gegen das Vergessen"

Querfurt. Das am 29. April 1977 verabschiedete „Querfurter Papier" war ein politisches Manifest, das – ursprünglich mit der Überschrift „Frieden und Gerechtigkeit heute" versehen, – zunächst an Mitarbeiter der evangelischen und katholischen Kirche in Querfurt gerichtet war. Es entstand in engem Zusammenhang mit dem KSZE-Prozess und weist Analogien zur tschechischen „Charta 77“ auf. Das Papier wurde von evangelischen und katholischen Christen um den Priester Dieter Tautz verfasst und vorwiegend von der Naumburger Menschenrechtsgruppe um den Theologen Lothar Tautz im Rahmen einer Unterschriftensammlung verbreitet. Diese Gruppe hatte bereits im Frühjahr 1977 eine Dokumentation zur Ausbürgerung von Wolf Biermann, zur Selbstverbrennung von Oskar Brüsewitz in ⇨ Zeitz und zum Wirken des verfolgten und in den Westen abgeschobenen Vikars Günter Schau unter dem Titel „Kirche zwischen Opportunismus und Opposition“ als Samisdat veröffentlicht.

Im „Querfurter Papier“ wurde unter Berufung auf den christlichen Versöhnungsauftrag die politische Einrede der Kirchen zum Ausdruck gebracht. Es warnte vor der Anpassung der Kirchen, ihrer „Fremdbestimmung“ und vor dem „bequemen Schweigen“. Im ersten Teil wurde festgestellt, dass wahrer Frieden nur erreicht werden könne, wenn statt „Klassenkampf“ und „Abgrenzung“ „Brücken der Verständigung“ errichtet würden. Im zweiten Teil wurde die Spannung zwischen „gesellschaftlicher Vielfalt“ und der „Einheitsgesellschaft“ der DDR benannt, die zugunsten der „Würde des Eigenwertes des einzelnen“ aufgelockert werden müsse: „Nur wo die Pluralität beachtet wird, werden Menschen gern Bürger ihres Staates sein.“ Zu Ausreiseverboten wurde erklärt: „Nur wer frei ist zu gehen, wird freiwillig gern bleiben.“ Weiter hieß es: „Die Menschen haben ein allseitiges Informationsrecht“, denn „nur wo offene Kritik keine Repressalien befürchten muss, wird gesellschaftliches Engagement sinnvoll.“ Alle auch theologisch begründeten Menschenrechte seien überdies in der Schlussakte von Helsinki verankert. Der dritte Teil thematisierte die internationale Zusammenarbeit: „Die Aufgaben des zukünftigen Überlebens verlangen, daß wir willig sind, schon morgen mit dem Gegner von heute zusammenzuarbeiten.“ Es sei gefährlich, „wenn einer dem anderen sein System aufzwingen“ wolle. Das MfS stellte umgehend die „Gesellschaftsgefährlichkeit“ des Papiers fest, leitete im Rahmen des Zentralen Operativen Vorgangs (ZOV) „Korinther“ Zersetzungsmaßnahmen gegen die Initiatoren ein und versuchte, dazu auch die Kirchenleitungen zu benutzen.

Am 27. April 2002 wurde im Rahmen der Tagung „Frieden und Gerechtigkeit heute“ – 25 Jahre Querfurter Papier – unter Vorstellung des Projekts „Orte der Zivilcourage“ eine Gedenktafel an der katholischen Kirche in Querfurt enthüllt mit der Inschrift: „Gegen das Vergessen / Ort der Zivilcourage / ‚Querfurter Papier‘ / Im Pfarrhaus der Erlöserkirche unterzeichneten / evangelische und katholische Christen / am 29. April 1977 ein von ihnen erarbeitetes / politisches Manifest, das ‚Querfurter Papier'. / Mit der Aufforderung zu ‚Frieden und / Gerechtigkeit heute' gab dieses Schriftstück / demokratisch engagierten Menschen in der / DDR neue Orientierung und Mut zum / selbstbestimmten Handeln. / In Verbindung mit der ‚Charta 77' wirkten seine / Thesen bis in die Gründungsdokumente der / oppositionellen Gruppen in den 80er Jahren fort".

Das Projekt „Orte der Zivilcourage" steht unter der Schirmherrschaft des Präsidenten des Deutschen Bundestages, Wolfgang Thierse, und soll Menschen und Ereignisse bekannt machen, die sich in der SBZ/DDR für Demokratie und Menschenrechte besonders eingesetzt haben. Träger sind die Landeszentrale für politische Bildung und die Behörde der Landesbeauftragten für die Unterlagen des Staatssicherheitsdienstes der ehemaligen DDR in Sachsen-Anhalt.

QUELLEN / LITERATUR

Tautz, Lothar: Frieden und Gerechtigkeit heute. Das Querfurter Papier – ein politisches Manifest für die Einhaltung der Menschenrechte in der DDR aus dem Jahr 1977 (Reihe „Sachbeiträge" der LStU Sachsen-Anhalt), Magdeburg 2002.

Tautz, Lothar / Christian Radeke: „Warte nicht auf bessere Zeiten..." Oskar Brüsewitz, Wolf Biermann und die Protestbewegung in der DDR 1975-1977, Halle 1999.

STANDORT

Katholisches Pfarramt, Johannes-Schlaf-Straße 6
06268 Querfurt, Tel. 03 47 71 / 241 59

VERKEHRSANBINDUNG / PKW

A 4, Abfahrt Jena über die B 180 bis Naumburg und dann weiter bis Querfurt; A 9, Abfahrt Merseburg über die B 81 nach Querfurt

Gedenktafel an der ehemaligen Kreisdienststelle des Ministeriums für Staatssicherheit (MfS)

Salzwedel. Das 1950 auf Beschluss des SED-Politbüros gebildete MfS gliederte sich territorial in 15 Bezirksverwaltungen mit 209 Kreis- sowie sieben Objektdienststellen. Den rund 11 000 hauptamtlichen Mitarbeitern in den Kreisdienststellen oblag die auf ihr Territorium bezogene „politisch-operative Arbeit". So führten sie „operative Personenkontrollen" durch, nahmen Sicherheitsüberprüfungen vor und erstellten in enger Zusammenarbeit mit der SED-Kreisleitung und den staatlichen Einrichtungen Lageanalysen und Stimmungsberichte.

An der Hauswand des ehemaligen Gebäudes der Kreisdienststelle des MfS in Salzwedel wurde am 9. November 1998 von der Stadt auf Initiative von Stadtrat Wolfgang Ewert eine Gedenktafel angebracht mit der Inschrift:

„Das Geheimnis des Glücks ist / die Freiheit. / Das Geheimnis der Freiheit ist / der Mut. / Perikles / Sitz der Kreisdienststelle des Ministeriums für Staatssicherheit / der DDR bis 1989".

QUELLEN / LITERATUR
Information der Museen des Altmarkkreises Salzwedel.
Volksstimme vom 10.11.1998.
Altmark-Zeitung vom 10.11.1998.

VERKEHRSANBINDUNG / PKW
B 248 zwischen Wolfsburg und Dannenberg/Elbe bis Salzwedel; B 71 zwischen Gardelegen und Uelzen bis Salzwedel

STANDORT
Braunschweiger Straße 28, 29410 Salzwedel

Gedenkstein für die Opfer von Terror und Gewalt und Grab des Streikführers Paul Othma

Sandersdorf. Der im heute polnischen Radzionkau geborene Elektromonteur und Radio- und Fernsehfachmann Paul Othma (1905-1969) machte sich nach dem Zweiten Weltkrieg in Sandersdorf, einem kleinen Ort fünf Kilometer von ⇨Bitterfeld entfernt, selbstständig. Die Steuerbelastung war jedoch so hoch, dass er bald in einem Chemiewerk in Bitterfeld arbeitete. Othma gehörte zu den Mitbegründern der LDP in seinem Ort, kehrte der Partei aber 1950 den Rücken, weil sie die Oder-Neiße-Grenze anerkannte. Am 17. Juni 1953 forderten die Chemiewerker Paul Othma auf, ihre Forderungen gegenüber der Regierung zu vertreten, denn man hielt Othma für einen guten Redner. Die Streikenden in Bitterfeld forderten den Sturz der DDR-Regierung, freie und geheime Wahlen in ganz Deutschland, die Freilassung der politischen Gefangenen, die Absetzung der „SED-Leute" und eine 40-prozentige Herabsetzung der HO-Preise. Othma war mit Ausnahme des Sturzes der DDR-Regierung mit allen Punkten einverstanden. Als es auf dem Marktplatz in Bitterfeld zu Zusammenstößen kam, redete Othma vom Rathaus aus beschwichtigend auf die Arbeiter ein. Auch im Polizeipräsidium, wo Jugendliche die Waffenkammer stürmen wollten, vermittelte er und verhinderte die Tat. Einen Streik im örtlichen Elektrowerk konnte er abwenden. Doch noch in der Nacht wurde er vom MfS gesucht; er hatte sich bei seinen Eltern versteckt. Othma versuchte vergeblich zu flüchten, wurde verhaftet und saß ein halbes Jahr in Untersuchungshaft im „Roten Ochsen" in ⇨Halle. Er wurde zu zwölf Jahren Haft verurteilt und sein Vermögen eingezogen. An Leberzirrhose erkrankt, wurde Othma 1964 nach elfeinhalb Jahren Haft entlassen. Kurz zuvor war noch ein Gnadengesuch abgelehnt worden. Am 20. Juni 1969 starb Paul Othma an den Spätfolgen der Haft.

Im Jahre 1994 wurde zum Gedenken an die Opfer des Zweiten Weltkrieges ein Gedenkstein auf dem Friedhof in Sandersdorf eingeweiht, der gleichzeitig als Mahnmal gegen Terror und Gewalt in der DDR dienen soll. Er trägt die Inschrift: „Zum Gedenken / an die Opfer / des II. Weltkrieges / und als Mahnung / gegen Terror / und Gewalt". Hier ist Paul Othma beigesetzt worden. Eine kleine Steinplatte auf dem Urnengrab seines Verwandten Wilhelm Barschdorf trägt seinen Namen. Zur Erinnerung an den 17. Juni 1953 legt der Bürgermeister von Sandersdorf alljährlich ein Blumengebinde an Othmas Urnengrab nieder.

Anlässlich des 50. Jahrestages des Volksaufstandes erhielt das Gemeindezentrum von Sandersdorf in der Zscherndorfer Straße 15 den Namen „Haus Paul Othma". Die Namensgebung am 17. Juni 2003 fand im Rahmen einer Feierstunde in Anwesenheit der Witwe Hedwig Othma statt.

QUELLEN / LITERATUR
Schmidt, Heidemarie / Paul Werner Wagner: „... man muss doch mal zu seinem Recht kommen ..." Paul Othma, Streikführer am 17. Juni 1953 in Bitterfeld (Reihe Sachbeiträge der LStU Sachsen-Anhalt, Bd. 17), Magdeburg 2001.
Stiftung zur Aufarbeitung der SED-Diktatur (Hrsg.): „50 Jahre 17. Juni 1953 Veranstaltungshinweise", Berlin 2003.

STANDORT
Friedhof, 06792 Sandersdorf

VERKEHRSANBINDUNG
Deutsche Bahn bis Bitterfeld oder Wolfen, dann weiter mit dem Bus

PKW
Sandersdorf liegt an der B 183 nahe der A 9 Nürnberg-Berlin

Gedenktafel zum 17. Juni 1953

Seyda. Der 17. Juni 1953 markiert den Höhepunkt und die Niederschlagung des Volksaufstandes in der DDR, bei dem sich große Teile der Bevölkerung gegen die SED-Diktatur erhoben.

In dem kleinen, in der Nähe von Wittenberg gelegenen Ort Seyda erinnert seit dem 15. Juni 2003 eine kleine Gedenktafel am örtlichen Pfarramt an die mutige Tat des Pfarrers Willy Hagendorf, der nach der Niederschlagung des Volksaufstandes vom 17. Juni 1953 Mitglieder der Bitterfelder und Wolfener Streikleitung in seinem Pfarrhaus versteckte. Die Staatssicherheit erfuhr davon und verhaftete den Pfarrer am 17. September 1953. Am 7. Oktober, dem 5. Jahrestag der DDR, wurde er begnadigt, erhielt jedoch Redeverbot und konnte somit seinen Beruf nicht mehr ausüben. Der Tod eines Verwandten ermöglichte ihm die „besuchsweise Ausreise" nach Westdeutschland. Er blieb dort und wurde später Superintendent in Westfalen.

Die Tafel geht zurück auf eine Initiative der Kirchengemeinde und einen Beschluss des Gemeindekirchenrates von Seyda. Sie trägt die Inschrift: „Herr, du bist unsere Zuflucht für und für“ / Psalm 90 / In diesem Pfarrhaus fand nach dem / niedergeschlagenen Aufstand vom 17. Juni 1953 / die Streikleitung von Wolfen / und Bitterfeld einen Zufluchtsort“.

QUELLEN / LITERATUR
Mitteldeutsche Zeitung vom 17. Juni 2003.
Rupieper, Hermann-Josef (Hrsg.): „. . . .und das Wichtigste ist doch die Einheit.“ Der 17. Juni 1953 in den Bezirken Halle und Magdeburg, Münster 2003.

STANDORT
Pfarramt Seyda, Kirchplatz 1
06918 Seyda

VERKEHRSANBINDUNG
Bahnverbindung bis Elster (Elbe) und dann weiter mit dem Bus 386

PKW
A 9 Leipzig-Berlin, Abfahrt Wittenberg B 187 nach Jessen und weiter nach Seyda

Freiland-Grenzmuseum Sorge

Sorge. Der 200 Einwohner zählende Kurort Sorge im Landkreis Wernigerode im Oberharz wurde im April 1945 von den Amerikanern besetzt, fiel aber kurze Zeit später, im Juli 1945, an die Sowjetische Besatzungszone. Als die DDR-Regierung im Mai 1952 die Schließung der innerdeutschen Grenze beschloss und verschärfte Sicherungsmaßnahmen anordnete, gehörte das unmittelbar an der Grenze zu Niedersachsen gelegene Sorge in die 500 Meter breite „Schutzzone“ an der Grenze. Fortan konnte der Ort nur mit einer besonderen Genehmigung betreten oder verlassen werden. Im Zuge der Sicherungsmaßnahmen wurden 1952 im Rahmen der Aktion „Ungeziefer“ auch Zwangsumsiedlungen beschlossen, von denen zehn Familien aus Sorge betroffen waren. Trotz dieser Sicherungs- und Zwangsmaßnahmen blieb Sorge als Kurort bestehen. Die durchschnittlich 60 bis 80 Kurgäste pro Monat konnten mit einem Passierschein in das Kurheim gelangen.

Nach dem Abbau der Grenzanlagen Ende 1989 fand sich unter dem damaligen Bürgermeister Rolf Tronnier eine Initiative zusammen, die sich dafür einsetzte, die ehemaligen Grenzanlagen in einem Freigelände als Museum zu erhalten. Zu besichtigen sind der erste Sicherungszaun, die angedeutete Hundelauftrasse, der Grenzturm und die originale Grenzbeschilderung. Außerdem ist ein Beobachtungsturm erhalten geblieben, der über den ehemaligen Kolonnenweg erreichbar ist. In unmittelbarer Nähe des Freilandmuseums hat der Künstler Herman Prigann 1992 den „Ring der Erinnerung“ angelegt. Das Projekt wurde von den Ländern Niedersachsen und Sachsen-

Anhalt gefördert. Der „Ring der Erinnerung" ist ein Rondell mit einem Durchmesser von etwa 70 Metern, das von einem Ring abgestorbener Bäume umrahmt wird, die langsam von der Bepflanzung überwuchert werden. Der „Ring der Erinnerung" steht als Symbol für die deutsche Vereinigung und ist gleichzeitig ein Mahnmal gegen die weltweite Umweltzerstörung.

QUELLEN / LITERATUR
Tronnier, Rolf: Chronik der Gemeinde Sorge, Selbstverlag, Sorge 2001.
Broschüre „Wandern im ehemaligen Sperrgebiet der DDR".
Bennewitz, Inge / Rainer Potratz: Zwangsaussiedlungen an der innerdeutschen Grenze, Berlin 1994.

STANDORT
Freigelände, 38875 Sorge

ANSPRECHPARTNER
Kurverwaltung Sorge, Förstenbergerstraße 3, 38875 Sorge, Tel. 039457/3239, Fax 039457/3239. Das Freiland-Grenzmuseum Sorge kann selbstständig erschlossen werden; Gruppenführungen über das Gelände nach Vereinbarung

VERKEHRSANBINDUNG
Deutsche Bahn bis Wernigerode, dann weiter mit dem Bus

PKW
Das Freiland-Grenzmuseum Sorge und der „Ring der Erinnerung" liegen etwa zwei Kilometer vom Ort entfernt und können bis zum ersten Grenztor mit dem PKW erreicht werden: Abfahrt von der B 242 über die Bodebrücke nach Sorge; rechts in die Ebersbachstraße einbiegen und diese ganz durchfahren; die Straße führt direkt bis zum ersten Grenzzaun

Gedenkstein und Mahnkreuz zur Grenzöffnung

Weferlingen-Grasleben. Die Maueröffnung zwischen dem sachsen-anhaltinischen Weferlingen und dem niedersächsischen Dorf Grasleben kam mit Verspätung. Nachdem in Berlin die Mauer bereits gefallen war, blieben die Sperranlagen bei Weferlingen noch bestehen. Die zwei Kilometer Luftlinie nach Grasleben konnten nur über einen Umweg zum Grenzübergang ⇨Marienborn überwunden werden. Pfarrer Klaus Ingelmann mobilisierte Bürger, die mit ihm unter Kerzenschein vor dem Metallgitterzaun die Öffnung des Tores forderten. Am Samstag, dem 18. November 1989, wurde das Tor geöffnet. An diesem Tag trugen die Weferlinger ein großes Balkenkreuz an den neuen Grenzübergang, das sie dort aufstellten. Es trägt als Inschrift die beiden Jahreszahlen 1961 und 1989 und soll an Leid und Opfer der Grenze erinnern. Auf dem ehemaligen Grenzstreifen steht ein Gedenkstein, der 1990 von den Bürgermeistern Weferlingens und Graslebens errichtet wurde. Er trägt die Inschrift: „An dieser Stelle / war Deutschland / 40 Jahre geteilt, / bedingt durch ein / diktatorisches / System. / Die Gemeinden / Weferlingen und / Grasleben. / Oktober 1990".

QUELLEN / LITERATUR
Eberhard Pasch, Lehrer aus Weferlingen.
Borchert, Hans-J.: Die Wende im Grenzkreis Haldensleben, Haldensleben 1990.

STANDORT
39356 Weferlingen
L 651/ L 43 Weferlingen-Grasleben

VERKEHRSANBINDUNG
Weferlingen ist mit öffentlichen Verkehrsmitteln nicht erreichbar. Bahnverbindung bis Haldensleben oder Marienborn, dann weiter mit dem Linientaxi

PKW
A2 Richtung Magdeburg, bis Grasleben, K50 bis Weferlingen, L 651/ L 43 Weferlingen-Grasleben

Gedenkstein für die Opfer des Stalinismus

Wernigerode. Auf Initiative der Vereinigung der Opfer des Stalinismus e.V. (VOS), Bezirksgruppe Harz-Wernigerode, wurde am 24. März 2001 ein Gedenkstein für die Opfer des Stalinismus eingeweiht mit der Inschrift: „Gegen das Vergessen / Zum Gedenken der unschuldigen und rechtlosen / Opfer stalinistischer Willkürherrschaft / 1945 - 1989“.

Die feierliche Enthüllung erfolgte im Beisein von Vertretern verschiedener Opferverbände und der Stadt Wernigerode. Dabei erinnerte Klaus Schmidt, stellvertretender Bundesvorsitzender der VOS, an all jene aus politischen Gründen verhafteten Wernigeroder, die in Lagern des NKWD oder in Haftanstalten der DDR leiden mussten. Unter dem Vorwurf, NS-Täter oder „Werwölfe“ zu sein, wurden sie vom sowjetischen Geheimdienst NKWD verhaftet und nach qualvollen Wochen der Ungewissheit, ohne Benachrichtigung ihrer Angehörigen, in die sowjetischen Speziallager gebracht. Viele, die 1945 von der sowjetischen Besatzungsmacht verhaftet und ohne Gerichtsverhandlung gefangen gesetzt wurden, starben in ⇨Torgau, ⇨Mühlberg, ⇨Buchenwald, ⇨Bautzen, ⇨Sachsenhausen oder in anderen Lagern an Hunger und Krankheiten; oder sie zerbrachen seelisch am Verlust der Freiheit.

QUELLEN / LITERATUR
VOS-Landesgruppe Sachsen-Anhalt (Hrsg.): Wernigerodes Wandel unter den Kommunisten. Ereignisse und Veränderungen in der Kreis-Grafschaft Wernigerode seit 1945 mit historischen Begleitdaten Gesamtdeutschlands, Magdeburg 2002.

STANDORT
Auf dem früheren Johannisfriedhof gegenüber dem Bahnhof, 38855 Wernigerode

VERKEHRSANBINDUNG / PKW
A395 von Braunschweig nach Bad Harzburg, weiter auf B6 nach Wernigerode; A14 (E49) bis Magdeburg Abfahrt 105, auf B81 über Halberstadt, weiter auf B6 bis Wernigerode

Wittenberger Haus der Geschichte

Wittenberg. Dem Alltagsleben in der DDR widmet sich ein Museum in Wittenberg, das seit 1993 im Auftrag der Projektgemeinschaft Frauen, Landwirtschaft, Umwelt & Gesellschaft PFLUG e.V. tätig ist. Das Wittenberger Haus der Geschichte vermittelt den Besuchern seit Juli 1998 Einblicke in das alltägliche Leben in der Diktatur. Die von PFLUG e.V. unter dem Titel „Kultur im Heim – Wohnen in der DDR" detailgetreu gestalteten Wohnräume zeigen, wie Familien im Osten Deutschlands ihre Wohnungen einrichteten und darin lebten – vom ärmlichen Umsiedlerzimmer der vierziger bis zum grell-bunten Badezimmer der siebziger Jahre. Das erste Projekt von PFLUG e.V. begann im Mai 1994 in der Verwaltungsgemeinschaft Südfläming mit dem Thema „Erzählte Alltagsgeschichte". Unter der wissenschaftlichen Leitung von Dr. Christel Panzig und Dr. Klaus-Alexander Panzig werden in der Lutherstadt und im Landkreis mit Bürgerinnen und Bürgern Interviews zu zeitgeschichtlichen Themen geführt. Mit Wechselausstellungen wie der Fotodokumentation „Mit uns'rer Hände Arbeit – Geschichte der Erwerbsarbeit von den Gründerjahren bis zur Wende" und der Sonderausstellung zum Leben sowjetischer Soldaten im Gebiet der altehrwürdigen Elbestadt werden weitere Einblicke in Leben und Alltag in der DDR vermittelt.

QUELLEN / LITERATUR
Information des Wittenberger Hauses der Geschichte.

ANSCHRIFT
Schloßstraße 6, 06886 Lutherstadt Wittenberg

ANSPRECHPARTNER
PFLUG e.V., Projektgemeinschaft Frauen, Landwirtschaft, Umwelt & Gesellschaft, PFLUG e.V. – Archive, Am Elbufer 30, 06886 Lutherstadt Wittenberg-Piesteritz, Tel. 03491/61 1607, E-mail: PFLUGev.panzig@t-online.de.

ÖFFNUNGSZEITEN
dienstags bis freitags von 10 bis 17 Uhr, samstags und sonntags von 11 bis 18 Uhr

VERKEHRSANBINDUNG / PKW
A9 zwischen Berlin und Hof, Abfahrt Coswig auf B 187 bis Lutherstadt Wittenberg; B 2 über Beelitz bis Lutherstadt Wittenberg

Gedenkstein „Gegen jede Gewalt"

Wolfen. 1924 wurde vor der evangelischen Kirche in Wolfen ein Findling als Gedenkstein für die Opfer des Ersten Weltkrieges errichtet. 1974 wurde er beseitigt und 1977 auf dem Gelände der damaligen Betriebsberufsschule der Filmfabrik als „Rudi-Arndt-Gedenkstein" wieder aufgestellt. 1990 wurde die Tafel auf dem Gedenkstein entfernt.

Eine Schülergruppe befasste sich im Rahmen einer Forschungsarbeit mit der Geschichte des in Vergessenheit geratenen Steines. Die Stadt Wolfen beschloss daraufhin, den Stein mit einer neuen Inschrift zu versehen. Anlass hierfür war der 50. Jahrestag des Volksaufstandes vom 17. Juni 1953. Der am 17. Juni 2003 vor dem städtischen Kulturhaus neu eingeweihte Gedenkstein soll ein Zeichen gegen jede Form von Gewaltherrschaft setzen und trägt die Inschrift: „Gegen jede Gewalt“.

QUELLEN / LITERATUR
Information des Oberbürgermeisters der Stadt Wolfen.

VERKEHRSANBINDUNG / PKW
Wolfen liegt an der A 9 Berlin-Leipzig

STANDORT
Puschkinplatz, 06766 Wolfen

Gedenksäule für den Pfarrer Oskar Brüsewitz

Zeitz. Oskar Brüsewitz (30.5.1929–22.8.1976) war nach dem Besuch der Predigerschule in Erfurt (1964–69) zuerst als Hilfspfarrer und ab 1970 als Gemeindepfarrer in Rippicha im Kreis Zeitz tätig. 1969 installierte Brüsewitz auf dem Turm der Rippichaer Kirche ein 2,5 Meter hohes Neonkreuz, das in Richtung der Fernverkehrsstraße Zeitz-Gera leuchtete. (Das Originalkreuz ist heute im Zeitgeschichtlichen Forum ⇨Leipzig zu besichtigen.) Der in Litauen, im Memelgebiet, geborene und nach dem Zweiten Weltkrieg in Sachsen ausgebildete Schuhmachermeister bevorzugte in seinen Predigten eine deutliche Sprache. Als die DDR mit großem propagandistischen Aufwand ihr 25-jähriges Bestehen beging, stellte der Pfarrer ein unübersehbares Plakat auf: „2000 Jahre Kirche Jesu Christi“. Auf die Parole „Ohne Gott und Sonnenschein bringen wir die Ernte ein“ antwortete Brüsewitz mit der Losung „Ohne Regen, ohne Gott, geht die ganze Welt bankrott“, die er auf einem Pferdefuhrwerk durch Zeitz fuhr. Er galt ebenso als „begnadeter Seelsorger“ und „zutiefst frommer Mensch“ mit lebensfroher Haltung. In seiner Gemeinde nahm er sich besonders der sozial Schwachen und Krebskranken an und engagierte sich für Kinder und Jugendliche, denen er von Christus erzählte, um so einen Gegenpol zu der immer militanter werdenden antikirchlichen Erziehung in DDR-

Kindergärten und Schulen zu setzen. Mit einem „evangelischen Kinderspielplatz“, Fußballspielen und „Kreiskindertagen“ erregte er den Unmut der Staatsfunktionäre, aber auch von der Kirchenleitung fühlte er sich bei seinem Einsatz nicht genügend unterstützt. Ein Vorgesetzter, Propst Coym, hatte schon 1970 über den Pfarrer von Rippicha notiert, dass er „...die verantwortlichen Staatsmänner provoziert, nicht zuletzt durch impulsive, ungeschützte Sätze, die er den Staatsvertretern an den Kopf wirft. Es fehlt ihm einfach die Fähigkeit ruhig und sachlich zu verhandeln...“ Zur „Kirche im Sozialismus“ passte dieser Pfarrer nicht; Brüsewitz war kein Mann der Kompromisse. Aufgrund seiner verschiedenen symbolischen Protestaktionen kam es zunehmend zur Konfrontation mit staatlichen Stellen, die 1976 energisch auf eine Versetzung des missliebigen Pfarrers drängten. Schließlich wurde Brüsewitz und seiner Frau Christa im Juli 1976 auch von einem Vertreter des Magdeburger Bischofs nahegelegt, die Pfarrstelle zu wechseln. Zu diesem Zeitpunkt bereitete Oskar Brüsewitz die letzte Phase eines von ihm verfolgten „Dreistufenplanes“ vor, als deren letzte Stufe er das Opfer des eigenen Lebens eingeplant hatte. In den Wochen vor seinem Tod las er das Buch „Priester vor Hitlers Tribunalen“ und beschäftigte sich mit der Biografie Bonhoeffers. Am Morgen des 18. August 1976 schmückte er seine Wohnung mit Blumen, ließ sich seinen Lieblingschoral „So nimm denn meine Hände und führe mich“ vorspielen und fuhr dann mit dem Auto nach Zeitz. Direkt vor der Michaelis-Kirche in der Kreisstadt Zeitz holte Oskar Brüsewitz zwei vorbereitete Plakate aus dem Auto, auf denen der Kommunismus wegen „Unterdrückung in Schulen an Kindern und Jugendlichen“ angeklagt wurde. Dann übergoss er sich mit Benzin und zündete sich an; drei bis vier Meter hoch schlugen die Flammen. Etwa dreihundert Menschen sahen den brennenden Mann im schwarzen Talar schreiend über den Marktplatz auf die Superintendentur zulaufen. Vier Tage später starb der evangelische Geistliche im Bezirkskrankenhaus Halle-Döhlau. Die Bestattung in Rippicha wurde zu einer stillen Kundgebung des Widerstandes. In seinem Abschiedsbrief warnte Oskar Brüsewitz vor dem „scheinbaren tiefen Frieden, der auch in die Christenheit eingedrungen ist“, obwohl „zwischen Licht und Finsternis ein mächtiger Krieg“ tobe. Die Selbstverbrennung von Oskar Brüsewitz war ein so elementares politisches Symbol, dass sie nicht missverstanden werden konnte. Sein Flammenzeichen löste einerseits starke Verunsicherung in der Kirchenleitung und andererseits eine weite Solidarisierung von Theologen, Gemeinden und kritischen Marxisten in der DDR aus. Der Staat reagierte mit verleumderischen Artikeln im „Neuen Deutschland“ und versuchte, das Fanal des Pfarrers Brüsewitz als die Tat eines unzurechnungsfähigen Geisteskranken hinzustellen. In der Bundesrepublik Deutschland gründeten ehemalige DDR-Bürger, darunter auch Theologen, ein „Brüsewitz-Zentrum" zur Unterstützung der Opposition in der DDR und zur Dokumentation von Repressalien.

Am 18. August 1990 – zum 14. Jahrestag der Selbstverbrennung des Pfarrers Oskar Brüsewitz – wurde vor der Michaeliskirche in Zeitz eine Gedenksäule mit der Inschrift „Oskar Brüsewitz 18.8.1976" feierlich eingeweiht.

QUELLEN / LITERATUR
Maser, Peter: Das Signal von Zeitz: Oskar Brüsewitz, in „Deutsche Zeitbilder", Die Kirchen in der DDR, Bundeszentrale für politische Bildung, Bonn 2000.
Neubert, Ehrhart: Geschichte der Opposition in der DDR 1949-1989, Bundeszentrale für politische Bildung, Bonn 2000.
Müller-Enbergs, Helmut / Heike Schmoll / Wolfgang Stock: Das Fanal, Das Opfer des Pfarrers Brüsewitz und die evangelische Kirche, Ullstein-Report, Frankfurt a. M. 1993.
Schultze, Harald (Hrsg.): Das Signal von Zeitz. Reaktionen der Kirche, des Staates und der Medien auf die Selbstverbrennung von Oskar Brüsewitz 1976, Dokumentation, Evangelische Verlags-Anstalt, Leipzig 1993.

STANDORT
Vor der Michaeliskirche, Michaeliskirchhof / Ecke Fischstraße, 06712 Zeitz

VERKEHRSANBINDUNG / PKW
Von A 9 (E 51 / E 49) zwischen Berlin und Hof, Abfahrt 21a über B 180 nach Zeitz. Von A 4 (E 40) zwischen Erfurt und Chemnitz bis Abfahrt 58a, weiter über B 2 nach Zeitz. Von Leipzig über B 2 nach Zeitz Zentrum, Michaeliskirchhof

Gedenktafel für Arthur Jubelt

Zeitz. Arthur Jubelt (1894-1947) wurde am 31. Januar 1894 in Zeitz als Sohn des Gründers der Zeitzer Neuesten Nachrichten (ZNN) Reinhold Jubelt und dessen Ehefrau Agnes, geborene Hermann, in Zeitz geboren. 1915 trat er in den Armeedienst ein und wurde Offizier. 1920 verweigerte Artur Jubelt den Eid auf die neue Regierung und nahm Abschied aus der Armee. Er studierte Architektur, Jura und Kunstgeschichte und trat 1927 in das Unternehmen seines Vaters ein. Nach dem Tod des Vaters wurde er Herausgeber der ZNN. Seine Kaisertreue und sein oppositionelles Auftreten gegenüber der NSDAP bereiteten ihm Schwierigkeiten, in den Bund deutscher Zeitungsverleger aufgenommen zu werden. In den Jahren 1934 bis 1943 fuhr er einen Konfrontationskurs zur NSDAP und beschäftigte Familienangehörige von Oppositionellen in seinem Verlag. Das Unternehmen wurde am 31. März 1943 geschlossen. Jubelt nutzte die Zeit bis Kriegsende für Forschungen zur Heimatgeschichte. Am 27. April 1945 setzte ihn die amerikanische Militäradministration zum kommissarischen Oberbürgermeister der Stadt und des Landkreises Zeitz ein. Durch die spätere sowjetische Besatzungsmacht wurde Jubelt als Oberbürgermeister abgelöst und infolge einer Denunziation am 6. Dezember 1945 durch den sowjetischen Geheimdienst NKWD verhaftet.

Sein Privatvermögen wurde konfisziert. Als Haftgrund wurde angegeben, dass er Zeitungsredakteur sei. Am 6. Dezember 1947 verstarb Arthur Jubelt, Häftlingsnummer 104134, im Speziallager ⇨Buchenwald. In der Zeit nach dem Tod Jubelts bis zum Ende der DDR 1989 bedienten sich zwar Heimatforscher seiner Forschungsergebnisse, Jubelt selbst wurde jedoch tabuisiert.

Am 25. Mai 2000 hat die Stadt Zeitz dem Verleger, Juristen und Heimatforscher Artur Jubelt mit einem Eintrag in das Goldene Buch Respekt und Anerkennung gezollt. Zudem wurde an Jubelts Wohnhaus in der Brüderstraße 14/16 eine Gedenktafel angebracht mit der Inschrift: „Hier lebte und wirkte / ARTHUR JUBELT / * 31.1.1894 in Zeitz / †6.12.1947 in Buchenwald / Kunsthistoriker und Verleger / Erster Kommissarischer / Oberbürgermeister / der Stadt Zeitz nach 1945 / STADT ZEITZ".

QUELLEN / LITERATUR

„Artur Jubelt erfährt ehrendes Gedenken", in: Mitteldeutsche Zeitung Zeitz, 26. Mai 2000.
„Artur Jubelt – Ein Leben für Zeitz", in: Michel 1/2001, S.6.

STANDORT

Brüderstraße 14/16, 06712 Zeitz

VERKEHRSANBINDUNG / PKW

Von der A 9 (E 51 / E 49) zwischen Berlin und Hof, Abfahrt 21 a über die B 180 nach Zeitz. Von der A 4 (E 40) zwischen Erfurt und Chemnitz bis Abfahrt 58 a, weiter über die B 2 nach Zeitz. Von Leipzig über die B 2 nach Zeitz Zentrum

Schleswig-Holstein

Holzkreuz für Michael Gartenschläger

Büchen. Der Mauerbau im August 1961 dämmte die Fluchtbewegung aus der DDR stark ein. Dennoch gelang es immer wieder Menschen, den SED-Staat in teils spektakulären Aktionen auch unerlaubt zu verlassen. Anfang der siebziger Jahre begann die DDR daher, ihre Grenze noch schärfer zu sichern. Tausende so genannte „Todesautomaten" wurden installiert. Dies waren von der Menschenrechtskonvention der Vereinten Nationen geächtete Selbstschussanlagen, die scharfkantige Metallwürfel verschleuderten, sobald ein Flüchtender entsprechende Signaldrähte berührte. Die DDR leugnete oder verharmloste den Bau dieser Anlagen, da sie gleichzeitig um internationale Anerkennung bemüht war. 1972 unterzeichnete sie mit der Bundesrepublik Deutschland der Grundlagenvertrag. Beide Staaten wurden Mitglied der UNO. 1975 verpflichtete sich die DDR mit der Paraphrasierung der KSZE-Schlussakte von Helsinki zur Wahrung der Menschenrechte.

Michael Gartenschläger (1944-1976) wollte die Unmenschlichkeit der innerdeutschen Grenze anprangern. Der Dreher und Autoschlosser sprach sich schon frühzeitig gegen den Mauerbau aus und forderte öffentlich die Einheit Deutschlands. Wenige Tage nach dem Bau der Mauer, am 19. August 1961, wurde er verhaftet und schließlich in einem Schauprozess zu lebenslänglicher Haft verurteilt. Nach knapp zehn Jahren konnte er von der Bundesrepublik in den Westen freigekauft werden. Seine Aktivitäten gegen den SED-Staat konnten wieder beginnen. Als Fluchthelfer schleuste Gartenschläger in sechs Fällen DDR-Bewohner in die Bundesrepublik. Im April 1976 begann er unter Lebensgefahr damit, an der innerdeutschen Grenze Selbstschussgeräte des Typs SM 70 vom Metallgitterzaun abzubauen. Es gelang ihm, zwei Tötungsinstrumente zu entfernen und öffentlichkeitswirksam die von der DDR als Attrappen verharmlosten Anlagen vorzuführen. Einen dritten Versuch startete Gartenschläger nordöstlich des holsteinischen Büchen mit zwei Freunden am Abend des 30. Aprils 1976. Er wollte mit einer Angelschnur einen weiteren Selbstschussautomaten auslösen und demontieren. Der dritte Todesautomat sollte vor der Ständigen Vertretung der DDR in Bonn aufgestellt werden. Ein Einsatzkommando der DDR-Staatssicherheit überraschte die Gruppe jedoch und erschoss Gartenschläger ohne Vorwarnung. Als angeblich anonyme Wasserleiche aus der Elbe wurde er auf dem Schweriner Friedhof beerdigt. Noch am Totensonntag des Jahres 1976 weihte Dr. Rainer Hildebrandt von der Arbeitsgemeinschaft 13. August am „Grenzknick" ein Holzkreuz ein. Es trägt als Inschrift den Namen Gartenschlägers, das Geburtsdatum 13. Januar 1944 und das Todesdatum 30. April 1976.

Im November 2000 mussten sich die damaligen mutmaßlichen Todesschützen, die von Erich Mielke mit hohen Orden geehrt worden waren, vor Gericht verantworten. Da die Umstände von Gartenschlägers Tod nicht mehr zweifelsfrei rekonstruiert werden konnten, endete der Prozess mit Freisprüchen. Im Mai 2002 begann vor dem Berliner Landgericht ein Verfahren gegen drei frühere hohe Funktionäre der DDR-Staatssicherheit. Sie sollen mit einem Maßnahmenplan gegen Gartenschläger die Tat angeordnet haben. Der Prozess musste wegen eines erkrankten Richters ohne Urteil beendet werden. Nach der Wiederaufnahme endete der Prozess im April 2003 mit einem Freispruch und der Einstellung des Verfahrens, der dritte Angeklagte war inzwischen verstorben. Das Landgericht sah es nicht als erwiesen an, dass die MfS-Offiziere die Befehle zur Tötung Gartenschlägers gegeben hatten. Zudem konnte nicht geklärt werden, wer den ersten Schuss abgegeben hat, Notwehr konnte daher nicht ausgeschlossen werden. Einer der MfS-Offiziere musste sich jedoch die „Aufforderung zum Mord" nach DDR-Recht anlasten lassen, blieb aber wegen Verjährung der Tat straffrei.

QUELLEN / LITERATUR

126. Pressekonferenz der Arbeitsgemeinschaft 13. August, Bilanz der Todesopfer des DDR-Grenzregimes, Der Prozess zum Tod von Michael Gartenschläger, Berlin 2000.
Lothar Lienicke/Franz Bludau: Todesautomatik. Die Staatssicherheit und der Tod des Michael Gartenschläger, Frankfurt a. M. 2003.
Frost, Andreas: Michael Gartenschläger: der Prozess. Mutmaßliches DDR-Unrecht vor einem bundesdeutschen Gericht, Schwerin 2002, hrsg. von dem Landesbeauftragten für Mecklenburg-Vorpommern für die Unterlagen des Staatssicherheitsdienstes der ehemaligen DDR.

STANDORT
„Am Großen Grenzknick" bei Bröthen
21514 Büchen

VERKEHRSANBINDUNG / PKW
A 24 Richtung Heiligengrabe und Greven, bei Zarrentin auf die B 195, auf die K 4 Richtung Leisterförde rechts abbiegen, links auf die K 28 bis Bröthen

Gedenkstein für die Opfer der DDR-Seegrenze

Dahme. Auch die Seegrenze der DDR wurde scharf bewacht, und viele Menschen starben beim Versuch, auf diesem Weg aus der DDR zu flüchten. Ähnlich wie die Landgrenze wurde sie durch ein gesondertes gestaffeltes System der Überwachung abgeschirmt, das eine Flucht unmöglich machen sollte. Nur der westlichste, ca. 15 Kilometer lange Küstenabschnitt zwischen der Halbinsel Priewall und dem Dorf Brook war hermetisch mit einer Mauer abgeriegelt und nicht öffentlich zugänglich. Für Urlauber und Einheimische war Boltenhagen das am weitesten westlich gelegene, noch öffentlich zugängliche Seebad der DDR. Die Seegrenze wurde sowohl von Land als auch von See aus bewacht. Das „landseitige System der Grenzsicherung" bestand aus Polizei, freiwilligen Grenzhelfern, dem Spitzelsystem der Staatssicherheit und Einheiten der Grenzkompanien. Letzteren oblag die Beobachtung der Küstenlinie. Dazu entstanden in den siebziger Jahren entlang der Küste 38 Beobachtungstürme, die mit Suchscheinwerfern ausgerüstet waren. An besonderen Küstenabschnitten patrouillierten bewaffnete Posten. Dieses ausgeklügelte Sicherheitssystem verhinderte die meisten Fluchten schon, bevor die Flüchtenden das Wasser der Ostsee erreicht hatten. Das „seeseitige System der Grenzsicherung" bestand aus den Booten der Grenzbrigade Küste, einer zur DDR-Volksmarine gehörenden Einheit.

Trotz dieser umfangreichen Sicherungssysteme versuchten DDR-Bürger seit 1961 immer wieder, über die Ostsee zu flüchten. Da die Ostseeküste bis auf den kleinen Abschnitt im äußersten Westen frei zugänglich war, sahen viele Flüchtende hier ihre größten Chancen. Besonders aussichtsreich erschienen Fluchtversuche über die Lübecker Bucht nach Schleswig-Holstein, vom Fischland/Darß zum internationalen Schifffahrtsweg und von Hiddensee oder Rügen zur dänischen Insel Mön. Mehrere tausend Menschen wagten trotz der großen Unwägbarkeiten mit z. T. abenteuerlichen Fahrzeugen und Hilfsmitteln die Flucht über die Ostsee. Mindestens 174 Menschen kamen dabei ums Leben. Tausende wurden gefasst und eingesperrt. Noch im Mai 1989 ertrank Jörg Martelok beim Versuch, über die Lübecker Bucht zu schwimmen. Er war vermutlich das letzte Opfer des DDR-Grenzregimes an der Ostsee.

Inzwischen sind nahezu alle Überreste der Überwachungsanlagen entlang der Küste Mecklenburg-Vorpommerns abgebaut. Der Verein „Über die Ostsee in die Freiheit" hat sich der Erinnerung an das Grenzregime der Ostseeküste verschrieben. Der Verein und Privatpersonen initiierten in ⇨Boltenhagen in Mecklenburg-Vorpommern und in Dahme in Schleswig-Holstein eine parallele Gedenksteinsetzung, die an den Fluchtweg über die Lübecker Bucht und an die Schicksale der Küstenbewohner in Ost und West erinnern soll. Der Dahmer Gedenkstein am Steilufer wurde am 15. Oktober 2000 in Anwesenheit des Dahmer Bürgermeisters sowie vieler Ostsee-Flüchtlinge und ihrer Angehörigen enthüllt. Er trägt die Inschrift: „Über der Ostsee / leuchtete für uns / das Licht der Freiheit. / Den DDR-Flüchtlingen 1949-1989".

QUELLEN / LITERATUR
Müller, Christine / Bodo Müller: Über die Ostsee in die Freiheit. Dramatische Fluchtgeschichten, Bielefeld 1992.

STANDORT
Am Steilufer, 23747 Dahme

ANSPRECHPARTNER
„Über die Ostsee in die Freiheit" e.V., c/o Christine Vogt-Müller, Mecklenburger Str. 56, 23570 Lübeck, Tel. 045 02 / 53 86, Fax 045 02 / 32 50, E-mail: ch.vogt-mueller@t-online.de, www.ostseefluchten.de

VERKEHRSANBINDUNG
Deutsche Bahn bis Oldenburg, dann weiter mit dem Bus

PKW
A1 über Hamburg

Gedenkstein zur deutschen Einheit

Glücksburg (Ostsee). Der Gedenkstein wurde von der Stadt Glücksburg am 3. Oktober 1990 anlässlich der Begründung der Partnerschaft mit der Gemeinde Göhren / Rügen erstellt. Er befindet sich auf dem „Schinderdam", dem Marktplatz hinter dem Rathaus, im Zentrum von Glücksburg. Der Stein trägt die Inschrift: „3. Oktober / 1990".

QUELLEN / LITERATUR
Information der Stadtverwaltung Glücksburg

STANDORT
Rathausstraße, 24960 Glücksburg

VERKEHRSANBINDUNG
Bahnverbindung bis Flensburg und dann weiter mit dem Bus nach Glücksburg

PKW
Über die A 7 Hamburg-Flensburg, dann weiter Richtung Glücksburg

Mahnmal „Einheit der Nation"

Lübeck. Auf Antrag des Lübecker Senats beschloss die Bürgerschaft im Januar 1975, ein Mahnmal zur Erinnerung an das Wiedervereinigungsgebot des Grundgesetzes und an den 13. August 1961 zu errichten. Am 13. August 1975 wurde das Mahnmal feierlich eingeweiht. In Lübeck erinnert eine zweigeteilte Gedenktafel an das Wiedervereinigungsgebot im Grundgesetz. Die Tafel befindet sich am Kanzleigebäude neben der Marienkirche.

Das Wiedervereinigungsgebot war im letzten Satz der Präambel des Grundgesetzes enthalten und lautete: „Das gesamte deutsche Volk bleibt aufgefordert, in freier Selbstbestimmung die Einheit und Freiheit Deutschlands zu vollenden.“ Der Begriff „Wiedervereinigungsgebot“ ist jedoch als terminus technicus nicht im Grundgesetz enthalten gewesen. Nach dem Beitritt der ostdeutschen Länder zur Bundesrepublik wurde auch die Präambel des Grundgesetzes neu gefasst, der Satz mit dem Wiedervereinigungsgebot entfiel.

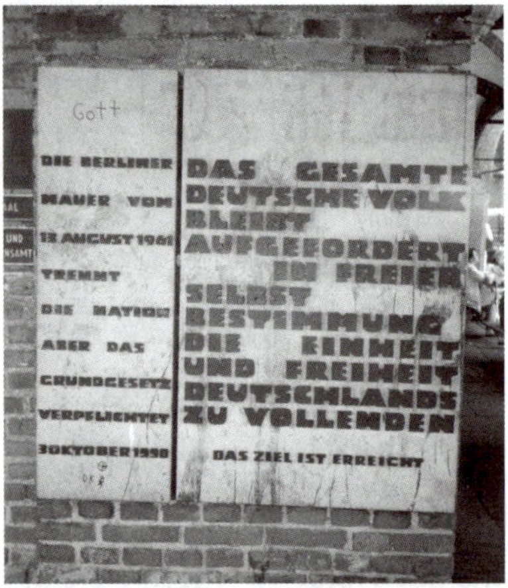

Nach 1990 begann in Lübeck eine Diskussion über die Gedenktafel. Forderungen nach einer Entfernung des Mahnmals setzten sich letztlich nicht durch. Vielmehr wurde durch Beschluss der Bürgerschaft aus dem Jahre 1993 das Mahnmal Ende Januar 1994 um das Datum 3. Oktober 1990 und die Worte „Das Ziel ist erreicht“ ergänzt.

An der Vorderseite des Gebäudes (Breite Straße/Ecke Mengstraße) steht neben dem Eingang zum Adlersaal eine zweigeteilte Gedenktafel. Auf der linken Seite ist zu lesen: „Die Berliner / Mauer vom / 13 August 1961 / trennt / die Nation / aber das / Grundgesetz / Verpflichtet / 3. Oktober 1990“. Auf der rechten Tafel steht: „Das gesamte / deutsche Volk / bleibt / aufgefordert / in freier / Selbst / Bestimmung / die Einheit / und Freiheit / Deutschlands / zu vollenden / Das Ziel ist erreicht“.

QUELLEN / LITERATUR
Informationen der Hansestadt Lübeck

STANDORT
Kanzleigebäude, Breite Straße 62
23552 Lübeck

VERKEHRSANBINDUNG
A 1 Hamburg-Oldenburg in Holstein, Ausfahrt 22
Lübeck-Zentrum

Gedenkstein zur deutschen Einheit

Lütjenburg. In der 5 600 Einwohner zählenden schleswig-holsteinischen Kleinstadt Lütjenburg wird gemeinsam mit der ostdeutschen Partnerstadt ⇨Sternberg (Landkreis Parchim) der deutschen Einheit gedacht. Dazu wurden in beiden Städten Gedenksteine mit derselben Inschrift: „3.10.1990 / Wir sind ein Volk / Sternberg / Lütjenburg" errichtet.

QUELLEN / LITERATUR
Information der Gemeindeverwaltung Probsteierhagen

STANDORT
Dorfplatz, 24253 Probsteierhagen

VERKEHRSANBINDUNG
Bahnverbindung bis Kiel, dann weiter mit dem Bus

PKW
Über die A 7 Hamburg-Kiel auf die A 215 bis Kiel, dann über die L 50 Richtung Schönkirchen / Schönberg bis Probsteierhagen

Gedenkstein zum Tag der deutschen Einheit

Probsteierhagen. Nach einem Beschluss des Gemeinderates Probsteierhagen wurde am 3. Oktober 1990 zum Tag der deutschen Einheit auf dem Dorfplatz ein Gedenkstein eingeweiht. Die Idee dafür entstand mit der Partnergemeinde Dabel in Mecklenburg-Vorpommern. Der Findling wurde gemeinsam mit Bürgern aus Dabel enthüllt und trägt die Inschrift: „3.10.1990 / Tag der deutschen Einheit".

QUELLEN / LITERATUR
Informationen der Stadt Lütjenburg

STANDORT
Grünanlage an der Heinrich-Stein-Straße
24321 Lütjenburg

VERKEHRSANBINDUNG
Mit der Bahn über Hamburg nach Kiel, von dort mit dem Bus nach Lütjenburg oder mit der Bahn über Hamburg nach Plön, von dort mit dem Bus nach Lütjenburg

PKW
A 1 Richtung Lübeck, Abfahrt Neustadt i. H., dann auf B 501, L 216, L 178, B 430, L 165 bis Lütjenburg

Thüringen

Nordhausen
Teistungen
Obergebra
Asbach-Sickenberg
Küllstedt
Mühlhausen
Greußen
Bad Langensalza
Meuselwitz
Buchenwald
Apolda
Altenburg
Eisenach
Gotha
Erfurt
Weimar
Jena
Gera
Ruhla
Schmalkalden
Rudolstadt
Spahl
Geisa
Triebes
Hohndorf
Saalfeld
Walkes
Suhl
Ketten
Bettenhausen
Meiningen
Probstzella
Untermaßfeld
Henneberg
Sonneberg
Billmuthausen
Liebau
Streufdorf
Rieth
Erlebach
Leitenhausen

Gedenktafel und Gedenkstein für die vom NKWD verurteilten Schüler und Lehrer

Altenburg. In den Jahren 1949/50 fanden sich im ostthüringischen Altenburg mehrere Lehrer und Schüler der Erweiterten Oberschule „Karl Marx" und einige junge Bürger aus Altenburg und Umgebung zu zwei losen Gruppen zusammen, um gegen die aufziehende neue Diktatur im Osten Deutschlands zu handeln. Geprägt von den Erfahrungen des Kriegsendes und dem Ausmaß der Verbrechen des Nationalsozialismus setzten sich die damals 14–18jährigen Schüler mit ihren Lehrern für demokratische Verhältnisse ein. Ihre Vorbilder fanden sie im Widerstand gegen das NS-Regime, insbesondere in der Widerstandsgruppe der „Weißen Rose" um die Geschwister Scholl. Im kleinen Kreis tauschten sie sich angesichts neuerlicher Verhaftungen von Andersdenkenden über die Parallelen zwischen Vergangenheit und Gegenwart aus. Spurlos verschwanden Menschen, die sich dem neuen Diktat nicht fügen wollten. In kleineren Aktionen wie dem Erstellen und Verteilen von selbst gefertigten Flugblättern und Materialien, die sie aus West-Berlin von der „Kampfgruppe gegen Unmenschlichkeit" erhalten hatten, machten sie auf die neuen Formen des Unrechts aufmerksam. Sie druckten Handzettel mit dem Zeichen „F" für Freiheit, die sie an deutlich sichtbare Stellen in Altenburg klebten, etwa an das Gebäude der SED-Kreisleitung, die Untersuchungshaftanstalt und an das Polizeigebäude. Mit Hilfe eines Störsenders gelang es ihnen, im Dezember 1949 eine Rundfunkrede des DDR-Präsidenten, Wilhelm Pieck, zu Ehren von Stalins 70. Geburtstag im Empfangsbereich Altenburg mit kritischen Kommentaren zu versehen. Die Aktionen wurden noch bis zum Frühjahr 1950 fortgesetzt. Mit einer großen Verhaftungswelle am 24. und 25. März 1950 setzten deutsche und sowjetische Sicherheitsbehörden den Aktivitäten ein Ende. Nur wenigen Schülern gelang die Flucht nach West-Berlin, darunter auch Ludwig Hayne, der von dort aus weitere Aktionen durchführte. Er wurde im September 1950 bei den 3. Weltfestspielen im Ost-Sektor Berlins verhaftet und verschwand spurlos. Erst 1959 konnten die Eltern über das „Rote Kreuz" in Erfahrung bringen, dass ihr Sohn bereits am 28. April 1951 in Moskau „verstorben" war.

Im September 1950 fand in Weimar vor einem Sowjetischen Militärtribunal der Prozess gegen die Altenburger Schüler und Lehrer statt. Verteidiger waren nicht zugelassen. Wolfgang Ostermann und Siegfried Flack, beide Lehrer an der Altenburger Oberschule, wurden zum Tode verurteilt, ebenso

Joachim Näther aus der 12. Klasse. Die Urteile wurden vollstreckt und bis heute ist unbekannt, wo die Hingerichteten verscharrt wurden. Der Lehrer Maximilian Follwatschni wurde als Mitwisser zu fünf Jahren Arbeitslager verurteilt, weil er ein ihm in den Briefkasten gestecktes Flugblatt nicht abgegeben hatte. Elf Schüler, alle zwischen 17 und 18 Jahre alt, erhielten Haftstrafen von fünf bis 25 Jahren Arbeitslager. Alle Verurteilten wurden 1995 rehabilitiert.

Auf Initiative des Fördervereins der „Ehemaligen und Freunde des Friedrichgymnasiums zu Altenburg e.V." erinnert seit 1995 eine Gedenktafel im Foyer des heutigen Altenburger Friedrichgymnasiums an die Schüler und Lehrer der Schule, die als Mitglieder dieser Gruppe verfolgt wurden, weil sie sich einer zweiten deutschen Diktatur widersetzten.

Sie trägt die Inschrift: „Zum Gedenken an die Opfer des Stalinismus. / Verurteilt wurden: / 1950 Joachim Näther Schüler zum Tode / 1950 Siegfried Flack Lehrer zum Tode / 1951 Ludwig Hayne Schüler im Gefängnis in Moskau umgekommen / 1950 Ulf Uhlig Schüler zu 25 Jahren Arbeitslager / 1950 Jörn-Ulrich Brödel Schüler zu 25 Jahren Arbeitslager / 1950 Gerhard Schmale Schüler zu 10 Jahren Arbeitslager / 1950 Rudi Edling Schüler zu 10 Jahren Arbeitslager / 1950 Maximilian Follwatschni Lehrer zu 5 Jahren Arbeitslager / 1950 Wolfgang Ostermann Lehrer zum Tode".

53 Jahre nach der Verhaftung der Lehrer-Schüler-Gruppe, am 24. März 2003, konnte ebenfalls auf Initiative des Fördervereins auf dem Altenburger Hospitalplatz ein Gedenkstein errichtet werden. Auf diesem Stein sind auch die Namen der Verurteilten aus Altenburg und Umgebung genannt, die ebenfalls zu der Gruppe gehörten und nicht Lehrer oder Schüler am Altenburger Gymnasium waren.

Er trägt die Inschrift: „Zum Gedenken / an die Gruppe junger Menschen aus / Altenburg, die bei ihrem gewaltlosen / Widerstand gegen den Stalinismus / im Jahre 1956 verhaftet und von der / sowjetischen /Militäradministration / in Weimar /verurteilt wurden / und alle, /die sich in die Freiheit retten konnten. / Zum Tode verurteilt und hingerichtet wurden: / Siegfried Flack Ludwig Hayne /Hans-Joachim Näther / Wolfgang Ostermann /Zu langjährigen Freiheitsstrafen verurteilt wurden: /J.-U. Brödel / M. Brödel / R.Edling / M. Folwatschni /A. Graupner / T. Hauschberger /R. Hauke /H. Krause /A. Raubold /G. Schmale / U. Uhlig / K. Winter / Alle Verurteilten wurden 1995 voll rehabilitiert. /Überlebende, Angehörige und Freunde /im Jahre 2003".

QUELLEN / LITERATUR
Enke, Wolfgang: Verfolgt, geflüchtet, verschollen, Vorgänge an der EOS „Karl Marx" 1949/50; in: Altenburger Geschichts- und Hauskalender 1993, S. 44-48.
Auf einen Blick. Leitfaden zur regionalen Geschichtsaufarbeitung nach 1945 in Thüringen, hrsg. von der Thüringischen Staatskanzlei und der Geschichtswerkstatt Jena e. V., Weimar 2000.

STANDORT DER GEDENKTAFEL
Friedrichgymnasium, Geraer Straße 33
04600 Altenburg

STANDORT DES GEDENKSTEINS
Hospitalplatz, 04600 Altenburg

VERKEHRSANBINDUNG / PKW
A 4 (E 40) bis Abfahrt 60, weiter auf der B 7 bis Altenburg; A 4 (E 40) bis Abfahrt 62, weiter B 23 und B 93 bis Altenburg; A 9 (E 49/E 51) bis Abfahrt 21a, weiter B 180 bis Altenburg

Gedenkstein für die vom NKWD verhafteten bzw. ermordeten Jugendlichen

Apolda. Im Oktober 1945 verhaftete der sowjetische Geheimdienst (NKWD) 19 Jugendliche aus Apolda. Sie wurden in das Amtsgerichtsgefängnis der Stadt verbracht, das damals als Untersuchungsgefängnis des NKWD diente. In nächtlichen Verhören mit Folter und Essensentzug wurden Schuldeingeständnisse erzwungen. Danach wurden die Jugendlichen am 21. und 22. Dezember 1945 vor ein SMT im Gerichtssaal des Amtsgerichtes Apolda gestellt. Die Anklageschrift legte ihnen Zugehörigkeit zur „Werwolf"-Organisation, Aufruf zum Kampf gegen die sowjetischen Besatzungstruppen, Diversion und Massensabotagen zur Last. Gegen 16 Jugendliche wurde die Todesstrafe verhängt. Die drei Jüngsten, gerade 15 Jahre alt, wurden zu 20 Jahren Zwangsarbeit verurteilt: Helmuth Eger, Gerhard Czerveny und Werner Seidler. Anfang März 1946 wurden Rolf Baumann, Lothar Löbnitz, Erich Ohnesorge, Manfred Justiniak und Botho Lüttig erschossen. Elf weitere Todeskandidaten begnadigte der Innenminister der UdSSR im März 1946 zu 20 Jahren Zwangsarbeit: Helmut Kosmalla, Herbert Lenk, Robert Gottsmann, Hubert Kutschbach, Heinz Bastian, Heinz-Joachim Schweers, Manfred Will, Wolfgang Günther, Lothar Sack, Günter Völkel und Roland Tröge. In einem sowjetischen Arbeitslager in Sibirien starb Heinz Bastian 1948. Robert Gottsmann ist im Sommer 1947 im Speziallager ⇨Sachsenhausen gestorben, Gerhard Czerveny und Wolfgang Günther 1948 im Speziallager ⇨Bautzen („Gelbes Elend"). Helmuth Eger, der zusammen mit Herbert Lenk 1950 aus Bautzen entlassen wurde, starb einige Jahre später an den Haftfolgen. Drei der 1945 verhafteten Jugendlichen kamen erst 1954 und der letzte nach fast zehn Jahren Haft wieder nach Hause. Alle 19 damals Verurteilten wurden 1993 von der Generalstaatsanwaltschaft der Russischen Föderation rehabilitiert.

Auf Initiative der überlebenden Kameraden und mit Unterstützung des Ministeriums für Justiz und Europaangelegenheiten des Landes Thüringen konnte am 11. Oktober 1997 am unmittelbaren Ort des Geschehens, vor dem Amtsgericht in Apolda, ein Gedenkstein errichtet werden mit der Inschrift:

„Den Opfern stalinistischer Gewaltherrschaft. / Hier begann im Herbst 1945 / der Leidensweg von / 19 unschuldigen Apoldaer Jugendlichen. / Durch ein sowjetisches / Militärtribunal zum Tode verurteilt und / erschossen wurden: / Rolf Baumann 18 J. / Manfred Justiniak 17 J. / Lothar Löbnitz 17 J. / Botho Lüttig 17 J. / Erich Ohnesorge 18 J. / In Straflagern kamen ums Leben: / Heinz Bastian 18 J. / Gerhard Czerveny 15 J. / Robert Gottsmann 16 J. / Wolfgang Günther 17 J. / 10 der Verurteilten / überlebten Folter und Qual.“

QUELLEN / LITERATUR
Information der Stadtverwaltung Apolda, Hauptamt.

STANDORT
Jenaer Straße 8, 99510 Apolda

VERKEHRSANBINDUNG / PKW
A 4 (E 40) bis Abfahrt 50, weiter auf der B 87 bis Apolda

Grenzmuseum Schifflersgrund

Asbach-Sickenberg. Das thüringisch-hessische Grenzmuseum Schifflersgrund wurde am 3. Oktober 1991 eröffnet. Initiator und Träger ist der im März 1990 gegründete Arbeitskreis Grenzinformation e. V. Ihm gehören Menschen unterschiedlicher Berufe aus Hessen und Thüringen an. Seit Beginn bemüht sich das Grenzmuseum neben der Vermittlung geschichtlicher Hintergründe auch eine Stätte der Begegnung zu sein.

Die drei Ausstellungsräume befinden sich in einem von Streckmetallzäunen eingefassten Gelände, in dessen Mittelpunkt ein elf Meter hoher Beobachtungsturm steht, der hier im Jahre 1982 errichtet wurde. Zum Museumsbereich gehören weiterhin ein 3,20 Meter hoher Metallgitterzaun, der auf einer Länge von 1 500 Metern erhalten wurde, der parallel dazu verlaufende Kolonnenweg sowie die Rekonstruktion wesentlicher Grenzsicherungsanlagen der DDR. In den Ausstellungsräumen kann sich der Besucher anhand von Originaldokumenten, Bildern, Karten und anderen

Darstellungsformen über die Geschichte der deutschen Teilung und deren Auswirkungen auf die Menschen im ehemaligen Grenzgebiet informieren. Ein großer Teil der Ausstellung ist der Region gewidmet. So befindet sich im zweiten Ausstellungsraum ein Modell des Gebäudes, in dem am 17. September 1945 zwischen amerikanischen und sowjetischen Besatzungsoffizieren ein Gebietsaustausch ausgehandelt wurde. Das „Wanfrieder Abkommen" hatte weitreichende Folgen für die Menschen des grenznahen Raumes, besonders für jene, die durch den Tausch der SBZ zugeordnet wurden. Das Museum zeigt eine der wenigen existierenden Kopien des Vertrages. Mit Text versehene Bildtafeln dokumentieren wesentliche geschichtliche Ereignisse, die zur Vertiefung der Teilung beitrugen: der Bau der ersten Grenzanlagen im Jahre 1952, die Einrichtung des Grenzgebietes und des Schutzstreifens, die totale Abschottung der DDR durch den Mauerbau 1961 und die Zwangsumsiedlung Tausender bei den Aktionen „Ungeziefer" und „Festigung". Zum Leben der Menschen an der Grenze gehörte ein komplettes Überwachungssystem, das in allen Bereichen des Lebens wirksam wurde. Spitzelberichte, Stasiprotokolle, Strafverfügungen und Personaldokumente lassen ein düsteres Kapitel DDR-Geschichte lebendig werden. Die Dimension der Grenzsicherung verdeutlicht ein rekonstruiertes Relief, das in der Grenztruppenkaserne Wahlhausen zur Posteneinweisung diente. Detailgetreu werden Grenzsicherungszäune, Beobachtungstürme, Kontrollstellen und andere Sicherungssysteme dargestellt, aber auch Besuchermagnete wie der Hanstein oder die Teufelskanzel, die durch ihre Grenznähe für DDR-Bürger unerreichbar waren.

In die Museumsanlage integriert ist ein hölzernes Gedenkkreuz für Heinz-Josef Große, der bei einem Fluchtversuch 1982 durch Grenzsoldaten getötet wurde. Auf dem Querbalken des Kreuzes befindet sich die Inschrift „Einigkeit-Recht-Freiheit." Am Fuße des Kreuzes ist eine Tafel angebracht, auf der „Den Opfern der Teilung Deutschlands" zu lesen ist. An Heinz-Josef Große erinnert eine eigene beigestellte Tafel mit der Inschrift: „Du wurdest Opfer der Unfreiheit. / Dein Tod soll uns mahnen für die / Freiheit einzustehen und über sie zu wachen / Auf dem Wege von Deutschland (Ost) nach Deutschland (West) / wurde am 29. März 1982 erschossen / Landsmann / Heinz-Josef Große / Thalwenden (Eichsfeld)“.

QUELLEN / LITERATUR
Das thüringisch-hessische Grenzmuseum Schifflersgrund (Broschüre).

ANSCHRIFT
Grenzmuseum Schifflersgrund
37318 Asbach-Sickenberg

POSTANSCHRIFT
Arbeitskreis Grenzinformation e.V., Egerländer Straße 44, 37242 Bad Sooden-Allendorf, Tel. 036087/98409, Fax 036087/98414, E-mail: GreMu1991@aol.com, www.grenzmuseum.de

ANSPRECHPARTNER
Wolfgang Ruske (1. Vorsitzender des Vereins), Tel. 05652/3216

ÖFFNUNGSZEITEN
März bis Oktober: täglich von 10 bis 17 Uhr; November bis Februar: montags bis freitags von 10 bis 16 Uhr, samstags und sonntags von 13 bis 16 Uhr. Eintritt: frei für Kinder bis 14 Jahre, Erwachsene 2,50 €, Ermäßigungen: 2 €; Führungen: 15 € je Gruppe, Führungen ab 15 Personen sind nach telefonischer Anmeldung (Tel. 0172/6220863) möglich. Nach Vereinbarung können auch Programme (Führungen und Filmvorführungen) zu verschiedenen Themen angeboten werden. Es werden spezielle Besuchergruppen – Schulklassen, Bundeswehr, Bundesgrenzschutz, Polizei – angesprochen. In einem im Jahr 2000 aufgestellten Container besteht die Möglichkeit, Sonderveranstaltungen durchzuführen.

VERKEHRSANBINDUNG / PKW
Das Grenzmuseum befindet sich östlich des Kurbades Bad Sooden-Allendorf und ist über die Bundesstraße 27 zu erreichen, Abfahrt Ortsteil Allendorf. Von dort ca. 4 km der Beschilderung „Grenzmuseum“ bzw. „Sickenberg“ folgen

Gedenktafel für die Opfer von 1945 bis 1989

Bad Langensalza. Am 5. Dezember 1989 besetzten Bürger die Kreisdienststelle des Ministeriums für Staatssicherheit (MfS) in Bad Langensalza. Auf Initiative von Hartmut Rosinger, einem Mitglied der Basisgruppe bei der Besetzung 1989, und mit Unterstützung des Bürgerkomitees Thüringen sowie der Beratungsstelle „Vergangenheitsaufarbeitung“ des Kreistages konnte am 5. Dezember 1997 eine Gedenktafel am ehemaligen Stasi-Gebäude enthüllt werden mit der Inschrift: „Den Opfern / 1945-1989 / zum Gedenken“.

QUELLEN / LITERATUR
Landratsamt Unstrut-Hainich-Kreis.
Herz, Andrea: Die Stasi-Kreisdienststellen in Thüringen. Ein kurzer Überblick, Erfurt 1998, hrsg. vom Landesbeauftragten des Freistaates Thüringen für die Unterlagen des Staatssicherheitsdienstes der ehemaligen DDR.

STANDORT
Travertinstraße 4, 99947 Bad Langensalza

VERKEHRSANBINDUNG / PKW
A4 Richtung Erfurt, Gotha B247 oder Eisenach B84 abfahren

Gedenkstein für die Opfer jeglicher Gewaltherrschaft

Bad Langensalza. Auf dem Städtischen Friedhof von Bad Langensalza wurde zu Zeiten der DDR neben der Trauerhalle ein „Ehrenhain für antifaschistische Widerstandskämpfer" errichtet. Auf einem mit dem DDR-Emblem versehenen Obelisken befand sich eine Tafel mit der Inschrift „Die Toten sind unvergessen". Der Ehrenhain sollte das Andenken an Kommunisten und andere „aufrechte Antifaschisten" der Stadt und des Kreises wach halten, die „ihr Leben dem Kampf gegen das Naziregime und dem Aufbau eines demokratischen, friedliebenden deutschen Staates widmeten", wie es damals hieß.

Am 17. Oktober 1991 beschloss die Stadtverordnetenversammlung Bad Langensalza eine Umgestaltung des Ehrenhains. An Stelle der zahlreichen Gedenktafeln sollte nur noch eine Platte aufgestellt werden, welche den Opfern jeglicher Gewaltherrschaft gewidmet ist. Zusätzlich sollte die Fläche eingegrünt werden. Am 15. November 1992, dem Volkstrauertag, wurde bei einer Gedenkveranstaltung mit Kranzniederlegung dieser Opfer von Kriegen und Gewalt gedacht und der Gedenkstein eingeweiht. Er trägt die Inschrift: „Den Opfern / des / Faschismus / Stalinismus / und anderer / Gewaltherrschaft".

QUELLEN / LITERATUR
Beschluss der Stadtverordnetenversammlung Bad Langensalza 96-13/91.
Stadtarchiv Bad Langensalza.
Mitteldeutsche Allgemeine vom 16.11.1992.

STANDORT
Hauptfriedhof, Im Jacobifeld 3, 99947 Bad Langensalza

VERKEHRSANBINDUNG / PKW
A4 Richtung Erfurt, Gotha B247 oder Eisenach B84 abfahren

Gedenktafel für die Opfer der Zwangsaussiedlung

Bettenhausen. Der Ministerrat der DDR erließ am 26. Mai 1952 die „Verordnung über Maßnahmen an der Demarkationslinie zwischen der Deutschen Demokratischen Republik und den westlichen Besatzungszonen Deutschlands". An der Grenze wurden ein zehn Meter breiter Kontroll-, ein 500 Meter breiter Schutzstreifen und eine fünf Kilometer breite Sperrzone sowie Stacheldrahtzäune und Schlagbäume geschaffen. Straßenverbindungen wurden gekappt, der Kontrollstreifen umgepflügt sowie die Bewohner durch Stempel in den Ausweisen gekennzeichnet. Insgesamt 12000 Menschen wurden im Rahmen der Aktion „Ungeziefer" zwangsweise von der innerdeutschen Grenze in das Hinterland umgesiedelt.

Unter dem Vorwand der Grenzsicherung begannen am Morgen des 5. Juni 1952 die Zwangsaussiedlungen im thüringischen Dorf Bettenhausen im Kreis Meiningen. Schon an den Vortagen waren am Volkshausplatz kleinere und größere Fahrzeuge zusammengezogen worden. Diese fuhren nun von Gehöft zu Gehöft und holten die Dorfbewohner mit einem Teil ihrer Habe unter Androhung von Waffengewalt ab. Auch die auf einem etwas abgelegenen Hof lebende Familie Hardt war davon betroffen und musste alles zurücklassen, was für die Weiterführung des Landwirtschaftsbetriebes notwendig gewesen wäre. In der folgenden Nacht wurden sie in den Thüringer Wald gebracht. Die Hardts forderten immer wieder ihre Heimkehr. Nach einem Gespräch mit dem Volkskammerpräsidenten der DDR, Johannes Dieckmann, konnten sie 1957 auf ihren Hof zurückkehren.

Auf Initiative von Walter Hardt wurde am 5. Juni 1995 in Bettenhausen eine Gedenktafel zur Erinnerung an die zwangsausgesiedelten Familien des Ortes enthüllt mit der Inschrift: „Zur bleibenden Erinnerung / sei der fünfzehn Bettenhäuser Familien gedacht, / die am 5. Juni 1952 auf Betreiben und in Verantwortung des SED-Regimes / im Rahmen der so genannten „Aktion Ungeziefer" schuldlos und mit brutaler Waffengewalt innerhalb / weniger Stunden von Haus, Hof und der Heimat vertrieben wurden."

QUELLEN / LITERATUR

Hardt, Walter: „Aktion Ungeziefer". Zwangsdeportation am 5. Juni 1952 aus Bettenhausen (Kreis Meiningen). Ursachen, Hintergründe und Durchführung (hrsg. vom LStU Thüringen, Reihe C, Monographien), Erfurt 1998.

ANSCHRIFT

Hauptstraße, Brücke über den Fluss Herps
98617 Bettenhausen

VERKEHRSANBINDUNG

Deutsche Bahn bis Meiningen, dann weiter mit dem Bus

PKW

A 4 bis Eisenach-West, B 19 Richtung Meiningen, in Walldorf Richtung Fulda, über Herpf nach Stepfershausen

Gedenkstätte Billmuthausen

Billmuthausen. Inmitten der hügeligen südthüringischen Landschaft befinden sich ein kleiner Friedhof, eine Trafostation und ein Beobachtungsturm der DDR-Grenztruppen. Dies ist alles, was von dem kleinen Dorf Billmuthausen in unmittelbarer Grenznähe übrig blieb, das im Zuge der Grenzsicherungsmaßnahmen vollständig abgerissen wurde. Zuvor war die Bevölkerung durch die DDR-Organe schrittweise zur Aussiedlung gezwungen worden. Auch zwei weitere Dörfer im Kreis Hildburghausen, ⇨Leitenhausen und ⇨Erlebach, wurden im Zuge der Grenzsicherungsmaßnahmen der DDR „geschleift“. Billmuthausen wurde 1340 erstmals urkundlich erwähnt. Bereits im Spätsommer 1945 gab es die erste Vertreibung in Billmuthausen. Der Gutsbesitzer Hermann Ludloff wurde von deutschen Hilfspolizisten des sowjetischen NKWD verhaftet, in das sowjetische Speziallager Nr. 2 ⇨Buchenwald gebracht und erschossen. Seine Familie wurde durch die Bodenreform entschädigungslos enteignet und auf die Insel Rügen gebracht. Zwölf Neubauern erhielten das aufgeteilte Gutsland. Das spätklassizistische Gutshaus wurde abgerissen. Nach dem Zweiten Weltkrieg fiel das an der Grenze zwischen Bayern und Thüringen gelegene Dorf in die 500 Meter breite Schutzzone, die am 26. Mai 1952 im Zuge der Schließung und Sicherung der Staatsgrenze durch den Ministerrat der DDR beschlossen worden war. Billmuthausen, das 50 Einwohner zählte, war daraufhin für Bewohner und Besucher nur noch mit einer Sondergenehmigung zugänglich. Als Reaktion auf die Abriegelung flüchteten am 20. Juni 1952 sieben Familien mit insgesamt 34 Personen nach Bayern. Um einer Verödung der verlassenen Häuser entgegenzuwirken, wies die DDR-Regierung die leerstehenden Höfe Industriearbeitern zu. Im Jahre 1952 gründete man eine LPG, jedoch arbeiteten die alteingesessenen Familien bis zur Zwangskollektivierung 1960 als Einzelbauern weiter. Nach dem Beginn des Mauerbaus in Berlin am 13. August 1961 wurden die militärischen Sicherungsmaßnahmen an der innerdeutschen Grenze nochmals verschärft und ein 100 Meter breiter Schutzstreifen mit Metallzaun und Fluchthindernissen eingerichtet. Wie im Juni 1952 wurden nun „unerwünschte Personen" im unmittelbaren Grenzgebiet zur Umsiedlung gezwungen. Der Abriss der spätgotischen Dorfkirche 1965 trug dazu bei, den Druck auf die Dorfbewohner zur Umsiedlung zu verstärken. In den siebziger Jahren haben Selbstschussanlagen und Minenfelder im Grenzstreifen die Maßnahmen zur Absicherung der Grenze durch die DDR-Grenzorgane abermals verschärft. Die schrittweise Abriegelung führte dazu, dass die letzten Familien das Dorf 1978 verließen. Daraufhin beschloss der Rat des Kreises

Hildburghausen den als „Grenzmaßnahme Billmuthausen“ bezeichneten Abriss der Gebäude des Ortes. Am 4. Dezember 1978 meldete der Leiter der Abteilung Inneres beim Rat des Kreises Vollzug. Allerdings gelang es den ehemaligen Bewohnern, den Friedhof des Dorfes vor einer Verlegung zu bewahren. Der Zugang zum Friedhof blieb jedoch bis zur Grenzöffnung 1989 gesperrt.

Nach dem Ende der DDR wurde der Billmuthäuser Friedhof neu eingezäunt. Dieter Ludloff, der inzwischen 64-jährige Sohn des Gutsbesitzers Ludloff, errichtete 1991 auf dem Friedhof einen Familiengedenkstein mit der Inschrift „Familie / Ludloff / 1834-1945“. Zudem installierte er einen Schaukasten mit Dokumenten über die Geschichte des Ortes. Am 22. Januar 1992 wurde mit der Enthüllung einer großen Bronzetafel des Dresdner Malers und Grafikers Martin Hänisch die Gedenkstätte Billmuthausen eingeweiht. Doch bereits im März war die Gedenktafel verschwunden. Im Oktober 1995 wurden drei Ortseingangsschilder mit der Inschrift „Gedenkstätte Billmuthausen“ aufgestellt und im November die verschwundene Gedenkplatte mit gleicher Inschrift und gleichem Motiv erneuert. Ehemalige Bewohner stellten am früheren Standort ihres Anwesens einen Schaukasten mit Bildern ihres Hauses und der Inschrift „Haus und Heimat wurden uns genommen. Familie Marianne und Willi Pfeifer / erbaut: 1780 – zerstört: 1978“ auf. Im November 1996 konnten die rekonstruierte Friedhofsmauer und die neu errichtete Brunnenanlage eingeweiht werden. Der jetzt überdachte Brunnen trägt auf der Vorderseite die Inschrift: „Ludloffbrunnen, ehemalige Viehtränke des Rittergutes“ und auf der Rückseite: „Dieser Brunnen wurde durch eine Bad Colberger Familie vor der Zerstörung gerettet und aufbewahrt.“ Im September 1997 wurde ein vier Meter hohes hölzernes Mahnkreuz auf dem Friedhof errichtet und am Querbalken im Juni 1998 ein Metallgitterkranz angebracht. Seit Oktober 1997 gibt es in einem Sechseckpavillon auf dem Friedhof einen Schaukasten mit Informationen. Die im Januar 1965 abgerissene Kirche des Friedhofs Billmuthausen wurde durch eine kleine Kapelle ersetzt. Ein steinernes Relief aus der Kirche war vom Stadtmuseum im Schloss Eisfeld aufbewahrt worden und konnte der Kapelle übergeben werden. Im November 1999 fand die Einweihung der Gedächtniskapelle statt. In ihrem Inneren sind sechs Schaukästen mit der Darstellung von Geschichte und Schicksal von Billmuthausen (1340-1978), Leitenhausen (1317-1972) und Erlebach (1365-1987) angebracht. Am Eingang der Gedächtniskapelle hängt eine Tafel mit der Inschrift: „Wer vor der Vergangenheit die Augen verschließt, / wird blind für die Gegenwart. / R. v. Weizsäcker“.

Inschriften der 1992 eingeweihten, verschwundenen und 1995 wieder erneuerten Gedenktafel: „Hier stand von 1340 bis 1978 / das Dorf / Billmuthausen / 1978 zerstört, / die Einwohner / vertrieben."

Begrüßungstafel: „Wanderer, der Du vorübergehst, / verweile. / Gedenke der jüngsten deutschen Vergangenheit! / Hier stand seit 1340 das Dorf / Billmuthausen / 1978 zerstört, / seine Einwohner vertrieben."

QUELLEN / LITERATUR

Bennewitz, Inge/ Rainer Potratz, Zwangsaussiedlungen an der innerdeutschen Grenze, Berlin 1994.
Fuchs, Norbert: Billmuthausen. Das verurteilte Dorf, Hildburghausen 1991.
Gedenkstätte Billmuthausen: Ein geschleiftes Dorf. Hrsg. vom Förderverein Gedenkstätte Billmuthausen, Bad Colberg-Heldburg 2002.

ANSCHRIFT
Förderverein Gedenkstätte Billmuthausen e.V.
Waldstraße 19, 98646 Hildburghausen

ANSPRECHPARTNER
Dr. Elmar Weidenhaun (1. Vorsitzender),
Tel. 03685/706885

ÖFFNUNGSZEITEN
Das Gelände ist ständig frei zugänglich; Führungen nach Absprache mit dem Vereinsvorstand

VERKEHRSANBINDUNG
Der Gedenkort ist mit öffentlichen Verkehrsmitteln nicht erreichbar

PKW
Über Hildburghausen – Bad Colberg, dort der Ausschilderung nach Billmuthausen folgen

Gedenktafel für 33 Jugendliche

Eisenach. Im Oktober 1945 wurden in Eisenach 33 Jugendliche unter dem Vorwurf der „Werwolf"-Tätigkeit vom sowjetischen Geheimdienst NKWD verhaftet. Drei Monate später fällte ein Sowjetisches Militärtribunal in einem Geheimprozess im Schnellverfahren die Urteile: Tod durch Erschießen. Die Anklage lautete auf „antisowjetische Betätigung". Gegen neun der Jugendlichen wurde das Urteil, vermutlich in Weimar, vollstreckt. Die anderen zum Tode Verurteilten wurden zu 25 bzw. 15 Jahren Arbeitslager „begnadigt". 1994 hat die Generalstaatsanwaltschaft der Russischen Föderation die unschuldig Verurteilten rehabilitiert.

Auf Initiative der Vereinigung der Opfer des Stalinismus (VOS) wurde am 11. Mai 1998 eine Gedenktafel am Gebäude II des Ernst-Abbe-Gymnasiums, nahe dem ehemaligen Gerichtsgefängnis, enthüllt. Die Gedenktafel trägt die Inschrift: „Im Gedenken an die Opfer / von Gewalt und Unrecht / 1945-1989 / In Erinnerung an / 33 Eisenacher Jugendliche / im Alter von 13-21 Jahren / 1945 verhaftet, 1946 verurteilt / und 9 von ihnen hingerichtet / Ihr seid unvergessen".

QUELLEN / LITERATUR
Auf einen Blick. Leitfaden zur regionalen Geschichtsaufarbeitung nach 1945 in Thüringen, hrsg. von der Thüringischen Staatskanzlei und der Geschichtswerkstatt Jena e.V., Weimar 2000.
Information der Stadtverwaltung Eisenach. Todesurteile gegen Kinder. Erinnerungen an 33 Eisenacher Jugendliche, die 1945 verhaftet wurden, hrsg. vom LStU Thüringen, Erfurt 1998.

STANDORT
Gebäude II des Ernst-Abbe-Gymnasiums
Theaterplatz, 99817 Eisenach

VERKEHRSANBINDUNG / PKW
A 9, A 4 bis Hermsdorfer Kreuz, B 84 bis Eisenach

Gedenktafel an der ehemaligen Kreisdienststelle des Ministeriums für Staatssicherheit (MfS)

Eisenach. In dem Gebäude in der Kurstraße 1 befand sich von 1956 bis 1989 die Eisenacher Kreisdienststelle des Ministeriums für Staatssicherheit (MfS). Nach der deutschen Vereinigung wurde hier von 1990 bis 1998 eine Außenstelle des Landratsamtes eingerichtet, bevor 1998 die Musikschule in das Haus einzog.

Am 6. Dezember 1989 wurden die Eisenacher Bürger auf ganz unterschiedliche Weise auf die MfS-Dienststelle aufmerksam. Die Kirchgemeinde hatte vor der SED-Kreisleitung eine Demonstration organisiert und dort die Versiegelungen des Gebäudes kontrolliert. Die Demonstranten begaben sich zur Staatsanwaltschaft und wollten sich auch über die Versiegelung der MfS-Dienststelle informieren. Ihnen wurde mitgeteilt, dass dort einige Räume versiegelt seien. Die Bürger allerdings trauten dieser Mitteilung der Staatsanwaltschaft nicht und wollten das Haus selbst besichtigen. Andere hatten beobachtet, wie in der MfS-Dienststelle etwas verbrannt wurde und begaben sich aus diesem Grund dorthin. Die Bürger wurden ins Haus gelassen. Alle Offiziere des MfS waren anwesend und ließen sich die Waffen abnehmen. Im Keller des Gebäudes entdeckte man eine Waffenkammer. Mit der Aktenvernichtung waren die MfS-Mitarbeiter nicht weit gekommen. Die Bürger hielten das Gebäude besetzt. Am 7. Dezember besichtigten Staatsanwaltschaft und Polizei das Haus. Die MfS-Angehörigen durften nicht mehr in ihre Räume. Am 8. und 9. Dezember wurden die Akten und Waffen auf Lastkraftwagen verladen und nach Erfurt gebracht.

Auf Initiative der CDU-Fraktion im Stadtrat Eisenach wurde zum zehnten Jahrestag der Besetzung der Dienststelle am 6. Dezember 1999 eine Gedenktafel enthüllt mit der Inschrift: „Sie werden ihre Schwerter zu Pflugscharen und die Spieße zu Sicheln machen Micha 4,3 / Am 6.12.1989 löste hier das Bürgerkomitee der Stadt Eisenach die Dienststelle der Staatssicherheit / gewaltfrei auf und stellte die Waffen sicher“.

QUELLEN / LITERATUR
Stadtarchiv Eisenach

ANSCHRIFT
Musikschule „Johann Sebastian Bach"
Kurstraße 1, 99817 Eisenach

VERKEHRSANBINDUNG / PKW
A 9, A 4 bis Hermsdorfer Kreuz, B 84 bis Eisenach

Die Bundesbeauftragte für die Unterlagen des Staatssicherheitsdienstes der ehemaligen DDR (BStU) Außenstelle Erfurt: Archiv, Informations- und Dokumentationszentrum

Erfurt. Der Petersberg in der über 1 250 Jahre alten Stadt Erfurt hat eine wechselvolle Geschichte. Die um 706 den Mönchen des heiligen Petrus geschenkte Burg wurde im 17. Jahrhundert zur Festung ausgebaut. Von 1919 bis 1933 war der Petersberg Sitz der Schutzpolizei. 1933 übernahm das nationalsozialistische Regime die Gebäude auf dem Petersberg. Der ehemalige Arrestort wurde Polizeigefängnis für politische Gegner, und es wurden zahlreiche Wehrmachtsdienststellen auf dem Petersberg eingerichtet. Das Kriegsgericht der 409. Division Kassel, Zweigstelle Erfurt, fällte allein hier 60 Todesurteile, von denen auf dem Festungsberg sechs vollstreckt wurden. An diese dunkle Seite der deutschen Geschichte soll das am 1. September 1995 auf dem Petersberg eingeweihte „Denkmal für den unbekannten Wehrmachtsdeserteur" aus acht Stelen erinnern, das den mehr als 100 000 Deserteuren der Wehrmacht und all jenen, die sich dem Naziregime verweigerten, gewidmet ist.

1945 nutzten erst amerikanische, dann russische Truppen das Gelände, bevor dort ein Notkrankenhaus eingerichtet wurde und Kriegsflüchtlinge und Umsiedler eine Bleibe fanden. Das Gelände wurde 1949 an die Kasernierte Volkspolizei der DDR übergeben, die hier 1951 eine Polizeischule einrichtete, bis das Objekt 1956 an die Nationale Volksarmee überging. Den oberen Teil des Petersbergs übernahm 1965 die Stadt Erfurt, die dort eine Aussichtsplattform, das „Haus der Jungen Pioniere" und eine Oberschule einrichtete. Der untere Teil des Petersberges wurde ab 1963 vom Ministerium für Staatssicherheit der DDR (MfS) für die Fahrbereitschaft und als Bauhof genutzt. Heute ist der Petersberg eine der Sehenswürdigkeiten Erfurts. Die sanierten Festungsanlagen beherbergen Ämter und Wohnungen.

Seit 1993 befindet sich die Außenstelle Erfurt der BStU in einer sanierten, 300 Jahre alten kurmainzischen Reiterkaserne auf dem Petersberg. Die Behörde der BStU mit der Zentrale in Berlin und ihren 14 Außenstellen erfasst, erschließt und verwaltet die Hinterlassenschaft des MfS. Das Stasi-Unterlagen-Gesetz (StUG) ermöglicht jedem Einzelnen den Zugang zu den vom MfS gesammelten Informationen. Seit Inkrafttreten des Gesetzes im Dezember 1991 gingen in der Außenstelle Erfurt, einer von drei Außenstellen in Thüringen, ca. 122 900 Anträge auf Akteneinsicht (Stand August 2003) ein. Neben den Anträgen einzelner Bürger können auch Anträge zum Zweck der Forschung und politischen Bildung aus den Bereichen Wissenschaft und Publizistik gestellt werden. Thüringer Schüler, die sich vertiefend mit dem Thema Staatssicherheit beschäftigen wollen, finden fachkundige Beratung und Betreuung. Weitere Arbeitsschwerpunkte betreffen Ersuchen im Bereich der Rehabilitierung und Wiedergutmachung, Ermittlungsverfahren und Überprüfung von Abgeordneten und Angehörigen des öffentlichen Dienstes. Der Umfang der in der Außenstelle Erfurt gelagerten Archivmaterialien beträgt über fünf laufende Kilometer Akten aus den Jahren 1948 bis 1990.

Das Informations- und Dokumentationszentrum (IDZ) „Sicherungsbereich DDR" informiert mit Schautafeln, Exponaten, Musterakten sowie Original-Film- und Tonaufnahmen über Geschichte, Struktur, Arbeitsweise und regionale Schwerpunkte des MfS. Seit seiner Eröffnung im Dezember 1996 haben rund 30 000 Gäste, darunter viele Schüler, das IDZ besucht. Die Außenstelle bietet neben Vorträgen und Führungen auch die Möglichkeit zur Gestaltung von Schülerprojekttagen. Die Ausstellung „Terror der frühen Jahre" informiert über die Etablierung des Geheimdienstes in der DDR und erinnert an die Verfolgung missliebiger politischer Kräfte. „Die Schule im Blick der Staatssicherheit" ist der Titel einer weiteren Ausstellung, die in Zusammenarbeit mit dem Thüringer Institut für Lehrerfortbildung, Lehrplanentwicklung und Medien entstanden ist. Ein umfangreiches Angebot an Literatur zum Thema Staatssicherheit aus den Publikationen der Bundesbeauftragten kann gegen eine geringe Schutzgebühr in der Außenstelle erworben werden.

QUELLEN / LITERATUR

Information des Vereins für die Geschichte und Altertumskunde von Erfurt e.V., Arbeitskreis Festungsforschung, Stadtarchiv Gotthardtstraße 21, 99084 Erfurt, Tel. 0361/6552921.
Herz, Andrea: Das MfS in Thüringen. Ein kurzer Überblick, hrsg. vom LStU Thüringen, Erfurt 1994.

ANSCHRIFT

Petersberg Haus 19, 99084 Erfurt

ANSPRECHPARTNER

Walburga Edel (Außenstellenleiterin), Tel. 0361/5519-0, Fax 0361/5519-4719, E-mail: asterfurt@bstu.de, www.bstu.de

ÖFFNUNGSZEITEN

montags bis donnerstags von 8 bis 17 Uhr, freitags von 8 bis 14 Uhr. Öffnungszeiten des Informations- und Dokumentationszentrums (IDZ): täglich von 9 bis 18 Uhr; Führungen nach Vereinbarung

VERKEHRSANBINDUNG / PKW

A71, Abfahrt Erfurt Bindersleben in Richtung Flughafen/Erfurt-Zentrum; geradeaus bis Biereystraße; erste Querstraße (Am Petersberg) rechts einbiegen
A4, Abfahrt Erfurt-Ost in Richtung Urbicher Kreuz; am Schmidtstedter Knoten rechts Richtung Talknoten, dann Bergstraße und Biereystraße; vor dem Bundesarbeitsgericht (Am Petersberg) links einbiegen

Gedenktafel an der ehemaligen MfS-Untersuchungshaftanstalt

Erfurt. Das Gefängnis in der Andreasstraße 37 wurde um 1880 als dreigeschossiges Backsteingebäude direkt neben dem Landgericht erbaut und diente in den ersten Jahrzehnten als Untersuchungshaftanstalt. Nach dem Ende des Zweiten Weltkrieges unterstand die Haftanstalt der thüringischen Justizverwaltung. 1948 wurde sie im Zuge des Verwaltungsaufbaus an die Polizei übergeben, diente aber weiter als Untersuchungsgefängnis. 1952 wurde das Landgericht DDR-Bezirksgericht und spielte in den Folgejahrzehnten eine unrühmliche Rolle in der politischen Strafverfolgung. Mit der Gründung von DDR-Bezirken entstand 1952 auch die Erfurter Bezirksverwaltung des Ministeriums für Staatssicherheit (MfS), die in die Andreasstraße 37 einzog und das Gebäude ab November 1954 als Untersuchungshaftanstalt nutzte.

Am 4. Dezember 1989 erzwangen Bürgerrechtler vom Neuen Forum in Erfurt den Zugang zur MfS-Zentrale des Bezirkes in der Andreasstraße, das inzwischen bereits in „Bezirksamt für Nationale Sicherheit" umbenannt worden war. Um die weitere Aktenvernichtung zu verhindern, wurde ein Bürgerkomitee gebildet. Ausgelöst durch die Erfurter Ereignisse kam es am 4. Dezember zu weiteren Belagerungen von Kreisdienststellen und Bezirksverwaltungen, so in Jena, Gera und Suhl. Schließlich wurde am 15. Januar 1990 die MfS-Zentrale in der Normannenstraße in Berlin erstürmt, wo ein Bürgerkomitee mit der Arbeit zur Auflösung des MfS begann. In Erfurt organisierte die Bevölkerung nach einem Aufruf eine Bürgerwache. Daraus entstand der Unabhängige Untersuchungsausschuss des Erfurter Bürgerkomitees mit dem Ziel, das Wirken des MfS aufzudecken.

Das Gefängnis in der Andreasstraße wird seit 1990 als Justizvollzugsanstalt des Freistaates Thüringen genutzt. 1992 widmete die Vereinigung der Opfer des Stalinismus e.V. (VOS) gemeinsam mit dem Rat der Stadt Erfurt allen politischen Gefangenen, die in der Erfurter Haftanstalt zwischen 1945 und 1989 eingesperrt waren, eine Bronzetafel. Sie trägt die Inschrift: „Zum Gedenken an die politischen Häftlinge, / die in diesem Gefängnis / in den Jahren 1945 bis 1989 / gelitten haben. / Sie wollten Freiheit und / Menschenwürde / VOS / Gemeinschaft ehemaliger / politischer Häftlinge / Vereinigung der Opfer des Stalinismus e.V / Der Rat und die Bürger der Stadt Erfurt".

QUELLEN / LITERATUR
Herz, Andrea / Wolfgang Fiege: Untersuchungshaft und Strafverfolgung beim Staatssicherheitsdienst Erfurt / Thüringen. Broschüre des LStU Thüringen, Erfurt.
Auf einen Blick. Leitfaden zur regionalen Geschichtsaufarbeitung nach 1945 in Thüringen, hrsg. von der Thüringischen Staatskanzlei und der Geschichtswerkstatt Jena e.V., Weimar 2000.

ANSCHRIFT
Andreasstraße 37, 99084 Erfurt

VERKEHRSANBINDUNG / PKW
A 4 (E 40) bis Abfahrt 47 oder 46 nach Erfurt

Informationstafel zur Erinnerung an das Dorf Erlebach

Erlebach. Das seit dem Mittelalter existierende Dorf Erlebach im thüringischen Kreis Hildburghausen gibt es heute nicht mehr. Seit dem Jahre 1365 soll dort die Familie von Marschall Greiff ansässig gewesen sein, 1929 erlosch dieses Adelsgeschlecht. Nach 1940 wurde durch die Kreisbauernschaft ein Treuhänder für das verarmte Gut eingesetzt. Sowjetische Besatzungstruppen lösten das Rittergut im Juli 1945 auf und enteigneten die darauf wohnende Familie. Durch die Bodenreform wurde das Gutsland am 23. Dezember 1945 an Bauern und Neubauern aufgeteilt und 1961 hier eine Landwirtschaftliche Produktionsgenossenschaft (LPG) mit Namen „Erlengrund" gegründet.

Seit 1952 lebten die Erlebacher im 500 Meter breiten so genannten Schutzstreifen der Grenze, der von der DDR im Zuge des Grenzausbaus eingerichtet worden war. Er verlief unmittelbar durch Erlebach. Mit dem Mauerbau 1961 verschlechterten sich die Lebensbedingungen der Erlebacher. Direkt vor dem Dorf wurde ein von Grenzern besetzter Schlagbaum errichtet. 1975 erhielten die Einwohner die Nachricht, dass eine Liquidierung des Dorfes vorgesehen sei und sie aussiedeln müssten. Im Dezember 1986 verließ die letzte Familie das Dorf. Sämtliche Häuser wurden abgerissen und die Flächen eingeebnet. Übrig blieben lediglich das Trafohäuschen und der Dorfteich. Dort erinnern Fotos auf einer Informationstafel an den einstigen Ort.

QUELLEN / LITERATUR
Auf einen Blick. Leitfaden zur regionalen Geschichtsaufarbeitung nach 1945 in Thüringen, hrsg. von der Thüringischen Staatskanzlei und der Geschichtswerkstatt Jena e.V., Weimar 2000.
Gedenkstätte Billmuthausen. Ein geschleiftes Dorf, hrsg. vom Förderverein Gedenkstätte Billmuthausen, Bad Colberg-Heldburg 2002.

STANDORT
„Wüstung-Flur" auf der Höhe zwischen den Orten Ummerstadt und Lindenau

VERKEHRSANBINDUNG
Der Gedenkort ist mit öffentlichen Verkehrsmitteln nicht erreichbar.

PKW
A 9 bis Naila/Selbitz, B 173 bis Selbitz, dann nach Überkehr, Schübelhammer, Wallenfels, Marktrodach, Kronach, B 303 nach Gehülz, Burgstall, Mitwitz, Sonnefeld, Coburg, Tambach, Weitramsdorf, Nemdorf, Dietersdorf, Gemünda, Autenhausen, Seßlach nach Ummerstadt/Erlebach

Heimatmuseum mit Abteilung Grenzmuseum Geisa

Geisa. Geisa, das 1952 ca. 2 200 Einwohner hatte, ist eine der ältesten urkundlich nachgewiesenen Siedlungen der Region.Der Beschluss der DDR-Regierung im Mai 1952, die Grenze zur Bundesrepublik zu schließen, hatte für die Gemeinde Geisa schwerwiegende Folgen. Geisa lag in dem fünf Kilometer breiten Sperrgebiet, dessen Einrichtung als Teil der Grenzsicherungsmaßnahmen beschlossen worden war. Zu den verschärften Maßnahmen gehörten auch die Zwangsaussiedlungen, die im Juni 1952 unter dem Tarnnamen Aktion „Ungeziefer" durchgeführt wurden. Am 5. Juni 1952 erhielten 50 Familien aus Geisa den Bescheid, dass sie am folgenden Tag umgesiedelt würden. Während 34 Familien daraufhin in das benachbarte hessische Rasdorf flüchteten, wurden 16 Familien aus Geisa zwangsweise umgesiedelt. Darüber hinaus wurden im ehemaligen Amt Geisa zwischen 1952 und 1972 insgesamt elf Höfe, die im Sperrgebiet lagen, „geschleift". Wie alle anderen Grenzorte im Sperrgebiet war auch Geisa ab 1952 nur noch mit einer Sondergenehmigung zugänglich.

Die vielfältigen Funde zur Ur-, Früh- und mittelalterlichen Geschichte sowie Ausstellungsgegenstände zu bedeutenden Persönlichkeiten und zum örtlichen Handwerk von Geisa wurden in einem Heimatmuseum präsentiert. Da Geisa jedoch den Sonderbestimmungen für Grenzorte unterlag und nur wenige Besucher hatte, wurde das Museum 1976 geschlossen.

Nach der Grenzöffnung 1989 fand sich in Geisa eine Initiative zusammen, die sich dafür einsetzte, das Heimatmuseum wieder zu öffnen. Nach umfangreichen Sanierungsmaßnahmen konnte im Jahr 1993 das Museum neu eröffnen und 1995 um eine Abteilung „Grenzmuseum" ergänzt werden. Dort sind die Entwicklung Geisas als Grenzgebiet und der Ausbau der Grenzanlagen seit 1952 in Texten, Fotos und Ausstellungsgegenständen dokumentiert. Ein Geländemodell verschafft den Besuchern einen Überblick über die ehemaligen Grenzanlagen bei Geisa. Die Ausstattung eines Kompaniechefs der DDR-Grenztruppen veranschaulicht ein rekonstruiertes Dienstzimmer. Umfangreich wird die Thematik der „geschleiften Höfe“ und der Zwangsaussiedlungen 1952 in Geisa behandelt. Ein weiterer Schwerpunkt der Ausstellung liegt auf der Darstellung des kulturellen und sportlichen Lebens im Grenzgebiet anhand einer umfangreichen Sammlung von Gegenständen, Fotos und Dokumenten.

Die Abteilung Grenzmuseum ist konzeptionell abgestimmt mit der Mahn-, Gedenk- und Begegnungsstätte „Point Alpha“, die sich als Gemeinschaftsobjekt in der hessischen Gemeinde Rasdorf und der thüringischen Stadt Geisa beiderseits der ehemaligen Grenze befindet.

QUELLEN / LITERATUR

Bennewitz, Inge / Rainer Potratz: Zwangsaussiedlungen an der innerdeutschen Grenze, Berlin 1994.

Auf einen Blick. Leitfaden zur regionalen Geschichtsaufarbeitung nach 1945 in Thüringen, hrsg. von der Thüringischen Staatskanzlei und der Geschichtswerkstatt Jena e.V., Weimar 2000.

ANSCHRIFT

Schlossplatz 5, 36419 Geisa
Tel. 03 69 67 / 752 16.

ANSPRECHPARTNER

W. Ritz, Tel. 03 69 67 / 752 90; M. Dittmar, Tel. 036967 / 753 89

ÖFFNUNGSZEITEN

montags bis donnerstags von 9 bis 12 Uhr und von 13.30 bis 15 Uhr, freitags von 9 bis 12 Uhr, sonntags (April bis Oktober) von 14 bis 16 Uhr. Nach Vereinbarung sind Führungen durch das Museum möglich

VERKEHRSANBINDUNG

Bahnverbindung bis Bad Salzungen, dann weiter mit dem Bus

PKW

Anfahrt über die B 278 nach Geisa

Gedenkstätte Amthordurchgang

Gera. Das Geraer Gefängnis hat eine lange Geschichte in den unterschiedlichen Regierungssystemen in Deutschland hinter sich. Erstmals wurde es zu Zeiten des Kaiserreiches 1872 in der Stadtchronik als Gefängnis erwähnt. Von 1933 bis 1945 diente es den Nationalsozialisten als Untersuchungshaftanstalt der Geheimen Staatspolizei. Danach nutzte der sowjetische Geheimdienst NKWD das Gebäude als Untersuchungsgefängnis. Von hier aus erfolgte der Weitertransport der Inhaftierten in das Speziallager Nr. 2 ⇨Buchenwald. Von 1952 bis 1990 befand sich an dieser Stelle die Untersuchungshaftanstalt der MfS-Bezirksverwaltung Gera, die über 36 Zellen für 78 Untersuchungshäftlinge und zehn Strafgefangene verfügte. Von 1992 bis 1999 wurde das Gefängnis als Untersuchungshaftanstalt des thüringischen Justizministeriums genutzt, bevor es Ende 1999 zugunsten eines Kaufhaus-Neubaus abgerissen wurde. Heute steht nur noch der Eingangsbereich des ehemaligen Gefängnisses, das Torhaus.

Der Verein „Gedenkstätte Amthordurchgang" e.V. plant, hier auf einer Fläche von etwa 150 Quadratmetern ein Museum einzurichten. Im ehemaligen „Party-Keller" des Wachpersonals im Torhaus soll ein Café entstehen und daneben eine frühere Haftzelle rekonstruiert werden. Das ehemalige Pförtnerzimmer soll im Originalzustand präsentiert werden. In den übrigen Räumen ist geplant, Gegenstände aus der Gefängniszeit auszustellen. Der Verein „Gedenkstätte Amthordurchgang" bemüht sich, auf dem Objekt eine Gedenk- und Begegnungsstätte einzurichten. Damit soll nicht nur an die etwa 4000 Menschen erinnert werden, die auf dem heutigen Gebiet Thüringens aus politischen Gründen inhaftiert waren. Darüber hinaus soll die Geschichte der politischen Strafjustiz vor 1989 dokumentiert und der Opfer der Gewaltherrschaft vor und nach 1945 gedacht werden.

Die wechselvolle Geschichte der Haftanstalt ist bereits in einer Wanderausstellung des Vereins dargestellt und kann auf Anfrage vor Ort besichtigt werden. Ein Dokumentarfilm („Hinter hohen Mauern") von Kathrin Zimmer und Jürgen Hoffmann verknüpft Informationen über die MfS-Untersuchungshaft mit Berichten früherer Gefangener. Der Dokumentarfilm und die Wanderausstellung „Vom Gerichtsgefängnis zur U-Haft des MfS" mit zehn Ausstellungstafeln werden kostenfrei verliehen. Gemeinsam mit dem „Kollektiv Theater Mitte Gera" wird Theater als Unterrichtsform angeboten. Unter dem Titel „Verräter braucht man wie das Gift in Nöten – Kinder und Jugendliche im Netz des MfS" kann eine szenische Lesung für Jugendliche ab 14 Jahren mit anschließender Diskussion gestaltet werden. Zudem organisiert der Verein Lesungen, Vorträge, Diskussionen, Zeitzeugenberatungen und -betreuungen; außerdem dokumentiert er die Erlebnisse von Zeitzeugen.

QUELLEN / LITERATUR

Ehemalige Untersuchungshaftanstalten des Ministeriums für Staatssicherheit der DDR, zusammengestellt von Johannes Beleites, Berlin 2000, S. 48f.

ANSCHRIFT

Amthordurchgang 5, 07545 Gera

ANSPRECHPARTNER

Kathrin Zimmer, Verein „Gedenkstätte Amthordurchgang" e.V. im Büro des LStU Thüringen, Puschkinplatz 7, 07545 Gera; Tel. 0365/8223-205, Fax 0365/8223-713, E-mail: verein-amthordurchgang@gmx.de

VERKEHRSANBINDUNG

Das Torhaus steht im Geraer Stadtzentrum und ist vom Hauptbahnhof in ca. fünf Minuten zu Fuß erreichbar

PKW

A9 (E 51) bis Hermsdorfer Kreuz, dann Richtung Dresden A 4 (E 40), Abfahrt Rüdersdorf, dann über Töppeln, Frankenthal, Scheubengrobsdorf, Windischen-Bernsdorf Richtung B2 bis Gera

Gedenkstein für die „Greußener Jungs“

Greußen. In den letzten Monaten des Jahres 1945 und im Januar 1946 wurden infolge einer Denunziation 36 Jugendliche und zwei ältere Männer der thüringischen Kleinstadt Greußen, Kreis Sondershausen, wegen angeblicher Zugehörigkeit zu einer „Werwolf“-Organisation verhaftet. Tatsächlich aber gab es keine derartige Organisation in Greußen. Die Anklage basierte auf Drohbriefen, die sich der Kassierer des Greußener Kinos selbst geschrieben hatte; Zettel, auf denen „Der Werwolf“ angeblich ihn und ein anderes KPD-Mitglied mit dem Tode bedrohte. Mit dieser schwer wiegenden pauschalen Denunziation der Greußener Jugend nahm für 38 daraufhin Verhaftete ein schreckliches Schicksal seinen Lauf. Die Beschuldigten wurden vom Geheimdienst der sowjetischen Besatzungsmacht (NKWD) inhaftiert und verurteilt. Zunächst wurden die zwischen 15 und 23 Jahre alten Jugendlichen, mit Gewalt und unter Misshandlungen im Keller der örtlichen Sparkasse, der als Inhaftierungsort des NKWD („GPU-Keller“) diente, eingesperrt. Anschließend kamen sie in das NKWD-Gefängnis nach Sondershausen, wo ihnen „Geständnisse“ abgepresst wurden. Im Verlauf des Juli 1946 verurteilt ein Sowjetisches Militärtribunal (SMT) die Jungen wegen terroristischer Akte bzw. deren Vorbereitung und Planung gegen die Arbeiter- und Bauernregierung oder deren Organe. In dem Verfahren wurden ohne ersichtliche Gründe für die unterschiedlichen Strafmaße drei Todesurteile sowie Urteile zwischen fünf und 15 Jahren Zwangsarbeit bzw. Arbeitslager verhängt. Nach ihrer Verurteilung verbrachte man die Greußener Gruppe 1946 in das Speziallager ⇨Sachsenhausen. Die Eltern kämpften um die Freilassung ihrer Söhne. Als der Denunziant festgestellt und am 23. Juli 1947 sogar rechtskräftig verurteilt worden war, intensivierten sie ihre Bemühungen. Doch vergeblich: Die 38 unschuldig Inhaftierten wurden nicht freigelassen. Nur 14 der 38 Greußener Jungs überlebten das Speziallager Nr. 7 in Sachsenhausen bei Berlin.

Nach 45 Jahren des Schweigens über diese für das Leben der kleinen Stadt einschneidenden Ereignisse beschloss der nach der friedlichen Revolution

im Herbst 1989 neu gewählte Gemeinderat in seiner ersten Sitzung die Errichtung eines Mahnmals. Am 24. November 1990 wurde der Gedenkstein für die ersten Opfer des Stalinismus 1945/46 in Greußen feierlich eingeweiht. An der Gedenkstunde nahmen auch vier der Überlebenden teil.

Ausstellungsstücke und Belege zur Geschichte der Greußener Jungen sind auch im ⇨Haus der Geschichte in Bonn und in der Gedenkstätte Sachsenhausen zu sehen.

Inschrift des Gedenksteins: „Zum Gedenken / der ersten Opfer / des / Stalinismus / in Greußen 1945/46 / Karl Heinz Anders / Richard Anschütz / Karl Bähr / Hermann Beisker / Hans Joachim Biber / Horst Blank / Richard Bohrloch / Horst Burkhardt / Max Dreissig / Hans Dünkel / Hans Garbe / Fritz Gerlach / Horst Goymann / Hans Götze / Siegfried Gräser / Alfred Hafermalz / Helmut Henze / Gerd Hohnstein / Kurt Hüllemann / Jürgen Kirmes / Helmut Kühn / Otto Landgraf / Werner Limpert / Wolfgang Mieth / Rudi Muscho / Norbert Müller / Herwarth Neubert / Arno Neuschild / Horst Nolde / Hans Joachim Pfeiffer / Karl Heinz Schaumburg / Joachim Scherzberg / Alfred Sittkus / Paul Stieting / Heinz Trinks / Helmut Trotzer / Kurt Weiss / Harry Zimmermann".

QUELLEN / LITERATUR

Information der Stadtverwaltung Greußen sowie von Kurt Weiss.
Agde, Günter: Die Greußener Jungs. Hitlers Werwölfe, Stalins Geheimpolizisten und ein Prozess in Thüringen. Eine Dokumentation, Berlin 1995.

STANDORT

Bahnhofstraße, vor der Oberschule, 99718 Greußen

VERKEHRSANBINDUNG / PKW

Greußen liegt an der B4 zwischen Erfurt und Sondershausen

Skulpturen- und Gedächtnispark zur deutschen Einheit

Henneberg / Eußenhausen. Am 5. Juni 1952 begann die Aktion „Ungeziefer", bei der 124 Familien – insgesamt 492 Menschen – aus dem Kreis Meiningen ihre Heimat verlassen mussten, damit das Grenzgebiet unbewohnt wurde. Am 3. Oktober 1961 fand im Rahmen der landesweiten Aktion „Festigung" eine zweite Zwangsaussiedlung statt, die noch einmal 147 Menschen betraf.

Mit mehreren Kunstwerken wird an der früheren deutsch-deutschen Grenze zwischen Henneberg und Eußenhausen auf einer Schanze der deutschen Einheit und der Zwangsaussiedlungen in Thüringen gedacht. Die DDR-Aussiedlungsaktionen sollen, so das Ziel des Künstlers Herbert

„Jimmy" Fell, nicht mit einer Gedenktafel, sondern mit einem Bild in Erinnerung gebracht werden: Eine einfache und zugleich aussagekräftige Skulptur eines umgestürzten Stuhles an einer stilisierten Hauswand soll die Vertreibung symbolisieren. Die Brutalität, mit der man Menschen während der Aktion „Ungeziefer" buchstäblich den Stuhl vor die Tür stellte, wird so verdeutlicht. Unterschiedlich lange und verzogene Stuhlbeine, welche die Haussilhouette berühren, sollen einen aus dem Haus stürzenden Menschen darstellen. 20 Auszubildende aus Thüringen waren an der praktischen Umsetzung der ganz in Schwarz gehaltenen Stahlkonstruktion auf einer Betonplatte beteiligt.

Das Denkmal will nicht nur an die zu DDR-Zeiten Vertriebenen des Meininger Landkreises erinnern, sondern auch an eine frühere Vertreibung aus dem Jahr 1585. Damals hatte Fürstbischof Julius Echter evangelische Familien während der Gegenreformation aus ihren Häusern und Städten jagen lassen.

Unter der Schirmherrschaft der Landräte von Schmalkalden-Meiningen, Ralf Luther, und von Rhön-Grabfeld, Fritz Steigerwald, wurde das Kunstwerk am 20. September 2002 eingeweiht. Zwei Tage vor der Bundestagswahl sollte mit einer künstlerisch inszenierten Veranstaltung Dankbarkeit dafür ausgedrückt werden, dass nun schon zum vierten Mal eine gesamtdeutsche und demokratische Regierung gewählt werden konnte. Bereits seit 1996 existiert auf der Schanz die Goldene Brücke, ein golden bemalter Holzskelettbau, der über einem alten Grenzstein steht; ein Fuß steht in Bayern, der andere in Thüringen. Die Goldene Brücke wurde unter der Schirmherrschaft von Bundeskanzler Helmut Kohl als Symbol des Zusammenwachsens errichtet. Zugleich mit der Enthüllung des Mahnmals gegen die Vertreibung wurde die Goldene Brücke von den Landräten zum „Nationaldenkmal für Freiheit und Einheit" erhoben. Damit reagierten sie auf eine Entscheidung des Deutschen Bundestages, der den Bau eines solchen Denkmals auf dem Schlossplatz in Berlin abgelehnt hatte. Eine entsprechende Meldung der Nachrichtenagentur dpa wurde an die Goldene Brücke genagelt. Ziel ist es, den Skulpturenpark weiter auszubauen. Im Jahre 1992 war damit begonnen worden: Aus vier originalen Teilen der Berliner Mauer wurde ein Sonnentor von Stonehenge nachgebaut. Dieses Westtor am alten Grenzwachturm von Niederlauer steht noch heute, während das 1993 errichtete Osttor, eine transparente Lichtskulptur aus Acrylglas, nicht mehr existiert.

QUELLEN / LITERATUR
Meininger Tageblatt vom 22.7.2002 und 23.9.2002.
Main-Post vom 23.9.2002.
Rhön-Saalepost vom 24.9.2002.

STANDORT
Ehemaliger Grenzübergang zwischen Henneberg und Eußenhausen

ANSPRECHPARTNER
Jimmy Fell, Bildender Künstler und Bauingenieur, Fredericiastraße 5, 14059 Berlin, E-mail: fell@jimmyfell.de, www.jimmyfell.de.

VERKEHRSANBINDUNG
Der Gedenkort ist mit öffentlichen Verkehrsmitteln nicht erreichbar

PKW
A9 Richtung Hermsdorfer Kreuz A4 Richtung Dresden, Gera, Frankfurt/Main, Erfurt, Anschlussstelle Gotha auf B247, B 280, dann L 1131 und L 1140, dann auf B19 Neu-Ulmer-Straße, Christgartenstraße, Am Hopfenberg in Eußenhausen

Gedenkstein für die Opfer des Stalinismus

Hohndorf. Auf Initiative von Gerold Hupfer, Mitglied der Vereinigung der Opfer des Stalinismus e.V. (VOS), wurde am 3. Oktober 1990 am Ehrenmal für die Gefallenen der Kriege in der Gemeinde Hohndorf ein Gedenkstein für die Opfer des Stalinismus eingeweiht. Er erinnert an vier Hohndorfer Bürger, die die operative Gruppe Greiz des NKWD Ende 1945 und Anfang 1946 im Rahmen einer Verhaftungswelle in Greiz und Umgebung inhaftierte. Gustav Pramann und Erich Claus wurden in die sowjetischen Speziallager verschleppt. Gustav Pramann verstarb 1947 im Lager ⇨Buchenwald und Erich Claus 1948 in ⇨Bautzen. Die Jugendlichen Werner Burger und Wolfgang Heber wurden am 9. März 1946 unter der Beschuldigung, der „Werwolf"-Organisation" angehört zu haben, durch das SMT in Greiz zum Tode verurteilt und verscharrt.

Der Gedenkstein trägt die Inschrift: „Den Opfern des / Stalinismus / Werner Burger / 1928-1946 / Wolfgang Heber / 1929-1946 / Gustav Pramann / 1895-1947 / Erich Claus / 1902-1948".

QUELLEN / LITERATUR
Prieß, Benno: Erschossen im Morgengrauen, Calw 2002.
Information der VOS e.V., Bezirksgruppe Reichenbach.

STANDORT
Am Ehrenmal für die Gefallenen der Kriege in der Gemeinde 07985 Hohndorf / Stadt Elsterberg

VERKEHRSANBINDUNG
Bahnverbindung bis Reichenbach und dann weiter mit dem Bus

PKW
A72 (E 441) zwischen Reichenbach und Plauen; B92 zwischen Greiz und Plauen über Elsterberg, weiter K2 nach Hohndorf

Gedenktafel für die Opfer politischer Unterdrückung an der Friedrich-Schiller-Universität

Jena. Immer wieder in der seit dem 16. Jahrhundert währenden Geschichte der Universität Jena wurde versucht, Forschung und Lehre politisch zu instrumentalisieren. Im 20. Jahrhundert lassen sich dafür zahlreiche Belege finden. Die Nationalsozialisten wollten eine Musterhochschule mit führenden Vertretern der „Rassenlehre“ und „Euthanasie“ etablieren. Professoren wie Hans Leisegang (1890-1951) waren ihnen ein Dorn im Auge. Leisegangs Arbeit über Lessings Weltanschauung, welche die Nationalsozialisten ablehnten, wurde noch 1931 vom Reichspräsidenten ausgezeichnet. Leisegang verweigerte die 1933 geforderte Selbstauflösung des akademischen Senats. Seine abfälligen Bemerkungen über Hitler führten im November 1934 zu seiner Amtsenthebung und einer Verurteilung zu sechs Monaten Gefängnis. Nach dem Krieg wurde Leisegang wieder ordentlicher Professor für Philosophie in Jena. Nach heftigen Auseinandersetzungen über die Durchsetzung demokratischer Strukturen in der Universität verlor er zunächst seine Lehrberechtigung und wurde am 29. Oktober 1948 gegen den Widerstand von Studenten und Kollegen entlassen. Nur wenige Tage später wurde er als Mitbegründer der Freien Universität Berlin mit dem Ordinariat für Philosophie betraut. Ein Teil seiner Jenaer Schüler ist ihm gefolgt. Hans Leisegang starb am 5. April 1951.

Weitere Unterdrückungswellen an der Universität fanden im Zusammenhang mit dem Volksaufstand vom 17. Juni 1953, dem Mauerbau 1961 und dem Streit über die Hochschulreform 1968 statt. Seit Ende der fünfziger Jahre sollte die Friedrich-Schiller-Universität zu einer „sozialistischen Hochschule“ entwickelt werden. Ab den siebziger Jahren etablierte sich eine eigene Widerstandsszene an der Universität. Noch vor dem Verbot der sowjetischen Zeitschrift „Sputnik“ (1988) wurde an der Hochschule unter dem Motto „Neues Denken“ ein Agitationskreis gebildet, der 1989 zur Gründung des „Reformhauses“ durch Jenaer Studenten führte. 1989 gingen Professoren und Studenten gemeinsam auf die Straße und demonstrierten gegen die Beschränkung der geistigen Freiheit.

Im Rahmen der Tagung „Unrecht und Aufarbeitung“ an der Friedrich-Schiller-Universität wurde auf Anregung des Prorektors Gottfried Meinhold am 20. Juni 1992 eine Gedenktafel für die Opfer politischer Unterdrückung an der Hochschule enthüllt. Sie enthält den Wahlspruch von Professor Hans Leisegang, der aus seinem Hochschulamt sowohl unter den Nationalsozialisten als auch in der Zeit der SBZ entfernt worden war. Die Inschrift lautet: „Die Wahrheit wird Euch frei machen. / Den Opfern politischer Unterdrückung / an der Friedrich-Schiller-Universität. / 1933-1945 / 1945-1989“.

QUELLEN / LITERATUR

Vergangenheitsklärung an der Friedrich-Schiller-Universität Jena. Beiträge zur Tagung „Unrecht und Aufarbeitung“ am 19. und 20.6.1992, Leipzig 1994.
Wiemers, Gerald: Lehrer, Denker, Kämpfer. Hans Leisegang zum 50. Todestag, in: Universitätsjournal Leipzig, Februar 2001.

STANDORT

Universitätshauptgebäude
Fürstengraben, 07743 Jena

VERKEHRSANBINDUNG / PKW

A4 (E 40) bis Abfahrt 54 oder 53, dann B88; A9 (E 51/ 49), dann B7 bis Jena

Holzplastik zum Gedenken an die Opfer des 17. Juni 1953

Jena. Der 17. Juni 1953 markiert den Höhepunkt und die Niederschlagung des Volksaufstandes in der DDR, bei dem sich große Teile der Bevölkerung gegen die SED-Diktatur erhoben.

Auch in der thüringischen Industriestadt Jena kam es zu massenhaften Protesten, die am 17. Juni 1953 eskalierten. Am Vormittag versammelten sich etwa 20 000 Demonstranten, vor allem Arbeiter der Großbetriebe Zeiss und Schott, spontan auf dem Holzmarkt, um sich dem Streikaufruf der Berliner Bauarbeiter anzuschließen. Bei dieser größten Erhebung in Thüringen stürmten die Massen die SED-Kreisleitung, das Haus des Staatssicherheitsdienstes in der Humboldtstraße und den Sitz des FDGB, wobei es zu heftigen Auseinandersetzungen und Sachschäden kam. 1 500 Menschen drangen gewaltsam in die Untersuchungshaftanstalt ein und befreiten 61 Häftlinge aus dem Gefängnis. Kurz darauf begann eine Verhaftungswelle in der Stadt. Zunächst wurden 13 Demonstranten in der SED-Kreisleitung festgenommen, unter ihnen auch Alfred Diener. Am 18. Juni 1953 wurde Alfred Diener (geb. 1927) als „Rädelsführer des faschistischen Putsches“ durch ein Sondertribunal der SMAD in ⇨Weimar zum Tode verurteilt und standrechtlich erschossen. Das Todesurteil und seine öffentlich über Lautsprecherwagen, Rundfunk und Zeitungen bekanntgegebene Vollstreckung dienten der Einschüchterung und Abschreckung der Bevölkerung.

Im Herbst 1999 wurde im Durchgang des historischen Jenaer Rathauses eine Holzplastik der Bildhauerin Elly-Viola Nahmmacher enthüllt, die den Volksaufstand und den Widerstand gegen das SED-Regime thematisiert. Die Stadt Jena hat 1991 eine Straße nach Alfred Diener benannt. Anlässlich des 50. Jahrestages des Volksaufstandes wurde am 17. Juni 2003 ein Teilstück der Humboldtstraße in „Straße des 17. Juni" umbenannt.

QUELLEN / LITERATUR
Auf einen Blick. Leitfaden zur regionalen Geschichtsaufarbeitung nach 1945 in Thüringen. Thüringer Staatskanzlei und Geschichtswerkstatt Jena e.V., Weimar 2000.
Karmrodt, Andreas: Der 17. Juni in Jena. Volk, Polizei, Partei, hrsg. vom LStU Thüringen, Erfurt 1997.
Ostthüringer Zeitung vom 18. Juni 2003.

STANDORT
Rathausarkade, 07747 Jena

VERKEHRSANBINDUNG / PKW
A 4 (E 40) bis Abfahrt 54 oder 53, dann B 88; A 9 (E 51/49), dann B 7 bis Jena

Matthias-Domaschk-Straße

Jena. Matthias Domaschk (12.6.1957-12.4.1981) gehörte zur Jenaer Alternativszene der siebziger Jahre. Gemeinsam mit Freunden suchte er nach Unabhängigkeit und Freiräumen im SED-Staat. Er arbeitete in einem politischen Lesekreis mit, in dem historische und alternative Gesellschaftsmodelle diskutiert wurden, und beteiligte sich am Aufbau einer geheimen Untergrundbibliothek. Nach Protesten gegen die Biermann-Ausbürgerung im November 1976 mit Ausbildungsverbot belegt, arbeitete er als Heizungsinstallateur und Schlosser. Ein Studium blieb ihm verwehrt. Pfingsten 1977 traf er in Prag mit Mitgliedern einer Gruppe der „Charta 77" zusammen. Er verfasste ein Charta-Dokument über die Jenaer Ereignisse und nahm Kontakte mit dem „Schutzkomitee Freiheit und Sozialismus" in West-Berlin auf. Innerhalb der unabhängigen Friedensbewegung der DDR engagierte er sich in einer Initiativgruppe für einen sozialen Friedensdienst. In den Abendstunden des 10. April 1981, einen Tag vor Beginn des X. Parteitages der SED, wurde Matthias Domaschk auf der Zugfahrt von Jena nach Berlin in Jüterbog aus dem Zug heraus festgenommen. Es folgte die Überführung in die Untersuchungshaftanstalt ⇨Gera, wo er am 12. April 1981 unter bis heute nicht geklärten Umständen nach zweitägigem Verhör ums Leben kam. Die Geraer Staatssicherheit verbreitete als offizielle Version, er habe sich mit dem eigenen Hemd erhängt. Ihre Ziele, u. a. keine Beerdigung in Jena und keine Todesanzeige zuzulassen, erreichte sie nicht. Der Tod von Matthias Domaschk wirkte wie ein Fanal für oppositionelle Aktivitäten. Über 100 Personen nahmen am 16. April 1981 bei einer Trauerfeier auf dem Nordfriedhof Abschied. Zum ersten Todestag erschienen in zwei Thüringer Zeitungen Annoncen:

„Wir gedenken unseres Freundes Matthias Domaschk, der im 24. Lebensjahr aus dem Leben gerissen wurde. Seine Freunde". Am 12. April 1982 stellte der Jenaer Bildhauer Michael Blumhagen als Symbol des Gedenkens und Protestes eine Plastik auf dem historischen Johannesfriedhof auf, die von der Staatssicherheit über Nacht abtransportiert wurde. Bereits 1983 waren fast alle Freunde und Bekannten von Matthias Domaschk nach Verhaftungen mehr oder weniger gewaltsam aus dem Land gedrängt worden.

Am 15. Todestag von Matthias Domaschk, dem 12. April 1996, organisierte die Geschichtswerkstatt Jena e.V. eine Gedenkveranstaltung. Anschließend benannte Bürgermeister Graupe in Jena-Neulobeda, wo Matthias Domaschk gewohnt hatte, eine Straße nach ihm.

Eine am Straßenschild befestigte Gedenktafel trägt die Inschrift: „Der Jenenser Matthias Domaschk, geboren am / 12. Juni 1957, kam am 12. April 1981 in der Unter- / suchungshaft des Ministeriums für Staatssicherheit / unter ungeklärten Umständen zu Tode."

QUELLEN / LITERATUR

Ellmenreich, Renate: Matthias Domaschk, Die Geschichte eines politischen Verbrechens in der DDR und die Schwierigkeiten, dasselbe aufzuklären, hrsg. vom LStU Thüringen, Erfurt 1996.

Fuchs, Jürgen: Magdalena. MfS Memfisblues Stasi – Die Firma VEB Horch & Guck, Berlin 1998.

STANDORT

07747 Jena-Neulobeda

VERKEHRSANBINDUNG / PKW

A 4 (E 40) bis Abfahrt 54 oder 53, dann B 88; A 9 (E 51/ 49), dann B 7 bis Jena

Gedenkstein zur deutschen Einheit

Ketten. Das kleine Dorf Ketten liegt direkt an der Grenze zwischen Thüringen und Hessen und lag damit bis zur Grenzöffnung 1989 im Sperrgebiet. Das Betreten dieses Gebietes war nur mit einem besonderen Passierschein gestattet. Alle Versammlungen und Veranstaltungen mussten bis 22 Uhr beendet sein. Der Aufenthalt im Freien war nur von Sonnenaufgang bis Sonnenuntergang erlaubt. Gaststätten und Kinos wurden geschlossen. Aus Freude über die Wiedervereinigung erbaute die Freiwillige Feuerwehr des Dorfes in ihrer Freizeit eine Grotte am ehemaligen Grenzstreifen zwischen Ketten und dem in Hessen gelegenen Ort Gotthards. Die feierliche Einweihung der Grotte erfolgte am 10. Mai 1990 im Rahmen eines Gottesdienstes und endete mit dem traditionellen Bildtannenfest, das die Einwohner von Ketten und Gotthards nun wieder gemeinsam begehen konnten. Eine in Stein gemeißelte Inschrift an der Grotte lautet: „Dank der lieben Gottesmutter / für die Heimkehr aus dem Kriege / für die Rettung aus Not und Leiden / für die Öffnung der Grenze / Bildtanne 1990".

QUELLEN / LITERATUR
Information der Gemeinde Rockenstuhl

STANDORT
Gemeinde Rockenstuhl, Ortsteil Ketten
Gotthardser Straße, 36419 Ketten

VERKEHRSANBINDUNG
Bahnverbindung bis Fulda; mit der Regionalbahn bis Hünfeld; dann weiter mit dem Bus

PKW
K 95 von der Thüringer Seite und K 128 von Hessen

Gedenkstein zur Erinnerung an sieben Einwohner aus Küllstedt

Küllstedt. Im Jahre 1990 wurden in einer Feierstunde sieben männliche Einwohner von Küllstedt beigesetzt, die 45 Jahre zuvor, am 1. August 1945, von einem sowjetischen Einsatzkommando vor den Augen ihrer Familienangehörigen und Nachbarn standrechtlich erschossen worden waren. Die Leichen der Opfer nahm das sowjetische Militärkommando damals mit und verscharrte sie an einem zunächst unbekannten Ort.

Gründe für die Erschießung wurden auch später von den sowjetischen Besatzungsbehörden nicht genannt. Die Ermordung stand im Zusammenhang mit dem Terror der sowjetischen Geheimpolizei im nahe gelegenen ⇨Mühlhausen. Dort kam es besonders in den ersten Monaten nach Einzug der sowjetischen Besatzungsmacht zur willkürlichen Tötung von Zivilisten in Wohnungen, auf offener Straße oder in den Dörfern der nahen und weiteren Umgebung der Stadt. Die Leichen der zum Tode verurteilten, standrechtlich bzw. willkürlich Erschossenen oder durch Folter umgebrachten Gefangenen wurden zumeist im Stadtwaldgebiet von Mühlhausen verscharrt. Dorthin brachte man auch die sieben Leichen aus Küllstedt. Im April 1953 entdeckte ein Revierförster das namenlose Massengrab. Nach Verständigung der Kriminalpolizei schalteten sich sogleich die sowjetischen Militärbehörden ein. Eine weitere Untersuchung des Massengrabes wurde verboten und den Zeugen striktes Stillschweigen auferlegt. Der Revierförster kennzeichnete die Fundstelle jedoch für die Nachwelt. Erst nach dem Umbruch von 1989 wurde der Exhumierung und Identifizierung der Leichen aus Küllstedt stattgegeben.

Der Gedenkstein auf dem Friedhof in Küllstedt trägt die Inschrift: „In ehrendem Gedenken / der Opfer / des 1. August 1945 / Georg Diegmann 1889 / Josef Diegmann 1894 / Martin Montag 1909 / Paul Lerch 1911 / August Mathias 1913 / Albin Dunkel 1921 / Otto Diegmann 1921 / und aller in der Folge / der Verurteilung / Verstorbenen“.

QUELLEN / LITERATUR
Auf einen Blick. Leitfaden zur regionalen Geschichtsaufarbeitung nach 1945 in Thüringen, hrsg. von der Thüringischen Staatskanzlei und der Geschichtswerkstatt Jena e.V., Weimar 2000.

STANDORT
Küllstedter Friedhof, 37359 Küllstedt

VERKEHRSANBINDUNG
Bahnverbindung bis Mühlhausen; dann weiter mit dem Bus

PKW
Anfahrt von Mühlhausen über Sambach–Hollbach–Bickenriede–Büttstedt direkt nach Küllstedt. Anfahrt von Mühlhausen über die B249 in Richtung Wanfried. Bis Abzweig nach Struth, dann weiter nach Küllstedt

Gedenkstein für das 1972 ausgelöschte Dorf

Leitenhausen bei Gompertshausen. Im südthüringischen Landkreis Hildburghausen wurden im Rahmen der so genannten Grenzsicherungsmaßnahmen drei Orte dem Erdboden gleichgemacht: ⇨Billmuthausen, ⇨Erlebach und Leitenhausen. An das kleine Dorf Leitenhausen erinnern heute nur noch ein Gedenkstein und eine symbolisch aufgestellte Sitzgruppe. Die Einwohner der Gemeinde wurden nach dem Bau der Berliner Mauer 1961 schrittweise zwangsausgesiedelt. Direkt an der ehemaligen innerdeutschen Grenze gelegen, wurde das Dorf am 27. Mai 1972 eingeebnet.

Der am 3. Dezember 1993 errichtete Gedenkstein trägt die Inschrift: „1317 / Leitenhausen / 1972".

QUELLEN / LITERATUR
Freies Wort vom 5.10.1993.
Gedenkstätte Billmuthausen, Ein geschleiftes Dorf, hrsg. vom Förderverein Gedenkstätte Billmuthausen, Bad Colberg–Heldburg 2002.

VERKEHRSANBINDUNG
Der Gedenkort ist mit öffentlichen Verkehrsmitteln nicht erreichbar

PKW
A9 bis Schkeuditzer Kreuz, E 51/A 4 bis Hermsdorfer Kreuz, A71 bis Erfurt, dort abfahren, bis Traßdorf, B87, B4 nach Ilmenau, Nahetal-Waldau, Hinternah, L1134 bis Gerhardtsgereuth, Hildburghausen, Wallrabs, Birkenfeld, Steinfeld nach Gompertshausen

Gedenkstein für das ehemalige Dorf Liebau

Liebau. Im Verlauf der Aktion „Ungeziefer" mussten auch im thüringischen Dorf Liebau am 5. Juni 1952 siebzig Menschen über Nacht ihre Heimat verlassen. Liebau mit seinen zwölf Wohnhäusern sowie Ställen und Scheunen befand sich nicht nur in Grenznähe, sondern war zudem noch etwas außergewöhnlich gelegen: Der thüringische Zipfel südlich von Sonneberg war von drei Seiten von Bayern umgeben. Da das Gebiet an engen Stellen lediglich 200 Meter breit war, beschlossen die DDR-Behörden im Zuge des Aufbaus des Sperrgebiets an der innerdeutschen Grenze, alle Bewohner Liebaus auszusiedeln. Verhandlungen über eine Eingliederung des Ortes nach Bayern waren gescheitert. Der damalige Bürgermeister Edwin Beyer wurde von Landrätin Olga Brückner gewarnt, dass bereits LKW bereitstünden, um die Liebauer zu evakuieren. Dem kamen die Liebauer durch die nächtliche Flucht nach Bayern zuvor. Nur drei ältere Bewohner blieben. Nach der Flucht wurde ihre zurückgelassene Habe geplündert, das Dorf verfiel. Das letzte Haus wurde 1975 abgerissen. Heute sind von Liebau nur ein Schutthaufen und eine überwachsene Straße übrig geblieben.

Im Jahre 1992 wurde zum 40. Jahrestag der Zwangsaussiedlung im Mittelpunkt des einstigen Dorfes eine Linde gepflanzt und ein Denkmal errichtet. Eine Tafel auf dem Denkmal trägt die Inschrift: „Hier stand das Dorf / LIEBAU / Erstmalig erwähnt 1317 / 1952 Flucht aller / Dorfbewohner / 1975 Abriß des Dorfes / auf Anordnung / des SED Regimes / Mupperg, 1992“.

Im Juni 2002, zum 50. Jahrestag der Flucht Liebauer Einwohner, wurde die Gedenkanlage auf Initiative des Architekten Heinz Liebermann neu gestaltet und im Beisein von Edwin Beyer, der 1952 der Bürgermeister von Liebau war, eingeweiht. Neben dem Gedenkstein wird auf einer Edelstahltafel an das frühere Aussehen Liebaus erinnert. Von zwei Sitzbänken aus kann man nach Thüringen und Bayern blicken. Zudem erinnert im bayrischen Ortsteil Fürth der Stadt Neustadt bei Coburg ein Straßenname an Liebau.

QUELLEN / LITERATUR

„Von der Ortschaft Liebau ist nichts mehr übrig“ von Manfred Präcklein, in: Neue Presse vom 06.08.1985.
„Ein Ort, ausradiert aus den Landkarten unseres Landkreises“ von Walter Friedrich, in: Freies Wort vom 17.09.1992.
„Mahnung für Politiker“, in: Neue Presse Coburg vom 4.6.2002.

VERKEHRSANBINDUNG

Der Gedenkort ist mit öffentlichen Verkehrsmitteln nicht erreichbar

PKW

A 9 bis Naila/Selbitz, B 173 nach Überkehr, Schübelhammer, Wallenfels, Marktrodach, Kronach, B 85 nach Knellendorf, Gundelsdorf, B 89 nach Stockheim, Neuhaus-Schierschnitz, Föritz, Sonneberg, Neustadt bei Coburg, dort Ortsteil Fürth am Berg, Richtung Grenzgasthof, rechts ab Richtung Liebau, ca. 1 km

Gedenkstein für Häftlinge der sowjetischen Militärjustiz

Meiningen. Fast ein halbes Jahrhundert lang war unbekannt, wo die sterblichen Überreste der zwischen 1950 und 1952 in der Strafvollzugsanstalt Untermaßfeld bei Meiningen gestorbenen Häftlinge ihre letzte Ruhestätte gefunden hatten. Sie gehörten zu den 1 229 Gefangenen, die nach Auflösung des sowjetischen Speziallagers ⇨Sachsenhausen 1950 in die Strafvollzugsanstalt Untermaßfeld bei Meiningen eingeliefert worden waren. Die Ernährung war mangelhaft, die sanitären Bedingungen katastrophal und die medizinische Betreuung schlecht. Aufgrund der vorausgegangenen schweren Haftzeit im Speziallager waren die Gefangenen gesundheitlich stark angegriffen bzw. geschwächt. Die Sterberate war hoch. Ehemaligen Mithäftlingen gelang es 1998 nach vielen Versuchen, das Sammelgrab der Leidensgefährten ausfindig zu machen. Die Urnen von 49 Toten hatte man auf dem Parkfriedhof im nahe gelegenen Meiningen anonym verscharrt.

Am 19. November 2000, anlässlich des Volkstrauertages, wurde auf Initiative der Arbeitsgemeinschaft Lager Sachsenhausen 1945-1950 e.V. unter Beteiligung von Vertretern der Stadt Meiningen und der Landesregierung Thüringen in einem feierlichen Akt auf dem Parkfriedhof in Meiningen ein Gedenkstein für die in der damaligen Strafvollzugsanstalt ⇨Untermaßfeld verstorbenen politischen Häftlinge der sowjetischen Militärjustiz eingeweiht.

Der Gedenkstein auf dem Parkfriedhof Meiningen trägt die Inschrift: „Hier ruhen Opfer / der sowjetischen Militärjustiz, / die in den Jahren / 1950 - 1952 / in Untermaßfeld / an Hunger und Krankheit starben.
Hans Aniola, Willi Bartels, Karl Böhm, Gustav Bree, Paul Dossow, Josef Ebenhöh, Erich Faufler, Ernst Felgenhauer, Karl Gräf, Heinz Hamighofer, Kurt Paul Hartmann, Franz Herzog, Theodor Hesse, Max Hübscher, Friedrich Joswig, Fritz Juch, Friedrich Korsen, Karl Koy, Alfred Krauß, Wilhelm Lamor, Willi Lehmann, Bruno Maass, Johann Märkel, Arno Mirich, Josef Müller, Max Nitsche, Helmuth Nitschke, Kurt Obal, Hans Pargent, Lothar Piyorr, Alfred Poleschner, Arno Ratzlaff, Georg Rusch, Herbert Scharf, Josef Schierandt, Paul Schimoff, Gustav Schmidt, Walter Schreck, Erich Schröter, Manfred Schuran, Otto Schürer, Karl Spehr, Günter Steinborn, Wilhelm Sternbeck, Hermann Uecker, Heinz Vogel, Heinz Volgmann, Albin Weichert, Richard Weise.“

QUELLEN / LITERATUR
Arbeitsgemeinschaft Lager Sachsenhausen 1945-1950 e.V.

STANDORT
Parkfriedhof, 98617 Meiningen

VERKEHRSANBINDUNG / PKW
A 4 (Abfahrt Gotha), B 247 nach Zella-Mehlis und dann B 280

Gedenkstein für die Opfer der kommunistischen Diktatur

Meuselwitz. An der Friedrich-Engels-Oberschule im thüringischen Meuselwitz bildete sich im Jahre 1950 auf Initiative des Lehrers Wolfgang Ostermann eine Gruppe von Schülern, in der verbotene und antikommunistische Literatur sowie von Ostermann verfasste Flugblätter zirkulierten. Die Flugschriften richteten sich gegen die Einheitslisten bei den Wahlen und gegen die Ausbeutung der Wirtschaft durch die Sowjetunion. In einem Literaturzirkel sollte Mitschülern humanistisches und pazifistisches Gedankengut vermittelt und Möglichkeiten geboten werden, oppositionelle Meinungen zu äußern. Ostermann war auch maßgeblich am Aufbau einer ⇨Altenburger Widerstandsgruppe beteiligt. Der Lehrer wollte mit seinem Eintreten für Freiheit, Recht und Demokratie im Unterricht den Gedanken des geistigen Widerstandes an der Schule durchsetzen. Im März 1950 wurde Ostermann verhaftet und mit einem Lehrer und zwei Schülern von einem Sowjetischen Militärtribunal (SMT) in Weimar zum Tode verurteilt. Die Urteile wurden vollstreckt. Bis heute ist unbekannt, wo die Hingerichteten verscharrt worden sind. Die Wege der Gruppenmitglieder an der Friedrich-Engels-Oberschule trennten sich nach dem Abitur. Einzelne hielten Kontakt zu einem nach West-Berlin geflüchteten Meuselwitzer Bürger. Dies war der Auslöser für Verhaftungen im April 1952. Sechs ehemalige Schüler der Oberschule wurden in das KGB-Gefängnis nach ⇨Potsdam gebracht. Ihnen wurde die Bildung einer antisowjetischen Gruppe, Spionage, antisowjetische Propaganda, die Vorbereitung terroristischer Aktionen und aktiven Widerstand vorgeworfen. Im Juli 1952 ergingen in einem Geheimprozess vor einem SMT in Potsdam Todesurteile gegen Heinz Baumbach, den die meisten aus der Gruppe nicht kannten und der keine direkte Beziehung zur Meuselwitzer Schule hatte, gegen

Helmut Paichert und Heinz Eisfeld. Ernst-Friedrich Wirths Todesurteil wurde später in eine 20-jährige Lagerhaft umgewandelt. Zudem wurden Helmut Tisch, Ulrich Kilger und Hans Günter Aurich zu jeweils 25 Jahren Arbeitslager verurteilt. Heinz Eisfeld, der inzwischen ein Medizinstudium aufgenommen hatte, wurde zusammen mit Helmut Paichert, der nicht der Arbeiterklasse entstammte und daher nicht zum Studium zugelassen worden war, am 23. Oktober 1952 in Moskau hingerichtet. Den Angehörigen wurden erst 1959 falsche Todesdaten mitgeteilt und die Hinrichtungen verschwiegen. Ulrich Kilger kam im Dezember 1953 frei, Ernst-Friedrich Wirth, Helmut Tisch und Hans Günter Aurich kehrten nach dem Besuch Konrad Adenauers in Moskau 1955 nach Deutschland zurück. 1995 und 1996 hat die Russische Föderation die damals verurteilten und hingerichteten Schüler und Lehrer rehabilitiert.

Am 8. September 2001 wurde im Beisein der noch lebenden Opfer auf Initiative von Hans Günter Aurich, Helmut Tisch, Ernst-Friedrich Wirth und Ulrich Kilger ein Gedenkstein vor der in Veit-Ludwig-von-Seckendorff-Gymnasium umbenannten Schule enthüllt. Auf dem Gedenkstein befindet sich eine Tafel mit der Inschrift:

„Zum Gedenken an die Opfer der kommunistischen Diktatur / und an den Widerstand an unserer Schule / Wolfgang Ostermann geb. 18.11.1928 / hingerichtet in Moskau 12.12.1950 / Heinz Eisfeld geb. 24.10.1931 / hingerichtet in Moskau 23.10.1952 / Helmut Paichert geb. 21.04.1933 / hingerichtet in Moskau 23.10.1952 / Rehabilitiert in Moskau 08.11.1995 und 24.01.1996".

Schüler des Gymnasiums erarbeiteten eine Ausstellung über die damaligen Geschehnisse die zunächst im Heimatmuseum Meuselwitz gezeigt wurde und nun als Dauerausstellung mit fünf Tafeln im Gymnasium zu sehen ist.

QUELLEN / LITERATUR

Ms. der Ansprache zur Enthüllung der Gedenktafel in Meuselwitz, Veit-Ludwig-von-Seckendorff-Gymnasium, am 8.9.2001 von Prof. Dr. Hans Günter Aurich.

ANSCHRIFT

Veit-Ludwig-von-Seckendorff-Gymnasium
Rathausstraße 16, 04610 Meuselwitz

VERKEHRSANBINDUNG / PKW

A9 (E51) bis Leipzig-West, dann U44, U45, B186 Richtung Rückmarsdorf, Markranstädt, Kulkwitz, B 2 Richtung Löbschütz, Rüssen-Kleinstorkwitz, Kobschütz, Groitzsch, B176 Richtung Falkenhain, Bünauroda nach Meuselwitz

Gedenktafel an der ehemaligen NKWD-Zentrale für Nordthüringen

Mühlhausen. Im Haus am Untermarkt 13 befand sich von 1945 bis 1950 die Zentrale des NKWD für Nordthüringen. Nach der Übernahme der Stadt von den Amerikanern hatte das NKWD im Sommer 1945 zuerst nur das Gebäude am Untermarkt 17, das Amtsgericht, für sich beschlagnahmt. Doch schon nach kurzer Zeit reichte der Platz für die vielen Verhafteten nicht mehr aus, und der Geheimdienst besetzte weitere Gebäude in der Nähe, u. a. das Haus Untermarkt 13/14. Auch dieses Haus war jedoch bald mit Gefangenen überfüllt. Viele, die im „Haus des Grauens" oder in der „Hölle am Untermarkt" inhaftiert waren, erlebten dort die qualvollste Zeit ihres Lebens. Um die gewünschten Informationen oder Schuldbekenntnisse zu erpressen, wurde auf vielfältige Weise gefoltert, zermürbt, erniedrigt, gequält und getötet. Zeugen aus der Nachbarschaft bestätigten, dass im Haus immer wieder Schüsse fielen. Nach Berichten von Überlebenden sind am Untermarkt 13 durch Folter, Erschlagen und Erschießen zwischen 80 und 100 Menschen ermordet worden. Ein weiterer Todesort in Mühlhausen war neben den Gebäuden am Untermarkt 17 und 13/14 die Villa in der Dr. Wilhelm-Külz-Straße 20, wo schätzungsweise 30 bis 40 Menschen totgeschlagen oder erschossen wurden.

Am 17. Juni 1998 wurde auf Initiative des Verbandes politischer Häftlinge e.V. neben dem Eingang des Hauses am Untermarkt 13 eine Gedenktafel für die dort zwischen 1945 und 1950 vom NKWD inhaftierten, verhörten, gefolterten und ermordeten Menschen angebracht. Sie trägt die Inschrift: „Wider das Vergessen / Dieser Gebäudekomplex / war vom Sommer 1945 bis 1950 / Zentrale des sowjetischen Geheimdienstes / (NKWD) für den Bereich / Nordthüringen, / eine Stätte des Grauens, der Folter / und des Todes. / Freiheit und Menschenwürde / sind unsere kostbarsten / Güter."

QUELLEN / LITERATUR
Thiele, Manfred: Haus des Grauens. Der Untermarkt 13 in Mühlhausen, hrsg. vom LStU Thüringen, Erfurt 1999.

STANDORT
Untermarkt 13, 99974 Mühlhausen

VERKEHRSANBINDUNG / PKW
A4 vom Hermsdorfer Kreuz, Abfahrt in Richtung Gotha, über B247 nach Mühlhausen; A4 von Eisenach, Abfahrt B84 nach Bad Langensalza, weiter über die B247 nach Mühlhausen

Gedenktafel für die Opfer des sowjetischen Geheimdienstes NKWD

Mühlhausen. Der sowjetische Geheimdienst NKWD beschlagnahmte das Gebäude am Untermarkt 17 unmittelbar nach der Übernahme der Stadt von den Amerikanern im Sommer 1945 und nutzte es als Untersuchungsgefängnis. Nach wenigen Wochen wurden aufgrund von Überfüllung weitere Gebäude in der Nähe bezogen. Nach Aussagen von Überlebenden starben am Untermarkt 17 durch Verurteilung, Folterung und Erschlagen zwischen 60 und 80 Menschen. Das ehemals auf dem Grundstück vorhandene Gefängnisgebäude ist inzwischen abgerissen.

Am 17. August 2001 wurde auf Initiative des Verbandes politischer Häftlinge e.V. beim Amtsgericht der Stadt Mühlhausen am Untermarkt 17 eine Gedenktafel für die dort zwischen 1945 und 1948 vom NKWD inhaftierten, gefolterten und zum Tode verurteilten Menschen angebracht. Sie trägt die Inschrift: „An diesem Ort wurden durch / den Sowjetischen Geheimdienst NKWD / von 1945-1948 / Unschuldige eingekerkert und gefoltert. / Viele wurden deportiert oder zum Tode verurteilt."

QUELLEN / LITERATUR
Thiele, Manfred: Haus des Grauens. Der Untermarkt 13 in Mühlhausen, hrsg. vom LStU Thüringen, Erfurt 1999.

STANDORT
Amtsgericht, Untermarkt 17, 99974 Mühlhausen

VERKEHRSANBINDUNG / PKW
A4 vom Hermsdorfer Kreuz, Abfahrt in Richtung Gotha, weiter B247 nach Mühlhausen; A4 von Eisenach, Abfahrt B84 nach Bad Langensalza, weiter über die B247 nach Mühlhausen

Gedenktafel für Otto Reckstat

Nordhausen. Der 17. Juni 1953 markiert den Höhepunkt und die Niederschlagung des Volksaufstandes in der DDR, bei dem sich große Teile der Bevölkerung gegen die SED-Diktatur erhoben.

Am 17. Juni 1953 wurde in allen Kreisen des Bezirkes Erfurt der Ausnahmezustand verhängt. Zuvor hatte es in zahlreichen Städten Demonstrationen gegeben. In Nordhausen, Erfurt, Herbsleben, Gotha und Waltershausen waren Arbeiter in den Streik getreten. Otto Reckstat (1898-1983) war seit dem Jahr 1952 Gewerkschaftsgruppenorganisator im Nordhäuser VEB ABUS-Maschinenbau. Seine Kollegen wählten ihn am 17. Juni zum Streikführer. Er wurde danach verhaftet und zu acht Jahren Zuchthaus verurteilt. Nach seiner vorzeitigen Entlassung im Dezember 1956 flüchtete er mit seiner Frau im Jahr 1957 nach West-Berlin.

Auf Initiative der SPD-Fraktion des Stadtrates von Nordhausen erhielt die Brücke zwischen der Halleschen- und der Barbarossastraße am 13. Oktober 1998 den Namen „Otto-Reckstat-Brücke". Am Brückengeländer sind zwei gleichartige Gedenktafeln angebracht. Sie tragen die Inschrift: „Otto-Reckstat Brücke / Otto Reckstat (1898 - 1983) / Gewerkschaftsfunktionär / Stadtverordneter der SPD bis 1933 / mehrmalige Haft in der NS-Zeit / verurteilt nach dem 17. Juni 1953 / zu 8 Jahren Zuchthaus".

QUELLEN / LITERATUR
Thüringer Allgemeine vom 27. Mai 2003.

VERKEHRSANBINDUNG / PKW
Nordhausen liegt an der B80

STANDORT
Otto-Reckstat-Brücke, 99734 Nordhausen

Gedenkstein für Ernst Wilhelm und Johann Muras

Obergebra. Im Vorfeld der Maifeiern 1952 gerieten am 30. April im thüringischen Obergebra die beiden örtlichen CDU-Mitglieder Ernst Wilhelm und Johann Muras mit dem Kommunisten Alfred Sobik in einem Gasthaus in einen Streit. Sobik, der herzkrank war, erlitt einen Infarkt und starb dabei. Wilhelm und Muras wurden noch in der Nacht verhaftet und des Mordes angeklagt. Sobiks Totenschein, der Herzversagen vermerkte, verschwand am Tag nach seinem Tod. Noch vor Prozessbeginn eröffnete die DDR-Presse eine Kampagne gegen Wilhelm und Muras. Der Fall diente als Vorwand, um gegen die CDU und die anderen bürgerlichen Parteien vorgehen zu können. Wegen „Mordhetze durch die Tat" begann am 17. Mai 1952 der Prozess vor dem Landgericht Mühlhausen. Die beiden CDU-Mitglieder sollten als „Feinde des Volkes" dargestellt werden; dazu wurden ihnen auch nationalsozialistische Äußerungen unterstellt. Der Prozess ging schon am ersten Tag mit Verurteilungen zu Ende. Über Muras und Wilhelm wurde das Todesurteil gefällt, ohne dass Beweise vorgelegen hätten. Der Bergmann Muras reichte ein Gnadengesuch bei DDR-Präsident Wilhelm Pieck ein, das zwei Wochen nach Urteilsverkündung abgelehnt wurde. Johann Muras und Ernst Wilhelm wurden am 6. September 1952 im Beisein der Vizepräsidentin des Obersten Gerichts und späteren DDR-Justizministerin, Hilde Benjamin, in ⇨Dresden (Münchner Platz) mit dem Fallbeil hingerichtet.

Für den Schachtwart Alfred Sobik wurde ein Heldendenkmal errichtet, das nach dem Zusammenbruch der DDR entfernt wurde. Noch 1990 wurde für Johann Muras und Ernst Wilhelm auf dem Friedhof in Obergebra ein Gedenkstein eingeweiht mit der Inschrift: „Unschuldig hingerichtet".

Nach der Kassation des Urteils und der Rehabilitierung der Opfer der SED-Diktatur im Juni 1991 wurden die Urnen der beiden Hingerichteten aus einem Massengrab in ⇨Dresden auf den Friedhof in Obergebra überführt und feierlich beigesetzt.

QUELLEN / LITERATUR
Auf einen Blick. Leitfaden zur regionalen Geschichtsaufarbeitung nach 1945 in Thüringen, hrsg. von der Thüringischen Staatskanzlei und der Geschichtswerkstatt Jena e.V., Weimar 2000.

STANDORT
Friedhof, 99759 Obergebra

VERKEHRSANBINDUNG
Deutsche Bahn bis Gebra (Hainleite), dann mit dem Bus nach Obergebra

PKW
A 9 Richtung Halle, B 80 Richtung Bennstedt, Sangerhausen, dann Richtung Görsbach links abbiegen auf A 38, Nordhausen-West weiter auf B 80 bis Obergebra

Grenzturm auf dem Hopfsberg

Probstzella. Als Folge des Zweiten Weltkrieges wurde Deutschland 1945 in vier Besatzungszonen aufgeteilt. Der thüringische Ort Probstzella gehörte zur sowjetischen Besatzungszone (SBZ), die durch eine Demarkationslinie von der amerikanischen Besatzungszone in Bayern abgegrenzt war.

Das Grenzgebiet zwischen Thüringen und Franken war nicht nur sozial, sondern auch wirtschaftlich eng verflochten. Viele Einwohner der Grenzregion pendelten über den 1946 eröffneten Grenzübergang Falkenstein zu ihren Arbeitsstellen jenseits der Demarkationslinie. Als Reaktion auf den wachsenden Flüchtlingsstrom aus der SBZ in die Westzonen bzw. nach 1949 aus der DDR in die Bundesrepublik verschärfte die DDR-Regierung die Sicherungsmaßnahmen an der innerdeutschen Grenze und beschloss am 26. Mai 1952 deren Schließung. Das wirkte sich auch auf die thüringisch-bayerische Grenzregion aus: Der Grenzübergang Falkenstein war im Zuge der Grenzsicherungsmaßnahmen bereits 1951 geschlossen worden. Geöffnet blieb nach 1952 der Bahnübergang Probstzella-Ludwigsstadt, über den ein großer Teil des Bahnverkehrs von Bayern Richtung Berlin abgewickelt wurde. Da Probstzella unmittelbar an der innerdeutschen Grenze lag, fiel es in das fünf Kilometer breite Sperrgebiet, das aufgrund des Ministerratsbeschlusses vom 26. Mai 1952 eingerichtet worden war. Wie in den anderen Orten in der Schutzzone oder im Sperrgebiet kam es auch in Probstzella im Juni 1952 im Zuge der Aktion „Ungeziefer" zu Zwangsaussiedlungen unerwünschter Personen und Familien. In den folgenden Jahren wurde die militärische und personelle Sicherung der Grenzanlagen schrittweise verschärft. Der Ausbau und die Modernisierung der Sperranlagen zwischen Thüringen und Franken wurden bis in die späten siebziger Jahre durch die DDR-Grenztruppen vorangetrieben. Neu errichtet wurden ein drei Meter hoher Metallgitterzaun mit Selbstschussanlage, akustische Signalanlagen und neue Erdbunker. Zu den Führungspunkten, in denen die akustischen Signale zusammengeführt wurden, gehörte auch der Grenzturm auf dem Hopfsberg, der einen weiten Blick auf die Grenzschneise ermöglichte.

Nach der Grenzöffnung im November 1989 wurde ein großer Teil der ehemaligen Grenzsperranlagen abgerissen. Der Führungsturm auf dem Hopfsberg jedoch blieb durch die Initiative der Gemeinde Probstzella erhalten und gehört heute zur Gedenkstätte Probstzella-Ludwigsstadt. Er kann auf Anfrage besichtigt werden. Der Turm ist durch einen Wanderweg mit der „Thüringer Warte" in Ludwigsstadt verbunden. Entlang des Wanderweges sind Informationstafeln über den Grenzverlauf und die Grenzanlagen aufgebaut.

QUELLEN / LITERATUR

Schätzlein, Gerhard / Bärbel Rösch / Reinhold Albert: Grenzerfahrungen Bayern-Thüringen 1945-1971, Hildburghausen 2001.
Bennewitz, Inge / Rainer Potratz: Zwangsaussiedlungen an der innerdeutschen Grenze, Berlin 1994.

STANDORT

Grenzturm auf dem Hopfsberg, 07330 Probstzella

POSTANSCHRIFT

Einheitsgemeinde Probstzella, Markt 8, 07330 Probstzella, Tel. 03 67 35 / 46 10, Fax 03 67 35 / 461 55.

VERKEHRSANBINDUNG

Vom Bahnhof ca. 40 Minuten Fußweg

PKW

Über die B 85 nach Probstzella, dort von der Eisenbahnbrücke auf einer schmalen Straße weiter zum ehemaligen Grenztor. Von da gelangt man nach ca. 20 Minuten Fußweg auf den Hopfsberg

Gedenkstein zur Mahnung an die Teilung Deutschlands

Rieth. Das kleine Dorf Rieth liegt direkt an der Grenze zwischen Thüringen und Bayern und lag damit bis zur Grenzöffnung im Sperrgebiet.

Am 3. Oktober 1990 wurde auf Initiative der beiden Nachbargemeinden Rieth und Zimmerau auf dem ehemaligen Grenzstreifen ein Gedenkstein enthüllt mit der Inschrift: „Zur / ewigen Mahnung / an die Teilung unseres / deutschen Vaterlandes / 1945-1990 / Rieth / Zimmerau 3. 10. 1990".

QUELLEN / LITERATUR
Schätzlein, Gerhard / Bärbel Rösch / Reinhold Albert: Grenzerfahrungen Bayern-Thüringen 1945-1971, Hildburghausen 2001.

STANDORT
98663 Rieth

VERKEHRSANBINDUNG
Bahnverbindung bis Hildburghausen, dann weiter mit dem Bus nach Rieth

PKW
Rieth liegt an der B279 zwischen Fulda und Bamberg

Gedenktafel für die Opfer der innerdeutschen Grenze

Rudolstadt. Schon zu DDR-Zeiten gab es neben dem damaligen Stabsgebäude der Grenztruppen in Rudolstadt einen Gedenkstein. Von 1979 bis 1990 erinnerte dieser mit einem Relief an den NVA-Hauptmann Rudi Arnstadt, der in den fünfziger Jahren an der innerdeutschen Grenze erschossen worden war. Nach 1990 wurde die Kaserne in eine Regelschule umgebaut und erhielt den Namen „Schillerschule". Auf Initiative des CDU-Ortsverbandes Rudolstadt wurde das Umfeld des Gedenksteines neu gestaltet und auf Beschluss des Stadtrates am 2. Oktober 1995 eine neue Gedenktafel eingeweiht. Sie trägt die Inschrift: „Den / Opfern / der / inner- / deutschen / Grenze".

QUELLEN / LITERATUR
CDU-Ortsverband Rudolstadt.

STANDORT
Mörlaer Straße 2, 07407 Rudolstadt

VERKEHRSANBINDUNG / PKW
A9 bis Hermsdorfer Kreuz, dann A4 bis Jena-Göschwitz, B88 in Richtung Rudolstadt / Kirchhasel, links von Jenaische Straße auf Frenzelstraße, links auf Karlstraße, rechts auf Gartenstraße, rechts auf Albert-Lindner-Straße, links auf Marktstraße, rechts auf Schaalaer Chaussee

Findling mit Gedenktafel zum Tag der deutschen Einheit

Ruhla. Im März 1990 vereinbarten die nordrhein-westfälische Gemeinde Schalksmühle und die thüringische Stadt Ruhla eine Städtepartnerschaft. Auf Initiative der Gemeinde Schalksmühle wurde am 3. Oktober 1991, dem ersten Jahrestag der deutschen Einheit, auf dem Friedensplatz in Ruhla ein Findling mit einer Gedenktafel enthüllt mit der Inschrift: „Bergahorn / 03.10.1990 / Tag der deutschen Einheit / Reif Bürgermeister Ruhla / Neuhaus MdL NRW / Bachmann Bürgermeisterin Schalksmühle".

Genau ein Jahr zuvor war an dieser Stelle bereits ein Bergahorn gepflanzt worden. Ursprünglich befand sich hier ein „Gedenkstein zu Ehren der Opfer des Faschismus", der 1990 entfernt wurde.

QUELLEN / LITERATUR
Information der Stadtverwaltung Ruhla.

STANDORT
Untere Lindenstraße, Friedensplatz
99842 Ruhla

VERKEHRSANBINDUNG / PKW
A 10 Richtung Leipzig, Magdeburg, Hannover; Ferch auf die A 9, Hermsdorfer Kreuz auf die A 4 Richtung Erfurt, Abfahrt Waltershausen, Richtung Tabarz, Friedrichsroda, Mechterstädt, Waltershausen, B 88 Richtung Emsetal, Seebach nach Ruhla

Gedenktafel am ehemaligen NKWD-Gefängnis „Hutschachtel"

Saalfeld. Im Hof des Rathauses von Saalfeld wurde in den Jahren 1857 bis 1859 ein Amtsgerichtsgefängnis nach den Plänen von Carl Rudolf Tröger errichtet. Der kreisrunde Turmbau erhielt im Volksmund den Namen „Hutschachtel." Bis zur Machtergreifung der Nationalsozialisten fungierte der Bau als Gerichtsgefängnis. In der „Hutschachtel" wurden zwischen 1933 und 1945 auch politische Häftlinge festgesetzt.

Nach dem Zweiten Weltkrieg übernahm die Sowjetische Militäradministration am 24. Juli 1945 den gesamten Rathauskomplex. Der sowjetische Geheimdienst NKWD nutzte die „Hutschachtel" bis 1950 als Untersuchungsgefängnis. Waren hier in der Anfangszeit noch Funktionsträger des NS-Staates inhaftiert, wurden später zunehmend politische Gegner des sowjetischen Besatzungsregimes eingewiesen. Zudem befand sich hier eine nicht unbeträchtliche Anzahl von Jugendlichen, die vor 1945 im Deutschen Jungvolk, der Hitlerjugend oder dem Bund Deutscher Mädel organisiert waren. Diese unterlagen dem Verdacht, dem „Werwolf", anzugehören. Diese

Anschuldigungen waren allerdings in den meisten Fällen unbegründet. Nach Auflösung der sowjetischen Speziallager und der Übergabe aller Gefängnisse an die deutsche Volkspolizei (DVP) 1950 wurde auch die „Hutschachtel" an die DDR-Behörden übergeben. Die Volkspolizei plante in Saalfeld den Bau einer eigenen Haftanstalt; bis zu deren Fertigstellung 1951 wurden vier Zellen in der „Hutschachtel" von der Abteilung K (Kriminalpolizei) des Saalfelder Volkspolizeikreisamtes genutzt. Die Geschichte der „Hutschachtel" ist für die darauf folgenden Jahre schwer zu rekonstruieren. Bis 1955 wurden hier noch durch die Volkspolizei politische Gefangene inhaftiert, später diente das Gebäude bis 1973 als Gerichtsgefängnis. Im Januar desselben Jahres übernahm die Stadtverwaltung die „Hutschachtel" und verlegte 1974 das Verwaltungsarchiv hierher.

Erst nach der friedlichen Revolution 1989 begann man mit der Aufarbeitung der Geschichte des ehemaligen NKWD-Gefängnisses. 1994 gründete sich der „Freundeskreis Hutschachtel", ein Zusammenschluss ehemaliger Häftlinge, die nach 1945 unschuldig hier inhaftiert waren.

In Zusammenarbeit mit der Stadtverwaltung Saalfeld und dem „Freundeskreis Hutschachtel" wurde am 12. April 1997 neben dem Eingang des ehemaligen Gefängnisses eine Gedenktafel angebracht. Die Inschrift lautet: „Zum Gedenken / an die hier nach 1945 eingekerkerten / Opfer des Stalinismus".

Am 10. September 2000 konnte eine rekonstruierte Zelle als Ort des Gedenkens der Öffentlichkeit übergeben werden. Hier befindet sich auch eine kleine Dokumentation über die Geschichte des Hauses als Gefängnis des NKWD.

QUELLEN / LITERATUR

Butters, Rudolf: Spurensuche Hutschachtel. Manuskript des Freundeskreises, 1994.
Informationsblatt der Stadtverwaltung Saalfeld zum Tag des offenen Denkmals, 10.9.2000.

STANDORT

Rathaushof, Markt 1, 07302 Saalfeld

VERKEHRSANBINDUNG / PKW

Von der A 9 über Abfahrt Triptis, weiter über die B 281 nach Saalfeld; von der A 4 über Abfahrt Jena, weiter über die B 88 und 85 nach Saalfeld; von der A 71 über Abfahrt Traßdorf nach Saalfeld

Gedenktafel für die Opfer des sowjetischen Geheimdienstes NKWD

Schmalkalden. Im November 2000 wurde auf Initiative des Thüringer Verbandes Opfer des Stalinismus e. V. (OdS) am Amtsgericht der Stadt Schmalkalden eine Gedenktafel eingeweiht. Die Inschrift lautet: „Hier war 1945 der berüchtigte Kerker / des sowjetischen NKWD. / Zum Gedenken an unsere unschuldig / ermordeten Kameraden. / Die Opfer des Stalinismus Thüringen".

In diesem Gebäude unterhielt der sowjetische Geheimdienst NKWD nach Kriegsende ein Untersuchungsgefängnis („GPU-Keller"), in dem viele unschuldig inhaftierten Menschen gequält und ermordet wurden. Auf der Grundlage eines Geheimbefehls vom April 1945 erhielt das NKWD die Anweisung, das besetzte Hinterland von allen „feindlichen Elementen" zu säubern und diese zu liquidieren. Tausende deutscher Zivilisten – vielfach auch Jugendliche – wurden daraufhin in der SBZ verfolgt und inhaftiert. In Gefängniskellern wie dem von Schmalkalden erpresste man unter Folter und psychischem Druck „Geständnisse", die weitere Verhaftungen, langjährige Haftstrafen in sowjetischen Arbeits- und Straflagern oder gar die Todesstrafe nach sich zogen.

QUELLEN / LITERATUR
Der Stacheldraht 2/2001.

STANDORT
Amtsgericht Schmalkalden, 98574 Schmalkalden

VERKEHRSANBINDUNG / PKW
A 4, Abfahrt Eisenach, über die B 19 in Richtung Meiningen

Gedenktafel für die Opfer des Stalinismus

Sonneberg. Im südthüringischen Oberlind und in mehreren Nachbarorten wurden nach Aussagen von Zeitzeugen vom sowjetischen Geheimdienst NKWD zwischen November 1945 und März 1946 mindestens 72 Jugendliche verhaftet und verschleppt. Den Jugendlichen, die zwischen 15 und 24 Jahre alt waren, wurde „Werwolf"-Tätigkeit vorgeworfen. Auch in Sonneberg und Umgebung wurden den jungen Menschen unter Folter „Geständnisse" abgepresst, um sie dann zu zehn, 20 oder 25 Jahren Haft oder auch zum Tode zu verurteilen. Die überlebenden Opfer versuchen bis heute, eine vollständige Liste der Verschleppten und zum Tode Verurteilten zu erstellen.

Zur Erinnerung an die Opfer des NKWD im Landkreis Sonneberg wurde auf Initiative der Vereinigung der Opfer der Stalinismus e.V. (VOS) am 15. Oktober 1995 an der Kirchenmauer in Oberlind eine Gedenktafel eingeweiht. Die Inschrift schließt das Gedenken an die Opfer des SED-Regimes mit ein und lautet: „Den Opfern / stalinistischer Willkür / u. politischer Verfolgung / von 1945-1989 / im Kreis Sonneberg / zum Gedenken“.

QUELLEN / LITERATUR
Information der VOS e.V.

STANDORT
Ortsteil Oberlind, Evangelische Kirche „St. Aegidien“
96515 Sonneberg

VERKEHRSANBINDUNG / PKW
A9/E51 bis Naila/Selbitz, dann B 173 Richtung Schübelhammer, Wallenfels, Marktrodach, Kronach, B85 nach Knellendorf, Gundelsdorf, B89 nach Stockheim, Neuhaus-Schierschnitz, Föritz nach Sonneberg

Gedenktafel für die Opfer der Zwangsaussiedlungen

Sonneberg. An Pfingsten 1952 kam es im Kreis Sonneberg zu den ersten Zwangsaussiedlungen im Rahmen der Aktion „Ungeziefer“. Am 3. Oktober 1961, zur zweiten großen Zwangsaussiedlung in der DDR, wurde Sonneberg zur Sperrzone erklärt. Anlässlich des 40. Jahrestages dieser zweiten Großaktion an der innerdeutschen Grenze konnte am 2. Oktober 2001 auf Initiative von Elisabeth Freyer (Vorstandsmitglied der Opfer des Stalinismus Thüringen e.V.) und Hans Bauer eine Gedenktafel eingeweiht werden.

Sie steht an der evangelischen Stadtkirche St. Peter in unmittelbarer Nähe der Gedenktafeln für die Opfer des Ersten und Zweiten Weltkrieges und trägt die Inschrift: „Den Opfern der Zwangsaussiedlungen / an der innerdeutschen Grenze / in der Stadt und im Landkreis Sonneberg / 1952 und 1961 / In memoriam allen Opfern / des kommunistischen Terrors / RESPICE ET HOMINEM TE ESSE MEMENTO“.

QUELLEN / LITERATUR
Der Stacheldraht 9/2001.
Bennewitz, Inge/Rainer Potratz: Zwangsaussiedlungen an der innerdeutschen Grenze. Analysen und Dokumente, Berlin 1994.

STANDORT
Evangelische Stadtkirche St. Peter, 96515 Sonneberg

VERKEHRSANBINDUNG / PKW
A9 bis Naila/Selbitz, B 173 nach Überkehr, Schübelhammer, Wallenfels, Marktrodach, Kronach, B85 nach Knellendorf, Gundelsdorf, B89 nach Stockheim, Neuhaus-Schierschnitz, Föritz nach Sonneberg

Gedenkkreuz zur deutschen Einheit

Spahl. Das Dorf Spahl liegt direkt an der Grenze zwischen Thüringen und Hessen und lag bis zur Grenzöffnung in der fünf Kilometer breiten Sperrzone, die als Teil der Sicherungsmaßnahmen nach der Schließung der innerdeutschen Grenze im Mai 1952 durch die Grenzpolizei der DDR eingerichtet worden war. Das Betreten dieses Gebietes war nur mit einem besonderen Passierschein gestattet.

Zur Erinnerung an die Zeit der deutschen Teilung und aus Freude über die Wiedervereinigung errichteten die Spahler Bürger am 30. Mai 1993 an der ehemaligen innerdeutschen Grenze ein Gedenkkreuz mit der Inschrift: „Aus Dankbarkeit / für die Wiedervereinigung / im Nov. 1989 / errichtet von allen Spahlern / 1945 / 1989".

QUELLEN / LITERATUR
Information der Gemeinde Rockenstuhl.

STANDORT
Gemeinde Rockenstuhl, Ortsteil Spahl
Reinhardser Straße, 36419 Spahl

VERKEHRSANBINDUNG
Bahnverbindung bis Fulda; Regionalbahn bis Hünfeld; dann weiter mit dem Bus

PKW
A7 und ab Hünfeld Landstraße L 3176 Richtung Tann, in Morles links abbiegen nach Mittelaschenbach und der Ausschilderung nach Spahl folgen

Gedenkstein zur Erinnerung an die Zwangsausgesiedelten

Streufdorf. Die Aktion „Ungeziefer" zur Zwangsaussiedlung an der innerdeutschen Grenze hatte am 5. Juni 1952 auch Streufdorf in Thüringen erfasst. Bereits kurz nach Kriegsende waren zahlreiche Existenzen im Dorf bedroht. Bürger wurden verhaftet und verschleppt, größere Streufdorfer Betriebe enteignet. Die meisten landwirtschaftlichen und handwerklichen Unternehmen mussten ihre Eigenständigkeit aufgeben und wurden in Genossenschaften zusammengeschlossen. Im Zuge der Aktion „Ungeziefer" wurden unter anderem ein Landwirt, ein Schneider- und ein Tischlermeister aus Streufdorf zu Haftstrafen zwischen vier und acht Jahren verurteilt. Zahlreiche Familien mussten das Dorf verlassen. Im Jahre 1961 war Streufdorf auch von der zweiten großen Zwangsaussiedlungsaktion in der DDR betroffen.

Auf Initiative von Privatleuten konnte am 8. Juni 2002 in Streufdorf ein Gedenkstein zur Erinnerung an die Zwangsaussiedlungen eingeweiht werden. Die Inschrift lautet: „Gegen das Vergessen / Zwangsaussiedlung / und Flucht aus Streufdorf / 5. Juni 1952 / 3. Okt. 1961".

Die Schirmherrschaft über die Veranstaltung „Gegen das Vergessen – 5. Juni 1952 und 3. Oktober 1961" hatten die Bundestagsabgeordnete Sabine Leutheusser-Schnarrenberger und der thüringische Ministerpräsident Bernhard Vogel übernommen. Sie enthüllten am gleichen Tag zudem eine Tafel „Platz des 5. Juni 1952" auf dem Markt von Streufdorf.

QUELLEN / LITERATUR
„Über Nacht entrechtet und heimatlos", Coburger Tageblatt vom 10.6.2002.

STANDORT
Kirchberg, 98646 Streufdorf

VERKEHRSANBINDUNG
A 10 Richtung Hannover, A 9 Richtung Hermsdorfer Kreuz A 4 (E 40), Richtung Erfurt, Autobahnkreuz Erfurt rechts auf A 71, Richtung Arnstadt / Ilmenau, L 1047 Richtung Trassdorf, Büchefart, B 87 nach Ilmenau, Manebach, B 4 nach Schmiedefeld am Rennsteig, in Schleusingen nach Gerhardtsgereuth, Sophienthal, L 1134 nach Streufdorf

Grenzlandmuseum Eichsfeld

Teistungen. In der Geschichte der Region mit dem 1973 eröffneten Grenzübergang Duderstadt-Worbis, auf dessen Gelände sich heute das Grenzlandmuseum Eichsfeld befindet, spiegelt sich die Geschichte der deutschen Teilung und der innerdeutschen Grenze beispielhaft wider. Die Auswirkungen der Grenze und der Teilung auf die Bevölkerung der grenznahen Gebiete können am Beispiel des Eichsfelds eindrücklich dokumentiert werden.

Nach dem Zweiten Weltkrieg wurde das Eichsfeld geteilt. Der kleinere Teil wurde der britischen, der größere der sowjetischen Besatzungszone zugeschlagen. Der Interzonenpass ermöglichte es ab 1946 in beschränktem Maße, die Grenze legal zu überqueren. Eine große Zahl von Grenzgängern umging auch im Eichsfeld den bürokratischen Weg und passierte die grüne Grenze illegal. Neben Flüchtlingen und Schmugglern gehörten zu diesen auch die Bewohner der Grenzregion, die ihre Verwandtschafts- und Freund-

schaftsbindungen jenseits der Zonengrenze aufrecht erhielten. Die Grenze, deren Übertritt schon ab 1949 schwierig geworden war, wurde zwischen 1952 und 1961 durch die DDR-Grenzorgane befestigt. Trotzdem gelangen in dieser Periode einige Fluchten, häufig von DDR-Grenzpolizisten. Nach dem Beginn des Mauerbaus am 13. August 1961 war es praktisch unmöglich, die Grenze Richtung Westen zu überwinden. Die wenigen Fluchtversuche endeten auch im Eichsfeld dramatisch, mit Tod, schweren Verletzungen oder Verhaftungen. Die Neue Ostpolitik unter Willy Brandt brachte für die Bundesbürger einige Erleichterungen im „kleinen Grenzverkehr". Als Folge des Grundlagenvertrags von 1972 wurden neue Grenzübergangsstellen errichtet und die Einreise für die Bewohner der grenznahen Gebiete im Westen durch Mehrfachvisa erleichtert. Seit 1973 gab es schließlich den neuen Grenzübergang Duderstadt-Worbis, der bis zur deutschen Vereinigung 1990 stark frequentiert wurde. Für DDR-Bürgerinnen und -Bürger war der Grenzübertritt weiterhin nur mit Ausnahmegenehmigung und erst ab dem Rentenalter möglich.

Das Grenzlandmuseum Eichsfeld befindet sich auf dem Gelände des ehemaligen Grenzübergangs Duderstadt-Worbis, an der heutigen Landesgrenze zwischen Niedersachsen und Thüringen. Zu dem Museum gehören eine Dauerausstellung im ehemaligen Zollverwaltungsgebäude des Grenzübergangs und ein Freigelände mit teils originalgetreuen Grenzsperranlagen. Die Ausstellung dokumentiert auf 700 Quadratmetern die Vorgeschichte und Geschichte der innerdeutschen Grenze im Zeitraum von 1944/45-1990. Ein Schwerpunkt liegt auf der Dokumentation des Lebens und des Alltags der Bewohner der Region Eichsfeld im Schatten der Grenze. Die Ausstellung umfasst mehr als 4 000 Exponate, zu denen Teile der Grenzanlagen und Ausrüstungsgegenstände der DDR-Grenzsicherung gehören (Uniformen, technisches Gerät, Fahrzeuge der Grenztruppen, Insignien). Außerdem werden Gegenstände gezeigt, die das Alltagsleben im Grenzsperrgebiet der DDR illustrieren, etwa Waren aus dem Angebot eines „Konsum". Teil des Grenzlandmuseums ist die kleine Dauerausstellung „Grenze – Land – Natur" im Turm „Alte Mühle", die einen Einblick bietet in die Tier- und Pflanzenwelt, die sich im Grenzgebiet entwickelt hat. Dort befinden sich auch die Ausstellungsbereiche „Flucht im Eichsfeld“ und „Zwangsaussiedlungen“ sowie einige Modelle der unterschiedlichen Ausbaustufen der Grenzanlagen. Auch der Weg zu den Außenanlagen, der Teil des so genannten Grenzlandweges ist, veranschaulicht die Ökologie des Grenzgebietes. Außerdem informiert der Grenzlandweg mit Stelltafeln über den Aufbau und die Geschichte der innerdeutschen Grenze.

Das Grenzlandmuseum Eichsfeld bietet nach Vereinbarung verschiedene Führungen an. Durch die Dauerausstellung im ehemaligen Zollverwaltungsgebäude können Gruppenführungen vereinbart werden. Außerdem führt das Museum historisch-ökologische Führungen durch die Außenanlagen und über den Grenzlandweg durch. Es ist auch möglich, an einer geführten Wanderung mit einem natur- und landeskundlichen Schwerpunkt über einen acht Kilometer langen Teilabschnitt des Grenzstreifens teilzunehmen. Das Museum verfügt über ein Schriftarchiv und über eine große Sammlung von Ton- und Bilddokumenten, Zeitzeugeninterviews (auf Tonband und transkribiert) und Objekten, die vor allem die Geschichte der Grenze in der Region Eichsfeld dokumentieren.

Verbunden mit dem Museum ist die im Jahr 2000 eröffnete Bildungsstätte Eichsfeld auf dem Gelände des Grenzlandmuseums (www.bildungsstaette-grenzlandmuseum-eichsfeld.de). Sie ist Teil des Expo-Projektes „Das Eichsfeld – Die grenzenlose Region“. Die inhaltlichen Schwerpunkte dieser Einrichtung der politischen Erwachsenenbildung sind die Aufarbeitung der DDR-Vergangenheit, Demokratie in Deutschland sowie Ökologie und Umwelt. Im Gebäude der Bildungsstätte befindet sich eine öffentliche Präsenzbibliothek mit rund 15 000 Bänden zur DDR-Literatur (Sammelschwerpunkt), die zu Forschungs- und Studienzwecken nutzbar ist. Nach Vorankündigung bzw. Vereinbarung bieten das Grenzlandmuseum und die Bildungsstätte Lesungen, Vorträge, Zeitzeugengespräche, Workshops und Filmvorführungen für Jugendliche und Erwachsene zur Geschichte der deutschen Teilung und der innerdeutschen Grenze an.

Am Parkplatz des Grenzlandmuseums befindet sich ein 1994 aufgestellter und von der Stadt Duderstadt gestifteter Gedenkstein mit der Inschrift: „Das Eichsfeld / von 1945-1989/90 geteilt / aber niemals getrennt / Gestiftet von der / Stadt Duderstadt / Eichsfeldtage 1994“.

QUELLEN / LITERATUR

Grenze – mitten in Deutschland. Begleitband zur ständigen Ausstellung im Grenzlandmuseum Eichsfeld. Schriftenreihe der Bildungsstätte und des Grenzlandmuseums Eichsfeld, Bd. 2, Heiligenstadt 2002.
Grenzlandmuseum Eichsfeld (Video), hrsg. vom Grenzlandmuseum Eichsfeld e. V.
Museumsführer Grenzlandmuseum Eichsfeld.
Remy, Dietmar: Opposition und Verweigerung in Nordthüringen (1976-1989). Schriftenreihe der Bildungsstätte am Grenzlandmuseum, Bd. 1, Duderstadt 1999.
Röhlke, Cornelia: Erzählungen von der deutsch-deutschen Grenze. Das geteilte Eichsfeld 1945-1990, Erfurt 2001.
Stadt Duderstadt (Hrsg.): Die Grenze im Eichsfeld. Leid, Hoffnung, Freude. Eine Bild- und Textdokumentation zur Teilung des Eichsfeldes 1945-1990, Göttingen 1991.

ANSCHRIFT

Duderstädter Straße 5, 37339 Teistungen

POSTANSCHRIFT

Trägerverein Grenzlandmuseum Eichsfeld e. V., Duderstädter Straße 5, 37339 Teistungen

ANSPRECHPARTNER

Horst Dornieden (1. Vorsitzender des Trägervereins), Paul Schneegans (Geschäftsführer), Tel. 036071/97112 oder 05527/841-216, Fax 036071/97998 oder 05527/841-201; E-mail: info@grenzlandmuseum.de, www.grenzlandmuseum.de

ÖFFNUNGSZEITEN

Museum: dienstags bis sonntags von 10 bis 17 Uhr; die Außenanlagen sind ständig frei zugänglich

VERKEHRSANBINDUNG

Bahnverbindung bis Leinefelde, Northeim und Göttingen. Von allen drei Bahnhöfen besteht eine gute Busverbindung zum Grenzlandmuseum Eichsfeld

PKW

Das Grenzlandmuseum Eichsfeld liegt am Ortsrand von Teistungen, Landkreis Eichsfeld/Thüringen, an der B 242 von Worbis nach Duderstadt; von der A 7 über die Abfahrten Northeim-Nord, Nörten-Hardenberg, Göttingen und von dort über die B 247, 446/247 bzw. 27/446/247, von der A 4 über die Abfahrt Gotha und die B 247 Gotha-Mühlhausen-Worbis

Mahnmal für die Opfer der innerdeutschen Grenze sowie für die Opfer kommunistischer Gewaltherrschaft

Teistungen. Anlässlich des 40. Jahrestages des Mauerbaus im August 2001 wurde auf Initiative des Trägervereins des Grenzlandmuseums Eichsfeld in unmittelbarer Nähe des Grenzlandmuseums ein Mahnmal errichtet, das sowohl an die Opfer der innerdeutschen Grenze als auch an die Opfer der kommunistischen Gewaltherrschaft erinnern soll. Die feierliche Enthüllung fand am 20. Dezember 2001 statt.

Das begehbare Mahnmal aus Original-Grenzelementen wurde von der Künstlerin Gudrun Friedrich-Kopp entworfen und mit Unterstützung der Berufsbildenden Schulen Duderstadt hergestellt. Es soll die Einschränkungen der Freiheit, die Verletzungen der elementaren Menschenrechte sowie das Leid, das diese Grenze verursacht hat, begreifbar, erlebbar und erfühlbar werden lassen. Die Gestaltung des Mahnmals als Zick-Zack-Linie soll die Zerteilung der Landschaft durch die ehemalige Grenze symbolisieren. Das verwendete Material strahlt Kälte und Ausweglosigkeit aus. Auf kleineren Tafeln sind die Namen der Flüchtlinge aufgeführt, die im Eichsfeld versuchten, die Grenze zu überwinden. Elf Menschen sind in dieser Region zwischen 1949 und 1989 gestorben, vier konnten in den siebziger Jahren mit schweren Verletzungen das Gebiet der Bundesrepublik erreichen.

An dem Mahnmal befindet sich eine Gedenktafel mit der Inschrift: „Zum mahnenden Gedenken / Bei dem Versuch, die Grenze von Deutschland nach / Deutschland zu überwinden, mussten auch in diesem / ehemaligen Grenzabschnitt des Eichsfeldes Flüchtende / ihr Leben lassen. / Darüber hinaus erlitten zahlreiche Frauen und Männer, / die die Sperranlagen lebend hinter sich lassen konnten, / schwerwiegende Verletzungen. / Die auf den Gedenktafeln aufgeführten Namen stehen / stellvertretend für viele Opfer, die es an der inner- / deutschen Grenze gab. Wie viele es wirklich waren, ist / teilweise bis heute nicht bekannt. / Dieses Mahnmal wurde errichtet zum Gedenken an alle / Opfer der ehemaligen Grenze, die unmenschlich / Deutsche von Deutschen trennte sowie an alle Opfer der / kommunistischen Gewaltherrschaft. / Grenzlandmuseum Eichsfeld e.V. / August 2001".

QUELLEN / LITERATUR
Grenze – mitten in Deutschland, Begleitband zur ständigen Ausstellung im Grenzlandmuseum Eichsfeld. Schriftenreihe der Bildungsstätte und des Grenzlandmuseums Eichsfeld, Bd. 2, Heiligenstadt 2002.
Informationen des Trägervereins des Grenzlandmuseums Eichsfeld.

STANDORT
Am Grenzlandmuseum Eichsfeld, Duderstädter Straße 5
37339 Teistungen

ANSPRECHPARTNER
Trägerverein Grenzlandmuseum Eichsfeld e.V., Duderstädter Straße 5, 37339 Teistungen, Tel. 036071 / 971 12, Fax 036071 / 979 98; E-mail: info@grenzlandmuseum.de, www.grenzlandmuseum.de.

VERKEHRSANBINDUNG
Deutsche Bahn bis Leinefelde, Northeim und Göttingen. Von allen drei Bahnhöfen besteht eine gute Busverbindung zum Grenzlandmuseum Eichsfeld

PKW
Das Grenzlandmuseum Eichsfeld liegt am Ortsrand von Teistungen, Landkreis Eichsfeld/Thüringen, an der B 242 von Worbis nach Duderstadt; von der A 7 über die Abfahrten Northeim-Nord, Nörten-Hardenberg, Göttingen und von dort über die B 247, 446/247 bzw. 27/446/247, von der A 4 über die Abfahrt Gotha und die B 247 Gotha-Mühlhausen-Worbis

Gedenkstein für vom NKWD hingerichtete Jugendliche

Triebes. Ende 1945 und Anfang 1946 wurden im Greizer Oberland durch die operative Gruppe Greiz des NKWD 15 Jugendliche verhaftet und der „Werwolf"-Tätigkeit beschuldigt. Gegen elf von ihnen fällte ein sowjetisches Militärtribunal am 19. März 1946 das Todesurteil. An fünf der Jugendlichen wurde das Urteil durch Erschießen am 4. Juni, an zwei weiteren am 13. Juni 1946 vollstreckt. Die Erschossenen waren zwischen 16 und 20 Jahre alt. Ihre Leichen wurden bei Triebes in einem Wald verscharrt. Die anderen zum Tode Verurteilten erhielten „Begnadigungsstrafen" zwischen zehn und 20 Jahren.

Mit Hilfe von Unterlagen aus russischen Archiven wurde die Erschiessungsstelle ermittelt. Seit November 1997 erinnert im Metschwald ein Gedenkstein, der auf Initiative der Vereinigung der Opfer des Stalinismus e.V. (VOS) von der Stadt Triebes errichtet wurde, an die sieben hingerichteten Jugendlichen. Die Inschrift lautet: „Den Toten zur Ehre – / Den Lebenden zur Mahnung / Hier wurden vom sowj. NKWD / unschuldig hingerichtet / Am 4. Juni 1946 / Walter Wild ⋆1927 Fröbersgrün / Walter Raschker ⋆1928 Schönbach / Theo Reiher ⋆1929 Bernsgrün / Werner Burger ⋆1928 Hohndorf / Wolfgang Heber ⋆1929 Hohndorf / Am 13. Juni 1946 / Karl Hackinger ⋆1929 Lossengrün / Franz Künzel ⋆1925 Fröbersgrün / Rehabilitiert 1994 durch die russische Justiz".

QUELLEN / LITERATUR
Information der VOS, Landesgruppe Sachsen, Bezirksgruppe Reichenbach.
Auf einen Blick. Leitfaden zur regionalen Geschichtsaufarbeitung nach 1945 in Thüringen, hrsg. von der Thüringischen Staatskanzlei und der Geschichtswerkstatt Jena e.V., Weimar 2000.
Prieß, Benno: Erschossen im Morgengrauen, 2. erw. Aufl., Calw 2002.

ANSCHRIFT
Im Metschwald, An der Straße von Neuärgerniß nach Mehla im Landkreis Greiz, 07950 Triebes

VERKEHRSANBINDUNG / PKW
A4 (E 40) bis Abfahrt 58, über Gera, weiter auf der B92 Richtung Zeulenroda über Triebes; A 72 (E441) bis Abfahrt 9, über Greiz bis Zeulenroda und weiter nach Triebes; A9 (E 49/E 51) bis Abfahrt 26, bis Zeulenroda und weiter nach Triebes

Gedenktafel an der Justizvollzugsanstalt

Untermaßfeld. Im Dezember 1999 wurde an der Außenmauer der jetzigen Justizvollzugsanstalt Untermaßfeld eine Gedenkplatte enthüllt, die an 1 229 Gefangene erinnert, die im Februar 1950 nach der Auflösung des sowjetischen Speziallagers ⇨Sachsenhausen in das Gefängnis eingeliefert wurden. Die Gefangenen befanden sich in einem sehr schlechten Gesundheitszustand, so dass viele von ihnen besonders in den ersten Monaten ihrer Haftzeit in Untermaßfeld aufgrund der dort herrschenden katastrophalen Haftbedingungen starben (⇨Meiningen).

Ehemalige Häftlinge und die Gemeinde Untermaßfeld stifteten die Gedenkplatte. Sie trägt die Inschrift: „Im Februar 1950 wurden hier / 1 229 Opfer der sowjetischen / Militärjustiz eingeliefert – / großenteils Jugendliche, die / das sowjetische Speziallager / Sachsenhausen überlebt hatten. / Viele von ihnen starben in den folgenden Jahren in Untermaßfeld."

QUELLEN / LITERATUR
Information der Arbeitsgemeinschaft Lager Sachsenhausen 1945-1950 e.V.

STANDORT
Justizvollzugsanstalt Untermaßfeld, Karl-Marx-Straße 8
98617 Untermaßfeld

VERKEHRSANBINDUNG
Deutsche Bahn bis Meiningen; dann weiter mit dem Bus

PKW
Die Gemeinde Untermaßfeld bei Meiningen ist über die A 4 (Abfahrt Gotha), B 247 nach Zella-Mehlis und dann B 280 nach Meiningen erreichbar

Gedenkstein zur Erinnerung an die Zwangsaussiedlung

Walkes. Das Dorf Walkes liegt direkt an der Grenze zwischen Thüringen und Hessen und gehörte nach dem Ende des Zweiten Weltkrieges zu den 1 500 Orten an der Demarkationslinie zwischen der sowjetischen und den durch westliche Alliierte besetzten Zonen Deutschlands. Der Ort lag in der fünf Kilometer breiten Sperrzone, die als Teil der Sicherungsmaßnahmen nach der Schließung der innerdeutschen Grenze im Mai 1952 durch die Grenzpolizei der DDR eingerichtet worden war. Zu den verschärften Maßnahmen an der Grenze gehörten auch die Zwangsaussiedlungen, die im Juni 1952 unter dem Tarnnamen Aktion „Ungeziefer" durchgeführt wurden und bis in die siebziger Jahre anhielten. Menschen wurden gegen ihren Willen in das Innere der DDR deportiert, grenznahe Gebäude mit zum Teil jahrhundertealter Tradition zerstört und dem Erdboden gleichgemacht. Der Seeleshof der Familie Heller in Walkes wurde im Rahmen dieser Maßnahmen im August 1974 zerstört und eingeebnet.

Im Jahr 1997 errichteten Angehörige der Familie Heller einen Gedenkstein an der Stelle, wo der Seeleshof einst stand. Die feierliche Einweihung fand im Rahmen eines Gottesdienstes im Beisein von ca. 200 Angehörigen und Freunden statt. Die Tafel auf dem Gedenkstein trägt die Inschrift: „Zur Erinnerung an den / Seeleshof / Ersterwähnung 932 / Aus staatspolitischen Gründen / am 23. August 1974 zerstört. / Es soll an alle Menschen erinnert / werden die hier gelebt und / gearbeitet haben. / Errichtet von den Nachfahren / 1997".

QUELLEN / LITERATUR
Informationen der Gemeinde Rockenstuhl.
Bennewitz, Inge / Rainer Potratz: Zwangsaussiedlungen an der innerdeutschen Grenze. Analysen und Dokumente, Berlin 1994.

STANDORT
Gemeinde Rockenstuhl, Ortsteil Walkes
Zum Seeleshof, 36419 Walkes

VERKEHRSANBINDUNG
Deutsche Bahn bis Hünfeld; dann weiter mit dem Bus

PKW
K 94 von Ketten nach Walkes, unterhalb des Seelesbergs

Gedenkstätte Buchenwald

Weimar-Buchenwald. Etwa acht Kilometer von der Stadt Weimar entfernt befindet sich der weitläufige Komplex der Gedenkstätte Buchenwald, zu dem die Überreste der früheren Lager, ehemalige Produktionsstätten, Gräber des Konzentrationslagers Buchenwald und des sowjetischen Speziallagers Nr. 2 sowie Dokumentationsstellen, Ausstellungsflächen sowie eine internationale Jugendbegegnungsstätte gehören. Die Gedenkstätte besteht seit Beginn der 1950er Jahre. Mit der Einweihung des monumentalen Mahnmals im Jahre 1958 erhielt sie die Bezeichnung „Nationale Mahn- und Gedenkstätte Buchenwald". Bis 1989 wurde die Existenz des sowjetischen Speziallagers am Ort des vormaligen nationalsozialistischen Konzentrationslagers tabuisiert und in der bestehenden Gedenkstätte nicht erwähnt. Erst nach der friedlichen Revolution und den politischen Veränderungen 1989/90 in der DDR wurde eine inhaltliche Neuorientierung und Umgestaltung der Gedenkstätte, die nunmehr auch die Zeit des Speziallagers thematisiert, begonnen. Die Darstellung des sowjetischen Speziallagers ist der Darstellung des nationalsozialistischen Konzentrationslagers nachgeordnet und von dieser räumlich getrennt.

Das Konzentrationslager Buchenwald wurde im Juli 1937 von der SS eingerichtet. Mit einer Ausdehnung von 190 Hektar gehörte das Stammlager auf dem Ettersberg bei Weimar zu den größten Lagern des KZ-Systems. Die ersten Häftlinge kamen aus dem KZ Sachsenhausen sowie den aufgelösten Konzentrationslagern Sachsenburg, Lichtenburg und Bad Sulza. Neben politischen Gegnern des NS-Regimes, Zeugen Jehovas, so genannten Asozialen und Homosexuellen wurden auch so genannte „Berufsverbrecher" also kriminelle Häftlinge mit mehreren Vorstrafen, hier inhaftiert. Buchenwald wurde zum Einweisungslager für die Gestapo- und Kriminalpolizeistellen von Thüringen, Sachsen, Hessen und Oberschlesien sowie zeitweise auch weiten Teilen Westdeutschlands. Nach den antijüdischen Pogromen vom 9./10. November 1938 verschleppte die SS etwa 10 000 Juden nach Buchenwald. Im Verlauf des Zweiten Weltkrieges gelangten zunehmend Menschen aus den von den Deutschen besetzten Ländern in das Lager. Häftlinge aus mehr als 30 Ländern wurden in Buchenwald gefangen gehalten. Mit dem Näherrücken der Front trafen aus den im Osten gelegenen Lagern Tausende von erschöpften Häftlingen in Buchenwald ein. Im April 1945 befanden sich 48 000 Häftlinge im Lager. Mehr als die Hälfte von ihnen wurde von der SS noch kurz vor der Befreiung des Lagers auf Todesmärsche getrieben. Als das Lager am 11. April 1945 befreit wurde, befanden sich noch 21 000 Menschen im Lager. Bis 1945 durchliefen über 250 000 Menschen das Lager, von denen mehr als 56 000 umkamen. Zum Stammlager Buchenwald gehörten insgesamt 136 Außenkommandos. Dazu zählte auch das berüchtigte KZ-Außenlager „Dora", das im Herbst 1944 als letztes Konzentrationslager unter der Bezeichnung „KL Mittelbau" zu einem eigenständigen Stammlager wurde.

Nach der Befreiung stand das Konzentrationslager Buchenwald zunächst unter der Kontrolle der Amerikaner, die das Gebiet Thüringens bis Anfang Juli räumten und an die sowjetische Besatzungsmacht übergaben. Diese richtete im August 1945 im ehemaligen Konzentrationslager das Speziallager Nr. 2 ein, das eines der insgesamt zehn Lager und drei zentralen Gefängnisse des sowjetischen Geheimdienstes in der sowjetischen Besatzungszone war. Das Lager Buchenwald bestand bis Februar 1950. In Buchenwald wurden – im Unterschied zum ⇨Speziallager Sachsenhausen - ausschließlich Internierte gefangen gehalten. Der erste Transport mit Gefangenen traf am 21. August 1945 ein. Bis zum Jahresende 1945 wuchs die Zahl der internierten Personen auf fast 6 000 Personen an. Nach bisherigen Recherchen befanden sich unter den Gefangenen eine kleine Gruppe von Hauptschuldigen an den NS-Verbrechen, eine größere Anzahl kleiner und mittlerer Funktionäre der NSDAP, des nationalsozialistischen Staates und der Wirtschaft, eine Gruppe von Mitgliedern der Hitlerjugend oder Hitlerjugendführer, Angehörige der Waffen-SS, Polizeiangehörige und Offiziere der Wehrmacht sowie eine

Vielzahl von Personen, die infolge von Denunziationen, Verwechslungen und willkürlichen Festnahmen in das Lager gekommen waren. Im Durchschnitt war das Speziallager mit rund 12000 Gefangenen belegt. Nach offiziellen sowjetischen Angaben waren in Buchenwald zwischen 1945 und 1950 28455 Menschen inhaftiert, darunter 1000 Frauen. Mehrfach wurde das Lager mit Häftlingen aus anderen, aufgelösten Speziallagern aufgefüllt. Die höchste Belegung erlangte das Speziallager Nr.2 im Frühjahr 1947 mit 16371 Gefangenen. Etwa 1500 Häftlinge wurden von Buchenwald in die Arbeitslager der UdSSR deportiert.

Das Speziallager Nr. 2 galt als so genanntes Schweigelager, d. h. es war von der Außenwelt völlig isoliert. Der überwiegende Teil der Häftlinge war zur Untätigkeit verurteilt. Den Lageralltag kennzeichneten Hunger, überfüllte Unterkünfte, ungenügende hygienische Verhältnisse, schlechte medizinische Versorgung, Mangel an Heizmaterial und fehlende Kleidung. Ruhr und Tuberkulose gehörten zum Alltag. Wegen der vollständigen Isolierung von der Außenwelt, der Nichtbeschäftigung und Perspektivlosigkeit gehörten Depressionen zu den häufigen psychischen Krankheiten, die den körperlichen Zusammenbruch beschleunigten. Im Speziallager Buchenwald starben offiziellen sowjetischen Dokumenten zufolge 7113 Menschen. Sie wurden in Massengräbern verscharrt. Die Angehörigen erhielten keine Benachrichtigung.

Im Zusammenhang mit der offiziellen Beendigung der Entnazifizierung in der SBZ begann im Sommer 1948 eine größere Entlassungsaktion. Ab dem 16. Januar 1950 begann die Auflösung des Lagers, die einen Monat später ihren Abschluss fand. Entlassen wurden 7073 Personen. 2415 Gefangene wurden in das ⇨Zuchthaus Waldheim verbracht, 264 Häftlinge Sowjetischen Militärtribunalen übergeben und in die Sowjetunion deportiert. Die in das Zuchthaus Waldheim überführten Gefangenen wurden in den berüchtigten „Waldheimer Prozessen“ zu hohen Haftstrafen verurteilt.

Ausstellungsgebäude zur Geschichte des sowjetischen Speziallagers Buchenwald

Nach der Auflösung des Speziallagers wurden die Gebäude zum großen Teil abgerissen. Für die Opfer des Konzentrationslagers Buchenwald errichtete man 1949 einen „Ehrenhain“, und 1951 fasste die DDR-Regierung den Beschluss zur Errichtung eines Mahnmals. Im Jahre 1958 fand schließlich die Einweihung der „Nationalen Mahn- und Gedenkstätte Buchenwald“ statt.

Nach 1990 wurde die Gedenkstätte umgestaltet. Am 8. April 1995 wurde eine neue Dauerausstellung zur Geschichte des Konzentrationslagers, zwei Jahre später die Dauerausstellung über das sowjetische Speziallager Nr. 2 eröffnet.

Auf dem Trauerplatz vor dem neu errichteten Ausstellungsgebäude steht ein Holzkreuz. Stahlstelen im Wald zeigen an, wo sich die einzelnen Massengräber befinden. Die Areale mit den Massengräbern wurden zu Friedwäldern umgestaltet. Neben diesem Areal haben Hinterbliebene durch individuelle Symbole (Steine, Kreuze) ihrer Trauer Ausdruck verliehen.

Gräberfeld mit Stahlstelen

In der DDR wurden Existenz und Wirklichkeit des Speziallagers tabuisiert und jede Form der historischen Auseinandersetzung unterbunden. Erst nach dem Ende der DDR setzte eine Diskussion um das Speziallager unter Historikern und in der Öffentlichkeit ein. Von Anfang an war diese Diskussion mit der Frage verbunden gewesen, wie eine angemessene Dokumentation des spezifischen Unrechtscharakters des sowjetischen Speziallagers an einem solchem Ort ermöglicht werden kann, da sich unter den Insassen des Speziallagers Nr. 2 zahlreiche ehemalige NS-Aktivisten befanden, die wiederum Mitverantwortung für ein Unrechtssystem trugen, das Konzentrationslager wie das in Buchenwald hervorgebracht hatte. Im Jahre 1991 empfahl die durch den thüringischen Wissenschaftsminister berufene Historikerkommission zur Neugestaltung der Gedenkstätte, die Geschichte des Speziallagers zu erforschen und die Erinnerung an die Opfer des Speziallagers und des Konzentrationslagers in der Gedenkstätte räumlich zu trennen.

Die Gedenkstätte verfügt über eine archivalische und museale Sammlung zum Konzentrationslager, zum Speziallager und zur Geschichte der Gedenkstätte. Das Archiv erteilt Auskunft über das Schicksal ehemaliger Häftlinge und unterstützt mit der Bibliothek die pädagogische Arbeit der Gedenkstätte. Eine Spezialbuchhandlung verfügt über ein großes Sortiment an deutsch- und fremdsprachigen Publikationen zur Geschichte des Nationalsozialismus, der Konzentrationslager und der Speziallager. Es werden Tages- und Mehrtagesprojekte mit Schulklassen, Veranstaltungen im Rahmen der Lehrerweiterbildung und Vorträge angeboten. Nach Absprache werden regionale Forschungsprojekte unterstützt, Zeitzeugengespräche vermittelt und Praktikanten betreut.

QUELLEN / LITERATUR

Reif-Spirek, Peter / Bodo Ritscher: Speziallager in der SBZ Gedenkstätten mit „doppelter Vergangenheit", Berlin 1999.
Mironenko, Sergej / Lutz Niethammer / Alexander von Plato (Hrsg.): Sowjetische Speziallager in Deutschland 1945 bis 1950, Berlin 1998.
Thüringer Institut für Lehrerfortbildung, Lehrplanentwicklung und Medien (Hrsg.): Das sowjetische Speziallager Nr. 2: Buchenwald 1945 bis 1950, Bad Berka 2001.

ANSCHRIFT

Gedenkstätte Buchenwald, 99427 Weimar-Buchenwald

ANSPRECHPARTNER

Dr. Bodo Ritscher (Kustos Speziallager Nr. 2), Tel. 036 43 / 43 01 33; E-Mail: britscher@buchenwald.de. E-Mail an die Gedenkstätte: buchenwald@buchenwald.de; www.buchenwald.de

ÖFFNUNGSZEITEN

Alle Außenanlagen können täglich bis zum Einbruch der Dunkelheit besichtigt werden; 1. Mai bis 30. September: 9.45 bis 18 Uhr (letzter Einlass 17.15 Uhr); 1. Oktober bis 30. April: 8.45 bis 17.00 Uhr (letzter Einlass 16.15 Uhr); montags geschlossen. Führungen und Filmvorführungen nach Anmeldung und Absprache über die Besucheranmeldung, Tel. 036 43 / 43 02 00.

VERKEHRSANBINDUNG

Deutsche Bahn bis Weimar; von Weimar mit dem Stadtbus (Linie 6) nach Buchenwald; Einstiegsmöglichkeiten in Weimar unter anderem am Hauptbahnhof oder am Goetheplatz. Die Gedenkstätte liegt etwa zehn Kilometer nördlich des Stadtzentrums

PKW

A 4, Abfahrt Weimar, der ausgeschilderten Strecke folgen, über die B 7. Im Bereich der Gedenkstätte sind ausreichend Parkmöglichkeiten vorhanden

Gedenktafel für Alfred Diener

Weimar. Der 17. Juni 1953 markiert den Höhepunkt und die Niederschlagung des Volksaufstandes in der DDR, bei dem sich große Teile der Bevölkerung gegen die SED-Diktatur erhoben.

Auch in der thüringischen Industriestadt ⇨Jena kam es zu massenhaften Protesten der Bevölkerung, die am 17. Juni 1953 eskalierten. Am Vormittag versammelten sich 20 000 bis 25 000 Demonstranten, vor allem Arbeiter der Großbetriebe Zeiss und Schott, spontan auf dem Holzmarkt, um sich dem Streikaufruf der Berliner Bauarbeiter anzuschließen. Bei dieser größten Erhebung in Thüringen stürmten die Demonstranten die SED-Kreisleitung, das Haus des Staatssicherheitsdienstes in der Humboldtstraße und den Sitz des FDGB; 1 500 Menschen drangen gewaltsam in die Untersuchungshaftanstalt ein und befreiten 61 Häftlinge aus dem Gefängnis. Kurz darauf begann eine

Verhaftungswelle in der Stadt. Zunächst wurden 13 Demonstranten, darunter auch Alfred Diener (1927-1953), in der SED-Kreisleitung festgenommen. Am 18. Juni 1953 wurde Alfred Diener als angeblicher „Rädelsführer des faschistischen Putsches" durch ein Sondertribunal der SMAD in Weimar zum Tode verurteilt und standrechtlich erschossen. Das damalige Urteil haben inzwischen die Rehabilitierungsgerichte als rechtsstaatswidrig kassiert.

Im Auftrag der Thüringer Staatskanzlei wurde am 18. Juni 1996 am Gebäude des ehemaligen Gerichtsgefängnisses in Weimar, in dem sich heute eine Polizeiinspektion befindet, eine Gedenktafel für Alfred Diener enthüllt. Sie trägt die Inschrift: „Einen Tag nach dem Volksauf- / stand vom 17. Juni 1953 wurde/ der 26-jährige Alfred Diener aus/ Jena in den Morgenstunden von/ einem sowjetischen Militär-/ tribunal in Weimar zum Tode/ verurteilt und standrechtlich/ erschossen./ In ehrendem Gedenken/ Stadt Weimar".

In Jena wurde 1991 eine Straße nach Alfred Diener benannt.

QUELLEN / LITERATUR

Auf einen Blick. Leitfaden zur regionalen Geschichtsaufarbeitung nach 1945 in Thüringen, hrsg. von der Thüringischen Staatskanzlei und der Geschichtswerkstatt Jena e.V., Weimar 2000.
Information der Kulturdirektion Weimar.
Karmrodt, Andreas: Der 17. Juni in Jena. Volk, Polizei, Partei, hrsg. vom LStU Thüringen, Erfurt 1997.

STANDORT

Polizeiinspektion, Carl-von-Ossietzky-Straße 60
99423 Weimar

VERKEHRSANBINDUNG / PKW

A 4 Abfahrt 49 über die B 85 nach Weimar (Richtung Hauptbahnhof); B 7 über Jenaer Straße, Friedrich-Ebert-Straße bis zur Carl-von-Ossietzky-Straße 60

Gedenksteine für Opfer von Krieg und Gewalt

In den Jahren nach 1989/90 wurden in den neuen Bundesländern vielerorts Gedenkzeichen gesetzt und Gedenkstätten eingerichtet, die – zumeist am authentischen Ort – an konkrete Formen politischer Verfolgung oder Opposition erinnern. In einigen Städten und Gemeinden wurde ein anderer Ausdruck der öffentlichen Erinnerung gewählt, der nicht selten kontroverse Debatten hervorrief: Dort mahnen Gedenktafeln und -zeichen ganz allgemein daran, sich der Opfer von Krieg und Gewaltherrschaft zu erinnern. Sie sind in diesem Abschnitt aufgeführt.

Häufig wurden Denkmäler oder Gedenktafeln, die bis dato lediglich an die Opfer des Nationalsozialismus und nicht selten im sprachlichen Duktus der SED-Propaganda erinnert hatten, durch neue Inschriften ergänzt oder ersetzt.

Kritiker dieser Praxis sehen hier eine Gleichsetzung von nationalsozialistischer und kommunistischer Diktatur. Sie verweisen darauf, dass die Gewaltherrschaft zwischen 1933 und 1945 weitaus mehr Opfer hinterließ als die Herrschaft der sowjetischen Besatzungsmacht und später der SED. Mit dieser Position meldeten sich insbesondere zwei Milieus zu Wort: zum einen westdeutsche Kommentatoren, die in den vorausgegangenen Jahrzehnten die Erinnerung an den Nationalsozialismus gegen gesellschaftliche Widerstände befördert hatten. Ihnen fiel es häufig schwer, den diktatorischen Gehalt der SED-Diktatur anzuerkennen. Zum anderen formulierten vor allem ehemalige Anhänger der SED-Herrschaft diese Kritik, betrachteten sie sich doch per se als Antifaschisten. Sie hatten bzw. haben noch weit größere Schwierigkeiten, sich zum repressiven Charakter der Diktatur in Ostdeutschland zu bekennen.

Jene, die Gedenkzeichen für die Opfer von Krieg und Gewaltherrschaft befürworteten und errichten, handelten aus unterschiedlichen Beweggründen. Die einen wollten ein explizites Erinnern an die politische Gewalt nach 1945 umgehen. Die anderen verwiesen darauf, dass der Tod oder die Erfahrung politischer Willkür für die Betroffenen oder Angehörigen unteilbar sei. Mit diesem Gedenken sei keine Gleichsetzung der beiden Diktaturen intendiert. Vielmehr sollten im öffentlichen Raum Orte geschaffen werden, an denen individuell oder gemeinschaftlich an das Leid gedacht werden kann, das politische Gewalt im 20. Jahrhundert verursacht hat.

Gedenktafel für die Opfer von Krieg und Gewaltherrschaft

Brieskow-Finkenheerd. Direkt an der Durchgangsstraße in Brieskow-Finkenheerd steht ein Denkmal aus gemauerten Feldsteinen, das ursprünglich den Opfern des Ersten Weltkrieges gewidmet war. 1945 entfernte man das Eiserne Kreuz und die Inschriftentafeln. Um 1950 bekam das Denkmal eine neue Widmung. Im oberen Teil ist eine Friedenstaube zu sehen, im unteren die Inschrift: „Dass endlich Friede sei..."

Unterhalb dieser Inschrift auf rotem Grund ließ die Gemeinde 1992 eine Tafel „Für die Opfer des Faschismus" anbringen. Die Tafel wurde mutwillig zerstört. Daraufhin beschloss die Gemeindevertretung, bei einer neuen Tafel sich nicht „einseitig auf die Opfer des Faschismus zu beziehen", sondern auch der Opfer der zweiten deutschen Diktatur zu gedenken. Die neue, im Sommer 2000 angebrachte Tafel trägt die Inschrift: „Den Opfern / von / Krieg und / Gewaltherrschaft".

QUELLEN / LITERATUR
Gemeindevertretung Brieskow-Finkenheerd.

STANDORT
15295 Brieskow-Finkenheerd

VERKEHRSANBINDUNG
Vom Bahnhof zur Gedenktafel 10 Minuten Fußweg stadteinwärts

PKW
Durch Brieskow-Finkenheerd führt die B 112, die Frankfurt (Oder) und Eisenhüttenstadt verbindet

Gedenktafel für die Opfer von Krieg und Gewalt

Eichhorst. In der Gemeinde Eichhorst im Landkreis Barnim gibt es ein Kriegerdenkmal für die Gefallenen des Ersten Weltkrieges. Auf Initiative der Gemeindevertretung Eichhorst wurde hier am Volkstrauertag 1992 eine schwarze Zusatztafel angebracht. Damit soll zum einen der Opfer des Zweiten Weltkrieges, aber auch der Opfer der Nachkriegszeit, die durch das NKWD auch in Eichhorst verschleppt wurden, gedacht werden. Die Tafel trägt die Inschrift: „Den Gefallenen des 2. Weltkrieges / und den Opfern / von Gewalt und Terror. / Gemeinde Eichhorst 1992".

QUELLEN / LITERATUR
Information der Gemeinde Eichhorst

STANDORT
Am Werbellinkanal, 16244 Eichhorst

VERKEHRSANBINDUNG
Eichhorst ist mit den öffentlichen Verkehrsmitteln kaum erreichbar. Bahnverbindung bis Eberswalde; Busverkehr nach Eichhorst nur werktags

PKW
Über die A 11, dann über die B 167 nach Eichhorst

Gedenkstein für Opfer von Krieg und Gewaltherrschaft

Eisenhüttenstadt. Auf dem Friedensplatz des Ortsteils Fürstenberg steht seit dem 14. November 1999 ein Findling, den die „Bürgervereinigung Fürstenberg (Oder) e.V." setzen ließ. Fürstenberg wurde 1961 mit der benachbarten, 1950 gegründeten Stalinstadt zu Eisenhüttenstadt zusammengefasst. In den Sockel des Denkmals ist eine Kassette mit den Namen von 553 Toten eingemauert, unter ihnen sind auch Opfer der Nachkriegszeit. Einige starben bei Minenunfällen, andere waren vom NKWD verhaftet worden.

Der Findling trägt in Goldbuchstaben die Inschrift: „Den Opfern / von Krieg / und / Gewaltherrschaft / der Stadt / Fürstenberg (Oder) / Bürgervereinigung Fürstenberg (Oder) e.V. / 14. Nov. 1999".

QUELLEN / LITERATUR
Bürgervereinigung Fürstenberg (Oder) e.V.

STANDORT
Friedensplatz, 15890 Eisenhüttenstadt

VERKEHRSANBINDUNG / PKW
Der Friedensplatz liegt direkt an der B 112

Denkmal für alle Opfer von Gewaltherrschaft und Diktatur und Mahnmal für Freiheit, Demokratie und Gerechtigkeit

Finsterwalde. An der Straßenkreuzung Langer Damm/Geschwister-Scholl-Straße wurde 1949 ein Ehrenhain für Bürger von Finsterwalde eingerichtet, die durch die Nationalsozialisten ums Leben gekommen waren.

Nach 1990 hat man die Gedenkstätte auf Beschluss der Stadt beseitigt, die Inschriftentafeln eingelagert. Die Stadt vergab 1993 einen Auftrag für ein „Denkmal für alle Opfer von Gewaltherrschaft und Diktatur und Mahnmal für Freiheit, Demokratie und Gerechtigkeit", das an derselben Stelle entstehen sollte. Der ortsansässige Künstler Eckhard Böttger gestaltete das Denkmal, das 1996 der Öffentlichkeit übergeben wurde. Der Bürgermeister nannte als Anliegen, „...allen Opfern von Gewaltherrschaft eine Gedenkstätte zu geben, unabhängig davon, unter welchem diktatorischen Regime unserer jüngeren und jüngsten Geschichte sie gelitten haben". Der Künstler bezog die vorhandene 14 Meter lange Mauer in seine Gestaltung ein. An ihrer linken Seite sind schattenrissartige Figuren aus rostendem Stahlblech angebracht, die verschiedene Assoziationen zu Bedrohung und Gewalt auslösen. Im rechten Teil sind ebenfalls Figuren sowie eine Arche als Symbol für Überfahrt, Verbindung, Geborgenheit gestaltet. Das Denkmal verzichtet auf Inschriften und Erklärungen.

QUELLEN / LITERATUR
Kreisheimatmuseum Finsterwalde

STANDORT
Straßenkreuzung Langer Damm / Geschwister-Scholl-Straße, 03238 Finsterwalde

VERKEHRSANBINDUNG
Vom Bahnhof aus sind es etwa 20 Minuten Fußweg bis zu dem Denkmal, das am südlichen Rand der Innenstadt liegt

PKW
Finsterwalde liegt an der B96

Gedenktafel für die Opfer von Krieg und Gewaltherrschaft

Luckenwalde. Am Rathaus von Luckenwalde gab es eine Tafel für sechs von den Nationalsozialisten ermordete Bürger der Stadt. Anlässlich einer Renovierung des Rathauses in den neunziger Jahren wurde die Tafel abgenommen. Nach Beendigung der Bauarbeiten wurde 1999 auf Initiative der SPD-Fraktion in der Stadtverordnetenversammlung eine neue Tafel eingeweiht die alte wird im Kreisheimatmuseum aufbewahrt. Die neue Tafel ist mit Metallbuchstben gestaltet und trägt die Inschrift: „Den Opfern von Krieg und / Gewaltherrschaft / zu ehrendem Gedenken / die Bürger der Stadt Luckenwalde".

QUELLEN / LITERATUR
Kreisheimatmuseum Luckenwalde

STANDORT
Rathaus Luckenwalde, Am Markt 10
14943 Luckenwalde

VERKEHRSANBINDUNG / PKW
Luckenwalde liegt an der B 101

Gedenkstein für die Opfer von Krieg und Gewalt

Pritzwalk. An der Dorfkirche des Pritzwalker Ortsteils Schönhagen wurde auf Initiative des damaligen Bürgermeisters von Schönhagen am 3. Oktober 1994 ein Gedenkstein für alle Opfer von Krieg und Gewalt eingeweiht. Er trägt die Inschrift: „Den Opfern / von Krieg und Gewalt / gewidmet / am Tag der Einheit / 3.10.1990".

QUELLEN / LITERATUR
Information des Ortsbürgermeisters von Schönhagen, Martin Michaelis.

STANDORT
Dorfkirche im Ortsteil Schönhagen, 16928 Pritzwalk

VERKEHRSANBINDUNG / PKW
A 24 bis Meyenburg, dann B 103 Richtung Pritzwalk

Gedenkstein für die Opfer von Gewaltherrschaft

Zehdenick. Ein mächtiger Findling an der Einmündung der Castrop-Rauxel-Allee in die Parkstraße trägt eine Gedenktafel, deren Inschrift im Oktober 1992 von der Stadt Zehdenick den Opfern der Gewaltherrschaft umgewidmet wurde. Leider ist damit auch der Bezug zur wechselvollen Vorgeschichte des Platzes, auf dem der Stein steht, verwischt worden.

1927 wurde der 90 Tonnen schwere Findling bei Ausbauarbeiten des Stadtparks, einer ehemaligen Kiesgrube, entdeckt. 1938 wurde der in „Horst-Wessel-Platz" umbenannte Ort für Aufmärsche genutzt. Am 1. Mai 1946 wurde der Platz zum „Ernst-Thälmann-Platz" und der Stein bekam die Inschrift „Für die Opfer des Faschismus / Ernst Thälmann / Vorkämpfer gegen den Faschismus / 18.8.1944". Diese Inschrift wurde 1992 durch eine neue Tafel aus Kunststein ersetzt und lautet jetzt: „Nie wieder / Gewaltherrschaft / Den Opfern gewidmet / Okt. 1992".

QUELLEN / LITERATUR
Endlich, Stefanie / Nora Goldenbogen / Beatrix Herlemann/ Monika Kahl/ Regina Scheer: Gedenkstätten für die Opfer des Nationalsozialismus. Eine Dokumentation, Band II, Bundeszentrale für politische Bildung, Bonn 1999.

STANDORT
Parkstraße, 16792 Zehdenick

VERKEHRSANBINDUNG / PKW
B 96 bis Gransee, weiter über Badingen nach Zehdenick oder B 273 zwischen Wandlitz und Oranienburg bis Wensickendorf, von dort über Liebenwalde nach Zehdenick

Gedenkstein für die Opfer von Krieg und Gewaltherrschaft

Bad Sülze. In der Kleinstadt an der Recknitz, gelegen zwischen Rostock und Grimmen im Landkreis Nordvorpommern, gibt es ein Kriegerdenkmal für die Gefallenen des Ersten Weltkrieges. Es steht auf einem Platz neben dem Friedhof. Nach 1990 wurde eine schwarze Zusatztafel angebracht, die folgende Inschrift trägt: „Den Opfern / von Krieg und Gewaltherrschaft".

QUELLEN / LITERATUR
Information von Dr. Andreas Wagner, Projektgruppe „Gedenkstättenarbeit in Mecklenburg-Vorpommern" Politische Memoriale e.V.

STANDORT
18344 Bad Sülze

VERKEHRSANBINDUNG
Bahnverbindung bis Rostock, dann weiter mit der Buslinie 120 A

PKW
Über die B 105 von Rostock nach Stralsund, Abfahrt Löbnitz und weiter in Richtung Bad Sülze

Gedenkstein für die Opfer von Krieg und Gewalt

Boizenburg. Die mecklenburgische Kleinstadt an der Elbe liegt im Landkreis Ludwigslust. Auf dem Friedhof, in der Nähe des Ausgangs zur Gartenstraße, steht ein Gedenkstein, der im Mai 1995 der Öffentlichkeit übergeben wurde. Er trägt die Inschrift: „Den Opfern des Krieges und jeglicher Gewalt".

QUELLEN / LITERATUR
Information von Dr. Andreas Wagner, Projektgruppe „Gedenkstättenarbeit in Mecklenburg-Vorpommern" Politische Memoriale e.V.

STANDORT
Friedhof Boizenburg, 19258 Boizenburg

VERKEHRSANBINDUNG
Bahnverbindung bis Lauenburg (Elbe), dann weiter mit der Buslinie 515

PKW
Über die A 24 Berlin-Hamburg, dann über die B 195 nach Boizenburg

Gedenkstein für die Opfer von Krieg und Gewaltherrschaft

Dabel. In der Gemeinde zwischen Sternberg und Goldberg (Landkreis Parchim) steht in einer Grünanlage an der Wilhelm-Pieck-Straße ein kleiner Gedenkstein, der 1993 aufgestellt wurde. Die Inschrift lautet: „Den Opfern / von Krieg / und / Gewaltherrschaft.“

QUELLEN / LITERATUR
Information von Dr. Andreas Wagner, Projektgruppe „Gedenkstättenarbeit in Mecklenburg-Vorpommern“ Politische Memoriale e.V.

STANDORT
Wilhelm-Pieck-Straße, 19406 Dabel

VERKEHRSANBINDUNG
Bahnverbindung bis Güstrow, dann weiter mit dem Bus

PKW
Über die A 19, dann über die B 192 nach Dabel

Gedenktafel und Gedenkstein für die Opfer der Kriege und der Gewaltherrschaft

Grevesmühlen. In der Kreisstadt des Landkreises Nordwestmecklenburg, nördlich von Schwerin, existiert seit 1957 eine Gedenkanlage für die bei der Cap-Arcona-Katastrophe am 3. Mai 1945 ums Leben gekommenen KZ-Häftlinge. Die Gedenkanlage wurde auf dem Tannenberg errichtet, wo 407 Tote bestattet liegen. Die Gedenkstätte spielte in der lokalen DDR-Erinnerungspolitik eine zentrale Rolle und war Schauplatz vielfältiger Aufmärsche und Gedenkveranstaltungen. Nach dem Ende der DDR und ihrer staatlichen Erinnerungspolitik wurde auch das Gedenken am Cap-Arcona-Mahnmal in Frage gestellt. Für viele Menschen verkörperte diese Gedenkstätte ein Stück SED-Herrschaft. 1991 ließ die Stadtverwaltung deshalb eine Gedenktafel anbringen, die folgende Inschrift trägt: „Für die Opfer der Kriege und der Gewaltherrschaft“.

1992 übergab die Schützenzunft der Stadt Grevesmühlen einen Gedenkstein der Öffentlichkeit, der in der Grünanlage auf dem Bahnhofsvorplatz steht. Seine Inschrift lautet: „Zum Gedenken der Opfer und Gefallenen 1914 1918 [Eisernes Kreuz] 1939 1945 und des Unrechts danach / Schützenzunft Grevesmühlen von 1653“.

QUELLEN / LITERATUR
Information von Dr. Andreas Wagner, Projektgruppe „Gedenkstättenarbeit in Mecklenburg-Vorpommern“ Politische Memoriale e.V.

STANDORT
Tannenberg, 23939 Grevesmühlen
Am Bahnhof, 32939 Grevesmühlen

VERKEHRSANBINDUNG / PKW
Grevesmühlen liegt an der A 20 zwischen Lübeck und Wismar

Gedenkstein für die Opfer von Gewalt und Krieg

Hagenow. Die Kleinstadt im Landkreis Ludwigslust südwestlich von Schwerin verfügt über zahlreiche politische Memoriale. Nach 1990 wurde in einer Grünanlage westlich der Parkstraße ein Findling aufgestellt. An der Parkstraße befinden sich außerdem ein Ehrenfriedhof für die im KZ Wöbbelin umgekommenen Häftlinge sowie der Ehrenfriedhof für Angehörige der sowjetischen Armee. Der Gedenkstein trägt die Inschrift: „Zum Gedenken an die Opfer von Gewalt und Krieg. Als Mahnung zu Toleranz und Frieden".

QUELLEN / LITERATUR
Information von Dr. Andreas Wagner, Projektgruppe „Gedenkstättenarbeit in Mecklenburg-Vorpommern" Politische Memoriale e.V.

STANDORT
Parkstraße, 19230 Hagenow

VERKEHRSANBINDUNG / PKW
Über die A 24 Hamburg-Berlin, Abfahrt Hagenow

Gedenkstein für die Opfer von Krieg und Gewalt

Stavenhagen. In der Reuterstadt Stavenhagen im Landkreis Demmin erinnern mehrere Kriegsgräber an die Zeit des Zweiten Weltkrieges. Auf dem Friedhof am Gülzower Damm wurde nach 1945 ein sowjetischer Ehrenfriedhof angelegt. Gleich neben den sowjetischen Gräbern stellte man nach 1990 einen Gedenkstein auf. Er trägt die Inschrift: „Gedenkt der Opfer von Krieg und Gewaltherrschaft! Bewahrt Frieden!".

QUELLEN / LITERATUR
Information von Dr. Andreas Wagner, Projektgruppe „Gedenkstättenarbeit in Mecklenburg-Vorpommern" Politische Memoriale e.V.

STANDORT
Friedhof, Gülzower Damm, 17153 Stavenhagen

VERKEHRSANBINDUNG / PKW
Stavenhagen ist über die B 104 und die B 194 zu erreichen

Gedenktafel für die Opfer von Kriegen und Gewaltherrschaft

Sternberg. Die mecklenburgische Kleinstadt zwischen Schwerin und Güstrow besaß zu DDR-Zeiten ein Ehrenmal, dass an gefallene sowjetische Soldaten errinnerte. 1991 widmete die Stadtverwaltung die Erinnerungsstätte um, ließ die alte Inschrift entfernen und an der Mauer folgende Inschrift aus Holzbuchstaben anbringen: „Zum Gedenken / an die Opfer von Kriegen / und Gewaltherrschaft“.

QUELLEN / LITERATUR
Information von Dr. Andreas Wagner, Projektgruppe „Gedenkstättenarbeit in Mecklenburg-Vorpommern“ Politische Memoriale e.V.

STANDORT
Bundesstraße B 104, 19406 Sternberg

VERKEHRSANBINDUNG
Bahnverbindung bis Blankenberg oder Güstrow, dann weiter mit dem Bus

PKW
Über die A 241 Richtung Wismar, dann über die B 104 nach Sternberg oder über die A 19, dann über die B 192 nach Sternberg

Gedenktafel für alle Opfer von Gewaltherrschaft, Krieg und Unterdrückung

Usedom. Die Gemeinde auf der gleichnamigen Insel liegt zwischen Anklam und der Insel Usedom. In einem Waldstück am Ortsausgang in Richtung Stolpe befindet sich das so genannte Ehrenmal. Das in der Form einer flachen Stufenpyramide errichtete Mahnmal für die Gefallenen des Ersten Weltkrieges wurde nach 1990 durch eine zusätzliche Gedenktafel auf die Zeit nach 1918 erweitert. Die Inschrift dieser Tafel an der untersten Stufe lautet: „Gewidmet allen Opfern von Gewaltherrschaft, Unterdrückung und Krieg“.

QUELLEN / LITERATUR
Information von Dr. Andreas Wagner, Projektgruppe „Gedenkstättenarbeit in Mecklenburg-Vorpommern“ Politische Memoriale e.V.

STANDORT
17406 Usedom

VERKEHRSANBINDUNG / PKW
Über die B 109 Greifswald-Anklam, dann über die B 110 nach Usedom

Gedenkstein für die Opfer von Krieg und Gewaltherrschaft

Wismar. In der norddeutschen Hafenstadt existiert an der Rostocker Straße ein Soldatenfriedhof, den bereits Ende des 17. Jahrhunderts die damals noch schwedische Verwaltung anlegen ließ. 1971 nahm die Stadtverwaltung eine Umgestaltung des Friedhofs zu einer Grünanlage vor. 1992 widmete die Stadt das Areal den Opfern von Krieg und Gewaltherrschaft, und 1995 wurde die Anlage nochmals verändert. Am Ende der zentralen Wegachse steht ein Gedenkstein mit der Inschrift: „Zum Gedenken der Opfer von Krieg und Gewaltherrschaft".

QUELLEN / LITERATUR
Information von Dr. Andreas Wagner, Projektgruppe „Gedenkstättenarbeit in Mecklenburg-Vorpommern" Politische Memoriale e.V.

VERKEHRSANBINDUNG / PKW
Über die A 20 Lübeck-Rostock, Abfahrt Wismar oder über die A 24 Hamburg-Berlin, dann über die A 241 nach Wismar

STANDORT
Rostocker Straße, 23970 Wismar

Gedenktafel für alle Opfer der Gewaltherrschaft

Zinnowitz. Inmitten des Ostseebades Zinnowitz (Landkreis Ostvorpommern) auf der Insel Usedom stehen in einem Park das Kriegerdenkmal für den Ersten Weltkrieg und seit 1998 ein kleiner Gedenkstein mit einer Metalltafel. Die Gedenktafel trägt die Inschrift: „Wir müssen heute durch Erinnerung mahnen, damit / die Zukunft die Leiden und Qualen nicht vergisst! / Die / Gemeinde Ostseebad Zinnowitz / gedenkt / aller Opfer der Gewaltherrschaft. / Volkstrauertag 1998".

QUELLEN / LITERATUR
Information von Dr. Andreas Wagner, Projektgruppe „Gedenkstättenarbeit in Mecklenburg-Vorpommern" Politische Memoriale e.V.

VERKEHRSANBINDUNG / PKW
Über die B 109 zwischen Greifswald-Berlin, dann die B 111 über Wolgast nach Zinnowitz

STANDORT
Neue Strandstraße, 17454 Zinnowitz

Gedenkstein für alle Opfer von Krieg und Gewaltherrschaft

Aue. Im Jahr 1997 stifteten die Stadträte der Stadt Aue einen Gedenkstein für die Opfer von Krieg und Gewaltherrschaft. An diesem Gedenkstein finden jedes Jahr am 27. Januar, dem Gedenktag für die Opfer des Nationalsozialismus, und am 17. Juni, dem Gedenktag zur Erinnerung an den Volksaufstand vom 17. Juni 1953, die offiziellen Kranzniederlegungen der Stadt Aue statt. Der Gedenkstein trägt die Inschrift: „In ehrendem / Gedenken / allen Opfern / von Krieg, Terror / und jeglicher / Gewaltherrschaft".

QUELLEN / LITERATUR
Information der Stadtverwaltung Aue.

STANDORT
Bockauer Straße, 08280 Aue

VERKEHRSANBINDUNG / PKW
Über die A72 Hof-Chemnitz, dann über die B93 oder B169 nach Aue

Gedenkstein für die Opfer von Kriegen und Gewaltherrschaft

Elsterberg / Vogtland. An der Burgruine von Elsterberg wurde auf Initiative von Mitgliedern der Vereinigung der Opfer des Stalinismus e.V. (VOS), Bezirksgruppe Reichenbach, und dem Stadtrat von Elsterberg am Volkstrauertag 1990 ein Gedenkstein zur Erinnerung für die Opfer von Krieg und Gewaltherrschaft eingeweiht. Der Gedenkstein befindet sich vor dem Ehrenmal für die Gefallenen des Ersten und Zweiten Weltkrieges und trägt die Inschrift: „Den Opfern / von Kriegen / und / Gewaltherrschaft / zum Gedenken".

QUELLEN / LITERATUR
Information der VOS e.V., Bezirksgruppe Reichenbach.

STANDORT
Burgruine Elsterberg, 07985 Elsterberg / Vogtland

VERKEHRSANBINDUNG / PKW
A72 (E441) zwischen Reichenbach und Plauen, B92 zwischen Greiz und Plauen über Elsterberg

Gedenkstein für die Opfer des Zweiten Weltkrieges und die Opfer jeder Gewalt

Meißen. Seit 1991 befindet sich vor der Nikolaikirche in Meißen ein Gedenkstein für die Opfer von Krieg und Gewalt. Er wurde errichtet auf Initiative des Verbandes der Heimkehrer und des Kreisverbandes Dresden / Meißen des Verbandes politischer Häftlinge e.V. Er zeigt das Emblem des

Heimkehrerverbandes (ein auf der Spitze stehendes Stacheldraht umrandetes Dreieck mit den Buchstaben VdH) und trägt die Inschrift: „Zum Gedenken / an die Toten des / 2. Weltkrieges / und Opfer / jeder Gewalt / den Lebenden / zur Mahnung“.

QUELLEN / LITERATUR
Information des Verbandes politischer Häftlinge des Stalinismus e.V., Kreisverband Dresden / Meißen.
Hofmann, Gerold: Im Visier der Stasi. Die Widerstandsbewegung im Kreis Meißen nach 1945, herausgegeben vom Verband politischer Häftlinge des Stalinismus e.V. (VPHdS), Kreisverband Meißen.

STANDORT
Neumarkt 29, 01662 Meißen

VERKEHRSANBINDUNG
Meißen ist vom Bahnhof Dresden mit der S-Bahn erreichbar

PKW
A 13 bis Abzweig Radeberg, danach Ausschilderung folgen, A 4 bis Abzweig Nossen oder Wilsdruff, A 14 bis Abzweig Nossen

Gedenktafel für die Opfer von Krieg und Gewalt

Mutzschen. Anlässlich des Volkstrauertages wurde am 14. November 1999 neben der Friedhofskapelle von einer Bürgerinitiative und vom Heimatverein Mutzschen eine Gedenktafel für die Opfer von Krieg und Gewalt eingeweiht. Die Gedenktafel trägt die Inschrift: „Zum Gedenken an die Opfer / von Krieg und Gewalt“.

QUELLEN / LITERATUR
Information der Stadtverwaltung Mutzschen.

STANDORT
Friedhof, 04688 Mutzschen

VERKEHRSANBINDUNG
Bahnverbindung bis Grimma und dann weiter mit dem Bus

PKW
Von der A 14 zwischen Leipzig und Dresden auf die S 38 nach Mutzschen

Gedenkstein für die Opfer von Krieg und Gewalt

Thallwitz. Anlässlich des Volkstrauertages wurde am 15. November 1992 auf dem Friedhof von Röcknitz, einem Ortsteil von Thallwitz, ein Gedenkstein enthüllt. Die Errichtung geht zurück auf eine Initiative von Bürgern der Gemeinde und des Pfarrers. Der schwarze Obelisk befindet sich rechts neben dem Eingang zur Kirche und trägt die Inschrift: „Den Toten / aller Kriege / und den Opfern / jeglicher Gewalt“.

QUELLEN / LITERATUR
Information der Initiativgruppe Lager Mühlberg e.V.
Leipziger Volkszeitung vom 14./15.11.1992 und 17.11.1992.

STANDORT
Friedhof im Ortsteil Röcknitz, 04808 Thallwitz

VERKEHRSANBINDUNG
Bahnverbindung bis Wurzen und dann weiter mit dem Bus

PKW
B 87 zwischen Torgau und Leipzig bis Abfahrt Eilenburg Ost nach Thallwitz

Gedenkstein für die Opfer von Krieg und Gewaltherrschaft

Wildenau / Vogtland. Auf Initiative des inzwischen verstorbenen Heinz Müller, Mitglied der Vereinigung der Opfer des Stalinismus e.V., wurde am 3. Oktober 1996 ein Gedenkstein für die Opfer von Krieg und Gewaltherrschaft in Wildenau eingeweiht. Heinz Müller, der als politischer Häftling viele Jahre in der SBZ/DDR inhaftiert war, setzte sich in mühevoller Kleinarbeit für die Errichtung des Gedenksteins mit Hilfe von Spendenmitteln und Sponsoren ein.

Der Gedenkstein trägt die Inschrift: „Den Opfern / von Krieg und / Gewaltherrschaft. / Den Toten / zur Ehre / Den Lebenden / zur Mahnung“.

QUELLEN / LITERATUR
Information der VOS e.V., Bezirksgruppe Reichenbach.

STANDORT
Garten des Gemeindeamtes, 08228 Wildenau / Vogtland

VERKEHRSANBINDUNG
Bahnverbindung bis Reichenbach, dann weiter mit dem Bus

PKW
A 72 (E 441) zwischen Chemnitz und Hof bis Anschlussstelle 9, weiter über B 94 nach Wildenau

Gedenktafel für die Opfer von Krieg und Gewaltherrschaft

Elsnigk. Elsnigk gehört zur Verwaltungsgemeinde Osternienburg und liegt im Norden des Landkreises Köthen.

An der Nordseite der Kirche von Elsnigk befindet sich das Denkmal für die Gefallenen des Ersten Weltkrieges. Durch Verwitterung waren die Namen der Gefallenen im Laufe der Zeit unlesbar geworden. Vom Volksbund Deutscher Kriegsgräberfürsorge, unterstützt durch den Gemeinderat von Elsnigk, wurde im Frühjahr 1994 eine neue Gedenktafel für die Opfer der beiden Weltkriege und der Gewaltherrschaft angebracht. Die Gedenktafel trägt die Inschrift: „Zum ehrenden / Gedenken / an die Gefallenen / und Vermissten / der beiden Weltkriege / und an die Opfer / der Gewaltherrschaft“.

QUELLEN / LITERATUR
Information der Gemeinde Osternienburg.

STANDORT
Hauptstr. 3, 06386 Elsnigk

VERKEHRSANBINDUNG / PKW
A 9 (E 51) zwischen Berlin und Leipzig bis Dessau-Ost, weiter über B 185 nach Elsnigk (bei Köthen)

Gedenktafel für die Opfer von Krieg, Vertreibung und menschlicher Willkür

Hadmersleben. Die Stadt Hadmersleben liegt in der Magdeburger Börde zwischen Halberstadt und der Landeshauptstadt Magdeburg. Am Kriegerdenkmal für die Gefallenen des Ersten Weltkrieges wurde auf Initiative des CDU-Verbandes an der Heerstraßeeine Gedenktafel angebracht. Die Tafel trägt die Inschrift: „Zur Erinnerung an die Menschen / aus unserer Mitte, / die in unserem Jahrhundert / Opfer von Krieg, / Vertreibung und menschlicher / Willkür wurden."

QUELLEN / LITERATUR
Information des Bürgermeisters der Stadt Oschersleben.

STANDORT
Heerstraße, 39398 Hadmersleben

VERKEHRSANBINDUNG / PKW
Über die A 14 Magdeburg Leipzig, dann weiter über die B 81 Richtung Hadmersleben

Gedenkstein für die Opfer des Zweiten Weltkrieges und der Diktaturen

Klein Oschersleben. Die Gemeinde Klein Oschersleben liegt sechs Kilometer entfernt von der Stadt Oschersleben im Bördekreis. Am Kriegerdenkmal für die Gefallenen des Ersten Weltkrieges errichtete der Gemeinderat von Klein-Oschersleben 1994 einen Gedenkstein, der das Gedenken an die Opfer des Zweiten Weltkrieges und die Opfer der Diktaturen mit einbezieht. Der Stein befindet sich in der Nähe des Friedhofes. Er trägt die Inschrift: „In ehrendem / Gedenken / den Gefallenen / des Zweiten / Weltkrieges / und den Opfern / der Diktaturen".

QUELLEN / LITERATUR
Information des Bürgermeisters der Stadt Oschersleben.

STANDORT
Hauptstraße, 39398 Klein Oschersleben

VERKEHRSANBINDUNG
Bahnverbindung bis Oschersleben und dann weiter mit dem Bus

PKW
Über die A 2 Hannover-Berlin, Abfahrt Helmstedt, dann über die B 245a nach Oschersleben und von dort weiter nach Klein Oschersleben

II Überblicksbeiträge zu Opposition und Repression in SBZ und DDR

Jörg Morré

Sowjetische Speziallager in Deutschland

Am Ende des Zweiten Weltkrieges begannen die Alliierten auf Grundlage der auf der Konferenz von Jalta im Februar 1945 getroffenen Absprachen, Nationalsozialisten und Kriegsverbrecher in Lagern zu internieren. Auch die Rote Armee richtete auf ihrem Vormarsch entsprechend dem NKWD-Befehl Nr. 00315 vom 18. April 1945 so genannte Speziallager zur „Säuberung des Hinterlandes der kämpfenden Truppen der Roten Armee von feindlichen Elementen" ein. Als in diesem Sinne feindliche Personen galten Partisanen, aktive Mitglieder der NSDAP und ihrer Organisationen, Repräsentanten staatlicher Verwaltungen des Deutschen Reiches und ganz allgemein all jene, die sich ablehnend gegenüber der sowjetischen Besatzungsmacht verhielten. Auf der Grundlage des Befehls wurden auch Soldaten der Wehrmacht, Mitglieder der SA, der SS und des Volkssturms verhaftet, die allerdings nicht dauerhaft in Speziallagern festgehalten, sondern in Kriegsgefangenenlager überstellt wurden. Schließlich waren in den Speziallagern kurzzeitig auch sowjetische Staatsangehörige interniert, die als Angehörige der Wlassow-Armee oder als „Ostarbeiter" das Misstrauen des NKWD geweckt hatten. Sie wurden unter dem Vorwurf des Vaterlandsverrats in die sowjetischen Straflager des GULag deportiert. Zwischen 1945 und 1950 registrierte das NKWD in den Speziallagern 157 837 Häftlinge, davon 122 671 deutsche, 34 706 sowjetische und 460 sonstige Staatsangehörige. Nach neueren Erkenntnissen lag die Gesamtzahl schätzungsweise bei bis zu 176 000 Speziallagerhäftlingen. Die Todesrate war aufgrund der katastrophalen Haftbedingungen sehr hoch: Rund 35 Prozent aller Häftlinge überlebten das Speziallager nicht. Außerdem gab es – laut NKWD – 756 Erschießungen in den Lagern.

Speziallager waren Teil des sowjetischen Lagersystems. Neben den Kriegsgefangenen- und Straflagern in der Sowjetunion bildeten sie in der SBZ die dritte, wenn auch mit Abstand kleinste Säule des „Archipel GULag". Wie alle sowjetischen Lager unterstanden sie dem Volkskommissariat, ab 1946 dem Ministerium für Innere Angelegenheiten (NKWD bzw. MWD). Die konkrete Administration der Lager erfolgte durch die Abteilung Speziallager, die ihren Sitz bei der Sowjetischen Militäradministration in Deutschland (SMAD) in Berlin-Karlshorst hatte.

Die ersten, noch improvisiert angelegten Lager entstanden Ende April/Anfang Mai 1945 im Frontbereich der Roten Armee (Weesow, Ketschendorf, Fünfeichen, Berlin-Hohenschönhausen). In den Nachkriegsmonaten wurden auf dem Gebiet der SBZ insgesamt zehn Speziallager errichtet. Dabei nutzte die Besatzungsmacht von den Nationalsozialisten zurückgelassene Einrichtungen: die ehemaligen Konzentrationslager Buchenwald und Sachsenhausen sowie das Zuchthaus Bautzen, das Lager Jamlitz (ein Außenlager des KZ Sachsenhausen), in Torgau das ehemalige Wehrmachtsgefängnis bzw. eine Wehrmachtskaserne und in Mühlberg das ehemalige Kriegsgefangenenlager Stalag IV B. Die meisten Lager wurden bis zum Sommer 1948 wieder aufgelöst. Nur die Speziallager Bautzen, Buchenwald und Sachsenhausen blieben bis Anfang 1950 bestehen. In ihnen waren zum Schluss noch etwa 28 000 Menschen inhaftiert. Erst nach der Gründung der DDR wurden die letzten Speziallager geschlossen, aber nur knapp die Hälfte ihrer Gefangenen entlassen. Etwa 14 000 Speziallagerhäftlinge wurden in den Strafvollzug der DDR übernommen.

Das sowjetische Vorgehen in der SBZ unterschied sich deutlich von dem der Westmächte in ihren Besatzungszonen. Begreift man Speziallager als eine Form alliierter Internierungslager für NS- und Kriegsverbrecher, so bleibt zu konstatieren, dass die sowjetische Besatzungsmacht keine präzisen Kriterien zur Entnazifizierung aufstellte, sondern diese aus allgemeinen Sicherheitserwägungen ableitete. In den Speziallagern waren nur in geringerem Maße tatsächlich für das NS-System Verantwortliche inhaftiert. Angehörige von SA und SS, die in den westalliierten Besatzungszonen die Mehrzahl der Internierten ausmachten, wurden vom NKWD in Kriegsgefangenenlager überstellt, so dass in den Speziallagern überwiegend einfache NSDAP-Mitglieder, Mitläufer und Parteifunktionäre der unteren Ebene (Block- und Zellenleiter) bis hin zu vollkommen willkürlich, manchmal aufgrund von Verwechslungen Inhaftierte gefangen waren. Die Einweisung in ein Lager erfolgte ohne richterliche Prüfung aufgrund formaler Kriterien. Diese Möglichkeit war von den Siegermächten als „automatischer Arrest" für NS- und Kriegsverbrecher beschlossen worden. Jedoch waren die entsprechenden Befehle des NKWD so umfassend formuliert, dass sich ein nahezu unendlicher Interpretationsspielraum ergab. Verhaftungen konnten immer mit dem alliierten Willen zur Entnazifizierung begründet werden, sie konnten aber zugleich auch der Absicherung der sowjetischen Besatzungspolitik durch Repression dienen. Sehr rasch dienten Speziallager auch der Inhaftierung politischer Gegner der sowjetischen Besatzungsherrschaft.

Entnazifizierung und sowjetische Sicherheitspolitik wurden von Anfang an miteinander verbunden. Verhaftungen erfolgten durch so genannte operative Gruppen des NKWD, die gleichzeitig den Geheimdienstapparat der SMAD darstellten. Pro Provinz gab es einen operativen Sektor, dem auf

Bezirks- und Kreisebene zahlreiche Operativgruppen unterstellt waren. 1946 existierten in der SBZ ungefähr 170 operative Gruppen des NKWD. Sie bestanden in der Regel aus fünf bis sechs Personen, die mit deutscher Unterstützung Verhaftungen vornahmen. Die Informationen deutscher Gewährsleute kamen nicht selten von kommunistischen Widerstandskämpfern, die nach der Niederlage des Nationalsozialismus ein sozialistisches System in Deutschland errichten und im Sinne einer politischen Säuberung alle „Faschisten" beseitigt sehen wollten. Daneben war Denunziationen jeglicher Art Tür und Tor geöffnet. Bei den Verhören wandten die Operativgruppen systematisch Folter an. Die Vernehmungen konnten sich über Monate hinziehen, ohne dass der Betreffende wusste, was ihm vorgeworfen wurde. Sie fanden in der Regel nachts, d. h. unter Schlafentzug, statt und waren von Drohungen und Schlägen begleitet. Auf diese Weise wurden Selbstbeschuldigungen und Namen weiterer zu verhaftender Personen erpresst. In der Erinnerung der Zeitzeugen hat sich für diese Etappe ihrer Leidensgeschichte der Begriff „GPU-Keller" eingebürgert; GPU war die alte Abkürzung für den sowjetischen Geheimdienst. Einen „GPU-Keller" gab es in jeder Kreisstadt der SBZ.

Die massenhafte Einweisung in Speziallager war bis zum Frühjahr 1946 weitestgehend abgeschlossen. Im Januar 1946 stoppte das NKWD die Internierung untergeordneter NSDAP-Funktionäre wie Block- und Zellenleiter, und die Abteilung Speziallager regte eine Haftprüfung für alle bis dahin ohne richterliches Urteil Internierten an. Sie war sich bewusst, dass in den Lagern in großer Zahl Minderbelastete und auch Unschuldige inhaftiert waren. Aber für Entlassungen fehlten die politischen Entscheidungen. Als sich die SMAD Ende 1946 unter Berufung auf die Kontrollratsdirektive Nr. 38, die detaillierte Vorgaben zur Aburteilung von NS- und Kriegsverbrechern machte, für eine teilweise Entlassung der Internierten einsetzte, kam statt dessen aus Moskau die Anweisung, aus den Speziallagern Arbeitskräfte für den Einsatz in der Sowjetunion zu rekrutieren. Diese Anordnung lässt eine klare Prioritätensetzung erkennen: Die Ausbeutung von Arbeitskraft stand über rechtlichen Erwägungen. Der Versuch, die Speziallager in der SBZ mit den alliierten Beschlüssen zur Entnazifizierung in Einklang zu bringen, wurde ignoriert. Anfang 1947 wurden rund 5200 Speziallagerhäftlinge zum Arbeitseinsatz in die Sowjetunion deportiert. Laut Moskauer Anweisung hätten es 27000 sein sollen, aber das erwies sich als unmöglich, da die meisten Häftlinge durch chronische Unterernährung und epidemische Krankheiten wie Ruhr, Tuberkulose oder Diphtherie geschwächt waren.

Die Haftbedingungen in den Speziallagern waren katastrophal. Alle Lager waren um das Drei- bis Vierfache überbelegt. Die Unterkünfte waren mit Ungeziefer (Flöhe, Wanzen, Läuse) verseucht und wurden im Winter nicht oder nur unzureichend beheizt. An Kleidung besaßen die Häftlinge lediglich das, was sie bei ihrer Verhaftung am Leibe trugen. Hauptnahrungsmittel waren Brot und Wassersuppe. In fast allen Lagern brachen die sanitären Einrichtungen – sofern überhaupt vorhanden – unter der Massenbeanspruchung zusammen und verschlimmerten die ohnehin mangelhafte hygienische Situation. Der Alltag war bestimmt von Monotonie. Es wurde nicht gearbeitet. Es gab keine „Umerziehung", und die Gefangenen durften offiziell nichts besitzen, mit dem sie sich hätten beschäftigen können. Gemäß der Lagerordnung gab es keinerlei Kontakte zu Angehörigen. Anfangs ließen es einzelne Lagerkommandanten dennoch zu, dass Verwandte Lebensmittel, Kleidung und Medikamente am Lagertor abgeben konnten. Spätestens ab dem Frühjahr 1946 war das nicht mehr möglich, da die Lager nun vollkommen von der Außenwelt abgeschirmt wurden. Die meisten Gefangenen galten als spurlos verschwunden. Von Verhaftung, Internierung, Verlegung in andere Lager, Deportation in die Sowjetunion oder Tod erfuhren die Angehörigen von offizieller Seite nie. In der zeitgenössischen Wahrnehmung führte das, insbesondere die hohe Sterberate, zu einer Gleichsetzung der Speziallager mit den nationalsozialistischen Konzentrationslagern. Jedoch kann der sowjetischen Besatzungsmacht eine der NS-Vernichtungspolitik vergleichbare Intention nicht unterstellt werden. Die miserablen Haftumstände in den Speziallagern waren nicht bewusst herbeigeführt worden, sondern ergaben sich aus dem Zusammenspiel von Mangel, Desorganisation und Gleichgültigkeit dem Schicksal der Gefangenen gegenüber. Nicht zuletzt sorgte die lange verzögerte Entlassung aus den Speziallagern für unnötig viele Opfer.

Eine Überprüfung der in den Jahren 1945/46 vorgenommenen Internierungen erfolgte erst im Frühjahr 1948. Durch den SMAD-Befehl Nr. 201 vom August 1947 wurde die Kontrollratsdirektive Nr. 38 zur Grundlage der Entnazifizierung in der SBZ gemacht, die im März 1948 als abgeschlossen galt. Die in den Speziallagern als „NS-Verbrecher" Inhaftierten fanden in dem Befehl 201 zwar keine Erwähnung, aber das zeitliche Zusammenfallen mit der ebenfalls im März 1948 angeordneten Haftprüfung der Speziallagerhäftlinge lässt einen Zusammenhang vermuten. Ende Juni 1948 beschloss der sowjetische Ministerrat die Entlassung von rund 27 750 Häftlingen, die als kleine Funktionäre der NSDAP und der Hitlerjugend, einfache Mitglieder der SA und der SS, niedere Dienstränge der Polizei, der Gestapo und der Justiz sowie Angehörige des Volkssturms interniert worden waren.

Mit der Entlassungsaktion vom Sommer 1948 hätte das Kapitel der Speziallager abgeschlossen werden können, aber die Lager wurden nicht vollständig aufgelöst. Zum einen wurde nur ein Teil der Internierten entlassen, zum anderen hatten unterdessen die Speziallager durch die Aufnahme so genannter SMT-Verurteilter eine neue Funktion erhalten. Bereits Ende 1945 waren die operativen Gruppen des NKWD dazu übergegangen, Verhaftete zuerst einem Sowjetischen Militärtribunal (SMT) zu übergeben und danach – nun als Verurteilte – in ein Speziallager einzuweisen. Gleichzeitig bemühte sich die Abteilung Speziallager ab 1946, minderbelastete Internierte zu entlassen und die übrigen durch ein Militärtribunal aburteilen zu lassen. Der damit intendierte Wandel von einem Internierungslager hin zu einem Straflager für SMT-Verurteilte wurde jedoch nie vollzogen. Eine nachträgliche Verurteilung von Internierten fand nur in geringem Maße statt. Dennoch war im Spätsommer 1948 jeder Zweite der in den Speziallagern gefangenen Häftlinge ein SMT-Verurteilter.

Die Einweisung SMT-Verurteilter in Speziallager nahm im Laufe des Jahres 1946 stark zu. Dabei wurde insgesamt nur ungefähr ein Viertel aller SMT-Urteile mit der Ahndung von NS- und Kriegsverbrechen begründet und unter teilweiser Berufung auf alliierte Direktiven und Gesetze gefällt. In der überwiegenden Mehrzahl verurteilten die Militärtribunale auf der Grundlage des Artikels 58 des russischen Strafgesetzbuches, der ganz allgemein staatsfeindliche („konterrevolutionäre") Tätigkeit unter Strafe stellte. Ungefähr der Hälfte aller verurteilten Speziallagerhäftlinge wurde „antisowjetische Agitation" oder „Spionage" vorgeworfen. Daneben wurden massenweise Urteile wegen „illegalen Waffenbesitzes" oder der „Zugehörigkeit zum Werwolf" gesprochen (knapp ein Fünftel); Delikte, die ebenfalls nach dem sowjetischen Politstrafrecht abgeurteilt wurden. Die Verfahren entsprachen in keinerlei Hinsicht rechtsstaatlichen Ansprüchen. Angeklagt wurde in der Regel allein auf der Grundlage von meist unter Zwang und Folter erpressten Geständnissen. Häufig wurden die Anklagepunkte von den operativen Gruppen des NKWD konstruiert und von den SMT in Schnellverfahren in ein Urteil verwandelt. Die verhängten Strafen bewegten sich fast ausschließlich zwischen zehn und fünfundzwanzig Jahren Haft. Verallgemeinernd kann man sagen, dass die Speziallager mit der Aufnahme von SMT-Verurteilten zunehmend zur Inhaftierung von Personen dienten, die im Sinne der sowjetischen Machtsicherung als „gefährlich" galten.

Die nach der Entlassungsaktion vom Sommer 1948 verbliebenen drei Speziallager Bautzen, Buchenwald und Sachsenhausen wurden im August dem GULag unterstellt. Formal waren sie damit vollständig in das System der sowjetischen Straflager integriert. Faktisch aber blieben die Lager in der SBZ ein Sonderfall, für den in Moskau erst im Zusammenhang mit der Gründung der DDR Interesse aufgebracht wurde. Im September 1949 bat die SED-Führung Stalin darum, als deutliches Zeichen für das Ende der Besatzungszeit die Speziallager in Deutschland aufzulösen. Damit war jedoch nicht die generelle Freilassung der Häftlinge gemeint. Entlassen werden sollten – so beschloss es das sowjetische Politbüro – nur Personen, „die wegen geringfügiger Verbrechen inhaftiert sind und für die demokratische Ordnung in Deutschland gegenwärtig keine Gefahr darstellen". Damit galten alle Speziallagerhäftlinge, Internierte wie SMT-Verurteilte, gleichermaßen als potentielle Regimegegner. Die endgültige Schließung der Lager bedeutete daher nur für knapp die Hälfte der Gefangenen die Freiheit. Rund 10 500 SMT-Verurteilte wurden unmittelbar ohne weitere Haftprüfung in den Strafvollzug der DDR überführt mit der alleinigen Begründung, sie würden die staatliche Ordnung der DDR ablehnen. Für 3 450 Internierte, die bis dahin ohne Gerichtsurteil in den Speziallagern festgehalten wurden, inszenierte die SED nach sowjetischen Vorgaben eine nachträgliche Verurteilung. Diese so genannten „Waldheimer Prozesse" gelten als der Beginn der politischen Justiz in der DDR.

Die Speziallager Sachsenhausen und Buchenwald wurden im Februar 1950 geschlossen. Knapp zehn Jahre später baute die DDR sie zu nationalen Mahn- und Gedenkstätten für die Opfer des Faschismus um. In Bautzen übernahm die Deutsche Volkspolizei das Gefängnis zusammen mit ca. 5 900 SMT-Verurteilten. Ihr Aufstand im März 1950 wurde vor allem durch die „Briefe aus Bautzen", die als Appelle in den Westen geschmuggelt wurden, zum Symbol andauernden Unrechts. Erst nach Stalins Tod im März 1953 und dem beginnenden Zerfall des sowjetischen GULag-Systems wurden die ehemaligen Speziallagerhäftlinge in mehreren Amnestiewellen entlassen. Mit den letzten Begnadigungen im Sommer 1956 ging die Ära der Speziallager schließlich zu Ende. Dessen ungeachtet blieben etwas mehr als 200 SMT-Verurteilte bis Ende der fünfziger Jahre und darüber hinaus in Gefängnissen der DDR.

Nach dem Zusammenbruch der DDR, der deutschen Wiedervereinigung und dem Zerfall der Sowjetunion begann die Militärstaatsanwaltschaft der Russischen Föderation in den 1990er Jahren mit der Aufhebung eines Großteils der von sowjetischen Militärtribunalen gesprochenen Urteile. Denjenigen, die als nicht-verurteilte Internierte in den Speziallagern inhaftiert waren, blieb diese juristische Rehabilitierung versagt. Aber Gedenkstätten und Opferverbände, die an fast allen Orten ehemaliger Speziallager entstanden sind, erinnern bis heute an das Unrecht stalinistischer Verfolgung.

Tobias Wunschik

Politischer Strafvollzug und Haftanstalten in der DDR

Die politische Verfolgung von echten und vermeintlichen Gegnern des SED-Regimes mündete vielfach in deren Verhaftung und Verurteilung. Diese politischen Häftlinge wurden zu Opfern der politischen Justiz in der DDR. Die Inhaftierung von Regimegegnern stabilisierte die SED-Herrschaft und verlieh dem DDR-Strafvollzug seinen politischen Charakter. Auch die besonders schlechte Behandlung der politischen Häftlinge während der Haftzeit war von der SED-Führung gewollt. Regimegegner wurden in vielfacher Hinsicht benachteiligt, drangsaliert und insgesamt durch die Aufseher deutlich härter „angefasst" als ihre Mitinsassen (etwa Kriminelle oder Gelegenheitstäter). Sonderhaftbedingungen für die politischen Häftlinge galten vor allem in den fünfziger Jahren; später wurden die Anstaltsregeln zwar vereinheitlicht, doch wurden Regimegegner in der Praxis weiterhin besonders streng behandelt. Vom Außenarbeitseinsatz und von Kalfaktorenstellen waren sie bis zuletzt ausgeschlossen. Ihre Diskriminierung war in jeder Hinsicht unrechtmäßig, denn selbst das Strafvollzugsgesetz der DDR von 1977 verbot ausdrücklich eine Benachteiligung aufgrund weltanschaulicher Bekenntnisse.

Der politische Strafvollzug war keineswegs ein organisatorisch eigenständiger Teil des Gefängniswesens. Politische und kriminelle Häftlinge wurden lediglich während der Untersuchungshaft institutionell getrennt: Die „Politischen" wurden meist in Untersuchungshaftanstalten der Staatssicherheit gesperrt, während die wegen krimineller Delikte Verhafteten gewöhnlich in Untersuchungshaftanstalten der Volkspolizei einsaßen. Nach dem Urteilsspruch wurden fast alle Gefangenen in die Strafvollzugsanstalten, Haftarbeitslager, Jugendhäuser oder Haftkrankenhäuser der Deutschen Volkspolizei bzw. des Ministeriums des Innern verlegt. Hier verbüßten die politischen Häftlinge ihre oftmals jahrelangen Freiheitsstrafen gemeinsam mit kriminellen Mitinsassen. In bestimmten Haftanstalten stellten sie bei weitem die Mehrheit, etwa in Bautzen II oder Hoheneck. Zusammen mit Waldheim, Torgau, Cottbus, Bautzen I, Brandenburg-Görden, Magdeburg und Halle zählen die genannten Gefängnisse zu den wichtigsten Haftorten des politischen Strafvollzugs in der DDR.

Die Haftbedingungen ließen zwar über die Jahre hinweg eine gewisse Verbesserung erkennen, blieben ingesamt jedoch menschenunwürdig. Körperliche Übergriffe der Aufseher waren in der ersten Hälfte der fünfziger Jahre an der Tagesordnung und auch danach keine Seltenheit. Den traurigen Haftalltag prägten Willkür, Gängelung, ständige Überwachung und Degradierung von Personen zu anonymen Insassen ohne Privatsphäre. Die medizinische Versorgung war ungenügend, die Ernährung mangelhaft und die sanitäre Ausstattung unzulänglich. Postzensur, überwachte Besuche und „Filzungen" der Zellen waren üblich. In den veralteten Vorkriegsbauten waren die Häftlinge meist in großen Gemeinschaftszellen untergebracht, doch wurde bei besonders „gefährlichen" politischen Gegnern sowie renitenten Insassen bis zuletzt jahrelange Isolationshaft angewendet. Die wenigen verbrieften Rechte der Insassen konnte man leicht aushebeln, weil Anstaltssicherheit und „Erziehung" der Insassen gemäß Strafvollzugsgesetz Priorität hatten.

Besonders strenge Regeln herrschten im Hochsicherheitsgefängnis Bautzen II, im Militärstrafvollzug in Schwedt sowie in den Untersuchungshaftanstalten der Staatssicherheit. In den Gefängnissen der Geheimpolizei war die materielle Ausstattung zwar meist besser als bei der Volkspolizei. Jedoch wurden hier Geständnisse häufig mit psychischem Druck und, besonders in den Jahren des Stalinismus, auch mit folterähnlichen Methoden erpresst. Die Folgen von brutalen Vernehmungsmethoden reichten bis hin zu Todesfällen, teils durch Suizid. Die schlechten Haftbedingungen haben deswegen auch in den fünfziger Jahren mehrfach Häftlingsrevolten in einigen größeren Haftanstalten ausgelöst. Die Strenge der Haftbedingungen hing auch von der Vollzugsart ab, zu der die Häftlinge verurteilt worden waren. So wurden die Kategorien der strengen, allgemeinen und erleichterten Vollzugsart 1974 um eine verschärfte Form erweitert und 1977 auf eine allgemeine und eine erleichterte Variante vereinheitlicht. Mitunter verfügte die Staats- und Parteiführung zwar gewisse Hafterleichterungen (etwa im Zuge des „Tauwetters" nach dem Rechtspflegeerlass von 1963), oft wurden auf ihr Geheiß hin die Haftbedingungen aber auch wieder verschärft.

Aufgrund der geltenden Arbeitspflicht sahen sich die meisten Häftlinge gezwungen, schwere, monotone und oft auch gesundheitsschädliche sowie gefährliche Tätigkeiten zu verrichten. Erst in den späteren Jahren konnten politische Häftlinge die Arbeit verweigern, riskierten dafür jedoch gravierende Nachteile bis hin zu Übergriffen. Von ihrem Arbeitslohn durften sie nur einen geringen Teil nutzen, um bei stark eingeschränktem Warenangebot überteuerte Lebensmittel zu erwerben. Die DDR-Volkswirtschaft baute auf die hohe Arbeitsleistung der Häftlinge, wenngleich der Strafvollzug aufgrund der Kosten für Bewachung und Verwaltung nicht wirklich profitabel war.

Der „sozialistische Strafvollzug“ wollte den „Straftäter“ für sein „Vergehen“ büßen lassen, ihn durch Isolation von der übrigen Gesellschaft unschädlich machen, ihn zu sozial und politisch angepasstem Verhalten „erziehen“ und potentielle Nachahmer abschrecken. Dies schloss mit ein, den Selbstbehauptungswillen der Häftlinge notfalls gewaltsam zu brechen und eine Veränderung von politisch oder sozial unerwünschten Verhaltensweisen zu erzwingen. Das gründete sich wiederum auf die These von der Formbarkeit der „sozialistischen Persönlichkeit“ und insbesondere auf den Glauben, die Häftlinge von der „Sieghaftigkeit des Sozialismus“ überzeugen zu können. Da man annahm, gerade die politischen Straftäter hätten gegenüber der Gesellschaft etwas gutzumachen, waren politischer Konformitätsdruck und Bevormundung hinter den Anstaltsmauern noch stärker als in der DDR gemeinhin üblich. Die untauglichen Versuche weltanschaulicher Indoktrination durch die Aufseher erhöhten jedoch meist nur die Ablehnungshaltung der inhaftierten Regimegegner.

Die politischen Häftlinge im DDR-Strafvollzug unterschieden sich von ihren Mitinsassen durch ihre Motive und die Gründe ihrer Verurteilung. Sie wurden wegen Ablehnung des SED-Regimes oder einzelner seiner Maßnahmen inhaftiert, gleich ob diese politisch oder religiös begründet war. Ihre weltanschaulichen Überzeugungen bzw. die sich daraus ergebenden Handlungen wären nach freiheitlich-rechtsstaatlichen Maßstäben nicht oder ungleich milder geahndet worden. Neben den Paragraphen des politischen Strafrechts verurteilte die SED-nahe Justiz politische Häftlinge auch wegen Straftatbeständen der allgemeinen Kriminalität, weil dies für die politische Optik von Vorteil war. Selbst grundsätzlich systemloyale Staats- und Parteifunktionäre konnten in den fünfziger Jahren zum Opfer politischer Säuberungen und anschließender Strafprozesse werden. Außerdem wurden seinerzeit Personen allein aufgrund ihrer Zugehörigkeit zu einer bestimmten sozialen Schicht (wie etwa selbstständige Bauern oder Unternehmer) kriminalisiert, um Maßnahmen der gesellschaftlichen Umgestaltung durchzusetzen. Viele so genannte Wirtschaftsstraftäter sind aufgrund drakonischer Strafmaße und weil ihre Verurteilung vor allem den repressiven Strategien der SED-Führung geschuldet war, ebenfalls zu den politischen Gefangenen zu rechnen.

Zu den unterschiedlichen Gruppen politischer Häftlinge zählten beispielsweise viele der rund 14 000 Insassen aus den sowjetischen Speziallagern, die 1950 von der Volkspolizei übernommen wurden. Rund 3 300 von ihnen wurden in den „Waldheimer Prozessen“ verurteilt, die rechtsstaatlichen Maßstäben Hohn sprachen. Auch viele der rund 8 300 nach Befehl 201 Verurteilten waren völlig willkürlich oder nur aufgrund ihrer Gegnerschaft zur Besatzungsmacht und zum SED-Regime verhaftet worden, während es sich bei anderen tatsächlich um NS-Täter handelte. Zu den politischen Gefangenen zählten gewiss die Zeugen Jehovas sowie rund 1 800 Aufständische, die nach dem 17. Juni 1953 verurteilt wurden. Grundlage der politischen Verfolgung war zumeist der dehnbare Artikel 6 der DDR-Verfassung von 1949, der „Boykotthetze gegen demokratische Einrichtungen" unter Strafe stellte. Ein Strafrechtsergänzungsgesetz löste diese Rechtsgrundlage 1958 ab, wie auch ein neugefasstes Passgesetz jetzt das „illegale Verlassen der DDR" ausdrücklich verbot. Nach dem Mauerbau von 1961 avancierten die Fluchtwilligen zur stärksten Gruppe unter den politischen Häftlingen, weil versuchte „Republikflucht" bzw. Beihilfe und Anstiftung hierzu zum häufigsten Verurteilungsgrund wurde.

In den fünfziger Jahren waren zwischen 6 000 und 14 000 Personen wegen so genannter Staatsverbrechen inhaftiert. Die durchschnittliche Gesamtzahl aller Häftlinge lag damals bei etwa 40 000, im Frühjahr 1953 sogar über 60 000, und sank in den sechziger Jahren auf weniger als 30 000. Mitte der siebziger Jahre saßen wieder fast 50 000 Häftlinge ein, später dann meist zwischen 35 000 und 40 000 Personen. Unter ihnen befanden sich immer auch rund 3 000 politische Häftlinge. Über die Jahre ist die absolute Zahl wie auch der prozentuale Anteil der politischen Häftlinge gesunken, weil das SED-Regime politische Verfolgung zunehmend mit den geheimpolizeilichen Methoden der Staatssicherheit betrieb, statt strafrechtliche Sanktionen anzuwenden.

Die hohen Häftlingszahlen wurden in unregelmäßigen Abständen durch insgesamt zwölf Amnestien bzw. groß angelegte Begnadigungsaktionen erheblich verringert. Diese Massenentlassungen verkündete die SED-Führung meist zum Jahrestag der Staatsgründung, um sich generös zu geben und außenpolitisch Punkte zu sammeln. Die Amnestien waren in Wirklichkeit der Notwendigkeit geschuldet, die völlig überfüllten Haftanstalten zu leeren, was wiederum eine Folge der hohen Strafzumessung und der politischen Justiz war. Außerdem wurden seit 1963 etwa 33 700 zumeist politische Häftlinge von der Bundesrepublik „freigekauft" oder ausgetauscht.

Bei Staatsgründung existierten etwa 250 Gefängnisse in der DDR. Es handelte sich – bei wechselnden Bezeichnungen – vorwiegend um Untersuchungshaftanstalten, Strafvollzugsanstalten, Haftarbeitslager, Jugendhäuser und Haftkrankenhäuser. Sie unterstanden mehrheitlich der Justizverwaltung, wenngleich auch die Volkspolizei bereits über eigene Haftanstalten verfügte.

In den Jahren von 1950 bis 1952 übernahm diese schließlich sämtliche Gefängnisse der Justiz in die eigene Regie, wie es dem sowjetischen Vorbild entsprach. Dies bedeutete zugleich eine Richtungsentscheidung der SED-Führung, denn die entmachtete Justizverwaltung hatte sich teilweise um Liberalisierung des Strafvollzugs bemüht. Die Volkspolizei erhielt den Zuschlag, weil diese als politisch zuverlässiger und härter gegenüber dem inhaftierten politischen Gegner galt. Um ihr Machtmonopol zu wahren, lehnte es die SED-Führung seinerzeit auch ab, eine parlamentarische Kontrollinstanz für die Haftanstalten ins Leben zu rufen, wie sie Sachsen und Thüringen nach 1945 vorübergehend eingerichtet hatten.

Wegen des katastrophalen baulichen Zustandes vieler Gefängnisse wurde deren Anzahl in der Folgezeit merklich reduziert. Die Erhöhung der Umfassungsmauern und andere Vorkehrungen machten ein Entkommen immer schwieriger. Während des Volksaufstandes vom Juni 1953 wurden fünfzehn Gefängnisse von den Aufständischen gestürmt und über 1 400 vorwiegend politische Häftlinge befreit – binnen zwei Wochen waren sie jedoch zu 90 Prozent wieder gefasst. Ab Mitte der fünfziger Jahre sorgte die Strafvollzugsleitung für den generalstabsmäßigen Arbeitseinsatz der Insassen. Anfang der sechziger Jahre wurden dann viele der kleinen, personalintensiven Untersuchungshaftanstalten aus Rationalisierungsgründen geschlossen. Im Jahre 1976 schließlich hat man die Haftarbeitslager abgeschafft bzw. in Strafvollzugsanstalten umbenannt. Zuletzt gab es in der DDR noch etwa 70 Gefängnisse, die der Volkspolizei bzw. dem Ministerium des Innern unterstanden.

An der Spitze des Gefängniswesens, seit 1964 als „Organ Strafvollzug" bezeichnet, stand eine zentrale Verwaltungseinheit im Ministerium des Innern. Diese wurde zunächst „Hauptabteilung Strafvollzug" genannt und 1956 in eine „Verwaltung Strafvollzug" umstrukturiert. Sie unterstand der Hauptverwaltung der Deutschen Volkspolizei bzw. einem Stellvertreter des Ministers des Innern. Als Leiter fungierten (in chronologischer Folge) Kurt Gertich, August Mayer, Alfred Schönherr, Johannes Kohoutek, Werner Oertel, Hans Tunnat und Wilfried Lustik. Die verwaltungsmäßige Aufsicht über die Gefängnisse in den einzelnen Bezirken führten „Abteilungen Strafvollzug", die ihrerseits den Bezirksbehörden der Deutschen Volkspolizei bzw. in Ost-Berlin dem Präsidium der Deutschen Volkspolizei unterstanden. In Dresden verfügte das Organ Strafvollzug über eine eigene Fachschule („Heinrich Rau") und in Chemnitz über eine Dienstanfängerschule („August Mayer").

Als Aufseher wurden anfangs vorwiegend junge, berufsfremde Männer rekrutiert, deren Fachkenntnisse und Disziplin gering waren. Sie versuchten, ihre mangelnden pädagogischen Fähigkeiten oftmals durch übertriebene Härte zu kompensieren. Die Aufseher sollten möglichst aus der „Arbeiterklasse" stammen und als politisch „fortschrittlich" gelten. Einige ältere Aufseher waren wegen ihrer Betätigung für die KPD teilweise selbst vor 1945 inhaftiert worden und verfügten über ein klares Feindbild gegenüber den NS-Tätern, die sie in den politischen Gefangenen vor sich zu haben glaubten. Um die Offizierslaufbahn einschlagen zu können, mussten die Bewerber ab 1976 ausnahmslos Mitglieder oder Kandidaten der SED sein. Schon 1950 waren von den 1 973 Aufsehern in den Strafvollzugsanstalten 77 Prozent Mitglieder oder Kandidaten der SED. Zehn Jahre später arbeiteten insgesamt 9 560 Aufseher im Strafvollzug; bis zum Jahre 1989 sank ihre Zahl auf 8 282 Mitarbeiter. Weil das Sozialprestige eines „Schließers" in der Öffentlichkeit gering und militärische Disziplin auch in der DDR nicht attraktiv war, hatte das Gefängniswesen stets mit Nachwuchssorgen zu kämpfen. Deswegen wurden oftmals ausgediente Kader aus der Nationalen Volksarmee und verschiedenen Dienstzweigen der Volkspolizei zum Strafvollzug versetzt.

Nach sowjetischem Vorbild sollten „Staatsanwälte für Strafvollzugsaufsicht" die „Einhaltung der Gesetzlichkeit" in den Haftanstalten überwachen. Ihr Augenmerk galt in der Praxis jedoch mehr formalen Fragen, während sie über die eigentlichen Missstände meist hinwegsahen. Außerdem wagten es die Häftlinge ohnehin kaum, Beschwerden vorzubringen. Der Staatssicherheitsdienst wiederum verfügte über genaue Einblicke und großen Einfluss im Gefängniswesen. Zeitweilig standen mit einer Legende ausgestattete Mitarbeiter der Geheimpolizei (Offiziere im besonderen Einsatz) als Leiter der Verwaltung Strafvollzug an der Spitze des Apparates. In allen größeren Haftanstalten hatte die Geheimpolizei zudem hauptamtliche Mitarbeiter platziert. Diese führten unter den politischen Häftlingen sowie – in noch stärkerem Maße – unter den Aufsehern ihre Spitzel. Nicht zuletzt sollten übersiedlungswillige Häftlinge als Agenten für die Westarbeit geworben werden. Geheimpolizeilich „bearbeitet" wurden insbesondere Ausreisewillige sowie jene Häftlinge, die mit dem Mut der Verzweiflung gegen das Haftregime aufbegehrten oder gar versuchten, westliche Gefangenenhilfsorganisationen zu kontaktieren. Zudem führte der Staatssicherheitsdienst beim Häftlingsfreikauf Regie. Und auch die so genannte Arbeitsrichtung I/4 der Kriminalpolizei mit ihren Offizieren für Kontrolle und Sicherheit verfügte über Spitzel unter den Insassen, hatte jedoch eher die kriminellen als die politischen Häftlinge im Visier.

Die Hauptverantwortung für den politischen Strafvollzug lag indes nicht bei Volkspolizei oder Staatssicherheit, sondern bei der SED-Führung selbst. „Alle Beschlüsse des Politbüros", so wurde 1953 festgelegt, „sind im Bereich des Ministerium des Innern durch Befehl des Ministers des Innern in Kraft zu setzen." Die Leiter der Haftanstalten waren folglich für die „konsequente Verwirklichung der Beschlüsse und Dokumente der SED" verantwortlich, zeigten sich politisch konform und agierten meist in vorauseilendem Gehorsam entsprechend den Wünschen der Partei. Die SED-Führung diktierte die Grundzüge der Strafvollzugspolitik wie auch die Haftbedingungen im Detail und ermahnte die Aufseher zur Unnachgiebigkeit gegenüber den politischen Häftlingen. Außerdem wurden Anstaltsleiter und Leitungskader durch die Abteilung für Sicherheitsfragen oder durch das Zentralsekretariat der SED bzw. der Leiter der Verwaltung Strafvollzug sogar durch das Politbüro „bestätigt". Der politische Strafvollzug in der DDR war somit eine tragende Säule der Parteidiktatur.

Johannes Beleites

Die Rolle des MfS in der politischen Justiz der DDR

Die „Gefängnislandschaft“ der DDR wurde von weithin bekannten und gleichermaßen berüchtigten Orten geprägt: Bautzen, Brandenburg, Cottbus, aber auch Hoheneck und Berlin-Hohenschönhausen. Dennoch ist das System insbesondere der politischen Haft mit diesen Orten längst nicht vollständig wiedergegeben. Es gilt zu differenzieren: Strafvollzug und Untersuchungshaft, politische Delikte und allgemeine Kriminalität sowie Gefängnisse des Ministeriums des Innern (MdI) und des Ministeriums für Staatssicherheit (MfS).

Wie im bundesdeutschen Rechtssystem gab es auch in der DDR eine Unterscheidung zwischen Untersuchungshaft und Strafvollzug. Rechtsgrund für den Vollzug der Untersuchungshaft war der richterliche Haftbefehl, Rechtsgrund für den Strafvollzug das rechtskräftige Urteil eines Gerichts. Häftlinge waren nach ihrer Festnahme, während der Zeit des Ermittlungsverfahrens und bis zum Abschluss des Gerichtsverfahrens in Untersuchungshaftanstalten untergebracht. Nach Eintritt der Rechtskraft einer Verurteilung wurden sie in den Strafvollzug und damit zumeist in andere Gefängnisse überstellt.

Problematischer gestaltet es sich, will man politische Delikte und allgemeine Kriminalität bzw. politische und „normale“ Justiz auseinander halten. Schwierig ist diese Unterscheidung zunächst deshalb, weil sie im Recht der DDR nicht vorgesehen war. Dennoch ist sie vorzunehmen, war sie doch charakteristisch für die Rechtspraxis der DDR. Der Soziologe Otto Kirchheimer spricht von politischer Justiz, „wenn Gerichte für politische Zwecke in Anspruch genommen werden, so dass das Feld politischen Handelns ausgeweitet und abgesichert werden kann“. Diese Definition orientiert sich bewusst nicht an bestimmten Delikten. Auch in der DDR gab es Strafnormen für Landesverrat, Spionage und staatsfeindliche Agententätigkeit – die so genannten Staatsverbrechen. Diese Delikte haben eine natürliche Nähe zur politischen Justiz, weil hier – auch bei sachgerechter Anwendung – Taten bestraft werden, die das politische System angreifen. Charakteristisch für politische Justiz ist aber der damit verfolgte Zweck – laut Kirchheimer die Absicherung und Ausweitung des politischen Handlungsfeldes. Auch Normen des allgemeinen Strafrechts wurden in der DDR zur Bekämpfung politischer Gegner angewandt. Der Omnipotenzanspruch einer ideologisch ausgerichteten Partei ließ auch Menschen zu politischen Gegnern werden, die mit ihren Handlungen primär keine politischen, sondern lediglich persönliche Ziele verfolgten, wenn diese im Widerspruch zu den Zielen der Partei standen. Wer beispielsweise sein Recht auf Freizügigkeit wahrnehmen wollte, um die DDR zu verlassen, wer sich der Enteignung seines Betriebes widersetzte, wer als Bauer auch nach Einführung der landwirtschaftlichen Genossenschaften weiterhin selbstständig wirtschaften wollte, wurde zumeist als politischer Gegner betrachtet und entsprechend behandelt.

Ein Indiz für die Anwendung politischer Justiz war die Art des Ermittlungsverfahrens. Während normalerweise Vernehmungen und sonstige Ermittlungen durch die Kriminalpolizei unter Aufsicht der Staatsanwaltschaft durchgeführt wurden, zog in Strafverfahren mit politischem Bezug die Untersuchungsabteilung des MfS die Ermittlungen an sich. Der unter Anleitung der SED stehende Geheimdienst führte dann Vernehmungen von Beschuldigten und Zeugen, Hausdurchsuchungen, Beschlagnahmungen sowie die Überwachung von Briefen und Telefongesprächen durch. Seit Inkrafttreten der neuen Strafprozessordnung und des Polizeigesetzes im Jahre 1968 hatte das MfS auch formell die entsprechenden strafprozessualen und polizeilichen Befugnisse. Daneben wurden auch geheimdienstliche Methoden genutzt: der Einsatz von Spitzeln im persönlichen Umfeld Verdächtiger, akustische und visuelle Beobachtung von Personen unabhängig von Ermittlungsverfahren, verdachtsunabhängige Überwachung von Brief- und Telefonverkehr, konspirative Durchsuchung von Wohnungen und vorbeugende massenhafte Datensammlungen. Die Anwendung geheimdienstlicher Methoden in Verknüpfung mit polizeilichen und strafprozessualen Befugnissen und unter der Selbstausrichtung, „Schild und Schwert der Partei" zu sein, machten das MfS zu einer fast allgegenwärtigen politischen Geheimpolizei.

Gleichzeitig betrieb das MfS bis zu seinem Ende im Jahre 1989 eigene Gefängnisse. In jeder Bezirksstadt der DDR gab es eine Bezirksverwaltung für Staatssicherheit (BVfS), deren Abteilungen XIV jeweils eine eigene Untersuchungshaftanstalt unterhielten. Außerdem betrieb die Abteilung XIV des Ministeriums in Berlin-Hohenschönhausen sowie in der Magdalenenstraße in Berlin-Lichtenberg je eine weitere Untersuchungshaftanstalt der MfS-Zentrale, so dass es in der DDR insgesamt 17 Untersuchungsgefängnisse des MfS gab. Sie bildeten den Schwerpunkt des MfS-Haftsystems. Hier waren all jene inhaftiert, gegen die das MfS ein Ermittlungsverfahren mit Haft eingeleitet hatte – allein in den siebziger und achtziger Jahren mehr als 30 000 Menschen. Jede Untersuchungshaftanstalt hatte zudem ein so genanntes Strafgefangenenarbeitskommando (SGAK), in dem ausgewählte Strafgefangene als Hausarbeiter, in der Küche sowie mit Reinigungsarbeiten beschäftigt wurden. Daneben existierte von Anfang der fünfziger Jahre bis Mitte der siebziger Jahre in Berlin-Hohenschönhausen ein geheimes Haftarbeitslager des MfS, das so genannte Lager X. Hier waren in der Regel bis zu 900 männliche Strafgefangene – primär ausgewählt nach beruflichen Gesichtspunkten und daher nicht nur politische Gefangene – streng abgeschirmt und unter konspirativen Bedingungen untergebracht. Als Sonderhaftanstalt des MfS ist schließlich das Gefängnis Bautzen II bekannt. Formell handelte es sich zwar um eine Haftanstalt der Verwaltung Strafvollzug des MdI, die seit Anfang der fünfziger Jahre für die Gefängnisse zuständig war. Tatsächlich waren auch die meisten Mitarbeiter in Bautzen II Angestellte des MdI-Strafvollzugs. Die letzte Entscheidungsmacht lag aber bei MfS-Mitarbeitern vor Ort. Das MfS hatte bei der Kaderauswahl der Strafvollzugsmitarbeiter starken Einfluss, und die Häftlingsbelegung in Bautzen II wurde allein durch das MfS entschieden.

Naturgemäß lag das primäre Interesse des MfS im Bereich des Untersuchungshaftvollzuges, des Ermittlungs- sowie des gerichtlichen Hauptverfahrens. Die Zeit zwischen Verhaftung und Verurteilung war für die Gefangenen eine Zeit höchster Ungewissheit. Hier konnte das MfS durch Versprechungen oder Drohungen Informationen gewinnen. Eine Beeinflussung der Häftlinge und nicht selten deren Verpflichtung zur Zusammenarbeit mit dem MfS waren aufgrund der Haftbedingungen verhältnismäßig einfach, denn die Inhaftierten waren untereinander sowie von der Außenwelt streng isoliert. Eine Zusammenlegung innerhalb der Zellen fand nur mit ausgewählten Häftlingen statt; die Furcht vor dem Spitzel im Zellengenossen war gleichermaßen berechtigt wie zermürbend. Brief- und Besuchskontakte mit Angehörigen waren reglementiert und wurden – offen oder versteckt – streng überwacht, Kontakte mit Freunden unterbunden. Häftlinge konnten sich nur unter strenger Aufsicht auf dem Weg zur Vernehmung oder zur – meist etwa halbstündigen – „Freistunde" im Gebäude bewegen. Den Schließern war jede dienstlich nicht unbedingt notwendige Kommunikation mit den Häftlingen verboten. Die Fenster waren mit Glasbausteinen vermauert oder durch Verwendung von Strukturglas undurchsichtig. Uhren und Brillen wurden den Verhafteten meist schon bei der Aufnahmeprozedur weggenommen. Eine zeitliche und räumliche Orientierung war dadurch kaum mehr möglich. Das Wachpersonal hatte laut Dienstanweisung außerdem die Zellen durch Türspione „pausenlos zu kontrollieren". Durch permanente Überwachung und Desorientierung stellte sich, verbunden mit dem Schock der Verhaftung, bei den Gefangenen meist sehr bald ein lähmendes Ohnmachtsgefühl ein.

Für die Vernehmungsoffiziere bedurfte es meist keiner allzu großen Mühen, um bei den so „verwahrten" Häftlingen die gewünschten Informationen und oftmals auch Geständnisse zu „erarbeiten". Durch die strenge Isolation wurde ihr natürliches Kommunikationsbedürfnis auf die Vernehmungen gelenkt. Wer dennoch hartnäckig schwieg und sich den Absichten des Geheimdienstes verweigerte, bekam die Vernehmungstaktik des MfS zu spüren. Während in der ersten Hälfte der fünfziger Jahre noch brutal geschlagen wurde, wechselte man später zum psychischen Druck. Besuchs-, Lese- und Schreiberlaubnis, die Versorgung mit Kaffee und Zigaretten, Einzelhaft oder Gemeinschaftsunterbringung, Charakter und Dauer der Verhöre – alles hing von der Entscheidung des jeweiligen Vernehmers ab. Zusätzlich konnten durch das isolationsbedingte Informationsdefizit die Häftlinge gegeneinander ausgespielt werden. Bewusst falsche Informationen über die Reaktionen von Familie, Freundeskreis oder politischem Umfeld auf die Festnahme des Beschuldigten führten oft zur schnellen Aufgabe widerständigen Verhaltens in der Untersuchungshaft.

Ziel der Vernehmungen war meist nicht die Suche nach strafprozessualen Beweisen, sondern vielmehr die Bestätigung von mit geheimdienstlichen Mitteln erworbenen Informationen durch ein Geständnis des Beschuldigten. Besonders belastend und mitunter tragisch war diese Methode für Häftlinge, deren Beschuldigungen auf falschen Informationen oder ideologisch bedingten Irrtümern basierten. Da auch in diesen Fällen am Ende „Geständnisse" vorliegen mussten, konnte für sie die Untersuchungshaft mitunter mehrere Jahre unter schier unerträglichem Druck andauern. Für nicht wenige Häftlinge endete diese Situation im versuchten oder vollendeten Suizid. Die aussichtslose Isolation der Häftlinge wurde noch dadurch verstärkt, dass Strafverteidigern die Anwesenheit bei den Vernehmungen nicht gestattet wurde. Grundsätzlich durften sie erst nach deren Abschluss, also mitunter Wochen, Monate oder gar Jahre nach der Festnahme, kontaktiert werden. Gespräche zwischen Anwälten und Mandanten konnten nur innerhalb der Haftanstalten stattfinden und wurden gleichermaßen streng überwacht. Akteneinsicht erhielten die Verteidiger meist erst unmittelbar vor der Hauptverhandlung. Entsprechend gering war die Chance, dass ein Rechtsanwalt wenigstens eine sachgerechte Verteidigung hätte versuchen können.

Die Gerichtsverfahren in politischen Strafsachen waren zumeist eine Farce. Sie fanden vor besonders ausgewählten Richtern statt, und auch die anklagenden Staatsanwälte waren vom MfS handverlesen: Verfahren, in denen das MfS ermittelt hatte, wurden in der Regel von so genannten 1a-Richtern verhandelt, die zuständigen Staatsanwälte gehörten ebenfalls den Abteilungen 1a der Bezirks- oder Generalstaatsanwaltschaft an. Die Mitarbeiter dieser gesonderten Abteilungen der Staatsanwaltschaften und Gerichte waren nach politischen Kriterien von SED und MfS ausgewählt worden und stellten aus deren Sicht keinerlei Prozessrisiko dar. Zur Vervollständigung des MfS-Zugriffs waren nicht selten sogar die Rechtsanwälte Inoffizielle Mitarbeiter des MfS. Das Urteil wurde oft schon durch die MfS-Vernehmer präjudiziert. Sie hatten nach Abschluss der Ermittlungen deren Ergebnisse zusammenfassend in einem Schlussbericht der Staatsanwaltschaft vorzulegen. Hier wurden häufig schon „Vorschläge" über das Strafmaß unterbreitet. Weite Teile dieser Berichte fanden sich später wörtlich in den Anklageschriften der Staatsanwaltschaft und häufig sogar noch im Urteil des Gerichts wieder. Staatsanwälte und Richter hatten so die Gewähr, nichts „falsch" zu machen. Im Sprachgebrauch der DDR-Justizfunktionäre hießen diese Verfahren auch „UnA-Verfahren" – Urteil nach Antrag.

Der Rechtsweg gegen solche Urteile wurde verhältnismäßig selten beschritten. Verurteilte und Anwälte hatten im Verfahren ausreichend Gelegenheit, die Aussichtslosigkeit ihrer Hoffnung auf eine grundsätzlich andere Bewertung durch ein Obergericht einzusehen. Viele Häftlinge erlebten nach monate- oder gar jahrelanger Untersuchungshaft beim MfS den Prozess nur noch mit gebrochener Widerstandskraft. Sie wollten nach schier ewig dauernder Ungewissheit endlich die Tage rückwärts zählen. Außerdem fand eine Verlegung in den Strafvollzug erst nach Eintritt der Rechtskraft des Urteils statt. Diese Verlegung wurde wegen der harten Bedingungen in den MfS-Untersuchungshaftanstalten, insbesondere der strengen Isolation und der Verurteilung zur Passivität, von vielen Häftlingen regelrecht ersehnt. Auch die letzte Hoffnung der Gefangenen, der „Freikauf" in die Bundesrepublik, war erst nach Rechtskraft des Urteils und Verbüßung eines Teils der Strafe möglich. Die relativ hohe Rate einer formellen Akzeptanz erstinstanzlicher Urteile durch politische Häftlinge stellt also keineswegs eine Rechtfertigung für die Justizpraxis dar, sie ist im Gegenteil Ausdruck der von politischen Gefangenen zu Recht empfundenen Ausweglosigkeit.

Mit der Überstellung in den Strafvollzug kamen die meisten politischen Häftlinge in die Zuständigkeit der Verwaltung Strafvollzug des MdI. Das MfS hatte jetzt kein allumfassendes Interesse mehr an den Gefangenen, arbeitete jedoch auch in den MdI-Haftanstalten mit „bewährten" geheimdienstlichen Methoden: Häftlinge und Strafvollzugsbedienstete wurden vielfach als Inoffizielle Mitarbeiter verpflichtet und standen dem MfS zur

Informationsgewinnung oder Auftragsausführung zur Verfügung. Aufgrund ihrer Größe bedeutsam waren die Strafvollzugsanstalten in Brandenburg, Bautzen I, Cottbus und Bützow. Das größte Frauengefängnis befand sich in Hoheneck im Erzgebirge. Besonders bekannte politische Häftlinge, straffällig gewordene MfS-Mitarbeiter oder Nomenklaturkader sowie Mitarbeiter gegnerischer Geheimdienste wollte das MfS nicht in den allgemeinen Strafvollzug überstellen, sondern nutzte zu deren besonderer Isolierung die Haftanstalt Bautzen II. Andere Häftlinge brachte das MfS in den Strafgefangenenarbeitskommandos der eigenen Untersuchungshaftanstalten unter.

Im Laufe der Jahre änderten sich die Bedingungen der politischen Haft deutlich. In der ersten Hälfte der fünfziger Jahre waren einfachste, von Brutalität und Willkür gekennzeichnete Haftbedingungen prägend. Berichte über Schläge, Stehkarzer, Dunkel- und Wasserzellen sowie schwere Bedrohungen zeichnen ein düsteres Bild. Später wurden die Methoden subtiler, aber nicht minder wirkungsvoll. Ein Lehrstuhl „Operative Psychologie" an der Offiziershochschule des MfS, der so genannten Juristischen Hochschule Potsdam, sorgte für den entsprechenden Hintergrund der Vernehmer. Seit Mitte der sechziger Jahre wurden politische Häftlinge in größerer Zahl von der Bundesrepublik „freigekauft". Viele Häftlinge versuchten, auf die Listen zu gelangen, die zwischen Vertretern der DDR und der Bundesrepublik verhandelt wurden. Die Häftlinge hatten damit ein Ziel vor Augen, und das MfS verfügte über ein sehr wirksames Druckmittel. Sämtliche „Freikauf"-Entlassungen erfolgten nur mit Billigung des MfS. Auch Strafgefangene wurden zu diesem Zweck zunächst wieder in die Untersuchungshaftanstalt des MfS in Karl-Marx-Stadt überstellt. Sie war in den siebziger und achtziger Jahren Durchgangslager für Tausende Gefangene, die lang ersehnte Vorstufe wirklicher Freiheit.

Das System politischer Haft lag über der DDR wie ein ausgebreitetes Netz. In jeder ehemaligen Bezirksstadt gibt es ein oder mehrere Gefängnisse, mit denen Schicksale ehemals politischer Gefangener verbunden sind. Herausragend sind die beiden Haftanstalten der MfS-Zentrale in Berlin. Von großer Bedeutung war seit der Freikaufpraxis auch das MfS-Gefängnis in Karl-Marx-Stadt. Besonders in der ersten Hälfte der fünfziger Jahre existierten auch in vielen Kreisdienststellen des MfS Haftzellen oder kleinere Gefängnisse. Unterschiedslos handelt es sich hier um Leidensorte, die bis heute in den Lebensgeschichten unzähliger Menschen fortwirken. Die Anzahl der Gefängnisse und der ehemaligen politischen Gefangenen spiegelt das Ausmaß tatsächlichen Widerstands und einfacher Zivilcourage wider, die der SED-Diktatur entgegengesetzt wurden.

Gunter Holzweissig

Grenzregime und Mauerbau

Die Siegermächte des Zweiten Weltkrieges fixierten am 12. September 1944 im Londoner Protokoll über die Besatzungszonen in Deutschland und die Verwaltung von Groß-Berlin die 1381 Kilometer lange innerdeutsche Demarkationslinie (DL) – die spätere westliche DDR-„Staatsgrenze". Sie verlief von der Lübecker Bucht nach Süden bis an die Elbe, entlang der Westgrenze Mecklenburgs und Sachsen-Anhalts, der West- und Südgrenze Thüringens sowie der Südgrenze Sachsens bis zur deutsch-tschechoslowakischen Grenze östlich von Hof. Die drei westlichen Sektoren Berlins waren von einer 111,9 Kilometer langen Demarkationslinie zur SBZ umgeben und grenzten auf 43,1 Kilometern an den sowjetischen Sektor. Die von den Alliierten in London festgelegten Demarkationslinien ihrer Besatzungszonen und die Berliner Sektorengrenzen sollten ursprünglich nur unbefestigte Verwaltungsgrenzen darstellen.

In den ersten Nachkriegsjahren war die Demarkationslinie provisorisch mit Hinweistafeln und Holzpfählen und sporadisch mit primitiven Stacheldrahtzäunen auf der Ostseite markiert. Dort wurde sie bis in den Spätherbst 1946 ausschließlich von sowjetischen Soldaten bewacht. Für eine Übergangszeit – bis zum Frühjahr 1947 – geschah dies danach zusammen mit deutschen Grenzpolizisten. Zuvor hatte die Sowjetische Militäradministration in Deutschland (SMAD) unter Verletzung der alliierten Vereinbarungen mit Wirkung vom 1. Dezember 1946 die Aufstellung einer zentral organisierten ostzonalen, zunächst ca. 3000 Mann umfassenden Grenzpolizei befohlen. Diese war anfangs mangelhaft ausgerüstet und zahlenmäßig nicht in der Lage, Grenzübertritte von Flüchtlingen, Reisenden ohne gültige Papiere, Schwarzhändlern oder Schmugglern wirksam zu unterbinden. Von der Schusswaffe wurde zumindest bei unbewaffneten „Grenzverletzern" bis in die frühen fünfziger Jahre nur selten Gebrauch gemacht, obgleich die SMAD in ihren der SBZ-Grenzpolizei erteilten Richtlinien „zum Schutz der Demarkationslinie" vom 23. August 1947 die Bedingungen für die Anwendung der Schusswaffe so formuliert hatte, wie es bis 1989 die gängige Praxis bei den DDR-Grenztruppen war.

Seit Gründung der DDR stieg der Flüchtlingsstrom aus dem SED-Staat kontinuierlich an. Waren es 1949 noch 129 345 Personen, die sich über die „Grüne Grenze" oder über die offenen Berliner Sektorengrenzen in den Westen absetzten, so stieg deren Zahl 1952 auf 182 393. Die vom Deutschen

Bundestag am 8. Februar 1952 beschlossene Mitgliedschaft der Bundesrepublik in der später nicht realisierten Europäischen Verteidigungsgemeinschaft nahm die DDR-Regierung zum Vorwand, um auf Weisung der Besatzungsmacht am 26. Mai 1952 eine „Verordnung über Maßnahmen an der Demarkationslinie zwischen der Deutschen Demokratischen Republik und den westlichen Besatzungszonen Deutschlands" zu erlassen. Darin bezichtigte sie die Bundesregierung, „Kriegspolitik" zu betreiben, und beauftragte das Ministerium für Staatssicherheit (MfS), „unverzüglich strenge Maßnahmen" zu treffen, „um ein weiteres Eindringen von Diversanten, Spionen, Terroristen und Schädlingen" in die DDR zu verhindern. Kurz zuvor, am 16. Mai 1952, war die Zuständigkeit für die inzwischen 20 000 Angehörige umfassende Deutsche Grenzpolizei vom Innenministerium ins MfS überführt worden, was 1957 wieder rückgängig gemacht wurde.

Der Minister für Staatssicherheit, Wilhelm Zaisser, ließ im Grenzgebiet am 27. Mai 1952 eine 16 Paragraphen umfassende „Polizeiverordnung" plakatieren, die folgenschwere Bestimmungen für die Bewohner des Grenzgebiets enthielt. Die Verordnung bestimmte unter anderem die Einrichtung eines zehn Meter breiten, unmittelbar an der Demarkationslinie gelegenen, umgepflügten „Kontrollstreifens", der unter Androhung des Schusswaffengebrauchs nicht betreten werden durfte und deshalb in der Bevölkerung bald „Todesstreifen" genannt wurde. Anschließend folgte ein 500 Meter breiter „Schutzstreifen", in dem Gaststätten, Pensionen und Erholungsheime geschlossen werden mussten, Versammlungen verboten waren und der Aufenthalt außerhalb der Wohnung nur bei Tageslicht gestattet war. In einer fünf Kilometer breiten „Sperrzone" hatten die Bewohner ebenfalls noch eine Fülle von Restriktionen zu erdulden, die ihre Bewegungsfreiheit drastisch einschränkte.

Entlang der Demarkationslinie begann man mit dem Bau eines bis zu 1,50 Meter hohen Stacheldrahtzauns. Anfang Juni 1952 erhielt auch die Ostseeküste eine fünf Kilometer breite Schutzzone. Der kleine Grenzverkehr kam durch die Unterbrechung von 32 Eisenbahnlinien, drei Autobahnen, 31 Bundes- bzw. Fernstraßen, etwa 60 Landstraßen 2. Ordnung sowie Tausender öffentlicher und privater Wirtschaftswege praktisch zum Erliegen. Besucher aus der Bundesrepublik durften die „Sperrzone" nicht mehr betreten. Das Gleiche galt für West-Berliner, die ihre Grundstücke und Wochenendhäuser im Umland innerhalb des bereits 1948 gebildeten so genannten „Rings um Berlin" nicht mehr aufsuchen konnten und enteignet wurden, falls sie nicht ihren Hauptwohnsitz dorthin verlegen wollten. Aus dem DDR-Grenzgebiet flohen 1952 mehr als 6 400 Menschen in die Bundesrepublik. Von ihnen waren rund 1 900 Personen zur Zwangsaussiedlung ins Landesinnere der DDR vorgesehen gewesen.

In menschenverachtender Weise begann das MfS mit Unterstützung lokaler SED-Funktionäre unter dem Decknamen Aktion „Ungeziefer" in der gesamten „Sperrzone" am 27. Mai 1952 eine bis zum 13. Juni dauernde, in Gestapo-Manier durchgeführte Zwangsaussiedlung von 8 351 Personen, die ohne Vorankündigung mit der Eisenbahn ins Hinterland der DDR verbracht wurden. Betroffen waren „politisch Unzuverlässige", wobei auffallend war, dass sich darunter hauptsächlich selbstständige Landwirte, Kaufleute, Gastwirte und Hoteliers befanden, deren Besitz man nach ihrer Vertreibung enteignete. In gleicher Weise ging man im Februar 1953 bei der Aktion „Rose" an der Ostseeküste gegen private Hotel- und Pensionsbesitzer vor, deren Häuser hauptsächlich für den Freien Deutschen Gewerkschaftsbund bestimmt waren.

Die dritte größere Zwangsumsiedlungswelle in der DDR stand wiederum unmittelbar mit einer „Säuberung" des Grenzgebiets in Verbindung. Auf Beschluss des SED-Politbüros erließ der Minister des Innern am 1. September 1961 den Befehl Nr. 35/61 „Ausweisung von Personen aus dem Grenzgebiet der Westgrenze der DDR". Nach einigen „Probedeportationen" erhielten am 3. Oktober gegen sechs Uhr morgens 3 273 Bewohner der „Sperrzone" gleichzeitig die Order zur sofortigen Aussiedlung in rückwärtige Kreise. Sechs gemischte Arbeitsgruppen – zusammengesetzt aus Offizieren des MfS, der NVA und des Innenministeriums – sorgten unter Leitung des Staatssicherheitsministers Erich Mielke für die Koordinierung der Aktion „Festigung", welche die beteiligten Bezirkseinsatzleitungen jeweils unter eigenen Decknamen durchführten. Die Selektion der zu deportierenden Personen erfolgte nicht zuletzt auf der Grundlage von Erkenntnissen, die aus dem im Grenzgebiet besonders dicht geknüpften MfS-Spitzelnetz gewonnen worden waren. Dabei erwiesen sich die im August 1952 erstmals eingesetzten „Freiwilligen Grenzhelfer", von denen es später Tausende gab, als besonders eifrig.

Der Schock des Volksaufstandes im Juni 1953 veranlasste die SED-Führung zu einer zeitweiligen Liberalisierung des Grenzregimes. 1954 wurden Teile der 1952 erlassenen „Polizeiverordnung" aufgehoben. Eine Verordnung des Ministerrats vom 3. Mai 1956 mit der irreführenden Bezeichnung „Erleichterung und Regelung von Maßnahmen an der Grenze zwischen der Deutschen Demokratischen und der Deutschen Bundesrepublik" brachte indes für die Grenzbevölkerung keineswegs Erleichterungen, sondern erweiterte vielmehr die 1952 angeordneten Beschränkungen. Neu war lediglich, dass erstmals nicht mehr von der „Demarkationslinie“, sondern von der „Grenze“ zur Bundesrepublik gesprochen wurde. Nach der Absperrung Berlins erließ die DDR-Regierung am 21. September 1961 eine wiederum verschärfte Grenzordnung, die beispielsweise die Befreiung von der Passierschein- und Meldepflicht für Ärzte, Hebammen oder Feuerwehrangehörige aufhob. Diese hatten bis dahin ohne Formalitäten die „Sperrzone“ betreten dürfen, sofern sie sich im Einsatz befanden.

In den Jahren von 1957 bis 1960 flüchteten 316 535 Personen über die pioniertechnisch erst zu zwei Dritteln mit Stacheldrahtzaun, über 500 Beobachtungstürmen, Alarmanlagen sowie mit Schießscharten versehenen Betonbunkern gesicherte innerdeutsche Grenze, während im gleichen Zeitraum 519 082 Flüchtlinge über die offenen Berliner Sektorengrenzen in den Westen kamen. Insgesamt verließen von 1949 bis zum Mauerbau am 13. August 1961 fast 2,7 Millionen DDR-Bewohner ihre Heimat. Angesichts dieses die Existenz der DDR bedrohenden, seinerzeit als „Abstimmung mit den Füßen“ bezeichneten Bevölkerungsverlustes versuchte die SED-Führung seit dem Frühjahr 1961 mit besonderem Nachdruck, ihre sich zunächst noch distanziert verhaltenden Verbündeten im Warschauer Pakt (WP) von der Notwendigkeit zu überzeugen, wirksame Gegenmaßnahmen zu ergreifen. Dies gelang auf der Moskauer Tagung der kommunistischen Parteiführer der WP-Staaten vom 3. bis zum 5. August 1961, auf der die Abriegelung West-Berlins schließlich genehmigt wurde.

Am Sonntag, dem 13. August 1961, um ein Uhr nachts löste Walter Ulbricht in seiner Eigenschaft als Vorsitzender des Nationalen Verteidigungsrates die Alarmstufe I aus. Die rund 15 000 dem Leiter des Einsatzstabes Erich Honecker unterstellten Angehörigen der Betriebskampfgruppen, Grenz-, Schutz-, Bereitschafts- und Transportpolizisten erhielten den Befehl, die Verkehrsverbindungen zwischen den Stadthälften zu unterbrechen und die Bahnhöfe der U- und S-Bahn an der Sektorengrenze zu besetzen. Außerdem waren 68 der insgesamt 81 Übergangsstellen nach West-Berlin durch das Aufreißen des Straßenbelages und die Aufstellung von Spanischen Reitern und Stacheldrahtverhauen abzusperren. Gegen sechs Uhr morgens hatten die Einsatzkräfte ihren Auftrag erfüllt, ohne dass die in der zweiten „Sicherungsstaffel“ in einer Tiefe von rund 1 000 Meter hinter der Grenze aufgestellten NVA-Verbände und die ebenfalls in Bereitschaft stehenden sowjetischen

Truppen einzugreifen brauchten. Der eigentliche Mauerbau begann am 15. August unter Verwendung von Betonplatten und Hohlsteinen.

Die Rechtfertigungsversuche der SED für den Mauerbau gipfelten in der Behauptung, einen angeblich bevorstehenden Angriffskrieg der NATO-Staaten vereitelt zu haben. Bei den Hauptleidtragenden, den Bewohnern Ost-Berlins und der DDR, stieß diese Argumentation auf wenig Verständnis. Es war zu offensichtlich, dass die gewaltsame Abriegelung der Sektorengrenze und der gleichzeitig verstärkte und perfektionierte pioniertechnische Ausbau der Sperranlagen an der innerdeutschen Grenze ausschließlich den Zweck hatten, die Massenflucht aus der DDR zu beenden. Betroffen waren aber auch ca. 60 000 „Grenzgänger" aus Ost-Berlin und dessen Umland. Das waren Arbeitnehmer, die in West-Berlin bis zum Mauerbau einer Beschäftigung nachgingen. Unmittelbar vor dem 13. August wurden sie in den DDR-Medien massiv als Nutznießer des Währungsgefälles an den Pranger gestellt. Jetzt mussten sie sich umgehend in DDR-Betrieben zur Arbeitsaufnahme melden.

Aus den Akten der Berliner SED-Bezirksleitung geht hervor, dass es in den ersten Tagen nach dem Mauerbau in einigen Betrieben zu spontanen Protestaktionen kam und dass sich selbst Kampfgruppenkommandeure und Polizeioffiziere demonstrativ ihrer Parteibücher entledigten. Sportler verlangten die Aufrechterhaltung des Sportverkehrs mit ihren Kameraden in West-Berlin. Für kurze Zeit musste die SED befürchten, dass es zu einer Neuauflage des Juni-Aufstandes von 1953 kommen könnte, zumal nach ihren Erkenntnissen auch Rufe nach freien Wahlen und Generalstreik laut geworden waren. Die bald einsetzende allgemeine Resignation in der Bevölkerung über das Sich-Abfinden des Westens mit dem neuen, noch rigideren DDR-Grenzregime verschaffte der SED-Führung eine lange Atempause bis zum Herbst 1989.

Ehrhart Neubert

Opposition und Widerstand in der DDR

Die von der SED getragene kommunistische Vision einer Gesellschaft ohne Widersprüche, ohne kulturelle und soziale Spaltungen hatte die enorme Machtentfaltung des Kommunismus ermöglicht. Doch der Mythos von der Einheit aller Gegensätze und der Identität von Partei, Staat und Gesellschaft ließ sich im kommunistischen Machtbereich nur mit Gewalt durchsetzen. Die Homogenisierung brachte nicht Gleiche hervor, sondern nur gleich Rechtlose. Damit traten aber die Mächtigen den Gesellschaften als omnipotente Instanzen gegenüber und erzeugten jene Spaltungen, die sie doch abschaffen wollten. Sie verfolgten ein fiktives Ziel und konnten sich von dieser Fiktion nicht lösen, da allein sie ihre Macht legitimierte. Probleme wurden nur ungenügend erkannt und bearbeitet, und es gab keine politischen Mittel, die Fehlkonstruktion aufzufangen. Der Keim seines Untergangs war daher im Kommunismus selbst angelegt.

Das Unvermögen brachte Gegenkräfte hervor. Diese zeigten sich als Widerstand und Opposition. So war das Profil der Gegner des kommunistischen Systems durch dessen Fehlleistungen bestimmt. Daher ist die Geschichte des Kommunismus sowohl eine der Systemkrisen als auch eine Vorgeschichte der Revolutionen, die ihn beseitigten. Diese Interdependenz zeigte sich in verschiedenen Perioden des SED-Staates.

Nach Kriegsende leiteten die deutschen Kommunisten die Transformation der ostdeutschen Gesellschaft nach sowjetischem Vorbild ein. Neben der Enteignung der Großindustrie und einer „Bodenreform" fand die Vereinigung der SPD mit der KPD zur SED statt; die bürgerlichen Parteien wurden im antifaschistischen Block der SED unterstellt. Nach Gründung der DDR hielt die Auflösung nahezu aller traditionellen sozialen und kulturellen Strukturen an. Widerstand regte sich in den Schichten, die vom Transformationsprozess besonders betroffen waren. An Schulen und Hochschulen formierten sich Widerstandsgruppen. Bauern wehrten sich gegen die Kollektivierung. Die Kirchen widersprachen den Gewaltmaßnahmen. In den Westen Geflohene versuchten, in der Kampfgruppe gegen Unmenschlichkeit (KgU), dem Untersuchungsausschuss Freiheitlicher Juristen (UFJ) oder den Ostbüros von SPD, CDU und FDP in die DDR hineinzuwirken. Der Widerstand kulminierte im Volksaufstand am 17. Juni 1953. Der Aufstand war anfangs von der Arbeiterschaft getragen, die Kampfformen der Arbeiterbewegung reorganisierte. Auch Bauern griffen die neuen Strukturen an und lösten die Landwirtschaftlichen Produktionsgenossenschaften wieder auf. In einigen Städten kam es ansatzweise zur Reaktivierung der bürgerlichen Parteien.

Der Widerstand stellte eine Totalabsage an das politische System der SED dar. Überwiegend orientierte er sich am westdeutschen Wirtschafts- und Demokratiemodell. Doch die Widerstandsformen konnten sich wegen des Machtvorteils der SED nicht dauerhaft halten. Zudem trockneten ihre Wurzeln durch die erzwungene Auflösung der traditionellen gesellschaftlichen Milieus aus. Der oft verzweifelte Widerstand reichte von Flugblattverteilungen bis zur Anwendung von Gewalt. Die scharfe Verfolgung bis hin zu Todesurteilen erschwerte die Gruppenbildung. Einzelaktionen gab es aber auch später noch. Spektakulär war beispielsweise 1980 der Versuch von Joseph Kneifel, das sowjetische Panzermonument in Chemnitz zu sprengen.

Da ein solcher Widerstand kaum Erfolge versprach, wurde von Kritikern der SED nach neuen Spielräumen gesucht. So bot sich der Versuch an, das politische System schrittweise „von innen" zu reformieren. Aber alle Versuche scheiterten an der Reformunfähigkeit des Sozialismus. Während der halbherzigen Entstalinisierung 1956 legten marxistische Intellektuelle wie Wolfgang Harich Vorschläge zur Veränderung der SED-Politik vor. Als „Revisionisten" ließ Walter Ulbricht sie verfolgen, selbst wenn sie nur bescheidene Kritik geäußert hatten. Unter dem Eindruck des Prager Frühlings 1968 verstärkten sich Hoffnungen, dass Freiheit und Sozialismus verbunden werden könnten. Zahlreiche Menschen, die sich in diesem Sinne artikuliert hatten, wurden eingesperrt. Angeregt durch den Prager Frühling veröffentlichte 1977 der bald darauf inhaftierte Marxist Rudolf Bahro sein Buch „Die Alternative". Mit dem Tod des wichtigsten SED-Dissidenten Robert Havemann im Jahre 1982 erlosch der dissidentische Marxismus fast vollständig. Als Michail Gorbatschow 1986 in der Sowjetunion ein Reformprogramm initiierte, erwies sich die SED endgültig als reformunfähig.

Die semantischen Übereinstimmungen von Reformkommunisten und reformerischen Oppositionellen lösten sich in der Machtfrage auf. Oppositionelle haben Reformen als strategisches Konzept verstanden. Die Reformkommunisten sahen in Reformen taktische Instrumente zum Machterhalt. Kleine Gruppen von Reformsozialisten versuchten noch 1989, über eine Dynamisierung des politischen und ökonomischen Systems die Herrschaft der SED zu retten. Die Idee eines demokratisierten Sozialismus hatte sich auch in Teilen der kirchlichen Opposition verbreitet, wo Heino Falcke 1972 den Begriff vom „verbesserlichen Sozialismus" geprägt hatte. Da solche Vorstellungen die Einheit von Volk und Partei in Frage stellten, wurden auch sie bekämpft.

Die Geschichte von Opposition und Widerstand ist das Ringen um die Wiederherstellung des Rechts, denn die SED hatte das Recht ihrer Politik unterworfen. Dieser Rechtsverlust erschwerte die Kommunikation der Apparate, und im Umgang mit der Bevölkerung war ein Mindestmaß an Normierung unumgänglich. Zur Kompensation des Dilemmas wurde daher ein Scheinrecht entwickelt; die Bevölkerung war auf ein Gnaden- bzw. Eingabenrecht angewiesen. Nach dem Mauerbau 1961 entstanden Oppositionsformen, die legalistisch ausgerichtet waren und die minimalen rechtlichen Spielräume auszunutzen suchten. So halfen die Kirchen oder kulturelle Institutionen Bewegungsräume zu erschließen. Mit der Selbstbindung der SED im KSZE-Prozess entstand ein neuer rechtlicher Rahmen für unabhängiges politisches Handeln. Sofort bildeten sich Bürger- und Menschenrechtsgruppen. Einige waren mit der Friedensbewegung verbunden. Diese wurden auch verfolgt, waren aber nicht mehr so leicht zu unterdrücken wie in früheren Jahren. Gegen diese legalistische Opposition hat man überwiegend konspirative Zersetzungsmaßnahmen ergriffen, wenngleich auch das politische Strafrecht bis 1989 angewendet wurde.

Die oppositionelle Friedensbewegung, die neben der Menschenrechtsbewegung zur wichtigsten Basis der Bürgerbewegungen 1989 wurde, reagierte auf den ideologisch definierten Kampfzustand der SED. Die Militär- und Sicherheitspolitik überforderte nicht nur die materiellen Ressourcen, sondern zerrüttete auch die Selbstlegitimation der DDR als Friedensstaat, da innenpolitisch die Militarisierung zum Disziplinierungsinstrument mutierte. Ein beträchtlicher Teil der Opposition wuchs deswegen aus der Wehrdienstverweigerungsbewegung seit den sechziger Jahren heraus und formierte sich später in zahlreichen Friedensgruppen als unabhängige Friedensbewegung , die eigene Netzwerke schuf, wie „Frieden konkret" mit etwa 200 Gruppen.

Auf die Konflikte zwischen der extensiven Ökonomie und der Missachtung ökologischer Grundsätze reagierte seit den siebziger Jahren eine oppositionelle Ökologiebewegung. Sie wurde mit zahlreichen vernetzten Gruppen zu einer weiteren Säule der Opposition. Die Friedens- und die Umweltbewegung forderten politische Partizipation und setzten sich für Freiheits- und Grundrechte ein. Beide suchten die Öffentlichkeit über den kirchlichen Raum hinaus, in dem sie vorwiegend agierten. Anfang der achtziger Jahre gelang ihnen dies mit der Massenbewegung „Schwerter zu

Pflugscharen" oder mit Baumpflanzaktionen. Seit Mitte der achtziger Jahre entwickelten sie einen illegalen und halblegalen Samisdat, der einige tausend Ausgaben dieser Zeitschriften produzierte.

Die internationalistische Ideologie der SED führte zur Unterbewertung der Nation und ihres kulturellen und geschichtlich geprägten Handlungsraumes. Ihre Versuche, eine quasinationale sozialistische Identität auszubilden, scheiterten. Die physische Abriegelung und die ideologische Abgrenzung waren stete Angriffspunkte. Massenflucht und Ausreisebegehren blieben trotz energischer Gegenmaßnahmen ein Dauerproblem. Ausreiseantragsteller forderten häufig mit spektakulären Aktionen ihr Grundrecht ein und trugen wesentlich zur Delegitimierung des SED-Staates bei.

Die deutsche Frage wurde von der Opposition auf verschiedene Weise rezipiert. Robert Havemann und Rainer Eppelmann initiierten den „Berliner Appell", der den Abzug der Besatzungsmächte und Selbstbestimmung für die Deutschen forderte. Im Zusammenhang mit der „blockübergreifenden Friedensbewegung", welche die deutsche und europäische Teilung als Friedensgefahr sah, wurden von Oppositionellen wie Edelbert Richter Konföderationspläne entwickelt. Die von Stephan Bickhardt und Ludwig Mehlhorn 1986 mitbegründete „Initiative Absage an Praxis und Prinzip der Abgrenzung" (IAPPA) setzte sich für die Überwindung der Teilungsfolgen ein.

Das sozialistische Projekt einer kollektiven Bewusstseinsbildung scheiterte trotz aller Homogenisierungsversuche. Dort, wo sich das Individuum ausdrückte oder ausdrücken musste, etwa in den Künsten, war es prinzipiell dissidentisch. In den siebziger Jahren brach die Fiktion einer SED-treuen Kunst zusammen. Die Ausweisung von Wolf Biermann und die darauf folgende Protestbewegung von Künstlern und vielen jungen Menschen war sinnfälliger Ausdruck für diese Entwicklung. Die SED scheiterte auch bei der Unterdrückung unabhängiger sozialer Selbstorganisation. Immer wieder bildeten sich kritische Milieus, jugendliche Subkulturen oder alternative Künstlerszenen. Diese Milieus wurden zu einer Mobilisierungsressource der Opposition.

Oppositionelle entwickelten, oft unter dem Einfluss der osteuropäischen Dissidenz, Konzepte für die Rekonstruktion der Zivilgesellschaft zur Überwindung der Parteigesellschaft. In der DDR spielten die Forderung nach einem gleichberechtigten gesellschaftlichen Dialog sowie basisdemokratische Entwürfe eine Rolle. Bärbel Bohley prägte den Begriff einer „Gesellschaft von unten".

Auch das Ziel, die Religion aufzuheben, konnten die Kommunisten nicht erreichen, wenn sie auch die Kirchen in Teilen gegen die Opposition instrumentalisierten. Die Kirchen blieben kulturelle Traditionsmittler und strukturell und ideologisch unangepasste Milieus, in denen kritische Geister integriert werden konnten. Neben dem hohen Anteil von Theologen in der Opposition erlangten dissidentische Jugendmilieus Bedeutung, die in der offenen Arbeit der Kirchen politisiert worden waren. Von Mitte der achtziger Jahre an verbreiteten sich theologische Konzepte der Demokratisierung in den Netzwerken „Kirche von unten", „Solidarische Kirche" oder im „Konziliaren Prozeß für Frieden, Gerechtigkeit und Bewahrung der Schöpfung". Durch die ethische Orientierung und eine universalistische Dramatisierung politischer Fragen sahen sich christliche Oppositionelle vor Aufgaben gestellt, die Teil ihrer religiösen Identität waren. Sie verstanden sich als Bekennende. Dies hatte schon wegen der Erfahrungen in der NS-Zeit eine widerstandsethische Dimension. Obwohl die Verbindung des Theologischen mit dem Politischen keine über die Demokratiefrage hinausgehende Programmatik hervorbrachte, konnten auf diese Weise die geistigen Wurzeln des Freiheitsverlangens reproduziert werden.

Als sich im Sommer 1989 die Krise des SED-Staates zuspitzte, weil die Bürger erneut zur Massenflucht aufbrachen, weil selbst bei Funktionären Ermüdungserscheinungen auftraten, weil sich die wirtschaftliche Situation verschlechterte, weil sich Polen und Ungarn vom Sozialismus verabschiedeten und weil die sowjetische Schutzmacht nur zusah, gab es außer der Opposition niemanden, der die Krise politisch hätte aufnehmen können. Die SED war vorbereitet, die „Konterrevolution" niederzuschlagen und die Akteure in Lagern zu isolieren. Doch die Geschichte erwies sich als nicht planbar.

Die Oppositionellen waren keine Berufsrevolutionäre, die eine Umwälzung hätten initiieren können. Sie konnten aber auf den krisenhaften Prozess gestaltend reagieren und so die Macht der SED in Frage stellen. In der Opposition hatte es schon seit 1988, etwa durch Markus Meckel und Hans-Jochen Tschiche, Überlegungen gegeben, die traditionelle Gruppenstruktur aufzugeben. Durch die Krise beschleunigt kam es im Sommer zu einer Neuformierung, die über die personelle Kontinuität hinaus bald Zustrom erhielt. Es entstanden Bürgerbewegungen wie das „Neue Forum", „Demokratie jetzt" und die „Vereinigte Linke", Parteien wie die Sozialdemokratische Partei (SDP) und der Demokratische Aufbruch. Die unterschiedlichen Formen der neuen Organisationen beruhten auf strategischen Differenzen.

Während sich die Bürgerbewegungen an zivilgesellschaftlichen Konzeptionen orientierten, stellten die Parteien sofort die Machtfrage. Das Programm der Sozialdemokraten, gefolgt vom Demokratischen Aufbruch, war auf den Aufbau einer repräsentativen Demokratie und der Marktwirtschaft angelegt. Die Bürgerbewegungen mobilisierten aber zu Beginn der Revolution wesentlich mehr Menschen und lösten eine Welle gesellschaftlicher Selbstorganisation aus. Es entstand die „Herbstgesellschaft".

Trotz aller Unterschiede trat die Opposition zunächst gemeinsam auf. Es gelang ihr, die Proteste gewaltfrei zu halten. Die Erfahrungen des gewaltfreien Widerstandes, von Friedensgebeten oder Kerzendemonstrationen setzten sie in die Lage, den Verlauf der von ihnen organisierten und auch spontaner Demonstrationen oder Besetzungen von MfS-Gebäuden friedlich zu gestalten. Zu den strategischen Elementen zählte die Zurückweisung der Rückbindungsversuche im Rahmen des von der SED im Oktober angebotenen asymmetrischen Dialogs. Statt dessen erzwang die Opposition die Einsetzung Runder Tische mit dem Ziel freier Wahlen und der Auflösung des MfS. Als sich Letzteres hinzog, organisierte sie die Besetzung der MfS-Zentralen.

Die Opposition hat am Zusammenbruch des SED-Staates bei allem Synergismus verschiedenster Kräfte neben dem strategischen auch einen geistigen Anteil. Dieser beruhte auf ihrer für alle anderen Akteure (Blockparteien und SED/PDS) normierenden Kraft, welche diejenige der unabweisbar gewordenen Freiheit war. Noch vor der ersten freien Volkskammerwahl mutierten auch diejenigen zu Anhängern der Demokratie, die sie vorher vehement bekämpft hatten. Die Opposition war eingebettet in die europäische Freiheitstradition. Ihre Vorgeschichte war die einer demokratischen Revolution, die in Deutschland bis 1989 auf sich warten ließ.

Die Debatten der Oppositionellen hatten nicht immer eine idealtypische Theorie der Demokratie geboten. Den Oppositionellen unterliefen 1989 möglicherweise auch Fehler – was ihnen im Nachhinein von Zuschauern oft bescheinigt wird. Obwohl manche der Akteure des Herbstes 1989 sich heute nur schwer damit abfinden, dass die politischen Handlungsbedingungen in einer Diktatur andere sind als in einer offenen Gesellschaft, an deren Entstehen sie ihren Anteil hatten, bleibt ihnen das zivilisatorische Verdienst, an der Entmythologisierung eines politischen Heilsplanes, der Bändigung illegitimer Macht und der Etablierung von Demokratie und Rechtsstaatlichkeit mitgewirkt zu haben.

Karl-Wilhelm Fricke

Der 17. Juni 1953

Der 17. Juni 1953 bedeutete nicht nur das erste offene Aufbegehren gegen die Herrschaft der SED, sondern er war der erste Massenaufstand gegen den Stalinismus im sowjetischen Imperium nach dem Ende des Zweiten Weltkriegs. In über 700 Städten und Landgemeinden zwischen Ostsee und Fichtelgebirge kam es zu Streiks, Protestversammlungen, Demonstrationen und Unruhen. Hunderttausende von Menschen demonstrierten mit dem Ruf „Kollegen, reiht Euch ein, wir wollen freie Menschen sein“ gegen die Machthaber.

Die Erhebung begann am 16. Juni 1953 mit einem Streik auf den Großbaustellen der Ost-Berliner Stalinallee (heute Frankfurter Allee). Aus Protest gegen eine administrativ verfügte Erhöhung der Arbeitsnormen „im Durchschnitt um mindestens 10 Prozent“, die in der Realität drastische Lohnminderungen bedeutet hätten, formierten sich Bauarbeiter, Maurer und Zimmerleute zu einem Demonstrationszug durch die Stalinallee, das Prunkstück realsozialistischen Wohnungsbaus, das als „nationales Aufbauwerk“ vom Vormarsch des Sozialismus in der DDR künden sollte. Ihr Weg führte über den Alexanderplatz in Richtung Leipziger Straße. Unterwegs schlossen sich ihnen hunderte Sympathisierende an, junge Menschen zumal. Auf einer spontanen Kundgebung vor dem „Haus der Ministerien“ in der Leipziger Straße (heute Bundesministerium der Finanzen) forderten ihre Sprecher nicht mehr nur „Weg mit der Normenerhöhung“ und „Senkung der HO-Preise“, sondern „Nieder mit der Regierung“ und „Freie Wahlen“. Als Streikende und Demonstranten nachmittags auseinander gingen, gaben sie für den nächsten Tag die Losung des Generalstreiks aus. So setzten die Bauarbeiter der Stalinallee das Fanal zum Aufstand.

Schon in den Morgenstunden des 17. Juni wurden die meisten Großbetriebe im Osten Berlins bestreikt. Auch in den industriellen Randgebieten rund um Berlin, in Hennigsdorf, Kirchmöser und Ludwigsfelde, flammten Streiks auf. Die Nachrichten von den Ereignissen in Ost-Berlin verbreiteten sich in der DDR wie ein Lauffeuer. Westliche Rundfunksender, speziell RIAS Berlin (Rundfunk im Amerikanischen Sektor), hatten sie seit dem Nachmittag des 16. Juni ausgestrahlt. Pendler und Reisende, die aus Berlin kamen, berichteten zu Hause davon. Alsbald entschlossen sich Belegschaften und Bauarbeiterkolonnen zu Solidaritätsstreiks in Brandenburg/Havel, Rathenow,

Potsdam und Cottbus, in Magdeburg, Schönebeck, Gommern und Halberstadt, in Halle (Saale), Merseburg, Bitterfeld und Wolfen, in Leipzig, Delitzsch, Dresden, Niesky, Görlitz, nicht zuletzt auch in Erfurt, Gotha, Jena und Gera sowie in Rostock und Wismar. In diesen Städten kam es zu besonders heftigen Streiks und Demonstrationen. Verschiedentlich dauerte der Massenprotest auch am 18. Juni und sogar noch an den folgenden Tagen an.

Epizentrum der Erhebung war Ost-Berlin. Zehntausende Arbeiter strömten am frühen Morgen des 17. Juni in die Innenstadt. Auf Transparenten und Plakaten waren dieselben Losungen zu lesen wie am Vortag, Arbeiterkampflieder wurden gesungen, Sprechchöre tosten durch die Straßen. Zu Tausenden waren Bauarbeiter, Stahlwerker, Lokomotiv- und Waggonbauer aus Hennigsdorf nach Berlin gekommen, um sich den Demonstrationen anzuschließen. Auch DDR-Flüchtlinge aus dem West-Berliner Notaufnahmelager Marienfelde und Jugendliche aus dem Westteil der Stadt verschlug es in den damaligen Ostsektor, sei es aus Solidarität, sei es aus Abenteuerlust. Am späten Vormittag waren verschiedentlich Unruhen zu beobachten: Fahnen und Transparente wurden zerfetzt, Grenzmarkierungen an der Sektorengrenze niedergerissen, mehrere Aufklärungslokale der Nationalen Front und Zeitungskioske gingen in Flammen auf, vereinzelt auch Autos. Das Columbushaus am Potsdamer Platz und das „Haus Vaterland" wurden in Brand gesteckt. Der öffentliche Nahverkehr in Berlin kam zum Stillstand.

Als die demonstrierenden Massen – für die Volkspolizei unaufhaltsam – durch die Straßen der Innenstadt drängten, wurden Sowjettruppen eingesetzt. Panzer, Schützenpanzerwagen und Gefechtsfahrzeuge mit Panzerabwehrkanonen, die in der Nacht zuvor in ihre Bereitstellungsräume eingerückt waren, erschienen im Laufe des Vormittags an Verkehrsknotenpunkten und in Hauptstraßen, zumal unweit der Sektorengrenze. Mehr und mehr glich das Zentrum Ost-Berlins am 17. Juni 1953 einer Stadt im Belagerungszustand. Auf dem Alexanderplatz waren bereits gegen 9 Uhr russische Schützenpanzer aufgezogen, später folgten schwere Panzer vom Typ T 34; das gleiche Bild Unter den Linden, in der Leipziger Straße und am Potsdamer Platz. Gegen 11 Uhr peitschten erste Schüsse aus Maschinengewehren auf. Um diese Zeit hatten Demonstranten die auf dem Brandenburger Tor gehisste rote Fahne heruntergerissen. Der gewitterschwüle Tag blieb unruhig und erregt. Über Rundfunk und Lautsprecherwagen wurde für 13 Uhr die Verhängung des Ausnahmezustandes über den „sowjetischen Sektor von Berlin" durch den sowjetischen Militärkommandanten verkündet. Alle Demonstrationen, Versammlungen, Kundgebungen und sonstige Menschenansammlungen über drei Personen auf Straßen und Plätzen oder in öffentlichen Gebäuden wurden verboten. Zwischen 21 und 5 Uhr bestand Ausgangssperre.

Die öffentliche Gewalt war auf die sowjetische Besatzungsmacht übergegangen. Walter Ulbricht, Otto Grotewohl und andere Spitzenfunktionäre der SED hatten sich zu diesem Zeitpunkt unter sowjetischen Schutz in Karlshorst gestellt, in jenem Stadtteil Berlins, in dem die Sowjetische Kontrollkommission in einem militärischen Sperrgebiet residierte. Erst in den Abendstunden, etwa nach 21 Uhr, legte sich allmählich bleierne Ruhe über die Stadt. Die Ausgangssperre wurde wirksam. In Ost-Berlin war der Aufstand zu dieser Stunde zusammengebrochen.

Die Erhebung hatte sich über weite Regionen der Republik ausgebreitet. Bald herrschte vielerorts der Ausnahmezustand, z. B. in Magdeburg ab 14 Uhr, in Dresden und Leipzig ab 16 Uhr. Mit der Eskalation des Aufstands entschied sich das sowjetische Oberkommando nach anfänglichem Abwarten in der zweiten Tageshälfte des 17. Juni und an den Folgetagen für die massive bewaffnete Intervention. Allein in Berlin waren drei Divisionen mit ca. 500 Panzern im Einsatz. Weitere 13 Divisionen hatten ihre Kasernen verlassen, um den Aufstand in der Provinz zu ersticken. Die Truppen besetzten Markt- und Rathausplätze, sie nahmen Verkehrsknotenpunkte, Bahnhöfe und Brücken unter Kontrolle, sicherten öffentliche Gebäude, Rathäuser und Parteibüros, Dienststellen der Volkspolizei und des MfS, riegelten Zufahrtsstraßen ab und besetzten Betriebsgelände. Am Abend des 17. Juni standen 167 von 217 Stadt- und Landkreisen in der DDR unter Kriegsrecht. Regional unterschiedlich dauerte es zwischen wenigen Tagen und dreieinhalb Wochen, bis es wieder aufgehoben wurde – in Magdeburg, Leipzig und Ost-Berlin bis zum 11. Juli.

Auch in der mitteldeutsch-sächsischen Industrieprovinz hatte sich ein Großteil der Arbeiter für den Streik entschieden. Auf turbulenten Betriebsversammlungen wurden spontan Streikkomitees gebildet, häufig riefen sie zu Demonstrationszügen auf, auch zu Kundgebungen auf öffentlichen Plätzen. Die Losungen, die dabei artikuliert wurden, glichen denen in Berlin. Ursprünglich soziale und ökonomische Forderungen schlugen in politische Forderungen um. In Görlitz, Halle, Jena und Merseburg wurde auf Versammlungen unter freiem Himmel das Deutschlandlied gesungen. Auch in den Bezirken eskalierten die Demonstrationen zu Unruhen und Ausschreitungen. Parteibüros der SED, Rathäuser, Dienstgebäude des MfS und der Volkspolizei haben aufgebrachte Demonstranten gestürmt und zeitweilig besetzt. Mobiliar und Akten flogen auf die Straße. Insgesamt 250 öffentliche Gebäude waren nach internen Polizeiberichten betroffen. In Bitterfeld, Gommern, Görlitz, Halle, Jena, Magdeburg, Merseburg und anderswo wurde die Losung „Freiheit für politische Gefangene" in die Tat umgesetzt: Aufständische drangen in ca. 20 Gefängnisse ein und erzwangen die Freilassung von über 1400 Häftlingen. Nur wenigen gelang die Flucht nach West-Berlin. Häufig hat man Volkspolizisten entwaffnet, es kam auch zu Tätlichkeiten. Parteisekretäre, Bürgermeister und Stasi-Mitarbeiter wurden verprügelt, in Rathenow ein mutmaßlicher Denunziant angeprangert, krankenhausreif geschlagen und in die Havel geworfen. Er starb im Krankenhaus. Sonstige Fälle vollendeter Lynchjustiz waren gleichwohl nicht wahrnehmbar. Gewalttätigkeit war für die Erhebung nicht typisch.

Die Vehemenz des Aufstands ist vor dem Hintergrund einer politischen Krise zu begreifen, die seit langem geschwelt hatte. Äußeres Symptom war die schon unmittelbar nach Gründung der DDR einsetzende Ost-West-Fluchtbewegung. Allein 1952 und im ersten Halbjahr 1953 verließen 182000 bzw. 226000 Menschen den ungeliebten Staat. Die Bevölkerung reagierte damit auf die ihr kraft Okkupationsgewalt aufgenötigte Diktatur der SED. Die Flucht galt umso mehr als „Abstimmung mit den Füßen", als dem Volk in der DDR seit Gründung des zweiten deutschen Staates das Recht auf demokratische Selbstbestimmung durch freie Wahlen verweigert worden war.

Die Krise spitzte sich dramatisch zu, nachdem die SED auf ihrer 2. Parteikonferenz (9.-12. Juli 1952) den „Aufbau des Sozialismus" proklamiert hatte. Sie vertiefte damit nicht nur die Spaltung Deutschlands, sondern forcierte in der DDR die Stalinisierung von Herrschaft und Gesellschaft und ging in diesem Kontext zu einer „Verschärfung des Klassenkampfes" über. Zudem wurden die Militarisierung vorangetrieben, der Aufbau der Schwerindustrie zum Nachteil der Konsumgüterproduktion beschleunigt und die Kollektivierung der Landwirtschaft eingeleitet. Auch verschärfter Kirchenkampf stand auf der Tagesordnung. Mit der spürbar verschlechterten Versorgung der Bevölkerung breitete sich Unzufriedenheit aus, Widerstand setzte ein, und justizieller Terror sorgte für überfüllte Gefängnisse.

Während die Führung der SED die Zeichen der Krise nicht erkennen wollte, sondern im Gegenteil Maßnahmen traf, die sie noch verschärfte – z. B. Preiserhöhungen für Lebensmittel und Fahrkarten oder Lebensmittelkartensperren für bestimmte soziale Gruppen –, war die Führung der KPdSU (B) in Moskau realistischer. Nach Stalins Tod am 5. März 1953 war im Kreml dank dieser vorurteilsfreien Analyse der DDR-Entwicklung die Erkenntnis gereift, dass die konfliktträchtige Situation im westlichen Vorposten einen politischen Kurswechsel erforderte. Ende Mai fasste das Präsidium (Politbüro) des ZK der KPdSU einen Beschluss „über Maßnahmen zur Gesundung der politischen Lage in der DDR", mit dem es die vom 4. bis zum 6. Juni zum Rapport nach Moskau bestellte SED-Spitze konfrontierte. Im Ergebnis wurde sie zu einer Politik des Neuen Kurses gezwungen, die sie nach ihrer Rückkehr als Beschluss des Politbüros der SED vom 9. Juni 1953 verkündete. Sie rang sich zu dem Eingeständnis durch, „dass seitens der SED und der Regierung der DDR in der Vergangenheit eine Reihe von Fehlern begangen wurde". Durch Beschluss des DDR-Ministerrates vom 11. Juni 1953 wurde der Neue Kurs offiziell Regierungspolitik. Inhaltlich sah er Zugeständnisse an Handel und Gewerbe vor, ebenso an die Bauernschaft, nicht hingegen an die Arbeiterschaft.

Der Versuch zur Krisenbewältigung scheiterte. Das Eingeständnis von Fehlern durch die Partei, „die immer recht hat", empfand die Bevölkerung als Zeichen der Schwäche, während es in der Mitgliedschaft der SED einen politischen Schock auslöste. Nachdem die SED trotz des Neuen Kurses an der Erhöhung der Arbeitsnormen festhielt und die Gewerkschaftszeitung „Tribüne" am 16. Juni diese sogar als „in vollem Umfang richtig" bezeichnet hatte, war die Lunte am politischen Pulverfass entzündet. Zwar wurde die Normenerhöhung unter dem Druck der Streiks und Demonstrationen in Ost-Berlin am frühen Nachmittag des 16. Juni zurückgenommen, aber diese Entscheidung fiel zu spät.

Nach unterschiedlichen Schätzungen wurden zwischen 50 und 125 Menschen, Demonstranten und Unbeteiligte, am 17. Juni in Ost-Berlin und in der DDR von sowjetischen Soldaten erschossen. Weitere 27 Menschen starben infolge Schusswaffengebrauchs der Volkspolizei. Die meisten Toten waren in Ost-Berlin, Halle, Leipzig und Magdeburg zu verzeichnen. Wahrscheinlich waren mehr Opfer zu beklagen; die Dunkelziffer ist nicht abschätzbar. Die Zahl der Toten unter den Angehörigen von Polizei und Staatssicherheit belief sich auf etwa zwanzig. Zu den Opfern des 17. Juni zählten auch 18 Deutsche, die als „Provokateure" und „Rädelsführer" von sowjetischen Standgerichten zum Tode verurteilt und erschossen wurden. DDR-Gerichte verhängten nach der „Wiederherstellung der öffentlichen Ordnung" vier Todesurteile, von denen zwei vollstreckt wurden, sowie Zuchthaus- und Gefängnisstrafen gegen etwa 1 800 Aufständische. Noch einmal 750 Demonstranten haben sowjetische Gerichte zu Zwangsarbeit verurteilt.

Entgegen aller historischen Wahrheit ließ die Politbürokratie der SED bis in die Endzeit ihrer Herrschaft die Legende verbreiten, der Volksaufstand vom 17. Juni 1953 sei ein „konterrevolutionärer, faschistischer Putschversuch" gewesen, den westliche Agentenzentralen und Geheimdienste als „Tag X" planmäßig vorbereitet und ausgelöst hätten. Beweise dafür blieb sie schuldig, weil es sie nicht gab. Die Erhebung war spontan – und sie konnte allein mit Hilfe der sowjetischen Besatzungsmacht niedergeschlagen werden. Zwei Plenartagungen des ZK der SED am 21. Juni und vom 22. bis zum 26. Juli standen ganz im Zeichen heftiger Auseinandersetzungen und Schuldzuweisungen. In der Spitze der Partei brachen offene Machtkämpfe aus. Der Versuch, Ulbrichts Ablösung als Generalsekretär der SED durchzusetzen, schlug jedoch fehl. Hätten die sowjetischen Soldaten in der DDR wie im Herbst 1989, als Hunderttausende auf den Straßen demonstrierten, bereits am 17. Juni 1953 auf bewaffnete Gewalt gegen das Volk verzichtet, so wäre die Diktatur der SED schon 36 Jahre früher zusammengebrochen.

„Ist es so, dass morgen der 17. Juni ausbricht?" fragte Erich Mielke, Minister für Staatssicherheit der DDR, auf einer Dienstbesprechung mit Generälen und Obristen des MfS am 31. August 1989 in Ost-Berlin. Die Antwort eines „Genossen Oberst" laut Protokoll – nein, der sei morgen nicht, der werde auch nicht stattfinden – wurde wenige Monate später durch die Geschichte dementiert. Interessant ist, dass Mielke die Frage überhaupt gestellt hat. Sie lässt ermessen, wie stark der in der Ära Erich Honecker zweitmächtigste Mann im Staat der SED von dem historischen Datum des 17. Juni 1953 traumatisiert war.

Robert Grünbaum

Friedliche Revolution und deutsche Einheit

Im Umfeld des 40. Jahrestags der Gründung der DDR befand sich der sozialistische Staat in einer äußerst schwierigen Verfassung. Neben der angespannten wirtschaftlichen Lage spitzte sich die Situation auch innenpolitisch immer mehr zu. Zur Kommunalwahl vom Mai 1989 hatte sich eine breite Oppositionsbewegung artikuliert und war an die Öffentlichkeit getreten. Bereits im Vorfeld dieser Wahl hatten oppositionelle Gruppen erklärt, dass sie die bis dahin in der DDR üblichen Wahlfälschungen nicht länger hinnehmen würden. Wahlbeobachter von Friedens-, Kirchen- und Umweltgruppen traten mit ihren von den offiziellen Zahlen abweichenden Ergebnissen an die Öffentlichkeit. Hunderte Bürger erstatteten Anzeige wegen Wahlbetrugs.

Zudem sahen sich die Machthaber mit dem immer stärker wachsenden Wunsch vieler DDR-Bürger nach Ausreise in den Westen konfrontiert. Ende 1988 stieg die Anzahl der Ausreiseanträge auf über 110 000. Im ersten Halbjahr versuchte die Staats- und Parteiführung, den wachsenden innenpolitischen Druck durch eine erhöhte Zahl von Ausreisegenehmigungen abzubauen. Doch dies schlug ins Gegenteil um: Die Anzahl der Antragsteller stieg weiter. Im Mai 1989 begann Ungarn, seine Grenzsperranlagen nach Österreich abzubauen. Hunderte von DDR-Bürgern versuchten, über Budapest in den Westen zu gelangen. Ausreisewillige besetzten die bundesdeutschen Botschaften in Budapest, Prag und Warschau, um ihre Ausreise zu erzwingen. Ohne Rücksprache mit der DDR öffnete Ungarn am 11. September 1989 seine Grenzen. Innerhalb weniger Wochen verließen über 25 000 Menschen das Land. Anfang Oktober schloss die DDR ihre Grenzen zur Tschechoslowakei, um den Flüchtlingen den Weg zu versperren. Auf dem Höhepunkt der Fluchtbewegung erklärte SED-Generalsekretär Erich Honecker in einem ND-Kommentar, man sollte den Flüchtlingen „keine Träne nachweinen". Allein 1989 siedelten fast 350 000 DDR-Bürger in den Westen über. Diese Abstimmung mit den Füßen, verbunden mit den Reformforderungen der Demonstranten im Land, erschütterte das Regime nachhaltig. Die Existenzkrise der DDR trat in ihr finales Stadium.

Im Umfeld der von der Parteiführung verordneten Feiern zum 40. Jahrestag der DDR demonstrierten immer mehr Menschen mit dem Ruf „Wir sind das Volk!" im ganzen Land für demokratische Reformen und gegen die Politik der Staatspartei. Die SED war zunächst noch bemüht, Zeit zu gewinnen und die politische Kontrolle über das Geschehen zu behalten bzw. zurückzuerlangen. So stand hinter der Ablösung Erich Honeckers am 18. Oktober 1989 auch die Absicht, mit Hilfe eines einigermaßen flexiblen Krisenmanagements die Macht doch noch zu erhalten. Seinen treffenden Ausdruck fand dieses Bemühen in der vom neuen Staats- und Parteichef Egon Krenz beschworenen „Wende", die man einleiten wolle. Nachdem Krenz die Macht übernommen hatte, erwarteten die Bürger von ihm vor allem, dass er das als zentral empfundene Problem des Reisens und Ausreisens einer schnellen Lösung zuführen würde. Schon in der ersten Ansprache unmittelbar nach seiner Ernennung versprach er deshalb eine neue Reiseregelung. Am 6. November wurde ein erster Entwurf für ein neues Reisegesetz veröffentlicht, der aber noch immer zahlreiche Einschränkungen enthielt und den Widerstand der Opposition und der Bevölkerung herausforderte. Das Politbüro der SED stand unter Druck. Bis zur geplanten Inkraftsetzung des Entwurfs Anfang Dezember konnte angesichts der dramatischen Entwicklungen im Land nicht mehr gewartet werden. Die Parteispitze entschloss sich zur Flucht nach vorn: Auf einer Plenarsitzung am 9. November beschloss das ZK der SED nach langem Hin und Her, in das auch der Ministerrat einbezogen war, neue, als Übergangsregelung geplante Reisebestimmungen, über deren Wirkung sich die Anwesenden offenbar nicht im Klaren waren.

Auf einer internationalen Pressekonferenz gab Günter Schabowski, Mitglied des SED-Politbüros, am Abend des 9. November gegen 19 Uhr eher beiläufig und offensichtlich unvorbereitet die noch vorläufigen Regelungen bekannt: „Privatreisen nach dem Ausland können ohne Vorliegen von Voraussetzungen – Reiseanlässe und Verwandtschaftsverhältnisse – beantragt werden. Die Genehmigungen werden kurzfristig erteilt. Die zuständigen Abteilungen Pass- und Meldewesen der VPKÄ – der Volkspolizeikreisämter – in der DDR sind angewiesen, Visa zur ständigen Ausreise unverzüglich zu erteilen, ohne dass dabei noch geltende Voraussetzungen für eine ständige Ausreise vorliegen müssen. Ständige Ausreisen können über alle Grenzübergangsstellen der DDR zur BRD erfolgen." Von den Journalisten befragt, wann der Beschluss in Kraft treten würde, kam es zum historischen Missverständnis: Schabowski erklärte, dass Reisen „sofort, unverzüglich (...) über alle Grenzübergangsstellen" erfolgen könnten (zit. nach Hertle 1996, 145f.). Diese Ankündigung hatte ungeahnte Folgen: Zu Tausenden erschienen DDR-Bürger an den Grenzübergangsstellen in und um Berlin und erzwangen deren Öffnung. Überglückliche Menschen strömten nach West-Berlin und in das übrige Bundesgebiet, um „sofort" die neue und unerwartete Reisefreiheit zu genießen. Sie feierten ein spontanes Volksfest am Kurfürstendamm und tanzten auf der Mauer.

Die westdeutsche Politik reagierte national bewegt. Als die Abgeordneten des Deutschen Bundestages während der Abendsitzung die Nachricht erhielten, erhoben sie sich von ihren Plätzen und sangen gemeinsam die Nationalhymne. Auf einer Veranstaltung am Abend des 10. November vor dem Schöneberger Rathaus in Berlin fand Willy Brandt, der zur Zeit des Mauerbaus Regierender Bürgermeister der Stadt war, für die Stimmung in einer bewegenden Ansprache die prägenden Worte: „Jetzt wächst zusammen, was zusammen gehört." (zit. nach Gransow/Jarausch 1991, 96)

Die Grenzöffnung hatte weitreichende Konsequenzen. Die SED-Führung konnte nicht mehr daran denken, den Reiseverkehr in den Westen zu beschränken. Tatsächlich machte die Bevölkerung von den neuen Möglichkeiten innerhalb der folgenden Wochen reichlich Gebrauch. Allein in den ersten zehn Tagen nach dem Mauerfall besuchten elf Millionen Menschen West-Berlin und die Bundesrepublik. Außerdem konnten sie jetzt ohne Behinderungen dauerhaft in die Bundesrepublik ausreisen. Die SED hatte die Verfügungsgewalt über ihre Bürger verloren.

Durch die Öffnung der Grenze hatte die DDR-Bevölkerung erstmals Gelegenheit, die Bundesrepublik mit ihrer parlamentarischen Demokratie, zuallererst aber mit den ungleich besseren Lebensverhältnissen, durch eigenes Erleben kennen zu lernen. Schon bald verschwanden die Vorstellungen, die DDR sei reformierbar. Der Wunsch nach einer baldigen Vereinigung beider deutscher Staaten wuchs. Nach dem 9. November wurde deutlich, dass die Mehrheit das durch die Revolution entstandene Machtvakuum nur durch Übernahme des Modells Bundesrepublik überwinden zu können glaubte. Diese Forderung stand von nun an im Mittelpunkt der zahlreichen Demonstrationen. Aus der Parole „Wir sind das Volk!" wurde in der zweiten Novemberhälfte der Ruf „Wir sind ein Volk!". Der Fall der Berliner Mauer erwies sich als erster Schritt auf dem Weg zum vereinigten Deutschland.

Die Öffnung der Grenze am 9. November 1989 stellte unverkennbar eine Zäsur in der deutschen Geschichte dar. Gleichfalls war dieses Datum für die Entwicklung in der DDR von entscheidender Bedeutung. Auch danach wurde der Versuch einer DDR-internen Lösung fortgesetzt. Dem Rücktritt des bisherigen Ministerpräsidenten Willi Stoph und des gesamten Ministerrats am 7. November folgte am 13. November die Bildung eines so genannten Koalitionskabinetts, in dem unter Führung des SED-Politikers Hans Modrow wie bisher alle Blockparteien vertreten waren. Es wurde der Versuch unternommen, Zeit zu gewinnen und die außerparlamentarische Protestbewegung durch ein Dialogangebot aufzufangen. Doch der rapide Machtverfall der SED war nicht mehr aufzuhalten. So strich die Volkskammer am 1. Dezember den Führungsanspruch der SED aus der Verfassung der DDR. Da das Parlament der DDR auch unter der Regierung Modrow nicht demokratisch legitimiert war und die oppositionellen Gruppierungen kein Mitspracherecht hatten, trat vom 7. Dezember 1989 bis zum 13. März 1990 der Zentrale Runde Tisch in Berlin zusammen, der von Vertretern der Volkskammerfraktionen und der neuen außerparlamentarischen Parteien und Gruppierungen gebildet wurde. Der Runde Tisch behandelte alle wesentlichen politischen Fragen und entwickelte sich schnell zu einer Art Nebenregierung.

Eine zentrale Forderung auf den Massendemonstrationen des Herbstes 1989 war die Auflösung des Ministeriums für Staatssicherheit, das als „Schild und Schwert" der SED für die flächendeckende, umfassende Bespitzelung und Unterdrückung der Bevölkerung verantwortlich war. Doch weder Egon Krenz noch Hans Modrow waren bereit, diese Institution wirklich aufzulösen. Gleichzeitig ging das MfS unter dem Eindruck der sich ausbreitenden Proteste dazu über, möglichst viel brisantes Material zu vernichten. Vor diesem Hintergrund kam es Anfang Dezember in verschiedenen Städten der DDR durch Bürgerrechtler zu ersten Besetzungen von Dienstgebäuden der Staatssicherheit, die schließlich ihren Höhepunkt im Sturm der MfS-Zentrale in der Berliner Normannenstrasse am 15. Januar 1990 fanden.

Um in der DDR ein Abgleiten in das politische Chaos zu vermeiden, einigten sich die Regierung Modrow und der Zentrale Runde Tisch Ende Januar darauf, die Volkskammerwahl auf den 18. März 1990 vorzuziehen und die Kommunalwahl auf den 6. Mai anzusetzen. Bis zur Regierungsneubildung sollte das Kabinett Modrow unter Erweiterung durch Minister ohne Geschäftsbereich, die von den neuen politischen Kräften gestellt wurden, als „Regierung der nationalen Verantwortung" weiterarbeiten.

Die Volkskammerwahl vom März 1990 wurde zu einer Abstimmung über die weitere Existenz der DDR. Gewählt wurde der schnelle Weg zur deutschen Einheit. Die Allianz für Deutschland (CDU, DSU, Demokratischer Aufbruch) erzielte eine deutliche Mehrheit. Ihr überraschender Wahlsieg machte alle Überlegungen einer längeren Übergangsphase und eigenständigen Entwicklung einer demokratischen DDR zunichte. Die ersten freien Wahlen in der DDR mit dem eindeutigen Bekenntnis der Bevölkerung zur schnellen deutschen Einheit besiegelten das Schicksal des kleineren deutschen Teilstaates, dessen politische und wirtschaftliche Strukturen im Herbst 1989 in sich zusammengebrochen waren. Aufgabe der neuen Regierung unter Lothar de Maizière, die in der Volkskammer von einer großen Koalition getragen wurde, war es, möglichst rasch die Voraussetzungen für einen schnellen und reibungslosen Beitritt zur Bundesrepublik zu schaffen. Die wirtschaftliche Lage der DDR hatte sich im Frühsommer des Jahres 1990 bedrohlich verschlechtert. Gleichzeitig ebbte die massive Ost-West-Wanderungsbewegung nicht ab. Wirksame Maßnahmen waren notwendig, um die Menschen in der DDR zu halten. Die Einführung der DM sollte den Abwanderungsstrom stoppen und die Voraussetzungen für die Gesundung der Wirtschaft schaffen.

Die Regierungen von DDR und Bundesrepublik verhandelten bald über ein gemeinsames Währungs- und Wirtschaftsgebiet. Am 18. Mai 1990, nur zwei Monate nach der Volkskammerwahl, wurde der Staatsvertrag über die Währungs-, Wirtschafts- und Sozialunion, der am 1. Juli 1990 in Kraft treten sollte, in Bonn unterzeichnet. Der Bundestag und die Volkskammer stimmten am 21. Juni mit großer Mehrheit zu. Gleichzeitig verabschiedeten beide Parlamente eine Erklärung über die endgültige Anerkennung der polnischen Westgrenze. Neben der Übernahme der wirtschaftlichen und sozialen Strukturen der Bundesrepublik durch die DDR wurde die Einführung der DM als alleiniges offizielles Zahlungsmittel vereinbart. Die seit 1948 währende Teilung Deutschlands in zwei Währungsgebiete war beendet. Die Entscheidung für die Währungsunion war zugleich ein deutliches Signal, dass die Einheit Deutschlands schnell vollzogen werden sollte.

Trotz Währungs-, Wirtschafts- und Sozialunion konnte die deutsche Einheit 1990 nicht ohne Zustimmung des Auslands verwirklicht werden. Wegen der alliierten Vorbehaltsrechte und der aus dem Ost-West-Konflikt und der Einbindung beider deutscher Staaten in gegensätzliche Bündnisse resultierenden äußeren Rahmenbedingungen bedurfte es der Mitwirkung der Siegermächte des Zweiten Weltkriegs. Ihre Rechte und Verantwortlichkeiten in Bezug auf Deutschland als Ganzes und Berlin bezogen sich auf die Stationierung alliierter Truppen, den Status Berlins, Mitsprache für den Fall der Wiedervereinigung und friedensvertragliche Regelungen. Die Alliierten hielten die Schlüssel zur Vollendung der Wiedervereinigung in der Hand.

Deshalb kam es zu Gesprächen der beiden deutschen Staaten mit den Vereinigten Staaten, der Sowjetunion, mit Großbritannien und Frankreich als („Zwei-plus-Vier-Verhandlungen“) über die äußeren Fragen der Einheit. Als Ergebnis der zahlreichen diplomatischen und politischen Bemühungen im Rahmen dieser Verhandlungen unterzeichneten die sechs Staaten am 12.

September 1990 in Moskau den „Vertrag über die abschließende Regelung in bezug auf Deutschland" („Zwei-plus-Vier-Vertrag" oder Souveränitätsvertrag). Dieser Vertrag war ein großer diplomatischer Erfolg: 45 Jahre nach Kriegsende und weniger als ein Jahr nach dem Fall der Mauer war Deutschland frei von jeglichen Einschränkungen seiner Souveränität. Mit dem Abschluss des Zwei-plus-Vier-Vertrags war die deutsche Frage einvernehmlich und endgültig beantwortet.

Parallel zu den internationalen Gesprächen über die äußeren Aspekte erörterten die beiden deutschen Regierungen nach der Volkskammerwahl vom 18. März 1990 den inneren Weg zur Vereinigung. Eine unabdingbare Voraussetzung für den von beiden Seiten angestrebten Weg zur Herstellung der staatlichen Einheit durch einen Beitritt der DDR zum Geltungsbereich des Grundgesetzes gemäß Artikel 23 GG war die Gründung von Ländern in der DDR, um dem bundesdeutschen Föderalismus vergleichbare Strukturen zu schaffen. Deshalb beschloss die Volkskammer Mitte Juli die Konstituierung von Mecklenburg-Vorpommern, Brandenburg, Sachsen-Anhalt, Sachsen und Thüringen, wobei man sich an den bis 1952 in der DDR bestehenden Ländern orientierte. Zugleich wurden für den 14. Oktober Landtagswahlen angesetzt.

Nach langen Diskussionen über Art und Termin des Beitritts erklärte die Volkskammer am 23. August den Beitritt der DDR zur Bundesrepublik zum 3. Oktober 1990. Der Einigungsvertrag wurde schließlich am 31. August 1990 unterzeichnet. Am 20. September stimmten Bundestag und Volkskammer jeweils mit Zweidrittelmehrheit zu, einen Tag später billigte ihn der Bundesrat einstimmig. Der deutsch-deutsche Verhandlungsprozess hatte seinen Abschluss gefunden. Während der erste Staatsvertrag vor allem die Veränderungen des Wirtschaftssystems zum Inhalt hatte, umfasste der Einigungsvertrag auf mehr als tausend Seiten alle übrigen Rechtsgebiete – die Verfassung, das Verwaltungsrecht, das Strafrecht, EG-Recht, Völkerrecht usw. – und regelte so bis ins Detail die mit dem Beitritt der DDR verbundenen Fragen. Der Beitritt konnte wie geplant am 3. Oktober vollzogen werden. Das Grundgesetz erlangte in den neuen Bundesländern und in Ost-Berlin Gültigkeit.

Die Vereinigung Deutschlands wurde von den Menschen begeistert aufgenommen. In der Nacht zum 3. Oktober feierten Hunderttausende vor dem Reichstag in Berlin. Bei einem Staatsakt in der Berliner Philharmonie bekräftigte Bundespräsident Richard von Weizsäcker: „In freier Selbstbestimmung vollenden wir die Einheit und Freiheit Deutschlands. Wir wollen in einem vereinten Europa dem Frieden der Welt dienen. (...) Die Form der Einheit ist gefunden. Nun gilt es, sie mit Inhalt und Leben zu erfüllen." (zit. nach Gransow/Jarausch 1991, 232f.) Einen Tag nach der Vereinigung trat der nunmehr gesamtdeutsche Bundestag, um 144 von der Volkskammer entsandte Abgeordnete erweitert, im Berliner Reichstag zur ersten Sitzung zusammen, um diese schwierige Aufgabe anzugehen.

Die deutsche Vereinigung war ein Ereignis von welthistorischer Bedeutung. Wer dieses Jahrhundertereignis ein Jahr zuvor, unmittelbar vor dem 40. Jubiläum der DDR am 7. Oktober 1989, prophezeit hätte, wäre als politischer Träumer bezeichnet worden. So erschien vielen Deutschen die plötzlich möglich gewordene nationale Einheit als Geschenk des Himmels. Vor allem dem Mut und der Entschlossenheit der Menschen in der DDR, aber auch vielen anderen, die sich auf die eine oder andere Art unermüdlich für ein einheitliches Deutschland einsetzten, ist es zu verdanken, dass das Unmögliche wahr wurde. Nie zuvor in der Geschichte sind zwei Systeme mit so gegensätzlichen politischen, wirtschaftlichen, sozialen und gesellschaftlichen Strukturen derart reibungslos und schnell zusammengefügt worden. Am Ende dieses historisch einmaligen Vorgangs steht ein Deutschland, das friedlich und mit Zustimmung aller Nachbarn wiedervereinigt wurde. Die Mehrheit von ihnen lebt mit der Erkenntnis, dass mit der Einheit Deutschlands eine Quelle der Instabilität und der Krisen in Europa beseitigt worden ist.

III Anhang

Auswahlbibliographie zu Materialsammlungen, Handbüchern und Überblicksdarstellungen zur Geschichte der SBZ/DDR und zur Erinnerungskultur in Deutschland

1. Überblicksdarstellungen

Bilanz und Perspektiven der DDR-Forschung, hrsg. von Rainer Eppelmann/Bernd Faulenbach/Ulrich Mählert im Auftrag der Stiftung zur Aufarbeitung der SED-Diktatur, Paderborn 2003.

Deutscher Bundestag (Hrsg.): Materialien der Enquete-Kommission „Aufarbeitung von Geschichte und Folgen der SED-Diktatur in Deutschland" (12.Wahlperiode des Deutschen Bundestages), Baden-Baden, Frankfurt a. M. 1995.

Deutscher Bundestag (Hrsg.): Materialien der Enquete-Kommission „Überwindung der Folgen der SED-Diktatur im Prozeß der deutschen Einheit", Baden-Baden-Frankfurt/M. 1999.

Eppelmann, Rainer/Horst Müller/Günter Nooke (Hrsg.): Lexikon des DDR-Sozialismus, Stuttgart 1997.

Hoffmann, Dierk: Die DDR unter Ulbricht. Gewaltsame Neuordnung und gescheiterte Modernisierung, Zürich 2003.

Judt, Matthias (Hrsg.): DDR-Geschichte in Dokumenten. Beschlüsse, Berichte, interne Materialien und Alltagszeugnisse, Berlin 1997.

Kleßmann, Christoph: Die doppelte Staatsgründung, Deutsche Geschichte 1945-1955, Bonn 1991.

Kleßmann, Christoph: Zwei Staaten, eine Nation: Deutsche Geschichte 1955-1970, Göttingen 1997.

Mählert, Ulrich: Kleine Geschichte der DDR, München 1998.

Müller-Enbergs, Helmut/Jan Wielgohs/Dieter Hoffmann (Hrsg): Wer war wer in der DDR? Ein biographisches Lexikon, Berlin 2000.

Weber, Hermann: Geschichte der DDR, München 1999.

Wolle, Stefan: Die heile Welt der Diktatur. Alltag und Herrschaft in der DDR 1971-1989, Berlin 1998.

2. Erinnerungskultur

Behrens, Heidi/Andreas Wagner (Hrsg.): Deutsche Teilung, Repression und Alltagsleben: Erinnerungsorte der DDR-Geschichte. Konzepte und Angebote zum historisch-politischen Lernen, Leipzig 2004.

Bundeszentrale für politische Bildung (Hrsg.): Gedenkstätten für die Opfer des Nationalsozialismus. Eine Dokumentation. Band I und II. Bonn 1999.

Deutscher Bundestag (Hrsg.): Enquete-Kommission „Überwindung der Folgen der SED-Diktatur im Prozeß der deutschen Einheit", Bd.VI – Gesamtdeutsche Formen der Erinnerung an die beiden deutschen Diktaturen und ihre Opfer, Baden-Baden-Frankfurt a. M. 1999.

Faulenbach, Bernd: Erinnerungsarbeit und demokratische Kultur heute. In: Schneider, Günter/Franz-Josef Jelich (Hrsg.): Netze und lose Fäden. Politische Bildung und gesellschaftliche Desintegration. Schwalbach/Ts. 2002, S. 101-110.

Faulenbach, Bernd: Von der nationalen zur universalen Erinnerungskultur? Zu den kollektiven Gedächtnissen in einer globalisierten Welt. In: Jahrbuch Arbeit, Bildung, Kultur 19/20 (2001/02), S. 225-236.

Faulenbach, Bernd: Fragen und Probleme der Erinnerung an Diktatur und Verfolgung seit dem Zweiten Weltkrieg. In: Groppo, Bruno/Christine Schindler (Hrsg.): Erinnerung an Diktatur und Verfolgung im internationalen Vergleich. Wien 2001, S. 25-35.

François, Etienne/Hagen Schulze (Hrsg.): Deutsche Erinnerungsorte. Band 1-3. München 2001.

Gedenkstättenrundbrief hrsg. von der Stiftung Topographie des Terrors, (Berlin seit 1983).

Jarausch, Konrad/Martin Sabrow (Hrsg.): Verletztes Gedächtnis Erinnerungskultur und Zeitgeschichte im Konflikt, Frankfurt a. M. 2002.

Kleßmann, Christoph/Hans Misselwitz/Günter Wichert (Hrsg.): Deutsche Vergangenheit – eine gemeinsame Herausforderung. Der schwierige Umgang mir der doppelten Nachkriegsgeschichte, Berlin 1999.

Niethammer, Lutz: Ego-Histoire? Und andere Erinnerungs-Versuche, Wien 2002.

Wolfram, Edgar: Geschichtspolitik in der Bundesrepublik Deutschland. Der Weg zur bundesrepublikanischen Erinnerung 1948-1990, Darmstadt 1999.

3. Sowjetische Speziallager in Deutschland

Finn, Gerhard: Die Speziallager der sowjetischen Besatzungsmacht 1945 bis 1950, in: Deutscher Bundestag (Hrsg.): Enquete-Kommission „Aufarbeitung von Geschichte und Folgen der SED-Diktatur in Deutschland", Bd. IV, Baden-Baden, Frankfurt a. M. 1995, S. 337-397.

Haase, Norbert/Brigitte Oleschinski (Hrsg.): Das Torgau-Tabu. Wehrmachtsstrafsystem, NKWD-Speziallager, DDR-Strafvollzug, Leipzig 1993.

Hilger, Andreas/Mike Schnitzer/Ute Schmidt (Hrsg.): Sowjetische SMT-Verurteilte Band 2: Die Verurteilung deutscher Zivilisten 1945-1955, Köln, Weimar 2003.

Kilian, Achim: Die Häftlinge in den sowjetischen Speziallagern der Jahre 1945-1950. Zusammenfassung des derzeitigen Kenntnisstandes hinsichtlich Zahl, Verbleib und Zusammensetzung nach Internierungsgründen, in: Deutscher Bundestag (Hrsg.): Enquete-Kommission „Überwindung der Folgen der SED-Diktatur im Prozeß der deutschen Einheit", Bd. VI, Baden-Baden, Frankfurt a. M. 1999, S. 373-440.

Klonovsky, Michael/Jan von Flocken (Hrsg.): Stalins Lager in Deutschland 1945-1950. Dokumentation, Zeugenberichte, Berlin, Frankfurt a. M. 1991.

Mironenko, Sergej/Lutz Niethammer/Alexander von Plato (Hrsg.): Sowjetische Speziallager in Deutschland 1945 bis 1950, Bd. 1: Studien und Berichte, hrsg. von Alexander von Plato, Berlin 1998; Bd. 2: Sowjetische Dokumente zur Lagerpolitik, hrsg. von Ralf Possekel, Berlin 1998.

Mironenko, Sergej (Hrsg.): Speziallager des NKWD in Deutschland 1945-1950. Dokumente und Beiträge. Archiv der neuesten Geschichte Rußlands, Publikationen Bd. 2, Moskau 2001.

Morré, Jörg: Speziallager des NKWD. Sowjetische Internierungslager in Brandenburg 1945-1950, hrsg. von der Brandenburgischen Landeszentrale für politische Bildung, Potsdam 1997.

Reif-Spirek, Peter/Bodo Ritscher (Hrsg.): Speziallager in der SBZ. Gedenkstätten mit „doppelter Vergangenheit", Berlin 1999.

Ritscher, Bodo/Rosmarie Hofmann/Gabriele Hammermann/Wolfgang Roll/Christian Schölzel: Die sowjetischen Speziallager in Deutschland. Eine Bibliographie, Göttingen 1996.

4. 17. Juni 1953

Baring, Arnulf: Der 17. Juni 1953. Mit einem Vorwort von Richard Löwenthal, 2. Aufl., Stuttgart 1983.

Beier, Gerhard: Wir wollen freie Menschen sein. Der 17. Juni 1953: Bauleute gingen voran, Frankfurt a. M. 1993.

Berger, Siegfried: „Ich nehme das Urteil nicht an". Ein Berliner Streikführer des 17. Juni vor dem Sowjetischen Militärtribunal. Schriftenreihe des LStU Berlin, Bd. 18, Berlin 1998.

Brant, Stefan (Klaus Harpprecht) unter Mitarbeit von Klaus Bölling: Der Aufstand. Vorgeschichte, Geschichte und Deutung des 17. Juni 1953, 2. Aufl., Stuttgart 1957.

Diedrich, Torsten: Der 17. Juni 1953 in der DDR. Bewaffnete Gewalt gegen das Volk, Berlin 1991.

Bruhn, Peter: 17. Juni 1953 Bibliographie, Berlin 2003.

Engelmann, Roger/Karl Wilhelm Fricke: Der Tag X und die Staatssicherheit. 17. Juni 1953 – Reaktionen und Konsequenzen im Machtapparat, Bremen 2003.

Flemming, Thomas: Kein Tag der deutschen Einheit. 17. Juni 1953, Berlin 2003.

Hagen, Manfred: DDR – Juni '53. Die erste Volkserhebung im Stalinismus, Stuttgart 1992.

Knabe, Hubertus: 17. Juni 1953: Ein deutscher Aufstand, Berlin 2003.

Kowalczuk, Ilko-Sascha: 17. Juni 1953. Volksaufstand in der DDR. Ursachen, Abläufe, Folgen, Bremen 2003.

Kowalczuk, Ilko-Sascha/Armin Mitter/Stefan Wolle (Hrsg.): Der Tag X – 17. Juni 1953. Die „innere Staatsgründung" der DDR als Ergebnis der Krise 1952/54, Berlin 1995.

Löhn, Hans-Peter: Spitzbart, Bauch und Brille sind nicht des Volkes Wille. Der Volksaufstand am 17. Juni 1953 in Halle an der Saale, Bremen 2003.

Mählert, Ulrich (Hrsg.): „Der 17. Juni 1953". Ein Aufstand Für Einheit, Recht und Freiheit, Bonn 2003.

Materialien der Enquete-Kommission „Aufarbeitung von Geschichte und Folgen der SED-Diktatur in Deutschland", Bd. II/1, Protokoll der öffentlichen Anhörung am 16. Juni 1993, „Der Aufstand am 17. Juni 1953", Baden-Baden, Frankfurt a. M. 1995, S. 746-802.

Moczarski, Norbert: Der 17. Juni 1953 im Bezirk Suhl. Vorgeschichte, Verlauf und Nachwirkungen. Hrsg. vom LStU des Freistaates Thüringen, Erfurt 1996.

Roth, Heidi: Der 17. Juni in Sachsen. Mit einem einleitenden Kapitel von Karl Wilhelm Fricke, Köln 1999.

Schmidt, Heidemarie / Paul Werner Wagner: „...man muss doch mal zu seinem Recht kommen". Paul Othma – Streikführer am 17. Juni in Bitterfeld. Schriftenreihe der LStU Sachsen-Anhalt, Heft 17, Magdeburg 2001.

Spittmann, Ilse / Karl Wilhelm Fricke (Hrsg.): 17. Juni 1953. Arbeiteraufstand in der DDR, 2. Aufl., Köln 1988.

5. Grenzregime und Mauerbau

Bennewitz, Inge / Rainer Potratz: Zwangsaussiedlungen an der innerdeutschen Grenze. Analysen und Dokumente, 2. Aufl., Berlin 1997.

Delius, Friedrich Christian / Peter Joachim Lapp: Transit Westberlin. Erlebnisse im Zwischenraum. Mit einem Geleitwort von Egon Bahr, Berlin 1999.

Der Bau der Mauer durch Berlin. Die Flucht aus der Sowjetzone und die Sperrmaßnahmen des kommunistischen Regimes vom 13. August 1961 in Berlin. Faksimilierter Nachdruck der Denkschrift von 1961, hrsg. vom Bundesministerium für innerdeutsche Beziehungen, Bonn 1986.

Die Sperrmaßnahmen der DDR vom Mai 1952. Die Sperrmaßnahmen der Sowjetzonenregierung an der Zonengrenze und um Westberlin. Faksimilierter Nachdruck des Weißbuches von 1953, hrsg. vom Bundesministerium für innerdeutsche Beziehungen, Bonn 1987.

Eisenfeld, Bernd / Roger Engelmann: 13. 8. 1961. Fluchtbewegung und Machtsicherung. Mit einem Vorwort von Marianne Birthler, Bremen 2001.

Flemming, Thomas / Hagen Koch: Die Berliner Mauer. Geschichte eines politischen Bauwerks, Berlin 2001.

Grafe, Roman: Die Grenze durch Deutschland. Eine Chronik von 1945-1990, Berlin 2002.

Hildebrandt, Alexandra: Die Mauer. Zahlen. Daten, Berlin 2001.

Koop, Volker: „Den Gegner vernichten". Die Grenzsicherung der DDR, Bonn 1996.
Mehls, Hartmut, Im Schatten der Mauer. Dokumente. 12. August bis 29. September 1961, Berlin 1990.

Lapp, Peter Joachim: Gefechtsdienst im Frieden. Das Grenzregime der DDR, Bonn 1999.

Ritter, Jürgen / Peter Joachim Lapp: Die Grenze. Ein deutsches Bauwerk. Mit einem Geleitwort von Rainer Eppelmann und einem Beitrag von Ulrich Schacht, Berlin 1997.

Rühle, Jürgen / Gunter Holzweißig: 13. August 1961. Die Mauer von Berlin (Edition Deutschland Archiv), 3. erw. Aufl., Köln 1988.

Schultke, Dietmar: „Keiner kommt durch". Die Geschichte der innerdeutschen Grenze 1945-1990, Berlin 1999.

6. Politischer Strafvollzug und Haftanstalten in der DDR

Beckert, Rudi: Die erste und letzte Instanz. Schau- und Geheimprozesse vor dem Obersten Gericht der DDR, Goldbach 1995.

Eisert, Wolfgang: Die Waldheimer Prozesse. Der stalinistische Terror 1950. Ein dunkles Kapitel der DDR-Justiz, München 1993.

Engelmann, Roger/ Clemens Vollnhals (Hrsg.): Justiz im Dienste der Parteiherrschaft. Rechtspraxis und Staatssicherheit in der DDR, Berlin 1999.

Finn, Gerhard/ Karl Wilhelm Fricke: Politischer Strafvollzug in der DDR, Köln 1981.

Fricke, Karl Wilhelm: Zur Menschen- und Grundrechtssituation politischer Gefangener in der DDR, Köln 1988.

Haase, Norbert/ Brigitte Oleschinski (Hrsg.): Das Torgau-Tabu. Wehrmachtsstrafsystem, NKWD-Speziallager, DDR-Strafvollzug, Leipzig 1993.

Müller, Klaus-Dieter: „Die Vergangenheit läßt uns nicht los ...". Haftbedingungen politischer Gefangener in der SBZ/DDR und deren gesundheitliche Folgen (hrsg. u. a. von der Gedenkstätte für die Opfer politischer Gewalt Moritzplatz Magdeburg), Berlin 1997.

Raschka, Johannes: Justizpolitik im SED-Staat. Anpassung und Wandel des Strafrechts während der Amtszeit Honeckers, Köln 2000.

Wentker, Hermann: Justiz in der SBZ/DDR 1945-1953. Transformation und Rolle ihrer zentralen Institutionen, München 2001.

Werkentin, Falco: Politische Strafjustiz in der Ära Ulbricht, Berlin 1995.

7. Die Rolle des MfS in der politischen Justiz der DDR unter besonderer Berücksichtigung von U-Haft und Haftanstalten des MfS

Beleites, Johannes: Schwerin, Demmlerplatz. Die Untersuchungshaftanstalt des Ministeriums für Staatssicherheit in Schwerin, Schwerin 2001.

Engelmann, Roger/Clemens Vollnhals: Justiz im Dienste der Parteiherrschaft. Rechtspraxis und Staatssicherheit in der DDR, Berlin 1999.

Erler, Peter: Lager X. Das geheime Haftarbeitslager des MfS in Berlin-Hohenschönhausen (1952-1972) (Arbeitspapiere des Forschungsverbundes SED-Staat an der FU Berlin 25/1997), Berlin 1997.

Fricke, Karl Wilhelm: Politik und Justiz in der DDR. Zur Geschichte der politischen Verfolgung 1945-1968, Köln 1990.

Fricke, Karl Wilhelm/Roger Engelmann: „Konzentrierte Schläge". Staatssicherheitsaktionen und politische Prozesse in der DDR 1953-1956, Berlin 1998.

Fricke, Karl Wilhelm/Silke Klewin: Bautzen II. Sonderhaftanstalt unter MfS-Kontrolle 1956 bis 1989. Bericht und Dokumentation, Leipzig 2001.

Gieseke, Jens: Mielke-Konzern. Die Geschichte der Stasi 1945-1990, München 2001.

Raschka, Johannes: Zwischen Überwachung und Repression. Politische Verfolgung in der DDR 1971 bis 1989, Opladen 2001.

Werkentin, Falco: Politische Strafjustiz in der Ära Ulbricht. Vom bekennenden Terror zur verdeckten Repression, Berlin 1997.

Werkentin, Falco: Recht und Justiz im SED-Staat, 2. Aufl., Bonn 2000.

8. Opposition und Widerstand in der DDR

Deutscher Bundestag (Hrsg.): Materialien der Enquete-Kommission „Aufarbeitung von Geschichte und Folgen der SED-Diktatur in Deutschland" (12. Wahlperiode des Deutschen Bundestages), Baden-Baden, Frankfurt a. M. 1995, Band VII/1 und VII/2: Widerstand, Opposition, Revolution.

Fricke, Karl Wilhelm: Opposition und Widerstand in der DDR, Köln 1984.

Henke, Klaus-Dietmar/Peter Steinbach/Johannes Tuchel (Hrsg.): Widerstand und Opposition in der DDR, Köln, Weimar, Wien 1999.

Jarausch, Konrad H./Martin Sabrow (Hrsg.): Weg in den Untergang. Der innere Zerfall der DDR, Göttingen 2000.

Jesse, Eckhard (Hrsg.): Eine Revolution und ihre Folgen. 14 Bürgerrechtler ziehen Bilanz, Berlin 2000.

Kuhrt, Eberhard in Verbindung mit Hannsjörg F. Buck und Gunther Holzweißig (Hrsg.) im Auftrag des Bundesministeriums des Innern: Am Ende des realen Sozialismus. Bd. 3: Opposition in der DDR von den 70er Jahren bis zum Zusammenbruch der SED-Herrschaft, Opladen 1999.

Neubert, Ehrhart: Geschichte der Opposition in der DDR 1949-1989, 2. Aufl., Berlin 1998.

Neubert, Ehrhart/ Bernd Eisenfeld (Hrsg.): Macht – Ohnmacht – Gegenmacht. Grundfragen zur politischen Gegnerschaft in der DDR, Berlin 2001.

Pollack, Detlef: Politischer Protest. Politisch alternative Gruppen in der DDR, Opladen 2000.

Poppe, Ulrike/Rainer Eckert/Ilko-Sascha Kowalczuk (Hrsg.): Zwischen Selbstbehauptung und Anpassung. Formen des Widerstandes und der Opposition in der DDR, Berlin 1995.

Veen, Hans-Joachim/Bernd Eisenfeld/Hans Michael Kloth/Hubertus Knabe/Peter Maser/Ehrhart Neubert /Manfred Wilke (Hrsg.): Opposition und Widerstand in der SED-Diktatur. Lexikon, Berlin, München 2000.

9. Friedliche Revolution und deutsche Einheit

Bahrmann, Hannes/Christoph Links: Chronik der Wende. Bd. 1: Die DDR zwischen 7. Oktober und 18. Dezember 1989, Berlin 1994; Bd. 2: Stationen der Einheit. Die letzten Monate der DDR, Berlin 1995.

Dokumente zur Deutschlandpolitik. Deutsche Einheit. Sonderedition aus den Akten des Bundeskanzleramtes 1989/90, bearb. von Hanns Jürgen Küsters und Daniel Hofmann, München 1998.

Glaeßner, Gert-Joachim: Der schwierige Weg zur Demokratie. Vom Ende der DDR zur deutschen Einheit, Opladen 1991.

Gransow, Volker/Konrad H. Jarausch (Hrsg.): Die deutsche Vereinigung. Dokumente zu Bürgerbewegung, Annäherung und Beitritt, Köln 1991.

Grosser, Dieter: Das Wagnis der Währungs-, Wirtschafts- und Sozialunion. Politische Zwänge im Konflikt mit ökonomischen Regeln, Stuttgart 1998.

Grünbaum, Robert: Deutsche Einheit, Opladen 1999.

Hertle, Hans-Hermann / Konrad H. Jarausch / Christoph Klessmann (Hrsg.): Mauerbau und Mauerfall. Ursachen – Verlauf – Auswirkungen, Berlin 2002.

Jäger, Wolfgang: Die Überwindung der Teilung. Der innerdeutsche Prozess der Vereinigung 1989/90, Stuttgart 1998.

Jarausch, Konrad H.: Die unverhoffte Einheit 1989-1990, Frankfurt a. M. 1995.

Jesse, Eckhard / Mitter, Armin (Hrsg.): Die Gestaltung der deutschen Einheit. Geschichte – Politik – Gesellschaft, Bonn 1992.

Korte, Karl-Rudolf: Die Chance genutzt? Die Politik zur Einheit Deutschlands, Frankfurt a. M. 1994.

Kuhrt, Eberhard (Hrsg.), in Verbindung mit Hannsjörg F. Buck und Gunter Holzweißig: Am Ende des realen Sozialismus, Bd. 1: Die SED Herrschaft und ihr Zusammenbruch, Opladen 1996.

Lindner, Bernd: Die demokratische Revolution in der DDR 1989/90, Bonn 1998.

Maier, Charles S.: Das Verschwinden der DDR und der Untergang des Kommunismus, Frankfurt a. M. 1999.

Weidenfeld, Werner / Karl-Rudolf Korte (Hrsg.): Handbuch zur deutschen Einheit. 1949-1989-1999, Neuausgabe, Frankfurt a. M. 1999.

Ortsregister

Diese Auflistung enthält in alphabetischer Reihenfolge alle Orte, an denen sich Gedenkzeichen, Gedenkstätten und Museen befinden.

Alsleben 41
Altenburg 414-416
Annaberg-Buchholz 290
Apolda 416 f.
Asbach-Sickenberg 417-419
Aue 481
Aulosen 360 f.
Bad Doberan 220
Bad Königshofen 41-43
Bad Langensalza 419 f.
Bad Sachsa 264 f.
Bad Sülze 476
Bautzen 290-295

Berlin 52-142
- Charlottenburg-Wilmersdorf 52-56
- Friedrichshain-Kreuzberg 57-62
- Lichtenberg-Hohenschönhausen 62-72
- Mitte 73-104
- Pankow 105-112
- Reinickendorf 113-117
- Spandau 117-119
- Steglitz-Zehlendorf 119-128
- Tempelhof-Schöneberg 128-135
- Treptow-Köpenick 135-139

Bettenhausen 420 f.
Billmuthausen 422-424
Bitterfeld 361-364
Boizenburg 220-222, 476
Boltenhagen 222 f.
Bonn 284 f.
Brandenburg 144-147
Bremen 206
Brieskow-Finkenheerd 472
Brome 266-268
Büchen 406 f.
Büddenstedt 268
Bützow 224-226
Calau 147 f.
Chemnitz 295-297
Cottbus 148-151
Dabel 477
Dahme 407-409
Delitzsch 297-299
Dessau 364-367
Döbeln 299 f.
Dömitz 227 f.
Dresden 300-308
Düren 285 f.
Eichhorst 472 f.
Eisenach 424-426
Eisenhüttenstadt 151-154, 473
Eisleben 367 f.
Elsnigk 483
Elsterberg 481
Erfurt 426-429
Erlangen 43
Erlebach 429 f.
Finsterwalde 473 f.
Forst 154
Frankfurt (Oder) 154-160
Frankfurt am Main 208 f.
Freiberg 308-310
Friedland 268 f.
Fürstenwalde 160-163
Geisa 430 f.
Gera 431 f.
Gießen 210-212
Glücksburg 409
Göhren 228 f.
Goldberg 229 f.
Görlitz 310-312
Greifswald 230-236
Greußen 433 f.
Grevesmühlen 236 f., 477
Gröditz 312
Grünheide 164 f.
Guben 165f.
Güstrow 237-239
Hadmersleben 484
Hagen 286
Hagenow 478
Halbe 166 f.
Haldensleben 369
Halle (Saale) 370-377
Hanum 378
Helmstedt 270-272
Henneberg 434-436
Hennigsdorf 167 f.
Hohegeiß 272 f.
Hohndorf 436
Hornburg 273 f.
Hötensleben 378-380
Jamlitz 168-170
Jena 437-440
Jessen 380 f.
Johanngeorgenstadt 312 f.
Jübar 381
Karlsruhe 36 f.
Ketten 440 f.
Kleinmachnow 171
Klein Oschersleben 484
Klingenthal 313

Konau 274 f.
Kreien 240
Krumbeck 171 f.
Küllstedt 441 f.
Lanz 172
Leipzig 313-326
Leitenhausen 442
Lengefeld 326 f.
Liebau 442 f.
Lübben 172
Lübeck 409 f.
Luckau 173 f.
Luckenwalde 174 f., 474
Ludwigsstadt 44
Lütjenburg 411
Machern 327 f.
Magdeburg 382-388
Malchow 240 f.
Marienborn 388-390
Meiningen 444f.
Meißen 481 f.
Meuselwitz 445 f.
Mödlareuth 45 f.
Mühlberg/Elbe 175-178
Mühlengeez 241
Mühlhausen 447 f.
Münster 286 f.
Mutzschen 482
Neubrandenburg 242-244
Neustadt bei Coburg 47
Neustrelitz 244 f.
Niesky 328 f.
Nordhausen 448 f.
Obergebra 449 f.
Oebisfelde 390 f.
Oederan 329 f.
Oelsnitz 330 f.
Olbernhau 331 f.
Oranienbaum 391
Oranienburg 179-185
Paderborn 287
Parchim 246-248
Perleberg 185
Pforzheim 37 f.
Philippsthal 212 f.
Plauen 332-335
Potsdam 186-192
Prenzlau 192-195
Pressig 48 f.
Pritzwalk 195, 475
Probsteierhagen 411
Probstzella 450 f.
Querfurt 392-394
Rasdorf 213-215
Rathenow 196
Recklinghausen 288
Reichenbach 335-337
Ribnitz-Damgarten 248 f.
Rieth 452
Rochlitz 337 f.
Rostock 249-253
Rothenburg 338-340
Rudolstadt 452
Ruhla 453
Rüterberg 253 f.
Saalfeld 453 f.
Salzgitter 276 f.
Salzwedel 394 f.
Sandersdorf 395 f.
Schlagsdorf 255 f.
Schmalkalden 455
Schnackenburg 278 f.
Schnega 279 f.
Schwaan 256 f.
Schwante 196-198
Schwarzenberg 340 f.
Schwerin 257-261
Seyda 396 f.
Sonneberg 455-457
Sorge 397 f.
Spahl 457
Stavenhagen 478
Steinpleis 341
Sternberg 261, 479
Stollberg 342 f.
Stralsund 261 f.
Strausberg 198 f.
Streufdorf 457 f.
Tann (Rhön) 216
Teistungen 458-462
Thallwitz 482 f.
Torgau 343-349
Triebes 463
Untermaßfeld 464
Usedom 479
Waldheim 350-354
Walkes 464 f.
Wandlitz 199 f.
Wanfried 217 f.
Weesow 200 f.
Weferlingen-Grasleben 398 f.
Weimar 465-470
Werdau 354 f.
Wernigerode 399
Wildenau 483
Wilhelmshorst 202 f.
Winnigstedt 280 f.
Wismar 480
Wittenberg 400
Wolfen 400 f.
Wurzen 355 f.
Zehdenick 475
Zeitz 401-404
Zinnowitz 480
Zittau 357 f.

Abkürzungsverzeichnis

ABM	Arbeitsbeschaffungsmaßnahme
AfNS	Amt für Nationale Sicherheit (Nachfolger des MfS)
AG	Aktiengesellschaft
ASTAK	Antistalinistische Aktion Berlin-Normannenstraße
BafNS	Bezirksamt für Nationale Sicherheit (Nachfolger des MfS)
BdM	Bund deutscher Mädel
BdS	Bund demokratischer Sozialisten
BdVP	Bezirksdirektion der Volkspolizei
BDVP	Bezirksverwaltung der Deutschen Volkspolizei
BL	Bezirksleitung
BRD	Bundesrepublik Deutschland
BStU	Die Bundesbeauftragte für die Unterlagen des Staatssicherheitsdienstes der ehemaligen Deutschen Demokratischen Republik
BV	Bezirksverwaltung
BVfS	Bezirksverwaltung für Staatssicherheit
CDU	Christlich-Demokratische Union
CSSR	Tschechoslowakische Sozialistische Republik
CSU	Christlich-Soziale Union
DBD	Demokratische Bauernpartei Deutschlands
DDR	Deutsche Demokratische Republik
DGB	Deutscher Gewerkschaftsbund
DHM	Deutsches Historisches Museum
DIZ	Dokumentations- und Informationszentrum
DJ	Deutsches Jungvolk
DSF	Deutsch-Sowjetische Freundschaft
DSU	Deutsche Soziale Union
DVP	Deutsche Volkspartei
EG	Europäische Gemeinschaft
EOS	Erweiterte Oberschule
ESG	Evangelische Studentengemeinde
FDGB	Freier Deutscher Gewerkschaftsbund
FDJ	Freie Deutsche Jugend
FDP	Freie Demokratische Partei
Gestapo	Geheime Staatspolizei
GG	Grundgesetz
GJWH	Geschlossener Jugendwerkhof
GMS	Gesellschaftlicher Mitarbeiter für Staatssicherheit (des MfS)
GPU	Russische Abkürzung für Staatliche Politische Verwaltung (sowjetischer Geheimdienst von 1922 bis 1934)
GSTW	Gefangenensammeltransportwagen
GULag	Russische Abkürzung für die Verwaltung der Straflager in der Sowjetunion
GÜST	Grenzübergangsstelle
HAIT	Hannah-Arendt-Institut für Totalitarismusforschung an der Technischen Universität Dresden
HJ	Hitlerjugend
HO	Handelsorganisation
HVA	Hauptverwaltung Aufklärung (des MfS)
IDZ	Informations- und Dokumentationszentrum
IM	Inoffizieller Mitarbeiter
JVA	Justizvollzugsanstalt
KGB	Komitee für Staatssicherheit (beim Ministerrat der UdSSR)
KgU	Kampfgruppe gegen Unmenschlichkeit
KL	Kreisleitung
KPD	Kommunistische Partei Deutschlands
KPdSU	Kommunistische Partei der Sowjetunion
KSZE	Konferenz für Sicherheit und Zusammenarbeit in Europa
KVP	Kasernierte Volkspolizei
KZ	Konzentrationslager
LDP	Liberal-Demokratische Partei
LPG	Landwirtschaftliche Produktionsgenossenschaft
LStU	Landesbeauftragte(r) für die Unterlagen des Staatssicherheitsdienstes der ehemaligen Deutschen Demokratischen Republik
MdI	Ministerium des Innern
MfS	Ministerium für Staatssicherheit
MWD	Russische Abkürzung für das sowjetische Innenministerium (ab 1946)
NAL	Notaufnahmelager
NATO	North Atlantic Treaty Organization
NKWD	Russische Abkürzung für Volkskommissariat für innere Angelegenheiten (sowjetisches Innenministerium bis 1946)
NS	Nationalsozialismus
NSDAP	Nationalsozialistische Deutsche Arbeiterpartei
NSV	Nationalsozialistische Volkswohlfahrt
NVA	Nationale Volksarmee
Oflag	Offiziersgefangenenlager (der Wehrmacht)
OMGUS	Amerikanische Militärregierung in Deutschland

OV	Operativer Vorgang
PGH	Produktionsgenossenschaft des Handwerks
POS	Polytechnische Oberschule
RIAS	Rundfunk im Amerikanischen Sektor
SA	Sturmabteilung der NSDAP
SAG	Sowjetische Aktiengesellschaft
SBZ	Sowjetische Besatzungszone
SDP	Sozialdemokratische Partei
SED	Sozialistische Einheitspartei Deutschlands
SKK	Sowjetische Kontrollkommission
SMAD	Sowjetische Militäradministration in Deutschland
SMT	Sowjetisches Militärtribunal
SPD	Sozialdemokratische Partei Deutschlands
SS	Schutzstaffel der NSDAP
Stalag	Stammlager (der Wehrmacht)
StUG	Stasiunterlagengesetz
SU	Sowjetunion
UdSSR	Union der Sozialistischen Sowjetrepubliken
UFJ	Untersuchungsausschuss Freiheitlicher Juristen
UHA	Untersuchungshaftanstalt
UNO	United Nations Organization
USPD	Unabhängige Sozialdemokratische Partei Deutschlands
VBK	Verteidigungsbezirkskommando
VDK	Volksbund Deutsche Kriegsgräberfürsorge
VEB	Volkseigener Betrieb
VOS	Vereinigung der Opfer des Stalinismus e. V.
VP	Volkspolizei
VPKA	Volkspolizeikreisamt
ZAB	Zentrale Aufnahmestelle des Landes Berlin
ZAH	Zentrale Aufnahmestelle des Landes Hessen
ZAIG	Zentrale Auswertungs- und Informationsgruppe des MfS
ZK	Zentralkomitee
ZKK	Zentrale Kommission für staatliche Kontrolle
ZOV	Zentraler Operativer Vorgang

Bildnachweis

Die Fotos wurden von der Stiftung zur Aufarbeitung der SED-Diktatur aufgenommen mit Ausnahme der folgenden Fotos:

Bildnachweis Titel:

Marco Bertram
Gedenkstätte Bautzen
Gedenkstätte Buchenwald, Weimar
Gedenkstätte Marienborn
Planungsverband Ballungsraum Frankfurt / Rhein-Main

Bildnachweis Innenseiten:

Wolfgang Becker, Salzgitter	276
Marco Bertram, Berlin	57
Forschungs- und Gedenkstätte Normannenstraße, Berlin	67
Elisabeth Freyer, Neustadt b. Coburg	443, 456
Gedenkstätte Bautzen	292
Gedenkstätte Buchenwald, Weimar	467, 468
Gedenkstätte Hohenschönhausen, Berlin	63
Gedenkstätte Marienborn	389
Gedenkstätte Marienfelde, Berlin	129
Gedenkstätte Sachsenhausen, Oranienburg	182
Gemeinde Winnigstedt	281
Gisela Gneist, Hamburg	174, 182
Grenzlandmuseum Bad Sachsa e. V	265
Grenzlandmuseum Eichsfeld e. V., Teistungen	459, 462
Grenzmuseum Point Alpha, Rasdorf	214
Grenzmuseum Schifflersgrund, Asbach-Sickenberg	418
Jochen Guckes, Berlin	300
Wolfgang Kersten, Stockheim-Kreuzau	285
Klaus Knabe, Pforzheim	37
Planungsverband Ballungsraum Frankfurt / Rhein-Main	209
Benno Prieß, Calw	299, 354
Klaus Reuter, Olbernau	331
Klaus Schmidt, Berlin	428
Friedemann Schwarz, Braunlage-Hohegeiß	272
Stadt Apolda	417
Stadt Erlangen	43
Stadt Münster	287
Stadt Recklinghausen	288
Kurt Weiss, Düsseldorf	433
Frieder Wirth, Köln	445
Wolfgang Zieschang, Netzschkau	290, 332, 463
Zonengrenz-Museum Helmstedt	271

Autorenverzeichnis

Johannes Beleites

geb. 1967 in Halle (Saale), seit Anfang der 80er Jahre in der DDR engagiert in Friedens- und Umweltgruppen der evang. Kirche, seit 1985 Bearbeitung durch das MfS, Verhinderung von Abitur und Studium. Seit 1990 Mitarbeit im Bürgerkomitee Leipzig. 1990 Mitglied des Sonderausschusses der Volkskammer der DDR zur Kontrolle der Auflösung des MfS/AfNS, dort Mitarbeit am ersten Gesetz zur Verwendung der Stasi-Unterlagen. Jurastudium in Göttingen und Berlin, 1996-1998 freier Mitarbeiter der Gedenkstätte Berlin-Hohenschönhausen, 1999/2000 freier Mitarbeiter der Abteilung Bildung und Forschung der „Gauck-Behörde". 2002 Sachverständiger des Bundestags-Innenausschusses für die Novellierung des Stasi-Unterlagen-Gesetzes. Publikationen zur Aufarbeitung der DDR-Vergangenheit, Gefängnissen des MfS und politische Haft in der DDR sowie zu juristischen Aspekten des Umgangs mit den Stasi-Unterlagen.

Bernd Faulenbach

geb. 1943, Prof. Dr., Historiker am Forschungsinstitut Arbeit, Bildung, Partizipation, Recklinghausen und an der Fakultät der Geschichtswissenschaft der Ruhr-Universität Bochum. Mitglied einer Reihe von Gremien an der Schnittstelle von Wissenschaft und Politik, so 1992-1998 Mitglied der Bundestagsenquete-Kommissionen zur Aufarbeitung der SED-Diktatur und ihrer Folgen, seit 1991 Vorsitzender der Fachkommission Brandenburgische Gedenkstätten u. a. seit 1999 Stellv. Vorstandsvorsitzender der Stiftung zur Aufarbeitung der SED-Diktatur.
Zahlreiche Publikationen zur Geschichte der Weimarer Zeit, zur NS-Zeit und zur Geschichte der beiden deutschen Staaten, zur Bildungsgeschichte und zur Regionalgeschichte, zum Geschichtsbewusstsein, zur Geschichtskultur und zur Geschichte der Historiographie sowie zur Didaktik der Geschichte und zur politischen Bildung.

Karl Wilhelm Fricke

geb. 1929 in Hoym (Anhalt), Dr. phil. h. c., 1948 Abitur in Aschersleben, 1949 Flucht aus der SBZ. 1949-1953 Studien an der Hochschule für Arbeit, Politik und Wirtschaft in Wilhelmshaven und an der Deutschen Hochschule für Politik in Berlin. 1952 Journalist in West-Berlin. 1955 Entführung durch MfS nach Ost-Berlin. 1956 vom DDR-Obersten Gericht wegen „Kriegshetze" zu vier Jahren Zuchthaus verurteilt. Strafhaft bis 1959 in Brandenburg-Görden bzw. Bautzen II. 1959-1969 Journalist in Hamburg. 1970-1994 Leitender Redakteur beim Deutschlandfunk in Köln. Seitdem Publizist in Köln. 1992 und 1995 Sachverständigen-Mitglied beider Enquete-Kommissionen zur SED-Diktatur. 1996 Ehrenpromotion durch FU Berlin/Fachbereich Politische Wissenschaft. Diverse Buchveröffentlichungen u. a. zu Justiz, Strafverfolgung, Opposition und Widerstand in der DDR.

Robert Grünbaum

geb. 1967, Dr. phil., Studium der Politikwissenschaft, Zeitgeschichte und Germanistik an der Universität Mannheim, 1994-1999 wissenschaftlicher Mitarbeiter am Lehrstuhl für Politische Wissenschaft der Universität Bayreuth, seit 2000 wissenschaftlicher Referent bei der Stiftung zur Aufarbeitung der SED-Diktatur in Berlin.
Veröffentlichungen u.a.: Deutsche Einheit, Opladen 1999; Jenseits des Alltags. Die Schriftsteller der DDR und die Revolution von 1989/90, Baden-Baden 2002.

Gunter Holzweißig

geb. 1939, Dr. phil, Studium der Zeitgeschichte; Wissenschaftlicher Mitarbeiter bei den „Dokumenten zur Deutschlandpolitik" und im Forschungsinstitut der Deutschen Gesellschaft für Auswärtige Politik; Referats- und Abteilungsleiter im Gesamtdeutschen Institut in Bonn und Berlin; seit 1992 Bundesarchiv (Dokumentation der DDR-Realität); Lehrauftrag an der Universität Leipzig.
Publikationen u.a.: Diplomatie im Trainingsanzug. Sport als politisches Instrument der DDR in den innerdeutschen und internationalen Beziehungen.
München/Wien 1981; Militärwesen in der DDR. Berlin 1985; Zensur ohne Zensor. Die SED-Informationsdiktatur. Bonn 1997; Die schärfste Waffe der Partei. Eine Mediengeschichte der DDR. Köln/Weimar/Wien 2002.

Annette Christina Kaminsky

Dr. phil., Studium der romanischen Sprachwissenschaft in Leipzig, 1992 Promotion zu „Sprache in der Politik. Texte des katalanischen Nationalismus 1898-1917" mit Schwerpunkt historische Soziolinguistik, ab 1998 wissenschaftliche Mitarbeiterin, seit 2001 Geschäftsführerin der Stiftung zur Aufarbeitung der SED-Diktatur.
Publikationen u.a.: Heimkehr 1948. Geschichte und Schicksale deutscher Kriegsgefangener. München 1948; Die Geschichte der ostdeutschen Versandhäuser. Berlin 1997; Wohlstand, Schönheit, Glück. Kleine Konsumgeschichte der DDR. München 2001.

Jörg Morré

geb. 1964, Dr. phil., Studium der Geschichtswissenschaft, Slawistik und Erziehungswissenschaft an der Freien Universität Berlin, Universität Hamburg und der Ruhr- Universität Bochum, wissenschaftlicher Mitarbeiter an der Gedenkstätte Sachsenhausen, dem Lehrstuhl Osteuropäische Geschichte an der Ruhr-Universität und seit 1999 an der Gedenkstätte Bautzen, Lehrauftrag an der TU Dresden, Veröffentlichungen u. a.: Speziallager des NKWD, Berlin 1997, Hinter den Kulissen des Nationalkomitees, München 2001.

Ehrhart Neubert

geb. 1940, Dr. phil., Theologiestudium in Jena, 1964-1984 Gemeinde- und Studentenpfarrer in Weimar, Konflikt mit staatlichen und kirchlichen Stellen wegen Mitarbeit im Friedenskreis der Evangelischen Studentengemeinde. 1984-1992 Referent in der Studienabteilung beim Bund der Evangelischen Kirchen in der DDR. 1989 Mitbegründer des Demokratischen Aufbruchs und Mitglied am Zentralen Runden Tisch. Seit 1997 Fachbereichsleiter in der Abteilung Bildung und Forschung der Bundesbeauftragten für die Stasi-Unterlagen. Seit 1998 Mitglied im Vorstand der Stiftung zur Aufarbeitung der SED-Diktatur.
Veröffentlichungen u. a.: Geschichte der Opposition in der DDR 1949-1989. Berlin 1997 und Bonn 2000; Mithrsg.: Lexikon Opposition und Widerstand in der SED-Diktatur. Berlin, München 2000. Ein politischer Zweikampf. Die CDU im Visier der Stasi. Freiburg, Basel, Wien 2002. Zahlreiche Aufsätze u. a. zur Aufarbeitung der Vergangenheit und zur Diktaturforschung.

Tobias Wunschik

geb. 1967, Dr. phil., Studium der Politikwissenschaft, Psychologie und Soziologie in München und Berlin, seit 1993 Mitarbeiter der Abteilung Bildung und Forschung der Bundesbeauftragten für die Stasi-Unterlagen. 1995 Promotion an der Ludwig-Maximilians-Universität München mit einer Studie zum Linksterrorismus in der Bundesrepublik. Publikationen: Baader-Meinhofs Kinder. Die zweite Generation der RAF, Opladen 1997 sowie zahlreiche Aufsätze zu den Themen: MfS und Terrorismus, Staatssicherheit und Strafvollzug in der DDR, Haftanstalt Brandenburg-Görden.

Bei der Erstellung des vorliegenden Bandes wurde angestrebt, alle in Deutschland vorhandenen Gedenkzeichen, Gedenkstätten und Museen zur Diktatur in SBZ und DDR zu erfassen. Dennoch sind sich die Herausgeberin wie auch die Bearbeiterin bewusst, dass dieser Anspruch allenfalls mit einer zweiten Auflage erfüllt werden wird. Noch in der Phase des Satzes und der Drucklegung gingen immer wieder neue Informationen über Gedenkzeichen und -orte bei der Stiftung Aufarbeitung ein. Daher würden wir uns freuen, wenn Sie uns Hinweise auf Orte des Erinnerns, die bei den Recherchen bedauerlicherweise übersehen oder erst nach Redaktionsschluss errichtet wurden, übermitteln könnten.

Bitte senden Sie Ihre Hinweise auf fehlerhafte Darstellungen, ergänzende Informationen aber auch fehlende Gedenkzeichen und -orte an:

Stiftung zur Aufarbeitung der SED-Diktatur
z.H. Frau Ruth Gleinig
Otto-Braun-Straße 70-72
10178 Berlin
E-mail: r.gleinig@stiftung-aufarbeitung.de